Ruth Jakoby – Frank Baasner

PARIS
1789

Journal der Täter,
Opfer und Voyeure

ELSTER VERLAG

7570 Baden-Baden, Lange Straße 33

Satz und Herstellung:
Reinhard Amann, Leutkirch

Druck und Bindung:
Franz Spiegel Buch GmbH, Ulm

Umschlaggestaltung:
Monika Bauer, Baden-Baden

ISBN 3-89151-068-3

Inhaltsverzeichnis

I. Die Bastille fällt

Am 14. Juli 1789 fällt die Bastille und hört auf, ein Staatsgefängnis zu sein. Schon die Zeitgenossen, die bald nach der Eroberung der Bastille nach Paris kamen, waren sich der Bedeutung des Ereignisses bewußt: Das jahrhundertealte Zeichen königlicher, staatlicher Willkür hatte ausgedient. Unter Karl V. im Jahre 1370 erbaut, wurde diese Festung in der Amtszeit Richelieus im frühen 17. Jahrhundert Staatsgefängnis. Sie beherbergte manch einen berühmten »politischen« Gefangenen, darunter Fouquet, den früheren Minister und Rivalen Ludwigs XIV., und den Marquis de Sade.

In den ersten Jahren nach der Eroberung fand regelmäßig am 14. Juli ein Fest zur Erinnerung an diesen großen Tag der französischen Geschichte statt. Wenn die Pariser Bürger heute ihren Nationalfeiertag (seit 1880) auf den Plätzen der Stadt mit Tanz und Musik begehen, denken wohl auch einige an jenen 14. Juli 1789 zurück, der zum Symbol der Freiheit wurde.

Kampf um die Bastille

Weissagung aus dem Jahre 1788

Im Jahre 1562 schlug der Blitz in einem der Türme des Arsenals ein und sprengte etwa 20000 Faß Pulver in die Luft. Die von Karl V. gebaute Festung (die Bastille) wurde bei dieser Explosion verschont. Sie steht noch immer, obwohl wir sie in unseren Schriften schon längst geschleift haben; aber eines Tages muß sie fallen.

*Louis Sébastien Mercier**

** Louis Sébastien Mercier (1740–1814) gehörte zur Partei der gemäßigten Aufklärer. Zu seinem umfangreichen Werk gehört eine Stadtbeschreibung von Paris, die in lebendigen Porträts und Beobachtungen einen schönen Eindruck des Alltagslebens vermittelt.*

Wir haben die Bastille erstürmt

** Der Autor dieses Berichts war Bauer. Er hielt es für notwendig, auf seinen einfachen Stil hinzuweisen: »Weil ich in meinem Bericht nur wahre Tatsachen aufnehmen möchte, kann und will ich keine raffinierten Sätze machen, da ich die Rhetorik nicht beherrsche, aber um die Wahrheit zu sagen, braucht man keine Rhetorik.«*

** Bernard-René Jourdan, marquis de Launay (1740–1789) war Gouverneur der Bastille.*

** Das Hôtel des Invalides war 1670 von Ludwig XIV. im Westen des Vororts Saint-Germain als Unterkunft und Pflegestätte für alte und verletzte Militärs gegründet worden. Anrecht auf einen Platz im Hôtel hatten Soldaten mit über 20jähriger Dienstzeit; Soldaten ab 12 Dienstjahren, deren Gesundheit ruiniert war und schließlich die im Krieg verwundeten Soldaten.*

Nachdem ich* am 13. Juli zum Bastille-Platz gegangen war, habe ich mit den wachhabenden Invaliden gesprochen, um ihre Absichten zu erfahren. Sie haben mir mit freundlicher Miene geantwortet, daß sie anständige Bürger seien und daß sie gerne ihre Waffen abgeben würden, sofern dies nötig sei. Diese Antwort machte mir Mut, und ich ging auf die Zugbrücke zu. Sie änderten bald den Tonfall und vertrieben mich, indem sie mir drohten, mich festzunehmen, wenn ich weiterhin herumgucken würde. Ich habe mich ohne viel Worte zurückgezogen und vor das Schilderhaus gestellt, wo ich eine furchterregende Stimme viermal habe sagen hören: »Helft der Bastille!« Diese Stimme schien aus dem zweiten Turm links, wenn man hereintritt, herzukommen. Ich beobachtete unermüdlich und ging auf den Platz, um die wahren Freunde der Revolution über das, was in der Bastille vorging, zu unterrichten. Am Abend desselben Tages sah ich, daß man die Kanonen zurückholte und daß man Breschen in die Brüstung schlug, was das Bestreben verriet, auf das Volk zu schießen und von der Bastille aus zu zielen.

Ich komme zum Tag des 14. Juli. Morgens um 8 Uhr ist der Priester des Stadtteils Saint-Paul zur Bastille gegangen, sicherlich mit guten Absichten. Er ist wenige Zeit später wieder herausgekommen und hat dem Volk erklärt, daß Herr de Launay* niemandem etwas zuleide tun wolle; diese Mitteilung reichte nicht aus, um die Bürger zu beruhigen. Übrigens erkannte ich bei genauem Hinsehen ein Brett, das die Kanonen verdeckte: diese ganzen Dinge deuteten auf fürchterliche Folgen. Jeder spürte die Notwendigkeit, sich Waffen zu besorgen. Beim Hôtel des Invalides* nahmen wir 16 Kanonen an uns. Im Hôtel waren nirgends Waffen

Im Hôtel des Invalides werden Waffen erbeutet

zu finden, sogar die Invaliden hatten keine. Wir haben uns die Mühe einer genaueren Suche gemacht und sind auf den Turm gestiegen, wo wir alle möglichen Waffenarten gefunden haben: Gewehre, Bayonette, Säbel, Pistolen und Patronengürtel. Man hatte sie gerade in der Annahme dorthin gebracht, sie seien hier sicher. Wir haben sie genommen und auf dem Weg hinunter erkannten einige Invaliden ihre Gewehre wieder und sagten uns, daß man sie am Vortag entwaffnet hatte. Um zwei Uhr sind wir am Rathaus angekommen; man warf uns acht Zettel aus dem Fenster, auf denen stand: »Geht zur Bastille Waffen holen.« Als wir auf der Höhe des Portals von Saint-Louis waren sagte man uns, jeder, der sich der Bastille näherte, würde ermordet.

Wir haben unseren Weg bis auf die Chaussée fortgesetzt und haben viele Invaliden gesehen, die sich um die Kanonen auf der Plattform drängten. Man konnte welche hinter der Brüstung hinauf- und hinuntersteigen sehen. Dieser Anblick beeindruckte uns und ließ uns glauben, daß wir ohne Verstärkung verloren sein würden.

Wir sind zum Grêve-Platz mit dem Vorhaben zurückgekehrt, die Kanonen mitzunehmen, um zu siegen oder zu sterben. Wir haben sie bis zur Marienbrücke geschleppt, als wir dort waren, haben wir Pferde genommen, um schneller anzukommen. Währenddessen kam eine Abordnung der Stadt, die aus vier Wahlberechtigten und einem Trommler bestand, mit einer Fahne an ihrer Spitze. Diese habe ich bis zum Ende der Rue de la Cesiraie verfolgt, wo ich blieb, um die Leute daran zu hindern, in den Hof mit dem Salpeter einzudringen, und sie haben ihren Weg bis in den Ulmenhof fortgesetzt. Dort haben sie eine rührende Ansprache an Herrn de Launay gehalten mit der Bitte, sich zu ergeben, und daß wir alle Brüder seien. Er drehte ihnen mit einem Ausdruck der Verachtung den Rükken und noch bevor er von dort fortging, schoß man auf einen Mann, der, nachdem er einige Schritte gemacht hatte, im Salpeterhof tot umfiel. Ein anderer Unglücksrabe bekam im selben Moment eine Gewehrkugel ab. Die Angst, er könnte erdrückt werden und das Mitleid veranlaßten mich, ihm zu helfen und ihn mit Hilfe einer anderen Person bis in den Faubourg St. Antoine zu bringen. Dieser Mann berichtete, daß er mittags in die Bastille gegangen sei, daß man ihm und den anderen gestattet habe einzutreten, daß man ihnen sofort Waffen versprochen habe; und daß man sie dann, als die vorstellig wurden, zunächst absichtlich bis über die erste Zugbrücke habe kommen lassen und dann auf sie gefeuert habe. Man sagte ihnen: »Das sind die Waffen, die wir zu vergeben haben.« Er erzählte, daß es 6 Tote und viele Verletzte gegeben habe. Da Herr de Launay keinen Zweifel mehr an seinem verabscheuungswürdigen Verhalten aufkommen ließ, holten wir schnell zwei Kanonen herbei, die beim Hôtel d'Ormesson und in der Nähe der Guillemet-Sackgasse aufgestellt wurden. Um halb vier Uhr haben wir den ersten Schuß auf die Feinde abgefeuert, die das Volk mit einem Höllenfeuer belegten, und wir kamen Stück für Stück voran. Gleichzeitig war eine Batterie von fünf Kanonen

Der Ballhausschwur

Am 17. Juni 1789 hat sich der Dritte Stand zur Nationalversammlung erklärt. Am 20. sollen sich große Teile des Klerus mit ihm vereinen – aber der Versammlungssaal ist auf Befehl des Königs verschlossen worden. Daraufhin ziehen die Abgeordneten des Dritten Standes mit einem großen Gefolge interessierter Bürger in einen anderen Saal ein, den sogenannten Ballhaus-Saal. Hier schwören die Teilnehmer in Antwort auf die feindlichen Maßnahmen des Hofes den Eid, nicht auseinanderzugehen, bis nicht eine neue Verfassung gefunden sei, die als Grundlage eines gerechteren Staates dienen kann.

im Ulmenhof, die bis in den ersten Hof der Bastille vordrang. Im Schutz der Häuser schossen wir mit den Gewehren auf diejenigen, die auf der Plattform waren und wir schafften es, sie zu vertreiben. Wir richteten dann die Batterien gegen die erste Zugbrücke und mit dem ersten Kanonenschuß zerstörten wir die Ketten. Wir besetzten sofort das Gouverneurshaus; gleichzeitig holten wir zwei Karren voll Mist, die wir hineinfuhren und anzündeten. Es entstand solch ein dichter Rauch, daß alle, die in der Bastille waren, nichts mehr sehen konnten. Wir zogen die Kanonen über die mittlerweile heruntergelassene erste Brücke bis vor das Gouverneurshaus, dann schossen wir 28 Schuß ohne Unterbrechung auf die zweite Brücke, und wir schafften es, die Bolzen, die in der Mauer steckten, zu zerstören, woraufhin wir mit Hilfe eines Mannes in die Bastille eindrangen, der rief: »Da ist der Gouverneur, er will abhauen!« Kaum war dies Wort gefallen, faßten ihn schon ein Soldat der französischen Garde und ein Bürger am Kragen. Als er sich gefangen sah, bat er darum, man möge ihn auf der Stelle töten; aber man antwortete ihm, man wolle ihn zum Rathaus bringen. Er wurde durchsucht und man hat eine Brieftasche gefunden, in der sich Briefe von Herrn Flesselles*, dem Vogt der Händler, befanden, in denen dieser ihm mitteilte: »Bringen Sie all diesen Abschaum um, den man Ihnen schicken wird, um 8 Uhr werden wir Hilfe bekommen.« Man brachte ihn bis auf die Stufen des Rathauses, wohin man auch Flesselles kommen ließ, um sie gegenüberzustellen. Das Volk, das von diesem Betrug aufgebracht war, hackte ihnen die Köpfe mit einem Fallbeil ab, das an einem Besenstil befestigt war. Alle haben es gesehen und ein jeder sagte: »Seit 20 Jahren verdienen sie das«; man hörte auch sagen, daß die Köpfe des Prinzen Lambesc*, des Herzogs von Artois*, etc. rollen müßten. Das ist es, was die Feinde hat fliehen lassen, die auf dem Champ de Mars und auf Montmartre waren, denn sie glaubten sicher, daß wir auch sie nicht verschonen wollten. Alle sind in derselben Nacht verschwunden und wir haben 14 Gefangene aus der Bastille befreit (und die ganze französische Nation). Seit 428 Jahren und drei Monaten existierte dieser höllische Ort, wo so viele unschuldige Opfer die Rache unserer Könige, oder genauer deren Minister, ertragen mußten. Heute bleiben uns davon nur noch, als einziges Andenken an diesen dunklen Ort, die Gebeine jener Unglücklichen, die der Priester von Saint-Paul mit großem Geleit abgeholt hat, und die auf dem Friedhof derselben Gemeinde zur Ruhe gelegt wurden.

Jean Rouel

* *Jacques de Flesselles (1730–1789) war Vorsitzender der Händlerinnung.*

* *Charles-Eugène de Lorraine, prince de Lambesc d'Elbeuf (1751–1825) war Oberbefehlshaber der Truppen, die am 12. Juli 1789 mit der Wiederherstellung der Ordnung in Paris beauftragt worden waren. Kurz darauf emigrierte er.*

* *Charles Philippe de Bourbon, comte d'Artois (1757–1836), jüngerer Bruder des Königs Ludwig XVI. und späterer König von Frankreich unter dem Namen Karl X. (1825–1830).*

Als Erster auf den Türmen der Bastille

Die erste Brücke war heruntergelassen, die Ketten zerstört, aber das Fallgitter versperrte den Weg. Unsere Leute waren dabei, Kanonen hereinzutragen, nachdem sie sie auseinandergebaut hatten. Ich ging über die kleine Brücke und half drinnen, die beiden Kanonen hereinzubringen.

Als sie wieder auf ihren Lafetten montiert waren, stellten wir uns gemäß eines freiwilligen und gemeinsamen Beschlusses in Fünfer- oder Sechserreihen auf, und ich war in der ersten Reihe. In dieser Anordnung gingen wir bis zur Zugbrücke. Dort sah ich zwei getötete Soldaten auf beiden Seiten liegen; links, wo ich war, trug der Soldat eine Uniform aus Ventimiglia*, die Uniform des rechts liegenden Soldaten konnte ich nicht erkennen. Wir richteten die bronzene Kanone auf die große Zugbrücke, eine kleine eiserne, mit Silber damaszierte Kanone auf die kleine Brücke.

Diese Kanone zwang mich, meine Reihe zu verlassen, und da bei uns gefragt wurde, ob auf dem Wehrturm neue Friedenszeichen gegeben würden, kümmerte ich mich um die Erkundung. Während dieser Mission entschlossen wir uns, mit Gewehrsalven anzugreifen. Ich beeilte mich, auf meinen Platz zurückzukommen, aber da der Weg von einer Menge Leute versperrt war, kehrte ich trotz der Gefahr zur Brustwehr zurück und nahm meine Stellung wieder ein.

Jeder von uns schoß etwa sechs Schüsse ab, dann wurde ein Papier durch ein mehrere Zentimeter breites, ovales Loch geschoben. Man hörte auf zu schießen. Einer von uns ging zur Küche, um ein Brett zu besorgen, mit dessen Hilfe man das Papier holen könnte. Wir legten das

** Ventimiglia ist heute Grenzstadt zwischen Italien und Frankreich an der Mittelmeerküste. Zur Zeit der Französischen Revolution gehörte die kleine Hafenstadt zum sardischen Königshaus der Savoyer. 1792 wurde Ventimiglia von den Franzosen erobert.*

Auch in der Gerätekammer findet das Volk Waffen

Auf einem Brett balancierend nimmt ein Bürger die Botschaft des Gouverneurs entgegen.

Als Ludwig XVI. in der Nacht von Liancourt über die Vorfälle informiert wird, reagiert er überrascht. »Das ist eine Revolte!« sagte er. »Nein, Sire, das ist eine Revolution«, antwortet der Herzog.

Brett auf die Brustwehr, viele Personen stellten sich als Gegengewicht darauf. Ein Mann ging auf dem Brett nach vorne, aber gerade als er das Papier ergreifen sollte, wurde er von einem Gewehrschuß getötet und fiel in den Graben. Sofort ging eine andere Person, die eine Fahne getragen hatte, los und holte das Papier, das mit lauter und vernehmlicher Stimme vorgelesen wurde.

Da der Inhalt des Papiers, das eine Kapitulation anbot, nicht zufriedenstellend war, schlug man vor, mit den Kanonen zu schießen und alle gingen zur Seite, um die Kugel vorbeizulassen.

Gerade als man Feuer geben wollte, wurde die kleine Brücke heruntergelassen: kaum war sie unten, war sie schon voll, ich war nur als ungefähr zehnter darauf. Wir fanden die Tür hinter der Brücke verschlossen. Nach ungefähr zwei Minuten kam ein Invalide, öffnete sie und fragte, was wir wollten. »Daß sich die Bastille ergibt«, antwortete ich ihm, so wie alle anderen, da ließ er uns eintreten. Meine erste Sorge war zu verlangen, daß man die große Brücke herunterlassen solle, was auch geschah.

Dann ging ich in den großen Hof (als ungefähr achter oder zehnter). Die Invaliden waren auf der rechten Seite aufgereiht, die Schweizer Garde auf der linken. Wir schrieen: »Waffen ablegen!«, was sie auch taten, bis auf einen Schweizer Offizier. Ich ging zu ihm und hielt das Bayonett auf ihn gerichtet, um ihn dazu zu zwingen, indem ich ihm nochmals sagte: »Waffen ablegen!« Er wandte sich an die Versammlung und sagte: »Meine Herren, seien Sie versichert, daß ich nicht geschossen habe.«

Ich sagte ihm gleich darauf: »Wie wagst du es zu behaupten, daß du nicht geschossen hast, wo dein Mund noch ganz schwarz vor Pulverrauch ist?« Während ich das zu ihm sagte, sprang ich auf seinen Säbel zu, im gleichen Moment tat ein anderer dasselbe: als wir, der andere und ich, uns darum stritten, wer den Säbel bekommen würde, fiel mein Blick in Richtung einer Treppe auf der linken Seite, und dort sah ich drei Bürger, die fünf oder sechs Stufen hinaufgeklettert waren und die in aller Eile wieder herunterkamen. Ich ließ sofort den Säbel im Stich und ging mit meinem Gewehr eilig zur Treppe, um zu helfen, da ich glaubte, man habe die drei Bürger zur Umkehr gezwungen. Ich stieg auf den Turm hinauf, ohne zu merken, daß mir niemand folgte. Ich kam oben an, ohne irgendjemanden getroffen zu haben. Dort auf dem Turm fand ich einen zusammengekrümmten Schweizergardisten vor, der mir den Rücken zukehrte. Ich warf ihn zu Boden und schrie ihm zu: »Nieder mit den Waffen!« Er drehte sich überrascht um und sagte zu mir: »Kamerad, tötet mich nicht, ich bin vom dritten Stand und ich würde euch bis zu meinem letzten Blutstropfen verteidigen. Ihr wißt, daß ich verpflichtet bin, meinen Dienst zu tun, aber ich habe nicht geschossen.«

Während dieser Worte sammelte ich sein Gewehr ein, dann befahl ich ihm, das Bayonett auf seinen Magen gerichtet, mir seine Patronentasche zu geben, was er auch tat.

Honoré Gabriel Riquetti Mirabeau (1749–1791) war in der Nationalversammlung wegen seines rednerischen Talentes berühmt. Im ersten Revolutionsjahr leitete er die Geschicke der Nation zu großen Teilen.

Die Zugbrücke ist offen, die Bastille bezwungen

Gleich darauf war ich bei der Kanone, die senkrecht über der Zugbrücke installiert war und hatte die Absicht, sie von ihrer Lafette abzubauen, damit sie nicht mehr zu gebrauchen sei. Aber als ich zu diesem Zwecke die rechte Schulter auf die Mündung der Kanone gelegt hatte, bekam ich einen Gewehrschuß ab, der in der Umgebung abgefeuert worden war. Der Schuß traf mich am Kragen und durchbohrte meine Jacke und meine Weste. Ich fiel ohnmächtig um. Der Schweizer, dem ich das Leben geschenkt hatte, schleppte mich zur Treppe, ohne daß ich deshalb sein Gewehr, das ich mitzerrte, hätte fallenlassen.

Jean-Baptiste Humbert

Die Generalstände

Dieses Gremium war seit 1614 nicht mehr einberufen worden. Es setzte sich aus drei Ständen zusammen: Klerus/Adel/Bürger-Bauern. An die jetzige Versammlung wurden sehr unterschiedliche Erwartungen geknüpft: die Adeligen wollten ihre Privilegien gegen den König verteidigen und hofften daher auf einen Abstimmungsmodus nach Ständen (1 Stand = eine Stimme). Der Dritte Stand wollte genau dieses Privilegiensystem brechen und wollte daher eine pro-Kopf-Abstimmung.

Die Menge der jeweiligen Abgeordneten wurde nach proportionalem Anteil an der Bevölkerung und nach jeweiliger Steuerleistung eines Wahlbereichs bemessen. Der Dritte Stand bekam was er wollte, nämlich eine numerische Gleichberechtigung mit den beiden anderen Ständen zusammen.

Wahlrecht: Männer ab 25, direkte Wahl der Abgeordneten im 1. und 2. Stand. 3. Stand: kompliziertes Wahlsystem wegen der großen Menge an Wählern; man erfand eine Art dreifaches Wahlmännersystem (ausgeschlossen waren alle diejenigen »Bürger«, die keine Steuern zahlten, d.h. man versuchte, Vagabunden, Tagelöhner etc. auszugrenzen).

Die drei Stände: Klerus, Adel und Dritter Stand.

Kritische Worte eines Verteidigers der Festung

Die Bastille liegt im Faubourg Saint-Antoine in Paris. Der Befehlshaber dieser Festung, Herr de Launay, ein Mann von geringen Kenntnissen im Kriegswesen, ohne Erfahrung, mit wenig Herz, wandte sich schon am Anfang der Unruhen an die Generäle der Armee und verlangte, daß man die Besatzung verstärke, die damals bloß aus 80 Invaliden bestand. Er wurde abgewiesen, weil man glaubte, daß der Aufstand nie so heftig werde und weil man nicht vermutete, daß es jemandem in den Sinn komme, sich der Bastille zu bemächtigen. Er wiederholte sein Begehren. Endlich, um ihn zu beruhigen, wurde ich mit 30 Mann auserwählt und am 7. Juli dahin abgeordert. Schon am ersten Tag, nachdem ich angekommen war, lernte ich diesen Mann kennen. Ich sah deutlich aus allen seinen Zurüstungen, die er zur Verteidigung seines Postens machte und die zu nichts taugten, aus seiner beständigen Unruhe und Unentschlossenheit, daß wir sehr schlecht kommandiert wären, wenn wir angegriffen würden. Er war so voll Furcht, daß er des Nachts die Schatten von Bäumen und andern Gegenständen für Feinde ansah und wir deswegen die ganze Nacht auf den Füßen sein mußten. Die Herren vom Stab, des Königs Leutnant, der Platz-Major und ich selbst machten ihm öfters Vorstellungen, um ihn einerseits wegen der Schwäche der Besatzung, worüber er immer klagte, zu beruhigen, andererseits wegen unbedeutender Vorsorgen, die er traf, während er wichtigere vernachlässigte. Er hörte sie

Rede am Feste des 14. Juli in Mainz (1799)

Am 14. Julius war es, wo Frankreichs Despotismus gestürzt, die Bastille, dies Mordhaus der Unschuld, diese Hölle zerstört wurde, wo der Hof und die Hofschranzen ihrem unbedingten Willen nach Tyrannenlust fast täglich Opfer schlachteten; an diesem Tage wurde der Grund zu dem schönsten Gebäude gelegt, welches je der Menschheit errichtet wurde. – Die Menschheit freuete sich seit Jahrtausenden wieder einmal.

Mathias Metternich

Modell der Bastille, wie es in den Festumzügen der Revolution herumgetragen wurde

an, schien sie zu billigen und handelte dann wieder ganz anders; darauf änderte er wieder sein Verhalten und zeigte in seinem ganzen Tun die größte Unentschlossenheit. Obwohl er mit seinem Stab und den Offizieren seiner Garnison verabredet hatte, das Äußere des Schlosses, wenn es angegriffen werde, so lange wie möglich zu verteidigen, so befahl er dennoch am 12. Juli abends, daß wir uns gänzlich in das Innere der Festung zurückziehen sollen und das Äußere verlassen, wo sich bis dahin die ganze Besatzung aufgehalten hatte und welches ein Posten war, wo man großen Widerstand leisten konnte. Wir mußten gehorchen. Nun waren wir hinter 80 Fuß hohen und 15 Fuß dicken Mauern, auf die wir besseres Vertrauen hatten als auf die Geschicklichkeit des Befehlshabers.

Am Morgen des 14. Juli kamen Abgeordnete der Bürger und verlangten, daß man ihnen das Schloß übergebe. Ich glaube, der Herr Gouverneur würde das getan haben, wenn nicht die Herren vom Stab und ich ihm deutlich zu verstehen gegeben hätten, daß dieses für unsere Ehre ungeziemend und nicht unserer Schuldigkeit gemäß sei. Nachmittags um 3 Uhr wurden wir angegriffen. Eine Menge bewaffneter Bürger und auch einige von den französischen Garden bemächtigten sich der Vorhöfe, die wir schon am Tag vorher verlassen hatten. Der Gouverneur ließ bei jedem Tor nur einen bewaffneten Mann, um dieses den Durchgehenden zu öffnen und wieder zu schließen. Die Zugbrücke und die Tore, welche zur Festung führten, wurden zerhauen. Dieses konnte leicht geschehen, weil es uns verboten war, dieselben von den Türmen aus mit unserm Feuer zu schützen. Nun kam man zur letzten Pforte, welche hauptsächlich den Eingang zur Festung bildet. Nachdem man die Belagerer umsonst ermahnt, sich zurückzuziehen, wurde endlich befohlen, auf dieselben zu schießen.

Erst nach vielem Zureden konnte man die Invaliden dazu bringen, auf die Feinde zu schießen. Unterdessen hatten diese einen Wagen mit brennendem Stroh auf den Eingang der Brücke gebracht und das Haus des Gouverneurs, welches im Hof lag, in Brand gesteckt. Dies behinderte uns so, daß wir den Feind nicht mehr in großer Anzahl sehen konnten. Sie hatten fünf Achtpfünderstücke und einen Bombenkessel herbeigeführt, die sie nicht weit davon als Batterie angeordnet hatten, die unsere Türme beschoß, von denen mit unsern Kanonen gegen sie gefeuert wurde. Auf diese Weise scharmützelten wir drei Stunden. Die Belagerer hatten, wie wir seither gehört, 160 Tote und Verwundete. Als die Feinde sahen, daß ihr Geschoß ohnmächtig an den Mauern abprallte, machten sie Anstalten, die Tore einzubrechen und brachten die Kanonen auf die Brücke vor dem Haus des Gouverneurs, die zum Portal führt. Als Herr de Launay diese Anstalten von den Türmen aus sah, schien er gänzlich den Kopf verloren zu haben. Ohne jemanden vom Stab oder von der Garnison um Rat zu fragen oder seine Meinung zu hören, ließ er durch einen Trommler das Zeichen zur Übergabe schlagen. Ich hörte auf zu schießen, sah mich nach Herrn de Launay um, den ich dabei fand, einen Zettel zu schreiben,

La prise de la Bastille

Départ pour le siège.

D'un pas ferme et triomphant,
R'li r'lan r'lan tan plan
Tire lire en plan,
Le bourgeois tambour battant
Marche à la Bastille
Et partout l'ardeur brille.

Les citoyens de tous rangs,
R'li r'lan r'lan tan plan
Tire lire en plan,
Suivant les drapeaux flottants,
Vont d'un air intrépide,
Rien ne les intimide.

De tous côtés on entend,
R'li r'lan r'lan tan plan
Tire lire en plan,
Le bruit de l'airain tonnant.
Contre la capitale,
O Bastille fatale!

Tu vas dans quelques instants,
R'li r'lan r'lan tan plan
Tire lire en plan,
Céder aux bras triomphants
De nos braves assiégeants.

Délivrance des captifs.
Sortez de vos cachots funèbres,
Victimes d'un joug détesté,
Voyez à travers les ténèbres,
Les rayons de la liberté!

Trop longtemps la sombre tristesse
Versa son poison dans vos cœurs,
Baignez des pleurs de l'allégresse
Le front de vos libérateurs.

Ein Insasse der Bastille, M. de Romagne, der 40 Jahre lang einsaß.

worin er den Belagerern meldete: er habe 2000 Zentner Pulver in der Festung; wenn sie die Kapitulation nicht annehmen, werde er die Festung, die Garnison und die ganze Gegend in die Luft sprengen. Ich machte ihm Vorhaltungen und sagte, wir seien noch nicht dazu genötigt, wir haben noch keinen Schaden erlitten, die Tore seien noch unverletzt.

Er war aber unfähig, etwas anzuhören und übergab mir den Zettel mit dem Befehl, ihn dem Feinde zukommen zu lassen. Ich übergab ihn durch eines der Löcher, die ich zuvor in die Zugbrücke hatte schneiden lassen. Dies blieb ohne Wirkung. Man wollte von Kapitulation nichts wissen. Ein allgemeines Geschrei: Man solle die Tore öffnen und die Fallbrücke herablassen – das war die einzige Antwort. Ich meldete dem Gouverneur, was vorgefallen war und begab mich unverzüglich zu meinem Volk und erwartete den Augenblick, wo Herr de Launay seine Drohung wahrmachen würde. Ich war sehr erstaunt, als ich einen Augenblick später vier Invaliden sah, die sich dem Portal näherten, dasselbe öffneten und die Zugbrücke hinunterließen. Im Nu war die Festung mit Volk überfüllt, das sich unser bemächtigte und uns entwaffnete. Wir mußten fürchten, auf hunderterlei Art ermordet zu werden. Man plünderte und verheerte das ganze Schloß. Wir verloren alles, was wir bei uns hatten. Endlich wurde ich mit einigen von meinen Soldaten, die während dieser Verwirrung bei mir geblieben waren, hinaus und zum Rathaus geführt. Auf dem ganzen Weg, der fast eine Viertelstunde weit ist, waren die Straßen und Häuser bis auf die Dächer hinauf mit unzähligem Volk besetzt, welches mir nichts als Fluchworte und Drohungen zurief. Unterwegs wurden zwei von meinen Soldaten von dem rasenden Volke ermordet und mehrere schwer verwundet. Ich selbst hatte während dieses Zuges eine Menge von Bajonetten, Flinten, Degen und Spießen auf meinem Leib. Diejenigen, welche keine Waffen hatten, hoben Steine gegen mich auf. Die Weiber knirschten mit den Zähnen und drohten mit den Fäusten. So kam ich unter allgemeinem Geschrei, mit der Aussicht, aufgehängt zu werden, bis auf etwa 200 Schritte ans Rathaus heran, als man mir schon den Kopf des Herrn de Launay auf einer Lanze entgegenbrachte und denselben zum Betrachten darbot. Endlich erreichte ich den Grêve-Platz. Man führte mich neben dem ermordeten Platz-Major vorbei, der noch in seinem Blute lag. Man zeigte mir den Leib seines Adjutanten. Gegenüber war man im Begriff, zwei Invalidenoffiziere und drei Gemeine an einem Laternenpfahl aufzuhängen. Diese alle waren noch kurz vorher bei mir, und ich hatte mit ihnen Umgang, seitdem ich in die Bastille gekommen war. In dieser Aussicht bestieg ich die Stufen des Rathauses. Man stellte mich einer Ratsversammlung vor und klagte mich an, daß ich auch Schuld sei an dem Widerstand, den man in dem Schloß geleistet und an dem Blut, das vergossen worden war. Ich versuchte mich so gut es ging zu entlasten und sagte, ich sei nicht schuld, da ich selbst ein Untergebener gewesen sei. Wenn einiges Unglück durch mich geschehen sei, so komme das daher, daß ich die Befehle meiner Oberen vollzogen habe. Endlich, um mich und die Überbleibsel meines Volkes dem Strang zu entziehen, trug ich ihnen meine Dienste an und übergab mich ihnen und der Nation. Ich erklärte, daß ich mit meinem Volk bereit sei zu gehorchen, wenn ich ihnen einen Dienst erweisen könne. Ob nun der Pöbel vom Morden müde war oder ob meine Verteidigung ihnen so überzeugend schien – plötzlich änderten sich die Gemüter und ein allgemeines Händeklatschen und Geschrei: »Bravo! Bravo! Bravo!« zeigte mir, daß man mein Anerbieten angenommen hatte und daß man mir Gnade widerfahren ließ. Sogleich brachte man Wein herbei und wir mußten trinken auf das Wohlergehen der Stadt und der Nation. Man führte uns zum Palais Royal in den Garten, um uns dem Volke zu zeigen, welches aber noch nicht ganz besänftigt schien. Ein Irrtum machte uns alle Gemüter gewogen. Zu dieser Zeit wurde gerade ein Staatsgefangener, den man bei der Einnahme der Bastille befreit hatte, im Triumph im Garten herumgeführt. Als wegen der Anwesenheit des Staatsgefangenen ein Gelärm erhoben wurde, da wurden wir ebenfalls als solche angesehen. In diesem Augenblick hatte alles Mitleid mit uns. Einige glaubten sogar die Wundmale von den Ketten und Banden an unseren Händen zu sehen. Man führte uns in einen Saal. Ein Redner stellte sich ans Fenster und rief uns herbei, um uns dem im Garten zahlreich versammelten Volke zu zeigen. Er sagte unter anderem: Wir seien befreite Staatsgefangene, die von den Generälen und Offizieren in die Bastille gesteckt worden seien, weil wir ihren Befehlen, auf die Bürger zu schießen, nicht gehorchen wollten. Wir verdienen ihre Hochachtung und er empfehle uns ihrer Gutherzigkeit. Es wurde jemand mit einem Körblein geschickt, um für uns das Opfer einzusammeln.

Ludwig von Flüe

Gefangenenbefreiung im Vorfeld der Revolution. Soldaten, die wegen Ungehorsam im Kampf gegen das Volk vom Hofe eingesperrt wurden, werden mit Gewalt aus dem Gefängnis befreit.

Im Andenken an die Erstürmung der Bastille: der Elefantenbrunnen.

Philosophischer Abgesang

Die Französische Revolution ist das Werk der Philosophie, aber was für ein Sprung von dem Cogito, ergo sum *bis zum ersten Erschallen des* à la Bastille *im Palais-Royal und dem Schall der letzten Posaune für die Bastille.*

Georg Christoph Lichtenberg, 1790

Abbrucharbeiten und Kerker der Bastille

* *Simon Nicolas Henri Linguet (1736–1794), Advokat in Paris, hatte wegen seiner freimütigen politischen Schriften selbst zwei Jahre in der Bastille gefangen gesessen; die oben erwähnte Weissagung findet sich in seinen »Mémoires sur la Bastille«, S. 116.*

So ist denn Linguets* Weissagung erfüllt, die Bastille liegt in Trümmern, und an ihre Stelle tritt ein Denkmal der endlich siegenden Freiheit. Man arbeitet mit unglaublicher Geschwindigkeit an ihrer Zerstörung. Mehrere hundert Menschen sind täglich damit beschäftigt; nur sonntags kann man hingehen, die Ruinen zu besehen. Alles war voll Menschen, von der Spitze der Mauern an bis in die tiefsten Gewölbe hinab. Jeder drängte sich mit frohem Stolze die Stellen zu zeigen, wo man zuerst angriff, eindrang, und endlich den verräterischen Gouverneur gefangen nahm. Wenn man den tiefen Graben, die überall mit dickem Eisen befestigte Zugbrücke, die ungeheuren Mauern, die wegen der Höhe so vorteilhafte Stellung der Besatzung, und den engen Platz zum Angriff selbst sieht; so ist es beinah unbegreiflich, wie ein Haufe schlecht bewaffneter Bürger, ohne Anführung, den Platz einnehmen konnte. Nur der Verzweiflung war dies schwierige Unternehmen möglich. Der, welcher zuerst in die Bastille drang, war ein Grenadier der Garde, Eli. Er schlug zweimal das St. Ludwigs-Kreuz aus, das man ihm zur Belohnung antrug, nahm aber 10 000 Livres jährliche Pension von der Stadt, und den Titel »Chevalier de la Bastille« an. Jetzt wird er von allen Bürgern geliebt, bewundert, vom König selbst geehrt. Siegte die Partei der Despoten, so starb er auf dem Rade. Das Innere der Bastille ist schaudervoll. Viele Gefängnisse haben beinah gar kein Licht. Nur von oben, ein paar hundert Fuß tief fällt es ein. Überall findet man in den Stein gehauene Namen der Unglücklichen, die zum Teil da ihr Leben beschlossen. Aber besonders reich an Inschriften waren die Türen und Möbel. Ich las mehrere. Fast alle klagen, Beschuldigungen teils der Aufseher, teils derer, deren Verläumdung sie für die Ursache ihrer Einkerkerung hielten. Nur eine einzige Tür fand ich, auf der ein Lob des Gouverneurs stand, und vielleicht war auch das nur geschrieben, damit der Kerkermeister es lesen, und der geschmeichelte Stolz das Schicksal des armen Gefangenen mildern möchte. Wäre der Gouverneur ein edler Mann gewesen, hätte er nur Mitleid und Menschenliebe gekannt; so hätte ihn die Zerstörung der Bastille unsterblich machen können. Man würde auf den traurigen Überbleibseln, wie jetzt seinen Fluch, so seinen Segen lesen. Die Menschen sind nie so dankbar auch gegen die kleinste Wohltat, als wenn sie von eben der Hand kommt, die alle Macht ihnen zu schaden hat, von der sie nur Stolz, Vernachlässigung, Härte erwarten. Warum würden wir sonst so zufrieden mit unseren Königen sein? Warum von den schwächsten Zeichen ihrer Güte so gerührt werden? Warum sie so willig loben, wenn sie doch wahrlich nichts mehr als erträglich sind? Als eine Festung des Mittelalters ist die Bastille ein schönes Gebäude, und es ist ganz wahr, was ich in einem französischen Schriftsteller las, daß sie ein treffliches Muster für den Künstler sein würde, der eine *belle horreur* malen wollte. In dieser Rücksicht sieht man die Zerstörung mit bedauerndem Auge an. Aber doch war sie unentbehr-

Schattenkabinett: Hofsatire im Ancien Régime

lich. Es war das eigentliche Bollwerk des Despotismus, nicht bloß als ein grauenvolles Gefängnis, sondern auch als eine Festung, die ganz Paris beherrscht.

*Wilhelm von Humboldt**

** Wilhelm von Humboldt (1767–1835) war Wissenschaftler, Philosoph und Sprachforscher. Zu Studienzwecken hielt er sich von 1797–1799 zwei Jahre in Paris auf, wo er die spätere Phase der Revolution erlebte. Dann machte er als Diplomat Karriere und gründete die Berliner Universität (1810).*

Abriß der Bastille. Die Arbeiten begannen gleich nach der Eroberung am 14. Juli 1789.

Nach der Bastille-Erstürmung

Erst am 15. Juli durchschaut der König die Tragweite der Ereignisse, er geht in die Nationalversammlung und erklärt den Abzug der Truppen – noch ruft er Necker nicht zurück. Trotzdem kommt sein Verhalten einer totalen Kapitulation gleich. Das Volk ist begeistert und feiert seinen Sieg. Bailly (ein Astronom) wird Bürgermeister von Paris, La Fayette General der Bürgermiliz, die bald darauf Nationalgarde genannt wurde. Am 16. Juli ruft Ludwig Necker zurück und gibt sich geschlagen. Am 17. kommt er auf Wunsch des Volkes nach Paris und schließt sich der Revolution an. Er setzt die Kokarde auf (die um die Farbe weiß wegen der Monarchie erweitert wird). Die Erniedrigung des Königs ist perfekt. Schon am 16. Juli verläßt der Comte d'Artois mit seiner Familie das Land und eröffnet damit die erste Welle der Emigration.

Jean Silvain Bailly (1736–1793) wurde erster Bürgermeister der Stadt Paris. In der ersten Revolutionsphase spielte er eine wichtige Rolle bei der Vermeidung von Unruhen in Paris.

Abstieg in die Verliese

Von hier arbeiten wir uns nach der Rue Saint-Antoine durch, an deren Ende wir das ehemalige Bollwerk des französischen Despotismus, die Bastille, finden; diesen furchtbaren Schlund, der so manches unschuldige Schlachtopfer der Tyrannei verschlang; diesen Ort des Schreckens und des Jammers, den so manche heiße Träne benetzte, und aus dessen tiefen und finsteren Gräben, mit lebendigen Leichen angefüllt, so mancher, von Angst und Verzweiflung erpreßter Seufzer durch ungeheure Felsenwände und eiserne Türen zum Vater der Menschen, zum Richter der Könige emporstieg und um Rache schrie. Jetzt sind sie erhört, diese jammervollen Seufzer; die schaurige Burg liegt, wenigstens zum Teil schon, in ihren Ruinen da, und wird nun bald vollends darin liegen. Da übrigens vorauszusehen ist, daß ganz Deutschland nächstens mit Bastillenbeschreibungen überschwemmt werden wird: so begnüge ich mich, Sie nur auf die Höhe und Dicke des noch stehenden Gemäuers aufmerksam zu machen, und Sie dann in eine der beiden unterirdischen Grüfte zu führen, deren Anblick hinreichen wird, Sie mit Grausen und Entsetzen zu erfüllen. Wir fangen in der Höhe des Erdgeschosses an, hinab zu steigen; ein Mann, mit einem Lichte in der Hand, geht voran; wir glauben, durch einen senkrechten Schacht in ein Bergwerk zu fahren, so enge, steil und finster finden wir die hinablaufende Wendeltreppe. Ich bitte Sie, die Stufen zu zählen; Sie werden ihrer 43 finden. Jetzt kommen wir an die letzte

Wirklichkeit oder Schauerromantik? Innenansicht des Bastille-Gefängnisses

eiserne Tür, welche das elendeste aller menschlichen Wesen, den unglücklichen Bewohner dieses Grabes, von allem, was menschliches Dasein, was Vergnügen und Glückseligkeit oder nur Trost im Leiden heißt, vielleicht für immer absondert. Die schreckliche Tür öffnet sich; wir treten in eine dumpfe, feuchte mit mitternächtlicher Finsterniß und mit pestilenzialischen Dünsten angefüllte Gruft, wohin, so lange sie existiert, noch nie ein Strahl der Sonne drang; und erblicken die starke eingemauerte Kette, mit einem breiten und dicken eisernen Leibbande versehen, woran der Unglückliche, gleich einer wilden Bestie, angeschmiedet auf feuchtem, kalten und schmutzigen Boden lag. Der Letzte, welcher hier lag und schmachtete, und das Ende seines jammervollen Daseins herbeisehnte, hieß Dubarry. Er hatte seinen Namen, vermutlich mit den Nägeln seiner Hand, in die Mauer gekratzt; alles andere, was er auf eben diese Weise auszudrücken gesucht hatte, ist zu unleserlich, als daß man einen Sinn herausbringen kann. Und was hatte der Unglückliche getan, um zu so einem jämmerlichen und grauenvollen Zustande verdammt zu werden? Hatte er vielleicht den Staat verraten? War er ein Mordbrenner gewesen? Hatte er seinen Vater ermordet und den Busen seiner Mutter zerfleischt? Ach, wahrscheinlich nichts von alle dem! Er hatte vielleicht nur in einer Gesellschaft von Freunden ein lustiges Wort über einen allmächtigen Pfaffen ausgesprochen, oder ein scherzhaftes Sinngedicht auf eine königliche Lustdirne gemacht, oder seinen Unwillen darüber geäußert, daß die Pompadour ihre Kreaturen zu Ehrenämtern erhob, deren sie unwürdig waren. Für solche und ähnliche Verbrechen nämlich, die man *Staatsverbrechen* zu nennen die Stirn hatte, war die Bastille eigentlich bestimmt; und die Verurteilung zu dieser Gefangenschaft geschah bekanntlich nicht durch richterlichen Spruch, nach vorhergegangener öffentlicher Untersuchung und Bekanntmachung des angeblichen Verbrechens, sondern durch geheime Siegelbriefe*, diese furchtbaren Blitzstrahlen, welche von dem schimmernden Thron des Despotismus, wie aus einer von der Sonne bestrahlten Glanzwolke am blauen Himmel, oft ganz unerwartet herabschossen, und das Haupt eines unschuldigen, ruhigen, gar nichts Arges ahnenden Bürgers trafen. Dies, dies war es eigentlich, was die Bastille zu einem Ort des Greuels und zum Gegenstand der Verwünschung nicht nur in Frankreich, sondern auch durch ganz Europa machte – die gesetzlose *Willkürlichkeit* nämlich, mit der man Schuldige und Unschuldige, ohne alles vorhergegangene rechtliche Verfahren, an diesen Ort des Jammers schleuderte, um sie hier auf viele Jahre, oft auf Lebenszeit lebendig zu vergraben, oder wohl gar, wie es mehr als wahrscheinlich ist, sie zum Teil heimlich, durch Gift oder Strang, aus der Zahl der Lebendigen verschwinden zu lassen.

Genug von dieser gräulichen Burg, an deren Stelle sich nun bald ein herrliches Denkmal der Erlösung von den Schrecknissen der willkürlichen Alleingewalt erheben wird!

*Joachim Heinrich Campe**

Jacques Necker (1732–1804) war unter Ludwig XVI. Finanzminister. Er hatte das Vertrauen des Bürgertums und des Volkes. Als er wegen seiner strengen ökonomischen Maßnahmen vom Hofe aus dem Amt entfernt wurde, bewirkte das Volk seine Rückkehr ins Amt. 1790 verließ er Paris.

* *Die Siegelbriefe (Frz. Lettres de cachet) waren gefürchtete Instrumente der Willkür in den Händen von Ministern, Günstlingen und einflußreichen Damen. Es handelt sich um blanko ausgestellte Haftbefehle, mit denen jeder ohne Anhörung und ohne Angabe von Gründen für lange Zeit eingekerkert werden konnte. Mit diesen Siegelbriefen waren viele Aufklärer, darunter Voltaire und Diderot, vorübergehend in die Bastille eingeliefert worden.*

* *Joachim Heinrich Campe (1746–1818) war Pädagoge und zunächst als Hauslehrer tätig. Er unterrichtete die beiden Brüder Wilhelm und Alexander von Humboldt. Seine Briefe aus Paris (1790) gehören zu den zahlreichen Zeugnissen deutscher Augenzeugen der Französischen Revolution.*

Stimmung nach dem Sieg

Gegen halb vier Uhr nachmittags verlasse ich das Haus, den Kopf noch wirr, und gehe von der Notre-Dame-Brücke wie ein Betrunkener in die Stadt hinein. Der große Tag, der Tag der Freiheit, weckte mich allmählich auf: ich atmete wohlig, als ich plötzlich vor mir eine erregte Menschenmenge erblickte... Ich nähere mich – o grauenvoller Anblick! – ich sehe zwei Köpfe, die auf Lanzen aufgespießt sind! Bestürzt ziehe ich Erkundigungen ein.

Ich gehe weiter; tausend Stimmen verkünden: »Die Bastille ist genommen!« Ich glaubte es nicht und setzte meinen Weg fort, um mir die Belagerung der Bastille anzusehen.

Mitten auf dem Platz finde ich einen seines Kopfes beraubten Körper im Rinnstein liegen, daneben noch fünf oder sechs andere. Ich frage.

»Das ist der Gouverneur der Bastille.«

Ich entferne mich, ohne weitere Fragen zu stellen: meine Seele war zu erschüttert; sie hätte in ihrer stürmischen Erregung Einzelheiten nicht ertragen können.

Nachdem ich durch die Säulenhalle der Präfektur gegangen war, traf ich andere Kannibalen; einer von ihnen – ich habe ihn gesehen – trug auf einer Lanze die blutenden Eingeweide eines Opfers der Volkswut, und niemand entsetzte sich vor diesem grauenvollen Bukett.

Ein Stück weiter begegne ich dem Zuge gefallener Belagerer, die auf einer Bahre fortgeschafft werden. Ich sah im ganzen fünf, darunter zwei

Königliche Geiseln

Die Zerstörung der Bastille beseelte den Mut des Publikums, so wie sie für den Hof ein Todesschlag war. Der Sieg des Volks oder, welches das Nämliche gesagt ist, die Erniedrigung seiner Feinde, war so glänzend, daß der König gezwungen war, diejenigen, so er den Tag zuvor verabschiedet hatte, zurückzurufen und sich und seine Familie der Nation als Geisel zu übergeben.

Wilhelm Ludwig Wekherlin

Der König kommt am 17. Juli nach Paris zurück

Verwundete. Junge, schöne Lippen – mich überläuft noch jetzt ein Schauder des Entsetzens – riefen: »Hängt sie! Hängt sie!«

Ich wollte mir den Beginn der Belagerung der Bastille ansehen, und schon war alles beendet: die Festung war genommen. Die Sieger warfen Papiere, die für die Geschichte von hohem Wert waren, von den Türmen in die Gräben hinunter. Ein Geist der Zerstörung beherrschte die Stadt.

Ich sehe die gefürchtete Bastille vor mir, auf die ich vor drei Jahren bei meinen allabendlichen Spaziergängen in der Rue Neuve-Saint-Gilles nicht den Blick zu heften wagte! Ich sah sie fallen mit ihrem letzten Gouverneur.

*Rétif de La Bretonne**

* *Nicolas Edme Restif (oder Rétif) de la Bretonne (1734–1806) war ein erfolgreicher Romanschriftsteller, dessen empfindsam-realistische Werke Dutzende von Bänden füllen. Mit seinen* Pariser Nächten *gehört er zu den aufmerksamen Beobachtern des alltäglichen Lebens zu Zeiten der Revolution.*

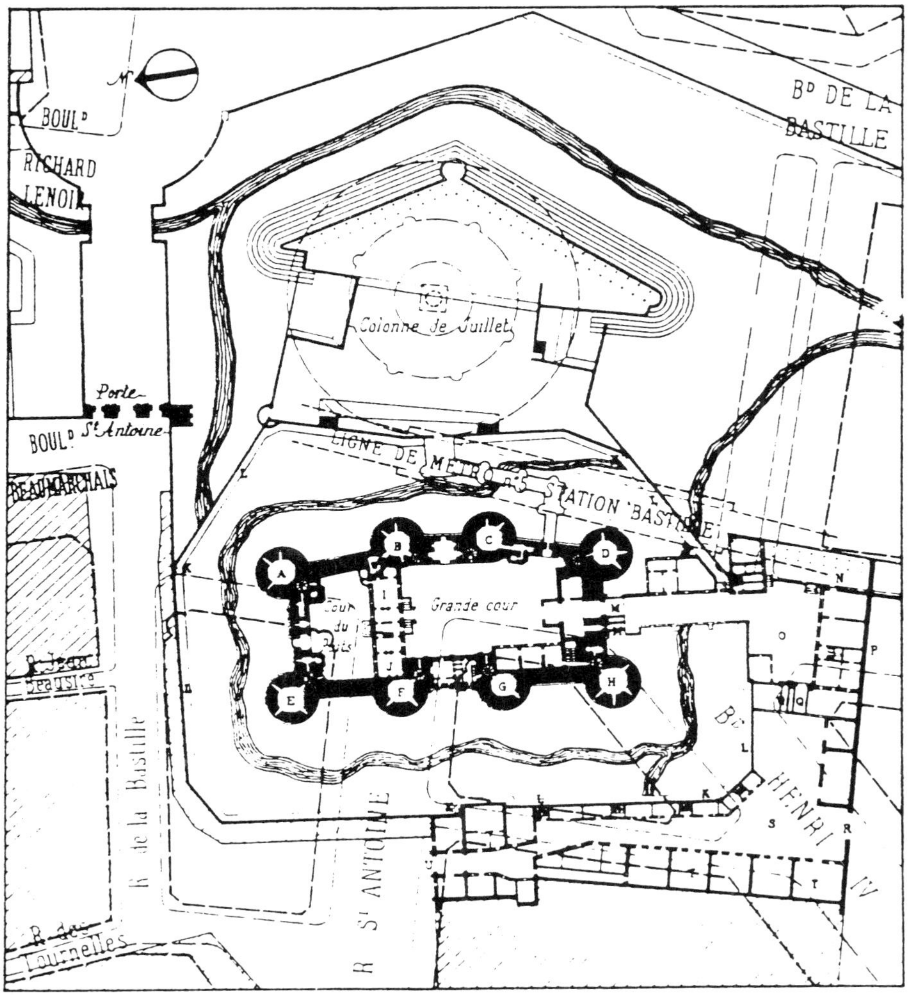

Grundriß der Bastille, unterlegt mit der heutigen Straßenführung (gestrichelte Linien)

Sympathie für die Opfer

5.8.1789

Die Barbareien, deren man sich hier schuldig gemacht, übertreffen alle Beschreibung. Ich will nur der schmählichen Marter des Herrn von Sauvigny* erwähnen. Das Volk zerriß seinen Wagen, in welchem er, schon als Gefangener, ankam, erst die Seiten und die Decke, dann den Sitz, dann zwang man ihn, den Kopf seines eben vorher gehenkten Schwiegervaters, des Staats-Rats Foulon*, zu umarmen und zu küssen. Er wurde aufs Rathaus geführt, und wie er von da wieder weggebracht wurde, der Wache entrissen, aufs Pflaster geschmissen, mit Füßen gestoßen, angespien und dann an einen Laternenpfahl gehenkt. Das Seil riß, und der Unglückliche wehrte sich und wurde in Stücke gehauen. Man schnitt mit einem stumpfen Messer den Kopf ab und schnitzte zehn Minuten daran. Ein Soldat riß ihm das Herz aus und steckte es auf eine Picke und trug das noch rauchende Eingeweide so aufs Rathaus.

Anonymes Schreiben aus Paris

** Bertier de Sauvigny (1742–1789) war Intendant von Paris und für die Lebensmittelversorgung der Stadt zuständig. Das Volk warf ihm vor, die Preise des Korns und damit des Brotes künstlich erhöht und auf eigenen Profit spekuliert zu haben. In einem Lynch-Verfahren wurde er Opfer des aufgebrachten Volkes, die Versuche La Fayettes, ihn zu retten, schlugen fehl.*

Kopf von Foulon

** Joseph-François Foulon (1715–1789) war Schwiegervater von Bertier de Sauvigny. Unter Ludwig XVI. diente er vorübergehend als Finanzminister. Wegen seiner harten Finanzpolitik war er dem Volk verhaßt. Aus Angst um sein Leben zog er es vor unterzutauchen. Er verbreitete die Nachricht von seinem Tod und ließ an seiner Stelle einen seiner Bediensteten bestatten. Auf seinen Ländereien aber wurde er erkannt und mit einer starken Eskorte nach Paris gebracht. Dort wurde er an einer Laterne aufgehängt, enthauptet und sein Kopf im Triumph durch Paris getragen.*

II.
Ausländer in Paris

Schon lange bevor Paris im 19. Jahrhundert zur heimlichen Hauptstadt Europas wurde, war die französische Metropole unverzichtbarer Bestandteil jeder Bildungsreise. Als Zentrum der Kunst, der Mode und der Architektur zog Paris Jahr für Jahr Hunderte von Ausländern an.

Seit dem 14. Juli 1789 wurde Paris zudem das Mekka der europäischen Freiheitsfreunde. Jeder wollte mit eigenen Augen sehen, wie sich die mächtigste absolute Monarchie der Welt in eine konstitutionelle Monarchie und dann gar in eine Republik hatte verwandeln können. So erhielten 18 Ausländer, die für die Revolution waren und aktiv an ihr teilnahmen, von der Nationalversammlung 1792 das französische Bürgerrecht. Unter ihnen Klopstock, Campe, Schiller und Clootz, Washington, Payne und Pestalozzi. In den Briefen, die eifrig in die ferne Heimat entsandt wurden, spürt man das Erstaunen, die Begeisterung und auch die bedrükkende Angst, die den Neuankömmling ergreifen konnten.

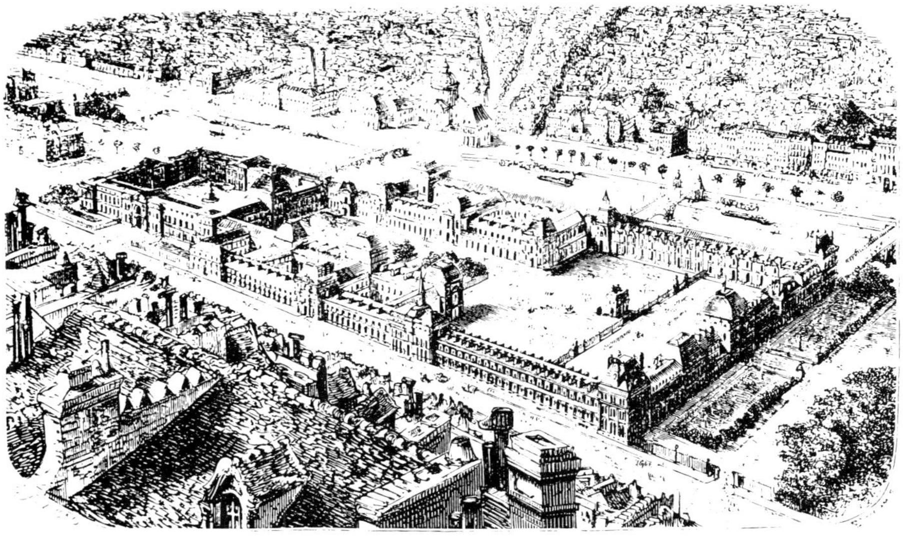

Der Louvre und das Tuilerien-Schloß

Wie erledigt man die Paßformalitäten? Reisevorkehrungen

Wer von Deutschland aus nach Paris reisen will, muß den Paß, welchen er sich von der Regierung seines Landes geben läßt, einer in seiner Stadt oder Nähe angestellten diplomatischen Person, einem französischen Gesandten oder Residenten vorzeigen und von demselben visieren lassen.

Für Deutschland ist jetzt der Haupteinlaßort Strasbourg, und es gelten noch dieselben alten Verordnungen. Da man auf den neuen Paß, den man erhält, sowohl als in das Protokollbuch seinen Namen schreiben muß, so wird die Übersendung durch den Lohnlakaien nur in dringenden Fällen angenommen, in welchen ein Subaltern des Präfekten sich in den Gasthof begibt. Mit dem Grenzpasse kommt man ungehindert bis Paris, und wenn man nach demselben in dem Hauptorte eines anderen Departements gefragt werden sollte, so ist es ratsam zu sagen, daß man gleich wieder abreise.

Zwei oder drei Tage nach seiner Ankunft in Paris meldet sich der Reisende bei der Polizei-Präfektur im Palais-de-Justice, gibt seinen Paß ab und bittet um einen »Permis de séjour« (Aufenthaltsgenehmigung). Außer an einem Montage, wo das Gedränge, wegen des vorangegangenen Festtages, gewöhnlich sehr groß ist, wird man dort schnell, immer höflich expediert. Vor Ausfertigung des Erlaubnisscheines wird gefragt, wie lange man sich in der Hauptstadt aufhalten wolle. Ist es länger als einen Monat, so bekommt man nur die einstweilige Erlaubnis auf vier Wochen, während welcher man beobachtet wird. Ist es kürzere Zeit, so wird das Verlangen gleich gewährt und man bezahlt 31 Sous. Diesen »Permis de séjour«, der für Paris und für die Kommunen von St. Cloud, Sèvres und Meudon ausgestellt ist, führe man immer bei sich, um sich durch denselben ausweisen zu können, wenn man aus Verwechslung irgendwo angehalten werden oder im Theater in einen Tumult kommen sollte.

Reisegeld: Nebst den Pässen ist das Reisegeld das wesentlichste Erfordernis. Außer einem Kreditbrief an ein Pariser Handelshaus nehme man ungefähr so viel an barem Gelde mit, daß man nicht in Verlegenheit kommt, falls dieses Haus vielleicht unterdessen seine Zahlungen eingestellt hätte.

*Heinrich August Ottokar Reichard**

Reisen anno dazumal: der Zoll

Durch ein Dekret der Nationalversammlung von 1790 wurden die Zollämter an die Grenzen der Republik verlegt. Die Zöllner erhielten folgende Uniform: grüne Hose, grüner Rock, rote Weste; eine gelbe Schnalle mit der Aufschrift »Französische Republik« und »Nationaler Zoll«. Die Offiziere trugen einen gelben Kragen.

Hauptaufgabe des Zolls war es, den Import von im Ausland hergestellten Waren zu kontrollieren und den Export von Wertgegenständen, welche die Republik benötigt, zu unterbinden. So war es verboten, Gold oder Silber auszuführen, das in Frankreich geprägt wurde.

Der Reisende mußte bei der Einreise nach Frankreich das mitgeführte Gold und Silber deklarieren und erhielt dafür eine Quittung, die er bei der Ausreise zur Ausfuhr derselben Summe Geldes vorzuzeigen hatte (eine Vorform der modernen Devisenkontrollen).

Heinrich August Ottokar Reichard

** Heinrich August Ottokar Reichard (1751–1828), war vielseitig begabt: Theaterdirektor, Bibliotheksdirektor, Kriegsminister in Sachsen-Gotha, Diplomat. Nach einer Europareise veröffentlichte er einen Reiseführer (1. Auflage Weimar 1793), dessen Erfolg beachtlich war. Ein findiger französischer Verleger brachte daraufhin gleich eine ganze Serie falscher Reichard-Reiseführer auf den Markt.*

Weinpanscherei im 18. Jahrhundert

In Ländern wo keine Weinberge sind, sei der Reisende vorsichtig, um nicht von verfälschten Weinen vergiftet zu werden. Wenn der Wein durch Beimischung des Probeflusses schwarz wird, so ist es ein Zeichen, daß derselbe mit Silberglätte verfälscht und der Gesundheit höchst nachteilig ist. Der verfälschte Wein schmeckt im Munde süßlich, aber etwas zusammenziehend.

Fremde, ausländische Weine kann man nur in jenen Gasthöfen mit Sicherheit genießen, welche schon durch den allgemeinen Ruf bekannt sind. Übrigens sind die Verfälschungen der Weine mit Zucker, Rosinen, Zibeben, Feigen und anderen genießbaren Dingen wenigstens der Gesundheit nicht so nachteilig, als die durch Silberglätte.

Wenn der Reisende in den Gasthöfen mit Wein Mineralwasser zu trinken verlangt, so erkundige er sich vorher um die Bestandteile desselben, ehe er unvorsichtig davon trinkt. Brunnenwasser, welches über Nacht einen weißen Rand in dem Glase ansetzt, vielleicht gar kleines Gewürme in sich enthält, ist ein schädlicher Trank. Wenn man auf Reisen in heißen Sommertagen mit Quell- oder Fließbachwasser den brennenden Durst löschen will, so seihe man zuvor das Wasser durch ein reines Tuch und mische etwas guten Weinessig mit Zitronensaft hinzu.

Heinrich August Ottokar Reichard

Der Dritte Stand erwacht zum politischen Bewußtsein

Touristen

Die Revolution zog viele Deutsche an. Schriftsteller, Politiker, Wissenschaftler, Pädagogen: für alle war das Geschehen einmalig und alle empfanden die Bedeutung des politischen Umsturzes. Neben Joachim Heinrich Campe sind vor allem Gerhard Anton von Halem, Konrad Engelbert Oelsner, Friedrich Johann Lorenz Meyer, Georg Kerner und Georg Forster zu nennen. An geeigneter Stelle werden sie einzeln vorgestellt.

Geselligkeit in der Kutsche

Die Stadttore im Norden von Paris grenzen Paris gegen die Faubourgs, die Vororte ab.

Paris, den 29. Juli 1791

Mein lieber Vater, am Dienstag um 1 Uhr bin ich in der großen Stadt angekommen. Meine Reise verlief ausgezeichnet. Keinerlei ärgerliche Zwischenfälle und die ganze Zeit schönes Wetter. Im Wagen waren die Herren Loise, Pourrot, ein Kadett des Kavallerieregiments in Besançon, ein Zimmermädchen und ein Diener. In Auxonne ist ein alter Adeliger mit seiner Frau zugestiegen. Der Kadett hat uns in Dijon verlassen und alle anderen sind bis Paris gereist. Den ersten Tag habe ich mit dem Führer im Kabriolett verbracht. Der Mann hat nicht geredet und war ein wenig grob. Tags drauf habe ich mir einen kleinen Holzstuhl gekauft und bin auf Wunsch der anderen Herren mit den Passagieren in der Kutsche gereist. Wir haben die ganze Fahrt über gut gegessen und fast gar nicht geschlafen, zwei Stunden in Dijon, zwei in Châtillon, und in der letzten Nacht fuhren wir gleich nach dem Essen ab. Gegessen haben wir immer gemeinsam. Herr Loise hat uns zum Abendbrot in Auxonne eine zwölfpfündige Forelle bringen lassen, die er uns allen spendierte. Der alte Herr aus Dijon zahlte in Troye Champagner, während des ganzen Essens, und hat noch welchen in den Wagen laden lassen. Herr Pourrot erfreute uns mit einem Essen im Wagen, das er in einer Herberge gekauft hat. Der Diener, oder so eine Art Diener, denn was er genau ist weiß ich nicht, hat uns auch in der Kutsche einen kleinen Nachmittagsimbiß ausgegeben, so daß wir auf Aprikosen herumtrampelten. Meine Kleidung ist voller Wein, den die Trinkenden wegen der Sprünge des Wagens über alle verschütteten. Schließlich habe ich, kurz vor Paris, zwei kalte Hühner und ein wenig Gebäck gekauft, das ich allen meinerseits ausgab. Weil noch Wein da war, kam ich billiger davon als die anderen. Die Herbergen sind sehr teuer. Wir zahlten 45 bis 50 Sous pro Essen, ganz abgesehen davon, was die Herren noch extra auslegten. Wir haben gesungen, viel gelacht und wir sind alle recht müde angekommen.

Als wir beim Büro der Kutschen vorfuhren, gelangte ich in einen großen Hof, der zwei Ausgänge hatte. Ich wußte nicht, ob ich nach rechts oder links gehen mußte. Ich habe jemand gefunden, der mir den Weg zeigte, und der mein Gepäck trug. Nach einer knappen Viertelstunde waren wir im Hotel, sie nennen das »in der Nähe«.

Ich fragte den Portier nach meinem Onkel, aber dieser sagte, er sei ausgegangen, als ich ihn plötzlich die Treppen heruntersteigen sah. Der Onkel meinte, ich käme zu spät und Ihr hättet mich schicken sollen, als er es verlangte. Ein Herr wartete auf ihn, um ihn zum Essen zu begleiten. Er führte mich in sein Zimmer. Ich sagte ihm, daß ich schlafen müßte, er hat mich daraufhin eingeschlossen und ist weggegangen. Ich warf mich auf ein Bett. Es war ½ 2 Uhr, und als er um ½ 10 zurückkam, schlief ich immer noch. Er führte mich in ein Restaurant. Alles war dort aus Glas und der Saal war wunderbar. Mir wurde eine Suppe mit Nüdelchen serviert, ein ganzer Topf voll, in dem mindestens 2 tiefe Teller waren; dann ein großes Stück Hammel mit Kräutern darunter, gutes Brot, und das Ganze für 14 Sous ½ für das Essen, und 2 Sous für das Brot. Ein Teller reicht hier für zwei. Man erhält eine Karte und bestellt das Essen, das man gerne hätte. Von dort bin ich zum Palais Royal gegangen und wir sind gegen Mitternacht zurückgekommen.

Claude-Ferdinand Faivre, 19 Jahre, an seinen Vater

Ankunft in Paris

Die Alleen von hohen Ulmen, welche nach Paris führen, fangen schon diesseits Ferté sous Jouarre an. Von Clayes aus verkündigen schöne Kampagnen mit englischen Gärten die Nähe der Hauptstadt; unangenehm verrät sie das harte Steinpflaster, das dem Reisenden ebenso lästig als dem Wagen gefährlich ist. Kurz hinter Clayes sieht man die Türme und die vielen Windmühlen von Montmartre, dicht neben uns fließt der Kanal der Ourcq – in Bondy wird umgespannt. Ungeduldig blickt das Auge umher nach der Hauptstadt; aber erst muß man die Höhe von Pantin ersteigen und selbst den von keinem Visitator bewachten Schlagbaum hinter sich haben, ehe man die stumpfen Türme der Kirche Notre Dame und den Dom der Invaliden links unter sich erblickt.

Nun ist man in Paris, aber das Leben der Hauptstadt beginnt noch nicht im Faubourg Saint-Martin, sondern erst dann, wenn man die Boulevards erreicht hat.

Heinrich August Ottokar Reichard

Erste Impressionen

Neun Zehntel der Straßen sind mit Kot bedeckt und alle ohne Gehsteig. Spazierengehen, was in London so angenehm und so sauber ist, daß die Damen es täglich tun, ist hier eine anstrengende Sache für einen Mann und eine Unmöglichkeit für eine gut angezogene Frau. Kutschen sind zahlreich, und, was noch schlimmer ist, es gibt eine Unzahl von einspännigen Cabriolets, die von jungen Männern von Welt und ihren Nachahmern mit solcher Geschwindigkeit gefahren werden, daß sie die Straßen ungemein gefährlich machen. Ich bin selbst des öfteren mit Schlamm bespritzt worden.

Arthur Young

Was die Ausländer überrascht

Was zunächst den Reisenden überrascht, ist jene allgemeine Sanftmut, jene offene Heiterkeit, die in allen Gesellschaften herrscht. Bei all denen, die nicht zum Volk gehören, findet man eine Menge vernünftiger Ansichten und richtiger Meinungen über die Dinge; in anderen Kreisen sind diese Ideen nur in den Büchern, aber nicht in den Köpfen. Die Moral, die zu einer so großen Gemeinschaft gehört, ist in der Hauptstadt mehr entwickelt worden als irgendwo sonst. In Paris spürt man, was der Mensch, wenn er mit seinesgleichen lebt, den anderen Menschen schuldet. Durch den guten Ton, den der allgemeine Brauch angibt, entsteht jene Verträglichkeit der Gemüter, welche die Harmonie zwischen den Charakteren fördert und den immer drohenden Ausbruch von Stolz und Bosheit verhindert. Der Geschmack in der Literatur und die Pflege der Wissenschaften, die zur gegenseitigen Annäherung der Menschen beitragen, scheinen aus den verschiedenen Ständen einen einzigen großen Stand zu machen.

Je mehr ich reise, umso mehr liebe ich meine Heimat, sagte der französische Dichter Du Bellay*. Die Wahrheit dieses Verses wird von jedem Pariser, der auf Reisen geht, bestätigt.

Louis Sébastian Mercier

Die Boulevards gewährten wirklich einen überaus ergötzlich bunten Anblick, und ich dachte an das alte Sprichwort: Wenn der liebe Gott sich im Himmel langweilt, dann öffnet er das Fenster und betrachtet die Boulevards von Paris.

Heinrich Heine

* *Joachim du Bellay (1522–156?) war für einige Jahre aus seiner Heimat weggegangen und hatte in Rom am päpstlichen Hof gelebt. In seiner Gedichtsammlung* Les regrets *(»Reue, Sehnsucht«), die 1558 erschien, sang er das Loblied seiner Heimat.*

Der Platz Ludwig XV. ist der heutige Concorde-Platz. Während der Republik wurde er in Revolutionsplatz umgetauft. Die Guillotine hatte hier ihren festen Platz.

Der Tourismus macht vor der Revolution nicht halt

Sie erwarten nun sicher, mein lieber T. . . . , daß ich Sie in ganz Paris herumführen, Ihnen eine örtliche Beschreibung davon machen, und die sogenannten Sehenswürdigkeiten dieser unermeßlichen Stadt Ihnen der Reihe nach aufzählen soll. Aber wenn Sie das auch – ich weiß nicht wozu? – von mir erwarten könnten: so würde ich doch unfähig sein, Ihre Erwartung zu befriedigen. Was sind steinerne Paläste, was Tempel und Denkmäler an einem Orte, wo man jetzt eben damit beschäftigt ist, ein unvergängliches Ehrendenkmal unseres Jahrhunderts, das erhabene Gebäude einer auf Vernunft und Recht gegründeten neuen Konstitution zu errichten? Was sind tote Gemälde und Bildsäulen, rührten sie auch von den ersten Meistern der Welt her, zu einer Zeit, da man das große Schauspiel eines ganzen, der Sklaverei entronnenen Volkes, in den Momenten seiner politischen und moralischen Wiedergeburt beobachten kann, indem es eben damit beschäftigt ist, seine Ketten vollends abzustreifen, um nun das Ungeheuer, welches sie geschmiedet und ihm angelegt hatte – die willkürliche Alleingewalt – selbst damit zu fesseln? Wer mag hier jetzt etwas anderes sehen, oder wer, wenn er auch etwas anderes sieht und zu sehen nicht umhin kann, mag von etwas anderem reden, oder gar seinen abwesenden Freunden von etwas anderem schreiben, als von diesem einigen großen Volksschauspiele, welches die ganze Seele des erstaunten Zuschauers unwiderstehlich auf sich zieht und fest hält? Also weg mit allem, was Sie in dem »Séjour de Paris«, in den »Curiosités de Paris«, in dem »Guide des étrangers« und in 20 anderen Reiseführern dieser Art umständlicher und vollständiger beschrieben finden, als ich es Ihnen beschreiben kann und mag!

Nur zu einem einzigen Spaziergang nach einem gerade jetzt vorzüglich sehenswürdigen Platz dieser Stadt, muß ich sie doch einladen, um Sie in den Stand zu setzen, sich das große Volksgewühl und die mannigfaltigen interessanten Schauspiele, welche die Augen des Fremden, bei jedem Schritt, auf sich ziehen, ein wenig auszumalen und gleichsam als Zuschauer zu denken. Wir treten aus unserem Quartier, dem Hotel de Moscovie, auf die Rue des petits Augustins, die in gerader Richtung nach dem mittäglichen Ufer der Seine läuft. Das Erste was uns, außer der hin und her wallenden Volksmenge, auffällt, sind die vielen, dicht ineinander geschobenen Menschengruppen, welche wir teils vor vielen Haustüren, wo entweder Bürgerwachstuben, oder Bäcker wohnen, teils vor all denjenigen Häusern erblicken, deren Mauern mit Affichen beklebt sind. Dieser Affichen oder Bekanntmachungszettel sieht man in allen Straßen, besonders an den beiden Seitenwänden aller Eckhäuser und an dem ganzen Gemäuer aller öffentlichen Gebäude auf den Quais und sonstigen freien Plätzen, eine so unzählbare Menge, daß ein rüstiger Fußgänger und geübter Schnelleser den ganzen Tag, vom Morgen bis an den Abend herumlaufen und lesen könnte, ohne nur mit denjenigen fertig zu wer-

Diese Allegorie des neuen Staates zeigt, wie sich die Revolution zunächst für die begeisterten Reisenden darstellte: die Privilegien, der Zehnt und die Feudalrechte werden mit Füßen getreten; in der einen Hand die Menschenrechte und die Verfassung, in der anderen ein Bündel, das mit der Freiheitsmütze gekrönt ist und vom König zusammengehalten wird.

den, welche man an jedem Tage von neuem ankleben sieht. Bald ist es der engere Ausschuß auf dem Hotel de Ville, bald die bewaffnete Bürgerschaft überhaupt oder die eines Distrikts im besonderen, bald sind es die Distriktsrepräsentanten in den 60 Quartieren oder Distrikten der Stadt, welche Verordnungen und Benachrichtigungen für die Bürgerschaft anschlagen lassen; bald sind es andere Kommunen, Gesellschaften oder einzelne Personen, welche das Publikum durch Bekanntmachungszettel, bald von diesem, bald von jenem, was geschehen ist oder geschehen soll, unterrichten wollen. Denken Sie sich, wie diese Publizität, diese Teilnahme Aller an allem, auf die Entwicklung der menschlichen Seelenkräfte, besonders auf die Verstandes- und Vernunftsausbildung der Leute wirken muß!

Vor jedem, mit dergleichen Zetteln beklebten Hause sieht man ein unendlich buntes und vermischtes Publikum von Lastträgern und feinen Herrn, von Fischweibern und artigen Damen, von Soldaten und Priestern, in dichten, aber immer friedlichen und fast vertraulichen Haufen versammelt, alle mit emporgerichteten Häuptern, alle mit gierigen Blikken den Inhalt der Zettel verschlingend, bald leise, bald mit lauter Stimme lesend, darüber urteilend und debattierend. Auffallend und befremdend für den Ausländer ist hier der Anblick ganz gemeiner Menschen aus der allerniedrigsten Volksklasse, z. B. der Wasserträger, welche die Küchen aller Häuser der Stadt, wohin keine Wasserleitungen führen, mit dem unreinen Seinewasser versorgen, – auffallend, sage ich, ist es, zu sehen, welchen warmen Anteil sogar auch diese Leute, die größtenteils

Camille Desmoulins predigt Aufruhr im Palais Royal

weder lesen noch schreiben können, jetzt an den öffentlichen Angelegenheiten nehmen, zu sehen, wie sie ihre Eimer wohl zwanzigmal in einer und eben derselben Straße niedersetzen, um erst zu hören, was der Kolporteur ausruft oder was etwa einer von denen, welche vor den Bekanntmachungszetteln sich angehäuft haben, mit lauter Stimme abliest und was von anderen darüber geurteilt und vernünftelt wird; zu sehen – was ich mehrmals beobachtet habe – wie vier, fünf oder sechs solcher armseligen Lastträger mit einem ihrer Kamaraden, der den seltenen Vorzug besitzt, Gedrucktes lesen zu können, in Verbindung treten, ihre Münzen zusammenlegen, sich dafür gemeinschaftlich eines der fliegenden Blätter oder der kleinen Broschüren des Tages kaufen, und nun zwischen ihren Eimern oder sonstigen Lasten sich dicht zusammen stellen, um dem vorlesenden gelehrten Kameraden, mit vorgehaltenem Ohr, starren Augen und offenem Munde zuzuhören.

Paris 1790

Joachim Heinrich Campe

Die Sorbonne war über Jahrhunderte der Sitz des traditionellen Wissens und der staatstreuen Kirche. Mit der Revolution hörte auch das geistige Monopol der Sorbonne auf.

Schauspieler auf der Bühne des Lebens

Paris, den 23. Januar 1791

Was soll ich Ihnen von allem dem, was mich jetzt umgibt, sagen? Alles, was wir von Anfang der Dinge wünschten, ist wahr – und das andere alles erlogen und mit den Farben gemalt, die man bestellt hat ... Die Umwandlung dieses Volkes ist unglaublich, und so, wie man sich der Hauptstadt nähert, wird alles schlackenreiner ... Sobald man Lothringen verlassen hat und in die Champagne eintritt, wird's zusehends besser. Paris aber übertrifft alle Erwartungen an Ganzheit der Gesinnung, an Größe der Bilder, an Festigkeit des Ausdrucks, an Durst nach Wahrheit, Tugend, Menschengefühl. Ich habe die Einnahme der Bastille gesehen, ein völlig Shakespearsches Drama, das Goethe nicht besser hätte kalkulieren können. Ich bin in Tränen geschwommen, nicht sowohl wegen der Vorstellung der Dinge, sondern wegen der Teilnahme des Publikums. Nichts Erhebliches war, das nicht 2–3mal gesagt werden mußte. Mir war es, als wenn ich bei dem Mahl wäre, wo der Vater des verlorenen Sohns alles hergab, was er im Hause hatte. Ich war in dieser großen, großen Familie bei Tische. Es konnte kein Apfel zur Erde, die Akteure übertrafen sich selbst; sie spielten nicht mehr, sie handelten.

Johann Heinrich Merck, an den Geh. Kabinettssekretär Schleiermacher in Darmstadt

Ausländer in Paris: nationale Klischees

Alle jene Ausländer, denen die Pariser Gesellschaft angepriesen worden war, sind sehr erstaunt, eigentlich keine Gesellschaft vorzufinden: jeder lebt hier mit seinen individuellen Gewohnheiten und kümmert sich um den Rest recht wenig. Es ist schwer, zu gewissen Häusern Zugang zu bekommen, und im allgemeinen empfängt niemand die Ausländer. Sie sind also auf ihr Hotel garni angewiesen, und wenn man von den Tagen, wo es Tanz gibt, und einigen wenigen Abendessen einmal absieht, so sind alle Häuser geschlossen oder stehen leer. Nach den ersten Besuchen kümmert sich niemand mehr um den Ausländer, der von Haus zu Haus irrt und schließlich beim Palais Royal* landet oder in dessen Umgebung. Jeder Ausländer behält in Paris den Charakter, der ihm eigen ist. Der Russe wird beklagen, daß er vor Kälte umkommt; der Engländer wird finden, daß man hier keinen Wein trinkt; der Spanier wird bemerken, daß die Leute nur in der Familie leben; der Italiener wird Mißtöne beklagen; der Schweizer wird meinen, daß man hier so schnell von Tisch aufstehe, als wolle man fliehen; der Deutsche wird meinen, daß es in Frankreich nur Bürgerliche gebe. In seinem Hotel ist der Italiener sehr nüchtern und wird niemals jemanden zum Essen einladen, er wird Ihnen ein Eis anbieten, wie bei sich zuhause. Er wird auch Gemälde sehen wollen, aber nur um darüber zu spotten und Musik hören wollen, um darüber zu lachen. Der Engländer verfolgt seinen Geschmack völlig unabhängig: anstatt in die Tavernen wird er in Restaurants gehen, mit dem Pferd reiten und sich nicht richtig kleiden. Das Londoner Klima ist gleichermaßen neblig, schwefelig und düster, sodaß die Inselbewohner, da sie in einer solchen Atmosphäre leben, in allem was sie tun melancholisch sein müssen.

Die Engländer erfreuen sich demzufolge der Strahlen unserer Sonne und kosten mit Wonne von unseren Weinen. Auch sind sie stets große Fleischesser und geben viel Geld für das Essen aus. Die Engländerin mit ihren blauen Augen und ihrem immer weißen Teint scheint uns ein wenig blaß, nonchalant, stumm und ernsthaft. Sie hebt sich von der Lebhaftigkeit und dem Charme der französischen Frauen ab.

Die Portugiesen sind pompös; zu gewisser Stunde machen sie eine bestimmte Handbewegung, als hören sie das Angelus-Läuten; sie grüßen Madonnenstatuen und Priester. Der Pole scheint an die Wiederauferstehung der Republik zu glauben, aber er will, daß das Volk auf immer Sklave oder Diener bleibe, und um diese Sklaverei zu rechtfertigen, verfälscht er die historischen Fakten. Der Russe läßt hinter seiner affektierten Höflichkeit die Härte seines Charakters durchscheinen. Er wird sich wundern, keine ans Joch gewohnten Sklaven vorzufinden. Der Deutsche bringt überall seine Unbekümmertheit und seinen ruhigen Stolz zum Ausdruck. Der Spanier gibt noch am meisten für die eigene Erscheinung aus: er will bewundert werden und sein Land respektiert wissen.

Der Holländer wird sich zunächst den Magen mit drei oder vier Tassen

Palais Royal

Ein einzigartiger Ort auf der ganzen Erde. Besuchen Sie London, Amsterdam, Madrid, Wien und Sie werden nirgends etwas Vergleichliches finden. Ein Gefangener könnte dort ohne Langeweile leben und erst nach mehreren Jahren wieder an die Freiheit denken. Es ist genau der Ort, von dem Plato wollte, daß man ihn einem Gefangenen zuweist, damit er ohne Wärter und ohne Gewaltanwendung dort bliebe, gefangen nur von sanften und freiwilligen Ketten. Man nennt den Palais Royal die Hauptstadt von Paris.

Man findet dort alles. Aber wenn man einen jungen Mann von 20 Jahren mit 50 000 Pfund jährlicher Rente dort hinbringt, kann er aus diesem verzauberten Ort nicht wieder entkommen. Er wird zu einem Rinaldo im Palast der Armida, und wenn dieser Held dort seine Zeit und fast seinen Ruhm verlor, so wird unser junger Mann dort seine Zeit und vielleicht sein Vermögen verlieren. Nur dort noch wird er Genuß empfinden können, überall sonst langweilt er sich. Dieser verwunschene Ort ist wie eine kleine luxuriöse Stadt, die in einer größeren eingeschlossen ist. Es ist der Tempel der Wollust, aus dem die glänzenden Laster auch noch den Schatten der Scham verbannt haben. Es gibt auf der Welt kein Etablissement, das mit mehr Anmut sittenlos ist. Es wird dort gelacht, und zwar über die Unschuld, die noch erröten kann.

Louis Sébastien Mercier

Tee spülen, dann etwa ein Pfund fetten Schinken zu sich nehmen. Anschließend wird er zwei oder drei Pfeifen rauchen, und drei Tassen Milchkaffee hinunterstürzen. Zum Schluß wird es ein halbes Dutzend Butterbrote geben und das Essen wird mit einer Flasche Bordeaux enden.

Der Schweizer wird auf alles, was Sie ihm auch vorschlagen werden, eine Antwort wissen. Er kennt sich in allen Ländern aus. Für Geld wird er alles machen, was Sie wollen, nur in seinem eigenen Namen wird er nichts ausführen. Der junge Deutsche ist die Parodie der Eleganz und des guten Geschmacks, er wird immer mehr Mühe haben, sich den Sitten des Landes anzupassen als andere.

Alle werden sich ihrem Bankier anvertrauen, der ihr Mentor und Fremdenführer für die ersten Aktivitäten ist. Alle wollen sich der Kurtisanen erfreuen, aber der Engländer zahlt sie am besten und großzügigsten. Der Schweizer wird schlecht oder gar nicht bezahlen.

Louis Sébastien Mercier

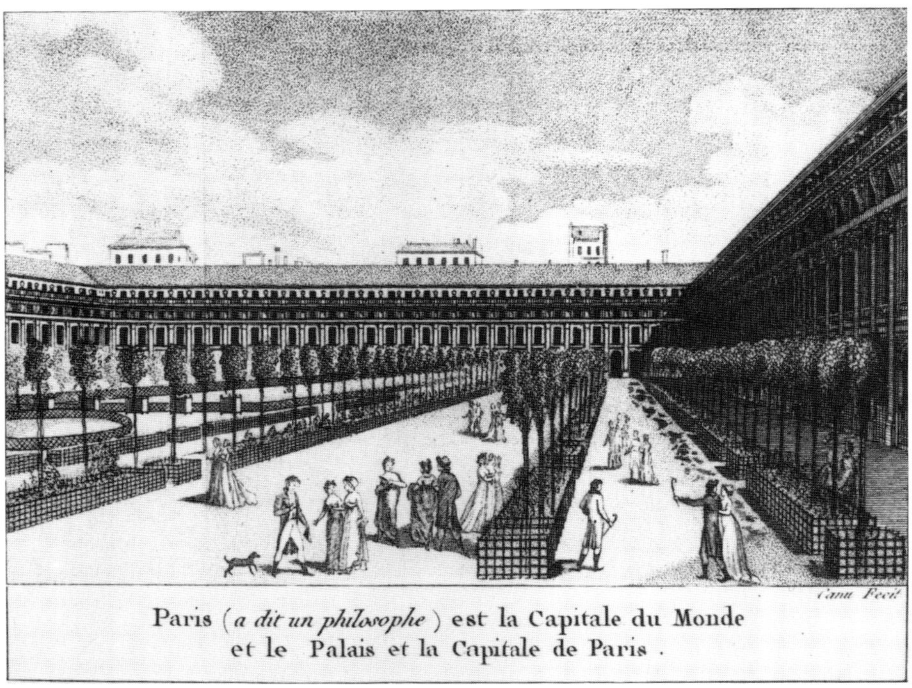

Der Palais Royal und sein Garten waren das Herz von Paris.

Die Pariser sind neugierig

Paris besteht aus einer Menge von Franzosen aus der Provinz und von Ausländern, in welcher der wahre Pariser verschwindet. Die ursprüngliche Rasse der Pariser ist gutmütig, leichtgläubig, aber nicht dumm. In Paris geboren zu werden, heißt zweimal Franzose sein, denn bei der Geburt bekommt man dort einen Hauch von Urbanität mit, den es sonst nirgendwo gibt.

Jener Haufen von Provinzlern, die aus ihren Dörfern oder Kleinstädten nach Paris gekommen sind, sind noch schärfer auf Kuriositäten aus als der Pariser selbst und laufen überall zu Haufen zusammen. Als man die Pariser an der Nase herumführen wollte, indem man ihnen von einem Mann erzählte, der auf dem Wasser gehen kann und von einem anderen, der die Erde wie die Maulwürfe umgraben kann, da hat man nur die Laufburschen der Geschäfte und ein paar Angestellte für dumm verkaufen können, denn sie schenken allem Aufmerksamkeit, was sie einen Augenblick von ihrer langen und öden Arbeit ablenkt. Jeder Vorwand ist ihnen willkommen, um ihre alltäglichen Beschäftigungen zu unterbrechen. Eine Anzahl von Unbeschäftigten bleibt zunächst stehen, und die Neugier läßt die Gruppe schnell größer werden. Aber wäre denn Gleichgültigkeit nicht noch verdammenswerter, sofern es sich um einen Unfall, einen verletzten Menschen oder um ein tödliches Gedränge handelt?

Der Einwohner von Paris ist also niemals gleichgültig demgegenüber, was um ihn herum passiert. Er bleibt auf seinem Weg beim geringsten neuen Gegenstand stehen. Wenn ein Mann die Augen zum Himmel erhebt und irgendetwas aufmerksam anschaut, bleiben gleich andere stehen und richten ihre Blicke in dieselbe Richtung in der Annahme, sie würden dasselbe sehen. Allmählich wird der Auflauf immer größer, und ein jeder wird den anderen fragen, was man denn eigentlich angucke. Ein Kanarienvogel entkommt seinem Käfig und sitzt auf dem Fensterbrett – und schon ist die ganze Straße von einem Haufen Leute verstopft. Wenn er dann von Laterne zu Laterne fliegt, werden allseits Rufe laut, alle Fenster gehen auf und sind voller Leute. Die vorübergehende Freiheit des kleinen Vogels wird ein Schauspiel von allgemeinem Interesse.

Jemand wirft einen Hund in die Seine und sofort sind die Quais und Brücken voller Menschen. Die einen interessieren sich für sein Schicksal, die anderen sagen, man müsse ihn retten. Aller Augen verfolgen ihn, wo ihn der Strom hinträgt. Dieser neugierige Charakter hat etwas Empfindsames. Manchmal trennt das Volk zwei Streithähne, und die Frauen reden so energisch auf sie ein und preisen die Vorteile von Frieden und Eintracht, daß sie sich noch auf dem Schlachtfeld versöhnen.

Louis Sébastien Mercier

Notre Dame de Paris, die größte Kirche der Stadt und eine der berühmtesten Touristenattraktionen.

Dekret über die Ausländer

18. Mai 1792

Die Nationalversammlung beschließt nach Anhörung der verschiedenen Ausschüsse und angesichts der Dringlichkeit folgendes:

Art. 1. Jede Person, die seit dem 1. Januar nach Paris gekommen ist und vorher hier keinen Wohnsitz hatte, ist gehalten, acht Tage nach der Veröffentlichung des vorliegenden Dekrets beim Sektionskomitee ihres Quartiers den Namen, Stand, den gewöhnlichen Wohnort und den Pariser Aufenthaltsort anzugeben und ihren Paß vorzulegen, sofern sie einen hat.

Art. 2. Die Regelung des vorigen Artikels gilt nur für Reisende, wenn sie mehr als drei Tage in Paris bleiben, und für alle diejenigen, die zur Versorgung nach Paris kommen nur dann, wenn sie mehr als eine Woche bleiben.

Art. 3. Abgesehen von obiger Regelung sind alle Hausbesitzer, Vermieter, Conciergen oder Hausmeister angehalten, in derselben Frist ebenfalls gegenüber dem Sektionskomitee den Aufenthalt jedes Ausländers in ihrem Haus anzuzeigen.

Allegorische Darstellung der Gleichheit

Art. 4. Jeder, abgesehen von den oben ausgenommenen Personen, der es versäumt, die Meldung fristgerecht einzureichen, wird mit einem Bußgeld von höchstens 300 Pfund oder 3 Monaten Gefängnis bestraft; wer eine falsche Meldung macht, wird zu 1 000 Pfund oder 6 Monaten Gefängnis verurteilt.

Art. 5. Es ist unter Androhung derselben Strafe verboten, Räume an solche Personen zu vermieten, die eigentlich einen Paß haben müßten aber keinen haben, sofern dies nicht umgehend dem Sektionskomitee gemeldet wird.

Allegorische Darstellung des Gesetzes

Art. 6. Jede Anmeldung ist in doppelter Ausfertigung auf unfrankiertem Papier einzureichen und vom Einreichenden zu unterschreiben. Falls dieser nicht unterschreiben kann, wird der Sektionskommissar dies auf beiden Exemplaren vermerken sowie eine Notiz anbringen, daß der Meldende die Angaben nach bestem Wissen und Gewissen macht. Ein Exemplar bleibt im Sektionskomitee, eines wird dem Meldenden ausgehändigt.

DÉCLARATION DES DROITS DE L'HOMME ET DU CITOYEN,

Décretés par l'Assemblée Nationale dans les séances des 20, 21, 23, 24 et 26 août 1789, acceptés par le Roi.

PRÉAMBULE

Les représentans du peuple François, constitués en assemblée nationale, considérant que l'ignorance, l'oubli ou le mépris des droits de l'homme sont les seules causes des malheurs publics et de la corruption des gouvernemens, ont résolu d'exposer, dans une déclaration solemnelle, les droits naturels, inaliénables et sacrés de l'homme, afin que cette déclaration, constamment présente à tous les membres du corps social, leur rappelle sans cesse leurs droits et leurs devoirs; afin que les actes du pouvoir législatif et ceux du pouvoir exécutif, pouvant être à chaque instant comparés avec le but de toute institution politique, en soient plus respectés; afin que les réclamations des citoyens, fondées désormais sur des principes simples et incontestables, tournent toujours au maintien de la constitution et du bonheur de tous.

En conséquence, l'assemblée nationale reconnoit et déclare, en présence et sous les auspices de l'Être suprême, les droits suivans de l'homme et du citoyen.

ARTICLE PREMIER

Les hommes naissent et demeurent libres et égaux en droits les distinctions sociales ne peuvent être fondées que sur l'utilité commune

II

Le but de toute association politique est la conservation des droits naturels et imprescriptibles de l'homme; ces droits sont la liberté la propriété, la sûreté, et la résistance à l'oppression.

III

Le principe de toute souveraineté réside essentiellement dans la nation, nul corps, nul individu ne peut exercer d'autorité qui n'en émane expressément.

IV

La liberté consiste à pouvoir faire tout ce qui ne nuit pas à autrui. Ainsi, l'exercice des droits naturels de chaque homme, n'a de bornes que celles qui assurent aux autres membres de la société la jouissance de ces mêmes droits, ces bornes ne peuvent être déterminées que par la loi.

V

La loi n'a le droit de défendre que les actions nuisibles à la société. Tout ce qui n'est pas défendu par la loi ne peut être empêché, et nul ne peut être contraint à faire ce qu'elle n'ordonne pas.

VI

La loi est l'expression de la volonté générale; tous les citoyens ont droit de concourir personnellement, ou par leurs représentans, à sa formation; elle doit être la même pour tous, soit qu'elle protege, soit qu'elle punisse. Tous les citoyens étant égaux à ses yeux, sont également admissibles à toutes dignités, places et emplois publics, selon leur capacité, et sans autres distinctions que celles de leurs vertus et de leurs talens.

VII

Nul homme ne peut être accusé, arrêté, ni détenu que dans les cas déterminés par la loi, et selon les formes qu'elle a prescrites. Ceux qui sollicitent, expédient, exécutent ou font exécuter des ordres arbitraires, doivent être punis; mais tout citoyen appelé ou saisi en vertu de la loi, doit obéir à l'instant; il se rend coupable par la résistance.

VIII

La loi doit établir que des peines strictement et évidemment nécessaires, et nul ne peut être puni qu'en vertu d'une loi établie et promulguée antérieurement au délit, et légalement appliquée

IX

Tout homme étant présumé innocent jusqu'à ce qu'il ait été déclaré coupable, s'il est jugé indispensable de l'arrêter, toute rigueur qui ne seroit pas nécessaire pour s'assurer de sa personne doit être sévèrement réprimée par la loi.

X

Nul ne doit être inquiété pour ses opinions, mêmes religieuses pourvu que leur manifestation ne trouble pas l'ordre public établi par la loi.

XI

La libre communication des pensées et des opinions est un des droits les plus précieux de l'homme: tout citoyen peut donc parler, écrire, imprimer librement; sauf à répondre de l'abus de cette liberté dans les cas déterminés par la loi

XII

La garantie des droits de l'homme et du citoyen nécessite une force publique; cette force est donc instituée pour l'avantage de tous, et non pour l'utilité particuliere de ceux à qui elle est confiée.

XIII

Pour l'entretien de la force publique et pour les dépenses d'administration, une contribution commune est indispensable, elle doit être également répartie entre tous les citoyens, en raison de leurs facultés.

XIV

Les citoyens ont le droit de constater par eux-mêmes ou par leurs représentans, la nécessité de la contribution publique, de la consentir librement, d'en suivre l'emploi, et d'en déterminer la quotité, l'assiette, le recouvrement et la durée

XV

La société a le droit de demander compte à tout agent public de son administration

XVI

Toute société, dans laquelle la garantie des droits n'est pas assurée, ni la séparation des pouvoirs déterminée, n'a point de constitution.

XVII

Les propriétés étant un droit inviolable et sacré, nul ne peut en être privé, si ce n'est lorsque la nécessité publique, légalement constatée, l'exige évidemment, et sous la condition d'une juste et préalable indemnité

AUX REPRÉSENTANS DU PEUPLE FRANCOIS.

Erklärung der Menschenrechte. Nach den Vereinigten Staaten war Frankreich der zweite moderne Staat, in dem Menschenrechte verbürgt wurden.

Flucht aus Paris

** Frankreich erklärte Kaiser Franz II. 1792 den Krieg. Österreich galt als das Bollwerk der Legitimität, der alten monarchistischen Ordnung Europas. Trotz der familiären Bindung Marie Antoinettes an Österreich hatte das Land bis zu diesem Zeitpunkt eine tendenziell vorsichtige und abwartende Haltung gegenüber dem revolutionären Frankreich verfolgt.*

Der Krieg mit dem Kaiser hatte in der Zwischenzeit begonnen*; er breitete sich schnell aus und nahm einen verhängnisvollen Lauf. Im Juni wollte man schon den Namen des Königs ausmerzen – denn mehr war von ihm ohnehin nicht übrig geblieben. Die Verschwörung vom 20. Juni war ohne Erfolg geblieben. Bis zum 10. August, an dem bekanntlich die Revolution ausbrach, zogen sich die Dinge noch jämmerlich dahin.

Als die Revolution losbrach, hielt es mich keinen Augenblick länger. Mein einziger Gedanke war, meine Herrin vor aller Gefahr zu bewahren. Am 12. schon bereitete ich unsere Abreise vor. Das Schwierigste war, Pässe zu erhalten, mit denen man Paris und Frankreich verlassen konnte. Unsere Bemühungen in jenen zwei oder drei Tagen waren so intensiv, daß wir sie, da wir Ausländer waren, schon am 15. oder 16. erhielten. Ich bekam meinen Paß vom venezianischen, meine Herrin vom dänischen Gesandten. Diese beiden waren fast die letzten ausländischen Botschafter, die bei dem Schatten von einem König geblieben waren. Schließlich bekamen wir dann von den entsprechenden Stellen weitere Pässe, für jeden einen, sowohl für uns als auch für jeden Diener und jede Kammerzofe, mit der Beschreibung eines jeden nach Körpergestalt, Haarfarbe, Alter und Geschlecht und sonst noch allem möglichen. Nachdem wir uns mit diesen sklavischen Ausweisen ausgerüstet hatten, legten wir unsere Abreise auf Montag, den 20. August fest. Eine kluge Vorahnung ließ mich jedoch, da wir alle zur Abreise bereit waren, früher aufbrechen. Am Samstag, dem 18., fuhren wir nach dem Mittagessen ab. Um so schnell wie möglich aus dem Unglücksland herauszukommen, fuhren wir nach Saint Denis in Richtung Calais. Als wir beim Stadttor ankamen, trafen wir dort auf drei oder vier Nationalgardisten und einen Offizier. Dieser kontrollierte unsere Pässe und beschloß, uns das Gitter des großen Gefängnisses zu öffnen und uns reisen zu lassen. Neben dem Schlagbaum aber war eine Kneipe. Dreißig wilde, wütende und betrunkene Kerle aus dem niedersten Volke stürzten plötzlich daraus hervor. Als diese die beiden Kutschen voller Gepäck sahen, dazu unsere Bediensteten, zwei Kammerzofen und drei Diener, schrien sie: »Die Reichen wollen aus Paris abhauen, ihr Geld mitnehmen und das arme Volk in Not und Elend zurücklassen!«

Zwischen den paar armen Wachsoldaten und den zahlreichen Strolchen brach daraufhin ein Streit aus, da die einen uns gehen lassen, die anderen aber uns festhalten wollten. Ich stieg vom Wagen herab mitten unter die Leute, streckte die Hand mit unseren sieben Pässen in die Luft und gestikulierte, brüllte und lärmte noch schlimmer als sie alle zusammen. Das ist eine Methode, die bei den Franzosen meistens Erfolg hat. Einer nach dem anderen las die Beschreibung unserer Personen oder ließ sie sich vorlesen, von jemandem, der des Lesens mächtig war. Ich war aufgebracht und wütend und nahm, ohne an die Gefahr, die uns drohte zu denken, mindestens dreimal meinen Paß in die Hand und sagte laut: »Seht her und hört zu! Ich heiße Alfieri. Ich bin Italiener und kein Franzose. Ich bin groß, schlank, blaß und rothaarig. Bin ich das? Schaut mich doch an! Dies hier ist mein Paß. Wir haben ihn ordnungsgemäß beim zuständigen Amt erhalten. Wir wollen weiterfahren und werden das, bei Gott, auch tun!«

Mehr als eine halbe Stunde dauerte dieses Spektakel. Ich spielte meine Rolle gut und das hat uns gerettet. Immer mehr Menschen hatten sich um unsere beiden Karossen angesammelt. Viele schrien: »Ins Feuer mit den Kutschen!« und wieder andere: »Bewerft sie mit Steinen!« und noch andere: »Sie wollen fliehen! Es sind Adelige und Reiche! Bringt sie ins Rathaus zurück, damit sie gerichtet werden!« Schließlich aber bewirkte die klägliche Hilfe der vier Nationalgardisten, die für uns Partei ergriffen, und mein lautes Lärmen, meine Marktschreierei, mein Vorzeigen der Pässe und noch mehr als das alles die halbe Stunde Zeit, während der die Kerle des Streites müde geworden waren, daß ihre Energie erlahmte. Die Wachsoldaten ließen uns in den Wagen steigen, in dem sich meine Herrin befand – man kann sich vorstellen, in welch einer Aufregung sie war! Ich stieg ein, die Postillone stiegen auf ihre Pferde, der Schlagbaum wurde geöffnet und wir fuhren in gestrecktem Galopp hinaus. Hinter uns hörten wir die Pfiffe, die Schmähungen und die Flüche des Gesindels. So entkamen wir der Hölle. Nach zweieinhalb Tagen kamen wir in Calais an. Mindestens 40mal mußte ich in dieser Zeit unsere Pässe vorzeigen. Später erst erfuhren wir, daß wir die ersten Ausländer waren, die nach der Katastrophe vom 10. August aus Paris und Frankreich entkommen waren.

*Vittorio Alfieri**

** Vittorio Alfieri (1749–1803) entstammte einer betuchten Aristokratenfamilie aus Italien. Er wurde Schriftsteller und bereiste Europa, zeitweise in Begleitung seiner späteren Frau, der von ihm verehrten Louise-Marie-Caroline Comtesse d'Albany (die »Herrin«). Die Ablehnung der Tyrannei ist ein Leitmotiv in Alfieris Tragödien. Politisch war er Anhänger der englischen konstitutionellen Monarchie. Der Französischen Revolution, die er in Paris hautnah miterlebte, konnte er nach anfänglicher Sympathie nicht viel abgewinnen.*

Die äußere Stadtgrenze von Paris konnte für Ausreisewillige zur ernstzunehmenden Barriere werden

Das revolutionäre Paris ist langweilig

Im Hôtel de Ville, dem Rathaus, hat noch heute der Bürgermeister seine Amtsstuben. Hier stand anfangs die Guillotine, die später auf den größeren Revolutionsplatz umzog.

Abgesehen von solchen Fremden aller Nationen, die sich an den Vorgängen in Paris politisch oder agitatorisch beteiligten, oder die sich durch ihre persönlichen Verhältnisse dort festgehalten sahen, wurde Paris während der Höhezeiten der Revolution, bis zum Schlusse des Konvents, wenig von Ausländern aufgesucht. Was die einheimischen Anhänger der Ordnung vertrieb, stieß auch die Reisenden ab. Fast nur Engländer und Nordamerikaner, jede Scheu aus Neugier überwindend, fanden sich zuweilen und besonders nach Robespierres Sturz in größerer Zahl zu Paris ein, um sich den ausgebrannten Krater der Revolution mit seinen verkrusteten Lavaströmen von Nahem zu besehen. Außer dieser Zugkraft konnte es kaum eine andere geben. Denn die Pariser selbst sagten von dem damaligen Paris: »Diese weite Stadt vermag den Fremden weder anständige Interessen, noch Annehmlichkeiten zu bieten; wir kennen keinen Hof, haben keine Prinzen mehr; die Wissenschaften gewähren keine Hilfsmittel, die Talente sind vergraben, die Vergnügungen null; man kann nur mit der größten Schwierigkeit hier leben; die Nahrungsmittel, die Handelswaren, alles was auf den Luxus, selbst auf die Bequemlichkeit Bezug hat, ist außer allem Preise, und überdies bangt man in jedem Augenblick vor aufrührerischen Bewegungen.«

Adolf Schmidt

»Ich wünschte, nie nach Frankreich gekommen zu sein«

Der Aufenthalt in Paris ist jetzt äußerst unangenehm; das Mißtrauen schielt aus aller Augen. Niemand wagt seine Meinung zu sagen, Exekutionen sind die tägliche Unterhaltung des Volkes. Die Promenaden stehen verlassen, oder sind mit zerrissenen Röcken bedeckt. Und dennoch entfährt bisweilen den Freunden der Gegenrevolution, die unbesonnene Äußerung, daß im Siegesfall man den Patrioten zeigen wolle, wie Revolutionen zu machen sind. Möchte man sie nicht für rasend halten? Sie schicken gleichsam dem Scharfrichter eine Visitenkarte zu. Oder liegt blutige Anarchie in den Absichten einer verstellten Unvorsichtigkeit? So scheint es. »Wir erdolchen die Patrioten«, sagte einer, »ohne Form des Prozesses, in den Straßen wo wir sie finden.« Die Zukunft zieht wie ein schweres Gewitter auf. Ich wünschte, nie nach Frankreich gekommen zu sein, aber ich will bleiben, ungeachtet mich kein unmittelbarer Beruf hält, weil ich der französischen Revolution die schönsten Freuden meines Geistes verdanke, weil es wider meinen Charakter ist, einen Freund im Unglücke zu verlassen und ich lieber mit der Freiheit sterben, als nach ihrem Untergange leben will. Aus den Vorfällen von Philippeville und Maubeuge, wo den Weibern die Scham und der Busen zerrissen wurden, läßt sich schließen, welche Frevel zu verüben die siegenden Emigranten bereit sind, wenn die Menschlichkeit des Herzogs von Braunschweig* nicht ihrer Rachsucht Grenzen setzt. Aber wer darf das nach einem Manifeste erwarten, welches von nüchternen Leuten für das Werk eines besoffenen Wilden gehalten worden ist.

Doch vielleicht sieht meine erschütterte Phantasie die Gegenstände schwärzer als sie in der Tat sind.

*Konrad Engelbert Oelsner**

** Karl Wilhelm Ferdinand Herzog von Braunschweig (1735–1806) war als erfahrener General an die Spitze der gemeinsamen Armee von Preußen und Österreich berufen worden. Vor dem Angriff auf Frankreich veröffentlichte er in Koblenz am 25. Juli 1792 das im Text erwähnte Manifest. Es war eine erniedrigende Aufforderung zur Kapitulation und eine ultimative Drohung, alle Verantwortlichen zur Rechenschaft zu ziehen, wenn der königlichen Familie auch nur ein Haar gekrümmt würde. Die Nationalversammlung reagierte mit der Erklärung »das Vaterland sei in Gefahr« – ein Wahlspruch, mit dem innenpolitisch viele Maßnahmen gerechtfertigt wurden. Der Effekt des Manifests jedenfalls war eher eine Stärkung der revolutionären Kräfte als ihre Schwächung.*

** Konrad Engelbert Oelsner (1764–1828) war ein aufgeklärter Geist, der wegen seiner fortschrittlichen Meinungen aus Preußen fliehen mußte. Zum Ausbruch der Revolution kam er nach Paris und nahm später an Feldzügen der revolutionären Armee teil. Er blieb anschließend in Paris und widmete sich historischen Studien.*

Ärger mit der Bürokratie

Es schlug eins, als wir in der Nacht des 11ten Germinal (31. März 1796) in Paris einfuhren. Menschenleer, wie ausgestorben, waren die Gassen. Der scharfe Trab unserer Pferde und das Rollen des Wagens auf dem ebenen Pflaster brachen allein das tiefe nächtliche Schweigen. Über uns strahlte der Schein der Leuchten herab. Paris schlief – selbst die Wächter an den Barrieren. Wir wurden nicht angehalten.

In dem prächtigen Gasthofe Maison Grange Batelière, einst das Haus des Pariser Parlamentspräsidenten Pineau, jetzt von einem vormaligen Schneider der Königin in einen Gasthof verwandelt, trat ich am nächsten Morgen ans Fenster, um das erwachte republikanische Paris zu sehen, so wie ich einst das königliche Paris im lärmenden Taumel oft erwachen sah. Und mein Blick fiel auf den großen Garten des Hauses, einen weiten Blumengrund, umgeben von Baumgängen und labyrinthischem Gebüsch. Für jetzt war mir die ländliche Aussicht unwillkommen. Ich wollte *Paris* sehen. Wohltätig aber ward mir in der Folge der stille Überblick des Gartens, im Mittelpunkt der geräuschvollen Stadt, vor meinem Fenster, wie er am Frühmorgen, oder bei einbrechender Nacht, im Feierkleide des Frühlings da lag, und Nachtigallengesang zu mir herauftönte.

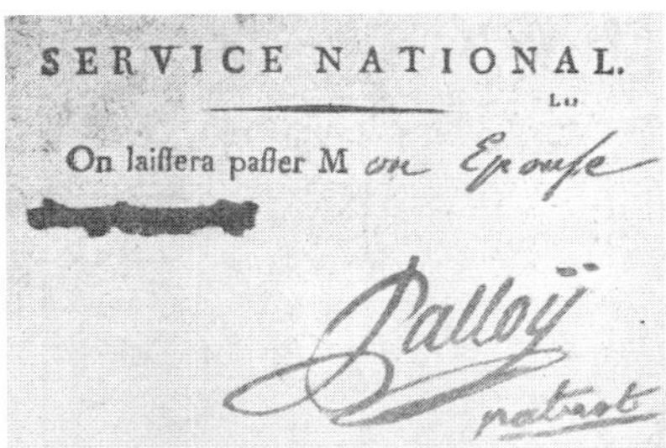
SERVICE NATIONAL.
Le
On laiſſera paſſer M on Epouse
[redacted]
Palloy
patriote

Ein Passierschein

Paßberichtigung. Sicherheitskarte

Herr Poujol, vielleicht ein besserer Gastwirt als republikanischer Bürger, dem man es bald ansah, daß ihm die Anrede »Bürger« als der abgeschmackteste Ton schlechter Gesellschaft klang, erinnerte uns schon am ersten Tag unserer Ankunft an unsere Pflicht als Fremde, unsere Pässe zu berichtigen und sie gegen Fremdenkarten austauschen zu lassen. Eine kurz vorher erschienene scharfe Polizeiverfügung hielt die Gastwirte dazu an. Diesen sieht es sonst nicht ähnlich, daß sie ihre Fremden an das Bestehen irgendeines republikanischen Gesetzes erinnern. Dies Gesetz befahl jedem Ausländer, bei der Erscheinung auf der Pariser Minuzipalität, zwei gute Bürger als Zeugen zur Seite zu haben. Unserer waren mit dem Bedienten fünf, und folglich zehn Zeugen nötig. Dies ward dem Wirt von uns in Erinnerung gerufen. »Seien Sie ruhig«, antwortete unser Mann mit zuversichtlicher Miene, »ich bin Ihnen genug«.

Der frühere Mann des Hofes, der Bürger Poujol, stellte sich als die moralische Person von zehn guten Bürgern der Munizipalität dar, um den Bürgersinn seiner Begleitpersonen zu bezeugen – und ward dafür angenommen.

Eine Polizeimütze

Bei dem besten Willen, sich in das Polizeigesetz zu fügen, ist nichts unbehaglicher in Paris, so wie in allen bis dahin passierten Haupt- und Landstädten Frankreichs, als dieser offizielle Besuch bei den Munizipalitäten. Säuische Unreinlichkeit bis zum höchsten Ekel und ein erstickender mephitischer Gestank herrscht in den Gängen, Vorsälen und in ihren

Bureaus; und dabei die krasseste Unwissenheit, wohl gar im Lesen und Schreiben, und das allerschmutzigste Äußere der Munizipalitätsbeamten, ein gänzlicher Mangel an Kenntnis, selbst des Mechanischen ihres Geschäfts. In solchen Eintrittszimmern und von solchen Menschen wird der Fremde empfangen: glücklich genug, wenn er nur einige Stunden dabei verliert. Denn nur zu oft wird man, ein Opfer dieser Unregelmäßigkeiten, von einem Bureau in ein anderes, und von diesem wieder zurückgeschickt, während die Leute miteinander zanken und schelten, von wem, und wie das Geschäft zu regeln sei. Damals veranlaßte die neue weitläufige Polizeiordnung für die Fremden diese Widersprüche, und es erforderte Zeit, bis die Leute die ganze Verordnung herunterbuchstabieren und sich an die neue Einrichtung zu gewöhnen lernten. Nicht viel ordentlicher und menschlicher als in den Departements war im Ganzen das Verwaltungspersonal in Paris. In dem Bureau unserer Sektion du Mont Blanc, wohin man uns zur Paßvisierung zuerst führte, fanden wir die bisher gewohnte Unreinlichkeit der Gemächer und Menschen wieder. Anständiger war das zweite Bureau, wo die Pässe noch einmal unterschrieben und gestempelt wurden. Die Beamten waren hier gesitteter und in ihrem Kostüm, mit der dreifarbigen Schärpe bekleidet. Dann ging es zum Zentralbureau von Paris, im Gemeindehaus, dem vormaligen Justizpalast, und hier passierten wir noch durch drei Bureaus, zum Nachsehen, Unterschreiben – und endlich zur Protokollierung und Abgabe der Pässe selbst, die nun gegen eine Fremdenkarte, diesem Palladium der Sicherheit in Paris, eingetauscht wurden. Zum Beweise seiner Länderkenntnis fragte uns in diesem Bureau einer der Sekretäre, als er in den Pässen unseren Geburtsort Hamburg sah: ob Hamburg nicht eine Handelsstadt sei, und ob man dort auch deutsch rede? Gleichwohl fragte er deutsch, und mit dem Zusatze, er selbst sei mehrere Jahre in Deutschland gewesen! Man würde bei diesem sonderbaren Widerspruche die Frage für Satire gehalten haben, wenn der Mann selbst danach ausgesehen und wir nicht schon viele ähnliche Beispiele der groben Unwissenheit dieser Beamten gehabt hätten. Dieses letztere Geschäft der Ausfertigung der Karten dauerte nun noch anderthalb Stunden, und zwar in dem ekelhaftesten Gemach von allen, die wir bisher betreten hatten, mit schwarz berauchten Wänden, durch Kot und Staub verfinsterten Fenstern, steinernem Fußboden, woran die Füße klebten, Bänken mit Unrat und Auswurf bedeckt – und eine verpestete Katakombenluft. Eine größere Qual des Wartens habe ich nie ausgestanden, als in diesem scheußlichen Bureau.

*Friedrich Johann Lorenz Meyer**

** Friedrich Johann Lorenz Meyer (1760–1844) war Schriftsteller und bereiste die wichtigsten europäischen Länder. Später war er in Diensten seiner Heimatstadt Hamburg.*

III.
Alltag

Wer den Verlauf der Französischen Revolution in der Großstadt Paris verstehen will, muß sich mit der Organisation des alltäglichen Lebens nicht weniger als mit den großen politischen Entscheidungen befassen. Zwar blieben die meisten Gebräuche, die auf lange Traditionen zurückblicken konnten, auch bei veränderten politischen Rahmenbedingungen bestehen – die Freude am Theaterleben z. B. ist eine Konstante des Pariser Alltags über die Jahrhunderte hinweg. Und doch griffen die revolutionären Reformen auch in die grundlegenden Strukturen des Alltags ein: Kalenderreform, Neuordnung der Finanzen.

Die Teilnahme des einfachen Volkes an den politischen Ereignissen ist eine der wichtigsten Neuerungen im Verlauf der Französischen Revolution. Zu wissen, wieviel ein Arbeiter an einem Arbeitstag verdienen konnte, den Grad von Analphabetismus und das Interesse an Zeitungen zu kennen, ist für die Einschätzung der politischen Ereignisse und der Reaktion des Volkes darauf unverzichtbar.

Die Häfen längs der Seine waren für die Versorgung der Stadt äußerst wichtig.

Was war ein Franc wert?

Grundlage des französischen Währungssystems war auch im 18. Jahrhundert schon der Franc, der im Sprachgebrauch auch »Livre« (»Pfund«) genannt wurde. Die gängigsten Geldstücke waren der Taler zu drei Francs und der zu sechs Francs.

Ein Franc wurde weiter in 20 Sous unterteilt; ein Sou wiederum in 12 Heller (»denier«).

Zu den Münzen wurden während der Revolution große Mengen Papiergeld gedruckt, die sogenannten »Assignaten«*. Es handelt sich eigentlich um staatliche Wertpapiere, deren Wert aber bald sank und die wegen ihrer großen Menge mit einer hohen Inflationsrate gehandelt wurden. Bargeld war knapp.

Wegen der völlig veränderten ökonomischen Rahmenbedingungen ist es äußerst schwer, die damaligen Preise mit den heutigen zu vergleichen. Als Vergleichsgrundlage benutzt man am besten die Stundenlöhne der Arbeiter in den verschiedenen Berufen. Es kann von einem durchschnittlichen Stundenlohn von 2 Sous ausgegangen werden.

Mit aller Vorsicht sind Umrechnungen in heutige Währung versucht worden. Dabei ergeben sich folgende Werte:

Ein Franc entspricht 20 heutigen Francs; damit wäre 1 Sou heute etwa einen Franc wert. Der durchschnittliche Stundenlohn wäre daher mit 2 heutigen französischen Francs anzunehmen.

Seit 1792 bis etwa 1796 verändern sich wegen der angespannten wirt-

** Assignaten*

Wegen Bargeldknappheit wurden 1789 von der Nationalversammlung die sogenannten Assignaten geschaffen. Es handelt sich um Papiergeld, das zunächst so etwas wie ein Pfandbrief war – man erwarb diese durch Staatsbesitz abgesicherten »Aktien« und der Staat konnte auf diese Weise eine gewisse Menge Gold und Bargeld einnehmen. Der Versuch, den Wert der Staatspapiere durch den Verkauf von Staatsbesitz gegen Assignaten zu stützen, gelang zunächst. Durch exzessiven Umlauf und zu hohe Ausgabezahlen der Assignaten sowie durch zahlreiche Fälschungen verloren die Scheine jedoch zunehmend an Wert. Selbst die immensen Reichtümer der Kirche, die enteignet und dem Staate zugeschrieben wurden, konnten nichts an der zunehmenden Inflation ändern.

Die erste Assignaten-Serie trägt noch den Kopf des Königs. Gegenwert 5 Francs

schaftlichen Lage die Preisgefälle entscheidend und es entwickelt sich ein großer Schwarzmarkt.

Ein Pfund Butter kostet 1794 4 Francs (40 Arbeitsstunden); etwa 3,5 Raummeter Brennholz zwischen 200 und 300 Francs (2 000 Arbeitsstunden). 1795 wurde ein Goldtaler zum unglaublichen Preis von 800 Francs schwarz gehandelt.

Arbeitstage und Löhne

Im Jahre 1790 wurde der Durchschnittspreis eines Arbeitstages von der Nationalversammlung mit 20 Sous bestimmt. Dieser Durchschnittswert verbirgt beachtliche Unterschiede in den verschiedenen Berufsgruppen:

Arbeiter 26 Sous
Arbeiterinnen 15 Sous
Spinnerinnen 9 Sous
Maurer 30 Sous
Steinhauer 36 Sous
Landarbeiter 20 Sous

In Paris wurde deutlich mehr verdient als in der Provinz. Während ein Arbeiter in Paris durchaus auf 30 Sous kommen konnte, so lag der Verdienst anderswo bei 20 Sous. Selbst in der Großstadt Lyon lag der Arbeitslohn etwa 50 % tiefer als in Paris.

Während der Arbeiten zur Überführung Voltaires ins Pantheon im Juli 1791 wurden für den Tageslohn 36 Sous berechnet; für Nachtarbeit gab es die sehr hohe Summe von 3 Francs. (Siehe Kapitel »Feste«)

Restaurants und ihre Preise im ruhigen Jahr 1790

Die Reichen gehen in luxuriöse Restaurants, etwa zu Méot, wo sie von silbernen Tellern essen können. Für 8 oder 10 Francs gibt es ein erlesenes Menü. Aber auch kleinere Brieftaschen können üppig speisen: Für 28 oder 47 Sous bekommt man morgens Milchkaffee mit einem Brötchen, Mittagessen inklusive Nachtisch und abends kaltes Fleisch und Wein.
Auf der Cité-Insel gibt es sogar Essen für 10 Sous, mit Suppe, Kochfleisch, einer Vorspeise, einem Dessert und einem halben Glas Wein.

Edmond Géraud

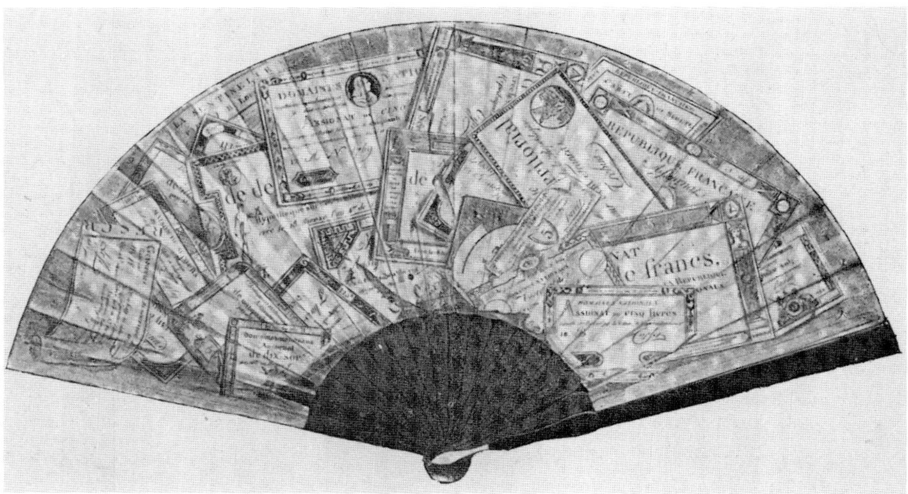

Assignaten als Fächer

Die Pariser Straßen waren schmutzig

Das Äußere der Stadt Paris war, nach zeitgenössischen Berichten, noch während der Revolutionszeit in vielen Beziehungen von dem Anstrich modernen Glanzes und moderner Zivilisation weit entfernt. Die Straßen gewährten vor allem den Anblick einer unerhörten »Unsauberkeit«; insbesondere im Winter, obwohl größere oder länger anhaltende Schneefälle äußerst selten waren. Weniger das Wetter, als vielmehr die Nachlässigkeit der Pariser war die Ursache dieser Unsauberkeit. Das Pariser Leben bewegte sich in dem Gegensatze von Eleganz und Schmutz; in der Entwicklung und Zurschaustellung des einen wie des anderen besaßen die Bewohner eine gleiche Virtuosität. Die Eleganz wurde mehr nach innen, der Schmutz mehr nach außen gewandt. Die Straße war die Ablagerungsstätte aller Arten von Abfall und Unrat; dorthin wurde verwiesen, was man nirgends sonst dulden mochte; namentlich an den Ecken der Prellsteine, deren Anzahl Legion war, lebten die Kehricht- und Unrathaufen bei steter Erneuerung ein ewiges Leben. Aber auch die ganze Straßenbreite erschien im normalen Zustand, und zumal bei einiger Nässe, mit einem entsprechenden Firniß überzogen. Kurzum die Pariser, auf die das Universum blickte, wateten tagtäglich, im strengsten Wortsinne, in Kot und Unflat einher.

Eleganter Adeliger im Jahre 1792. Überbleibsel einer vergangenen Welt.

Die Promenaden, die natürlich ungepflastert waren, wie die Boulevards und die Champs-Elysées, ließen ebenfalls noch viel zu wünschen übrig. Die Beaufsichtigung, Reinhaltung und Pflege war eine überaus lässige. In den Elysäischen Feldern sah man sogar im Sommer 1793 große Hammelherden weiden, die den Rasen dieser schönen Promenade verdarben. Bei großer Trockenheit machte sie der Staub unerträglich; von Stühlen war noch nicht die Rede; selbst Bänke fehlten wenigstens im Tuileriengarten noch ganz. Man war sehr dankbar, als der Minister Garat im Juni die Promenaden besprengen und in dem genannten Garten Bänke aufstellen ließ; aber man beklagte, daß sie sämtlich ohne Rücklehne waren. An Straßenkehrern fehlte es übrigens nicht ganz, nur daß sie zu viel Politik und zu wenig Arbeit verrichteten, auch wohl den Staub staubiger und den Kot kotiger traten.

Seine Dame

Adolf Schmidt

Beobachtungen auf den Pariser Promenaden

Die Pariser gehen nicht spazieren, sie laufen, sie rennen. Der schönste Garten ist zu gewissen Stunden, an gewissen Tagen ganz leer, weil es der Brauch ist, an solch einem Tage sich anderswo zusammen zu drängen. Man weiß freilich die Ursache dieses ausschließenden Vorzugs nicht; indessen wird doch der stillschweigende Vertrag aufs strengste befolgt.

In den Lieblingsgängen, wo der große Haufen zusammenströmt, verwickelt, drängt, stößt man sich, und das Gewimmel ist ebenso groß wie in den Schauspielen. Hier bleibt einer mit dem Degenknopfe in einer Falbala hängen und reißt ein Stück davon los, dort sieht man die zarten Fäden der Blonden an einer Mantilie von den Stockknöpfen ausgerauft werden.

Hier ist es, wo alte Witwen die Rolle der Kindheit spielen, und Mädchen von 12 Jahren den Ernst des reifen Alters affektieren. Kein weibliches Gesicht, das nicht darauf studiert, sein Alter unkenntlich zu machen, und die entstehenden Runzeln zu verbergen. Die Mädchen, die sich aushalten lassen, haben den Entschluß gefaßt, in sehr anständiger Kleidung zu erscheinen, und wenn das so fortgeht, so wird sie niemand, der sie nicht persönlich kennt, von anderen ehrbaren Bürgersfrauen unterscheiden können.

Auf allen diesen Spaziergängen bemerkt man das große Bedürfnis der Frauenzimmer, zu sehen und gesehen zu werden. Man kann auch hier ohne Mühe die verschiedenen Stände der Spaziergänger erraten.

Nur seit kurzem lagern sich die öffentlichen Dirnen, wohlgekleidet, am hellen Tage auf die Stühle unter den Bäumen, und locken die Vorübergehenden an sich. Diese so sichtbare Schamlosigkeit, diese ohne alle Hülle zu Tage liegende Verachtung des Wohlstandes ist für den Freund der öffentlichen Ehrbarkeit äußerst empörend, so wie es einen königlichen Garten entehrt, daß die Üppigkeit mit frecher Stirne darin herumwandelt, und die ehrbare Hausfrau daraus verscheucht.

Louis Sébastien Mercier

Alltägliches Leben auf dem Boulevard des Italiens

Der republikanische Kalender

In allen Beziehungen trachtete die Republik danach, sich für ihren Leib, ihre Bewegung, ihre Tätigkeiten funkelnagelneue Formen zu schaffen. Es gelüstete sie daher auch nach einer neuen, ihr eigentümlichen Ära, nach einer neuen Einteilung aller Zeitabschnitte, des Jahres, der Monate und Tage. Und wie sie bedacht war, das Dezimalsystem auf die neu zu schaffenden republikanischen Münzen, Maße und Gewichte anzuwenden: so sollte dasselbe auch für die neue Jahreseinteilung nach Möglichkeit Anwendung finden.

Demgemäß kam denn, auf Grund des Datums der Proklamierung der Republik, am 5. Oktober 1793 der neue Kalender gesetzlich zu Stande, beginnend mit dem 22. September, als dem ersten Tage des ersten Monats des republikanischen Jahres. Die Dekrete vom 23. Oktober und 24. November vollendeten die neue Schöpfung und stellten die Namen der Monate und Tage fest. Die 12 Monate zu je 30 Tagen hießen bekanntlich: Vendemiaire, Brümaire, Frimaire, Nivose, Ventose, Plüviose, Germinal, Floreal, Prairial, Messidor, Thermidor, Früctidor. Jeder Monat zerfiel in drei Dekaden zu je 10 Tagen (Primidi, Duodi etc.); die 5 Ergänzungstage am Schlusse des Jahres wurden Sanscülottiden benannt und sollten Feiertage sein, als Feste 1. der Tugenden, 2. des Genies, 3. der Arbeit, 4. der Meinung und 5. der Belohnungen. Den einzelnen Tagen

Die Dokumente aus der Zeit der französischen Revolution tragen bis zur Einführung des neuen republikanischen Kalenders im Oktober 1793 die Daten des alten gregorianischen Kalenders. Und trotzdem findet man häufig auf Dokumenten der früheren Jahre die Datumsangabe: Im 1., 2. oder 3. Jahr der Freiheit. Diese Datierung hat nichts mit dem Jahr II, III oder IV der Republik zu tun, sondern ist eine nicht staatlich geregelte Benennung der Ära nach der Erstürmung der Bastille. Der 10. Oktober im 2. Jahr der Freiheit ist demgemäß der 10. Oktober des Jahres 1790. Für die republikanische Zeitrechnung ist für die Umrechnung auf die gregorianischen Daten eine Tabelle erforderlich.

wurden, zumal zur Erbauung des Landmanns, statt der Heiligennamen die Namen von Naturerzeugnissen, von Pflanzen und Tieren, beigelegt. So wurden beispielsweise der 7. Vendemiaire durch »Mohrrübe« bezeichnet, der 15. durch »Esel«, der 25. durch »Ochse«, der 1. Brümaire durch »Apfel«, der 7. Frimaire durch »Blumenkohl«, der 12. Messidor durch »Artischocke«.

Adolf Schmidt

Deutsche Namen der neuen Monate: Weinlesemonat, Nebelmonat, Reifmonat, Schneemonat, Regenmonat, Windmonat, Keimmonat, Blütenmonat, Wiesenmonat, Erntemonat, Hitzemonat und Fruchtmonat.

VENDÉMIAIRE

	An II	An III	An IV	An V
	—	—	—	—
1	22*sept. 1793	22 sept. 1794	23 sept. 1795	22 sept. 1796
2	23 — —	23 — —	24 — —	23 — —
3	24 — —	24 — —	25 — —	24 — —
4	25 — —	25 — —	26 — —	25* — —
5	26 — —	26 — —	27* — —	26 — —
6	27 — —	27 — —	28 — —	27 — —
7	28 — —	28* — —	29 — —	28 — —
8	29* — —	29 — —	30 — —	29 — —
9	30 — —	30 — —	1 oct. 1795	30 — —
10	1 oct. 1793	1 oct. 1794	2 — —	1 oct. 1796
11	2 — —	2 — —	3 — —	2* — —
12	3 — —	3 — —	4* — —	3 — —
13	4 — —	4 — —	5 — —	4 — —
14	5 — —	5* — —	6 — —	5 — —
15	6* — —	6 — —	7 — —	6 — —
16	7 — —	7 — —	8 — —	7 — —
17	8 — —	8 — —	9 — —	8 — —
18	9 — —	9 — —	10 — —	9* — —
19	10 — —	10 — —	11* — —	10 — —
20	11 — —	11 — —	12 — —	11 — —
21	12 — —	12* — —	13 — —	12 — —
22	13* — —	13 — —	14 — —	13 — —
23	14 — —	14 — —	15 — —	14 — —
24	15 — —	15 — —	16 — —	15 — —
25	16 — —	16 — —	17 — —	16* — —
26	17 — —	17 — —	18* — —	17 — —
27	18 — —	18 — —	19 — —	18 — —
28	19 — —	19* — —	20 — —	19 — —
29	20* — —	20 — —	21 — —	20 — —
30	21 — —	21 — —	22 — —	21 — —

Die neuen Kalenderheiligen – Nützlichkeit statt Überirdischem

Jeder Tag des neuen republikanischen Jahres bekam einen eigenen Namen, der meist aus dem Bereich der Landwirtschaft genommen war. Als Beispiel folgen die Namen des Monats »Vendémiaire« (Weinlesemonat):

1.	(d.h. 22.9.)	Trauben
2.		Safran
3.		Kastanien
4.		Herbstzeitlose
5.		Pferd
6.		Springkraut
7.		Mohrrübe
8.		Tausendschön
9.		Pastinake
10.		Weinbütte
11.		Kartoffel
12.		Strohblume
13.		Riesenkürbis
14.		Reseda
15.		Esel
16.		Wunderblume
17.		Kürbis
18.		Buchweizen
19.		Sonnenblume
20.		Weinpresse
21.		Hanf
22.		Pfirsich
23.		Rübe
24.		Amaryllis
25.		Ochse
26.		Aubergine
27.		Pepperoni
28.		Tomate
29.		Gerste
30.		Faß

Ein Redner spricht seinen Zuhörern Mut zu

Bericht eines Spitzels über die Stimmung im Café de Foix 1794

Das Café de Foix, das sehr stark besucht wird und immer voller politischer Diskussionen ist, füllt sich heute wie fast alle öffentlichen Treffpunkte mit Gleichgültigen oder Taubstummen, die Angst haben zu hören oder sprechen zu müssen. Gestern abend verlas man dort die Zeitung. Die Lesung wurde, genau wie die Predigten der berühmten Prediger, von einer so großen Menge Zuhörer besucht, daß die Schlange bis zum Laden des Limonadenverkäufers reichte. Nach der Lektüre – und dadurch ähnelte diese noch mehr einer Predigt – herrschte tiefes Schweigen und die Leute flüsterten sich gegenseitig ins Ohr oder redeten über andere Sachen wie über Glücksspiele oder Getränke.

Sogar das Haus des Philippe-Egalité, jenes frühe und eifrige Zentrum des Patriotismus, läßt heute keinerlei Anzeichen von Versammlungstätigkeiten mehr erkennen. Nur im Nationalgarten (dem ehemaligen Tuileriengarten) und im Hof des Gerichtspalastes finden sich die ewigen Gruppen von diskutierenden Bürgern zusammen.

Heißt das, daß die Regierung fester im Sattel sitzt, oder daß die Leute keine Lust mehr auf Politik haben, oder daß die Leute heute das Thema Politik zu gefährlich finden? Ich weiß es nicht, das mögen Schlauere als ich entscheiden.

Bericht von Perrière

Politische Cafés

Paris war zu keiner Zeit so sehr von Cafés überfüllt, wie in der Revolution. Man konnte in denselben nicht bloß eine Tasse Café und ein »petit verre«, sondern überall auch Bier trinken. An Besuch fehlte es zu keiner Stunde des Tages; der Hauptverkehr fand jedoch in den meisten nachmittags und am Abend statt. Politisiert wurde in allen, nicht alle waren darum politische Cafés. Im weiteren Sinne darf man als solche diejenigen bezeichnen, in denen politisch maßgebende Persönlichkeiten regelmäßig miteinander oder mit anderen Kreisen politisch verkehrten; deren gab es etwa 60. Im engeren Sinne verstehen wir jedoch darunter nur die, in welchen engere vertraute Kreise politische Fäden spannen oder politische Operationen verabredeten, die das Schicksal Frankreichs bestimmen sollten; die Zahl dieser läßt sich auf etwa 12 berechnen, von denen jedoch wieder die einen eine größere Bedeutung für den Gang der Revolution gewannen als die anderen.

Adolf Schmidt

Marat: Meine Feder ist nicht käuflich

Da meine Feder für einige Aufregung gesorgt hat, haben die Feinde der Öffentlichkeit, die auch die meinen sind, überall verbreiten lassen, meine Feder sei gekauft. Angesichts des bekannten Charakters der Schriftsteller dieses Jahrhunderts konnte man davon all diejenigen leicht überzeugen, die meine Schriften nie selbst gelesen hatten. Aber es reicht aus, einen Blick auf meine Werke zu werfen um festzustellen, daß ich vielleicht der

Die Pressefreiheit wird gefeiert

einzige Autor nach Jean-Jacques Rousseau bin, der über jeden Zweifel erhaben ist. Seit 10 Monaten diene ich Tag und Nacht dem Vaterland; aber ich habe an der Leitung der öffentlichen Belange nie selbst teilnehmen wollen. Seit dem ersten Alarmzeichen war ich auf dem Plan und ich bin nur meinem Herzen gefolgt, als ich mich den allgemeinen Gefahren ausgesetzt habe. Vom Dienstagabend, als die Bastille erobert wurde, bis zum Freitagabend bin ich nicht aus dem Komitee der Karmeliter weggegangen, dessen Mitglied ich war. Da ich dann gezwungen war, mich ein wenig auszuruhen, bin ich erst am Sonntagmorgen wieder zurückgekommen. Die Gefahr war nicht mehr unmittelbar und ich sah die Dinge etwas kaltblütiger als vorher. So wichtig mir auch die Aufgaben eines Distrikt-Kommissars vorkamen, so sehr erkannte ich doch, wie wenig sie meinem

Zeitungen und Journalisten

Die sehr weitgehende Pressefreiheit unter der Revolution führte zu einer wahren Explosion an neugegründeten Zeitungen, die zwar zum großen Teil kurzlebig waren, aber insgesamt eine enorme politische Bedeutung bekamen. Die Journalisten, früher im 18. Jh. meist auf schöngeistige oder höfische Themen beschränkt, wurden zu einer einflußreichen Personengruppe. So kann man auch die scharfe Verfolgung verstehen, welcher sich Marat ausgesetzt sah, der in der Tat an keinem der neuen Revolutionsführer ein gutes Haar ließ. Die Zahl der Zeitungen unter der Revolution kann auf etwa 240 geschätzt werden.

Rednerisches Talent wurde in der Revolution so wichtig wie nie zuvor

Zeitungsleser und Zeitungszensur vor der Revolution

Sie haben ihren Versammlungsplatz in den Tuilerien, am königlichen Palaste, beim Arsenal, auf dem Augustiner-Quai und an anderen Orten. Dreimal in der Woche halten sie ihr Zeitungskollegium, und jung und alt, vornehm und gering ist von der Sucht nach politischen Neuigkeiten befallen.

Aber alle diese politischen Kannegießer wissen nichts davon, daß die Nachrichten verstümmelt und verfälscht werden, ehe sie in Paris zirkulieren; daß ein wohl bezahlter Zensor eine unumschränkte Inquisition über alle politischen Papiere hat. Es fällt ihnen gar nicht ein, daß eine Kommission, der die Oberaufsicht über die Zeitungen übertragen ist, die Nachrichten anordnet, womit ihre leichtgläubige Einfalt sich nähren soll. Hat sich je ein wahrhaftiges Blatt von ungefähr in die Stadt eingeschlichen: so ist die Zeitungs-Kommission voller Ängstlichkeit und verlangt, daß man über die Begebenheiten, die ganz Europa betreffen, ein strenges Stillschweigen bewahren müßte.

Wer im Zeitungsamte bezahlt, erhält vielleicht die Erlaubnis, auswärtige politische Nachrichten kommen lassen zu dürfen; sie müssen aber alle durchgesehen und korrigiert werden.

Louis Sébastien Mercier

Charakter entsprachen. Denn ich wollte noch nicht einmal Finanzminister werden, auch wenn es mich vor dem Hungertode retten würde. Ich schlug also dem Komitee vor, eine Zeitung einzurichten und für gut zu befinden, daß ich unter seiner Aufsicht dem Vaterland dienen würde, indem ich die Geschichte der Revolution schrieb, die Organisation der Stadtverwaltung vorbereitete und die Arbeit der Generalstände verfolgte. Der Mehrheit gefiel mein Vorschlag nicht; das schrieb ich mir hinter die Ohren. Und da ich zutiefst davon überzeugt war, zu jeder anderen Aufgabe nicht geeignet zu sein, zog ich mich zurück. In den Augen so vieler aufrichtiger Bürger, die mit der Ehre, dem Vaterland zu dienen, ihre Spekulationen machen, muß mein Rückzug wie die reine Dummheit aussehen, ich weiß. Aber mein Vorschlag war nicht der eines Mannes, dessen Feder käuflich ist.

Den Plan, den ich dem Komitee der Karmeliter vorgeschlagen hatte, habe ich dann in meinem eigenen Büro und auf eigene Kosten ausgeführt. Meine Freunde haben Himmel und Hölle in Bewegung versetzt, um mich davon abzuhalten, über die öffentlichen Belange zu schreiben, und ich habe sie schreien lassen, und ich habe nicht das Risiko gefürchtet, sie als Freunde zu verlieren.

Schließlich habe ich mich nicht gescheut, die Regierung, die Prinzen, den Klerus, den Adel, die Parlamente, die schlecht besetzten Distrikte, den Generalstab des Söldnerheeres, die Berater der Schwurgerichte, die Anwälte, die Verteidiger, die Financiers, die Spekulanten, die Verschwender, die Blutegel des Staates, und das unendliche Heer der öffentlichen Feinde gegen mich aufzubringen. Sollte das der Plan eines Mannes sein, der sich verkaufen will?

Na! Für wen habe ich mir wohl diesen Haufen von Feinden gemacht? Für das Volk; dieses arme, von der Not ausgemergelte, immer beleidigte, immer zurückgestoßene, immer unterdrückte Volk, das niemals Ämter oder Pensionen zu vergeben hatte. Weil ich seine Sache zu der meinen gemacht habe, werde ich von den Pfeilen der Bösen, die mich verfolgen, getroffen, deshalb bin ich in den Schlingen eines Haftbefehls verfangen, wie ein Verbrecher. Aber ich bereue dabei nichts; was ich getan habe, würde ich wieder tun, wenn ich erneut zu beginnen hätte. Ihr niederen Menschen, die Ihr im Leben keine andere Leidenschaft als die Gier nach Gold kennt, fragt mich nicht, welches Interesse mich angetrieben hat; ich habe die Menschheit gerächt, und mein Name wird bleiben, während der Eure zum Untergang bestimmt ist.

J. P. Marat

Wie ein höchst suspektes Plakat von der Bürokratie sichergestellt wurde

Sansculotte! Es ist an der Zeit, den Generalmarsch zu schlagen und die Sturmglocke zu läuten! Nimm schnell Deine Waffen, denn Du siehst ja, wie man Dich bis zu Deinem letzten Seufzer hetzt. Glaub mir: es ist besser, im Kampf für den Ruhm seines Vaterlandes zu sterben als aus Hunger, in den Dich alle Abgeordneten drängen wollen. Mißtraue allen, es ist höchste Zeit, und der Bürgerkrieg wird vorbereitet. Du bist ein Spielball in den Händen all jener Schurken, die angeblich die Republik regieren, das sind alles Konspirateure und alles Pariser Händler. Ich klage sie an! Einige von denen, die meine wenigen Worte hier lesen, werden behaupten, daß ich ein Verschwörer bin, nur weil ich die Wahrheit sage.

Dieses Plakat wurde von uns gekennzeichnet, entgegengenommen und ans Revolutionstribunal weitergeleitet. Es ist unserem Protokoll vom 19. Ventôse des Jahres II. (9. 3. 1794) vorangestellt.

Demonstration in der Stadt. Anhänger der politischen Clubs warben durch öffentliche Umzüge für ihre Anliegen

Das Volk unter Waffen: ohne Uniform, ohne richtige Waffen und ohne Schulung.

Plakate – eine Form der Öffentlichkeit

Schon im 18. Jh. war es üblich gewesen, öffentliche Bekanntmachungen in Form von Anschlägen an stark frequentierten Plätzen der Hauptstadt anzubringen. Nicht jeder konnte lesen oder hatte Zeit und vor allem Geld, sich eine Zeitung zu kaufen. So gab es immer wieder große Ansammlungen auf den Straßen, wenn ein Plakat von einem der Passanten laut vorgelesen wurde.

Seit 1780 nahm die Plakatierung, auch für Reklamezwecke, derartig überhand, daß die Regierung einschränkende Maßnahmen ergriff. Nur 40 mit einer Genehmigung ausgestattete »Anschläger« durften plakatieren, und persönliche Reklame war ausgeschlossen.

Nach der Einberufung der Generalstände im Jahre 1788 wurde die Plakatierung freigegeben – ein enormes Anwachsen dieser Mitteilungsform war die Folge. Die Verfassungsgebende Nationalversammlung schränkte die Freiheit in diesem Punkt wieder ein und reservierte sich weitgehend die Plakatierung für öffentliche, staatliche Bekanntmachungen.

Protokoll:

Gegen ½ 12 Uhr morgens am 19. Ventôse des II. Jahres der einen und unteilbaren Republik erschien vor uns der Bürger Martel, Abgeordneter im Nationalkonvent, und erklärte folgendes: Der Bürger Gilbert Bardet-Fromenteau, der ihn begleitete, als er vom Bürger Foucault, Richter beim Revolutionstribunal, kam (wohnhaft in der Cour des Fontaines in der Nähe des Palais an der Porte Saint-Anne), habe ein Plakat bemerkt, das zur Auflösung der Volksvertretung und zum Bürgerkrieg aufrief. Wir gingen sofort mit dem Bürger Martel, mit dem Staatsanwalt, dem Bürger Samson, der als Gendarmeriehauptmann beim Tribunal beschäftigt ist, in die besagte Cour des Fontaines. Dort trafen wir auf den Bürger Fromenteau, der das Plakat bewachte, damit es nicht abgerissen würde. Gleichzeitig kamen auch die Bürger Froidure und Dangé, die beide Polizeibeamte sind. Gemeinsam mit allen anwesenden Bürgern sind wir gleich zu der Säule gegangen, die zum Haus Nr. 29 gehört, und haben dort tatsächlich ein kleines Plakat von 6 mal 7 Zoll Größe gefunden, das mit Hand geschrieben war und mit den Worten anfing: »Sansculotte! Es ist an der Zeit, den Generalmarsch zu schlagen...« und mit diesen aufhörte: »daß ich ein Verschwörer bin, nur weil ich die Wahrheit sage.« Dieses Plakat, das keine Unterschrift trug, wurde im Beisein der genannten Bürger von der Säule abgenommen. Dabei haben wir festgestellt, daß es mit gekautem Brot angeklebt war. Dann wurde dieses Plakat, nachdem wir es unten gekennzeichnet hatten, damit es nicht verändert werden konnte, dem Staatsanwalt ausgehändigt. Dieser hat den Empfang bescheinigt. Alle genannten Bürger haben mit uns an der besagten Stelle unterschrieben und das vorliegende Protokoll angefertigt, das wir dem unterzeichnenden Revolutionstribunal übergeben haben.

Terrasse, Gerichtsdiener des Revolutionstribunals

AFFICHES
DE
LA COMMUNE DE PARIS.

LE Conſeil-général arrête l'envoi, dans le plus court délai, aux 48 ſections, du décret du 12 Ventoſe, portant que chaque cordonnier ſera tenu de fournir deux paires de ſouliers par décade. Il arrête auſſi qu'il ſera demander au miniſtre de l'intérieur un nombre ſuffiſant d'exemplaires du décret du 16, relatif à des pamphlets contre-révolutionnaires diſtribués dans les Halles, pour être ledit décret envoyé dans les quarante-huit ſections, & lû en aſſemblée générale.

Un citoyen ſe plaint que les commiſſaires de ſa ſection ſont entrés chez lui en ſon abſence & lui ont bouleverſé tout ſon jardin, quoiqu'il ne fût rempli que de légumes. Cette réclamation donne lieu à pluſieurs membres de faire des obſervations ſur le zèle outré de certains individus qui, par leur ignorance, détruiſent tout en voulant exécuter des meſures ſalutaires. Le conſeil nomme, en conſéquence, Renouard et Arthur, pour rédiger, ſéance tenante, une courte inſtruction tendante à prévenir ces abus.

Le conſeil-général adopte le projet ſuivant

Volksfest in Paris: Fischerstechen anläßlich des Föderationsfestes im Sommer 1790.

Die Revolution wurde in Paris gemacht

Was an der Französischen Revolution von weltgeschichtlicher Notwendigkeit war – die Berufung der Reichsstände, die Abtragung des morschen und verkommenen Feudalstaates, die patriotischen Opfer der Augustnacht, die Umwandlung des absolutistischen in ein konstitutionelles Regierungssystem: daran haben alle Teile des französischen Volkes mehr oder minder selbstbewußt und eifrig mitgewirkt.

Alles dagegen, was zum Unheil Frankreichs über jenes Ziel, über das Maß des weltgeschichtlichen Notwendigen hinausgriff und daher angetan war, das schon Gewonnene wieder in Frage zu stellen – namentlich die Juni-, August- und Septembertage 1792, die Verurteilung und Hinrichtung des Königs, der gewaltsame Sturz der Gironde und die Aufrichtung der Schreckensherrschaft: das hat fast ausschließlich Paris, d.h. der revolutionssüchtige Teil seiner Bevölkerung und insbesondere seine revolutionäre Kommune hervorgebracht.

Adolf Schmidt

Bevölkerung: Zu Beginn der Revolution beträgt die Bevölkerung Frankreichs 25 794 962 Menschen. Paris hat 600 000 Einwohner.

Die Altersstruktur der Pariser Bevölkerung im Jahre 1793

Männliche Erwachsene der Sektionen Finistère, Sans-Culottes und Observatoire

Alter:

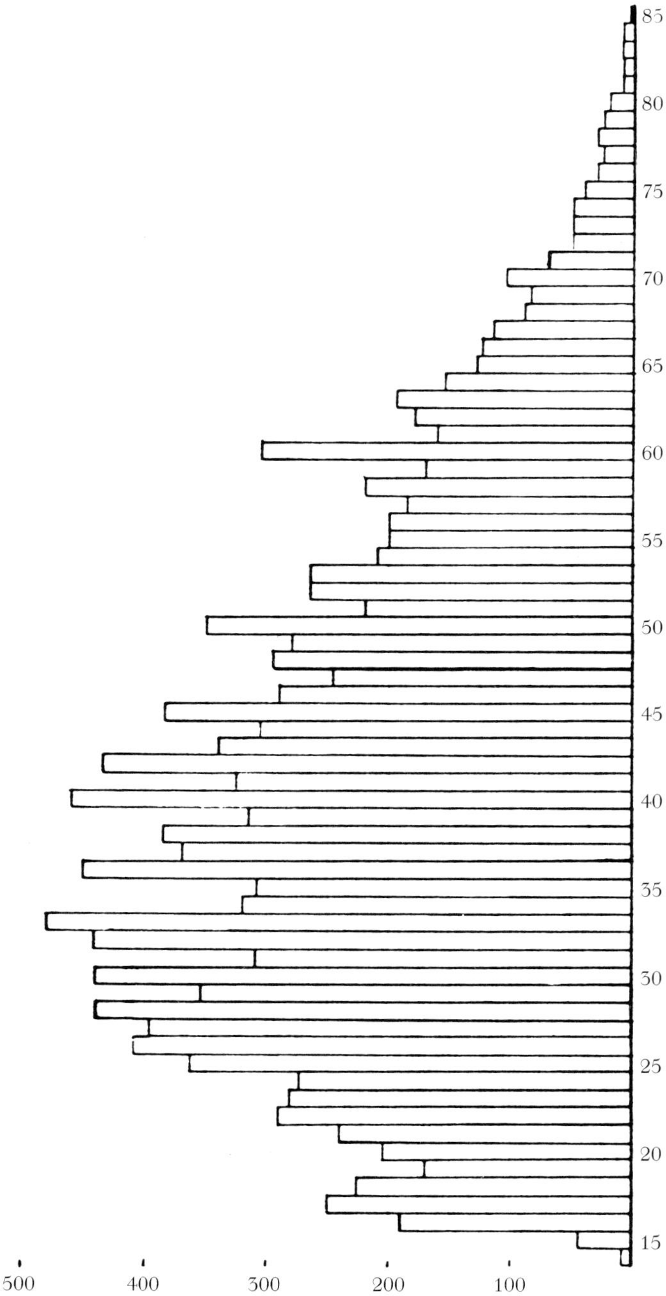

Cahiers de doléances – Klageschriften

Im Vorfeld der Einberufung der Generalstände wurden die Franzosen ersucht, durch die Abfassung von Beschwerdeschriften die Bildung der politischen Meinung zu unterstützen. Hierin brachten alle drei Stände ihre Forderungen, Klagen und Vorschläge zu politischen Reformen zum Ausdruck. Die Schriften des Adels und des Klerus plädieren meist für die Beibehaltung ihrer angestammten Privilegien. Der Dritte Stand aber forderte zahlreiche Veränderungen in allen gesellschaftlichen Bereichen.

Die Berufsstruktur in drei Sektionen

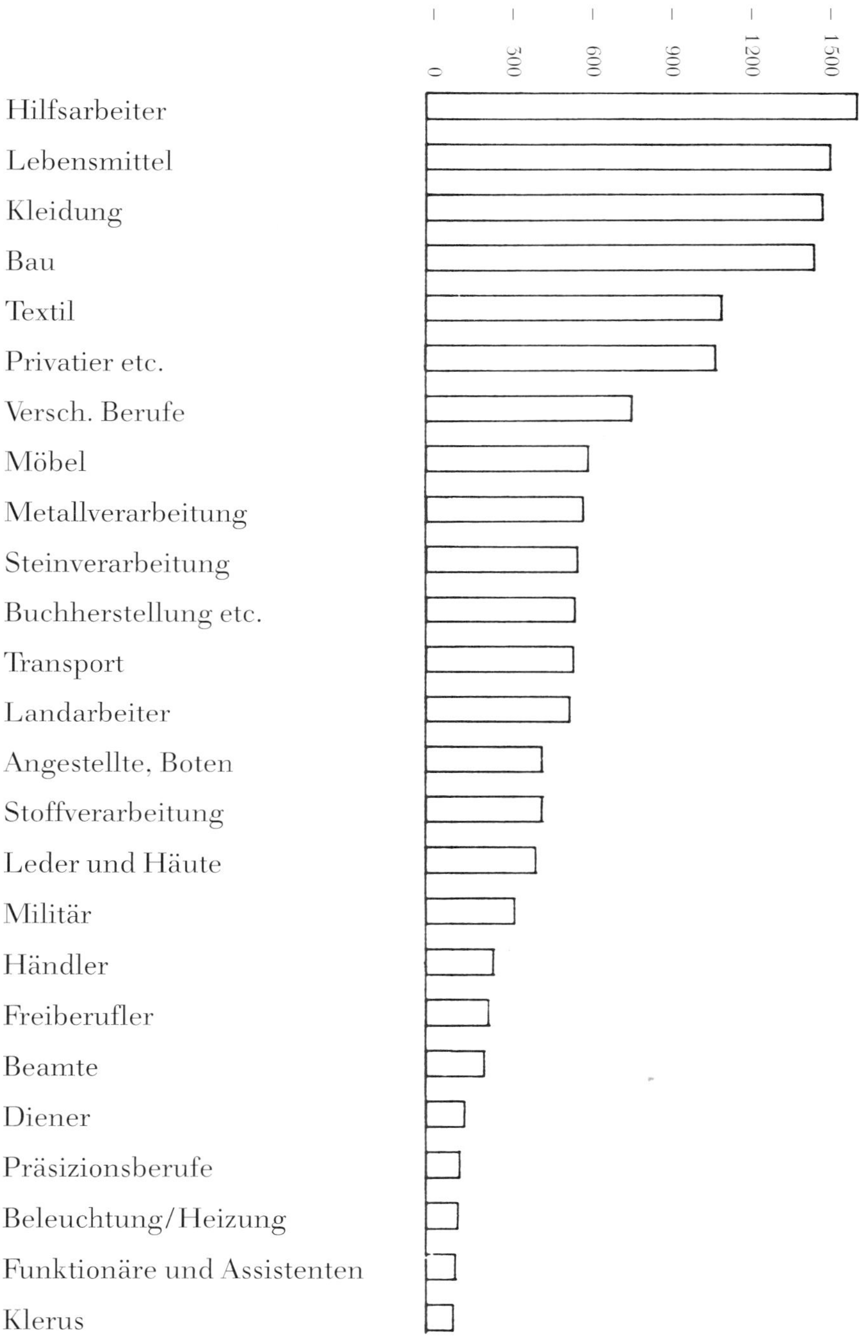

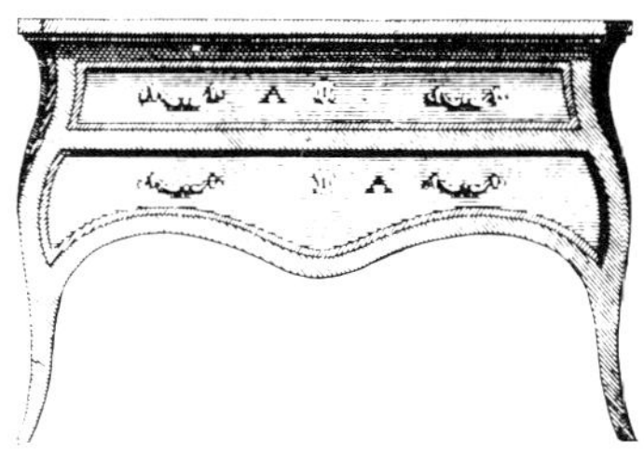

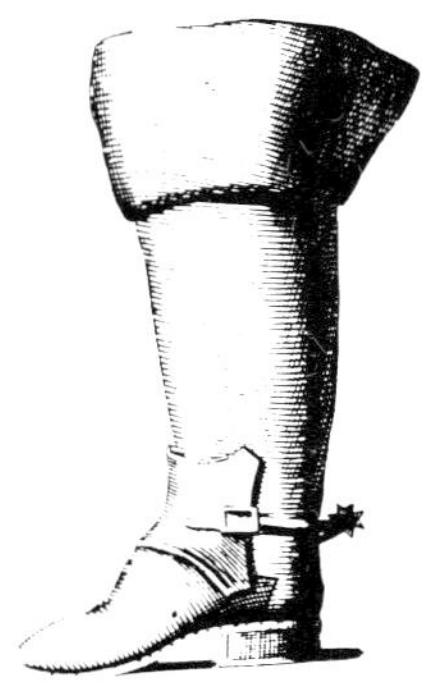

Gebürtige Pariser und Reingeschmeckte

Die Anteile von gebürtigen Parisern und Zugezogenen in den Sektionen Finistère, Sans-Culottes und Observatoire

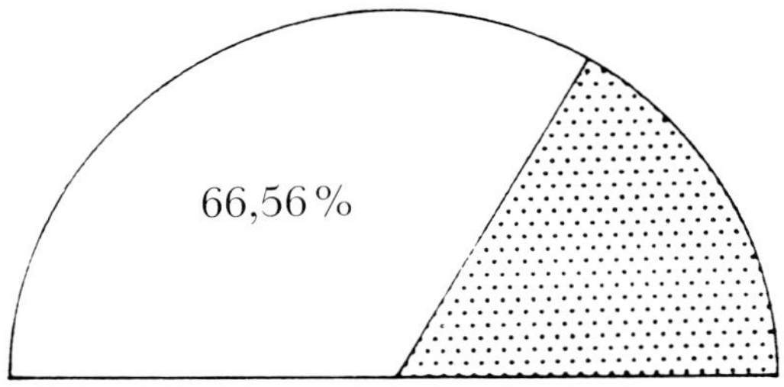

Zugezogene

Gebürtige Pariser

Alphabetisierung im Faubourg Saint-Marcel

Der Charakter der Französischen Revolution war aber zu jeder Zeit bedingt von dem moralischen Zustande des Volkes und besonders von seiner politischen Bildung. Vor dem ersten Ausbruch der Revolution in Frankreich gab es dort zwar eine schon fertige Zivilisation, aber doch nur in den höheren Ständen und hie und da im Mittelstand; die unteren Klassen waren geistig verwahrlost, und durch den engherzigsten Despotismus von jedem edlen Emporstreben abgehalten. Was aber gar politische Bildung betrifft, so fehlte sie nicht nur jenen unteren, sondern auch den oberen Klassen.

Heinrich Heine

Neueste Untersuchungen haben ergeben, daß etwa 2 Drittel der Bevölkerung eines Pariser Vororts »schreiben« konnten. Das heißt, 28 % unterschreiben deutlich und mit geübter Schrift, 40 % unterschreiben überhaupt und etwa 32 % unterschreiben gar nicht.

können schreiben

können nicht schreiben

△ unterschreiben sorgfältig

B unterschreiben

C malen ihre Unterschrift

D unterschreiben gar nicht

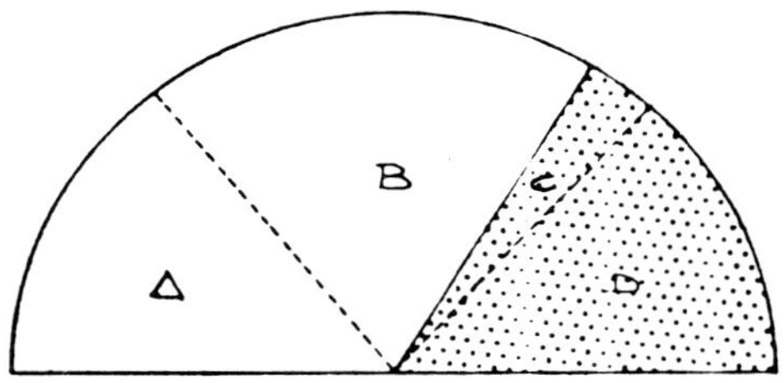

Arbeitssuchender: Bewerbungsschreiben aus dem Jahre 1794

An die Bürger, die mit der Überwachung der staatlichen Krankenhäuser beauftragt sind.

Der Bürger Lacombe, Witwer, wohnhaft Rue de Clery No. 263 in der Sektion Bonne Nouvelle, Familienvater und Schwiegervater des Bürgers Hardy, der in der Hilfskommission angestellt ist und in der allgemeinen Korrespondenz arbeitet, hat durch die Umstände seinen Beruf als Maler, Vergolder und Vernisseur verloren, den er in Rennes 10 Jahre lang vor der Revolution ausgeübt hat. Seitdem hat er in Paris Italienisch unterrichtet und französische Grammatik. Nun aber hat er aufgrund der Umstände keine Schüler und hat so jede Möglichkeit, seinen Lebensunterhalt zu verdienen, verloren. Daher bittet er, man möge ihm einen Arbeitsplatz im Versand bei einem der Büros oder einer der Agenturen der Republik geben, damit er wieder seinen Lebensunterhalt verdienen kann, zumal er unbedingt Arbeit finden muß. Er versichert, den Arbeitsplatz, den man ihm anvertrauen wird, mit Eifer und voller Tatkraft auszufüllen.

Lacombe

Revolution fürs Volk: Wer nicht lesen kann, hört zu, wenn die Verfassung öffentlich erklärt wird.

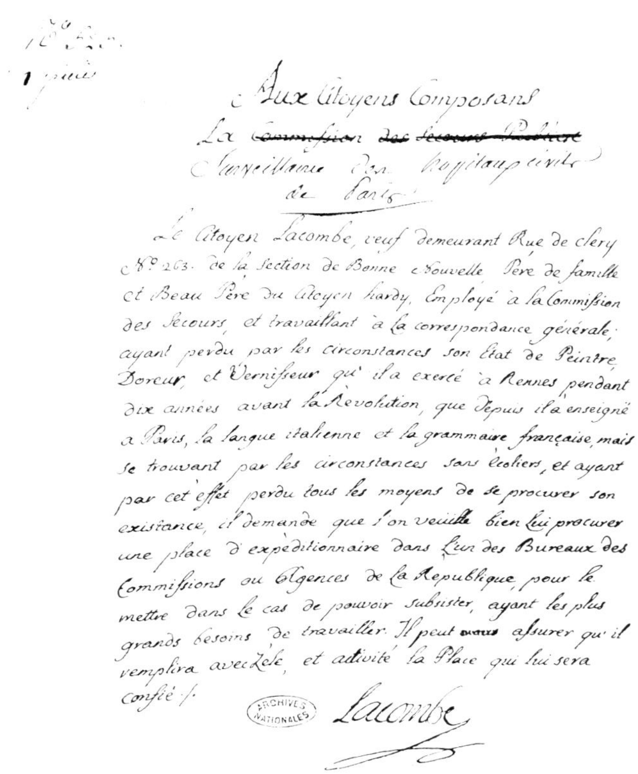

Aux Citoyens Composans
La ~~Commission des Secours Publics~~
Surveillance des hôpitaux civils
de Paris

Le Citoyen Lacombe, veuf demeurant Rue de clery N° 263. de la Section de Bonne Nouvelle Père de famille et Beau Père du Citoyen hardy, Employé à la Commission des Secours, et travaillant à la correspondance générale, ayant perdu par les circonstances son Etat de Peintre, Doreur, et Vernisseur qu'il a exercé à Rennes pendant dix années avant la Revolution, que depuis il a enseigné à Paris, la langue italienne et la grammaire française, mais se trouvant par les circonstances sans écoliers, et ayant par cet effet perdu tous les moyens de se procurer son existance, il demande que l'on veuille bien lui procurer une place d'expéditionnaire dans l'un des Bureaux des Commissions ou Agences de la Republique, pour le mettre dans le cas de pouvoir subsister, ayant les plus grands besoins de travailler. Il peut ~~vous~~ assurer qu'il remplira avec Zele, et activité la Place qui lui sera confié.

ARCHIVES NATIONALES

Lacombe

Demokratie und ihre Grenzen

Die hohen Funktionäre sowie die Inhaber von Kirchenämtern wurden nicht mehr durch Ernennung seitens des Königs, sondern durch Wahl ermittelt. Das ohnehin eingeschränkte Wahlrecht – die Wahlmänner mußten aktive Bürger im Sinne der ersten Verfassung sein, d. h. ein bestimmtes Steueraufkommen haben – und eine geringe Wahlbeteiligung führten zur Aushöhlung des demokratischen Prinzips:
Bei der Bürgermeisterwahl 1791 bekam der Kandidat Pétion 6708 Stimmen, bei einer Gesamtzahl von 80000 Wahlberechtigten, der Gegenkandidat Manuel bekam zur 3770 Stimmen.
Das entspricht einem prozentualen Stimmenanteil an der Gesamtsumme der Wahlberechtigten von 8,4 %. Und gemessen an der Gesamtbevölkerung von Paris (etwa 600000) wurde Pétion mit 1,1 % gewählt.

Ein Totenbegräbnis unter besonderen Umständen

Paris, den 1.10.1789

Heute haben wir wieder kein Brot bekommen, weil die Markthallen die beiden letzten Tage nicht beliefert wurden. Die Türen der Bäckereien sind von einer schwer zu bremsenden Masse belagert, deren Wut bloß auf einen Vorwand wartet, um loszubrechen. Das beweisen zwei Vorkommnisse, die sich gestern und vorgestern ereignet haben. Als ein Priester von Saint-Jacques-La-Boucherie wegen eines unbezahlten Totenbegräbnisses handeln wollte, haben die Nachbarn des Toten ihn selbst in die Kirche getragen, den Schweizer Gardisten, der sich jovial gebärden wollte, gezwungen, vor der Bahre niederzuknien und den Toten um Vergebung zu bitten, haben Kerzen angezündet, die Glocken geläutet und den Priester genötigt, ein Hochamt mit allem Drum und Dran zu singen. Der leitende Priester der Gemeinde war so unklug, einen seiner Sänger, der, wie er erfuhr, an seiner Stelle und in seiner Funktion während dieser Messe gesungen hatte, nur aus diesem Grunde zu entlassen. Sobald sein Rausschmiß an die Öffentlichkeit drang, liefen 700 oder 800 Frauen zum Presbyterium, um den Priester zur fatalen Laterne zu führen, deren Name leider noch in aller Munde geführt wird, obwohl der Priester lang geflohen ist.

Ein sächsischer Botschaftsattachee an den Grafen von der Lausitz, Onkel des Königs von Sachsen.

POMPE FUNÈBRE DU TRÈS-HAUT, TRÈS-PUISSANT ET TRÈS-MAGNIFIQUE SEIGNEUR, LE CLERGÉ DE FRANCE.

Plünderung der Läden: ein Plädoyer für den Besitz

Ich ging gegen fünf Uhr von zu Hause fort, als es schon dämmrig wurde. Kaum war ich ein paar Schritte den Quai entlang gegangen, als ich sah, wie der Laden des Gewürzkrämers am Pont de la Tournelle gestürmt wurde. Ich hörte, der hohe Preis der Seife sei der Vorwand. Ich sehe Frauen des Pariser Proletariats stürmen und zerstören, Frauen dieses Proletariats, das von der Landbevölkerung so ganz verschieden ist, weil es so lange herabgewürdigt wurde, weil es obskur und verborgen ist, weil der einstige reiche Mann, aus alter, schlechter Gewohnheit, es wie einen Hund behandelte. Ich stelle die folgende Erwägung an: Wenn hier zwei Läden geplündert werden, denn auch der Laden an der Ecke der Grands Degrés war dem Ansturm des Pöbels ausgesetzt, so sind daran die Agitatoren schuld, die das dumme Volk aufhetzen; denn diese Schifferfrauen, die durch das mühevolle Leben verbittert sind und wie das Tier nur das sehen, was sie gerade vor Augen haben, empfinden gegen die besser gekleidete, besser genährte Krämersfrau dieselbe Eifersucht, die eine Bürgersfrau gegen die Gattin des Advokaten und des Ratsherrn hegte, und diese wiederum gegen die Frau des Finanzmannes und die Aristokratin! Die Frau aus dem Volke möchte alles mögliche tun, um die Krämersfrau auf ihr Niveau herabzuziehen. Sie denkt nicht daran, daß sie, wenn der Krämer nicht mehr wohlhabend ist, auch nicht mehr Waren von ihm kaufen kann, die er im Laden vorrätig hat, daß vielmehr sie, die Wäscherin, oft genug genötigt sein wird, lange danach zu suchen. Daß sie Zeit und Arbeitskraft verschwenden wird und um ihr Brot kommt! Nichts von alledem will ihr in den dummen Kopf, und die Agitatoren, die Verräter, die sie aufgewiegelt haben, hüten sich natürlich, ihr zu sagen, daß sie gegen ihre eigenen Interessen handelt. Aber warum machen die Wahlkorporationen sie nicht darauf aufmerksam, statt sich in ihren langen, langweiligen und geräuschvollen Sitzungen mit soviel müßigen Dingen zu beschäftigen? ... Das liegt daran, daß die Agitatoren ständig in den Sitzungen anwesend sind.

Ich ging über den Pont de la Tournelle. Auf der Insel waren die Läden noch nicht angegriffen worden, aber beim Port au Blé (heute Port de l'Hôtel de Ville) in der Rue de la Mortellerie war eine Plünderung im Gange. Ein Maurer-Handlanger kam mit sieben Zuckerhüten aus dem Laden an der Ecke der Rue des Barres. Ich ließ ihn von Frauen anhalten, die ihm den Zucker abnahmen. Ich habe stets gesehen, gedacht, geschrieben, daß das gemeine, ungebildete Volk der größte Feind jeder Regierung ist. An dies Volk, an diese dummen Kreaturen wendet sich der Agitator, der dieselbe Kleidung trägt wie der Pöbel. Ich kenne in einem Lande, wo das Volk regiert, nur ein Heilmittel für das Übel: nicht etwa die gleiche Verteilung der Vermögen, das ist unmöglich, und man müßte alle Tage von neuem teilen, sondern die Gütergemeinschaft.

Nur dies Projekt könnte, wenn es klug zur Ausführung gebracht und

Fischverkäuferin im Galakostüm, das die Verbindung der drei Stände symbolisieren soll

Maße und Gewichte

In Frankreich gab es vor 1793 kein einheitliches Maße-System. Jede Provinz hatte eine eigene Vorstellung davon, wie schwer ein Pfund und wie lang eine Elle zu sein hätten. Die regionalen Parlamente hatten zwar die Hinterlegung von verbindlichen Normen angeordnet, aber diese Bestimmungen wurden nicht befolgt. Gemäß eines Dekrets vom 1.8.1793 wurden einheitliche neue Maße und Gewichte festgelegt, die auf dem Dezimalsystem beruhten. Schon am 26. März 1791 hatte die Nationalversammlung beschlossen, ein Viertel des Erdmeridians als Grundlage für das neue Maßsystem zu bestimmen. Als diese Meßarbeiten schließlich abgeschlossen waren, konnte am 22. Oktober 1793 die sehr kostspielige Herstellung des Urmeters und des Urkilogramms aus Platin in Auftrag gegeben werden.
Die allgemeine Einführung der neuen, für alle Provinzen und Geschäftsvorgänge verbindlichen Maße dauerte naturgemäß noch einige Zeit. Am 22. Dezember 1795 wurde die Verwendung der neuen Einheiten obligatorisch.

vervollkommnet würde, die allgemeine Versöhnung herbeiführen. Wenn man das nicht will, muß man gegen das Volk Zwang anwenden; und dann mehr Gleichheit; denn das Volk wird nie begreifen, daß es bei dem gegenwärtigen System, wo alle Besitztümer isoliert sind, reiche Leute geben muß, die weise aufzuspeichern verstehen, daß es das größte Unglück sein würde, wenn alle Leute Verschwender wären oder Müßiggänger, wie die Vorfahren der Armen oder die Armen selbst; daß man bei dem gegenwärtigen System den Besitz schützen und nur beim Grund und Boden den zu großen Besitzstand verhindern muß, weil alle, die zuviel Grundbesitz haben, einen Teil als Luxusländereien liegen lassen, die für den Anbau verloren sind. Das ist die große, die ewige Wahrheit.

Man kann die Greueltaten und Verbrechen nicht zählen, die bei der Plünderung der Kaufläden vorgekommen sind. In einem Hause schleppten drei Banditen den Kaufmann und seine Frau in die Wohnung im ersten Stock, fesselten die beiden und machten ihnen die Hölle heiß, bis sie alles angegeben hatten, was sie an Kostbarkeiten besaßen: Gold, Silber, Assignaten, Wäsche, Spitzen, Seidenkleider. Alles wurde geraubt, und die beiden Unglücklichen, denen man indessen mehr Angst eingejagt als wirklich ein Leid zugefügt hatte, wurden auf ihr Bett geworfen, wo man sie liegen ließ.

Ich könnte noch von anderen Einzelheiten bei den Plünderungen erzählen, aber das würden nur Wiederholungen sein. Jetzt muß ich zu dem übergehen, was ich gesehen habe.

Ich eilte an diesem Abend durch viele Straßen. Als ich durch die Rue Montmartre kam, sah ich aus einem belagerten Laden zwei Personen herauskommen, Mutter und Tochter; es waren jedoch nicht Frau und Tochter des Kaufmanns, sondern die Dame war eine alte Bekannte von mir, die ich seit ihrer Heirat nur einmal gesehen hatte.

»Ich will schnell bei der Wahlkorporation melden, daß man den Kaufmann in seiner Wohnung im ersten Stock ermordet! Seine Frau und seine Tochter stoßen ein entsetzliches Geschrei aus.«

»Gehen Sie nur, gnädige Frau. Sie treffen mich hier wieder. Ich werde versuchen, Eintritt zu erlangen, indem ich mich auf Sie berufe.«

Ich ging ins Haus, drang in den Laden ein und stieg die hintere Treppe zum ersten Stock hinauf. Als ich in die Wohnung kam, sah ich drei Banditen den Kaufmann halten, während drei andere seine Frau, seinen Sohn und seine Tochter gefesselt hatten. Ich kannte einen von den Männern, da ich ihn früher beschäftigt hatte. Ich zog mich nach der Tür zurück und rief ihm von dort aus zu:

»So ein Kerl! Dich kenne ich; du bist verloren und deine Komplizen auch!« Gleichzeitig eilte ich die Treppe hinunter. Ich hörte Gepolter: sie ließen sich die Treppentür öffnen. Gleich darauf rief der Sohn des Kaufmanns:

»Sie sind geflohen, Herr! Kommen Sie doch!«

Tatsächlich hatten sich die sechs Briganten davongemacht. Man dankte mir wie einem Befreier. Und was für Leute waren es gewesen? Sechs Arbeiter, die die Gelegenheit benutzten, auf leichte Art zu Gelde zu kommen. Das ist die traurige Wirkung des zu hohen Lohns für die Arbeiter gewisser Berufe. Die Leichtigkeit des Geldverdienens macht sie verschwenderisch; die unseligen Feiertage kommen; sie verlangen eine Zulage, wenn sie an diesen Tagen arbeiten sollen, am andern Tage aber vertrinken sie diese Gratifikation und noch mehr; ihre Kehle brennt, ihre Arme erschlaffen; sie greifen zu allen Mitteln, ja, zum Verbrechen, um sich Hilfsquellen zu verschaffen. Ich habe schon wiederholt gesagt: Es gibt nichts Unmoralischeres, nichts Unvernünftigeres als zwei Festtage hintereinander. Und gar drei! Ein Feiertag mitten in der Woche in den Großstädten ist ein Tag der Zügellosigkeit, von Regierung und Religion eingesetzt; er ist ein Verbrechen am Volke. Man kann sich in diesem Punkte auf mich verlassen, denn ich kenne die Arbeiter besser als irgendein anderer. Ich bin immer wieder erstaunt, daß die Wähler von Paris für den Konvent nicht den Weitsichtigsten der Arbeiter, den Gebildetsten der Handwerker, den Verständnisvollsten der Kaufleute, den Ehrenvollsten unter den Männern der Feder ausgesucht haben; denn wenn in einem Stande so ein Mann vorhanden ist, ist er ein so seltenes Phänomen, daß er bekannt sein muß... Das wäre besser als diese... Es ist vielleicht nicht angebracht, sie namhaft zu machen, trotz der Freiheit der Presse, nach dem Sprichwort: »Man soll nicht alle Wahrheiten aussprechen«.

26./27.2.1793
Rétif de la Bretonne

Plünderungen sind an der Tagesordnung. Hier wird das Haus eines emigrierten Aristokraten ausgeräumt.

Die Revolution hat die Spielsucht gesteigert

Von jeher gehörte die Spielsucht zu den Leidenschaften der Pariser Bevölkerung, und zumal der höheren Gesellschaftskreise. Die verderblichen Wirkungen derselben hatten daher schon unter dem Ancien Regime eine eigene Aufsichtsbehörde über die Hazardspiele erforderlich gemacht. Die Revolution aber mit ihren ökonomischen Zersetzungen steigerte diese Leidenschaft in allen Schichten des Volkes, erweckte die Spekulation einer Menge von Unternehmern, und rief immer neue Spielhöllen hervor. Die Anhänger des Hazardspiels gehörten nunmehr nach ausdrücklichem Zeugnis vorzugsweise den revolutionären Schichten an. Insbesondere bildete das Lottospiel den Weg, auf dem die Armen ihr Glück versuchten und die Unternehmer es fanden. Trotz der alten und sehr strengen Verbote des *öffentlichen* Betriebes der Hazardspiele, wie sie noch im 7. Artikel des Gesetzes vom 22. Juli 1791 ihren Ausdruck fanden, tat sich nach und nach, bei der fortschreitenden Lockerung aller gesetzlichen Bande, eine Fülle geringerer Spielstuben auf, namentlich in den Cafés der Boulevards. Überall wurde hier Lotto gespielt, und überall waren auch die allerkleinsten Einsätze zulässig. Die Nationalversammlung duldete tatsächlich diese Spielhäuser und verordnete nur am 12. August 1792 deren Überwachung, besonders aus politischen Gründen. Unter dem Konvent wurde die Praxis noch laxer, obwohl derselbe am 24. September 1792 aus gleichen Gründen die nächtlichen Polizeibesuche in den Spielhäusern gestattete. Und so schossen denn die Lottocafés wie wuchernde Pilze auf. Ihre Einwirkungen waren nach allen Richtungen hin der trostlosesten Art.

Adolf Schmidt

Veränderung der Wohnung in Paris

Es sind vier Termine, an denen man auszieht. Alle drei Monate vom 8. bis 20., sieht man aufgetürmte Karren voll Hausgeräte in allen Vierteln der Stadt.

Manche Leute tun es in Ansehung der oftmaligen Veränderung ihrer Wohnung den öffentlichen Mädchen gleich. Dem einen steht die Miete nicht an, und der kommt bisweilen aus dem Regen in die Traufe. Mancher junge Mensch ist binnen vier Jahren fünfzehnmal ausgezogen, und hat doch noch keine Wohnung gefunden, die ihm behagt. Der Hauptmieter und die Untermieter führen unaufhörlich Klagen übereinander. Es ist dieses eine Unterabteilung, die bisweilen im Rechtsweg schwer auseinanderzusetzen ist.

Der Eigentümer oder Hauptmieter hat, wenn die Wohnung sechs Wochen vor dem Termine gekündigt worden ist, das Recht, den Untermieter mit Gewalt zu vertreiben. Die allerhärteste und widrigste Zeit zum Ausziehen für dergleichen Leute ist an Weihnachten. Am 8. oder 15. Januar, bei Nebel, Schnee und Eis und in einem so kurzen Tage, seinen ganzen Hausrat fortschaffen zu lassen, ist keine geringe Beschwerlichkeit. Da mag nun einer krank sein oder gar im Tode liegen, er muß mit seinem Bette abziehen. Der Eigentümer wäre im Weigerungsfalle berechtigt, alle Möbel auf die Gasse werfen zu lassen.

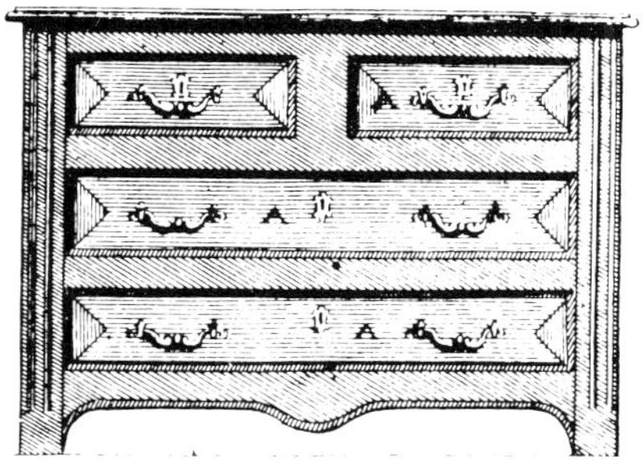

Louis Sébastien Mercier

Amüsement: Alles über die Pariser Theater

Ein Bürgerpaar

Die Pariser Theater sind von so allgemeinem Interesse, daß wir uns erlauben, zunächst einige Ausführungen über ihren Charakter voranzustellen, die wichtiger sind, als sie scheinen mögen, bevor wir dann anschließend die wichtigsten von ihnen vorstellen.

Vor etwa 60 Jahren hatte Paris bloß drei Theater, und diese hatten oft genug Mühe zu überleben. Als sich der Geschmack am Theater unmerklich ausbreitete, gestatteten die Minister nach und nach, noch sechs weitere zu eröffnen, die man »die kleinen Schauspiele« nannte, und die in ihrer Entwicklung dauernd von den großen gebremst wurden. Die Comédie Française hatte als einziges Theater das Recht, große Werke zu spielen, außerdem übte sie das Amt eines Zensoren über diejenigen Stücke aus, die in den kleinen Theatern gespielt werden sollten. Und dieses Vorrecht setzte sie bisweilen recht despotisch ein. Die Autoren, die in dauerndem Streit mit den sie bevormundenden Schauspielern lagen, beantragten vergebens die Eröffnung eines zweiten großen französischen Theaters. Dann kam die Revolution, und man stand ihnen mehr zu, als sie hätten erhalten sollen. Die totale Theaterfreiheit wurde erlassen. Was zunächst wie eine Wohltat aussah, brachte bald den Niedergang einer Kunst mit sich, die eng mit den Sitten und der öffentlichen Moral verknüpft ist. Ein Haufen neuer Theater wurde eröffnet, und da die Menge der Zuschauer nicht im gleichen Maße wie die Theater zunahm, zerstreute der Reiz des Neuen die Anhänger und die Einnahmen reichten jetzt, wo sie unter so vielen Konkurrenten aufgeteilt wurden, zum Erhalt jedes einzelnen Hauses nicht mehr aus. Bald waren alle pleite. Es ist an der Zeit, der Raffgier jener Unternehmer ein Ende zu setzen, die, ohne Geschick und ohne Geld, ein Theater mit der offensichtlichen Absicht mieten, die Leute zu betrügen. Unglücklichen Schauspielern versprechen sie große Gagen, und sind doch sicher, sie nie auszahlen zu können. Sie verführen die Autoren, die mit ihnen weder Profit noch Ruhm erlangen. Und die Zulieferer, deren Gewinnsucht und der Zwang zu verkaufen sie in ihre Hände treibt, werden von ihnen betrogen. Wenn sie zufällig gute Einnahmen haben, verschwinden diese ohne Nachweis über deren Verwendung. Ob das Geschäft gut läuft oder nicht: immer holen sie das für sich Nötige dabei heraus; die Langsamkeit der Gerichte erlaubt es ihnen, ihren Gläubigern zu entkommen. Wenn ein solcher Unternehmer von der Bildfläche verschwindet, ist gleich ein neuer an seinem Platz; er verspricht die Schulden seines Vorgängers zu bezahlen. Er bekommt Kredit, denn jeder hofft, das wiederzugewinnen, was er verloren hat, und wiegt sich in einer unerfüllbaren Illusion. Dabei gibt es eine ganz einfache Methode, um dieser Gaunerei ein Ende zu setzen. Sie vergeht sich nicht am Eigentum und setzt der Freiheit der Theater keine Grenzen. Diese Freiheit besteht darin, daß jeder von ihnen das Publikum auf seine eigene Art und Weise anziehen kann, aber doch nicht darin, ungestraft zu

stehlen. Meinetwegen kann den Schauspielern, die sich zu Gesellschaften zusammenschließen, ruhig gestattet werden, ein Theater auf eigene Gefahr hin zu eröffnen, sofern sie für die erforderlichen Ausgaben selbst aufkommen. Aber von einem Unternehmer, der dasselbe Recht haben will, muß unbedingt verlangt werden, den Gegenwert von einem Jahr Gagen in harter Währung bei einem Notar zu hinterlegen. Niemand hat das Recht, sich über eine solche Regelung zu beschweren. Um sie zu realisieren, würde ein einfaches Dekret ausreichen; das Wohl der Kunst, der Moral, das öffentliche sowie das private Interesse verlangen eine solche Regelung.

Die Theater

Theater der Oper

Kein europäisches Theater hat bisher an die großartige Schönheit und Pracht der französischen Oper heranreichen können. Ihre Überlegenheit ist so allgemein anerkannt, daß noch nicht einmal versucht wird, sie mit anderen Einrichtungen dieser Art zu vergleichen. Reichtum und Trefflichkeit der Kostüme, Schönheit der Dekorationen, brillantes Orchester, verblüffendes Maschinenwerk, abgeklärtes Talent der Schauspieler, Perfektion im Tanz – alles kommt zusammen, um die Augen zu bezaubern und den Ohren zu schmeicheln.

Französisches Theater der Republik

Wir haben sie nicht selbst gesehen, die großartigen Schauspieler, die den Ruhm des französischen Theaters begründet haben. Warum gibt es keine menschliche Erfindung, die uns die erstaunlichen Effekte, die sie, wie man sagt, hervorrufen konnten, wiedergibt? Die Maler, die Dichter haben die Meisterwerke der großen Meister vor sich, die sie bei ihrer Arbeit leiten. Der Schauspieler hat keinen anderen Führer als sein Herz, die Natur und den mehr oder weniger aufgeklärten Geschmack des Publikums. Aber wie groß auch der Ruhm der früheren Schauspieler, an die man sich gern erinnert, sein mag – wir wagen zu behaupten, daß noch niemals soviel erstklassige Individuen beieinander waren und daß die jetzige Truppe die vollständigste ist, die es je gegeben hat.

Theater der Komischen Oper

Wenn der immer wieder erneut unter Beweis gestellte Eifer, das Talent, die stetigen Anstrengungen ausreichen würden, um ein flatterhaftes Publikum zu binden, müßten wir nicht über den bedauerlichen Zustand dieses Theaters klagen, in dem es sich seit einiger Zeit befindet. Vielleicht steht es wie andere kurz vor seiner Auflösung oder vor einem Bankrott. Dies wird auf jeden Fall dann geschehen, wenn die kleinen improvisierten Boulevardtheater, zu denen die Leute aus einer Laune oder Mode heraus hingehen, der Komischen Oper weiterhin die Zuschauer wegnehmen.

Odéon-Theater und Feydeau-Musiktheater

Die Schauspieler dieses Theaters haben mehrmals hintereinander einen Bankrott erlebt. Vorübergehend geschlossen, hat es vor kurzem mit neuen Verwaltern wieder aufgemacht. Es heißt, diese hätten Rücklagen gebildet. Ein Glück. Wir wären gegen sie vorgegangen, wenn sie dieses Unternehmen mit dem alleinigen Risiko übernommen hätten, Gewinne zu machen und niemals zu verlieren.

Dieses Theater war sehr gut besucht, als es vor gar nicht langer Zeit 1791 gegründet wurde. Es gehört zu denen, die man gerne erfolgreich sehen würde. Es hat es in jeder Hinsicht verdient. Ein Überrest der Odéon-Truppe hat, nachdem das Odéon-Thater selbst niedergebrannt ist, schon zum zweiten Mal im Feydeau-Theater Unterschlupf gefunden; die Truppe tritt dort an allen ungraden Tagen im Monat auf.

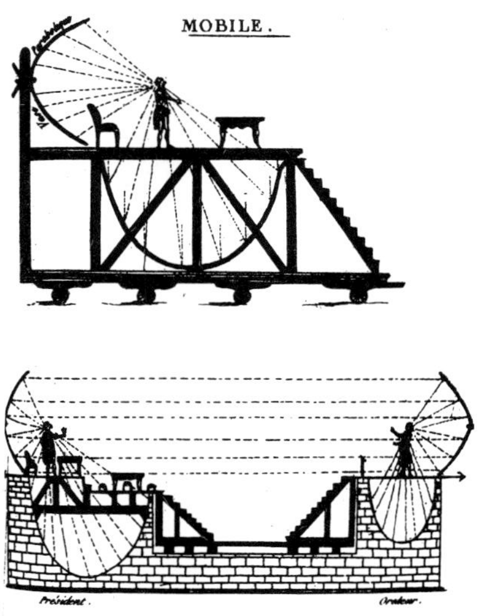

Verständigung ohne Lautsprecher: Optimale Akustik in der Nationalversammlung

Vaudeville-Theater

Hier lebt Aristophanes' Gattung, die manchmal von der französischen Höflichkeit abgeschwächt wird. Die Autoren zwicken oft mit ihren Stükken, aber sie zerreißen nur selten ihre Opfer. In diesem Theater gibt es andauernd ein neues Stück. Erfolge gibt es häufig, und die Pleiten sind von kurzer Dauer. Die meisten der dort aufgeführten Stücke sind so frisch, strahlend und bunt wie Schmetterlinge: ihre Lebensdauer ist genauso kurz.

Troubadour-Theater

Noch so ein Theater, wo nur Vaudeville-Stücke gespielt werden. Auch dort Eifer, Talent sogar, und manchmal Erfolg: aber, ach, recht niedrige Einnahmen. Wenn die Lobreden der Zeitungen, der Applaus der Freunde und Bekannten die Kasse füllen könnten, so würde kein Etablissement herrlicher blühen als dieses. Wenn dieser Zustand noch eine Weile andauert, wenn nicht irgendein Kapitalist zu Hilfe kommt, dann werden die Schauspieler einen Weg wählen müssen, der ihnen vom Titel eines Stückes, das sie oft spielen, vorgegeben wird: Die Troubadoure unterwegs.

Cité-Theater

Dieses Theater war lange Zeit sehr in Mode. Es hatte das Repertoire des ehemaligen Variétés-Theaters und auch dessen Truppe übernommen; es blühte auf. Dann kam es von seiner Gattung ab, und versuchte sich in Pantomime: das war sein Ruin. Seitdem ist es den Spekulationen all derer ausgesetzt, die nichts mehr zu verlieren haben.

Montansier-Theater

Dieses Theater macht seit drei Jahren die besten Geschäfte. Warum? Dort kann man lachen. Die dort aufgeführten Stücke sind sicher keine Meisterwerke, aber sie sind unterhaltsam. Die Schauspieler sind zwar nicht die besten, aber sie passen zusammen.

Almanach Parisien

Comédie Française

* *Jean François de La Harpe (1739–1803) war ein klassizistischer Tragödienautor. Er galt als Schüler des wegen seiner Theaterstücke berühmten Voltaires. Er unterstützte die Revolution zunächst, kehrte dann aber zu einem traditionellen Katholizismus zurück.*

Rede über die Theaterfreiheit von Herrn La Harpe, am 17. Dezember 1790*

Wenn ich zum ersten Mal auf diese Rednertribüne steige, die zu einem der Organe des neuen Patriotismus werden soll, wenn ich mir erlaube, Ihre Aufmerksamkeit auf die Freiheit der Theater zu lenken, so denken Sie nicht, daß ich die wertvollen Augenblicke, die man mit Dingen höchster Wichtigkeit füllen sollte, mit rein literarischen Überlegungen verschwenden werde.

Nein, meine Herren, obwohl vom Schriftsteller nicht verlangt werden kann, daß er von der Ausübung seines Talents absieht, obwohl man ihm gestattet, Liebe und Ruhm mit seinem Schaffen erreichen zu wollen, so ist der heutige Lauf der Dinge doch dergestalt, daß alle unsere Gedanken und Anstrengungen, alle unsere Gewohnheiten, alles, was früher unser individuelles Leben ausmachte, hinter der neuen Form von öffentlichem und sozialem Leben, das wir der Freiheit verdanken, zurücktreten muß. Zumindest aber muß sich das Privatleben dem öffentlichen Leben so weit unterordnen, daß es in jenem aufgeht, daß die beiden Dinge nur noch eine Einheit bilden. Unglück über denjenigen, der seit der Erlangung der Freiheit nicht spürt, daß alle Ruhmestitel, welche auch immer, hinter dem großen Titel eines freien Menschen und Bürgers zurücktreten; daß vor dieser ursprünglichen Größe des Menschen alles andere klein wird, denn ohne die Größe der Freiheit ist der Mensch nur ein erniedrigtes Wesen, ein Sklave, der sich von den anderen Sklaven allein durch die Fähigkeit unterscheidet, seine Kette mehr oder weniger zu schmücken und zu lindern, die trotzdem eine demütigende Last bleiben.

Nach diesen einführenden Äußerungen, die ich immer in meinem Herzen getragen habe, können Sie, meine Herren, sicher sein, daß ich, wenn ich hier vor Sie trete und den Wunsch der Schriftsteller nach Theaterfreiheit unter Ihren Schutz stelle, daß ich dies im Bewußtsein tue, der Aufgabe würdig zu sein, Ihnen davon nicht als Schriftsteller, sondern als Bürger zu berichten. Es ist mir ein Leichtes, Ihnen zu beweisen, unter wievielen wesentlichen Gesichtspunkten die einzige Freiheit, die uns noch fehlt, nämlich die Theaterfreiheit, die öffentliche Sache angeht, wie sehr sie mit der allgemeinen Freiheit verbunden ist, wie sie überall mit den Interessen des Patriotismus verknüpft ist.

Vor vier Monaten hatten die Theaterautoren die Ehre, der Nationalversammlung eine Petition zu unterbreiten, die im wesentlichen darauf abzielte, ein Gesetz zu erreichen, das die Gründung neuer Truppen fördern sollte. Alle sollten das Recht erhalten, die große Menge von Meisterwerken aufzuführen, die seit 150 Jahren immer nur eine Truppe bereichert haben, die sich aufgrund eines Privilegs immer noch als einzige Erbin dieses Reichtums sieht, der schon seit langem von allen vernünftigen Menschen als allgemeines, nationales Erbe betrachtet wird.

Dieser Forderung, bei der sich das eigene Interesse der Theaterautoren so offensichtlich und glücklich mit dem allgemeinen Interesse verbindet, konnte man nichts, absolut nichts entgegenhalten als die stolze Gier der usurpatorischen Truppe.

Mein Ziel ist es zu zeigen, daß ein Sieg dieser Truppe auch ein Triumph der Aristokraten und des Despotismus über den patriotischen Geist und über die Freiheit wäre; mein Ziel ist es, sie mit dem Auge den krummen und listigen Weg der Schauspieler nachvollziehen zu lassen, die ihre Sache mit derjenigen der Antirevolutionäre zu verbinden wußten, so daß ihre Interessen dieselben wurden.

Ich werde mich auf nur ein Beispiel beschränken, das den Beobachtern nicht entgangen ist, aber das man zu sehr vergessen zu haben scheint. Führen Sie sich die Epoche des Föderationsfestes vor Augen. Können wir uns vormachen, es habe in jener denkwürdigen Zeit, die mehr als jemals den patriotischen Geist hätte erwärmen sollen, nicht vielmehr eine Abkühlung der Gefühle gegeben? Und worauf ist dies hauptsächlich zurückzuführen? Auf die perfide und hinterhältige Auswahl der Stücke, die während des Aufenthalts der Föderalisten in Paris am Théâtre Français gegeben wurden; diese Stücke waren in Einklang mit den verleumderischen Unterstellungen der Aristokraten gebracht worden.

Dieser antibürgerliche Geist, der den Bürgern verdächtig und unangenehm sein muß; dieser Despotismus, der den Schriftstellern unerträglich sein muß, wird meistens von dem gefährlichen Privileg genährt, dem Publikum sagen zu können: »Wir sind die einzigen Erben aller tragischen und komischen Stücke seit Corneille, die einzigen, die über eure Vergnügungen entscheiden können. Ob ihr mit uns zufrieden oder unzufrieden seid: ihr müßt euch an uns halten.« Alles wird sich ändern, alles wird wieder ins Lot finden, sobald es Konkurrenz gibt, und ohne das von uns geforderte Gesetz gibt es keine Konkurrenz. Denn man darf sich durch die zwangsweise und heuchlerische Aufgabe des Privilegs seitens der Truppe nicht täuschen lassen. Wenn sie sich nur auf das berufen, was sie ihr Eigentum nennen, wissen sie ganz genau, was sie tun. Sie wissen, daß das Privileg, auch wenn es dem Buchstaben nach abgeschafft ist, de facto weiterexistiert, sofern sie allein im Besitz jenes riesigen Repertoires blieben, dessen exklusive Nutzung sie sich anmaßen. Nein, meine Herren, lassen Sie sich nicht täuschen. Vergeblich würde die Stadtverwaltung die noch so große Freiheit, weitere Theater aller Arten zu errichten, erteilen. Keine Truppe, die auf neue Stücke angewiesen ist, könnte sechs Monate lang der Konkurrenz der Tragödien und Komödien im Théâtre Français standhalten, wenn es ihr nicht gestattet wäre, sich jenes Fundus von dramatischen Reichtümern zu bedienen, der sich seit 150 Jahren in ihren Händen teils angesammelt, teils auch verloren hat. Das ist das Geheimnis ihrer Politik, daher kommen ihre Schreie, wenn sie die Chimäre des Privateigentums anrufen, die, wie Sie, meine Herren ja wissen, der gemeinsame Schlachtruf all der Usurpatoren ist, mit denen die Ver-

Szenen aus Voltaires Tragödien

fassung aufgeräumt hat. Dieses Thema ist in unserer Petition erschöpfend behandelt worden, auf die wir leider keine Antwort bekommen haben. Ich werde dem hier nichts hinzufügen. Es soll ausreichen, Sie darauf hinzuweisen, wie absurd, unglaublich und lächerlich es wäre anzunehmen, 20 Genies hätten seit 1 1/2 Jahrhunderten nur gearbeitet, um ausschließlich die Faulheit und Eitelkeit einer privilegierten Truppe zu fördern, die allein und ohne Gegenleistung die einzige Erbin ihrer Mühen sein will. Im Namen der Nation, die das berühmte Erbe für sich beanspruchen muß; im Namen der Freiheit, die jedem Schauspieler heute gestatten muß, Corneille, Racine, Molière, Crébillon etc. zu spielen so wie es jedem Verleger freisteht, sie zu drucken; im Namen des Patriotismus, der von einem privilegierten französischen Theater nur Ärgernisse zu erwarten hat und von mehreren konkurrierenden Theatern nur Gutes; im Namen schließlich aller Kollegen, die die Petition unterschrieben haben, bitte ich die ehrwürdigen Mitglieder dieser Gesellschaft, die auch unsere Nationalversammlung ist, mit allen in ihrer Macht stehenden Mitteln eine Entscheidung herbeizuführen, von der unsere literarische Existenz abhängt.

Das Volk erzwingt die Schließung der Oper, in der sich die feine Gesellschaft zu amüsieren pflegte.

Die Bürger wollen ein republikanisches Theater

Einige Bürger sagten, daß man die Schauspielhäuser endlich zu dem machen müßte, was sie sein sollten, nämlich der Mehrzahl der Bürger zugänglich, den Sitten und der öffentlichen Meinung zuträglich und in allem dem souveränen Volk angemessen, das sie besucht. Dazu müsse man sie erst einmal von dem ganzen Kontrollsystem befreien, das aus Zeiten des erniedrigenden Despotismus übrig geblieben ist. Es reiche zudem nicht aus, die alten Stücke wiederzubeleben und von den neuen nur die aufzuführen, die einer Republik würdig seien. Außerdem müsse der Mehrzahl der Bürger der Zugang ermöglicht werden, und zwar einerseits durch die Verminderung der Eintrittspreise, andererseits durch Platzeinsparungen im Theater selbst. Das könnte man durchführen, indem man das Gesetz gegen die Raffgier und Hortung auf die Vermietung der Logen ausdehnt. Denn wenn eine Loge für 8 Personen an junge Gecken vermietet wird, die nur zu zweit, zu viert oder zu sechst kommen, dann werden sechs, vier oder mindestens zwei Personen um das Schauspiel gebracht, und womöglich genau diejenigen, denen diese Form von Bildung am besten bekommen würde.

Bericht von Perrière

Die hohen Federbüsche

Es ist noch nicht lange, daß die hohen Frisuren mit Federbüschen allgemein Mode waren. Im Schauspiele benahmen sie dem ganzen Parterre die Aussicht, man murrte ganz laut darüber, aber die Frauenzimmer lachten nur, und die parisische Artigkeit ließ es bei dem Murren bewenden, ohne weiter zu gehen.
Ein einziger Schweizer ward ungeduldig, zog eine große Schere heraus, und machte Miene, den Auswuchs, der ihn am Sehen hinderte, wegzuschneiden. Die Dame in der Loge sah sich, um diesem Unfall auszuweichen, genötigt, den Schweizer an ihre Stelle zu lassen und sich hinter ihn zu setzen, welches dieser auch gern annahm. Die Zeiten sind also nicht mehr, wo das ganze Parterre schrie: »Platz für die Damen!«
Ehedem konnte man nichts sehen, gegenwärtig kann man nichts verstehen, weil das Plaudern der Damen durch das ganze Stück nicht aufhört. Kreischende Stimmen, lautes Gelächter erschallt zum öftern aus den Logen; so daß derjenige, der was verstehen will, seinen Platz verändern muß. Man macht ganz laut seine Anmerkung darüber, die Schwätzerinnen hören sie sehr wohl, schweigen drei Minuten still und fangen dann wieder an, wo sie's gelassen haben.

Louis Sébastien Mercier

IV.
Die Flucht nach Varennes

In der Nacht vom 20. zum 21. Juni 1791 gelingt es der königlichen Familie trotz massiver Bewachung, aus dem Tuilerien-Schloß zu entkommen. Die Flucht führt die Kutsche nach Osten in Richtung auf die deutsche Grenze. Kaum jemand in Paris war über die Flucht der Monarchen erstaunt – umso größer die Verwunderung, daß sie inmitten strenger Vorsichtsmaßnahmen aus dem Schloß gelangen konnten.

Die Etappen der Reise waren sorgfältig geplant und überall sollten frische Pferde sowie königliche Soldaten unter dem Kommando des Generals Bouillé bereitstehen. Dieser ungewöhnliche Aufwand provozierte wohl das Mißtrauen, das die Kutsche bald auf sich zog. Bei einer Paßkontrolle in Varennes wird der König erkannt und die Flucht ist zu Ende.

Kuriere der Nationalversammlung führen ihn nach Paris zurück – nicht als Gefangenen, aber als einen König, der offensichtlich jeden Kompromiß mit der Revolution ablehnte. La Fayette versuchte, das Ansehen des Königs durch die Behauptung zu retten, der Monarch sei von den Feinden Frankreichs und der Revolution entführt worden. Am 25. Juni ist Ludwig wieder in Paris, einer Stadt, die ihm nun mit noch größerem Mißtrauen begegnet. Ein politischer Kompromiß scheint immer unmöglicher.

Der König wird in Varennes gefangengenommen

*Offizieller Bericht der Gemeinde von Varennes**

** Varennes-en-Argonne liegt im Département Meuse unweit Verdun. Heute hat Varennes 635 Einwohner.*

Am 21. Juni 1791 kam gegen 11 Uhr 15 abends Herr Drouet* von der Postpferdestation Sankt Ménéhould in die Herberge zum »Goldenen Arm«. Er wurde von Herrn Guillaume, der in derselben Stadt wohnt, begleitet. Beide waren zu Pferd und teilten dem Wirt, Herrn Le Blan, atemlos mit, daß ihnen zwei Kutschen folgten und gleich hier vorbeifahren würden und daß sie vermuteten, der König befinde sich in einer der beiden.

** Jean Baptiste Drouet (1736–1824) wurde wegen seines patriotischen Einsatzes bei der Verhaftung des Königs in den Nationalkonvent gewählt. Beim Prozeß gegen den König stimmte er für die Todesstrafe. Er wurde zum erbitterten Feind der Girondisten und kann als Anhänger des Terror-Regimes bezeichnet werden. Er überlebte den Sturz Robespierres und wurde von Napoleon zum stellvertretenden Präfekten von Sankt-Ménéhould gemacht.*

Der Wirt, der Offizier der Nationalgarde ist, lief zu Herrn Sauce, dem Staatsanwalt der Gemeinde, weckte ihn und teilte ihm mit, was er gerade erfahren hatte. Er kehrte anschließend zurück, bewaffnete sich und seinen Bruder und beide bezogen Stellung. Der Staatsanwalt informierte den Ortsvorsteher, der den Bürgermeister vertritt, da dieser Abgeordneter in der Nationalversammlung ist. Der Staatsanwalt lief wieder nachhause, weckte seine Kinder und befahl ihnen, durch die Straßen zu laufen, Alarm zu schlagen und »es brennt, es brennt!« zu rufen. Er selbst nahm eine Laterne und begab sich zur Straße, auf der die Kutschen ankommen mußten. Gerade war Herr Drouet dabei, einen voll beladenen Wagen auf die Brücke zu schieben und so die Durchfahrt zu versperren. Genau in diesem Moment erschienen die beiden Kutschen. Die Brüder Le Blan hatten die erste, ein kleines Cabriolet, angehalten, in dem zwei Damen saßen. Der Staatsanwalt ging zu diesem Fahrzeug und verlangte die Pässe zu sehen: man antwortete ihm, daß er die Pässe im zweiten Wagen bekommen würde. Er ging sofort zur zweiten Kutsche. Dieser Wagen war äußerst schwer beladen und hatte 6 Pferde vorgespannt. Der Staatsanwalt näherte sich dem Schlag dieser Kutsche und fragte die Insassen, wo sie hinführen. Ihm wurde mitgeteilt, man wolle nach Frankfurt. Als er erfuhr, daß die Kutsche von Clermont kam, machte er die Insassen darauf aufmerksam, daß sie einen Umweg führen. Außerdem müßten sie die Pässe vorzeigen. Er wurde gefragt, was seine Funktion ist und ob er Nationalgarde sei. Er antwortete, daß er der örtliche Staatsanwalt sei. Nachdem er noch einmal die Insassen genauer betrachtet hatte, konnte er einen Mann, zwei Frauen und ein paar Kinder entdecken. In dem Mann meinte er den König zu erkennen, der ihm gleich den Paß aushändigte. Der Paß war auf den Namen der Baronin von Korff ausgestellt, die mit ihrer Familie, einem Kammerdiener und weiterem Personal nach Frankfurt reisen wollte. Er war von Ludwig unterschrieben und von Montmorin* gegengezeichnet. Der Anwalt erklärte, daß es zu spät sei, um den Paß zu prüfen und mit einem Visum zu versehen. Außerdem sei es für die Reisenden gefährlich weiterzufahren, nicht nur wegen der unsicheren Wege, sondern auch wegen der Unruhen, die in dieser Gegend herrschten. Er bat die Insassen auszusteigen, am nächsten Tag würde man weitersehen.

** Armand-Marc Graf von Montmorin (1746–1792) war seit 1789 Außenminister. Er sorgte u. a. dafür, daß die Tanten des Königs ausreisen und ins Exil gehen konnten. Von der Nationalversammlung wurde er zwar wegen seiner Mithilfe bei der Flucht des Königs angeklagt, aber freigesprochen. 1791 trat er von seinem Amt zurück, nachdem seine Sympathie für gegenrevolutionäre Ideen zu offensichtlich wurde. Während der Septembermassaker wurde er als Gefangener des Abbaye-Gefängnisses ermordet.*

Der Staatsanwalt hatte festgestellt, daß diese Kutsche nicht nur außen von 5 oder 6 suspekten Personen begleitet wurde, sondern daß ihr außerdem 3 oder 4 andere Leute zu Pferd folgten, die unter einem Torbogen in der Nähe der Herberge angehalten hatten. Da er vermutete, sie seien sicher nicht alleine, lud er alle Anwesenden ein, mit ihm zu kommen, was sie ohne Widerrede akzeptierten.

Ludwig wird am 21. Juni 1791 um Mitternacht in Varennes festgenommen

** Unter dem Vorwand, einen wertvollen Tresor während des Transports zu sichern, wurde ein Trupp Soldaten vom General Bouillé als heimliche Eskorte des Königs abgeordert. Siehe hierzu den Bericht des unschuldig einsitzenden Soldaten am Ende dieses Kapitels.*

Dann wurden die Alarmglocken geläutet, das Volk lief zusammen und die Nationalgarde hatte Posten eingerichtet. Die großen Straßen wurden versperrt und man postierte gutbewaffnete Männer. Einige gingen auf die Landstraße, die nach Clermont führt, und bezogen dort mit ein paar Kanonen Stellung. Außerdem wurden Straßensperren aus Holz, Reisigbündeln und Wagen errichtet. Plötzlich erschien der Trupp Soldaten, die am Vortag zur Bewachung des angeblichen Schatzes* abgestellt worden waren. Die Nationalgarde kam umgehend, erkannte diesen Trupp und kehrte mit ihm in die Stadt zurück. Die Soldaten holten in der Kaserne Befehle ein und bezogen dann vor dem Haus des Staatsanwaltes Stellung. Es war Mitternacht. An der Spitze des Soldatentrupps war ein Adjudant von Herrn Bouillé*, der den König zu sprechen wünschte. Der Anwalt führte ihn zu ihm. »Nun«, sagte der König, »wann reisen wir?« »Ich erwarte Ihre Befehle«, antwortete der Adjudant. Auch der Major der Nationalgarde wartete auf die Befehle des Königs. Der König sagte zu beiden, daß er nur 50 Soldaten der Nationalgarde wollte, oder auch 100, wenn man es so verlangte.

** Der Marquis de Bouillé (1739–1800) war ein angesehener Militär, der mit La Fayette gut bekannt war. Er sollte mit seiner Truppe die Flucht des Königs nach Montmédy decken und ihm ins Ausland folgen. Der Plan scheiterte. Er floh nach Wien, dann nach Schweden, wo er versuchte, die Monarchen gegen das republikanische Frankreich aufzubringen. Bouillé starb 1800 in London.*

All diese Augenblicke vergingen in höchster Unruhe, da man die Absichten der Soldaten nicht kannte, die einen Teil der Straße besetzt hielten, und außerdem nicht wußte, wie sich die restlichen Soldaten in der Kaserne verhalten würden.

Mehrere Personen waren um den König versammelt und als er erkannte, daß niemand mehr an seiner Identität zweifelte, gab er sich zu erkennen. Er warf sich in die Arme des Staatsanwalts und sagte: »Ja, ich bin euer König, der in der Hauptstadt zwischen lauter Dolchen und Bayonetten lebt. Deshalb komme ich in die Provinz, um inmitten meiner treuen Untertanen die Freiheit und den Frieden zu finden, dessen ihr euch alle erfreut. Ich kann nicht länger in Paris bleiben ohne daß ich und meine Familie dort sterben.« Und in einem Ausbruch seiner zarten und väterlichen Seele umarmte er alle, die ihn umgaben. Diese dramatische Szene weckte in seinen Untertanen eine glühende Liebe, die sie zum ersten Mal erfuhren und der sie nur durch ihre Tränen Ausdruck geben konnten. Man meinte aus diesem glücklichen Moment Nutzen ziehen zu müssen und versuchte, ihn zur freiwilligen Rückkehr zu bewegen.

Die Situation war rührend. Aber die Stadtgemeinde ließ sich in ihrer Absicht und ihrem Mut, den König im Land zu behalten, nicht beirren. Er ließ sich von dem dauernden Drängen schließlich überreden weiterzufahren. Er jedoch bestand immer noch auf dem Ziel Montmédy*, wobei er mit seinem königlichen Wort beteuerte, daß er Frankreich nicht verlassen wolle und daß man ihn sogar dorthin begleiten könne.

Der König, die Königin und ihre Familie erschienen an den Fenstern. Da brachten die Bürger ihre Zuneigung lebhaft zum Ausdruck, man hörte tausendfach wiederholte Rufe: »Es lebe der König! Es lebe die Nation!« Die kritische Situation schien nun gemeistert. Es ging jetzt darum, die Abfahrt des Königs zu beschleunigen, die Augenblicke waren gezählt und jeder Moment war kostbar.

Ein Reiter der Gendarmerie war größter Gefahr ausgesetzt, als er dem Sohn Bouillés begegnete, der mit seinem Kameraden bei der Ankunft des Königs in aller Eile nach Dun und Stenay aufgebrochen war, um die 100 in Dun stationierten Soldaten sowie das Regiment aus Stenay* herbeizuholen. Bei Ankunft dieser Truppen war das Schlimmste zu befürchten. Die Nationalgarden aus den umliegenden Gemeinden kamen allmählich aus allen Richtungen zusammen, nachdem sie von ihren Offizieren und den Bürgern informiert worden waren. Um 6 Uhr morgens war die Eskorte stark genug und man konnte an den Aufbruch denken.

Während dieser Zeit kamen der Gemeinderat, das Gericht und der Friedensrichter zusammen, um über die Abreise des Königs zu beschließen. In diesem Moment wurden zwei Kuriere aus der Hauptstadt gemeldet, von denen einer ein Adjutant von Herrn de La Fayette* war. Sie waren mit Befehlen der Nationalversammlung zur Verfolgung des Königs ausgeschickt worden. Nachdem man sie empfangen und überprüft hatte, wurden sie zum König geführt und ihm wurden die Befehle übergeben.

** Montemédy ist eine befestigte Stadt in der Nähe von Verdun. Das Städtchen war Station auf dem Weg nach Deutschland. Während der Emigrationsphase kamen hier viele Adelige durch, die Frankreich verließen.*

** In Stenay übernachtete der Anführer der Truppen, die dem König zur Flucht verhelfen sollten, der Marquis Bouillé, in der Nacht vom 20. auf den 21. Juni. Dun ist ein nahegelegener kleiner Ort.*

** Marie-Paul Mottier, Marquis de La Fayette (1757–1834) kehrte als Kriegsheld und hochdekorierter General aus den amerikanischen Unabhängigkeitskriegen zurück, an denen er als Freiwilliger teilgenommen hatte. 1789 wurde er als Adeliger in die Nationalversammlung gewählt. Er war Befehlshaber der Pariser Miliz und baute die Nationalgarde auf. Am ersten Jahrestag der Bastille-Erstürmung wurde er wie ein Nationalheld gefeiert. Bei der Flucht des Königs wurde ihm vorgeworfen, er habe Hilfestellung geleistet. Als wenig später, am 17. Juli 1791, die Nationalgarden auf einige Demonstranten auf dem Champ de Mars schossen, geriet er beim Volk und auch im Parlament immer mehr in Mißkredit. Im Oktober desselben Jahres trat er von seiner Funktion als Leiter der Nationalgarden zurück.*

Ludwig XVI., als man ihm den Haftbefehl in Varennes überreicht:
Es gibt keinen König mehr in Frankreich. Ich wußte wohl, daß es Verräter und Verbrecher in meinem Reich gibt, aber niemals hätte ich geglaubt, daß es welche gibt, die verdorben genug sind, um ihren König zu verhaften.

Die Abgesandten brachten ihm gegenüber die Trauer zum Ausdruck, die die Hauptstadt und ganz Frankreich nach seiner Flucht ergriffen habe; ferner den tiefen, sehnlichen und schier unaussprechlichen Wunsch, er möge zurückkehren. Man gab ihm zu bedenken, wie gefährlich es sei, noch länger in solcher Nähe der Grenze zu bleiben. Die Gemeinde und das Gericht pflichteten ihnen bei und fügten hinzu, daß Frankreichs Schicksal und das seiner Untertanen in seiner Hand seien. Seine Abreise sei immer dringender und wenn er noch länger bleibe, sei sein Leben und das aller Bürger in Gefahr. Noch einen Moment, sagte er. Ist es denn nicht möglich, bis 11 Uhr zu warten?

Nach der Ankunft des Königs hatte man sich beeilt, ihm Erfrischungen zu reichen. Er hatte dieses Angebot mit einigen seiner Gefolgsleute akzeptiert. Aber da er nun abreisen sollte, bot man ihm, der Königin und den anderen Personen ein Essen an und servierte es ihnen. Nach dem Essen, als zudem noch Proviant für die Reise vorbereitet war, sollte die Abfahrt erneut beschleunigt werden. Der König legte sich schlafen, auch der Thronfolger und die Königin schliefen. Eine Dame des Gefolges fühlte sich nicht wohl. Der Arzt kam und verschaffte ihr Erleichterung. Aber auch das Blut der Bürger war kostbar, die kleinste Verzögerung bedeutete unwiederbringlich verlorene Zeit. Der König wachte auf, man drängte ihn zur Abreise. Er stimmte zu, aber immer noch wollte er nach Montmédy reisen. Er bat den Staatsanwalt zu veranlassen, daß er mit seiner Familie allein gelassen werde, er dürfe jedoch bei ihnen bleiben. Er fügte hinzu, daß man die Pferde anspannen könne.

Als Lemoine, der Kammerdiener des Königs, Ludwig XVI. am 21. Juni 1791 wekken will, steht er vor einem leeren Bett. Die königliche Familie hatte er vorgezogen, aus dem revolutionären Paris zu fliehen. Was man schon lange geargwöhnt hatte, war zur Wirklichkeit geworden: Ludwig XVI. ließ die Revolution im Stich, um seine alte Herrlichkeit mit Hilfe einer Gegenrevolution wiederzuerlangen. La Fayette, Chef der Nationalgarde, gibt folgende Order aus:
Der Träger dieses Befehls wird beauftragt, alle guten Bürger davon zu unterrichten, daß die Feinde der Revolution den König entführt haben. Sie haben im Namen des gefährdeten Vaterlands den Auftrag, ihn aus ihren Händen zu befreien und zurück in die Nationalversammlung zu bringen. Diese wird zusammentreten, aber bis dahin trage ich die Verantwortung für diesen Befehl.

Im Moment, wo alle sich auf die Abreise vorbereiteten, kam ein Trupp Soldaten aus Dun mit dem Hauptmann Deslon an der Spitze zu den Toren der verbarrikadierten Stadt. Er versuchte einzudringen, aber man leistete ihm Widerstand und er wurde daran gehindert, in die Stadt zu kommen.

Alles wurde sofort zur Abreise gerichtet. Die Bürger stellten Pferde und Ausrüstung zur Verfügung, abgesehen von den Postpferden.

Die Wagen wurden sogleich vor die Tür gefahren, wo der König wartete. Er und sein Gefolge stiegen sofort inmitten von Freudenrufen in die Kutschen ein: »Es lebe die Nation! Es lebe der König«. Die Reise begann. Es war etwa 7 Uhr 30 morgens.

Aussage des Kutschenverleihers

François Le Bas, ungefähr 30 Jahre alt, von Beruf Wagenverleiher, wohnhaft in der Rue des Champs Elysées, sagte am Montag, 11. Juli 1791, vor Gericht folgendes aus:

Am Montag, den 20. Juni sei vor 8 Uhr morgens ein Diener zu ihm gekommen, um eine zweispännige Kutsche zu bestellen, die um 8 Uhr zu Herrn von Fersen* in die Rue de Matignon kommen sollte. Er habe die besagte Kutsche von einem Kutscher namens Lecomte zu der genannten Adresse fahren lassen. Es sei, so habe der Kutscher berichtet, nur Herr von Fersen eingestiegen. Die Kutsche sei gegen ½ 9 oder 9 abends zurückgebracht worden, zu welchem Zeitpunkt er abwesend gewesen sei. Der Zeuge fügt hinzu, daß während seiner Abwesenheit gegen 1 Uhr nachmittags desselben Tages jemand im Auftrag des Herrn von Fersen 3 Pferde bestellt habe, um nach Claye zu reiten. Der Diener habe gesagt, man solle die Pferde abends bereit halten. Gegen 9 Uhr abends sei man dann gekommen und habe den Angestellten des Zeugen gebeten, die drei Pferde zu Herrn von Fersen zu bringen. Die Pferde seien dort vor eine Postkutsche gespannt worden. Zwei große Herren seien vorne eingestiegen und ein weiterer hinten. Der Kutscher, der ein Angestellter des Zeugen war, fuhr die Kutsche mit den Insassen auf den Quai unterhalb des Pont-Royal. Dort seien alle drei ausgestiegen und hätten dem Kutscher befohlen zu warten, sie wollten etwas trinken gehen. Um ½ 12 Uhr seien zwei Damen in Begleitung eines Herren gekommen. Die beiden seien eingestiegen und hätten gesagt: »Nach Claye«.

Der Zeuge sagt ferner aus, daß er von seinem Kutscher wisse (der übrigens sein Neffe sei), daß man gegen ½ 3 Uhr morgens in Claye einfuhr. Die beiden Damen seien ausgestiegen um etwas frische Luft zu schöpfen und zu warten. Sie hätten in der Poststation Bescheid gesagt, daß drei Pferde an den Wagen gespannt werden sollten, außerdem brauchten sie 8 weitere Pferde für eine große Kutsche, die sie erwarteten. ¾ Stunden später kam die Kutsche tatsächlich, und gegen 9 oder 10 Uhr morgens sei der Kutscher mit seinen drei Pferden in Paris zurück gewesen. Kaum habe er, der Zeuge, ihn kommen sehen, da habe er ihn über die Flucht des Königs und der königlichen Familie unterrichtet und ihn gedrängt, zur Sektion der Champs-Elysées zu gehen und alles zu erzählen, was er über die Vorgänge wisse.

** Hans Axel Graf von Fersen (Stockholm 1755–1810) war ein Liebhaber der Königin Marie-Antoinette. Er verhalf der königlichen Familie zur Flucht und fungierte zu Beginn der Reise selbst als Kutscher. Bis zum Ende der Monarchie im August 1792 diente er dem König als Gesandter in Schweden, wohin er nach dem Sturz Ludwigs flüchtete.*

*Mirabeau über den König:
Die Königin ist der einzige Mann in der Familie.*

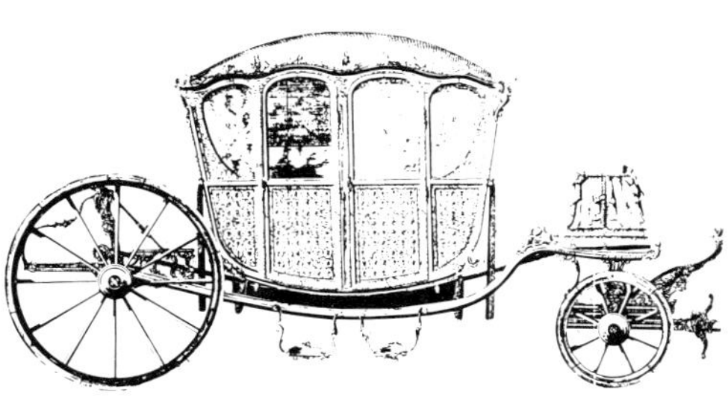

*Beobachtungen von K. E. Oelsner**

** Konrad Engelbert Oelsner (1764–1828) mußte wegen seiner fortschrittlichen Ansichten aus Preußen fliehen und ließ sich in Paris nieder. (siehe Kap. »Ausländer«)*

Den 21. Juni morgens zwischen 7 und 8 Uhr verbreitete sich die Nachricht, daß der König mit seiner ganzen Familie entflohen sei. Sie verursachte Erstaunen, keineswegs Bestürzung. Um 9 Uhr stand die Nationalgarde unter den Waffen. Die Versammlung hatte eine Stunde vorher ihre Sitzung eröffnet. La Fayette und Gouvion* wurden vorgeladen. Das Leben des ersten lief Gefahr, auf dem Grève-Platz zu enden. Herr d'Aumont, von dessen Truppen es hieß, daß sie beim König Wache gehabt hätten, wurde mit einer Wunde am Arme aus den Händen der Banditen gerissen, die ihn aufknüpfen wollten. Es gab einen kleinen Sturm auf das Schloß der Tuilerien sowie auf den Bourbon-Palast. Man hielt blutige Auftritte für unvermeidlich. Alles hing von der Stirn ab, die die Nationalversammlung zeigen würde. La Fayette erklärte sich Bürge für das, was Gouvion aussagen möchte. Sie hatten Anzeige gehabt von einem Fluchtprojekt, und daraufhin die Tür, welche in das Zimmer des Herrn Villequier* führt, mit doppelten Wachen besetzt. Es selbst, Herr Gouvion hatte sich nebst vier Offizieren bis nach Mitternacht vor dieser Türe befunden. Man begreift nicht, wie die Flucht bewerkstelligt worden sei. La Fayettes Lage schien penibel. Auf einmal erklärte sich, zum Erstaunen aller, diejenige Partei für ihn, von welcher die Anklagen zu fürchten waren. Barnave* scharte das öffentliche Zutrauen um den Mann, über

** Jean Baptiste Gouvion (1752–1823) war Generalmajor der Pariser Nationalgarde und damit unmittelbar für Paris zuständig.*

** Louis Alexandre Céleste D'Aumont, Herzog von Villequier (1736–1814) hatte die Flucht der königlichen Familie begünstigt – zumindest wurde er dieses Verbrechens angeklagt. Er emigrierte in die Niederlande und kehrte erst zu Beginn der Restauration nach Frankreich zurück.*

** Antoine-Pierre Barnave (1761–1793) war Abgeordneter des Dritten Standes und zählte zu den besten Rednern des Parlaments. Er war einer der drei Abgesandten, die den König und seine Familie zurück nach Paris führen sollten, die anderen waren Latour-Maubourg und Pétion.*

Ludwig wird von Varennes zurück nach Paris geholt

dessen Patriotismus nie ein reeller Zweifel geschwebt, wie er (Barnave) sagte, der ihn ehemals so oft als einen Verräter denunziert hatte. Seine Rede wurde als ein Zug von Seelengröße bewundert, La Fayette und Bailly* mit Händeklatschen aufgenommen und die Einigkeit, welche zwischen den verschiedenen Parteien der Nationalversammlung zu herrschen begann, verbreitete sich über die Einwohner der Stadt.

Die Nachricht erscholl, daß der König drei oder vier Meilen von der niederländischen Grenze, zu Varennes arretiert worden sei. Barnave, Latour-Maubourg* und Pétion* sind ihm entgegengeschickt worden, mit einer unbeschränkten Vollmacht über die Truppen und dem Auftrag, die Reise des Königs zu schützen.

Der König ißt in Sankt Ménéhould Schweinehaxen

** Jean-Silvian Bailly (1736–1793), Astronom, Abgeordneter des Dritten Standes in den Generalständen, erster Bürgermeister von Paris. Nach den Massakern auf dem Champs de Mars verlor er seine Popularität und wurde durch Pétion ersetzt (1791). Bailly wurde Opfer der Terreur.*

** César Fay, Graf von Latour-Maubourg (1758–1831) wurde als adeliger Abgeordneter in die Generalstände gewählt. Er verzichtete auf seinen Titel und schlug sich auf die Seite des Dritten Standes.*

** Jérôme Pétion de Villeneuve (1756–1794) war während eines Jahres Bürgermeister der Commune von Paris (Nov. 1791 – Nov. 1792). Er war Anhänger der Girondisten und floh bei Robespierres Putsch aus Paris. In der Provinz versuchte er, eine Widerstandsbewegung aufzubauen. Sein Leichnam wurde unweit der Stadt Saint-Emilion in einem Kornfeld gefunden.*

** Madame Royale nannte man die älteste Tochter des Königs, Marie-Thérèse de France (1778–1851).*

** Der Dauphin ist der jeweilige Kronprinz, der die Thronfolge zu gewährleisten hat. Nach dem Tod des ältesten Sohns (1781 – Juni 1789) wurde sein jüngerer Bruder Louis-Charles (1785–1795) zum Dauphin.*

** Mathieu Dumas (1753–1837) war ein General der Nationalgarde, bei deren Aufbau er La Fayette unterstützt hatte. Er begleitete als Nationalgardist die drei Abgesandten des Parlaments.*

** Madame Tourzel (1748–1832) war die Gouvernante des Thronfolgers. Sie begleitete die königliche Familie ins Gefängnis, kam aber trotz aller Gefahren mit dem Leben davon.*

Die Flucht des Königs hat seine Glaubwürdigkeit zu Grunde gerichtet. Trotz einiger mißtrauischer Journalisten, die alle Morgen und Abende Feueralarm schlugen, glaubte man allgemein an die Aufrichtigkeit des Königs. Sein Meineid macht ihn unfähig, ferner zu regieren. Das ist die herrschende Meinung der Hauptstadt und der Provinzen, aus denen bis jetzt Nachricht eingelaufen ist.

Den 25. Juni kam der König unter einer zahllosen Bedeckung an. Der Zug ging von der Barrière Chaillot durch die elysäischen Felder. Eine unermeßliche Menge Volks formierte zwei Reihen bis auf einige Meilen auswärts von Paris. Man empfing den König mit bedecktem Haupte und dem Stillschweigen des Zorns. Der Wagen war mit Nationalgarden behangen, auf dem Dach saßen auch welche. Kein Schuß wäre zum König gelangt. Auf dem Vordersitze befanden sich gefesselt drei Leibgarden, welche Vorreiterdienste bei der Flucht versehen hatten. In dem Wagen, der König, die Königin, Madame Royale*, der Dauphin*, Barnave und Pétion, in dem folgenden Wagen Madame Elisabeth*, Mme Tourzel*, Dumas*, Latour-Maubourg. Den Zug beschloß ein mit Lorbeerreisern ausgesteckter Triumphwagen, wo mit Bürgerkronen geziert die Fänger des Königs aufrecht standen. An der Barriere haben den König einige Schimpfreden begrüßt und in den Tuilerien gab es eine Bewegung, bei welcher das Leben der drei Leibgardisten in Gefahr kam. Die Nationalversammlung hat den König bis auf fernere Verfügung aller Funktionen enthoben.

Herr Boyon, Pariser Batallionskommandant, hat sich ein Verdienst um die Arrestation des Königs erworben. Er wurde inne, daß es keinen Eilboten für die Route von Metz gab, und da die Hindernisse, welche er bei seiner Abreise gefunden hatte, ihm diese absichtliche Vernachlässigung nur noch verdächtiger machte, so unterstand er sich, trotz seines Passes, den Weg nach Metz zu nehmen. Es gelang ihm, nachdem er 6 Meilen jede Stunde gemacht hatte, 20 Minuten nach der Durchfahrt des Königs in Sankt Ménéhould anzukommen. Aber seine abgenutzten Kräfte erlaubten ihm nicht die Reise zu verfolgen, er bewegte den Postmeister für ihn aufzusitzen.

Es scheint, daß in der Gegend von Sankt Ménéhould, überhaupt in dem Gouvernement des Generals Bouillé, Banditen auf den Weg gepflanzt waren, um die Verfolger aufzuhalten. Herr Boyon bekam einen Säbelhieb in den Arm. Bei all dieser Vorsicht sieht man, daß Bouillé seine Maßnahmen nur schlecht kombiniert hatte. Er war Meister des Landes, kannte jeden Weg und Steg, disponierte über alles und unterläßt es doch, den Holzweg von Sankt Ménéhould nach Varennes mit einigen seiner Leute zu besetzen. Zwei oder drei Halunken, mit dem Befehl dorthin postiert, alles niederzumachen, was ihnen in dieser Nacht vor den Schuß kommen würde, hätten die Festnahme des Königs verhindert. Nimmermehr wird sich der Eisenfresser Bouillé gegen diesen Vorwurf rechtfertigen können.

Der König und seine Familie haben viel Unannehmlichkeiten und Demütigungen auf ihrer Reise erfahren. Wenn Herr Boyon, der neben dem Wagen des Königs herritt, mit seinem Pferde ein wenig zurückblieb, hoben sich die Bauern auf ihre Zehenspitzen, um den König zu sehen. Sie sagten laut: »Oh, wie ist er fett, der Halunke! Wir zahlen ja auch genug, um ihn zu mästen. Es lebe die Nation! Es lebe Barnave! Zum Teufel mit allem übrigen!«

Die Königin reichte Herrn Barnave einige Erfrischungen. Als dies der Haufen sah rief er: »Eßt nicht davon, das ist eine Hexe von Giftmischerin!« Die Königin war pikiert und um zu beweisen, daß kein Gift daran war, gab sie ihrem Sohne und ihrer Tochter davon zu essen.

Barnave hatte den Kronprinzen auf dem Schoße. Dieser vergnügte sich während des Einzuges damit, die Umschrift seiner Knöpfe nach der Reihe zu lesen. »In Freiheit leben oder sterben«, stand da, welches die Devise der Jakobiner ist. Man kann sich vorstellen, welches Ohrengift das für seine Mutter sein mochte.

Der König stieg aus dem Wagen, ohne sich um das Schicksal der drei Leibgarden zu bekümmern, die zwischen dem Kutschsitze und dem Kasten angebunden standen. Die Königin hingegen schien viel für sie zu leiden, und über der Gefahr, welche ihren Gefährten drohte, die Piken nicht zu bemerken, unter denen sie sich selbst befand. Beim Eintritt ins Zimmer sagte der König: »Ach, ist es heiß heute! Die verdammte Reise hat mich sehr ermüdet. Gebt mir eine Suppe. Ah, da bist du ja. Ich bin auch wieder da. Mach mein Bett bereit.«

Der Applaus, mit dem seine Leute den König zu empfangen suchten, wurden von der Nationalgarde erstickt.

** Madame Elisabeth ist die Schwester des Königs. Sie wurde 1764 geboren und starb 1794 unter der Guillotine. Gerüchten zufolge soll sich Robespierre mit der Absicht getragen haben, die sehr schöne Madame Elisabeth zu heiraten. Seine Bemühungen, sie zu retten, hatten aber keinen Erfolg.*

Verbreitung der Nachricht von der Flucht des Königs in Frankreich

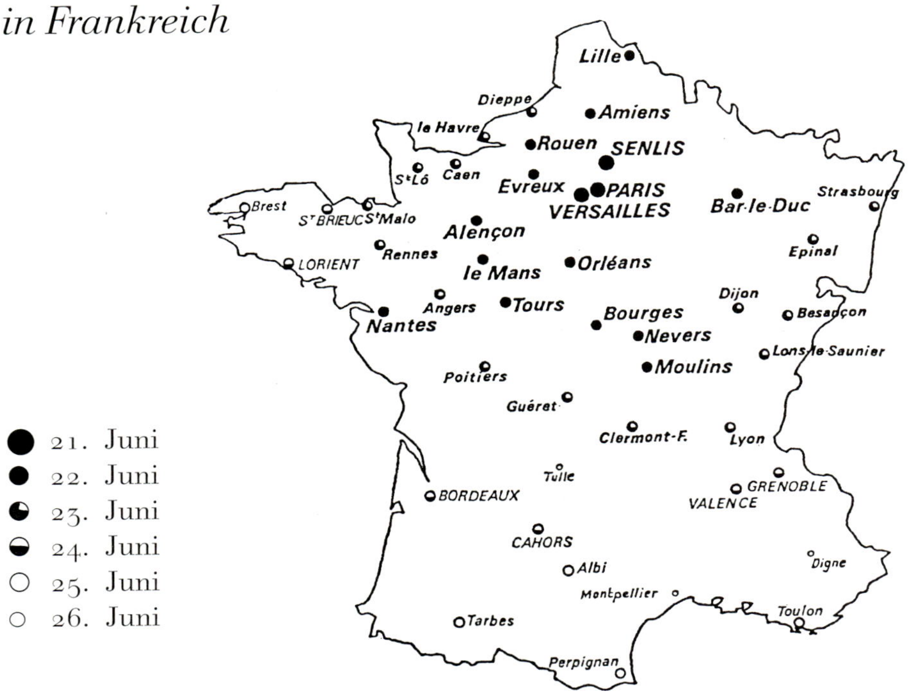

In einigen Städten im Süden kam die Nachricht erst nach 5 Tagen an.

Zeitungen

Die Revolution gab in Frankreich einen entscheidenden Anstoß zum Entstehen der Tagespresse. Plötzlich war im ganzen Land ein großes Informationsbedürfnis vorhanden. In den hintersten Winkeln der Provinz interessierten sich die Leute nun für das politische Tagesgeschehen. Sie hatten zurecht das Gefühl, von den Ereignissen in Paris unmittelbar betroffen zu sein. Schon im Vorfeld der Revolution, zwischen Februar und Mai 1789, entstanden 200 neue Zeitungen.

Den König beim Pinkeln erwischt

Ludwig XVI: Wenn ich erst mal den Hintern im Sattel habe, bin ich ein anderer Mensch.

Heute, am 22. Juni 1791, wurde gegen ½ 6 Uhr nachmittags ein gewisser Claude Tapon, von Beruf Fuhrmann, von einer Gruppe Nationalgardisten vorgeführt. Dieser hat vor dem Gemeinderat erklärt, daß er auf der Landstraße von Paris nach Senlis in der Nähe der Ortschaft Vauderlans den König gesehen und wiedererkannt habe, als dieser ausstieg, um seine Bedürfnisse zu verrichten. Die Kutsche sei mit 6 Pferden bespannt gewesen. Drinnen habe er die Königin und die königlichen Kinder erkannt. Hinter dieser Kutsche seien 6 weitere Wagen gefahren, die alle fest verschlossen waren. Er habe deshalb nicht erkennen können, wer sich darin befunden hätte. Auf dem Wagen des Königs habe er mehrere Kisten ausmachen können. Den Wagen seien 4 Reiter gefolgt. Zu einem von ihnen habe er gesagt, daß er den König erkannt habe. Dieser habe das bestritten. Tapon habe weiter darauf bestanden, denn er kenne den König und habe ihn oft in Versailles gesehen, so wie die Königin.

Der Zeuge Tapon hat die Wahrhaftigkeit seiner obigen Aussage beteuert. Als man ihn aufforderte zu unterschreiben, erklärte er, er könne es nicht.

Auszug aus dem Protokoll des Gemeinderats von Fontainebleau

Neue Hoffnung im Exil

Köln, den 25. Juni, 5 Uhr morgens

Sie haben gewiß die große Neuigkeit erfahren, mein lieber Baron. Es ist sicher, daß der König und die Königin mit dem Dauphin am 20. Juni abends aus Paris abgereist sind und die Richtung der Grenze hinter der Champagne eingeschlagen haben. Gleichzeitig ist Monsieur* nach Mons gereist, von wo aus er Monseigneur* geschrieben hat; seine Gattin ist in Tournai. Mehr weiß man nicht. Man ist sich nicht sicher, ob der König sein Ziel erreicht hat und welches dieses Ziel überhaupt ist. Man nimmt lediglich an, daß Herr Bouillé seiner Majestät entgegengegangen sei um ihn nach Montmédy zu geleiten, wo er, wie Sie wissen, die treuesten Regimenter versammelt hatte. Dies deckt sich mit dem, was Sie mir mitgeteilt hatten. Sobald diese Nachricht in Koblenz war, sind wir umgehend von dort abgereist. Da der Graf von Artois nicht wußte, wo er den König suchen sollte und zudem keine Ahnung hatte, von wem er umgeben sein würde, faßte er den weisen Entschluß, in höchster Eile zunächst einmal nach Brüssel zu reisen und von dort nach Mons, sofern sich Monsieur noch dort befindet. Da erst sollte er alle Tatsachen erfahren und sein Verhalten dementsprechend ausrichten. Gleichzeitig schickte er Herrn de Ballainvilliers* nach Montmédy mit einem Brief für den König. Er soll einen Boten schicken, sobald er seine Majestät erreicht hat. Wir sind in Köln und setzen unseren Weg ohne Unterbrechung fort. Adieu, mein Freund, welch ein Augenblick! Inmitten der Freude, die mir dieses Ereignis bereitet, bin ich doch nicht ohne Sorge, denn wir haben keine Nachricht erhalten als den Brief, den Monsieur aus Mons abgeschickt hat. Monsieur selbst hat nur in Erfahrung bringen können, daß der König in Bondi vorbeigekommen sei.

Brief von Calonne an den Baron Flachslanden*, in Delsinghem (sic!) bei Stuttgart, in Schwaben.*

** Monsieur nannte man den Bruder des Königs, den Comte de Provence. Er verließ Frankreich 1791 und organisierte mit seinem Bruder, dem Comte d'Artois, die Opposition gegen Frankreich.*

** Monseigneur hieß der jüngere Bruder des Königs, der Comte d'Artois. Er war schon 1790 nach Turin und dann 1791 nach Wien emigriert.*

** Der Baron de Ballainvilliers (1760–1835) wurde Generalintendant der Armeen der beiden Prinzen, die gegen Frankreich zu Felde zogen.*

** Jean François Henri, Baron von Flachslanden (1734–1796) war ein konservativer Abgeordneter aus dem Elsaß. 1791 emigrierte er und schloß sich der Armee der beiden Prinzen an.*

** Charles-Alexandre de Calonne (1734–1802) war ein Höfling, der es mit Hilfe höfischer Intrigen bis zum Finanzminister unter Ludwig XVI. brachte. Im Unterschied zum Fachmann Necker, für dessen Vertreibung er selber gesorgt hatte, verstand er von Finanzpolitik wenig und verschleuderte die öffentlichen Gelder. 1788 wurde er bei sehr angespannter Haushaltslage vom König abgesetzt und nach Lothringen ins Exil geschickt. Durch seine schlechte Politik hatte er wesentlich zur Verschärfung der finanziellen Misere und damit zum Ausbruch der Revolution beigetragen. Er gesellte sich 1791 zu den Emigranten in Koblenz.*

Vorahnungen eines fortschrittlichen Adeligen

Paris, den 24. Juni 1791

Diese ganze Unternehmung ist der Gipfel des Wahnsinns und zeigt bedauerlicherweise, daß der König den kriminellen Plan hat, mit den ausländischen Truppen den Krieg nach Frankreich zu bringen. Er überläßt den Adel, den Klerus, den rechten Flügel des Parlaments, seine Freunde, seine Diener, seine Minister dem Zorn des Volkes. Er liefert Frankreich den unabsehbaren Leiden eines inneren und äußeren Krieges aus. Dieses Verhalten ist verabscheuungswürdig; und all das, um den Stolz, die Rache, die Gier der Königin, einiger Bischöfe und der intriganten Höflinge zu befriedigen. Die Gemüter sind besonders verbittert. Die von der Hand des Königs unterschriebene Erklärung ist sein endgültiges Verderben. Er protestiert darin gegen alle Dekrete der Nationalversammlung und erklärt sich damit zum Feind der Verfassung. Um offen mit Dir zu sprechen – aber sag es niemandem weiter –: die Jakobiner und die meisten Bürger von Paris wollen den König absetzen. Die kleine Anzahl von Abgeordneten, die für ihn sind, werden dieses Dekret nicht verhindern können. Was darüber hinaus noch die letzten Treuen von ihm abbringt sind die Gerüchte, denen zufolge österreichische Truppen eine Invasion Frankreichs vorbereiten.

Wir erhielten gestern eine Nachricht unserer drei Abgesandten aus La Ferté-sous-Jarre, worin die Ankunft des Königs in Châlons bestätigt

Poursuite et retour de la famille Ci-Devant Royale

Ils sont partis sans que rien les arrête,
Laissez-les faire, ils n'iront pas bien loin.
De déserter est un trait malhonnête
Dont les ingrats ont payé notre soin.
Au trébuchet, donnant à pleine tête,
Ils s'y sont pris, tout en faisant chemin.

Par des serments, ainsi que par des larmes,
Les traitres savent regagner les cœurs,
Le patriote, oubliant ses alarmes,
Louis, Toinon, reçoivent des honneurs
Lorsqu'en secret, ils goûtent d'autres charmes:
Ceux de cueillir les fruits de leur noirceur.

Couple perfide, réservez vos larmes
Pour arroser le prix de vos forfaits.
Le crime est seul le pouvoir de vos armes,
Il vous confond dans tous vos vains projets.
Un peuple libre reconnaît les charmes
De n'être plus au rang de vos sujets.

Le triomphe de la liberté, Paris 1793.

Das Volk bringt den König und seine Familie nach Paris zurück. Sie tragen die Verkleidung als Bäckersfamilie

wird. Sie fügen hinzu, daß der König von einer ganzen Armee von Nationalgardisten eskortiert wird und daß das Volk, obwohl es von der Flucht des Königs sehr betroffen war, die besten Absichten hat. Jeden Moment kommen Briefe aus den Départements mit Grußworten an die Nationalversammlung und mit Beschwörungen, die Verfassung aufrecht zu erhalten. Ein Kurier aus Valenciennes beteuert uns die guten Absichten der Stadt und teilt uns mit, daß der Bruder des Königs mit seiner Frau in Mons ist. Die Nationalversammlung hat alle, die zur Entführung des Königs beigetragen haben, zu Vaterlandsverrätern erklärt; denn so nennt man jetzt seine Flucht. Das Dekret schließt die Königin ein, auch wenn sie nicht ausdrücklich genannt wird; denn nur der König selber genießt Immunität. Besonnene Menschen versuchen, die erhitzten Gemüter zu beruhigen, aber die Jakobiner und alle, die am meisten Anteil an der Revolution haben, wollen von den Vorteilen, welche die momentane Lage bietet, profitieren. Der Herzog von Orléans* tut so, als zeige er sich dem Volk, aber da er im allgemeinen nicht beliebt ist, empfängt man ihn unfreundlich. Der Herzog von Montpensier, sein Sohn, hat in Soldatenuniform Wache gestanden. Diese »Verkleidung« hat überhaupt keine Wirkung gehabt.

Dies ist, meine liebe Freundin, die unglückliche Katastrophe, die von der Unfähigkeit, dem dummen Stolz und dem verwerflichen Ehrgeiz der Priester und Adeligen herbeigeführt worden ist. Ich weiß nicht, wie das enden wird. Die Nationalversammlung, die wegen der permanenten Beschimpfungen seitens der aristokratischen Blätter Ansehen verloren hatte, ist nun stärker als je zuvor. Der Name des Königs wird nicht einmal erwähnt in der Schwurformel. Es ist nicht mehr von ihm die Rede, als wenn Frankreich seit 20 Jahren als Republik regiert würde; die Staatsgeschäfte werden mit solcher Eintracht und Geschwindigkeit geregelt, die beweist, daß man in der neuen Verfassung auch ohne König auskommt.

Brief des Marquis de Ferrières an seine Frau*

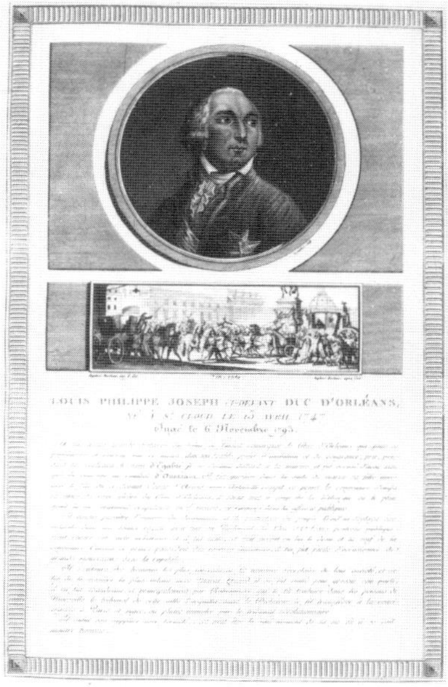

** Louis Philippe Joseph, Duc d'Orléans (1747–1793), gehörte einer Nebenlinie des Königshauses an und war Cousin des Königs. Er war Anhänger der Revolution und Feind des Hofes. Immer wieder versuchte er, die Gunst des Volkes zu erlangen. Einer seiner Söhne wurde 1830 zum »Bürgerkönig« Louis-Philippe gekrönt. Ihm selbst warf man vor, auf den Thron gelangen zu wollen. Die Radikalen im Nationalkonvent verurteilten ihm zum Tode.*

** Der Marquis de Ferrières (1741–1804) war Abgeordneter von Saumur in der verfassungsgebenden Nationalversammlung. Seine Schriften zeigen ihn als fortschrittlichen und scharfsinnigen Adeligen und Kommentator der Revolution.*

Bittschreiben aus dem Gefängnis

Herr Präsident,

Als Bürger habe ich unter dem Unglück gelitten, das unser Vaterland bedrohte. Als Soldat leide ich unter den Folgen des 21. Juni und ich habe die Ehre Sie zu bitten, der Nationalversammlung den Fall von zwei zu hart bestraften Soldaten darzulegen. Am 20. erhielt ich den Befehl, mich mit 40 Mann nach Sankt Ménéhould zu begeben, um dort einen Goldschatz abzuholen, der mir von Soldaten übergeben werden sollte. So lautete der Befehl, der im Namen des Königs formuliert und von Bouillé unterschrieben war. Jene Soldaten hatten die Nacht in Sankt Ménéhould verbracht und waren kurze Zeit vor meiner Ankunft von dort abgereist. Ihre Durchreise hatte Unruhe hervorgerufen, und die Anwesenheit meiner Dragoner verstärkte diese noch.

Im Laufe des Tages hatte mich die Untätigkeit mehrmals in die Nähe des Weges, über den der Schatz kommen mußte, geführt. Ich hatte alle Kuriere, die vorbeikamen, dazu befragt, aber nichts Zufriedenstellendes erfahren können. Um sieben Uhr, nachdem ich lange überlegt hatte, ob ich abreisen oder noch länger warten sollte, entschied ich mich für die erste Lösung, da ich nicht den Befehl hatte, die Nacht außerhalb des Lagers zu verbringen und weil die Truppe, von der ich getrennt war, tags darauf von Clermont nach Stenay reisen mußte.

Während dieser Überlegung kam eine große Postkutsche vorbei, auf die niemand weiter zu achten schien. Trotzdem sah ich, wie sich Menschentrauben bildeten, die Leute sprachen aufgeregt miteinander. Ich hörte, wie Alarm geschlagen und »Halt! Halt!« gerufen wurde. Die Straßen waren sofort voll mit bewaffneten Leuten. Ich ging in Richtung der Schreie. Die Nationalgarde kommt auf mich zu und teilt mir mit, daß der König in der Kutsche, die gerade vorbei gefahren war, erkannt worden sei. Wir wurden beschuldigt, zu seinem Schutz unterwegs zu sein. Ich antwortete, daß ich schon morgens der städtischen Nationalgarde die Befehle, die meine Anwesenheit rechtfertigten, mitgeteilt hatte, und daß ich dies noch einmal tun werde. Ich ging zum Rathaus, das schon voller Bürger aller Klassen war, die einen aufgeregter als die anderen. Ich zeigte erneut meine Befehle vor, jeder interpretierte sie, wie es ihm paßte. Es wurde sogar an ihrer Echtheit gezweifelt. Schließlich wurde ich zu meiner Unterkunft zurückgeführt.

Währenddessen läutete die Sturmglocke weiter, die Menschenmenge wurde immer größer. Um 11 Uhr kam der Kurier, der die Flucht des Königs bestätigte. Der Zorn kannte keine Grenzen mehr. Ich wurde erneut ins Rathaus vorgeladen. Ich ging mit meinem Kameraden dorthin und geriet dabei in ziemliche Gefahr. Kaum war ich drinnen, da beschimpften mich die meisten und bedrohten mich. Ich wurde mehrmals zu Boden geworfen und verdanke mein Leben nur dem Respekt, den die Leute vor den Offizieren der Gemeinde hatten, denn diese stan-

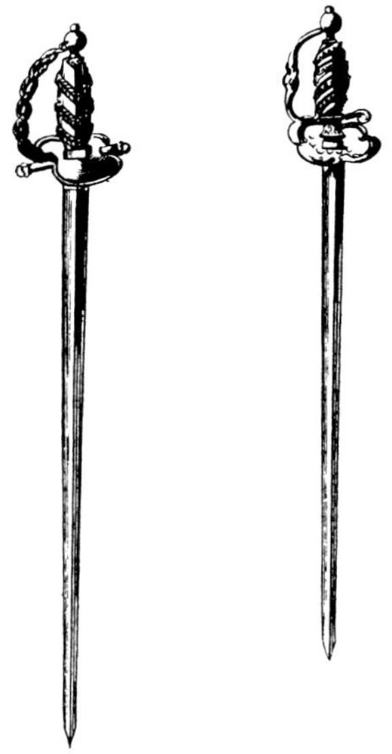

den eng um mich herum. Ich ergreife mit Freude die Gelegenheit, um ihre Güte, ihre Anständigkeit, ihre Aktivität und ihre Stärke zu loben. All diese Tugenden nahm ich wohl wahr, obwohl sie unter den Schreien und Drohungen, die mir galten, fast erstickt wurden. Man brauchte, so hieß es, ein paar Märtyrer. Die Gemäßigten wollten, daß man uns ins Gefängnis stecke. Ich empfand das als große Zumutung. Aber als mir ein Mitglied der Gemeinde mit leiser Stimme vorschlug, darauf einzugehen, weil die Aufregung immer größer wurde und dies die einzige Möglichkeit war, der unmittelbaren Gefahr zu entrinnen, begaben wir uns mit ihm zum Gefängnis. Er ließ uns an der Tür stehen in der Annahme, wir seien nun in Sicherheit. Aber wir befanden uns in der Macht von etwa 20 Bauern, die außer sich waren, uns mißhandelten und erzwangen, daß wir die Nacht im Verließ verbringen mußten. Kaum war die Tür ins Schloß gefallen, versuchte eine andere Horde sie aufzubrechen in der Absicht, uns zu erwürgen. Der Hausmeister leistete tapfer Widerstand, machte nicht auf und es steht außer Zweifel, daß wir ihm unser Leben verdanken. Am nächsten Morgen, als die Offiziere erfuhren, wie man uns mißhandelt hatte, veranlaßten sie, daß wir in einem Zimmer untergebracht wurden.

Wir sind 5 Tage dort geblieben und haben auf die Antwort der Nationalversammlung zu dem Bericht, den die Gemeinde Sankt Ménéhould über unsere Verhaftung angefertigt hatte, gewartet. Wir sind auf Initiative der Offiziere von Sankt Ménéhould ins Gefängnis von Châlons verlegt worden.

Dies ist die Situation zweier Soldaten, Herr Präsident, deren einziges Verbrechen es ist, den Befehlen von Herrn Bouillé gehorcht zu haben, dem sie keine kriminellen Absichten unterstellen konnten. Trotzdem sind wir in Haft, und sind dabei doch nicht schuldiger als alle Offiziere, die an jenem Tage Marschbefehl hatten, auf Veranlassung desselben Generals.

Haben Sie die Güte, Herr Präsident, und erbarmen Sie sich unserer Situation, veranlassen Sie, daß die erforderlichen Formalitäten schnell erfüllt werden.

Ihr sehr ergebener
d'Andoins
(Hauptmann des 1. Dragoner-Regiments)
Im Gefängnis von Châlons, am 4.7.1791

Mme Roland:
Der König und die Königin sind geflüchtet. Ich schreibe in Eile, beim Krach der Kanonen und in großer Aufruhr. Dies ist die Kriegserklärung; alles ist in Bewegung.

Im Angesicht des Todes

Man spricht nicht mehr von »rasendem Galopp«. Der König, die Königin, die Prinzen von Geblüt, geben, wenn sie schnell, sehr schnell fahren wollen, ihren Reitburschen folgenden Befehl, der ihn dann dem Kutscher weitergibt: Fahr so schnell, daß wir dem Tod ins Auge sehen können. Dieser eigenartige Ausdruck bedeutet, daß die Gefahr für die Personen, die im Wagen fahren, genauso groß ist wie für diejenigen, die ihn lenken. Dann laufen die feurigen und erlesenen Pferde, zumal da sie vom Kutscher angestachelt werden, tatsächlich so schnell, daß man im wahrsten Sinne des Wortes dem Tod ins Auge schaut. Man kann sich die Geschwindigkeit eines solchen Galopps vorstellen. Von weitem klingt es wie Donnergrollen, aus der Nähe ist es ein wahrer Donnerschlag. Manchmal zerschellen die Wagen. Das sind Prinzenspiele; sie meinen auf diese Art Zeit zu sparen.

Louis Sébastien Mercier

Guillaume stand dem Postmeister Drouet zur Seite, als dieser die Flucht der Königsfamilie entdeckte

Gesetz

zur Belohnung all derer, die der öffentlichen Sache während der Ereignisse des 21. Juni und der folgenden Tage gedient haben.

Dekret vom 18.8.1791, im Namen des Königs Ludwig.

Die Nationalversammlung beschließt:

1. Zwei Häuser mit Nebengebäuden in Varennes-en-Argonne, die bisher von Nonnen bzw. von Franziskanern bewohnt waren, werden zu folgendem Gebrauch bestimmt: das erste zur Unterbringung des örtlichen Gerichts, des Friedensrichters, und zur Einquartierung der nationalen Gendarmerie. Das zweite soll in Kasernen zur Unterbringung von Kavallerie umgebaut werden. Die Spesen und Unkosten für beide Häuser übernimmt der Staat.
2. Der Gemeinde von Varennes werden im Namen der Nation zwei Kanonen und eine Fahne mit folgender Inschrift geschenkt: Der Stadt Varennes vom dankbaren Vaterland. Des weiteren wird jeder Nationalgardist dieser Stadt ein Gewehr und einen Säbel bekommen.
3. Auch die Stadt Clermont-en-Argonne bekommt eine Kanone sowie 500 Gewehre für die Nationalgarde dieses Distrikts. Das Gleiche gilt für die Stadt Sankt Ménéhould.
4. Folgende Summen werden den unten genannten Personen aus den zur Verfügung gestellten 2 Millionen Francs ausgezahlt:
   Herrn Drouet, Postmeister in Sankt Ménéhould: 30 000 Francs
   Herrn Sauce, Staatsanwalt von Varennes: 20 000 Francs
   Herrn Boyon, Batallionskommandant der Pariser Nationalgarde: 20 000 Francs
   Herrn Guillaume, Angestellter des Distrikts Sankt-Ménéhould: 10 000 Francs
   Herrn Leblanc (dem älteren), Hotellier und Nationalgardist in Varennes: 6 000 Francs.
   usw.

V.
Emigranten

Schon während der Generalstände war klar geworden, daß der Unmut im Volk und im Dritten Stand sich nicht ausschließlich gegen den König, sondern in erster Linie gegen die Privilegien des Adels und der Kirche richtete. Mit der Anerkennung des parlamentarischen Prinzips »ein Abgeordneter, eine Stimme« waren die Adeligen und der Klerus in der Minderheit. Viele aufgeklärte Geister dieser beiden Stände schlossen sich gerne dem bürgerlichen Lager an, und vor allem auf Seiten des niederen Klerus gab es zahlreiche Überläufer. Nach dem Sturm auf die Bastille spitzte sich die Lage dramatisch zu. Als am 17. Juli 1789 der Graf von Artois, also der Bruder des Königs, mit einigen großen Herren des Hofes das Land verließ, folgten ihnen in kürzester Zeit Hunderte von Adeligen. Sie gingen davon aus, daß eine Invasion ausländischer Truppen, unter Hilfestellung der französischen Emigranten, dem revolutionären Treiben ein Ende machen würde. Der König versuchte, den immer bedrohlicher werdenden Konflikt zu lindern, indem er seine Brüder aufforderte, die Verfassung anzuerkennen und nach Frankreich zurückzukehren. Das war 1792; eine vergebliche Initiative. Im Sommer 1792 kamen etwa 4 000 Emigranten nach Trier und schlossen sich den preußischen Truppen an. Die junge Republik verbannte sie daraufhin im Oktober 1792 auf alle Zeiten vom französischen Boden. Die Situation war für die an Luxus gewöhnten Adeligen neu: beengte Lebensverhältnisse, fremde Länder, die ihnen nicht unbedingt wohlgesonnen waren, ein Hof ohne König.

Die ersten Drückeberger verlassen das Land der Revolution

Dekret über die Abschaffung des Adels

19. Juni 1790

Die Nationalversammlung beschließt, daß der Erbadel für immer in Frankreich abgeschafft ist. Demzufolge dürfen die Titel »marquis, chevalier, écuyer, comte, vicomte, messire, prince, baron, vidame, noble, duc« und alle ähnlichen Titel von niemandem geführt und von niemandem erteilt werden. Alle Bürger dürfen ausschließlich ihren wirklichen Familiennamen führen. Niemand darf seine Diener mit einer Livrée ausrüsten und ein Wappen führen. Weihrauch darf in den Kirchen lediglich zu Ehren Gottes verbrannt und sonst niemandem gewidmet werden. Die Titel »monseigneur« und »messeigneurs« werden keinem Individuum und keiner Körperschaft erteilt. Dasselbe gilt für die Titel »excellence, altesse, éminence, grandeur«.

Es ist untersagt, sich unter Berufung auf dieses Dekret an den Denkmälern in den Kirchen, an den Urkunden, Titeln oder anderen die Familien oder Besitztümer betreffenden Dokumenten zu vergreifen. Das gleiche gilt für die Dekorationen an öffentlichen oder privaten Orten. Die Durchführung des Dekrets betreffs der Livreen und an den Kutschen montierten Wappen darf von niemandem vor dem 14. Juli in Paris und vor Ablauf von drei Monaten in der Provinz erzwungen werden.

Ausgenommen von diesem Dekret sind alle Ausländer, die ihre Livreen und Wappen behalten dürfen.

Am dritten Jahrestag der Erstürmung der Bastille werden Symbole des Adels verbrannt

Rassetiere

Die Rasse der großen Herren muß vollständig vernichtet werden. Unter großen Herren verstehe ich jene, die Würden, Eigentum, Pfründe, Ämter und Vollmachten besitzen und, ohne Verdienste zu haben und ohne erwachsen sein zu müssen, dennoch groß und aus diesem Grund oft wertlos sind. Ich bemerke, daß eine Zucht von Jagdhunden erhalten wird, solange sie gut ist, aber abgeschafft wird, sobald sie schlecht wird.

Marquis d'Argenson

Reaktionen der Aristokraten

Die Zeiten des Adels sind vorüber

Ja, was auch kommen mag, die Großen, die Vornehmen, die Aristokraten aller Klassen sind auf immer verloren, nicht nur in Frankreich, sondern in ganz Europa, und wenn es nicht im Jahre eintausend... und sieben ist, wird es im Jahre eintausend... und acht sein. Der Anstoß ist gegeben; eine neue Ordnung der Dinge beginnt.

Rétif de la Bretonne

Meine Herren,

Dürfen angenommene Namen beibehalten werden, wenn eine Erbsache von einer Familie zur anderen übergegangen ist, unter der Voraussetzung, daß man den Namen des Schenkers oder den von ihm bestimmten trägt? Wird die Übernahme eines solchen Namens, die durch die Gewohnheit und die Gesetze, unter denen wir bisher lebten, sanktioniert war, nun hinfällig, genauso wie die Absicht, die ursprünglich damit verbunden war?

Gilt das Dekret rückwirkend oder nur für die Zukunft? Die Nationalversammlung, so hoffen wir, wird die Güte haben, ihr Dekret zu erklären und etliche Personen beruhigen, die sich nun genötigt sehen, ihren Besitz zu verlieren oder das Gesetz zu mißachten.

Das Dekret bezüglich der Namensgebung nach den Ländereien hat bereits zu einer gewissen Stagnation in den Familienangelegenheiten geführt. Man wollte nicht mit dem eigenen Namen unterschreiben, da eine Änderung des Dekrets zu erwarten war. Steht nicht derjenige, der Livreen und Wappen abschafft, im Widerspruch zu Art. 11 der Menschenrechte? Dort heißt es:

Freiheit besteht darin alles tun zu können, was anderen nicht schadet.

Inwiefern schadet die Livree eines Menschen einem anderen? Es wäre völlig ausreichend, das exklusive Gebrauchsrecht der Livreen aufzuheben. Ist die Beschaffenheit der einen oder anderen Bekleidung nicht gleichgültig, solange die Nationalversammlung jedem das Recht für die freie Wahl der Kleidung läßt? Das Gesetz verbietet nur Handlungen, die der Gesellschaft schaden. Eine Livree schadet niemandem. Diese ist lediglich ein höchst nützliches Zeichen, um sich in der Menge wiederzufinden. »Aber sie ist das Symbol der Knechtschaft«. Nein, meine Herren. Sie ist das Symbol der Hausangestellten. Dieses Symbol spricht auf der Rückseite einer Kutsche, auf dem Sitz, so wie es auf den Borten und in den Farben unserer ehemaligen Lakaien spricht. Wäre ein Dekret, um ganz deutlich zu werden, das eine Ähre mehr Korn im Königreich wachsen läßt, nicht weit nützlicher als eines, das Namen, Livreen und Wappen abschafft, die doch auch ein Zeichen von Konventionen, und nützlichen Konventionen, sind? Und waren die Römer, die alle Namen trugen, die man ihnen gab, vielleicht nicht so frei wie wir? Seit über 400 Jahren heißen die Mottiers La Fayette*. Haben sie dieses Recht nun verloren?

Öffentliche Anfrage eines Adeligen

** Der Familienname des sehr populären Generals La Fayette war in der Tat Mottier. Die Revolutionäre selber aber kannten ihn alle unter seinem Namen La Fayette.*

Die Aristokraten sind am 14. Juli 1790, dem Föderationsfest, verzweifelt

Ludwig ruft seine Brüder zurück

Ich hatte angenommen, daß meine Schritte Euch gegenüber und die Tatsache, daß ich die Verfassung akzeptiert habe, ausreichten, um Euch dazu zu bewegen, ohne weitere Maßnahmen meinerseits zurück ins Reich zu kommen, oder zumindest die Vorhaben aufzugeben, mit denen Ihr beschäftigt scheint. Da Euer Verhalten seither mich zur Annahme gebracht hat, daß Euch meine wahren Absichten nicht recht bekannt sind, schien es mir eine Pflicht mir selbst und Euch gegenüber, diese eigenhändig noch einmal zu bestätigen. Als ich ohne jedwede Abänderungen die neue Verfassung des Königreichs akzeptiert habe, haben mich der Wunsch des Volkes und die Hoffnung auf Frieden hauptsächlich dazu veranlaßt. Ich dachte es sei an der Zeit, daß die Unruhen in Frankreich ein Ende fänden, und als ich sah, daß es in meiner Macht stand, durch meine Einwilligung dazu beizutragen, habe ich nicht gezögert, sie freiwillig und ohne Zwang zu erteilen. Mein Entschluß steht auch heute noch fest. Wenn die neuen Gesetze Veränderungen erfordern, werde ich darauf warten, daß sie mit der Zeit und nach reiflichen Überlegungen angemahnt werden. Ich bin nicht bereit, Veränderungen herbeizuführen und auch nicht zu dulden, daß irgendwelche mit Mitteln herbeigeführt

Ode gegen die Emigranten

Oh die Ihr mit Euren feigen Verschwörungen
unsere Freiheit bedrohtet,
welche Ehre haben Eure kriminellen Pläne
Euch denn nun eingebracht?
Wo sind die schnellen Siege,
die Ihr in Euren Köpfen schon anhäuftet?
Wo sind die strahlenden Erfolge?
Trotz der Liga der Despoten
hat der patriotische Atem allein
alle Eure Vorhaben durchkreuzt.

In die Brust Eures Vaterlandes
wolltet Ihr die Dolche stoßen;
hört seine Stimme die Euch zuruft:
Undankbare, Ihr wollt mich erwürgen.
Mit blutigen Leichen bedeckt,
in ihren zuckenden Eingeweiden
hättet Ihr Eure Wut erstickt!
Nein, selbst die schändlichsten Strafen
gegen Euch und Eure feigen Komplizen
werden soviel Greuel nie wettmachen.

Hofft nicht auf unsere Milde,
erstickt unnützes Flehen,
wir hören nur auf die Rache und
die Tage des Verzeihens sind vergangen.
Um Eure Schandtaten zu bestrafen
mögen die eifrigen Furien
neue Leiden erfinden.
Ach! wenn Eure Herzen fühlen könnten
wäre schon die schlimmste Strafe
in der Tiefe Eures Herzens.

Flieht für ewig eine Erde
wo das Volk sein Recht erkämpft hat;
es schwört den grausamen Anhängern
des Königs ewigen Krieg.
Die Vernunft, die erhabene Tugend
leiten dieses großartige Volk
auf dem herben Weg der Pflicht,
Ihr aber, unter dem Sklavenjoch gebeugt,
Ihr werdet niemals anderes ernten
als Schande und Verzweiflung.

P. Crassons, Musik von Rigel jr.

Prominente Emigranten aus der königlichen Familie

werden, die der öffentlichen Ruhe und dem von mir akzeptierten Gesetz widersprechen.

Ich denke, daß die Beweggründe, die mich zu diesem Verhalten geführt haben, auch auf Euch dieselbe Wirkung haben. Ich ersuche Euch also, meinem Beispiel zu folgen. Wenn, woran ich nicht zweifle, Euch das Glück und die Ruhe Frankreichs am Herzen liegen, werdet Ihr nicht zögern dazu beizutragen, daß sie wieder hergestellt werden. Wenn Ihr der Unruhe, welche die Geister umtreibt, ein Ende bereitet, werdet Ihr zur Wiederherstellung der Ordnung beitragen, den moderaten Parteien große Unterstützung zukommen lassen und wirkungsvoll dem Guten dienen. Eure Entfernung und die Vorhaben, die man Euch unterstellt, können nur einen gegenteiligen Effekt haben. Ich sorge dafür, daß alle Franzosen ins Reich zurückkehren können und dort in Ruhe die Rechte, die das Gesetz ihnen zuschreibt und zusichert, genießen werden. Diejenigen, die mir ihre Anhänglichkeit beweisen wollen, werden keinen Augenblick zögern. Die ernste Aufmerksamkeit, die Ihr dem, was ich Euch sage, schenken werdet, werde ich als großes Zeichen der Verbundenheit mit Eurem Bruder und als Zeichen der Treue gegenüber Eurem König ansehen, und ich werde Euch mein ganzes Leben dankbar sein, es mir erspart zu haben, in Opposition zu Euch gehandelt zu haben. Denn ich bin ein für allemal entschlossen, das einzuhalten, was ich angekündigt habe.

Ludwig
Brief des Königs vom 16. Oktober 1791

Der König wendet sich gegen die Emigranten und Priester

Von heute an hebe ich das Veto gegen das Gesetz betreffend die Emigranten, rebellischen Priester und sonstige Aufrührer auf. Ich erachte sie als infam, als Vaterlandsverräter und der Beleidigung der Nation für schuldig. Das Veto kann, will und darf ich nur zur Wahrung deiner gerechten Interessen, die von den meinen nicht zu trennen sind, geltend machen. Deshalb ordne ich an, daß, sofern sie bis zum 1. April 1792 nicht zurück ins Königreich gekommen sind, gegen alle schlechten Bürger vom selben Tag an die Dekrete der Nationalversammlung Anwendung finden. Ich akzeptiere und sanktioniere diese Dekrete in ihrem ganzen Umfang, ihrer ganzen Stärke und in ihrem Wortlaut.

Entwurf einer Rede ans französische Volk

Satirische Darstellung der Emigranten

Die Emigration, die in einigen Fällen zwangsweise erfolgte, war für alle Emigranten legitim. Der Boden ist nicht die Heimat des zivilisierten Menschen, selbst nicht die des Wilden, der glaubt, überall dort zuhause zu sein, wohin er die Knochen seiner Vorfahren mitnimmt. Der Boden ist nur den Tieren Heimat. Und für die Füchse und Bären ist ihre Heimat ihr Jagdgebiet. Für den in Gesellschaft organisierten Menschen ist der Boden, den er bebaut, nicht in höherem Maße Heimat als für den Bediensteten das Haus, in dem er arbeitet. Der zivilisierte Mensch sieht seine Heimat nur in den Gesetzen, welche die Gesellschaft kontrollieren, in der darin herrschenden Ordnung, in der Macht der Regierung, in der Religion, die man ausübt, und für ihn ist nicht notwendig das Land, in dem er lebt, immer auch seine Heimat.

De Bonald: Über die Emigration

Louis Vicomte de Bonald (1753–1840) emigrierte 1791 und diente in der Armee des Prinzen Condé. Er ist Verfasser staatstheoretischer Schriften und machte während der Restauration politische Karriere.

Ein junger Emigrant macht Quartier für die Familie

Mons, den 6. Mai 1791

Ich bin hier gestern abend ohne Zwischenfälle und in bester Gesundheit eingetroffen. Ich hatte einen Brief von Herrn de Raincourt für den Grafen von Andlau, der zu einem sehr guten Hause der Gegend gehört. In diesem Brief wurde er gebeten, mir zu helfen, in dieser Stadt Unterkunft und überhaupt alles, was ich benötige, zu finden. Er sollte mich auch über die hiesige Lebensführung informieren, was man hier für Unterkunft, Nahrung usw. zahlt. Er hätte sicher gerne auf meine Fragen geantwortet, aber er ist aufs Land gereist, ausgerechnet am Vorabend meiner Ankunft in Mons. Ich bin lange durch die Stadt gelaufen um herauszubekommen, was ich wissen wollte. Hier meine Ergebnisse.

Täglich kommen viele Franzosen, unter ihnen befinden sich der Marquis d'Espinay, Herr du Dresnay, und zwar Vater mit Tochter und Enkelin, die Mareschallin von Conflans in Begleitung, usw. usw. Alle haben Häuser oder Appartements gemietet. Die Neuankömmlinge suchen alle welche und finden sie nur schwierig. Ich habe, glaube ich, alles angeschaut, was in der Stadt noch zu haben ist, so wenig blieb übrig, nur etwa 5 oder 6 Wohnungen. Ein ganzes Haus kann man schon gar nicht mehr mieten, oder auch nur ausreichend zusammenhängende Zimmer, damit wir alle zusammen wohnen könnten. Die Miete der Unterkünfte ist sehr hoch. Ich habe mir z. B. drei Wohnungen angesehen, die alle aus 4 Zimmern und Ställen für drei Pferde bestanden. Die Preise waren 20, 15 und

16 Louis monatlich. Keines der drei ist allerdings sehr schön, denn nur selten ist ein Ankleidezimmer neben den Schlafzimmern.

Das Leben ist hier nicht ganz so teuer wie in Brüssel oder Tournai, aber günstiger ist es auch nicht. Man nimmt allgemein an, daß ein Koch billiger ist als die Belieferung durch einen Traiteur. Abgesehen davon ist dies die Preisliste des besten hiesigen Traiteurs:

1. Er kann nur 8 Personen täglich versorgen;
2. Er will nur 3 mal wöchentlich Wäsche liefern;
3. Bei jedem Service reicht er 5 Gänge, d.h. 2 Services mittags und eins abends, das hieße 15 Gänge pro Tag, für die er 15 Francs täglich verlangen würde, was pro Person etwa einen Ecu* ausmachen würde.

Heute abend habe ich ein Haus gesehen, das Euch gefallen könnte. Man hätte mir den Vorzug gegeben, wenn ich mich heute hätte entscheiden können. Aber da ich sagte, ich müßte Eure Zustimmung abwarten, wird der Handel, wie ich glaube, morgen mit einem anderen abgeschlossen. Wie schade! Es ist das einzige Haus in Mons, das alles gehabt hätte, was Ihr wünscht, denn es ist Platz für alle, Ställe für 6 Pferde, und der Preis ist weit geringer als anderswo hier in der Stadt: das Ganze sollte bloß 7 Louis monatlich kosten. Welch ein Unterschied zu den anderen Wohnungen, die ich gesehen habe, und die alle nicht so groß waren! Eine Bedingung gab es allerdings, der Besitzer wollte das Haus für 6 Monate vermieten, und er hätte die Miete etwas erhöht, wenn die Mietdauer kürzer gewesen wäre. Ich sagte, ich würde sofort schreiben, und man hat mir versprochen, daß man sich, sofern die Sache nicht vorher anderweitig entschieden würde, gerne mit Euch einigen wollte.

*Victor de Vibraye**
*Bericht an seinen Vater**

** Ein Ecu sind 3 Francs. Zum Vergleich sei in Erinnerung gerufen, daß ein Arbeiter im Durchschnitt an einem Arbeitstag 1 Franc verdiente.*

** Louis Hurault, marquis de Vibraye (1733–1803), Generalleutnant der königlichen Armee.*

** Anne-Victor-Denis de Vibraye (1767–1843) wurde später Feldmarschall.*

Die Emigranten

Soll man ein Adelsheer gegen die Revolution kämpfen lassen?

Brüssel, den 30. August 1791

Je mehr ich, lieber Marquis, über den Vorschlag nachdenke, den Sie mir gestern gemacht haben, umso mehr spüre ich, daß ich ihn nicht akzeptieren kann. Einer der Hauptgründe meiner Ablehnung ist, daß diese Formierung, diese Organisation des Adels in Truppenform militärisch überhaupt keinen Vorteil bringt. Sie stellt keine Möglichkeit dar, zum Erfolg dessen, was wir wünschen, beizutragen. Und da diese Maßnahmen stattfinden, bevor der Kaiser und ganz Europa sich entschieden haben, können sie nur großes persönliches Unheil mit sich bringen, weil sie öffentlich bekannt sein werden, sobald die entsprechenden Entscheidungen getroffen sind.

Sie kennen ja die Franzosen. Diejenigen, die hier sind, sind freiwillig gekommen. Die Verpflichtung, welche die Errichtung einer solchen Truppe bedeuten würde, würde ihnen mißfallen. Es scheint sogar angemessen, Zweifel an der Aufrichtigkeit ihrer Ansichten zu hegen. Können sie sich im äußersten Falle nicht sogar gegen die Autorität, die man ihnen gegenüber ausüben müßte, auflehnen? Denn man würde sie zwingen, in diesem Land zu bleiben. Die Ausführung dieses Vorhabens wäre also für denjenigen, der mit ihr betraut wird, auf jeden Fall recht unangenehm. Ich weiß das zu sehr um zu wünschen, daß ich damit beauftragt würde. Ich wäre von dieser Auszeichnung sehr geschmeichelt, wenn es darum ginge, eine militärische Schulung einzurichten und wenn das Ergebnis dieser Bemühungen darin bestünde, eine adelige Truppe zu befehligen und an ihrer Spitze zu kämpfen. Mit dieser Perspektive würde ich mich bemühen und danach streben, diesen edlen Vorzug zu erhalten. Aber Sie selbst, Marquis, haben mir ja zugestimmt, daß das Ziel der Unternehmung jenes sei, unter allen Franzosen hier in Belgien eine gewisse Regel, eine Marschordnung herzustellen, um der Unordnung vorzubeugen, die bei unserer Rückkehr mit den Prinzen nach Frankreich unweigerlich entstehen würde. Wir würden als ihre Bewachung und Eskorte einmarschieren und durch unseren Eifer und unser willkürliches, privates Bemühen, uns ihnen anzunähern, uns ihnen vielleicht nur zu zeigen, um persönlichen Vorteil daraus zu ziehen, viel Verwirrung stiften. Man braucht also zur Errichtung dieser Ordnung überhaupt kein militärisches Talent, zumal schon feste Daten gegeben sind, nämlich jene drei Klassen von Individuen, von denen in der Ordonnanz, die Sie vorgelesen haben, die Rede ist. Es gibt aber Personen, die sicher gerne die Sache übernehmen würden.

Das war, mein lieber Marquis, eine recht lange Ausführung. Ihr Gegenstand, nämlich Ihnen meine Ablehnung zu erklären, mußte mit den anderen Dingen verbunden werden, damit meine Motive klar werden.

Der Herzog von Braunschweig (1735–1806) war Oberbefehlshaber der verbündeten Staaten im Kampf gegen Frankreich

Orte des Exils

Die Emigration der königstreuen Adeligen erstreckte sich über alle europäischen Länder. In einigen Orten aber sammelten sich die revolutionsfeindlichen Kräfte und bildeten gesellschaftliche und militärische Zentren.
Vor allem in Koblenz wurden die Brüder des Königs vom Trierer Kurfürsten wohlwollend aufgenommen. Etwa 60000 Emigranten meldeten sich in Koblenz und formierten eine Art »Exilhof«. Weitere Zentren der Emigration waren die Grenzstädte Aachen, Mons, Brüssel und die norditalienischen Provinzen. Auch in London fanden sich Gruppen von Adeligen und kirchlichen Würdenträgern zusammen.

Alle großen Ereignisse waren stets, so wie alle großen Persönlichkeiten, Anlaß zu Streit zwischen den Menschen und Grund zur Empörung. Die Emigration, die man als das charakteristischste Merkmal der bemerkenswertesten Epoche der Moderne, nämlich der Französischen Revolution, ansehen muß, hat mehr als irgendein anderes Ereignis dieses traurige Privileg ausgekostet.
Von den einen wurde sie aufgrund ihrer Beweggründe beurteilt und ist als ein Akt der Aufopferung und als letzter Seufzer des ritterlichen Geistes in Europa angesehen worden. Von anderen wurde sie aufgrund der Ergebnisse, die sie zeitigte, beurteilt und als unnütz verschmäht, als gefährlich angeklagt oder als kriminell verdammt.

De Bonald

Meine Äußerungen bitte ich vertraulich zu behandeln. Unter demselben Siegel des Vertrauens schicke ich Ihnen eine Liste mit Fragen, die mir zugetragen wurden und deren Beantwortung mir in einigen Fällen ziemlich schwierig schien.

Fragen:

Wenn der Adel in Charleroi und an dem anderen genannten Ort erst einmal formiert ist, soll er dann auch notwendig dort wohnen? Können die Frau, die Kinder, kurz: die Familie der Edelleute diese begleiten? Falls dieser zweite Teil mit ja beantwortet wird, gibt es die Schwierigkeit, soviel Leute in zwei so kleinen Städten unterzubringen; deshalb wird die Unterbringung sehr teuer werden. Wenn sie mit nein beantwortet wird, wie soll sich dann der Edelmann von den Seinen trennen, wo doch eine solche Trennung viel Unkosten bereiten wird?

Wenn wir erst einmal in Kompanien geordnet sind und wenn wir dann wegen dringender Familienangelegenheiten oder Geldmangels, der bei weiterer Verzögerung des Einmarsches der ausländischen Mächte sicher auftreten wird, weggerufen werden, werden die Adeligen es sich dann erlauben, abzureisen oder die Kompanie zu verlassen?

Dies sind, mein lieber Marquis, die Dinge, die ich Ihnen mitteilen wollte. Ich füge noch ein paar Überlegungen hinzu, die bezüglich der Organisation des Adels angestellt worden sind. Vielleicht ist das alles ja auch unnütz?

Seien Sie, ich bitte Sie, meiner aufrechten Anhänglichkeit versichert.

*Der Marquis de Vibraye an den Marquis de la Queuille**

** Jean Claude Marie Marquis de la Queuille et de Châteaugay (1742–1810) war Abgeordneter des Adels in den Generalständen.*

Gründe, die gegen die Einrichtung einer militärischen Organisation des Adels in diesem historischen Augenblick vorgebracht werden

von Marquis de Vibraye

Ich finde es barbarisch, die Verbannung meiner Mutter zu unterzeichnen und die Ächtung all dessen, was mir lieb ist. Und es hieße genau das tun, wenn ich das Kommando einer der Emigrantenkompanien übernehmen würde oder auch nur ihr Mitglied wäre, bevor die ausländischen Armeen

Die Heere der vereinigten antirevolutionären Mächte ziehen gegen Frankreich ins Feld

Diejenigen, die meinen, die Emigranten hätten beim König bleiben müssen um ihn zu retten, übersehen die Tatsache, daß man einen König nicht gegen seinen Willen so einfach retten kann. Das geht nur, wenn er Handlungsfreiheit oder zumindest Redefreiheit hat. Eine Handvoll Leute, von denen einige gar keine Militärs waren, die keinen bekannten und anerkannten Chef hatten, keinen Anlaufpunkt, keine Organisationsmöglichkeit ihr eigen nannten, hätten den König nicht retten können. Selbst wenn sie unter den Augen der Aufrührer ohne Hindernis einzeln aus ihren Provinzen hätten kommen können, hätten sie ihn, dem am 21. Januar 60 000 versammelte und bewaffnete Personen, die fast alle über das Opfer weinten und die Henker verachteten, nicht helfen konnten, auch nicht retten können.

De Bonald

Ein Bild zum Drehen: entweder verflucht der Aristokrat die Revolution, oder er hofft auf die Gegenrevolution

da sind, mit denen ich den Meinen helfen kann, oder ihr Verderben rächen.

Diese im jetzigen Moment unnütze Formierung ist sehr gefährlich, denn sie wird sofort publik gemacht werden und zur Zerstörung des Adels und des Klerus führen, indem sie den Haß, den man diesen beiden Ständen ohnehin schon entgegenbringt, noch verstärkt.

Wir sind ins Ausland zu unserer Sicherheit und Ruhe gekommen; wir sind freiwillig hergekommen und weil es vor vier Monaten so aussah, als kämen ausländische bewaffnete Armeen ins Land. Diese Hoffnung gibt es nicht mehr. Vielleicht nähern wir uns dem Augenblick, wo wir wieder diese Hoffnung fassen können, und dies mit mehr Berechtigung als vor vier Monaten. Wenn es dann soweit ist, haben wir noch genug Zeit, uns zu verpflichten, falls es uns angemessen scheint. Aber wenn diese Hoffnung noch eine Zeit das ist, was sie bisher war, nämlich illusorisch und schimärenhaft, dann müßte die Mehrzahl der Leute hier zurück nach Frankreich mangels der nötigen Mittel, um im Ausland zu leben. Wenn sie aber Mitglied der Adels-Kompanien sind, wie könnten sie dann ihre Truppen verlassen?

Wenn diese Formierung so nötig ist, warum hat man sie nicht schon früher durchgeführt? Wie hätte man sich denn vor drei Monaten, als man meinte nach Frankreich zurückkehren zu müssen, dieser so unorganisierten Adeligen bedienen können?

Deshalb ist solch ein Adelsheer erst sinnvoll, wenn die ausländischen Armeen an den Grenzen stehen und sich anschicken, nach Frankreich einzumarschieren. Währenddessen hindert die Unmöglichkeit, länger im Ausland zu bleiben, einen großen Teil der Franzosen daran, sich zu verpflichten und weiter hier auszuharren. Außerdem kann es sein, daß einige in anderen Teilen des Exillandes bessere Bedingungen finden und nicht nach Frankreich zurückkehren wollen und daß sie deshalb gezwungen sind, den Wohnort zu wechseln.

Schlußfolgerung:

Es muß also alles so bleiben wie es ist; so wenig ausgeben wie möglich, um so lange wie möglich außerhalb Frankreichs sein zu können, und so auf die große Hilfe der Ausländer warten, ohne die nichts zu machen ist. Außer wir hätten das Glück, der König könne aus seinem Gefängnis entkommen, was von allen möglichen positiven Entwicklungen noch die schönste wäre, die zudem jeder wohlmeinende Franzose wünschen muß.

Reaktion eines gemäßigt revolutionären Adeligen

Paris, den 24. 10. 1792

Monsieur, ... der Wechselkurs bleibt stabil. Ich weiß nicht, was das zu sagen hat. Glaubt man an die Fortdauer unserer Erfolge und an unsere Möglichkeiten, die Finanzen und Kriegswirtschaft wieder aufzurichten, oder zählt man eher auf die Intrigen und die Mißverständnisse im Lager unserer Feinde, die sowohl verdeckt als öffentlich immer zahlreich sind? Gestern ist ein Dekret* verabschiedet worden, das die Emigranten endgültig verbannt. Wie viele Familien werden unter Verzweiflung und Not zu leiden haben! Es wäre gerechter gewesen, so meine ich, nicht alle Emigranten in dieselbe Maßnahme einzuschließen. Wieviele ehrliche Menschen haben Frankreich nur verlassen, um einem Land den Rücken zu kehren, in dem Unruhe, Unordnung und Anarchie herrschten und wo alle diejenigen Gefahr liefen, die vormals Adeliger, oder Magistrat, oder Finanzmann, oder Großgrundbesitzer waren, und die alle niemals vorhatten, die Waffen gegen das Vaterland zu erheben, noch ihm direkt oder indirekt zu schaden. Ich entschuldige den Fehler und sogar die Angst. In diesem ganzen Vorgang ist die Schuld auf beiden Seiten verteilt und das Beste wäre gewesen, alle Irrtümer beiderseits einfach zu vergessen und sich herzlich und brüderlich anzunähern. Das Gesetz scheint mir gegenüber einer großen Menge von Emigranten sehr hart. Allerdings ist dies Dekret die beste Möglichkeit, um ihren Besitz zu konfiszieren und darüber zu verfügen. Dasselbe Prinzip steckt hinter der Deportation der eidverweigernden Priester.

Brief von Herrn Lefebvre d'Acy an Herrn Vanlerberghe

** Nachdem sowohl der König als auch die Nationalversammlung die Emigranten vergeblich zur Rückkehr aufgefordert hatten, spitzte sich der Konflikt zu und auch eine bewaffnete Auseinandersetzung schien wahrscheinlich. Als im Herbst 1792 im Nordosten Frankreichs immer mehr Übergriffe über die Staatsgrenzen hinweg seitens der Emigranten vorgenommen wurden, griff der Konvent – Frankreich war ja gerade Republik geworden – zu radikalen Mitteln. Der Krieg war erklärt. Das Dekret vom 22. Oktober verbannte die bis dahin nicht zurückgekehrten Adeligen endgültig aus Frankreich und der Staat konfiszierte die gesamten Güter der Emigranten.*

Die französischen Soldaten auf dem Schlachtfeld (deutsche satirische Darstellung)

28. März 1793
Dekret über die Bestrafung der Emigranten

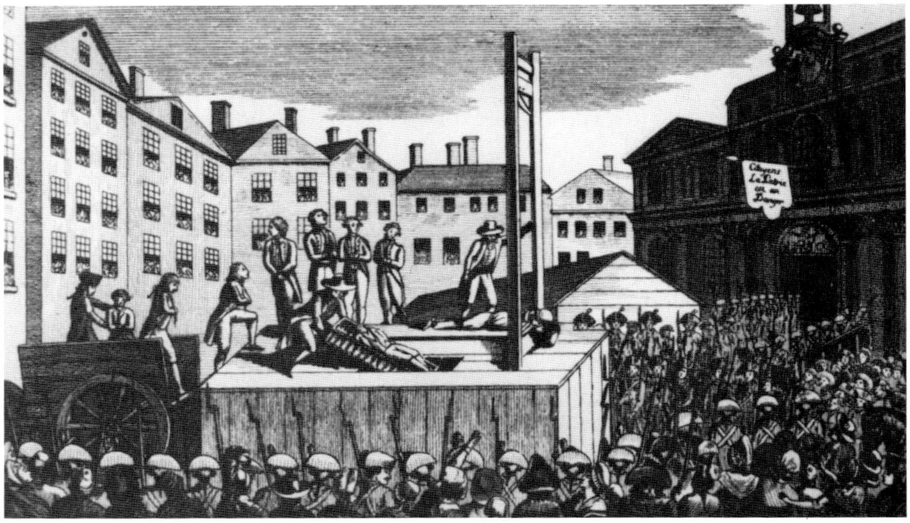

Neun Emigranten werden auf der Guillotine hingerichtet

Art. 1: Die Emigranten werden für immer vom Territorium Frankreichs verbannt; sie sind zivilrechtlich tot. Ihr Vermögen fällt der Republik zu.
Art. 2: Zuwiderhandlungen gegen die in Art. 1 dekretierte Verbannung wird mit dem Tode bestraft.
Art. 6: Als Emigrant definiert ist

1. jeder Franzose, ob Mann oder Frau, der das Territorium der Republik nach dem 1. Juli 1789 verlassen hat und keinen Nachweis über seine Rückkehr nach Frankreich in den durch das Dekret vom 30. März – 8. April 1792 festgesetzten Fristen erbracht hat.

2. Jeder Franzose, ob Mann oder Frau, der von seinem Wohnort abwesend ist und nicht in einer noch näher zu bestimmenden Form seinen ununterbrochenen Aufenthalt in Frankreich seit dem 9. Mai 1792 nachweisen kann.

3. Jeder Franzose, ob Mann oder Frau, der sich zwar gegenwärtig an seinem Wohnort aufhält, sich aber irgendwann von ihm entfernt hat und nicht seinen dauernden Aufenthalt in Frankreich seit dem 9. Mai 1792 nachweisen kann.

4. Jeder, der das Gebiet der Republik verläßt, ohne die durch das Dekret vorgeschriebenen Formalitäten erfüllt zu haben.

5. Jeder bevollmächtigte Vertreter der Regierung, der mit einer Mission bei ausländischen Mächten betraut ist und nicht innerhalb von drei Monaten nach dem ihm amtlich mitgeteilten Rückruf nach Frankreich zurückgekehrt ist.

Ein verwundeter Emigrant, Reisende und Engel

Kann ich dafür, wenn mir ein Emigrierter begegnet, daß mir allezeit der arme, von Räubern zerschlagene, verwundete, ausgezogene, verlassene Reisende vorschwebt? Da lag er, und wälzte sich in seinem Blute, und schmachtete vor Kummer und allerlei Bedürfnis.

Drey Männer gingen bey ihm vorbey, und hielten vor ihm stille.

»Ich habe weder Öl noch Wein, noch Geld bei mir, und keinen Esel um dich aufzuladen, armer Verwundeter! Gott helfe dir, und räche dich an deinen Mördern!« sagte der Eine.

»Gott segne dich« – stammelte der Verwundete – »wenn du könntest, du würdest mir helfen!«

»Rede nicht so laut, die Mörder könnten nicht weit seyn, und uns hören!« – sagte leise der Zweite zu seinem Mitreisenden; und laut – »laß uns gehn, was wissen wir von der Sache? Vielleicht sinds eben so redliche Leute, mit denen dieser Mann in Händel gerathen ist.«

»Gott verzeihe dir, wenn Er kann: ich verzeihe dir, du schwacher, weltkluger Raisonnierer:« sagte der arme Verwundete, und eine Thräne entfiel seinen Augen.

»Ganz gewiß eine Strafe Gottes!« – sagte der Dritte – »wenn dieser Mensch nicht gesündigt hätte, wie wär ihm dieses widerfahren? Weg von ihm! was halten wir uns bey ihm auf!«

»Gott strafe dich, du getünchte Wand!« – sagte der arme Verwundete, und richtete sich mit Unwillen auf, um ihm zu fluchen. Und die Engel Gottes hielten ihm den Mund, daß er nicht fluchte, doch richteten ihre Augen sich zum Himmel, und baten Gott den Gerechten, den Fluch an dem Ungerechten zu bestätigen.

Revolutionsalmanach 1795

Ein Emigrant kehrt nach Paris zurück

Das harte Brot des Exils

Erklärung ihrer Majestät, Kaiser und König von Österreich, bezüglich der französischen Emigranten

am 23. Oktober 1792

Die französischen Emigranten, die in immer größerem Strom und nach dem Sturz der Monarchie »endgültig« ins Ausland gingen, suchten bei den preußischen und österreichischen Staaten und Territorien Zuflucht. Gleichzeitig stellten sie sich in den Dienst der preußisch-österreichischen Armee. Und trotzdem waren sie dem Kaiser nicht nur angenehme Gäste.

Da Ihre Majestät Unannehmlichkeiten, wie sie aus dem großen Zustrom französischer Emigranten aller Klassen für die Öffentlichkeit entstehen könnten, vorbeugen möchte, hat sie es für gut befunden, folgendes zu erklären und befehlen:

Art. I: Die in der Armee der französischen Prinzen angestellten Emigranten dürfen sich nur in den dieser Armee zugestandenen Gegenden aufhalten. Jeder, der in einer anderen Stadt oder Gegend angetroffen wird, wird von den Polizeibeamten festgenommen, im Bedarfsfall auch vom Militär, um dann zur besagten Armee zurückgeführt zu werden. Beim geringsten Widerstand werden sie wie Störer der öffentlichen Ordnung bestraft.

Art. II: Alle anderen Emigranten, Kleriker, Laien oder welchen Standes auch immer, die nicht ein Haus oder eine Wohnung gemietet haben, müssen binnen 8 Tagen das Land verlassen (ab heute gerechnet). Bei Zuwiderhandlung werden sie wie jemand ohne Protektion behandelt.

Art. III: Alle Emigranten, die aufgrund der Bestimmungen in Art. II im Land bleiben können, müssen binnen 8 Tagen bei der Polizei oder beim Gericht eine von ihnen unterzeichnete Erklärung hinterlegen, die ihren Geburts- und Familiennamen sowie diejenigen ihrer Familienmitglieder und Diener enthält sowie eine genaue Ortsangabe ihrer Unterkunft, den Ort ihres letzten Wohnsitzes in Frankreich, schließlich ihren Beruf und Stand. Wer diese Erklärung nicht abgibt oder wer sich erlaubt, am Hut Kokarden oder weiße Federn* zu tragen, muß das Land unter Androhung derselben Strafe verlassen.

** Die weißen Kokarden oder Federn waren Symbole der früheren absoluten Monarchie. Ursprünglich dienten die weißen Kokarden zur Kennzeichnung der Infanterie. Die Revolutionäre brachten erst grüne, dann blau-weiß-rote Kokarden in Mode.*

Modefrisuren: Die Nation

Exil in London: Verfall der Sitten

Die Sitten waren noch viel lockerer als vor der Revolution, und jene Umgangsformen, die der Unmoral einen Schimmer von Grazie verliehen, gab es nicht mehr. Herr Graf Louis de Bouillé kam betrunken in einen Salon, setzte sich neben die Herzogin von Montmorency, zog auf der anderen Seite die Herzogin von Châtillon an sich und sagte zu jemandem, der ihn aufforderte, sich zurückzuziehen: »Was denn! Bin ich hier vielleicht nicht auf meinem eigenen Grund und Boden?« Und er legte seine Hände auf die beiden Damen.

Dieser Ton war nicht allein Herrn Bouillé vorbehalten. Fast jedermann lebte in paarweisen Beziehungen, ohne daß die Kirche gebeten worden wäre, diese Verbindungen zu heiligen. Die Schwierigkeiten mit dem Besitz, die Notwendigkeit, sich zusammenzuschließen, um überhaupt überleben zu können, dienten den einen als Grund, den anderen als Entschuldigung. Und außerdem wurde einem alles vergeben, unter der Voraussetzung man hatte die »richtigen Ansichten«. Es gab sonst keinerlei Intoleranzen, aber diesbezüglich war man strikt. All dies habe ich selbst mit angesehen, aber die Mehrzahl lebte doch anders.

Die große Masse der Emigranten führte ein tadelloses Leben, und das mußte auch so sein, denn erst seit dem längeren Aufenthalt der Emigranten in England beginnt die öffentliche Meinung dort, die Franzosen etwas besser einzustufen als vorher.

Was die politischen Ansichten betrifft, so herrschte überall der größte Unsinn. Und selbst diejenigen der Emigranten, die ein tadelloses Leben führten, vertraten hier unvernünftige Positionen. Jeder, der ein Appartement für länger als einen Monat mietete, fiel negativ auf. Es war besser, es nur wochenweise zu mieten, denn man durfte keine Zweifel daran erkennen lassen, daß man tagtäglich von der Gegenrevolution zurück nach Frankreich gerufen werden könnte.

Es wäre nicht gerecht, wenn man über die Emigranten spricht, den Klerus nicht zu erwähnen. Sein Verhalten ist so gewesen, daß er sich die Wertschätzung und Verehrung des englischen Volkes erworben hat, das normalerweise gegenüber katholischen Priestern recht voreingenommen ist. Am Ende hatte jede bürgerliche Familie ihren »Lieblingspriester«, der den Kindern Französisch beibrachte und den Eltern bei der Arbeit half.

*Comtesse de Boigne**

** Die Comtesse de Boigne hat umfangreiche Memoiren hinterlassen, in denen sie ein lebendiges Bild des Lebens im Exil entwirft. Während des Exils lebte sie in Italien, England und Deutschland. Ihre Analysen sind scharfsinnig, ihre Beurteilung der Ereignisse frei von parteilichem Vorurteil.*

Treue im Unglück: ein Diener rettet seinen ehemaligen Herrn

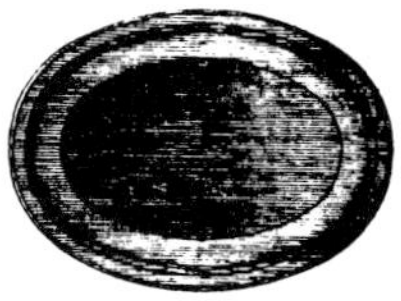

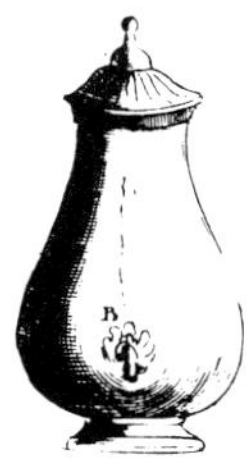

Herr de Pontavis, ein emigrierter bretonischer Edelmann, hatte Frankreich mit etwas Geld verlassen, so daß er sich einen Bediensteten halten konnte. Sein Diener war ihm also gefolgt und teilte sein Schicksal. Jedermann weiß, daß die Bretonen im allgemeinen ein hervorragendes Herz haben, daß sie aber sehr leicht zu reizen sind. In einem Anflug schlechter Laune und ohne weiteren Grund entläßt de Pontavis seinen Diener. Dieser findet eine gute Stellung in London, sammelt dort seinen Lohn Pfennig um Pfennig, gestattet sich keinerlei persönliche Ausgaben und wird so nach zwei oder drei Jahren Besitzer einer kleinen Summe. Bald erfährt er, daß sein ehemaliger Herr, der mehr schlecht als recht gelebt und allen seinen Besitz veräußert hatte, gezwungen wurde, nach Deutschland zu gehen. Als einzige Lebensgrundlage hat er dort eine Nahrungsration, die ihm täglich von einem Regiment zugeteilt wird, dem er zu Fuß folgen mußt, so alt und gebrechlich er auch ist. Der ehrliche Junge zögert nicht lange! Er schifft sich zur Überfahrt auf den Kontinent ein und verbringt einen Monat mit der Suche nach Herrn de Pontavis. Endlich findet er ihn in einem mitleiderregenden Zustand. »Was wollen Sie hier?« fragt ihn sein Herr, der ihn zuerst wiedererkannt hat. Es dauerte eine Weile, bis der Diener sich seine durch das Elend und den Hunger ausgemergelten Züge in Erinnerung bringen konnte. »Ich habe Sie gesucht, Monsieur.« – »Aber Sie können doch wohl sehen, daß ich nicht in einer Lage bin, die es erlaubt, wieder einen Diener zu nehmen!« – »Ach! Genau deshalb bin ich da. Monsieur, ich hätte Ihnen viel zu erzählen. Ich traue mich nur nicht. Aber vergeben Sie mir, seien Sie nicht ärgerlich über die Freiheit, die ich mir herausnehme.« – und er weinte bitterlich. »Ich bitte Sie inständig zu erlauben, daß ich Sie in das Hotel bringe, in dem ich abgestiegen bin. Ich werde mich dort einfacher ausdrücken können, als auf der Straße: man würde uns hier hören.« Herr de Pontavis läßt es so geschehen. Er folgt ihm und findet bei seinem Eintritt in ein schönes einzelnes Zimmer ein fertiges Essen vor. Auf dem Tisch ein einziges Gedeck... Der Diener bittet ihn, dort am Tisch Platz zu nehmen und beginnt, ihn zu bedienen. – »Aber da ist ja nur ein Gedeck! Das werde ich nicht dulden, ich will, daß du mit mir speist.« – »Nein, Monsieur, Sie wissen, wie sehr ich Sie verehre, und Ihre jetzige Situation macht Sie für mich nur noch verehrenswürdiger. Ich werde mich nie mit Ihnen an einen Tisch setzen. In diesem Punkt allein kann ich Ihnen ungehorsam sein.« – Alles Bitten war vergeblich, er mußte nachgeben. Nach dem Essen erzählt er seinem Herrn, wie er seinen Lohn gespart hat in der Hoffnung, ihm nützen zu können. Er wirft sich ihm zu Füßen und beschwört ihn, doch den Rest anzunehmen – »Ich bin jung, robust, an Arbeit gewohnt, aber Sie, Monsieur... Bitte, Monsieur, demütigen Sie

Karikatur auf die englische Miliz

mich nicht mit einer Ablehnung. Ich hätte gerne mehr Geld, aber es ist genug, um Sie nach London zu bringen. Ich werde Ihnen auf der Reise die nötigen Dienste erweisen. Die englische Regierung gewährt den Emigranten Unterstützung. Sie werden davon profitieren, und Sie werden zumindest nicht mehr zu dieser unglücklichen Lebensweise gezwungen sein, die Sie nicht lange überleben würden.« – Herr de Pontavis nimmt den Vorschlag an. Sie kehren nach England zurück, der Herr bekommt finanzielle Hilfe vom Staat, der Diener sucht eine neue Stellung und findet sie auch. Er arbeitet doppelt so viel wie sonst und spart sogar am Schlaf, um tagsüber für einige Momente seinem Herrn aufwarten zu können. Die Früchte seiner Ersparnisse sind eine zusätzliche Hilfe neben dem Geld der englischen Regierung.

Herr de Pontavis erzählte oft diese Episode. Er gefiel sich darin, und er tat es nie, ohne Tränen zu vergießen. »Wenn ich gerne auf meine Besitztümer zurückkehren würde, dann nicht um meinetwillen, sondern um die Freude zu haben, alles mit diesem treuen Freund zu teilen.«

Schone Deine Kräfte, Geliebter!

Aachen, den 5.10.92

Dumouriez* und seine Armee von 60 000 Soldaten haben die Waffen niedergelegt. Die Patrioten sind ins Mainzer Gebiet einmarschiert und auch nach Chambéry-... all dies ist lächerlich.

Komm schnell zurück, meine Seele, mein Leben, mein Glück. Mit welch einem Vergnügen würde ich mich um Dich kümmern, mindestens einen Monat lang will ich Dich verwöhnen und Dich in meinen Armen alle Leiden vergessen lassen. Schone Deine Gesundheit und vergiß nicht, daß Du mein Bett teilen wirst und eine zarte, höchst gefällige und gehorsame Frau vorfindest, die sich ärgern würde, in ihren Erwartungen enttäuscht zu werden. Komm, begnügen wir uns in der Erwartung mit der Illusion: tausend und abertausend Küsse für den meist geliebten Schatz. Schone Dich, wenn Dein Kopf zu früh Feuer finge... Du verstehst mich, alles für mich, nichts fürs Kopfkissen. Adieu, noch zwei schöne Küsse.

Du willst auf Dein Pferd verzichten, das könnte Dir Unannehmlichkeiten bereiten. Und spare daran nicht, Du mußt stark und in guter Form zurückkommen. Ich will auf nichts verzichten müssen.

Auszüge aus Privatkorrespondenz, die bei Emigranten beschlagnahmt wurde

** Charles François Dupérier Dumouriez (1737–1823) hatte unter Ludwig XVI. hohe Regierungsämter inne. Er schlug sich 1789 auf die Seite der Revolutionäre und errang wichtige Erfolge im Kampf gegen die feindlichen Armeen. Nachdem er zu Zeiten der Republik erste Niederlagen hinnehmen mußte, kämpfte er auf der Seite der Österreicher. Die aber wollten von einem »Verräter« nichts wissen.*

Wirre Zeiten: Woher einen Vater nehmen?

An den Chevalier de Montchal, Mitglied der Armee unter dem Befehl des Herzogs von Braunschweig; im Hauptquartier

Lüttich, den 22. September 1792

Ich wende mich voller Vertrauen an Sie, lieber Chevalier, um Sie zu bitten, mir einen großen Dienst zu erweisen. Ich glaube zu sehr an Ihre Freundschaft, um nicht versichert zu sein, daß Sie ihn mir nicht abschlagen werden. In Aachen habe ich Sie über mein Unglück unterrichtet und Sie schienen Anteil daran zu nehmen. Sie haben mir bei dieser Gelegenheit größte Anhänglichkeit bewiesen, was meine Wertschätzung Ihrer Person nur erhöht hat. Ich bin zur Zeit sogar noch unglücklicher, als Sie mich letzten Sommer sahen. Denn ich bin in der kritischsten Lage, die man sich denken kann. Ich muß so schnell wie möglich nach Brüssel, meine Mittel erlauben es mir nicht, meinen Sohn Theodore länger im Internat zu lassen.

Der Junge wäre auf der Straße, wenn ich ihn nicht in Brüssel abholen würde. Ich muß also abreisen, und zusätzlich muß ich noch ein unglückliches Kind mit mir nehmen, dem ich vor einem Monat das Leben schenkte. Man will sich hier während meiner Abwesenheit nicht um es kümmern, und ich kann nicht zulassen, daß mein Kind Hungers stirbt. Denn das wäre sein Schicksal, wenn ich es zurückließe, und obwohl ich seinen Vater, dessen Andenken schon genügt, um mich aufzubringen, verabscheue, so ist mir sein Sohn doch nicht minder teuer. Dieser arme Kleine ist nicht die Ursache meiner Leiden, und sein eigenes Leid läßt mich ihn lieben und erhöht meine Zuneigung zu ihm.

Dies ist die fürchterliche Situation, in der ich mich heute befinde, gezwungen zu sein, mein armes Kind mit mir herumzuschleifen und meiner Schwester ein Geheimnis zu offenbaren, das sie nie hätte erfahren dürfen. Aber nun ist es unvermeidlich, daß sie es erfährt, denn nur über sie bekomme ich eine Amme. Diese Nachricht wird für meine Schwester wie ein Blitzschlag sein, sie wird über mich und mein Kind weinen, aber dann werden die Vorwürfe und Vorhaltungen kommen. Sie ist devot bis zum Exzess, ich kann ihrer Wut nicht aus dem Wege gehen. Und so groß ihr Unmut mir gegenüber auch ist, ich werde ihn geduldig ertragen müssen, denn schließlich geht es um das Leben meines Kindes. Und was erduldet nicht eine Mutter für die Erhaltung eines Wesens, das sie so nah angeht! Aber es ist äußerst wichtig, daß meine Schwester nicht erfährt, daß die Schwangerschaft in Turin ihren Ursprung hat. Denn als wir in Thal ankamen, hat sie über Sie gescherzt als sie sah, wie sehr es mich freute, mit Ihnen zusammen zu sein. Wenn sie gewußt hätte, daß ich schon im zweiten Monat war, wäre sie rasend wütend auf mich, da sie ja annehmen müßte, ich hätte gleichzeitig zwei Liebesangelegenheiten

Assignat aus dem Reich der Liebe. Gegenwert: 25 Küsse

Galantes Rendezvous. Reiter und zu Pferd fliehendes Mädchen.

gehabt. Und unter diesen Umständen würde sie mich nicht aufnehmen, sondern zurückstoßen. Lieber Chevalier, es gibt Dinge, die das Papier nicht ertragen kann, und wenn ich Ihnen diese Sache schriebe, würden sie Sie durch ihre Länge langweilen, ich erzähle Ihnen lieber alles mündlich. Aber ich sage Ihnen vorsorglich, daß ich für den Fall, daß meine Schwester mich unter Einsatz aller Mittel zwingen würde, den Vater des Kindes zu nennen, ihr sagen werde, daß Sie der Verursacher der Schwangerschaft sind – natürlich nur, nachdem sie mir ihr Ehrenwort gegeben hat, niemals mit der entsprechenden Person darüber zu reden oder sie deshalb weniger zu schätzen. Ihnen, lieber Chevalier, kann das ja egal sein, denn niemals würden Sie es als unangenehm empfinden, das zu tun, was ich begehre, und Sie würden eine weinende Mutter, die nicht mehr weiß, an wen sie sich wenden soll, von einer großen Last befreien. Ich erlaube Ihnen, im Falle dummer Anspielungen, die Ihnen mißfallen würden, die entsprechenden Beweisstücke vorzuzeigen, so wie diesen Brief und den kleinen Zettel, den ich Ihnen schicke. Auf diese Art sind Sie zu nichts verpflichtet, außer mir noch zärtlichere Briefe zu schreiben als bisher, mich zu duzen, kurz: den Vater meines Kindes zu spielen. Dieser kleine Trick wird niemandem schaden, und sichert mir dafür unendlich viel Beruhigung. Warum sollten Sie, mein lieber Chevalier, nicht mitspielen und damit jemandem einen Gefallen tun, der Ihnen so ergeben ist wie ich?

Adieu, mein lieber Chevalier, schreiben Sie mir so schnell wie möglich zu meiner Beruhigung. Ich umarme Sie von ganzem Herzen, erzählen Sie mir, wie es Ihnen und Ihrem Vater geht.

Da der Brief, den ich beilege und den ich Sie bitte mir zu schreiben, als Modell gedacht ist, müßten alle Ihre zukünftigen Briefe im selben Stil abgefaßt sein.

Ihr Herren Aristokraten

Seigneurs aristocrates
Où donc est le cercueil
Qu'aux bourgeois démocrates
Préparait votre orgueil?
Nous devions expirer à vous entendre dire,
Peut-être nous vous en croyons
Peut-être, en effet, nous mourrons,
Mais ce sera de rire.

Gonflés d'impertinence,
Comme sont tous les sots,
Vous disiez que la France
Était sans généraux,
Eh bien! qu'en pensez-vous?
Kellermann et Custine*,*
De leurs sabres républicains
Quand ils font la chasse aux faquins
N'ont pas mauvaise mine?

Dédaignez-vous encore
Le brave Dumouriez?
Vous avez fait éclore
Sur son front des lauriers.
Nous avons un Ajax, nous avons un Ulysse,
Qui prend des villes par raison
Tout en rimant une chanson
Sans rêver à la Suisse.

Kopie des Briefes des Chevalier de Montchal an Gastons Mutter

Ich finde kaum Worte, meine angebetete Freundin, um der Freude Ausdruck zu geben, die ich empfand als ich hörte, daß Du glücklich entbunden hat. Du wußtest ja, welch eine Wonne mir so eine angenehme Nachricht bereiten würde. Außerdem hast du Dich beeilt, es mir zu schreiben. Wie sehr danke ich dem Herrn dafür, daß er Dich gesund erhalten hat! Es stimmt also, daß meine teure Mimi mich zum Vater gemacht hat, ach wie zärtlich liebe ich dieses Kind, und welch ein Glück für Dich, es sehen zu können! Kümmere Dich nur gut um es, meine tapfere Kleine, und mache Dir um die Zukunft dieses winzigen Wesens, das ich mehr liebe, als ich Dir sagen kann, keine Sorgen. Umarme recht herzlich meinen lieben kleinen Gaston, und empfange für Dich tausend zarte Küsse und Liebkosungen. Adieu, mein kleiner Liebling, entschuldige, wenn ich Dich heute so schnell verlasse, aber die Pflicht befiehlt es mir gnadenlos. Ich muß jetzt zur Belagerung Thionvilles eilen, das heute abend bombardiert werden soll. Ein andermal erzähle ich Dir Einzelheiten von der Armee. Nochmals Adieu, ich bin für immer Dein zarter und treuer Freund.

Brunswick et sa cohorte
Au trés vaillant Condé
Devait prêter main forte
Mais il s'est évadé.
Voyez donc quel malheur en tout vous accompagne!
Nous vendrons vos châteaux jolis
Vous irez bâtir, mes amis,
Des châteaux en Espagne.

Vos pièces de campagne
Devaient brûler Paris
Pour le coup, la montagne
Enfante une souris,
Ils ne vous restera, pauvres soutiens du trône,
Que des yeux, pour pleurer en vain,
Un sac, et tout juste une main.
Pour demander l'aumône.

* *François Cristophe Kellermann (1735–1820) war ein überaus erfolgreicher Offizier, der zu Beginn der Revolution zum Oberbefehlshaber der Streitkräfte im Elsaß ernannt wurde. Gemeinsam mit Adam-Philippe Custine (1740–1793) erzielte er entscheidende Erfolge an der Westfront gegen die Österreicher.*

VI.
Polizei und Gefängnisse

Die Polizei hatte im Paris des »Ancien Régime« sehr unterschiedliche Aufgaben. Sie übernahm die Aufsicht über die Nahrungsversorgung, die Straßenreinigung, das Hotelwesen, die Volksaufläufe, die Zünfte, die Steuererhebungen und die Gefängnisverwaltung. Neben den polizeilichen Aufgaben im heutigen Sinne gehören zu ihren Tätigkeiten also auch sehr weitgehende Verwaltungsaufgaben. Der damalige Polizeipräfekt von Paris, der sogenannte »Lieutenant de Paris«, war ein mächtiger Mann.

Unter dem »Ancien Régime« war auch die Geheimpolizei nur dem Namen nach »Polizei«. Die wegen ihrer Effektivität sehr hoch gepriesene Pariser Geheimpolizei diente in erster Linie dem Hof und den mächtigen Persönlichkeiten, teils um ihre Widersacher zu bespitzeln und ihre Karrierepläne zu durchkreuzen, teils um in Liebesaffären nützliche Dienste zu leisten.

Das gefürchtetste Instrument der willkürlichen Machtausübung durch die Polizei aber waren die sogenannten »Lettres de cachet«, d. h. blanko unterschriebene Siegelbriefe, die gegen eine Person zur Anwendung kommen konnten, ohne daß auch nur eine Anklage gegen diese erhoben werden mußte. Die »Lettres de cachet« hatten wesentlich zur Empörung gegen die absolute Monarchie und somit zur Vorbereitung der Revolution beigetragen.

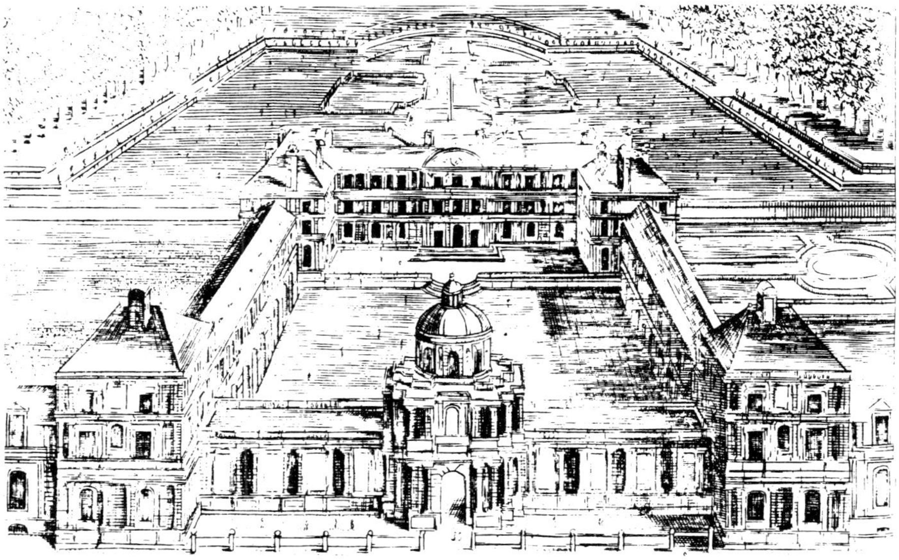

Das Luxembourg-Schloß diente als Gefängnis

Die Grenzen der neuen Polizei: Bericht an den Stadtrat

Nach dem 14. Juli 1789 wurden sogleich Konsequenzen gezogen: die alte Polizeiorganisation wurde zerschlagen. Ein kommunaler Organismus, der sich aus Komitees in den 60 Stadtdistrikten (eine Einteilung der Stadt in Distrikte zur Vorbereitung der Wahl, die am 27. Juni 1790 durch die 48 Sektionen abgelöst wurden) zusammensetzte, übernahm die Aufgaben der Polizei. Ohne Vorbereitung, ohne geschultes Personal, war diese Polizei zunächst machtlos.

Wir haben mehr als einmal erkennen müssen, daß unsere Ausrüstung vor allem in zwei Punkten mangelhaft ist. Hauptsächlich fehlt es uns an Beobachtern, an jener Armee, die der ehemaligen Pariser Polizei unterstand und von der sie so reichlich Gebrauch gemacht hat. Wenn die einzelnen Distrikte gut organisiert wären, wenn ihre Komitees gut besetzt und nicht zu groß wären, dann brächten wir vielleicht den Mangel an solch einem verabscheuungswürdigen Mittel, das unsere Unterdrücker so lange gegen uns benutzt haben, nicht zu beklagen. Das zweite Hindernis, dem wir bei unserer Arbeit begegnet sind, kommt von der falschen Rücksichtnahme unserer Sitten, die dazu führt, daß man errötet, wenn man das sagt was man weiß, selbst wenn es um das Wohl des Vaterlandes geht, und diese falsche Scham haben wir sogar bei Respektspersonen gefunden, deren Funktionen sie eigentlich prädisponierten, mehr ans Gemeinwohl zu denken. Man gestatte mir, es deutlich zu sagen: Es ist Zeit, mit diesen Vorurteilen Schluß zu machen, die Sklaven, aber nicht freien Bürgern anstehen. Früher haßte man die Denunzianten, und zu Recht. Denn wozu führten die Anzeigen? Doch dazu, oft ganz unschuldige, manchmal sogar tugendhafte Taten aufzudecken, und den vermeintlichen Schuldigen entweder der Willkür oder einer für ehrliche Leute genauso zu fürchtenden Justiz auszuliefern, die parteiisch in der Beweisaufnahme, grausam in ihren Methoden, geheimnisvoll und undurchsichtig in ihrem Vorgehen war. *Heute ist alles anders.* Es geht nicht mehr darum, tugendhafte oder unbedeutende Handlungen zu denunzieren, sondern Komplotte, die dem Vaterland zum Verhängnis werden können. Und welches ist das Ziel dieser Denunziationen? Nicht das, eine denunzierte Person auf dunklen Wegen ins Verderben zu schikken, sondern sie vor ihresgleichen zu bringen und sofort überprüfen zu lassen. Ist sie unschuldig, wird sie nachhause geschickt, ist sie es nicht, wird sie der Justiz ausgeliefert, aber einer menschlichen unparteiischen und öffentlichen Justiz, die nur den Bösewichten zum Verhängnis werden kann.

Pierre-Jean Agier

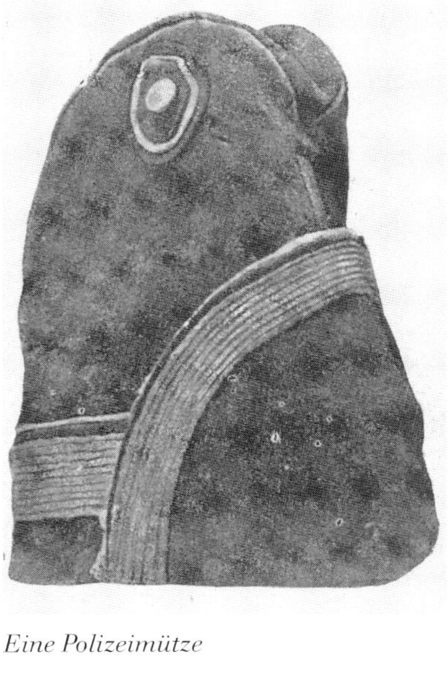

Eine Polizeimütze

Justizreform: Abschaffung der »Lettres de cachet«

Nationalversammlung, 16. März 1790

Folterungen in den Gefängnissen

Die Nationalversammlung hat folgendes beschlossen:

Art. 1: Innerhalb von sechs Wochen nach der Veröffentlichung dieses Dekrets werden alle Personen, die aufgrund einer »Lettre de cachet« in einem Schloß, Kloster, Zuchthaus, in Polizeihäusern oder sonstigen Gefängnissen einsitzen, freigelassen. Dies gilt nicht, wenn die Gefangenen ordentlich verurteilt wurden, Anklage wegen Gewaltverbrechen gegen sie erhoben wurde, wenn ihre Väter, Mütter oder sonstige enge Verwandte ihre Verhaftung angestrebt und erreicht hatten (nach Prüfung der Berichte und schwerwiegender Gründe), oder schließlich wenn sie wegen Irrsinn in Haft sind.

Art. 2: Die Nationalversammlung schließt aus der obigen Bestimmung die kurzfristig aufgrund eines Richterspruchs oder auf Befehl eines Polizeibeamten gefangen gesetzten Bettler und Vagabunden aus. Dies gilt auch für andere, die unter die Bettlergesetzgebung fallen, an der vorläufig nichts geändert wird.

Art. 3: Diejenigen, die noch nicht endgültig verurteilt worden sind, aber eventuell schon in erster Instanz schuldig gesprochen wurden, oder die lediglich verhaftet wurden, werden in die vom Gesetz vorgeschriebenen Zuchthäuser gebracht, um von den dort ansässigen Gerichten den endgültigen Richterspruch zu empfangen.

Art. 5: Die Höchststrafe für Gefangene ist 15 Jahre Gefängnis, ausgenommen für Mord, Vergiftung und Brandstiftung, wofür die lebenslange Haftstrafe verhängt werden kann. Aber selbst in solchen Fällen können die Richter keine Todesstrafe* und keine lebenslange Verbannung auf die Galeeren aussprechen.

Auf die 15 Jahre werden die Jahre, die der Gefangene bereits im Gefängnis verbracht hat, angerechnet.

Art. 10: Die willkürlichen Maßnahmen wie die Verbannung, und alle ähnlichen Maßnahmen, sowie alle »Lettres de cachet«, sind abgeschafft. In Zukunft werden keine mehr ausgestellt. Diejenigen, die davon betroffen waren, sind frei und können gehen wohin sie wollen.

** Die Todesstrafe wurde nicht allgemein abgeschafft. Diese Regelung bezieht sich lediglich auf die einmalige »Bereinigung« der früheren willkürlichen rechtlichen Situation. Später wurden mehrere Vorstöße gemacht, um die Todesstrafe ganz aufzugeben; es fand sich dafür nie eine Mehrheit im Parlament.*

Beaumarchais wird bedrängt und kommt mit dem Schrecken davon*

Brief an seine Tochter

Am Samstag, dem 11. August 1792, gegen acht Uhr morgens kam ein Mann zu mir und warnte mich, daß die Frauen vom Saint-Paul-Hafen einen Haufen Leute herbeibringen würden. Sie seien durch einen falschen Hinweis aufgebracht worden. Es hieß, bei mir seien in angeblichen

Allegorie der Gerechtigkeit in der Republik

** Pierre Augustin Caron de Beaumarchais (1732–1799) war eine der schillerndsten Figuren des Ancien Régime und der Revolutionsepoche. Der gelernte Uhrmacher unterrichtete die Töchter Ludwigs XV. im Harfenspiel und war in diplomatischen Geheimmissionen unterwegs. Er setzte sich für Marie-Antoinette ein und kämpfte gegen Rechtsmißbrauch im Ancien Régime. Beaumarchais handelte mit Waffen, die er den amerikanischen Aufständischen zukommen ließ, vermutlich aber auch mit Negersklaven. Als Autor wurde er mit der* Hochzeit des Figaro *berühmt. Die Sozialkritik des Stücks beförderte den moralischen Glaubwürdigkeitsverlust der Monarchie. Beaumarchais wurde wegen des* Figaro *kurze Zeit eingekerkert.*

Mit dem Sturz der Monarchie 1792 gewinnt die Aufständische Kommune auch im Polizeibereich immer mehr Macht. Die Willkür dieser Polizei versetzte die Einwohner der Stadt in Angst und Schrecken; je nach Gutdünken einer Sektion bzw. eines sie politisch dominierenden Clubs wurden Hausdurchsuchungen und Verhaftungen vorgenommen. Hunderte von unschuldigen Gefangenen, die aufgrund von unklaren Dekreten in ihrer Eigenschaft als »Adelige« einsaßen, wurden dann auch Opfer der Septembermassaker, die von der sogenannten Polizei geduldet und mitorganisiert worden waren. Die Nationalgarde wird als militärischer Arm der Exekutive ebenfalls den Sektionen zugeteilt und unter das Kommando des von den Sektionen ernannten Santerre gestellt.

Gefangenenstatistik im Ancien Régime

In den Jahren 1781 bis 1786 gab es in Paris 114 aktenkundige Verurteilungen. 53 Gefangene erlitten die Todesstrafe, 50 kamen meist lebenslang auf die Galeeren. Die Gründe für diese harten Strafen waren in 16 Fällen Mord, in 28 Fällen Einbruch und Diebstahl, und in einem Fall Sodomie.

Kellern Waffen versteckt. Auf diesen Wink hin habe ich bei mir alles aufgeschlossen, Sekretäre, Schränke, Zimmer und Kammern, kurz alles, und ich war entschlossen, mich selbst und mein Haus der strengen Durchsuchung all der mir angekündigten Leute auszuliefern. Aber als die Masse dann da war, wurden die Schreie und der Lärm so laut, daß meine verstörten Freunde mir nicht erlaubt haben hinunter zu gehen und mir rieten, zumindest meine Person zu retten. Während der Trupp sich bemühte, die Gitter aufzubekommen, haben mich meine Freunde gezwungen, durch den Garten zu entkommen. Aber ein Mann stand dort Wache und rief: »Er will abhauen!«, obwohl ich doch ganz ruhig einherging. Er lief über den Boulevard und informierte das Volk, das vor dem Eingangstor zusammengelaufen war. Ich beschleunigte lediglich meinen Schritt, aber die Frauen, die viel schlimmer sind als Männer wenn sie sich einmal gehen lassen, haben mich alle verfolgt. Hätte ich keinen Vorsprung gehabt, meine liebe Eugénie, wäre Dein armer Vater von ihnen zerrissen worden. Denn die Durchsuchung war noch nicht erfolgt und nichts hätte sie von der Annahme abbringen können, ich fliehe als Schuldiger. Dazu hatte mich also die Schwäche geführt, einem von Angst diktierten Rat zu folgen anstatt eiskalt vor Ort zu bleiben, wie ich es vorgehabt hatte.

Ich bin zu einem Freund ins Haus gegangen, dessen Tür hinter mir verschlossen wurde, in einer Straße, die von der abzweigt, wo die grausamen Frauen herumliefen. Sie haben schließlich meine Spur verloren und ich konnte noch ihre Schreie hören.

Während ich in einem sicheren Schlupfwinkel saß, waren mindestens 30 000 Leute in meinem Haus, wo Schlosser vom Dachboden bis zum Keller alle Schlösser öffneten, wo Maurer alle Kellerräume durchsuchten, sogar die Steine über der Kloakegrube hochhoben und Löcher in die Mauern bohrten, während andere den Garten umgruben, bis sie auf festen Boden stießen. Alle liefen sie 20mal durch meine Räume. Zum großen Bedauern der Hunderte von Schuften, die dabei waren, sagten einige: Wenn wir hier nichts finden, was mit unserem Verdacht zu tun hat, wird der erste, der das kleinste Möbel, auch nur einen Strohhalm mitgehen läßt, ohne langes Fackeln aufgehängt und dann von uns in Stücke gehauen.

Schließlich verlief sich die Menge nach 7 Stunden angestrengtester Suche, auf Befehl irgendeines Anführers. Meine Bediensteten haben 3 Zentimeter hohen Dreck aus den Zimmern gefegt, aber nichts fehlte. Im Garten hat eine Frau eine Nelke gepflückt. Sie hat sie mit 20 Ohrfeigen zahlen müssen und lief Gefahr, im Becken bei den Pappeln ertränkt zu werden.

Ich ging nachhause. Die Hausdurchsucher waren sogar so aufmerksam gewesen, ein Protokoll mit 100 Unterschriften zu verfassen, aus dem hervorgeht, daß sie nichts Verdächtiges in meinem Besitz gefunden haben.

Unter Ludwig XVI. hatte Jean Charles Pierre Lenoir (1732–1807) viele Modernisierungen in der Stadtverwaltung eingeführt. Die katastrophale hygienische Situation – 600 000 Einwohner ohne Kanalisationssystem! – wurde durch ihn wesentlich verbessert, regelmäßige Reinigung der Kloakegruben und Transport der Kloake in die Landwirtschaft um Paris gehörten zu den Maßnahmen. Die Friedhöfe verlegte man an den Stadtrand, um den Ausbruch von Epidemien zu verhindern. Ein Rettungsdienst zur Hilfe von Ertrinkenden wurde eingerichtet. Die erste professionelle Feuerwehr mit hauptamtlichen Feuerwehrleuten geht ebenfalls auf seine Initiative zurück. Straßenbeleuchtung, Numerierung der Häuser in den Straßen – auch diese für uns selbstverständlichen Einrichtungen sind in Paris Lenoirs Werk gewesen.
1785 trat er von seinem wichtigen Posten zurück, 1788 schon emigrierte er in die Schweiz und war später als Leiter der Spionageabteilung der Emigranten in Konstanz bzw. Wien tätig.

Nächtliche Hausdurchsuchungen

Ein geheimer Instinkt erleuchtete die Magistratsmitglieder von Paris. Sie empfanden, daß man, bei dem Mangel an Waffen, alle Waffen sammeln müsse, die in den Händen der Bürger von Paris geblieben und bei ihnen nutzlos waren. Wir wurden benachrichtigt, daß man in der Nacht unser Haus durchsuchen werde, und machten uns auf eine strenge Visitation gefaßt. Sie war jedoch nur oberflächlich. Infolgedessen verlief die Haussuchung zwar unter großer Höflichkeit, blieb aber dadurch vielleicht ergebnislos. Da ich wußte, daß ich erst um zwei Uhr nachts an die Reihe kommen würde, ging ich abends aus, obwohl mir bekannt war, daß man viele Verhaftungen vornahm. Ich ging bis zur Rue de la Harpe, ohne irgend jemanden zu treffen. Als ich an dem Wagenhalteplatz vorbeikam, sah ich aus einem Wagen zwei große schwarze Kerle steigen, die als Frauen verkleidet waren. Sie gingen einige Häuser weiter und bogen, nachdem sie sich vergewissert hatten, daß der Kutscher sie nicht beobachtete, in einen Hausflur ein, dessen bisher offene Tür sie jetzt abschlossen. Ich sah mir diese Vision an, als mir der Gedanke kam, den Kutscher zu fragen, wie er zu diesen beiden Masken gekommen sei.

»Bei Gott, ich weiß es, und ich weiß es doch nicht. Sie sind, soviel ich gesehen habe, aus einem andern Wagen gestiegen, gingen etwa zwanzig Schritte weit und stiegen dann in meinen.«

Ein alter Gefangener nimmt Abschied von seiner Tochter

Das Vincennes-Gefängnis

Ich verließ den Kutscher und begab mich wieder nach der Haustür, die sich einen Augenblick später öffnete. Ich sah zwei junge Kavaliere herauskommen, die die Rue de la Harpe bis zum Sorbonne-Platz hinunterschritten. Dort bogen sie in die nächste Straße ein. Ich folgte ihnen in einigem Abstand, um zu sehen, was sich ereignen werde. Man öffnete ihnen eine Haustür, und sie verschwanden. Ich bog von der Rue des Maçons in die Rue Saint-Jacques ein und ging langsam meines Weges. Der Posten vor den Mathurins* ließ mich wortlos passieren. Als ich an die Straßenecke kam, hörte ich Geräusch und blieb stehen, ja, ich ging sogar einige Schritte zurück. Da sah ich die beiden jungen Leute, die die Wache, auf den Ruf des Postens, festgenommen hatte. Sie wurden ins Zentralkomitee gebracht, das sie zu den Karmelitern* schickte. Es waren, wie ich erfuhr, zwei aufsässige Pater. Die Unglücklichen ahnten nicht, daß man sie in ein Gefängnis schickte, dem sie nie mehr entrinnen sollten!... Es war schon spät, aber ich hätte wegen der bevorstehenden Haussuchung daheim doch nicht schlafen können. Trotzdem ging ich nach Hause und machte mich daran, einige Korrekturen zu lesen.

** Das Mathurins-Kloster war 1790 aufgelöst worden. Daraufhin wurde hier der gleichnamige Distrikt gegründet.*

** Die Karmeliter-Kirche war eines der Gefängnisse von Paris, siehe unten die Liste der Gefängnisse.*

Punkt zwei Uhr hörte ich, daß die Patrouille zu meinem Nachbarn kam. Ich machte schnell meine Tür auf. Endlich kam man. Ich hatte keine Waffen, nicht einmal meinen Degen, den mein Neffe mir zerbrochen hatte. Man notierte meinen Namen, mein Alter, und fragte mich, wer die Personen seien, die in meinem Hause lebten. Ich gab auf alle Fragen befriedigende Antwort, und die Leute zogen sich zurück.

Kein Schlaf wollte in meine Augen kommen. Ich begab mich wieder auf die Straße, um so weit zu gehen, wie ich konnte, ohne angehalten zu werden. Ungehindert kam ich durch unser ganzes Stadtviertel. Ich traf einen Wagen mit unvereidigten Geistlichen* in allen möglichen Kostümen, als Kavaliere, als Damen und sogar in Uniform. Am meisten in Erstaunen setzte mich ein Fischweib, das ungeheuer naturgetreu aussah und ein Ex-Domherr von Notre-Dame sein sollte. Sein bacchantisches Vollmondgesicht wirkte in dieser Aufmachung derart naturgetreu, daß ich nicht begriff, wie man ihn erkennen konnte.

** Diese Geistlichen hatten den Eid auf die Verfassung verweigert. Siehe Kapitel »Klerus«.*

Ich folgte dem Wagen bis zur Rue de la Parcheminerie... Dies Gesicht war alles andere als traurig, und doch wäre es unmenschlich gewesen, darüber zu lachen, wenn man gewußt hätte, in einer wie furchtbaren Katastrophe es in wenigen Tagen im Tode erlöschen würde.

August 1792
Rétif de la Bretonne

Die Nationalversammlung beschließt: Verbrechen und Strafen sind individuell

Allegorische Darstellung des französischen Volkes zwischen Freiheit, Gleichheit, Brüderlichkeit und dem Tod.

Gefangene in Paris während der Revolution

Das Regime der absoluten Könige war in der Rechtsprechung oft willkürlich verfahren. Die »Lettres de cachet«, d. h. ohne Gerichtsanhörung ausgestellten Haftbefehle, ließen den Gefangenen keine Möglichkeit der Verteidigung. Ludwig XVI. bemühte sich um eine Besserung der Lage und verlangte eine regelmäßige Inspektion der Gefängnisse. Die Revolution wollte natürlich mit den willkürlichen Verhaftungen und den ungerechten Verurteilungen aufräumen.

Als nach den September-Morden, wo Hunderte von Gefangenen vom Volk als Vaterlandsverräter massakriert worden waren, die Nationalversammlung eine Prüfung der Zustände in den Gefängnissen forderte, stellte man fest, daß insgesamt 533 Gefangene in den Pariser Gefängnissen einsaßen (1792).

Am 6. Juni 1793, als die Feinde der Revolution den Machthabern vorwarfen, sie verhafteten willkürlich, wurde erneut gezählt: 1310 Gefangene.

Aufgrund des Antrags von Herrn Guillotin zu den Strafen hat die Nationalversammlung folgendes Dekret erlassen:

Vergleichbare Delikte werden durch die gleiche Strafe geahndet, unabhängig vom Rang des Angeklagten.

Da Verbrechen und Straftaten persönlich sind, haben die Strafe und die rufschädigenden Verurteilungen keinerlei Konsequenz für die Familie. Die Ehre derer, die den Tätern angehören, ist davon keinesfalls betroffen, und alle werden weiterhin zu allen Berufen, Tätigkeiten und Ehrenämtern zugelassen.

Die Konfiszierung der Güter der Verurteilten darf auf keinen Fall erfolgen.

Der Körper des Hingerichteten wird seiner Familie ausgeliefert, sofern sie dies wünscht. Auf jeden Fall wird er zum gewöhnlichen Begräbnis zugelassen, und auf dem Sterberegister wird kein Vermerk über die Todesart angebracht.

Gefängnisse in Paris während der Revolution

1. Abbaye-Gefängnis
Liegt im Vorort Saint-Germain und wurde unter Ludwig XVI. in erster Linie als Militärgefängnis verwendet. Nach der Eroberung der Bastille wurden dort »Beleidiger des Vaterlandes« eingesperrt, später die royalistischen Verschwörer und die eidverweigernden Priester.

Charlotte Corday, die Mörderin Marats, wurde hier gefangengehalten.

2. Bicêtre-Gefängnis
Dieses Gefängnis lag direkt neben dem Krankenhaus Bicêtre im Süden von Paris. Es war in erster Linie für gewöhnliche, also weder militärische noch politische Gefangene.

3. Karmeliter-Kirche
Die Kirche gehörte zum Karmeliter-Kloster in der Rue Vaugirard (6. arr.). Als man die Klöster 1790 auflöste, wurde die Kirche 1791 zu einem Gefängnis umfunktioniert, im Kloster selbst wurden Waffen hergestellt. Insassen des Gefängnisses waren bezeichnenderweise in erster Linie diejenigen Geistlichen, die den Eid auf die Verfassung verweigerten.

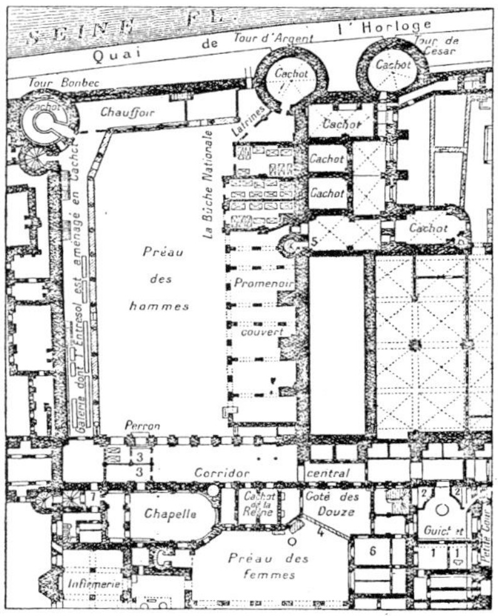

4. Conciergerie
Die Conciergerie, die am Seine-Ufer auf der Ile de la Cité liegt, war das offizielle Gefängnis und dem Parlament unterstellt. Der Justizpalast liegt unmittelbar daneben. Von den 395 Gefangenen wurden 288 am 3. September 1792 umgebracht.

Während des Terrorregimes wurden hier die Gefangenen aus den Departements untergebracht.

Berühmte Insassen: Danton, Marie-Antoinette, Hébert.

5. Force-Gefängnis
Dieses große Gefängnis, das im Marais an der Rue du Roi de Sicile liegt, war ursprünglich ein privater Palast der Familie Force. Erst 1780 wurde er in ein Gefängnis umgewandelt. Dort wurden vor allem Finanzverbrecher, Frauen und Bettler eingesperrt. Das Hôtel de Brienne grenzte unmittelbar an diesen Palast, wurde ebenfalls Gefängnis und hieß »kleines Force-Gefängnis«. Dort saßen Prostituierte ein.

6. Saint-Lazare-Gefängnis
Liegt im Faubourg Saint-Denis im Nordwesten von Paris und war ursprünglich ein Zuchthaus für Männer (Beaumarchais wurde dort wegen der Polemik um seine Komödie »Figaros Hochzeit« mehrere Tage festgehalten). Unter Napoleon wurde es zum Frauengefängnis.

7. Madelonnettes
Ein weiteres Kloster, das als Gefängnis diente. Ab 1795 war hier ein Frauengefängnis.

8. Luxembourg
Während der Schreckensherrschaft wurde der immense Palais du Luxembourg zum Gefängnis umgebaut, da man wegen der dauernden Festnahmen mehr Platz brauchte. Bald gab es mehr als 2 000 Gefangene. Danton und Camille Desmoulins saßen hier ein.

9. Saint-Firmin-Seminar
Liegt im 5. Arrondissement. Als 1790 die Klöster geschlossen wurden, benutzte man das Gebäude als Gefängnis. Am 2. September wurden 91 Priester massakriert.

10. Zuchthaus von Sainte-Pélagie
Es befindet sich im 5. Arr. Das Kloster diente schon seit 1665 als »Gefängnis« für Frauen und Mädchen. 1790 wurden sie bei der Auflösung der Klöster befreit. 1792 wurde Sainte-Pélagie offiziell Gefängnis. Sowohl Frauen als auch Männer brachte man hauptsächlich aus politischen Gründen hierher.

Gefangene in Ketten

11. Temple-Gefängnis
Der Turm, in dem die königliche Familie gefangen saß, gehört ursprünglich zu einem Kloster des Templer-Ordens, das um 1148 gegründet worden war. In der Revolution diente das Gebäude als Staatsgefängnis.

Napoleon ließ den Turm im Jahre 1811 abreißen.

12. Château de Vincennes
War mit der Bastille Staatsgefängnis, schon seit dem 14. Jahrhundert. Die berühmtesten Häftlinge im 18. Jh. waren u. a. die Aufklärer Diderot, Crébillon fils etc. 1784 wurde das Château als Staatsgefängnis abgeschafft. 1788 wollte man den Turm abreißen. 1790 wurde hingegen beschlossen, Vincennes zu reparieren und als Ausweichgefängnis zu benutzen – die Bauarbeiten wurden durch große Demonstrationen verhindert, da man eine neue Bastille befürchtete.

Vincennes, Temple, Bastille: Symbole für Freiheit und Schreckensherrschaft

Auch das Äußere des Bergfrieds von Vincennes ist der Besichtigung des Fremden nicht unwert. Vincennes dient noch zum Gefängnis. Derselbe Saal, wo der wackere Duc d'Enghien*, eines besseren Schicksals wert, verurteilt wurde, ist jetzt seine Begräbniskapelle, und ein von einem Gitter umgebenes Kreuz bezeichnet die Stätte, wo er im Graben erschossen wurde. Diese Gewalttat erinnert an manche andere und an das weiland Temple-Gefängnis zu Paris. Der Liebhaber gothischer Altertümer bedauert den nunmehr niedergerissenen Bau, aber der Freund der Menschheit freut sich, daß mit demselben so viele Erinnerungen an den Tag anarchischer Mordlust vernichtet sind. Mit eben dem Gefühl wird er den Temple-Platz besuchen, wie er den Platz der Bastille besucht und dort das Modell des ungeheuren Elephanten anstaunt, aus welchem die Ourcq strömen soll.

Heinrich August Ottokar Reichard

** Louis Antoine Henri de Bourbon, duc d'Enghien (1772–1804) gehörte zur Königsfamilie und emigrierte, um gegen das revolutionäre Frankreich zu kämpfen. Später zog er sich nach Ettenheim im Badischen zurück. Ein mysteriöses Kommando von 300 oder 400 Leuten entführte ihn im Frühjahr 1804 aus seinem Haus und brachte ihn ins Vincennes-Gefängnis, wo er noch in derselben Nacht von einem Kriegsgericht verurteilt und hingerichtet wurde. Möglicherweise war Napoleon für diesen politischen Mord verantwortlich.*

Das Temple-Gefängnis

Für die Abschaffung und den Abriß von Vincennes
Ein Pamphlet

Die Jakobiner waren es, die das öffentliche Interesse für den Bergfried des Vincennes-Schlosses geweckt haben. Niemand hatte vorher an den Turm gedacht.

Erst wollten sie daraus eine Notunterkunft machen, um die Pariser Gefängnisse zu entlasten, die so überfüllt sind, daß große Infektionsgefahr besteht. Aber der Turm von Vincennes ist so klein, daß alle den Vorschlag für verrückt hielten, als die Jakobiner ihn vorbrachten. Die guten Bürger vermuteten geheime Absichten dabei, die jeder auf seine Weise interpretiert hat.

Trotzdem haben die Jakobiner ihren Vorschlag durchgebracht. Der Turm von Vincennes wurde dazu bestimmt, die Gefängnisse zu entlasten. Aufgrund des Antrags der Pariser Stadtverwaltung, der heftig von du Port, Lameth, Barnave* und anderen Jakobinerführern unterstützt wurde, bekam die Stadtverwaltung den Auftrag von der Nationalversammlung, am Turm die nötigen Reparaturen und Veränderungen vorzunehmen, um die Gefangenen beherbergen zu können. Als Folge eben dieses Dekrets, das die Jakobiner so inständig gefordert hatten, sind die Veränderungen am Turm gemacht worden.

Plötzlich haben die Jakobiner ihre Absichten geändert, außer dieser Plan bestand seit langem, und dann hätten sich die nicht geirrt, die irgendein geheimes Vorhaben vermutet hatten. Sie haben so getan, als bekämen sie Wind von der Sache, wobei sie doch die Urheber der Arbeiten waren. Sie offenbarten alles dem Volk, das sie sehr geängstigt oder zumindest wegen des Wiederaufbaus und der Bestimmung des Gefängnisses in Schrecken versetzt haben. Und hiergegen können die Jakobiner nichts vorbringen, weder abstreiten noch anzweifeln.

Jeder weiß, daß der Vorschlag, den Turm von Vincennes als Entlastungsstelle für die Pariser Gefängnisse zu nehmen, in der Nationalversammlung von den Jakobinerchefs vorgebracht wurde, daß das entprechende Dekret ihr Werk ist. Jeder weiß außerdem, daß es die Gorsas, Carra, Marat, Audouin* waren, die dann wegen der Reparaturarbeiten laut geschrieen haben, und die das Volk bei dieser Gelegenheit aufbringen wollten; und all diese Schreiberlinge sind Jakobiner. Und jedermann weiß, daß sie nur im Auftrag der hohen Herren dieses diktatorischen Klubs schreiben.

Deshalb ist es überdeutlich, so eigenartig dieses Verhalten, so unvorstellbar dieses Vorgehen auch jeder aufrechten und in Intrigen unerfahrenen Seele scheinen muß, daß es die Jakobiner waren, die den Turm von Vincennes erst wiederaufgebaut und dann verdammt haben.

Februar 1791

Lameth

** Adrien du Port (1759–1798), Charles Lameth (1757–1832) und Antoine Pierre Joseph Marie Barnave (1761–1793) waren als Redner bekannte Mitglieder der Nationalversammlung, die in jener Phase der Revolution alle dem linken Flügel zugehörten.*

** Antoine-Josepf Gorsas (1751–1793), Jean Louis Carra (1743–1793), Pierre-Jean Audouin (1760–1840) und der berühmte Marat waren Journalisten, die von der antirevolutionären Partei als Förderer der »Anarchie« angegriffen wurden. Die ersten beiden aber kamen als Sympathisanten der Girondisten während der Terreur-Phase aufs Schafott.*

Englische Karikatur: Ein Mitglied des hohen Gerichtshofes

Die totale Kontrolle der Bürger

Heute, am 13. Frimaire des II. Jahres der einen und unteilbaren Republik (3. Dez. 1793) haben wir in Begleitung des Bürgers R. Thiebault (Polizeikommissar) und des Schriftführers unserer Sektion Oger im Auftrag des Revolutionären Überwachungsausschusses den Bürger Henry Louis Laporte, wohnhaft Rue Chateaulandon Nr. 2, gegen 1/2 9 morgens aufgesucht. Wir sollten ihn aus Gründen der allgemeinen Sicherheit und wegen Verdachtsmomenten festnehmen. Wir haben ihn ersucht, uns seinen Sekretär und seinen Schrank zu öffnen, was er sofort getan hat. Bei genauester Durchsicht seiner Papiere haben wir nichts finden können, was besagtem Laporte nachteilig sein könnte. Trotzdem haben wir vier große silberne Löffel zum oben genannten Ausschuß gebracht, auf denen das Monogramm des Laporte mit einer Krone darüber eingraviert ist. Denn die Krone ist laut Gesetz verboten. Außerdem eine Doppelflinte, zwei Pistolen, drei kleine Säcke mit feinem Pulver und einem großen Sack Sprengpulver. Von all diesem haben wir das vorliegende Protokoll aufgenommen und besagten Laporte aufgefordert, es mit uns zu unterschreiben, womit er einverstanden war.

In zwei Exemplaren ausgefertigt am 12. Ventôse An II (2. März 1794)

Verdächtigungen und mangelnde Bürgertreue Gesetz vom 11. 9. 1793

Folgende Merkmale kennzeichnen die Verdächtigen, denen man die Bescheinigung über die Bürgertugenden* verweigern muß:

1. Wer in den Volksversammlungen deren energischen Fortgang durch hinterhältige Reden, Störrufe oder Drohungen bremst.

2. Wer, vorsichtiger als jene, geheimnistuerisch über das Unglück der Republik spricht, sich mitleidsvoll über das harte Los des Volkes ausläßt und stets bereit ist, mit geheucheltem Schmerz schlimme Nachrichten zu verbreiten.

3. Wer je nach den Vorkommnissen die Meinung und Sprache wechselt; wer stumm den Verbrechen der Royalisten und Föderalisten gegenüber mit Nachdruck über die leichten Fehler der Patrioten herzieht; wer, um als Republikaner zu erscheinen, eine einstudierte Strenge und Härte an den Tag legt und dann nachgibt, sobald es sich um einen Gemäßigten oder Aristokraten handelt.

4. Wer die Steuereintreiber und gierigen Händler bedauert, gegen die das Gesetz hat Maßnahmen ergreifen müssen.

5. Wer dauernd die Worte Freiheit, Republik und Vaterland im Munde führt und mit ehemaligen Adeligen, antirevolutionären Priestern, der Aristokratenpartei, Gemäßigten und Feuillants Umgang hat und an ihrem Schicksal Anteil nimmt.

6. Wer niemals aktiv bei allem mitgemacht hat, was die Revolution betrifft und als Entschuldigung die Bezahlung seiner Steuern, seine patriotischen Gaben, seinen Dienst in der Nationalgarde oder sonst etwa als Ersatz anführt.

7. Wer die republikanische Verfassung mit Gleichgültigkeit aufgenommen hat und sich skeptisch und besorgt über ihre Umsetzung und Dauer geäußert hat.

8. Wer zwar nichts gegen die Freiheit, aber auch nichts für sie getan hat.

9. Wer an den Versammlungen seiner Sektion nicht teilnimmt mit dem Vorwand, er könne keine Reden halten und seine Geschäfte hielten ihn ab.

10. Wer abschätzig von den demokratischen Behörden, den gesetzlichen Symbolen, den Volksgesellschaften, den Verteidigern der Freiheit spricht.

11. Wer antirevolutionäre Petitionen unterzeichnet oder bürgerfeindliche Klubs und Gesellschaften besucht hat.

** Der Generalrat der Stadt Paris beschließt am 11. September 1793 ein Gesetz zur Definition derjenigen Bürger, die aufgrund ihrer Gesinnung und sonstiger zum Teil merkwürdiger Kriterien nicht den Anforderungen an die »Bürgertugenden« genügen.*

Unter dem Innenminister Dominique-Joseph Garat (März bis August 1793) wurde eine zusätzliche nationale Polizei aufgebaut, die direkt dem Minister unterstand, und so ein Gegengewicht zur kommunalen und departementalen Polizei bilden konnte. Diese Polizei allerdings war eine Geheimpolizei, die ein Netz von Spitzeln in Paris etablierte und ein Informationssystem zur Eruierung der »öffentlichen Stimmung« aufbaute. Die regelmäßig eingehenden Berichte über den »esprit public« erlaubten nicht nur die Entdeckung von antirevolutionären Kreisen, sondern auch die Einschätzung der politischen Lage im Volk. Gemeinsam mit dem Revolutionstribunal waren so Mechanismen geschaffen, die innenpolitisch der Schreckensherrschaft wirksame Mittel an die Hand gaben.

Vorschlag an alle Sektionen: Die Polizei der Sansculotten

Auf einer Tasse wird der Tod des Königs dargestellt

Mitgliedsausweis des Clubs der Freunde der Verfassung

Verrat kann man nur durch genaue, schlaue und immer lebendige Wachsamkeit verhindern. Diese Aufmerksamkeit kann aber unter den jetzigen Umständen und mitten im Kampf zwischen unterschiedlichen Interessen nur von denjenigen Menschen geleistet werden, die aufrichtig die Sache des Volkes vertreten.

Unsere Truppen wären schon seit langem siegreich an allen Fronten, und die Republik könnte sich schon in ruhigerem Fahrwasser befinden, wenn wiederholter Verrat hätte verhindert werden können. Es wäre hierzu ganz sicher nicht gekommen, wenn unsere Heereskommandeure unter Androhung von Strafe zur Erfüllung ihrer Pflicht gezwungen worden wären.

Brüder und Mitbürger, laßt uns Maßnahmen ergreifen, die sie dazu zwingen. Schon vor einigen Monaten hat die Sektion Lombards die folgenden Schritte beschlossen, und ohne die verbrecherische Entwendung ihrer Unterlagen durch Intriganten, die sich unter dem Mäntelchen der Bürgertugenden versteckt hatten, wärt Ihr schon aufgefordert worden, sie ebenfalls anzunehmen. Hier sind sie:

Jede Sektion wählt aus ihrer Mitte einen bewährten Sansculotten. Diese 48 Sansculotten vereinigen sich zu einer ständigen Kommission und tagen im Bischofspalast. Aus ihrer Mitte wählen sie 4 Sansculotten, die der Gesamtheit der Sektionen als Organe für die Säuberung von feindlichen Elementen vorgeschlagen werden. Wenn sie ernannt und akzeptiert worden sind, werden diese 4 oder 6 Kommissare im Ausschuß durch ihre Sektionen ersetzt, sodaß der Ausschuß immer vollzählig bleibt. Vier dieser Kommissare begeben sich nach ihrer Bestätigung in die Vendée. Dort führen zwei von ihnen täglich und stündlich Protokoll über alle Aktionen der Generäle, über Truppenbewegungen, über Stärke und Zustand der Armee. Die beiden anderen besuchen die Leute, die Wachposten, die Stellungen und geben den ersteren die Berichte, die den Inhalt ihres Tagebuches bilden sollen.

Mit jedem Kurier, der von der Front nach Paris geht, senden sie der im Bischofspalast tagenden Kommission den täglichen Auszug aus ihren Akten oder ihren Aufzeichnungen. Die Kommission formuliert jeden Tag nach ihren Berichten die Anschuldigungen, Verlautbarungen und Erklärungen, die aus ihnen resultieren, und leitet sie an die Überwachungsausschüsse der Sektionen unter dem Stichwort »Untersuchungsbericht« weiter.

Die zur Armee entsandten Kommissare werden jeweils zu zweit von Monat zu Monat durch den Ausschuß der 48 Sektionen abgelöst. Die Hälfte der im Bischofspalast tagenden Kommissare wird ebenfalls von

Monat zu Monat ersetzt. Die Ausscheidenden werden durch Losverfahren ermittelt und durch die Sektionen ersetzt.

Diese Maßnahmen gelten bis zum Ende der inneren Unruhen.

Sektion Lombards

Revolutionäre Willkür

Ein Gefangener hat im Luxembourg-Gefängnis vor mehreren anderen Gefangenen folgendes Ereignis berichtet:
Als ich mit zwei anderen in der Conciergerie war, um einige Gefangene herauszuholen, trat der Scharfrichter an Fouquier (den Vorsitzenden des Revolutionstribunals) heran und fragte ihn, wieviel Karren man wohl für die zu verurteilenden Personen bräuchte. Fouquier fing an, mit dem Finger abzuzählen und sagte dabei vor sich hin: »12, 18, 25, 30, na, laß' mal drei Karren kommen.« – »Aber wie willst du die Anzahl wissen, sie sind doch noch gar nicht verurteilt?« – »Bah!« antwortete ihm Fouquier, »ich weiß schon, woran ich mich zu halten habe. Meinst du ich wüßte nicht, wie der Richterspruch ausfallen soll?«

J. L. Marie Villain Daubigny

Im Hof des Temple-Gefängnisses, wo die königliche Familie einsaß

Demontage eines Mythos Die Bastille war harmlos

Übertrieben ist auch das, was man von der Bastille vordeklamiert. Wir, die wir diesseits des Rheins, an den Ufern der Donau, der Spree und der Nordsee wohnen, hören mit Schaudern die Beschreibung, welche man uns von diesen fürchterlichen Gefängnissen macht. Auf den bloßen Wink eines Polizeileutnants, eines Ministers, einer königlichen Mätresse kann ein ehrlicher Mann, der das Unglück hat, ihr zu mißfallen, lebenslänglich in einen dieser dumpfen Kerker eingesperrt werden. Er ist dort einsam und verlassen, lebendig begraben, von der Welt vergessen. Dem Arm der Gesetze und den Tröstungen der Freundschaft entrückt, schmachtet er zwischen undurchdringlichen Mauern, sieht nicht das wohltätige Licht der Sonne, hört keinen anderen Laut, als das Getöse der sich öffnenden und schließenden Riegel und das Geklirre seiner Ketten, keine andere Stimme, als die seines Kerkermeisters. Er sieht das Ziel seiner Leiden nicht voraus, kennt nicht einmal den Grund seiner Verhaftung, verlebt seufzend und traurig ein langes, qualvolles Leben und stirbt endlich als das unglückliche Schlachtopfer eines grausamen, subalternen Tyrannen. Die Menschheit schaudert bei diesem Gemälde. Wir bedauern Euch, Ihr unglücklichen Schlachtopfer des Despotismus, die Ihr unter dem Drucke einer solchen tyrannischen und grausamen Regierung lebt! Wir beklagen Euer Schicksal, Ihr armen Gefangenen, die Ihr zu Hunderten in den Kerkern der Bastille, zu Saint-Lazare usw. Eure weinenden Augen zum Himmel erhebt, dem Eure Unschuld und Eure Rechtschaffenheit bekannt ist. Blickt hierher! Seht! Euer Wunsch ist erfüllt! Es erscheint, mit dem Racheschwert in der Hand, die Freiheit. Sie ruft mit donnernder Stimme: »Öffnet euch, ihr eisernen Türen! Springt auf, ihr Riegel! Dumpfe und finstere Kerker, speit eure Gefangenen aus! Schlachtopfer der Tyrannen, zerbrecht eure Ketten; tretet hervor; wärmt euch an dem wohltätigen Lichte der Sonne, das ihr solange nicht gesehen habt; ihr seid frei!« Oh, wie werden sie auf diesen Ruf sich hervordrängen, die armen Gefangenen, wie werden sie sich freuen, das Tageslicht zu sehen! Aber siehe! die Bastille, dieses schrecklichste von allen Gefängnissen, welches ein rachsüchtiger Minister in einer halben Stunde anfüllen könnte, siehe! die Bastille öffnet sich, und es erscheinen – *sieben* Gefangene, worunter vier falsche Wechsel gemacht haben, und drei verrückt sind. Man drängt hinein, man durchsucht die ungeheuren Archive, diese Annalen der Tyrannei. Was für schreckliche Geheimnisse wird man da entdecken! Aber man entdeckt *nichts*! Nun dringt man in die unterirdischen Gefängnisse. Man sucht die Falltüren, die berühmten Oublietten des Großveziers Richelieu, wo die Schlachtopfer seiner Rache, durch eine von ihm erfundene Maschine mit tausend Messern auf einmal in Stücke zerschnitten wurden – und diese Maschinen sind nicht vorhanden.

*Christoph Girtanner**

** Christoph Girtanner (1760–1800) war Schweizer und arbeitete als Arzt und Publizist. Er unterrichtete lange an der Universität Göttingen und war Berater des Prinzen von Sachsen-Coburg. Nach Ausbruch der Revolution stellte er seine ganzen schriftstellerischen Fähigkeiten in den Dienst der antirevolutionären Partei.*

Die aus der Bastille befreiten Gefangenen werden in die Stadt geführt

Meine Nächte im Kerker von Paris

Gleich furchtsamen Lämmern, die vom Stempel des Todes gezeichnet sind, und die ein blutiger Metzger in ihren letzten Aufenthalt treibt, streckten wir unsere von Schrecken und Kummer abgemergelten Glieder auf den kalten und von sumpfigen und giftigen Dünsten schwangeren Boden aus. Die Dunkelheit der Nacht hüllte den Hof in Finsternis, und nur hier und da blickte zuweilen flüchtig eine matte Totenhelle durch, welche die dicke Finsternis dieser Arkaden und mit Blut bespritzten Gänge noch vermehrte, wo täglich auf den Wink eines der Decemvire* die blühendste menschliche Existenz in einem Augenblick der Ewigkeit überliefert wurde.

Die dreifachen Gitter, die uns von der übrigen Welt absonderten, spiegelten sich an den Wänden meines Kerkerloches. Ich lag auf einem blutigen, von Ungeziefer wimmelnden Strohsack und heftete meine Blicke auf die schauerlichen Gegenstände, die mich umgaben. Meine Seele war in einem Chaos unglücksschwangerer Vorstellungen versunken. Ich maß in Gedanken den bodenlosen Abgrund, wo sich die unsteten Systeme der Menschen seit ihrem Ursprung vermischen und verlieren. Ich sah sie, diese vergänglichen Geschöpfe, diese so elenden und so stolze Wesen, wie sie in beständiger Fehde miteinander begriffen sind, wie Egoismus und persönliches Interesse sie vereinigt oder entzweit; wie Aberglaube oder Faktionsgeist sie gegeneinander bewaffnet; wie sie sich Götzen

** Die Decemviren waren im antiken römischen Staat die machtausübenden Personen, die in »Ausschüssen« organisiert waren. Hier sind damit die einflußreichen Vertreter der republikanischen Regierung gemeint, die mit ihren Instrumenten »Wohlfahrtsausschuß« und »Allgemeiner Sicherheitsausschuß« entscheidenden Einfluß auf die Politik nehmen konnten.*

Englische Karikatur: Der Henker

schaffen, Götzen zum Triumph ihres Stolzes, um das Vergnügen zu haben, sie wieder zu vernichten, und wie so gern das Recht des Stärkeren mißbrauchen, um ihresgleichen zu kränken und zu verfolgen.

Das unvermeidliche Unglück des Daseins, der ewige Krieg der Menschen untereinander, hatte meine Seele mit dem schwermütigen Gedanken der Vernichtung erfüllt. Aber bald überzeugte ich mich, daß Murren und Furcht vergeblich sind. Freude ist ein Trugbild, das Böse allein ist Wirklichkeit in der ewigen Ordnung der Dinge.

Diese Resignation hatte die Unruhe meiner Lebensgeister ein wenig gemäßigt. Eine sanfte Melancholie kühlte meine Sinne, ich fing an, leichter zu atmen, und ein paar Augenblicke Schlaf labten bald meine Sinne so wie meine Seele, durch ein Gesicht, welches alle Charakterzüge der süßen Wahrheit hatte.

Es war vier Uhr morgens und ich ging langsam im Hof auf und ab, mitten unter den traurigen oder munteren Gesprächen, dem Gelächter der einen und den Ausbrüchen der Verzweiflung der anderen. Plötzlich ging das Fenster des Kerkermeisterstübchens auf und eine engelgleiche Gestalt verbreitete ihren Schimmer über diese Höhle des Todes. Es war Josephine, meine Frau! Blässe bedeckte ihre Wangen, ihre geschwollenen und nassen Augen durchirrten unruhig den Hof und suchten mich. Ich hob schwermütig mein Haupt empor. Unsere Blicke begegneten sich, mein Herz bebte vor Freude, meine Seele floh auf meine Lippen. Meine Hand nahm von ihnen den Kuß und warf ihn Josephinen zu. Vergebens deckte ein neidisches Gitter ihr Gesicht. Ihre Seele thronte ganz in jedem ihrer Züge. Eine Freundin begleitete sie. Aber welche Leichengestalt macht den Schatten zu diesem Gemälde? Wer ist dieses barbarische und teuflische Gesicht, das neben diesen beiden Engelsköpfen grinst? Es ist ein Gefangenenwärter, dessen obszöne und empörende Sprache, dessen Unverschämtheit und Grobheit alles entweiht, was er berührt oder dem er sich nähert. Zwischen meiner Josephine und ihrer Gefährtin hervorguckend, glich er dem Dämon der Finsternis zwischen zwei Engeln des Lichts. Seine Habsucht hat sich mit Gold die Erlaubnis aufwiegen lassen, einander zwei Augenblicke lang von weitem sehen zu dürfen. Schon jetzt wirft er das Fenster wieder zu. Seine Weinliebe allein und seine Trunkenheit haben uns eine Gebärde, einen Blick, einen Seufzer gestattet. Aber jetzt haben wir nichts mehr zu hoffen, denn wir können ihm nichts mehr geben. Gott! zu welcher Epoche des Entsetzens sind wir gekommen, wir, die wir gezwungen werden, jene Augenblicke für die glücklichsten unserer Gefangenschaft zu halten, wo wir hinter Gittern stehend, oder auf feuchten Steinen in der Finsternis und hinter dicken, mit Blut beschriebenen Pfeilern sitzend, die Gunst, miteinander zu sprechen, uns sehen und unsere Tränen vermischen zu dürfen, als große Gnade mit Gold erkaufen müssen?

Aus dem Portefeuille eines Gefangenen

Jubel in den Gefängnissen am 9. Thermidor

2.–7. August 1794

Die Gefangenen von Saint-Lazare haben den Hausmeister genötigt, ihnen Wein, Schnaps und Liköre zu besorgen und ihnen Diener im Gefängnis zu stellen. Falls er ihre Forderungen nicht erfüllt, drohen sie, ihn umzubringen.

Vor den Toren der Gefängnisse versammeln sich viele Bürger, um den Freigelassenen zu ihrer neuen Freiheit zu gratulieren.

8. August – 13. September 1794

Der Polizeikommissar der Sektion Quinze-Vingts berichtet, daß er auf seinem Rundgang durch die Zuchthäuser feststellen konnte, wie groß die Freude unter den Häftlingen ist. Die Fröhlichkeit leuchtet in ihren Herzen und sie segnen den Nationalkonvent sowie die wiederhergestellten Autoritäten. Sie schwören, für die Verteidigung der Republik zu sterben.

Heute wurde eine Bürgerin festgenommen, die dabei überrascht wurde, wie sie einem Gefangenen im Luxembourg-Gefängnis Zeichen gab. Die Häftlinge hatten den Plan gefaßt, durch einen Tunnel im Garten nahe der Rue Vaugirard am Fuße eines alten Baumes zu entkommen.

VII.
Die Monarchie ist am Ende

Am 10. August 1792 entscheidet sich die zweite große Phase der Französischen Revolution. Der Versuch, durch eine konstitutionelle Monarchie die Revolution zu einem Kompromiß zu führen, war gescheitert. Der innenpolitische Konflikt zwischen gemäßigten Kreisen und denjenigen, die eine radikal-demokratische Republik anstrebten, wurde immer stärker. Er fand Ausdruck in der Passivität der Nationalversammlung einerseits, und im zunehmenden Einfluß der Pariser Stadtsektionen andererseits. Robespierres Karriere beginnt genau hier. Ludwig XVI. hatte durch ausgiebigen Gebrauch des ihm zustehenden Vetorechts zur Schürung des Zorns beigetragen.

In Paris spiegelte sich die internationale Spannung: die im Ruch der Sympathie mit der Monarchie stehenden Personen wurden festgenommen und vorbeugend ins Gefängnis gebracht. Am 15. Juli 1792 hatte die erniedrigende und provozierende Erklärung des Herzogs von Braunschweig, in der brutale Vergeltung angedroht wurde, die Empörung nur gesteigert. Schon am 20. Juni waren Tausende aus dem Pariser Volk zum Tuilerien-Schloß gezogen, um gegen die Vetos des Königs zu protestieren.

Der Tag verlief für die königliche Familie zwar bedrohlich, aber friedlich. Es war ein symbolischer Tag, der die Monarchie nur in ihrer Würde kränkte. Der zweite Anlauf am 10. August aber zeigte, daß es um mehr als Symbole gegangen, daß der Kampf unvermeidlich war.

Die Republik wird am 10. August 1792 gegründet

Die republikanische Partei formiert sich

Paris, den 8. Mai 1790

Die Jakobinerpartei, mein lieber Filsac*, wird täglich stärker und kühner. Sie verschweigt ihre Ziele nicht mehr. Sie strebt nach einer höchst bedauerlichen Demokratie. Die Richter werden bloß noch für sechs Jahre bestimmt, außer sie werden nach diesem Zeitraum wiedergewählt, sofern sie sich dieser Posten als würdig erwiesen haben. Der König ist daran gar nicht mehr beteiligt. Selbst die Ernennung obliegt ihm nicht mehr, so daß er mit der Verwaltung der Jurisprudenz künftig nichts zu tun hat. Dieser letzte Punkt wurde gestern entschieden. Cazalès* hat geredet wie ein Gott. Er wandte sich an die Extremisten, er deckte ihre Komplotts auf, er nannte sie Aufständische. Als er von der Abschaffung des Adels*, des Klerus* und der Parlamente* reden wollte, wurde er unterbrochen. Einer der Extremisten sagte: »Warum wollen sie denn die Grabreden für diese Stände nicht hören?« Cazalès antwortete: »Sagt doch lieber: die Grabrede der Monarchie!« Und tatsächlich haben die kürzlich verabschiedeten Dekrete die Monarchie weitgehend zerstört. Wir werden erneut gegen die Angriffe auf die königlichen Privilegien protestieren.

Brief von Faydel an Filsac*

** Jean Filsac (1757–1794) war Regionalpolitiker im Département Lot und stammte wie Faydel aus Cahors.*

** Jacques Antoine Marie de Cazalès (1758–1805), ursprünglich Hauptmann bei den Dragonern, war Abgeordneter bei den Generalständen für den Adel.*

** Schon am 4. August 1789 waren die Adelsprivilegien abgeschafft worden, mit Zustimmung der meisten adeligen Abgeordneten in den Generalständen.*

** Der Klerus wurde in der Revolution als zivilrechtliche Gruppe im Staat neu definiert. Am 24.8.1790, lange nach Erlaß des Dekrets, stimmte Ludwig schließlich der zivilen Verfassung des Klerus zu; diese schloß z.B. die Wahl der kirchlichen Würdenträger durch das Volk ein.*

** Die Verfassungsgebende Nationalversammlung hatte im November 1789 die Suspendierung der einflußreichen 12 Provinz-Parlamente beschlossen. Die politische Macht wurde so in Paris konzentriert und der Prozeß der Zentralisierung, der von den absolutistischen Königen begonnen war, wurde durch die Revolutionäre effektiv fortgesetzt.*

Das Ungeheuer des Despotismus ist bezwungen

** Jean Félix Faydel (1744–1827) war Abgeordneter des Dritten Standes für die Generalstände. Er war von Beruf Anwalt und politisch gemäßigt. Nach der radikalen Phase der Revolution hatte er bis in die Restauration politische Ämter inne.*

Volksaufstand am 20. Juni

Der König trinkt – wider Willen – auf das Wohl des Volkes

Der 20. Juni fand im großen Saal des Tuilerien-Schlosses statt und war das verabscheuungswürdigste Ereignis, das man sich vorstellen kann. Stellen Sie sich einen Haufen von Leuten vor, die meisten von ihnen sogenannte »sans-culottes«, und viele hatten wohl wirklich keine Hosen an. Einer von ihnen trug an einem Stock eine alte, zerlumpte Unterhose. Diese Männer waren sich gegenseitig auf die Schultern geklettert und tapezierten so die Wände des Saals, der voll von ihnen war.

Der König stand auf einem Tisch und hatte dem Hof des Schlosses den Rücken zugekehrt. Er hatte die rote Mütze, das Wahrzeichen der Revolution, auf dem Kopf, wozu er von den miesen Kerlen gezwungen worden war. Neben ihm standen Nationalgardisten. Eine halb volle Flasche Wein wurde dem König gereicht und man zwang ihn, auf das Wohl der Nation zu trinken. Ich stellte fest, daß der König nur so tat, als trinke er.

Ein Offizier der Stadtverwaltung namens Mouchette, der auf einem Stuhl stand, redete auf das Volk ein; Santerre, ein Bierbrauer, sprach ebenfalls, und Legendre, ein Metzger, sagte dem König die gröbsten Unverschämtheiten.

Aus den Memoiren von Ossonville,
Mitarbeiter im Allgemeinen Sicherheitsausschuß

Empörung der Königstreuen

Paris, den 21. Juni 1792

Gestern, Monsieur, wurden wir passive Zeugen neuer Grausamkeiten, neuer Gewalttätigkeiten gegenüber dem König. Eine ungeheure Menge Menschen, die seit 14 Tagen von den radikalen Faubourgs Saint-Antoine und Saint-Marceau aufgestachelt worden waren, ist trotz aller Gesetze, die unangemeldete bewaffnete Versammlungen ausdrücklich verbieten, beim Carroussel-Platz zusammengelaufen. Der Platz war voller Piken, Frauen, Männer und Kinder, die aus den abscheulichsten und ekelhaftesten Weinbuden und Bordellen jener Vororte zusammengelaufen waren. Sie hätten ihre Ausstaffierung sehen müssen! Die Menge hat dann den Carroussel-Platz verlassen, um vor der Nationalversammlung eine Petition vorzutragen. Die Nationalversammlung war am Vorabend vom Pariser Departement über die Maßnahmen, die zur Vorsorge gegen Unruhen ergriffen worden waren, unterrichtet worden und war dann höchst pfiffig und verfassungsgemäß zur Tagesordnung übergegangen! Sie wußte, was danach passieren würde. Diese Piken, die auf Stöcke montierten Messer, die Prügel sind im erbärmlichsten Zustand vor der Versammlung mit deren Einverständnis vorbeigezogen! So verwendet sie also unser Geld für Defilees. Das Ganze hat drei Stunden gedauert. Der Haufen ist dann zum Carroussel-Platz zurück. Dort haben eine Riesenmenge Nationalgardisten mit 48 Kanonen und verschränkten Armen zugesehen, wie die denkbar größten Ausschreitungen und Grausamkeiten begangen wurden. Sicher haben sie auf Befehle gewartet, die dann nicht eingetroffen sind. So hat sich niemand gerührt, man hat bloß zugeschaut. Um 3 Uhr hat das jakobinische Volk, ermutigt durch die Passivität der Armee, angefangen, die Tore zum Hof und zum Tuileriengarten aufzubrechen. Als der König das sah befahl er, die Tore zu öffnen. Das Schloß war sofort voller Männer, Frauen und Kinder mit ihren Piken. Einige sind zum König emporgestiegen, die Türen zu den Gemächern wurden aufgebrochen, die pikentragenden Halunken haben den König wüst beschimpft. Sie haben die Königin unter den Betten, unter den Matratzen gesucht und ihre Piken überall hineingestochen. Die Königin floh von Tür zu Tür. Eine Kanone wurde über die große Treppe hinaufgehievt und in den Gemächern des Königs aufgestellt. Er selbst ist gezwungen worden, die rote Mütze der Revolutionäre aufzusetzen und eine Pike in die Hand zu nehmen. Ein anderer Grenadier, der ihm die Kokarde an die Mütze steckte, fragte ihn: »Haben Sie Angst?« Der König nahm seine Hand und führte sie auf sein Herz. »Fühlen Sie, ob ich Angst habe! Scheine ich Ihnen sehr erregt?« Der König hat größte Kaltblütigkeit und heroische Ruhe bewiesen. Schließlich hat sich die Königin gezeigt. Sie hielt den Prinzen auf den Knien und indem sie sich in gewissem Sinne in die Obhut dieses unschuldigen Kindes begab, verteilte sie Stoffbänder.

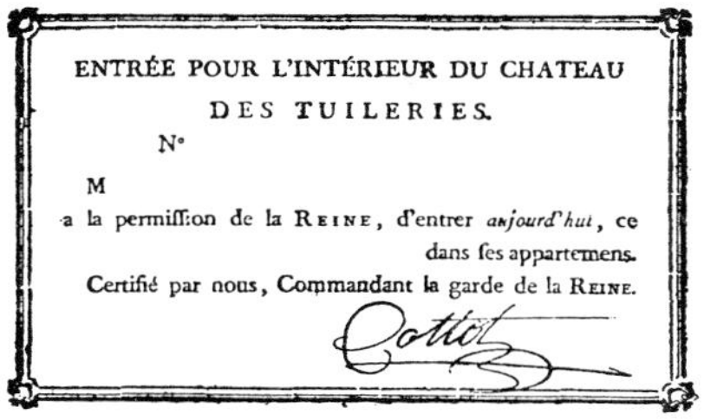
ENTRÉE POUR L'INTÉRIEUR DU CHATEAU
DES TUILERIES.
N°
M
a la permiſſion de la Reine, d'entrer *aujourd'hui*, ce
dans ſes appartemens.
Certifié par nous, Commandant la garde de la Reine.

Es gibt keinen gräßlicheren Anblick, als solchen Volkszorn, wenn er nach Blut lechzt und seine wehrlosen Opfer hinwürgt. Dann wälzt sich durch die Straßen ein dunkles Menschenheer, worin hie und da die Ouvriers in Hemdsärmeln, wie weiße Sturzwellen, hervorschäumen, und das heult und braust, gnadenlos, heidnisch, dämonisch.

Heinrich Heine

Madame Elisabeth tritt vor die aufgebrachte Menge

Empörung der Königstreuen

Paris, den 21. Juni 1792

Um 4 Uhr kam der tugendhafte Pétion, der behauptete, gerade erst über die Vorgänge informiert worden zu sein. Der König sagte zu ihm, lieber sehe er diese Ereignisse, als vergossenes Blut. Herr Pétion hat höflichst die äußerst charmanten Bittsteller ersucht, sich zurückzuziehen und im Hof hat er ihnen dann gesagt, sie hätten sich prima verhalten. Gegen 1/2 7 Uhr hat der König darum gebeten, sein Zimmer zu räumen. Nur die Bediensteten sollten dableiben, ihm sei übel vor Hitze.

Dies sind, Monsieur, die großen Ereignisse des gestrigen Tages, während dem alle verfassungsmäßigen Rechte mit Füßen getreten wurden, der König in seinem eigenen Schloß beleidigt wurde um ihn zu zwingen, jene Dekrete zu unterzeichnen, die er laut verfassungsmäßigem Recht – wenn es so etwas überhaupt noch gibt – zu unterzeichnen sich weigern kann. Das »Veto*« ist lediglich als Anrufung des Volkes gedacht und als Garantie der Freiheit. Aber die Freiheit existiert nicht mehr, die Verfassung ist tot! Ich vergaß, Ihnen zu sagen, daß der König gezwungen worden ist Wein zu trinken, den man ihm im Namen der Nation gereicht hat – schlechten Wein aus einer Spelunke.

Die Nationalgarde, die das Schloß umstellt hatte, blieb untätig. Das war sicher so abgemacht. Und das ist dann die Freiheit! Ich kann sie nur unter den Lumpen der Zügellosigkeit entdecken. Es geht hier nicht mehr darum, Aristokrat zu sein und deshalb vor Angst zu zittern. Es geht einfach darum, ein guter Franzose zu sein. Und mitansehen zu müssen, wie ein solcher Aufstand gegen den durch Erbfolge bestimmten Repräsentanten einer großen Nation von der legislativen Gewalt unterstützt wird! Der König ist in seinem Haus beleidigt worden; wie wäre es, wenn die gesetzgebende Versammlung am Ort ihrer Sitzungen beleidigt würde! Aber danken wir Gott, danken wir ihm tausendmal, denn der König ist nicht ermordet worden. Seit 15 Tagen wird in den Tuilerien der Königsmord gepredigt, und das von den Hockern aus, die dort als Rednertribüne dienen. Es wird bloß noch ein Mörder gesucht. Ich schreibe Ihnen und bin von den Ereignissen gestern noch ganz überwältigt. Ich komme gar nicht darüber hinweg.

Brief von Mauviel de Bouillon an Ronès**

** Das sogenannte »Vetorecht« bezog sich auf das Recht des Königs, gegen Gesetze per Einspruch vorzugehen. Es wurde zwischen »absolutem Veto« und »aufschiebendem Veto« unterschieden. Nach langen Diskussionen, in denen auch das Volk mehrmals seinen Unmut gegenüber dieser Veto-Regelung zum Ausdruck gebracht hatte, wurde schließlich ein eingeschränktes, d.h. aufschiebendes Veto-Recht zugestanden. Nachdem der König mehrmals von diesem Recht Gebrauch gemacht hatte, wuchs der Zorn der Pariser Bevölkerung gegen den König, den man als Feind der Revolution ansah.*

** Marie Pierre Thomas Mauviel de Bouillon (1734–1794) war Jurist und Händler. 1794 wurde er wegen Sympathie mit den Feinden Frankreichs zum Tode verurteilt.*

** Claude François Vital Ronès (1754–?) entkam der Justiz, obwohl er gemeinsam mit Bouillon angeklagt worden war.*

Frankreich steht vor einer großen Entscheidung

Paris, den 8. August 1792

Zur Zeit ballen sich am Himmel düstere Wolken zusammen, die eine schreckliche Explosion hervorrufen werden. Die Wolke birgt den Blitz: Wohin wird er fallen?

Die Nationalversammlung scheint mir zu schwach, um den Wunsch des Volkes zu unterstützen, und das Volk zu stark, um sich von ihr zähmen zu lassen. Aus diesem Konflikt, aus diesem Kampf wird ein Ereignis entstehen: Freiheit oder Sklaverei für 25 Millionen Menschen. Aus Anteilnahme und Aktivität bin ich oft zur Nationalversammlung, zum Jakobinerclub, zu den öffentlichen Promenaden gegangen, wo alles von den gegenwärtigen Ereignissen spricht. Ich meine, an diesen verschiedenen Orten so treffende Beobachtungen gemacht zu haben, daß ich die Zukunft mit an Prophetie grenzender Gewißheit erkenne und voraussehe. Die patriotische Partei wird gewinnen, aber leider ist es unmöglich, daß ihr Lorbeerkranz nicht in Bälde vom Blut befleckt wird.

Die Absetzung des Königs, die von der Mehrheit gefordert und von der Minderheit, die in der Nationalversammlung dominiert, abgelehnt wird, wird den furchtbaren Zusammenprall, der bevorsteht, auslösen. Der Senat wird nicht den Mut haben, die Absetzung auszusprechen, und das Volk nicht so feige sein, die Verachtung, mit der man die öffentliche Mei-

Bürger der Faubourgs Saint-Antoine und Saint-Marceau überbringen der Nationalversammlung und dem König eine Petition

Auf einem Teller wird der gallische Hahn als Wächter der republikanischen Grenzen dargestellt

nung bedenkt, ohne Widerstand hinzunehmen. Die Armee ist, solange sie sich in den Händen von Verrätern befindet, der Stolz und die Hoffnung unserer Feinde. Aber genau von ihr wird unsere Rettung kommen. Die Soldaten der Freiheit können nicht mehr die Satelliten und die Rächer der Despoten sein.

Stelle Dir die unsagbare Menge von Ereignissen vor, die aus diesem Chaos entstehen werden, und sag mir, mein Freund, ob sich eine Frau mit Kind, die unnachgiebig der guten Sache anhängt und überall herumkommt, um die Neuigkeiten zu erfahren, nicht unnötig vielen Gefahren aussetzt? Ich könnte zu hause bleiben, ganz recht; ich könnte mich auf dem einsamen Land aufhalten, noch besser; aber ich habe so eine gewisse Neugier, die in meinem Herzen ist und meine Schritte dorthin lenkt, wo oft die Gefahr lauert. Das Geheimnis der Weisen ist es, sich gut zu kennen; so geht es mir auch. Lieber laufe ich bei Gefahr weg, als daß ich dieser Versuchung der Neugier widerstehen könnte. Tausend mal habe ich mir gesagt, daß dieses Schauspiel der Unruhe und der widerstreitenden Leidenschaften, die zur Zeit so erregt sind, nichts für die zarte und junge Seele meines Auguste ist, meine Vernunft hat mir dazu alles gesagt, was auch ein Mentor gesagt hätte. Und doch tappe ich immer wieder in dieselbe Falle und werde von den wichtigen Ereignissen des öffentlichen Lebens zu den Stätten politischer Entscheidungen hingezogen. Dort nehmen wir so sehr Anteil, daß wir mit erschöpfter Seele und brennendem Herzen zurückkommen, beseelt von dem Wunsch, am nächsten Tag die Fortsetzung dessen zu sehen, was am Vortag vorgeschlagen worden war.

Madame Jullien an ihren Mann*

** Madame Jullien war zu Beginn der Revolution etwa 40 Jahre alt. Weil ihr Sohn in Paris erzogen werden sollte, ging sie mit ihm nach Paris. Von dort berichtete sie ihrem Mann nachhause über die Ereignisse in Politik und Alltag. Als ihr Sohn später in Europa unterwegs war, richtete sie ihre Briefe an ihn, zumal ihr Mann als Abgeordneter des Nationalkonvents in Paris war.*

Offizieller Bericht zur Erstürmung des Tuilerien-Schlosses am 10. August 1792

Protokoll über die Vorgänge am 10. August, bei denen ich, J.-J. Leroux*, Offizier der Stadtverwaltung und Finanzverwalter der Stadt Paris, selbst aktiv oder zumindest Zeuge war.

Am Donnerstag, dem 9. August 1792, im IV. Jahr der Freiheit, war ich einer von 8 Mitgliedern des Stadtrates von Paris, die von 6 Uhr abends bis 6 Uhr morgens Wachdienst hatten.

Gegen 1/2 12 Uhr wurde ich mit zwei Kollegen vom Präsidenten zur Nationalversammlung geschickt, um dort über die augenblickliche Lage in Paris zu berichten und um Nachrichten des Bürgermeisters und unserer Kollegen, die bei ihm waren, zu überbringen. Als ich an die Schranke vorgelassen wurde, ergriff ich das Wort und informierte die Nationalversammlung über folgende Tatbestände: der Stadtrat war zusammengetreten; im Faubourg Saint-Antoine gab es große Menschenaufläufe; die Sektionen waren versammelt; der Stadtrat hatte Kommissare in die Sektionen geschickt und auch zu den Menschenaufläufen mit dem Auftrag, sie zur Ordnung zu rufen; die meisten dieser Kommissare waren festgehalten worden; die Sturmglocke läutete in Paris und die Trommeln schlugen Alarm; ein Bürger war zum Stadtrat gekommen um zu verkünden, daß eine Sektion sich weigerte, weder die Stadt, noch das Departement, noch die Nationalversammlung als Autorität anzuerkennen. Diese Nachricht konnten wir allerdings nicht als gesichert weitergeben, da sie dem

** Jean-Jacques Leroux des Tillets (1749–1832) war Arzt und zudem zum Stadtrat ernannt worden. Wenige Tage nach dem Sturz der Monarchie, nach den sogenannten Septembermorden (2. und 3. September 1792), wurde er verfolgt, konnte aber entkommen. Später zog er sich aus dem politischen Leben zurück und widmete sich seinem Beruf.*

Die Schweizer Gardisten waren die Opfer des Angriffs aufs Tuilerien-Schlosses. Viele von ihnen wurden ermordet und ihre Kaserne in Brand gesteckt.

Das Massaker an den Schweizer Gardisten

Andere werden lebendig aus dem Fenster geworfen und flehen vergebens um Gnade. Dann werden sie auf der Terrasse und dem Hofpflaster von Piken durchbohrt. Etwa hundert von ihnen wollen über einen Hof entkommen. Am Ausgang zur Straße werden sie aufgehalten und von Säbelhieben getroffen, ihre Leichen werden geplündert, anschließend nackt und meistens an den Intimstellen verstümmelt auf dem Pflaster aufgeschichtet. Dort bleiben sie bis zum nächsten Tag den Blicken aller ausgesetzt. Mehr als hundert Diener des Königs erleiden dasselbe Schicksal. Das Blut fließt in Strömen in den Gemächern und Räumen des Schlosses.

Nicolas Ruault

* *Jean Borie (1756–1803) war Abgeordneter in der Nationalversammlung. Er stimmte im Prozeß gegen den König für die Todesstrafe. Nach dem Sturz Robespierres wurde er wegen seiner Teilnahme an der Schreckensherrschaft angeklagt, dann aber anläßlich einer Amnestie freigesprochen. Er lebte zuletzt als Richter in seiner Heimatstadt Sarlat.*

* *Marie Louise, princesse de Lamballe (1749–1792) verwaltete die Angelegenheiten der Königin und war mit dieser eng befreundet. Während der Flucht nach Varennes setzte sie nach England über, kam aber bald nach Paris zurück. Nach dem 10. August wurde sie von der Königin getrennt und im Force-Gefängnis untergebracht. Während der September-Massaker kam sie ums Leben.*

* *Die Duchesse de Tourzel (1748–1839) war die Gouvernante des Thronfolgers. Auf der Flucht nach Varennes hatte sie die königliche Familie begleitet.*

* *Antoine Jean Galliot de Mandat (1731–1792) war Kommandeur der Nationalgarde am Vorabend des 10. August 1792. Als gemäßigter Anhänger der Revolution hatte er den Befehl, das Tuilerien-Schloß und die Person des Königs zu schützen. Er ging am Morgen zum Rathaus, wo er von der Stadtverwaltung in der Annahme, er könne seinen Befehl in die Tat umsetzen, festgenommen wurde. Als Mandat aus dem Rathaus trat, wurde er von einem Schuß auf der Stelle getötet. Sein Nachfolger wurde Santerre, der die Nationalgarde auch während der Hinrichtung des Königs im Januar 1793 befehligte.*

* *Graf Pierre Louis Roederer (1754–1835) war in seiner Eigenschaft als Vertreter der Departementsregierung im Schloß. In der heißen Phase der Schrekkensherrschaft tauchte er unter und war erst wieder nach dem 9. Thermidor im öffentlichen Leben präsent. Unter Napoleon machte er eine beachtliche politische Karriere.*

Stadtrat nicht offiziell übermittelt worden war. Weiterhin berichtete ich, daß eine große Anzahl bewaffneter Bürger vorhatte, zur Nationalversammlung zu kommen und die Absetzung des Königs zu verlangen. Sie wollten solange in der Nähe des Sitzungssaales bleiben, bis die Absetzung ausgesprochen worden sei. Der Bürgermeister befand sich im Tuilerien-Schloß mit mehreren Offizieren der Stadtverwaltung. Im übrigen, so sagte ich, sei noch kaum jemand vor dem Rathaus gewesen, als wir an ihm vorbeikamen und in den Straßen, durch die wir gegangen seien, habe völlige Ruhe geherrscht.

Von der Nationalversammlung zogen wir dann zu den Tuilerien, wo ich den Bürgermeister in Begleitung von Herrn Borie* und anderen in der Nähe des Pont-Royal am Rande der Terrasse sitzen fand, die am Schloß entlang läuft. Nachdem ich ihm über unsere Mission bei der Nationalversammlung berichtet hatte, kam ich mit Herrn Borie ins Gespräch. Gemeinsam gingen wir in die Gemächer hinauf, wir traten in den Sitzungssaal. Dort trafen wir auf die Königin, die Schwester des Königs, Madame Elisabeth, zwei Damen, von denen ich später erfuhr, daß es Mme de Lamballe* und Mme de Tourzel* waren, auf die 6 Minister, Herrn Mandat*, noch ein paar Offiziere und etwa 20 Personen ohne Uniform. Herr Roederer*, so sagte man uns, ruhe in einem der anschließenden Zimmer. Es mochte 1 oder 1 ½ Stunden nach Mitternacht sein.

Da ich Nachrichten vom Stadtrat haben und mich über die Lage in Paris informieren wollte, beauftragte ich einen der anwesenden Offiziere, in Ermangelung von Ordonnanzen, ein paar Nationalgardisten loszuschicken, damit wir einen Kontakt zwischen dem Stadtrat und den hier anwesenden Offizieren aufbauen könnten. Wir unterschrieben zwei Ausweise, die ungefähr so lauteten: Der Nationalgardist, der Träger dieses Ausweises ist, soll von den Tuilerien zum Rathaus und vom Rathaus zu den Tuilerien durchgelassen werden.

Ich erfuhr, daß die Minister zur Nationalversammlung gehen wollten. Nach ihrer Rückkehr waren Herr Borie, die Minister und ich in einem Raum neben dem Schlafzimmer des Königs, als wir plötzlich im Hof Unruhe wahrnahmen und Schreie hörten: »Zu den Waffen!« Auf Vorschlag mehrerer anwesender Personen trat ich hinaus, um mich über den wahren Anlaß dieser Schreie zu informieren. Ich ging in den Königshof hinunter. Ich durchstieß die Reihe von Nationalgardisten, die entlang des Schlosses Stellung bezogen hatte. Und da sah ich, daß der König vor den Truppen, die rundum in den Höfen standen, vorbeilief. Ich wurde von der Menge, die ihn umgab, fortgerissen und durchlief mit ihm den großen Hof. In meinem Beisein schlug ihm viel Sympathie entgegen, die sich in Rufen wie »Es lebe der König! Es lebe der König der Verfassung!« ausdrückte. Als der König diesen Hof verließ, um sich in den Prinzenhof zu begeben, ging ich in den Raum zurück, wo die anderen waren und berichtete, was ich gesehen hatte.

Von den Innenhöfen des Schlosses war der König in den Park getreten und befand sich nun am Fuße der Terrasse auf der Flußseite. Die Tuilerien waren mit mehreren Batallionen voll gestellt, darunter auch viele mit Piken bewaffnete Bürger. Die Rufe, die man hören konnte, ließen erkennen, daß der König nicht ganz freiwillig hierher gekommen war. Einige der anwesenden Personen fürchteten, er könne beleidigt werden und baten, man möge ihn doch begleiten. Da ich schon im Hof gewesen war, als man »Zu den Waffen!« gerufen hatte, drängten sie mich besonders. Ich willigte ein, gelangte bis zum König und kehrte mit ihm zum Schloß zurück.

Dann wurde ich von einer Person verlangt, die sich als Gesandter der Sektion Tuileries ausgab. Er zeigte mir einen jener Ausweise und bat mich und Herrn Borie, ihn zu identifizieren. Ich fragte ihn, wie dieses Papier in seine Hände gelangt sei. Er erwiderte, daß seine Mission es nicht sei, auf meine Fragen zu antworten. Vielmehr verlangte er, wenn wir Schaden von dem Nationalgardisten wenden wollten, müßten wir das Papier erneut signieren. Er fragte mich seinerseits, ob ich den festgenommenen Nationalgardisten kenne, ich versicherte ihm, daß dem nicht so sei. Ich zeichnete den Ausweis erneut; ich unterschrieb allein, da Herr Borie im Moment nirgendwo zu erreichen war. Wir hatten indirekt erfahren, daß Herr Mandat festgenommen worden war, daß die Wache auf dem Pont-Royal überrumpelt und daß eine Meute von Menschen, darunter Nationalgardisten mit Kanonen, auf dem Weg zum Schloß waren. Schließlich sahen wir auf der einen Seite den Menschenauflauf den Carroussel-Platz füllen, und auf der anderen Seite die Tuileriengärten mit ihren offenen Toren. In den Höfen und Innenräumen waren wenige Nationalgardisten und die Schweizer Garde, insgesamt vielleicht 5 oder 6 Kanonen. Wir waren sicher, daß nichts und niemand die Leute daran hindern könnte, das Schloß einzunehmen. Auch ohne Militär zu sein erkannten wir, daß selbst 20 000 Männer und 50 Kanonen nicht ausgereicht hätten, um Blutvergießen zu verhindern. So sagte uns der Verstand und auch unser Herz, daß wir uns nicht einer Erstürmung des Schlosses entgegenstellen sollten. Aber das Gesetz schrieb uns eine strenge Pflicht vor. Wir richteten uns nach dem Gesetz, und unser Verhalten war dort festgelegt. Aber wir wollten nichts unternehmen ohne die Departementsregierung, deren Mitglieder im Schloß waren, um Rat gefragt zu haben. Also baten wir sie zusammenzutreten. Die einstimmige Meinung war, man müsse einen Angriff verbieten, aber den Truppen den Befehl geben, an ihren Posten zu bleiben und Gewalt mit Gewalt zurückzustoßen.

Wir wurden informiert, daß die auf dem Carroussel-Platz versammelten Bürger eine Petition vorbringen wollten. Herr Borie ging hin. Er kam zurück und bestätigte die Absicht der Bürger, die Petition einzubringen. Man öffnete die große Tür, 6 oder 7 Bürger kamen unbewaffnet herein und sagten, daß sie der Nationalversammlung die Absetzung des Königs antragen wollten. Herr Roederer gab ihnen zu bedenken, daß sie zur Nationalversammlung gehen müßten und daß das Schloß der falsche

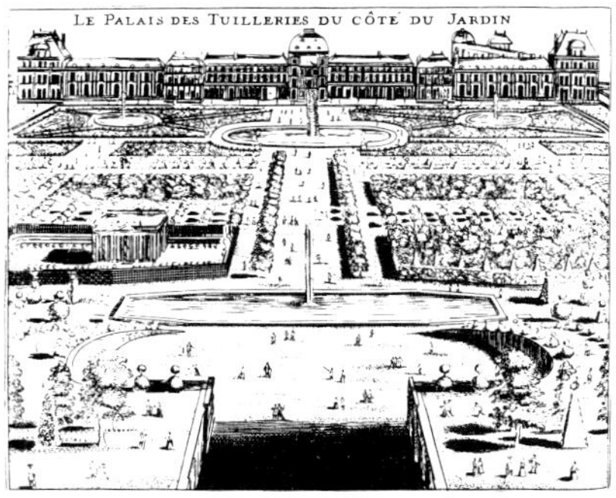

Das Tuilerien-Schloß von der Gartenseite aus

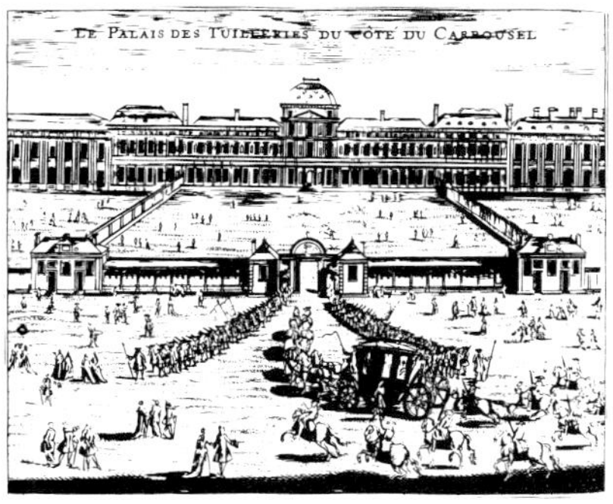

Ansicht des Tuilerien-Schlosses

Nachdem der König und seine Familie das Tuilerien-Schloß verlassen hatten, griffen die versammelten Bürger unter Anführung mehrerer Sektionsabgeordneter das Schloß an. Die Schweizer Garde und die wenigen Nationalgardisten im Schloß verteidigten sich – es gab Hunderte von Toten auf beiden Seiten. Vor allem die Schweizer Gardisten wurden verfolgt und ermordet; etwa 600–700 kamen ums Leben. Auf Seiten der Aufständischen spricht man von mindestens hundert, vielleicht aber wesentlich mehr Opfern. Die Bemühung, ein Blutvergießen zu vermeiden, war gescheitert.

Am 10. August kommt es zur entscheidenden Schlacht um das Tuilerien-Schloß

Weg sei. Herr Borie trat erneut auf den Platz, um mit dem Volk zu sprechen. Währenddessen ging ich zu einem kleinen vergitterten Fenster, das sich links neben dem Eingang zum Königshof befand. Mehrere Föderalisten und mit Piken bewaffnete Bürger verlangten, daß man ihnen die Tore öffne, und daß man ihnen den König und seine Familie ausliefere. Abgesehen davon versicherten sie, keine bösen Absichten zu haben. Ich wollte im Namen des Gesetzes zu ihnen sprechen, aber ich brachte sie nur noch mehr auf. Sie beschimpften mich sogar und bedrohten mich mit Gesten, die mich erkennen ließen, daß solch dünne, weit auseinander stehende Gitterstäbe mich vor ihren Angriffen nur unzureichend schützen würden. Ich ging in den Hof zurück. Der Departementsregierung legte ich dar, daß ich keine andere Möglichkeit sähe, den König und seine Familie zu retten, als sie in die Nationalversammlung zu bringen. Auf diese Art könnte auch ein Blutvergießen verhindert werden. Diese Ansicht wurde geteilt. Ich berichtete Herrn Borie, der zum zweiten Mal zurückgekommen war, was wir beschlossen hatten.

Die Gruppe Soldaten, die die Seite zum Prinzenhof sichern sollte, war in Unordnung geraten. Mehrere Bürger riefen, daß sie nicht zahlreich genug seien, um einem Angriff zu widerstehen. Ich war mit ihnen völlig einverstanden und erlaubte mir, laut zu sagen, daß es Wahnsinn sei, sich einer so großen und gut bewaffneten Menschenmenge entgegenzustellen und eine sehr große Gefahr, es zu versuchen. Insgeheim klagte ich über die bedauerliche Pflicht, die mich gezwungen hatte, einen Befehl auszugeben, dessen Gefahren ich wohl einsah. Ich ging zurück in die

Gemächer und suchte die Minister. Sie waren im Zimmer des Königs. Nachdem ich einigen Offizieren aufgetragen hatte, auf der Terrasse und im Vestibül eine Eskorte zusammenzustellen, die den König sicher zur Nationalversammlung begleiten könnte, trat ich ein. Der König saß zwischen dem Alkoven, wo sein Bett stand, und einer Kommode in der Nähe der Tür. Bei ihm waren die Königin, der Prinz, die Tochter des Königs, Mme Elisabeth, Mme de Tourzel, Mme de Lamballe und die Minister. Einige andere Personen traten im gleichen Augenblick ein wie ich. Ich berichtete dem König, was ich getan, beobachtet und gehört hatte und empfahl ihm abschließend, sich mit seiner Familie in die Nationalversammlung zurückzuziehen. Ich versicherte ihm, daß er keine andere Wahl habe und noch nicht einmal Zeit zu beraten. In einer knappen halben Stunde würde das Schloß mit Kanonen angegriffen und dieser Angriff werde dann Gegenwehr erforderlich machen, was wiederum die Angreifer nur anstacheln könne. In der notwendig folgenden Unordnung wäre niemand in der Lage, das Leben des Königs und seiner Familie zu sichern, die zwar nicht direkt bedroht seien, aber die ein unvorhergesehenes Ereignis in Gefahr bringen könnte. Kurz, wenn er mir Glauben schenke, müsse man sofort aufbrechen: »Denken Sie das wirklich?« fragte mich der König. »Ja, Sire, und Sie haben keine andere Wahl; das Gegenteil zu sagen hieße Sie belügen.« »Zur Nationalversammlung«, sagte die Königin, »glauben Sie nicht, daß das irgendwelche Nachteile mit sich bringt?« »Nein, Madame, sie ist das einzige, was das Volk im Moment respektiert. Was mich angeht, so bin ich Vater. Ich würde gerne die Führung des Prinzen übernehmen.« Sie versprach es mir. Dann griff sie nach der Hand des Königs, führte sie zu den Augen und benetzte sie mit Tränen. Auch der König weinte. Der Prinz und Madame Elisabeth weinten, und ich glaube, keiner der Zuschauer mußte sich nicht heimlich die Augen wischen. Ich hatte gerade dem König vorgeschlagen, seine Minister zu Rate zu ziehen, als die Departementsregierung eintrat. Herr Roederer drängte den König mit denselben Argumenten wie ich. Er machte es etwas schwülstiger. Der König entschloß sich zu gehen. Auch Herr Roederer wollte sich, wie ich, um den Prinzen kümmern. »Ich werde ihn an meinem Busen tragen«, sagte er. Ich erinnerte die Königin an ihr Versprechen, aber als ich nach der Hand des Prinzen griff, schnappte sie mir eine andere Person weg, die, so glaube ich, sein Erzieher war. Wir gingen los. Es war ungefähr ½9 Uhr.

Die Symbole der Monarchie werden beseitigt; Denkmäler und Statuen früherer Könige gestürzt

Eine knappe Bilanz wenige Tage später

Paris, den 14. August 1792

Schließlich ist der Schlag geführt worden. Der 10. dieses Monats wird die Entsprechung des 14. Juli 1789 sein, wenn er diesen Tag nicht noch in den Schatten stellt. Der Sieg gehört nach einer einstündigen Kannonade und Schußwechseln dem Volk. Die Sache begann um 1/2 10 Uhr, und vor 11 Uhr war die Schlacht entschieden. Ich habe einen Teil des Geschehens beobachtet; es läßt erschaudern.

Gegen fünf Uhr ging ich brav ins Bett wie tausende anderer Leute. Ich stand gegen 9 Uhr auf und immer deutlicher hörten wir die Schüsse. Da lief ich zum Schlachtfeld und in die dortige Gegend, wo ich alles sah und hörte, was man mitbekommen konnte.

Die Marseiller*, die Brester*, und noch einige Föderalisten aus verschiedenen Départements haben gemeinsam mit den Parisern gegen etwa 2 000 Schweizer Gardisten und andere Leute, die das Schloß verteidigten, den Sieg davongetragen. Es muß zugegeben werden, daß die Schlacht ohne die Hilfe der Föderalisten verloren gegangen wäre. Die Pariser alleine hätten gegen die Schweizer nicht gewinnen, höchstens standhalten können. Die Pariser Miliz hatte bloß 3 Schuß pro Mann, und die Schweizer mehr als 50.

Diejenigen, die am wenigsten am Kampf selber teilnahmen und bloß Piken und Säbel als Waffe hatten, waren dann die eifrigsten, als es galt, die restlicher Schweizer zu töten, zu massakrieren und so den Sieg in Blut zu färben. Es war ein abscheulicher Horror. Ich schreibe alle diese fürchterlichen Tatsachen auf, ich schreibe sie, solange sie noch frisch in meiner Erinnerung sind, ohne Bitternis und ohne Leidenschaft nieder.

Gestern, am 13., ist der König mit seiner Familie gegen 4 Uhr nachmittags inmitten der Verwünschungen und Flüche einer Volksmenge ins Temple-Gefängnis gebracht worden. Er ist in einem der Türme und in einem 126 Stufen hoch gelegenen Zimmer gefangen. Alle Statuen von Königen werden umgestürzt und zerstört, selbst die von Philippe dem Schönen, die in Notre-Dame steht, so wie die von Ludwig XIII. und Ludwig XIV., die sich im Chor befinden. Keinen König mehr, niemals mehr einen König, so ruft das Volk von Paris.

*Nicolas Ruault**

* *Die Revolution wurde von der Bevölkerung der Stadt Brest, von ihren Offizieren abgesehen, mit Begeisterung aufgenommen.*
Vor dem 10. August entsandte Brest ein Freiwilligenbataillon nach Paris, um den König und die Verfassung, wie es hieß, zu verteidigen. Die Brester Truppe wurde von den Parisern und den Abgeordneten der Gesetzgebenden Nationalversammlung enthusiastisch begrüßt. Die Freiwilligen kehrten von Paris aus nicht mehr in ihre Heimatstadt zurück, sondern zogen gleich an die Front.
Auch aus Marseille zogen Freiwillige nach Paris, dem Votum der Nationalversammlung folgend, 20 000 Nationalgardisten um Paris zu versammeln. Der König hatte dagegen übrigens das Veto *eingelegt. Die Stadt Marseille entsandte im Juni 1792 also zwei Bataillone und zwei Kanonen. Bei ihrer Ankunft in Paris kam es auf den Champs-Elysées zu einer Straßenschlacht mit Königstreuen. Die Marseiller wurden im Faubourg Saint-Marceau untergebracht und von der dortigen Bevölkerung verpflegt. Den Applaus der Pariser beantworteten die Marseiller mit dem damals noch unbekannten Lied* La Marseillaise, *der heutigen französischen Nationalhymne.*

* *Nicolas Ruault hat etwa 400 Briefe aus dem Zeitraum 1783 bis 1796 hinterlassen, die zum größten Teil an seinen Bruder gerichtet sind. Ruault war Buchhändler und Verleger. Da er aktiver Anhänger der aufklärerischen Partei im 18. Jahrhundert war, nahm er die politische Entwicklung des neuen Regimes aufmerksam und mit Sachverstand zur Kenntnis.*

Die Abschaffung der Monarchie ist amtlich: Dekret der Nationalversammlung

Angesichts der Tatsache, daß die unser Vaterland bedrohenden Gefahren ihren Höhepunkt erreicht haben, dekretiert die Nationalversammlung wie folgt:

Art. 1: Das französische Volk wird aufgefordert, einen Nationalkonvent zu bilden. Die Sonderkommission wird morgen einen Plan bezüglich des Charakters und Zeitraums dieses Konvents vorlegen.

Art. 2: Der Träger der Exekutivgewalt wird vorübergehend seiner Befugnisse enthoben, bis der Nationalkonvent über die Maßnahmen entschieden hat, die er zur Sicherung der Volkssouveränität und Durchsetzung von Freiheit und Gleichheit für notwendig erachtet.

Art. 3: Die Sonderkommission legt im Laufe des Tages Richtlinien über die Bilder eines neuen Ministeriums vor. Die gegenwärtig amtierenden Minister üben vorläufig ihre Ämter weiter aus.

Art. 4: Die Zahlungen aus der Zivilliste* bleiben bis zur Entscheidung durch den Nationalkonvent gesperrt. Die Sonderkommission legt innerhalb von 24 Stunden den Entwurf eines Dekrets über das Gehalt vor, das dem König während seiner Suspendierung zu gewähren ist.

Art: 5: Die Zivillistenregister werden auf dem Geschäftsbüro der Nationalversammlung hinterlegt, nachdem sie numeriert und mit den Unterschriften zweier Ausschußmitglieder versehen sind, die sich hierzu zum Intendanten der Zivillisten begeben.

Art. 6: Der König und seine Familie bleiben, bis die Ruhe in Paris wiederhergestellt ist, im Schoße der gesetzgebenden Gewalt.

Art. 7: Das Departement wird Befehle geben, um ihnen im Laufe des Tages eine Wohnung im Luxembourg-Schloß anzuweisen, wo sie dem Schutz der Bürger und des Gesetzes unterstellt sein werden.

Art. 8: Jeder Beamte, jeder Soldat, Korporal und Offizier, welchen Ranges auch immer, und jeder Armeegeneral, der in diesen Tagen der Alarmbereitschaft seinen Posten verläßt, wird für ehrlos und zum Vaterlandsverräter erklärt.

Art. 9: Departement und Gemeinderat von Paris lassen das vorliegende Dekret unverzüglich und in aller Form verkünden.

Art. 10: Das Dekret wird durch Kuriere den 83 Departements übermittelt. Diese sind verpflichtet, es innerhalb von 24 Stunden den Gemeinden ihres Gebietes zuzustellen, damit es ihnen ebenfalls in aller Form verkündet werden kann.

10.8.1792

** Die Zivilliste des Königs stellte vor 1789 einen Etat dar, aus dem der König seine persönlichen Ausgaben, die seines Hauses, der königlichen Güter und Staatsdomänen bestritt. Die Nationalversammlung änderte dieses System und setzte dem König für seine persönlichen Bedürfnisse eine Summe aus, deren Höhe er selbst bestimmen durfte. Ludwig verlangte für sich 25 Millionen Francs und vier weitere Millionen für Marie-Antoinette. Diese enorme Summe wurde ihm zunächst anstandslos bewilligt.*

Marat ermutigt die Aufständischen

Der ruhmreiche Tag des 10. August 1792 kann für den Sieg der Freiheit entscheidend sein, wenn Ihr es versteht, Eure Vorteile auszunutzen. Eine Menge der Satelliten des Despoten hat ins Gras gebissen und Eure fürchterlichen Feinde sind durcheinander. Aber sie werden sich bald wieder erholt haben und schrecklicher als je zuvor auferstehen. Hütet Euch, falsches Mitleid zu zeigen. Jetzt, da Ihr Eurer Blut vergossen habt, um das Vaterland aus dem Abgrund zu holen, müßt Ihr aufpassen, nicht zu Opfern der Machenschaften Eurer Feinde zu werden. Hütet Euch, daß Ihr nicht nachts von blutgierigen Soldaten aus Euren Betten gerissen und in die Verliese geworfen werdet, wo sie Euch der Verzweiflung überlassen werden, bis Ihr dann auf dem Schafott sterben müßt. Fürchtet die Reaktion, ich wiederhole es, Eure Feinde werden Euch nicht verschonen, wenn sie wieder die Oberhand haben. Keine Gnade also: Ihr seid verloren, wenn Ihr nicht die faulen Glieder der Stadtverwaltung, alle antipatriotischen Richter und die verderbtesten Mitglieder der Nationalversammlung beseitigt. Ja, ich sage wohl »Nationalversammlung«, und dank welchen Vorurteils, welchen fatalen Respekts sollten deren Mitglieder ausgespart werden? Man sagt Euch immer, wir müßten uns um sie scharen, so schlecht sie auch sei. Das bedeutet, wir sollen uns auf einer Mine versammeln, die unter unseren Füßen liegt und Ihr sollt so die

Fest der Annahme der neuen republikanischen Verfassung

Sorge um Euer Schicksal in die Hände von Halunken geben, die Euren Untergang wollen. Vergeßt nicht, daß die Nationalversammlung Euer schlimmster Feind ist; solange es sie gibt, wird sie an Eurem Verderben arbeiten. Und solange Ihr die Waffen in der Hand habt, wird sie Euch schmeicheln und Euch mit falschen Versprechen einschläfern. Heimlich wird sie daran arbeiten, Eure Bemühungen einzudämmen, und sobald sie es geschafft hat, werdet Ihr gedungenen Mördern ans Messer geliefert. Erinnert Euch an die Vorfälle auf dem Champs-de-Mars*!

Niemand verabscheut Blutvergießen mehr als ich, aber um zu verhindern, daß Ströme von Blut vergossen werden dränge ich Euch, ein paar Tropfen zu vergießen. Um die Pflichten der Menschlichkeit mit der Pflege der öffentlichen Sicherheit in Einklang zu bringen, schlage ich also vor, die gegenrevolutionären Mitglieder der Stadtverwaltung, des Richterstandes, des Départements und der Nationalversammlung auszulöschen. Wenn Ihr davor zurückschreckt, wird das an diesem großen Tag vergossene Blut umsonst vergossen sein und Ihr werdet nichts für die Freiheit getan haben.

Aber vor allem haltet den König, seine Frau und seinen Sohn in Gewahrsam, und solange das endgültige Urteil über ihn noch nicht gesprochen ist, soll er viermal täglich dem Volk gezeigt werden. Und da es allein von ihm abhängt, unsere äußeren Feinde für immer wegzuschikken, gebt ihm zu verstehen, daß sein Kopf rollen wird, wenn die Österreicher und Preußen nicht in 2 Wochen mindestens 20 Meilen von unseren Grenzen entfernt stehen. Verlangt von ihm, daß er dieses furchtbare Urteil mit eigener Hand unterschreibt und es seinen gekrönten Komplizen zukommen läßt. Er muß Euch von ihnen befreien.

Greift auch die ehemaligen Minister und haltet sie gefangen.

Alle gegenrevolutionären Mitglieder des Pariser Stabs müssen hingerichtet, alle anti-patriotischen Offiziere aus den Bataillonen entfernt werden. Verlangt, daß ein Nationalkonvent einberufen wird, um den König abzuurteilen und eine Verfassungsreform auszuarbeiten. Und sorgt vor allem dafür, daß die Konventsmitglieder durch direkte Wahlen und nicht durch Wahlmänner bestimmt werden.

*Jean Paul Marat**

** Am 17. Juli 1791 versammelte sich eine große Menge auf dem sogenannten Champs-de-Mars, einem großen Platz am Rande der Stadt, um dort am Fuße des zur Verehrung des Vaterlandes errichteten Altars eine Petition niederzulegen, in der die Absetzung des Königs gefordert wurde. Der Nationalversammlung wurde berichtet, es gebe einen Aufstand, woraufhin diese ihre Truppen zum Ort des Auflaufs schickte, um die Ruhe zu garantieren. Die Soldaten trafen auf eine friedliche Menge. Die Demonstranten fühlten sich umzingelt und reagierten panisch, als ein Warnschuß abgegeben wurde. Im anschließenden Gemenge kamen Dutzende ums Leben. Das Ergebnis wird hier von Marat als Beispiel für die gewalttätige Unterdrückung des revolutionären Volkes genannt.*

** Jean Paul Marat (1744–1793) war einer der berühmtesten Revolutionäre, der die Unterstützung des Pariser Volkes besaß. Seine Ermordnung im Juli 1793 machte ihn zum Märtyrer. Siehe Kapitel »Die Ermordung Marats«.*

Robespierres Kommentar zum Sturz des Königs

Der Aufstand vom 10. August 1792 hat gegenüber dem vom 14. Juli 1789 Vorzüge, die erkennen lassen, wie die Aufklärung seit jener ersten Epoche der Revolution fortgeschritten ist.

1789 hatte sich das Volk von Paris tumultartig erhoben, um die Angriffe des Hofes zurückzuweisen, um sich vom alten Despotismus zu befreien, und weniger um die Freiheit zu erlangen, von der man noch recht konfuse Vorstellungen hatte und deren Grundsätze noch unbekannt waren. Alle diese Leidenschaften führten damals zu dem Aufstand, der für ganz Frankreich ein Signal war.

Im Jahre 1792 hat sich das Volk erhoben, um mit beeindruckender Kaltblütigkeit die Grundsätze seiner verletzten Freiheit zu verteidigen, um alle Tyrannen, die gegen es konspirierten, in die Schranken zu verweisen und auch alle Volksvertreter, die erneut die unveräußerlichen Rechte der Menschheit begraben wollten. Das Volk hat die vor drei Jahren von seinen ersten Vertretern beschlossenen Prinzipien in die Tat umgesetzt. Es hat seine von allen anerkannte Souveränität ausgeübt und seine Macht und Gerechtigkeit entfaltet, um sein Wohl und Glück zu sichern.

1789 standen ihm zahlreiche Bürger bei, und auch einige der Männer, die Regierungsgewalt innehatten.

1792 hat es sich ganz auf seinen Verstand und seine Stärke verlassen, ganz allein hat es Gerechtigkeit, Gleichheit und die Vernunft gegen alle ihre Feinde verteidigt. Es war nicht mehr nur das Volk von Paris, das Frankreich ein großes Beispiel gab, sondern das ganze französische Volk erhob sich gemeinsam.

Die feierliche Art und Weise, mit dem es diese große Tat ausführte, war genauso sublim wie die Beweggründe und das Ziel.

Auch die Nationalversammlung hat nicht gezögert, den König vorläufig abzusetzen. Aber man muß sagen, daß die beschlossenen Dekrete noch viel von der Klugheit und Energie vermissen lassen, die bei dieser Angelegenheit erforderlich wären. Die Nationalversammlung hat nämlich den Mann, den sie hätte absetzen müssen, bloß »suspendiert«. Der Nationalkonvent hätte diese Entscheidung sanktionieren müssen. Mit der endgültigen Absetzung hätte die Nationalversammlung gefährliche Verzögerungen vermeiden können und Probleme, die bei den gegenwärtigen Zuständen bloß Anlaß zu inneren Auseinandersetzungen sein können.

So begann also die schönste Revolution, deren sich die Menschheit rühmen darf. Oder besser: die einzige, die ein dem Menschen würdiges Ziel hat, nämlich die Errichtung von politischen Gesellschaften auf den unsterblichen Prinzipien von Gleichheit, Gerechtigkeit und Vernunft. Welch anderes Anliegen hätte jenes riesige Volk, diese unendliche Menge von Bürgern verschiedenster Herkunft in einem Augenblick vereinen können und sie ohne Führer und ohne Absprache doch gemeinsam han-

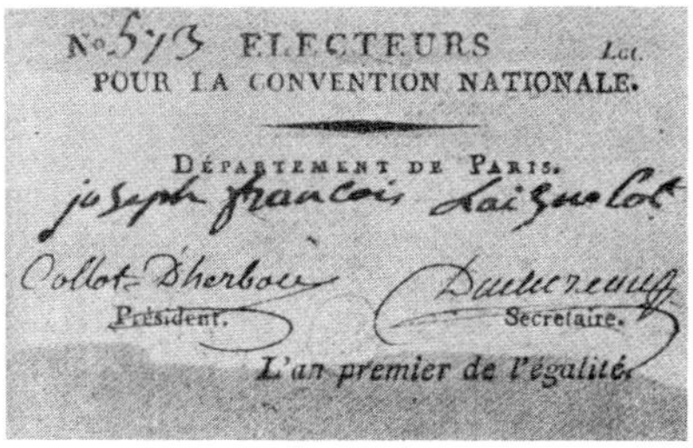
No. 573 ELECTEURS Lot.
POUR LA CONVENTION NATIONALE.
DÉPARTEMENT DE PARIS.
joseph françois Laignelot
Collot-Dherbois
Président. Secrétaire.
L'an premier de l'égalité.

Wahlberechtigungsschein für den Nationalkonvent

deln lassen können! Welch anderes Ziel hätte ihnen jenen sublimen und geduldigen Mut einflößen und all die Heldentaten motivieren können, die größer sind als alles, was uns die Geschichte aus Griechenland und Rom berichtet! Ganz Frankreich schon hört auf dieses Signal: alle kleinen Intriganten, alle ehrgeizigen Verräter, die den Zorn des Volkes zu wecken wagten, werden von selbst ins Nichts zurückfallen, sofern sie der Gerechtigkeit entkommen. Der Stoß, der den Thron unserer Tyrannen gestürzt hat, rüttelt schon an allen anderen Thronen, und die Freiheit der Welt wird zugleich unser Werk und unser Lohn sein. Franzosen; vergeßt nicht, daß Ihr das Schicksal des Universums in Händen haltet. Schlaft nicht im Schoße des Sieges ein. Macht Euch die Maxime eines großen Mannes zu eigen, der sagte, daß er nichts getan habe, solange noch etwas zu tun sei. Vergeßt nicht, daß Ihr gegen die Liga des Despotismus kämpfen und die Komplotte aufdecken müßt, die Eure schlimmsten Feinde schmieden, die sich Eure Freunde nennen. Unsterblicher Ruhm wartet auf Euch, aber Ihr müßt ihn durch große Arbeiten verdienen. Bleibt aufrecht und wach, Ihr habt nun bloß noch zwischen der schlimmsten Sklaverei und völliger Freiheit zu wählen.

*Maximilien Robespierre**

** Maximilien Robespierre (1758–1794) war Abgeordneter in den Generalständen. Er vertrat früh republikanische Grundsätze und erwarb durch sein rhetorisches Geschick viel Einfluß. Während der Schreckensherrschaft wurde er zum einflußreichsten Politiker Frankreichs. Siehe Kapitel »Die Schreckensherrschaft« und »9. Thermidor«.*

Die Republik gibt sich einen neuen Kalender

Antwort auf die impertinente Frage: Was ist ein Sans-Culotte?

Ein Sans-Culotte, Ihr Herren Spitzbuben? Das ist ein Wesen, das immer zu Fuß geht, keine Millionen hat, so wie Ihr alle welche haben wollt, auch keine Schlösser, keine Diener zu seinen Diensten, und das ganz einfach mit seiner Frau und seinen Kindern, sofern es welche hat, im vierten oder fünften Stockwerk wohnt. Es ist ein nützliches Wesen, denn es kann ein Feld bestellen, schmieden, sägen, feilen, Dächer decken, Schuhe machen und seinen letzten Tropfen Blutes für das Wohl der Republik vergießen.

Sorgen über den weiteren Verlauf der Revolution

Paris, den 28. August 1792

Die Ereignisse des 10. August verändern alle Ideen, alle Vorstellungen der Patrioten. Ein neuer Lauf der Dinge liegt vor ihnen. Die Verfassung hat den verfassungsgemäßen Thron gestürzt und sich selbst gleich mit. Wir fangen also von vorne an: eine neue Revolution löscht die von 1789 aus. Es scheint beschlossene Sache, daß die Monarchie abgeschafft und daß eine demokratische Republik errichtet werden soll. Das wird noch einmal eine Folge von Leiden und Unglücken, aus denen wir erst herausfinden werden, wenn es Gott gefällt. Nichts schadet den Völkern mehr als der Regime- oder Regierungswechsel. Und sind wir Franzosen, die wir an die Monarchie gewöhnt sind, überhaupt fähig und würdig, Republikaner zu sein? Sind wir als Volk nicht zu alt, zu reich, zu verwöhnt, zu leichtlebig, um uns dem strengen Regime einer demokratischen Republik zu fügen? Sie wollen es versuchen, ich habe Zweifel, ob das Erfolg haben wird. Wir werden uns dem Willen der Mehrheit unterwerfen müssen. Was für eine Entwicklung, bei Gott! Was hätte Ludwig XIV. am 10. August 1715, wenige Tage vor seinem Tod, wohl geantwortet, wenn man ihm gesagt hätte: »Majestät, in 77 Jahren wird die Monarchie zerstört und die Herrschaft der Bourbonen in Frankreich beendet sein. Sie sind der vorvorletzte König dieser alten Dynastie.« Hätte er solch eine Prophezeiung glauben können? Solche Worte wären ihm als Sprüche eines Verrückten oder eines Propheten erschienen, und in seinem Hochmut und seiner Wut hätte er den Verrückten bzw. Propheten ins Irrenhaus stecken lassen. Uns war es vorbehalten, dieses erstaunliche Ereignis zu erleben, ein Ereignis, wie es nur alle 1 000 Jahre einmal passiert. Ich sehe es, und doch kann ich es noch nicht glauben, so außerordentlich und erschütternd scheint es mir. Das am 10. August vergossene Blut scheint den Führern, die alles angeordnet haben, nicht zu genügen. In diesen Tagen sind einige dem gefangenen König verbundene Menschen mit der Guillotine hingerichtet worden. Sie sind auf dem Rechtswege als für den König konspirierende Royalisten verurteilt worden. Bei Gott! wenn man alle, die zum König gehalten haben, die ihn aus Neigung oder aus Eigennutz geliebt haben, zum Tode verurteilen würde, wieviele Schafotte müßte man dann errichten!

Wenn man diese Menschen als schuldig ansieht, wäre es dann nicht besser, eine allgemeine Amnestie zu verfügen und nur die zu verurteilen, die danach konspirieren? So wären sie zumindest über die Gefahr, in die sie sich begeben, vorher informiert. Die Prinzessin de Lamballe, Frau de Tourzel und die Diener des Königs warten im Force-Gefängnis darauf, daß sie verurteilt werden. Alle Gefängnisse Frankreichs sind voll von dem, was sie Aristokraten, Royalisten usw. nennen. Es scheint so, als wolle man sich an ihnen grausam rächen. Diese Verhaftungen gehen auch heute noch weiter und werden immer häufiger, seit Longwy* den Preußen in die Hände gefallen ist. Und dies nach 12 oder 15 Stunden Belagerung, die nur der Form halber erfolgte. Es gilt als ausgemacht, daß diese Stadt mindestens 2 Monate Widerstand leisten konnte. Die Anführer der Patrioten, vor allem Danton* und Robespierre, sind über diesen Verrat außer sich vor Wut, weil sie unser Land dem Feind geöffnet hat und so schwere Folgen haben kann. Sie beginnen, sich vieler Geiseln zu versichern, indem sie alle inhaftieren, die als Anhänger der Monarchie bekannt sind. Und dies mit dem Vorwand, daß sie so nicht noch mehr Unruhe stiften und auch nicht zu den Preußen in Lothringen oder der Champagne stoßen können.

Aber die Anhänger der Revolution sind in zwei Lager gespalten, die von 1789 bis zum 10. August ausschließlich, und dann die vom 10. August, die sich Patrioten schlechthin nennen. Die letzteren machen in den Sektionen großen Lärm, auch bei den Jakobinern, wo man beginnt, sich gegenseitig bis auf den Grund der Seele auszuhorchen. Diese Gesellschaft hat sich seit dem 10. August verändert. Sie ist zum verrufenen Hort der Demokratie herabgewirtschaftet.

Obwohl ich in all dem keine Bedeutung habe und auch keine haben will, schwanke ich hin und her und weiß nicht, ob ich Mitglied bleiben soll oder nicht.

Was die vernünftigen Menschen am meisten verwundert ist das Verhalten der Nationalversammlung. Sie entscheidet sich nicht und ergreift unter diesen Umständen keine Initiative. Sie ist bloß noch der Schatten einer nationalen Vertretung. Es scheint ihr zu genügen, ein Dekret verabschiedet zu haben, daß sofort ein Nationalkonvent gebildet werden soll. Sie wartet auf ihn, um ihm dann in aller Ruhe die Verantwortung zu übergeben. Und währenddessen läßt sie ihren Justizminister Danton mit seinen Sekretären Fabre d'Eglantine* und Camille Desmoulins* wirken. Danton hat die Keule des Herkules ergriffen und schlägt mit ihr in alle Richtungen um sich. Er selbst ist ein Herkules mit Worten, Gesten und Handlungen. Er ist nicht von Natur aus böse, aber sehr extrem in seinen Vorstellungen, Ideen und Maßnahmen des öffentlichen Wohls. Er war fast immer Präsident unserer Sektion und ich habe ihn oft genug gesehen und gehört um sagen zu können, daß er im Amt gefürchtet, aber im Grunde ein guter Kerl ist.

Nicolas Ruault

** Longwy ist eine kleine Stadt an der Mosel nahe der belgischen Grenze. Am 23. August 1792 ergab sich die Stadt den preußischen Truppen, nachdem sie erstaunlich kurze Zeit belagert worden war. Der Kommandant wurde angeklagt, die Stadt dem Gegner absichtlich ausgeliefert zu haben. Schon am 22. Oktober allerdings nahmen die Franzosen Longwy erneut ein.*

** Georges Jacques Danton (1759–1794) baute das republikanische Regime mit auf und hatte an den Volksaufständen am 20. Juni 1792 und am 10. August desselben Jahres entscheidenden Anteil. 1794 fiel er einer Anklage Robespierres zum Opfer. Siehe Kapitel »Die Schreckensherrschaft«.*

** Philippe François Nazaire Fabre d'Eglantine (1755–1794) wurde zunächst als Schriftsteller bekannt. Abgeordneter von Paris in der Nationalversammlung, schlug er sich auf Seiten Dantons, dessen Sekretär er eine Zeit lang war. Mit den Dantonisten fand er auch den Tod.*

** Camille Desmoulins (1762–1794) war einer der bekanntesten Revolutionäre. Sein Talent als öffentlicher Redner brachte ihm großen Einfluß auf das Volk ein, den er zur Förderung der Revolution nutzte. Weggefährte Dantons teilte er dessen Schicksal auf dem Schafott.*

Die Schreckensherrschaft wirft ihre Schatten voraus

Während Sie das große Drama in Frankreich aus der Entfernung ansehen, bin ich ein Zuschauer desselben in der Nähe, und kann jeden Blick, jede Gebärde der Schauspieler und alle die Leidenschaften, die sie in den Gemütern des Publikums erregen, beobachten. Ich will mir Mühe geben, Ihnen einige Hauptzüge aus dem merkwürdigen Gemälde zu liefern, welches Frankreich seit dem unvergeßlichen 10. August aufstellt.

Der Kampf, der sich, nachdem der König die neue Konstitution angenommen hatte, zwischen der gesetzgebenden und ausübenden Gewalt erhob, hat seit jener Epoche einem anderen und viel schrecklicheren, einem Kampfe zwischen Freiheit und Anarchie, zwischen Wissenschaft und Unwissenheit, zwischen Tugend und Laster Platz gemacht. Indes die wahren französischen Patrioten bei ihrem Ringen mit dem alten Despotismus ihr Leben aufs Spiel setzten, ihr Blut vergossen und die Freiheit ihres Vaterlandes durch Heldentaten befestigten, fand eine Klasse von Menschen, die sich nicht der geringsten Gefahr ausgesetzt hatte, Mittel, sich eines ansehnlichen Teils von der höchsten Gewalt zu bemächtigen. Und nirgends haben die Annalen der Tyrannei einen schamloseren Mißbrauch aufgezeichnet, als den, welchen diese Menschen von ihrer Gewalt machten. Diese Demagogen, welche unter dem Namen des »provisorischen Gemeinderats von Paris« so bekannt geworden sind, haben in dem kurzen Zeitraum ihrer Usurpation mehr Verbrechen begangen, als der Despotismus selbst in Jahrhunderten hätte ausführen können. Die Missetaten der Tyrannen befördern, indem sie unseren Abscheu erregen, die Sache der Freiheit. Dem Pariser Gemeinderat war es vorbehalten, den schönen Funken der Symphatie, den eine große und edelmütige, ihren Nacken der Sklaverei entreißende Nation, allenthalben angezündet hatte, auszulöschen, und jedes menschliche Gefühl zum Bundesgenossen gegen die Unterdrücker zu machen. Benachbarte Nationen, die das Beispiel eines Landes, das so lange ein Muster für Europa gewesen ist, vielleicht zur Nachahmung gereizt hätte, hörten von dem zweiten September*, und – sanken in ihre Ketten zurück. Sie sahen an der Stelle des reinen und erhabenen Gottesdienstes der Freiheit, das Schreckenbild der Anarchie und die blutigen Opfer, die den Altar der Göttin besudeln. Sie sahen die Bösewichter, welche in jener gräuelvollen Nacht das Richteramt und die Munizipalschärpe usurpierten und entweihten, von Piken und bluttriefenden Säbeln umgeben. Oh, Ihr gefallenen Helden des unvergeßlichen 14. Juli, habt Ihr deshalb die Türme der Bastille überwältigt, und ihre finsteren Kerker gesprengt? Habt Ihr deshalb Euer Blut verspritzt, das Ihr für die Freiheit und für das Glück Eures Vaterlandes zu opfern glaubtet?

*Helena Williams**

** Am 2. September 1792 begannen die grausamen Massaker an den Insassen der Pariser Gefängnisse. Die Sorge der Bevölkerung, die ausländischen Truppen könnten bald in Paris sein, hatte Rachegedanken aufkommen lassen. An den gewissermaßen als Geiseln eingesperrten Adeligen und Klerikern ließen die Pariser ihren Zorn aus. Willkürlich und ohne den Anschein eines Prozesses wurden Hunderte von Gefangenen im Lynchverfahren ermordet. Siehe Kapitel »Klerus«.*

** Helena Williams (1762–1827) war Schriftstellerin. Sie kam 1790 nach Paris und gehörte zu den Sympathisanten der Girondisten-Partei. Am 31. Mai 1793 wurde sie ins Gefängnis geworfen, konnte aber entkommen und ging vorübergehend in die Schweiz. Später kehrte sie nach Frankreich zurück. In mehreren Büchern schildert sie das Leben zur Zeit der Revolution.*

Nach der Absetzung wird der König mit seiner Familie ins Temple-Gefängnis gebracht

VIII.
Der Klerus

Der geistliche Stand bekam die Folgen der Revolution mehr zu spüren als jede andere gesellschaftliche Gruppe. Dies gilt zumindest für die Gesetzgebung: denn die vorher unantastbaren Diener Gottes wurden nun als ein Teil der zivilen Gesellschaft ganz neu definiert und der gesellschaftlichen Kontrolle unterstellt. Das Eigentum der Kirche wurde beschlagnahmt und zur Sanierung der öffentlichen Haushalte verkauft.

Die einst nur für das Spirituelle zuständigen Priester mußten nun die Treue zu einer Verfassung schwören, die den alten Vorrechten ihres eigenen Standes ein Ende machte.

Und doch schlugen sich viele der Kleriker, vor allem jene, die in der Hierarchie unten standen, auf die Seite des Volkes und der Revolutionäre. Damit aber standen sie in radikalem Widerspruch zum Papst, der in einer Bulle den Eid auf die Verfassung verbot. Anhänger und Feinde der Revolution unter den Geistlichen wurden gleichermaßen Opfer der Rachsucht, als aus Angst vor den heranziehenden Truppen die Gefängnisse von »Verrätern« gereinigt wurden.

Die Gretchenfrage für jeden Geistlichen: den Eid schwören oder ihn verweigern?

Die Kirchengüter werden verstaatlicht

Der Klerus spielte in den Generalständen insofern eine entscheidende Rolle, als ein Teil des niederen Klerus sich auf die Seite des Dritten Standes schlug und somit die Möglichkeit herbeiführte, daß in der Versammlung nicht ein Standeswahlrecht, sondern ein Pro-Kopf-Wahlrecht eingeführt wurde.

Patriotische Diät: die kirchlichen Würdenträger müssen abspecken

Dekret vom 2. November 1789

Art. 1: Die kirchlichen Güter sollen in ihrer Gesamtheit der Nation zur Verfügung stehen. Es gilt die Einschränkung, daß unter der Aufsicht und nach den Weisungen der Provinzen auf angemessene Weise für die Kosten des Gottesdienstes, den Unterhalt der Priester und die Armenpflege gesorgt wird.

Art. 2: Bei den Bestimmungen, die den Unterhalt der Priester betreffen, müssen für jede Pfarrstelle mindestens 1 200 Francs jährlich veranschlagt werden, nicht eingerechnet die dazugehörige Wohnung und Gärten.

Vertreibung aus dem Paradies

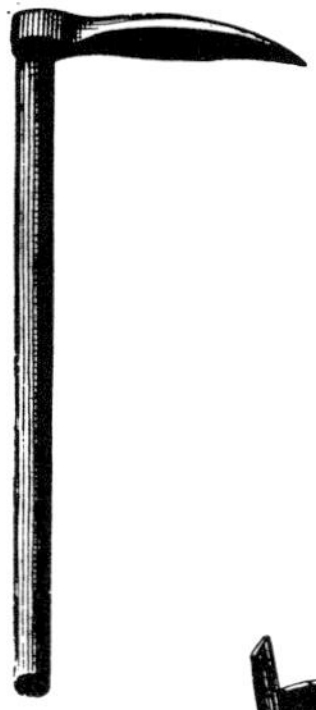

Weiter oben habe ich mein hübsches Anwesen von Thimer beschrieben, dessen Einkünfte, wenn man sie zu meinen anderen Einkünften hinzurechnet, mir eine Rente von über 30 000 Francs jährlich bescherten. Recht bald wurde beschlossen, die Ländereien und Gebäude, die mit den Priesterämtern zusammenhingen, zu verkaufen und die bisherigen Inhaber zu vertreiben. Im Juni 1790 fuhr ich zum letzten Mal nach Thimer. Da mußte ich zusehen, wie das Haus, das ich repariert, möbliert und mit viel Investitionen verschönert hatte, versteigert wurde, so wie die Gärten, die ich anlegen ließ. Thimer war ein Anwesen, in dem ich bereits glücklich gelebt hatte und wo ich den Rest meines Lebens zu verbringen hoffte. Ich war zudem gezwungen, diese ganzen Genüsse einem Fremden zu überlassen, der mich aus meinen eigenen vier Wänden vertrieben hat.

Wenige Tage nach der Versteigerung des Hauses und der dazugehörigen Landwirtschaft verließ ich das Land, und sollte nie mehr dorthin zurück kommen. Der Hausmeister und seine Frau, beide schon älter und die ehrlichsten Menschen der Welt, ihre drei Kinder, zwei Jungen, die bei mir als Gärtner gearbeitet hatten und ein hübsches Mädchen von 16 Jahren, das die Milchwirtschaft führte, ein zuverlässiger und intelligenter Angestellter, der sich ums Geflügel kümmert:. Ich hatte sie von meinem Vorgänger übernommen und besser behandelt als er; sie alle waren sehr traurig und zerflossen in Tränen. Der Priester und der Vikar, die mir auch sehr eng verbunden waren, teilten unseren Schmerz.

*Abbé Morellet**

** Der Abbé André Morellet (1727–1819) war mit führenden Aufklärern wie Diderot und d'Alembert befreundet. Der Ökonom und Literat wurde wegen einer Schrift gegen den Konservativen Palissot in der Bastille eingekerkert. In der Revolution befaßte er sich mit wirtschaftlichen und politischen Fragen und rettete als Direktor der Académie Française Manuskripte und Register. Nach dem 9. Thermidor setzte er sich für die Waisen ein, deren Eltern auf dem Schafott gestorben waren.*

Die Auflösung der Klöster war für viele Mönche ein Schritt in unbekannte Welten

Gesetz vom 27. November 1790

Art. 1: Die Bischöfe, ehemaligen Erzbischöfe und im Amt verbliebenen Priester sind gehalten, soweit sie es noch nicht getan haben, den Eid zu leisten, zu dem sie durch die Artikel 21 und 38 des Dekrets vom 12. Juli, betreffend die Zivilverfassung des Klerus, verpflichtet sind. Sie schwören, mit Eifer über die Gläubigen der ihnen anvertrauten Diözese oder Pfarrgemeinde zu wachen, der Nation, dem Gesetz und dem König treu ergeben zu sein und mit all ihrer Kraft an der von der Nationalversammlung beschlossenen und vom König angenommenen Verfassung festzuhalten. Dieser Schwur gilt für diejenigen, die sich zur Zeit in ihren Diözesen oder Pfarrgemeinden aufhalten, innerhalb von 8 Tagen, für diejenigen, die abwesend, aber in Frankreich sind, innerhalb eines Monats, und für diejenigen, die sich im Ausland aufhalten, innerhalb von zwei Monaten, gerechnet vom Tage der Verkündung des vorliegenden Dekrets ab.

Art. 3: Der Eid wird am Sonntag gleich nach der Messe geleistet. Die Bischöfe, ehemaligen Erzbischöfe, deren Vikare sowie die Vorsteher und Leiter der Priesterseminare werden ihn im Bischofssitz ablegen, die Priester, deren Vikare, sowie alle übrigen kirchlichen Amtsträger in der Kirche ihrer Gemeinde. Jeder Eid wird im Beisein des Generalrats der Gemeinde und der Gläubigen geleistet. Deshalb werden alle mindestens zwei Tage vorher ihre Absichtserklärung, den Eid leisten zu wollen, in der Kanzlei der Gemeinde schriftlich abgeben und sich mit dem Bürgermeister einigen, um den Tag festzulegen.

Art. 5: Jene Bischöfe, ehemaligen Erzbischöfe, Priester und anderen kirchlichen Würdenträger, die den vorgeschriebenen Eid nicht innerhalb der vorgeschriebenen Fristen geleistet haben, werden so behandelt, als ob sie auf ihr Amt verzichtet hätten.

Art. 6: Falls sich besagte Bischöfe, ehemalige Erzbischöfe, Priester und andere kirchliche Amtsinhaber nach Ablegung des Eides nicht an ihn halten sollten, entweder, indem sie sich weigern, den vom König angenommenen oder gebilligten Dekreten der Nationalversammlung Folge zu leisten, oder indem sie ihrer Durchführung Widerstand leisten, werden sie von den Gerichten der einzelnen Distrikte als Aufrührer verfolgt und mit Gehaltsentzug bestraft. Außerdem werden ihnen die aktiven Bürgerrechte entzogen und sie dürfen keinerlei öffentliche Ämter mehr übernehmen. In Anwendung des Dekrets vom 12. Juli wird für ihre Auswechslung gesorgt, ungeachtet einer möglichen schwereren Bestrafung in den Fällen, wo dies erforderlich scheint.

Art. 8: Desgleichen werden als Ruhestörer der öffentlichen Ordnung verfolgt und mit aller Strenge des Gesetzes alle Geistlichen oder Laien bestraft, die sich zusammenschließen, um ein Komplott zur Mißachtung der vom König angenommenen oder gebilligten Dekrete der Nationalversammlung anzuzetteln, oder um Widerstand gegen ihre Durchführung zu organisieren oder dazu aufzurufen.

Zivile Neuordnung des Klerus

In den Klageschriften aus dem Jahr 1789 wurden die Generalstände wiederholt gebeten, die weltliche Ordnung des Klerus neu zu überdenken. Die konstituierende Nationalversammlung erließ als erstes ein Gesetz, demzufolge die kirchlichen Ämter durch Wahl des Volkes besetzt werden sollten. Das Gesetz wurde angenommen und die so gewählten Würdenträger mußten zudem den Eid auf die von der Nationalversammlung erlassenen Gesetze leisten. Hierher rührt die Trennung in »vereidigte Priester« und »eidverweigernde« oder »widerspenstige Priester«.

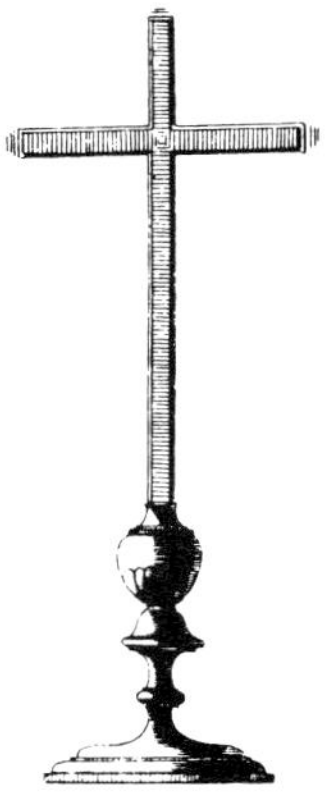

»... so wie der heilige Laurentius seinem Herren gefolgt ist.«

Die Priester mußten im Laufe der Revolution mehrere Eide leisten, sofern sie ihre Ämter und Einkommen behalten wollten.
1. den Eid auf die zivile Verfassung, aufgrund der Gesetze vom 12. Juli und 27. November 1790;
2. den Eid der Freiheit und Gleichheit. Wer ihn verweigerte, verlor auch seine Pension; dieser Eid war nur für die ihrer Ämter enthobenen Kleriker gedacht.

Am 2.1.1791 stieg der Bischof von Clermont auf die Rednertribüne des Parlaments nicht um den Eid zu leisten, sondern um ein letztes Mal gegen das Recht zu protestieren, das sich die Nationalversammlung entgegen der Menschenrechtserklärung anmaßte, nämlich über die Gewissen der Gläubigen Macht auszuüben. Aber der Präsident der Versammlung beantragte, daß der Bischof in seiner Rede nicht fortfahren dürfe, sondern auf die Frage zu antworten habe: »Wollen Sie einen Eid leisten?« Der Bischof versuchte erneut, sich verständlich zu machen. Das Wort wird ihm durch einen Geschäftsordnungsantrag entzogen und die Versammlung beschließt, daß die Frist am 4. Januar um 1 Uhr mittags ausläuft.

An jenem Tag gibt der Präsident bekannt, daß er die Kleriker, die Mitglied der Versammlung und Träger öffentlicher Ämter sind, einzeln aufrufen wird, um sie zu ihrer Bereitschaft zu befragen, den vom Gesetz geforderten Eid auf die Verfassung zu leisten.

Der erste Aufgerufene ist der Bischof von Agen. »Ich trauere weder meinem Amt noch meinem persönlichen Vermögen nach«, sagte dieser. »Ich würde es allerdings bedauern, Ihre Wertschätzung zu verlieren, an der mir gelegen ist. Ich bitte Sie also zur Kenntnis zu nehmen, wie sehr es mir leid tut, den Eid nicht leisten zu können.«

Dann wird der Priester Fournés aus derselben Diözese aufgerufen. Er antwortet: »Ich sage mit der Einfachheit der ersten Christen: Ich mache es mir zum Ruhm und zur Ehre, meinem Bischof zu folgen, so wie der heilige Laurentius seinem Herrn gefolgt ist.«

Einige Minuten lang setzt man die namentliche Befragung fort.

Dann aber wird sie durch eben jene unterbrochen, die sie wenige Momente vorher gefordert hatten. Denn man stellte schnell fest, welch fatale Folgen für ihre Zwecke die edle Verweigerung eines jeden Gegners haben würde.

Der Präsident befragt also alle gemeinsam, Bischöfe, Priester und Pfarrer und fordert diejenigen, die den Eid noch nicht geleistet haben auf, dies zu tun. Als einzige Antwort erhält er ein düsteres Schweigen.

Der Bischof von Poitiers versucht erneut, trotz des Einspruchs der Linken, sich mit Protest gegen die Gewalt, die ihn seiner Gemeinde entreißen wird, Gehör zu verschaffen. »Ich bin 70 Jahre alt, 35 davon habe ich als Bischof zugebracht, wo ich alles Gute getan habe, was in meiner Macht stand. Von den Jahren und den langen Studien gebeugt, möchte ich nicht mein Alter entehren und einen Eid leisten...« Er konnte nicht weitersprechen, seine Stimme ging in einem unglaublichen Tumult unter.

Die letzte Möglichkeit – Dekret gegen die eidverweigernden Priester

Art. 1: Innerhalb von 8 Tagen nach Veröffentlichung dieses Dekrets müssen alle Kleriker, die sich nicht dem Dekret vom 27.11.90 gefügt haben, vor dem Rathaus ihres Wohnortes erscheinen und dort den Eid gemäß Art. V, Absatz 2 der Verfassung ablegen, und anschließend das Protokoll unterschreiben.

Art. 2: Wenn diese Frist verstrichen ist, werden alle Gemeinden der für sie zuständigen Départementsverwaltung eine Liste aller auf ihrem Gebiet wohnenden Priester abliefern, auf der zwischen vereidigten und eidverweigernden Priestern unterschieden wird.

Die Mönche lernen exerzieren

Machtübernahme

3. April 1791
Heute sind mit großer Zeremonie die 33 neuen Priester in den 33 Pariser Gemeinden eingesetzt worden. Es gibt weitere 68 Pfarrer, die ihren Eid in den verschiedenen Kirchen geleistet haben. Man rechnete fast mit irgendwelchen Unruhen, aber alles ist glatt verlaufen zur großen Zufriedenheit des Volkes, mit Ausnahme der Bigotten und der Aristokraten. 20 bis 25 000 bewaffnete Männer standen bereit.
Eine große Operation ist nun abgeschlossen.

Guittard de Floriban

3. Mai 1791
Heute um 11 Uhr ist vor dem Palais Royal ein Bildnis des Papstes verbrannt worden. Er war mit seinen päpstlichen Gewändern bekleidet, hatte die Tiara auf dem Kopf und hielt in der einen Hand die Bulle, die er gerade nach Frankreich geschickt hat, und in der anderen einen Dolch.
Diese lebensgroße Figur wurde um den ganzen Palais Royal herumgetragen. Man machte ihr den Prozeß, zündete sie an und sie verbrannte im Garten des Palais Royal.

Guittard de Floriban

Art. 3: Diejenigen Kleriker, die sich dem Gesetz vom 27. 11. 1790 unterworfen und damit Respekt gegenüber dem Gesetz und Liebe zum Vaterland bewiesen haben, sind, sofern sie den Eid nicht widerrufen haben, von allen neuen Formalitäten ausgenommen. Sie bleiben in allen ihnen zugesprochenen Ämtern.

Art. 4: Die übrigen Kleriker können nun weder Pensionen noch Gehälter aus der öffentlichen Kasse beanspruchen, außer sie bringen gemäß Art. 1 dieses Dekrets den Nachweis des abgelegten Eides bei. Wer ihnen dennoch Gelder zuweist oder auszahlt, haftet persönlich für diesen Betrag und wird seines Amtes enthoben.

Art. 5: Jedes Jahr wird eine Summe aus den Pensionen gebildet, die den Klerikern wegen der Verweigerung des Eides abgesprochen wurden. Diese Summe wird unter den 83 Départements aufgeteilt und soll für Arbeitsbeschaffung für arbeitsfähige sowie für Spenden an arbeitsunfähige Arme verwendet werden.

Art. 6: Abgesehen von der Amtsenthebung und der Verweigerung aller Bezüge werden alle Kleriker, die den Eid verweigern oder zurücknehmen, aufgrund dieser Weigerung als Verdächtige behandelt und ihnen werden böse Absichten gegen das Vaterland unterstellt. Aus diesem Grunde unterliegen sie der besonderen Überwachung durch die verfassungsmäßigen Organe.

Art. 7: Deshalb kann jeder eidverweigernde Priester, der in einer Gegend ansässig ist, wo durch religiöse Meinungen ausgelöste Unruhen auftreten, auf Antrag der Distriktverwaltung vorübergehend von seinem Wohnort entfernt werden, vorbehaltlich einer Strafverfolgung, sofern die Umstände entsprechend schwerwiegend sind.

Art. 9: Jeder Kleriker, der überführt wird, zum Ungehorsam gegenüber den Gesetzen angestachelt zu haben, wird mit zwei Jahren Gefängnis bestraft.

Art. 18: Da es vor allem darauf ankommt, das Volk über die Fallen, die man ihm ständig bezüglich der angeblich religiösen Ansichten aufstellt, aufzuklären, ersucht die Nationalversammlung alle guten Seelen, ihre Anstrengungen gegen den Fanatismus zu verdoppeln. Sie erklärt, daß sie die guten Werke über dieses Thema, die auch von den einfachen Menschen auf dem Land verstanden werden können, als eine Wohltat für das Vaterland erachtet. Nach einem Bericht über die eingereichten Arbeiten wird die Nationalversammlung die Werke drucken, auf Kosten des Staates verteilen lassen und die Autoren belohnen.

Verfolgung des christlichen Glaubens

Nie ist das allmähliche Gewordensein menschlicher Zustände so plötzlich bis in seine tiefsten Grundlagen aufgewühlt worden, wie in Frankreich während der Jahre 1792 bis 1799 auf religiösem Gebiete. Die Reformation des sechzehnten Jahrhunderts hatte sich gehütet, mit Axt und Spaten allzu tief zu gehen, weil sie zu ihrem Neubau der alten Unterlagen zu bedürfen überzeugt war. Die religiöse Umwälzung der französischen Revolutionsperiode wollte alles Alte bis auf das letzte Stäubchen vernichten und brachte eben deshalb schließlich nicht etwas Neues, sondern nur wieder das Alte hervor. Und doch hätte an und für sich die französische Revolution ohne Zweifel die Fähigkeit gehabt, eine Religionsverbesserung im Geiste der Neuzeit einzuleiten, oder den ins Stocken geratenen Reformprozeß des sechzehnten Jahrhunderts weiterzuführen! Allein in Wirklichkeit mußte sie diese Fähigkeit alsbald einbüßen, weil sie sich nur allzu rasch daran gewöhnt hatte, alles Ererbte in wilder unbändiger Hast zu zertrümmern. Denn, indem sie dergestalt das Kind mit dem Bade ausschüttete, rief sie notwendig einen verzweifelten Widerstand und eine entschlossene Reaktion hervor.

Adolf Schmidt

Die Kirchen werden geplündert

Priesterheirat

Die noch heute aktuelle Frage, ob Priester des katholischen Glaubens eine Ehe eingehen dürfen, bewegte große Teile des Klerus in der Französischen Revolution. Als am 13.2.1790 die verfassungsgebende Versammlung die religiösen Gelübde aufhob, erlaubte sie indirekt die Heirat. Am 11.5.1792 ging in Paris zum ersten Mal ein Priester öffentlich eine Ehe ein. Die Revolutionäre tolerierten diese Praxis, konnten sich aber niemals zu einer regelrechten Legalisierung durchringen. Während der Revolution heirateten über 15000 Priester – diese Ehen wurden von Rom in der Restauration sogar anerkannt.

** Der Club der Verfassungsfreunde hat verschiedene Vorläufer, beispielsweise in Versailles den Bretonischen Club oder den Revolutionsclub. Als der Club der Verfassungsfreunde nach Paris ins ehemalige Jakobinerkloster in der Rue Saint-Honoré zog, nahm er den Namen Jakobinerclub an.*

Verfressenheit und Sinnenlust der Mönche waren seit dem Mittelalter fest mit dem Bild der Kirche verbunden

Ist es für die Gesellschaft von Nutzen, wenn die Priester das Recht haben, die Ehe einzugehen?

Clubsitzung vom 26.11.1790

Letzten Freitag wurde vor dem Club der Verfassungsfreunde* das Schreiben eines 50jährigen Priesters verlesen, in dem es um die an die Nationalversammlung gerichtete Bitte ging, den Priestern die Freiheit zu gewähren, sich zu verheiraten. Dieser Antrag, der auf der Vernunft, der Natur und auf den Sitten der frühen Kirche fußt, beweist, daß der Autor eine ehrliche und empfindsame Seele besitzt, in der das nahende Alter noch nicht die zarten Regungen des Herzens erstickt hat und die sich vor der Enttäuschung und der Einsamkeit der alten Tage zu fürchten beginnt.

Wir wissen nicht, ob sich die Nationalversammlung mit einer Frage beschäftigen wird, die rein innerkirchlich zu sein scheint. Wir sehen noch weniger voraus, was sie wohl darüber denken mag. Ohne der Entscheidung vorgreifen zu wollen, werden wir diese Frage, die vielleicht wichtiger ist als man denkt, nur unter politischen Gesichtspunkten erörtern: Ist es für die Gesellschaft von Vorteil, wenn die Priester das Recht haben, eine Ehe einzugehen? Was für eine Funktion hat ein Priester in der sozialen Ordnung? Er ist ein Offizier der Moral und damit beauftragt, die Menschen über die großen Prinzipien von Gerechtigkeit und Wohltätigkeit zu unterrichten, die ihr Verhalten leiten sollen. Sie sollen ihnen einen Gott verkünden, der die Tugend schützt, das Laster bekämpft, alle Gedanken kennt und alle geheimen Taten wahrnimmt, die das Gesetz nicht überprüfen kann.

Der Diener eines gütigen Gottes muß auch Werkzeug seiner Vorsehung sein. Er muß sich besonders dem Glück der Menschen widmen, der Wahrung des Friedens in den Familien, der Erleichterung und dem Trost der Unglücklichen. Aber ist es denn notwendig, zur Ausübung dieser Funktionen die Natur zu beleidigen? Und hat der Mensch, der sich zum Organ des himmlischen Willens macht, das Recht, sich dem allerersten Gebot Gottes zu widersetzen: wachset und mehret Euch? Es ist ein eigenartiger Widerspruch, daß man von einem Mann, der Priester werden will, verlangt, daß er alle zur Fortpflanzung notwendigen Organe hat und ihm dann deren Benutzung verbietet. Es ist höchst verwunderlich, daß man sich ausgedacht hat, den Schöpfer, dessen Wesen die Produktion ist, durch willentliche Sterilität zu ehren, obwohl dieser doch in der heiligen Schrift die Unfruchtbarkeit verdammt! Solch ein Opfer erschiene uns noch absurder, wenn wir die Folgen in einem Individuum, das so unklug war, sich ihm zu unterwerfen, und in der Gesellschaft, deren Harmonie gestört wird, näher untersuchten.

Vergeblich haben ein Heranwachsender und eine junge Schönheit, die von sich selbst noch nichts wissen, und deren erste Jahre in der Zurückgezogenheit vergangen sind, weit ab von der Welt, die man ihnen als so gefährlich vorstellt, das indiskrete Gelübde abgelegt, auf ihre Existenz zu verzichten. Bald macht sich eine Stimme in der Tiefe ihrer Herzen bemerkbar, die stärker ist als die scheinbare Pflicht, die heilige Stimme der Natur, und sie entschlüpft dem Herzen mit vergeblichen Seufzern. Bald reißt ein Instinkt, der stärker ist als alle Schwüre, die fatale Binde von ihren Augen, die sich umsonst mit Tränen füllen. Die Herrscherin des Universums, die Liebe, deren fruchtbarer Hauch die Kelche der Blumen öffnet, die in unseren Wäldern der Nachtigall ihren melodiösen Gesang eingibt, die, in den Wüsten Afrikas, die Tiger klettern und den Löwen brüllen läßt, sie, die Liebe, übt auch auf den jungen Priester und auf die schüchterne Vestalin ihre Macht aus. Erst ist es eine süße Wärme, die friedlich in ihren Adern fließt, bald ist es eine Feuersbrunst, die sie verbrennt und sie verzehrt. Wenn die Organe des Menschen ihre ganze Reife erlangt haben, sammelt sich der überflüssige Saft in den Gefäßen, die nun nicht mehr wachsen können. Neue Kanäle öffnen sich, neue Arbeiten beginnen. Neuer Schmuck, neue Formen, neue Begierde kündigen den Moment der Reife an. Die fruchtbaren Samen sind bereit: zu lange Zeit in den Zellen eingesperrt, die sie umgeben, irritieren sie deren Membrane. Diese elektrische Reibung verteilt sich schnell im ganzen Nervensystem, sie dringt bis zum Hirn vor, die Vorstellungskraft gerät zum Delirium, Aufruhr herrscht in allen Sinnen. Junge Liebende: die Liebe und die Ehe rufen Euch, erfreut Euch des wahren Glücks in legitimen Genüssen.

Solcherart ist das Naturgesetz.

Wenn man sich aber durch Verpflichtungen, die dieses Gesetz ablehnt, kühnerweise seiner Macht entziehen will, wenn man dem Stachel des Bedürfnisses widersteht, verändern sich bald die Lebensprinzipien in ihren Grundlagen. Alle Säfte verderben, alle Funktionen verfallen, das Gesicht wird farblos, das Herz welkt, eine düstere Melancholie ergreift die Seele, der Charakter wird wild, die Einsamkeit verunsichert und die Gesellschaft läßt einen verzweifeln. Wenn ein junger Priester den Mut hat, gemäß seiner Verpflichtung seinen Leidenschaften zu widerstehen, wieviele Kämpfe muß er dann ausfechten und wie teuer kommen ihn seine Siege zu stehen! Sein Charakter, der immer kämpfen muß, verbittert wegen der Widrigkeiten des Lebens. Seine Tugend wird düster, seine Moral bekommt einen Zug von Galle, die er in seinen Reden und bei der Ausübung seines Amtes verbreitet. Und dann verleitet er die anderen nicht zur Liebe der Religion, sondern dazu, sie zu verachten. Seine Strenge trägt Verwirrung in schüchterne Gewissen, er unterstellt Gott die kleinen Leidenschaften des Menschen, er spricht nur von seiner Rache, und anstatt den Seelen das sanfte Vertrauen, die zarte Devotion, die unterstützt und tröstet, einzuflößen, verbreitet er nur Angst und Verzweiflung.

Dazu gezwungen, seine ganzen Affekte auf sich selbst zu konzentrieren, und durch nichts mit der Gesellschaft verbunden, hat ein Priester

Der Klerus lebte oft von Almosen und Spenden

Die Lehren Voltaires, Holbachs und Rousseaus, die in den Kreisen der Gebildeten die Verachtung aller positiven Religion großzogen, hatten in den breiten Schichten der Gesellschaft nur einen schwankenden Indifferentismus gezeitigt, der wohl stark genug war, um der Träger einer behutsamen Reform zu werden, aber nicht stark genug, um einen gewaltsamen Umsturz zu vertragen. Und ebenso hatte auch die Sittenlosigkeit zahlreicher Priester und Mönche bei der Masse der Bevölkerung wohl einen herben Widerwillen hervorgerufen, der stark genug war, um so lange zu dauern wie die Macht und Herrschaft der Priester, aber nicht stark genug, um sich nicht in Mitleid und Teilnahme zu verwandeln, als jene Herrschaft in Staub zerrann und die Priester ebensosehr die ohnmächtigsten wie die auserlesensten Opfer der Gewalttat wurden. Hiernach gestalteten sich die beiden Grundphasen im Verlauf des Dramas.

Adolf Schmidt

Der Haß auf die beiden herrschenden Stände machte das Leben des Klerus, sofern er sich nicht der Revolution anschließen wollte, zu einer gefährlichen Angelegenheit

bald keine Verwandten, kein Vaterland mehr und er beschäftigt sich nur mit seinem eigenen Vorteil. Dieser Eigennutz verschwimmt in seinem Geist mit den Nutzen der Kirche. Deshalb gibt es so viele Intrigen, Auseinandersetzungen, Unruhen, die alle von den verdrängten Wünschen der Priester verursacht sind. Daher kommt auch die gefährliche Liga des Klerus, die so oft die Reiche erschütterte und so viel Blut hat fließen lassen.

Um diesen Koloß völlig zu vernichten, um für ewige Zeiten die Fackel des Fanatismus zu löschen, die wieder aufflammen zu wollen scheint, ist die sicherste Methode, die Priester zum Naturzustand zurückzurufen, indem man ihnen erlaubt, die süßen Bande der Heirat einzugehen. Dann werden sie selbst den guten Sitten gemäß leben, dann werden sie die Tugend in Wort und eigenem Beispiel predigen, dann wird die Religion den Menschen lieber und respektabler werden, weil die Priester mehr Achtung genießen. Die Priester werden eine freundlichere Sicht der Dinge haben, weil sie selbst menschlicher fühlen, ihre Interessen werden denen der Gesellschaft nicht mehr widersprechen, sie werden Menschen, sie werden Bürger sein.

In Paris gibt es keine Priester mehr

Paris, im Dezember 1793.

Was soll ich Euch sagen, mein lieber Freund? Wie kann ich an dem, was jetzt hier vorgeht, noch Teil nehmen? Zu den Sorgen, die uns innerhalb unserer Familie bedrücken, kommen noch die Horrortaten, die Dummheiten, die Torheiten der Öffentlichkeit. Die Ereignisse müssen sehr schlimm, sehr skandalös sein, damit sie mich überhaupt treffen, mich erreichen. Ich will Euch nur von einem Vorfall berichten, denn er geht Euch näher an als alle anderen und Ihr werdet diesbezüglich Entscheidungen treffen müssen. Es geht um die Vernichtung der Priester, der Tempel, der Religion schlechthin. In Paris gibt es keine mehr. Der Bischof Gobel hat seinen Krummstab, seine Mitra und seine Haube abgelegt. Vor dem Nationalkonvent hat er allem abgeschworen, was er 40 Jahre lang laut gepredigt hatte. Chaumette* und Clootz*, zwei anerkannte Atheisten, haben ihm diesen Rat gegeben und er hat ihn befolgt. Der gute Mann ist von dieser Versammlung mit Applaus überhäuft worden und sie haben ihm eine rote Mütze aufgesetzt. Sofort sind alle Priester unter den Abgeordneten auch zur Rednertribüne gelaufen, um denselben Dingen abzuschwören und um zu erklären, daß sie lange Zeit die Lüge und den Betrug gepredigt hatten, daß ihre Erleuchtung nun gekommen sei und daß es ihnen zur Ehre gereiche, der Wahrheit ihre Reverenz zu erweisen. Sie bekannten, daß die Religion, was für Formen, Dogmen, Zeremonien, Glaubensinhalte sie auch haben mag, nichts als ein Fehler ist und ein dem Volke gefährlicher Betrug. Diese öffentlichen Abschwörungen all dessen, was man bisher für verehrungswürdig und geheim gehalten hatte, haben dem Pariser Volk den Kopf verdreht. Es hat sich auf die Kirchen gestürzt und sie in wenigen Tagen geplündert und zugrunde gerichtet. Durch die Rue Dauphine sah ich die Überreste des Klosters von Saint-Germain ziehen. Sie wurden in einer burlesken Zeremonie zum Konvent getragen. 100 Strolche bildeten einen Karnevalsumzug, sie trugen als Verkleidung die Wahrzeichen der Kirche. Auf der Mitte der Straße gingen zwei Dutzend Esel, die mit Sterbekappen versehen waren. Sie trugen in Körben die Reliquienschreine, die Kreuze, die Kelche, die goldenen und silbernen Ziborien. All dies wurde von lächerlichen Gesten, von Flüchen, Verdammungen und vulgären Sprüchen, wie sie in den Markthallen geklopft werden, begleitet. Wir haben gesehen, was es noch nie auf der Erde gegeben hatte: die Religion und ihre Zerstörung durch den Pöbel und die Priester selbst. Diese Krankheit hat sich in 10 Stunden Umkreis um Paris ausgebreitet. Die Gemeinden der Dörfer, der Flecken und der Städte beeilten sich, dem Konvent die Überreste ihrer Kirchen zu bringen. Die ganzen Sachen wurden im öffentlichen Depot abgelegt, das sich in der Rue Vivienne und in der Rue des Petits Champs befindet. Die Lager sind voll davon. Zweifelsohne wird diese Zerstörungswut ganz

** Pierre Gaspard Chaumette (1763–1794) war Mitglied der Kommune von Paris und trieb u.a. die Formierung der Revolutionsarmee voran. Als Hébertist forderte er die Abschaffung der katholischen Religion und organisierte den Vernunftskult, der an ihre Stelle treten sollte. Robespierre und Danton war Chaumettes Atheismus zu gefährlich, sie ließen ihn verhaften. Das Revolutionsgericht verurteilte ihn zum Tode.*

** Anarchasis Clootz (eigentlich Johann Baptist Baron von Clootz, 1755–1794); mit 11 Jahren kam er von Kleve nach Frankreich. Sein beträchtliches Vermögen verwandte er für aufwendige Europareisen (bis 1789), auf denen er seine demokratischen Ansichten predigte. In Schriften und Reden legte er seine revolutionären Überzeugungen dar. Ludwig XVI. ließ ihn aus Paris entfernen. Später wurde ihm, wie auch anderen Ausländern, ehrenhalber die französische Staatsbürgerschaft verliehen. Clootz wurde vom Département Oise 1792 in den Nationalkonvent gewählt. Er stimmte für den Tod des Königs und wurde später von Robespierre als Reicher und Aristokrat aus dem Jakobiner-Club ausgeschlossen. Clootz starb gemeinsam mit den Hébertisten unter der Guillotine.*

Frankreich erfassen und wenn sie noch etwas andauert, wird es keine Kirche mehr in Frankreich geben. Selbst Robespierre war erschrocken. Er hat gegen diese Manie einen Bericht geschrieben, denn diese Krankheit würde aus Frankreich ein Volk von Verrückten, Atheisten und unregierbaren Bürgern machen! Was für eine eigenartige Nation! Sie macht alle Exzesse mit! Sie vergötterte ihre Könige, und den letzten hat sie umgebracht. Sie beugte sich mit Freuden unter dem Joch des Katholizismus und nun wirft sie das Joch weit von sich. Sie kennt kein Mittelmaß, sie hat weder die Monarchie noch den Papismus mildern können. Ganz schnell aber hatte sie das eine und das andere zerstört und befindet sich nun in der schrecklichsten Situation, in der ein Volk jemals sein kann. Wie wird das alles ausgehen? Das Ende kann nur ganz erbärmlich sein.

Adieu, mein lieber Freund, ich verbinde mir die Augen, um nichts mehr sehen zu müssen.

Nicolas Ruault

Das Volk von Paris machte sich einen Spaß daraus, kirchliche Prozessionen als Maskarade nachzuahmen

Die Würgerei begann beim dritten Schusse – Bericht eines überlebenden Abbé

Die unglücklichen Ereignisse des 2. und 3. September, die auch mich zum Opfer erkoren hatten, nehmen in meiner Erinnerung einen zu breiten Raum ein, als daß ich nicht jederzeit imstande wäre, einen Bericht von größter Genauigkeit davon zu geben.

Der Eid auf die Zivilverfassung des Klerus, den man von allen Inhabern öffentlicher kirchlicher Ämter verlangt hatte, senkte in das Heiligtum den Keim einer verhängnisvollen Spaltung. Die konstituierende Versammlung stellte es bei dem Beschluß der Verbindlichkeit dieses Eides den Priestern frei, ihn zu leisten oder ihn zu verweigern. Die Verweigerung kam aber nach dem Wortlaut des Gesetzes einer Entlassung gleich. Einige leisteten ihn; die größte Zahl verweigerte ihn und wurde abgesetzt. Das Gesetz stellte die Entscheidung gänzlich frei; trotzdem gab man den einen den Titel »gute Bürger«, die anderen nannte man »Widerspenstige«.

Im August 1792 glaubte dieselbe Versammlung, einen zweiten Eid verlangen zu müssen, den man den Eid der »Freiheit und Gleichheit« nannte. Der erste ließ sich nicht mit meinen religiösen Grundsätzen vereinigen, und man forderte ihn nicht von mir; als ich aber erfuhr, daß man einen zweiten Eid beschlossen hatte, der ausschließlich bürgerlich war, glaubte ich, mich zur Leistung desselben erbieten zu müssen, und fügte ein für einen Bürger angemessenes Geschenk von 200 Francs hinzu.

Zu dieser Zeit füllte der Pariser Gemeinderat die Gefängnisse mit den unglücklichen Opfern, deren Beseitigung er geplant hatte. Auf seinen Befehl hin ließen mehrere Stadtbezirke alle sogenannten »widerspenstigen Priester« verhaften, außerdem alle die, von denen man wußte, daß sie in irgendeiner Beziehung zu ihnen standen. Aller Haß wurde wieder wach, und kein rechtschaffener Mensch war vor Verdächtigung sicher.

Ich wollte gerade den Taubstummen Unterricht geben und war noch mit meiner Korrespondenz beschäftigt, da sehe ich einen Tischler aus meiner Nachbarschaft namens Mercier in Begleitung eines Gemeindebeamten in mein Arbeitszimmer eintreten, beiden folgen ungefähr sechzig Männer mit Flinten, Säbeln und Piken. Mercier eröffnet mir, daß er im Auftrage der Kommune komme, um mich zu verhaften. Ich höre ihn ruhig an und frage ihn, ob ich die Briefe, die ich eben geschrieben hatte, mitnehmen dürfe, um sie zur Post zu schicken. Mercier antwortet, daß er die Briefe an sich nähme und ich sogar meine Taschen leeren müßte, um ihm alles darin Befindliche zu übergeben; daß er ferner die Versiegelung all meines Besitzes vornehmen werde. Ich frage ihn, ob es mir gestattet würde, mein Brevier mitzunehmen, und ich ergreife im selben Augenblick noch einen weiteren Band, der den Titel trägt: »Die christliche Religion nach dem wirklichen Sinn ihrer Lehren betrachtet.« Mercier reißt

Die Opfer des 2. September

Bischöfe, Priester und niedere Kleriker wurden nach dem Einmarsch der ausländischen Truppen in Frankreich gemeinsam mit den Adeligen zu den innenpolitischen Hauptfeinden der Revolution erklärt. Willkürliche Festnahmen hatten präventiven Charakter und bildeten eine Art »Geiselheer«, das man den, so wurde befürchtet, siegreichen Truppen entgegenhalten konnte. In den ersten Septembertagen wurden dann, als die Truppen näher an Paris heranrückten, die Feinde des Vaterlandes in einem Volksaufstand in Massen ermordet. Die Priester starben zu Hunderten.

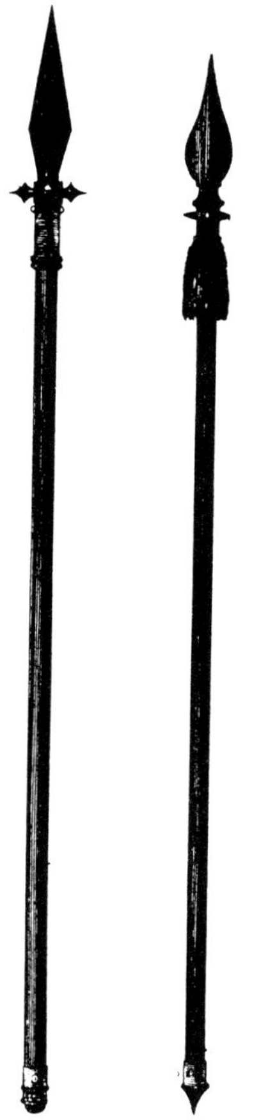

Patriotische Sorglosigkeit
Chanson 1790

Wenn jeder, wie er will, den hohen
und niederen Klerus herumstößt,
wenn man ihm, dem Vorurteil zum Trotz,
manchen Fußtritt verpaßt;

Was geht mich das an?
Ich trage keine Pfaffenmütze.
Was geht mich das an,
wenn ich singe, wenn ich trinke?

Wenn ein Kutterich mit fettem Bauch
fürchtet, die Nation würde ihm
zurecht etwas von seinem
Essen wegnehmen;

Was geht mich das an?
Ich achte die Enthaltsamkeit.
Was geht mich das an,
wenn ich singe, wenn ich trinke?

Wenn der Staatsanwalt sich über
die neuen Gesetze aufregt,
welche die Prozesse verkürzen und
seine Fleischtöpfe beschneiden;

Was geht mich das an?
Ich bin kein Schmarotzer.
Was geht mich das an,
wenn ich singe, wenn ich trinke?

Wenn ein Finanzbeamter,
der gestern früh geadelt wurde,
mit seinem Pergament kommt
und seine Klage vorträgt;

Was geht mich das an,
ich werde ihn nicht verteidigen.
Was geht mich das an,
wenn ich singe, wenn ich trinke?

Wenn ein Adeliger den ehrlichen
und einfachen Kaufmann verachtet,
dessen Ware er oft auf
Pump verlangt hat;

Was geht mich das an?
Er wird menschlicher werden müssen.
Was geht mich das an,
wenn ich singe, wenn ich trinke?

Wenn ein hungernder Dichter
für einen Taler die aristokratische
Asche des besiegten Despotismus
zu neuer Glut entfacht;

Was geht mich das an?
Ich gehöre nicht zu seiner Clique.
Was geht mich das an,
wenn ich singe, wenn ich trinke?

mir das Buch aus der Hand, und unter dem Bemühen den Titel zu lesen, sagt er ganz wörtlich: »Das ist ein revolutionsfeindliches Buch! Es muß in dem Protokoll erwähnt werden, daß Sicard dies Buch anstatt seines Gebetbuches hat mitnehmen wollen.“

Endlich, nachdem vier Stunden mit der Prüfung und Versiegelung meiner Habseligkeiten vergangen waren, werde ich mit dem erwähnten militärischen Aufgebot vor den Ausschuß meines Gemeindebezirks geführt. Der Ausschuß war vollzählig versammelt. Mehrere Mitglieder konnten, als sie mich kommen sahen, ihre geheime Freude nicht verbergen. Man weist mir bereits einen Platz an, blickt sich um, und der Protokollführer fragt den Vorsitzenden ganz leise: »Wie wollen wir seine Verhaftung begründen?« – »Es wird einfach gesagt«, erwiderte der Vorsitzende, »daß er Versammlungen von Priestern in seiner Wohnung veranstaltet hat.« Kein einziges Wort wurde an mich gerichtet.

Um fünf Uhr kommt jemand, um mich vor den Vollziehungsausschuß zu führen. Man schlägt mir vor, einen Wagen zu nehmen, um der Unannehmlichkeit, durch Soldaten abgeführt zu werden, zu entgehen. Ich antwortete Mercier, falls dies eine Schande für mich sei, so wolle ich sie ganz auf mich nehmen; sei es jedoch eine für sie, so hätte ich keine Veranlassung, sie ihnen zu ersparen. Wir marschierten also zu Fuß zum Rathaus, unter Vorantritt und Gefolgschaft von Bajonetten.

Einer der Beamten hatte in einem Hause in der Nähe des Grève-Platzes zu tun, der andere folgte ihm, und ich war mit meiner Bewachungsmannschaft allein, als ein Freiwilliger, der erstaunt war, einen Menschen ins Gefängnis wandern zu sehen, dessen ruhiges Äußeres nichts Verbrecherisches ankündigte, mich nach meinem Namen fragte. Kaum hatte er ihn gehört, da erhob er seine Augen und seine Hände gen Himmel und rief aus: »Ist es möglich! Sie werden ins Gefängnis geführt? Sie! der Freund der Menschheit, der Lehrer, ja, der Vater der armen Taubstummen! Was legt man Ihnen denn zur Last? Was haben Sie denn verbrochen? Ach, geben Sie mir die Erlaubnis, Ihre Tätigkeit zu bewundern, wenn Sie erst Ihrer Familie wiedergeschenkt sind, die Ihre Haft untröstlich machen wird!«

Ich hatte noch nichts gegessen, und es war schon 6 Uhr abends. Da erhielt eine Wache den Befehl, mich nach dem Depotsaal zu führen. Ich kam durch das Registraturzimmer, wo mein Name unter den Soldaten meiner Bedeckung dieselbe Überraschung hervorrief. Endlich steige ich nach dem großen Saal hinauf, der zu der Zeit, wo das Rathaus von dem ersten Präsidenten des Parlaments mit Beschlag belegt war, als Heuboden diente. Vor dem Eintreten wurden die kleinen Papierstückchen, die in meinem Gebetbuche als Lesezeichen lagen, mit besonderer Aufmerksamkeit betrachtet. Man setzte sie zusammen, versuchte einige revolutionsfeindliche Worte darauf zu entdecken. Da man aber nichts fand, stieß man mich endlich in jenen großen Saal hinein, den eine Menge Menschen aller Stände füllten, die hier eingesperrt waren, ohne zu wissen, warum. Ich mache einige Schritte, bis ich mitten unter ihnen stehe; da stürzt sich sofort ein ehrwürdiger alter Mann in meine Arme: der Pfarrer von Saint-Jean en Grève. Seine eigene Verhaftung vergessend, scheint er nur an die meine zu denken. Mehrere Gefangene umringen mich und geben mir dieselben Beweise ihrer Anteilnahme.

Ein Tag nach dem anderen verging, ohne daß die von meinen Schülern veranlaßte Verfügung, meinen Fall zu prüfen, Erfolg gehabt hätte. Wir näherten uns dem 2. September: 48 Stunden vor dem schrecklichen Urteil, das in dem Gefängnis des Rathauses gesprochen werden sollte. Manuel, der spätere Bevollmächtigte der Kommune, ist angemeldet; sofort umringt ihn die Mehrzahl der Gefangenen, die von ihm etwas Bestimmtes über ihr Schicksal zu erfahren hofften. Dieser Verbrecher hielt folgende trügerische Rede: »Ich will Ihnen, meine Herren, Worte des Friedens und des Trostes bringen; in 36 Stunden werden Sie vom Gemeinderat Näheres erfahren über die Maßregeln betreffs der Durchführung des Gesetzes über Landesverweisung, zu der alle die verurteilt werden, die den Bürgereid nicht geleistet haben, und 12 Stunden später werden Sie frei sein und 15 Tage zur Verfügung haben, um sich auf Ihre Reise vorzubereiten. Freilich wird jeder nachweisen müssen, daß er Priester ist; denn der Vorzug, in diesem Augenblick Frankreich verlassen zu dürfen, ist eine Gunst, um die Sie sehr viele Leute beneiden werden.«

Die Vorhersage Manuels bewahrheitete sich teilweise. Das Gesetz der Landesverweisung wurde uns bekanntgegeben, ebenso die von dem Gemeinderat gefaßten Beschlüsse betreffs seiner Durchführung. Am Sonnabend, am Abend vor dem 2. September, erscheinen zwei Kommissare, um die Namen derer aufzunehmen, die auf freien Fuß gesetzt werden sollen.

Ich war mit dem Inspektor Labrouche, der nur wegen seiner Freundschaft zu mir einsaß, alleine zurückgeblieben, dazu noch ein früherer Anwalt im Pariser Obergericht namens Martin de Marivaux. Der ungeheure Saal schien mir mit einem Trauerflor bedeckt zu sein, und nichts war für mich bedrückender als diese entsetzliche Einsamkeit.

Wie groß war mein Erstaunen, als am Tage darauf die Leute, die ihre Freunde im Gefängnis regelmäßig zu besuchen pflegten, wiederkamen, um diese zu sehen! »Sie werden sie zu Hause finden«, sagte ich zu ihnen; »gestern abend hat man sie auf freien Fuß gesetzt.« – »Sie sind nicht zu Hause«, erwiderten sie mir, »wir kommen von da.« – »Vielleicht sind sie in ein anderes Gefängnis überführt worden.« Sie waren tatsächlich ins Abbaye-Gefängnis gebracht worden. Eben kam jemand, um mir diese unangenehme Neuigkeit mitzuteilen. Ich war bestürzt darüber.

Wir näherten uns dem verhängnisvollen Augenblicke. Das Mittagsmahl wird uns gebracht: Es ist 2 Uhr; man hört die Alarmkanone ertönen. Jeder der Gefangenen erschrickt darüber. Eine plötzliche Unruhe peitscht alle Gemüter auf; Schrecken und Entsetzen erfüllt sie. Einer von uns stürzt in seiner Unruhe und Aufregung an ein Fenster. Er wird meh-

Wenn die Partei der Bischöfe
gemeinsam mit den Großen
die Schlangen des teuflischen
Zwists zischen läßt;

Was geht mich das an?
Ich pfeife auf die Intriganten.
Was geht mich das an,
wenn ich singe, wenn ich trinke?

Gefangenenmassaker im Châtelet-Gefängnis

Massaker im Bicêtre-Gefängnis

Abbé Henri Grégoire.

Geboren 1750. Abgeordneter Nancys in der konstituierenden Nationalversammlung. Grégoire war einer der herausragendsten Vertreter des Klerus, der sich auf die Seite der Revolution schlug. Von Anfang an trat er für die Abschaffung der Monarchie ein. Als erster leistete er den Eid auf die zivile Verfassung des Klerus. Nach der Flucht des Königs nach Varennes forderte er seine Anklage. Im Prozeß des Königs allerdings versuchte er, einer Entscheidung für oder gegen dessen Hinrichtung aus dem Weg zu gehen. Interessanterweise wehrte er sich gegen die Einführung des neuen Kultes des höchsten Wesens, den Robespierre an die Stelle der fast erloschenen christlichen Glaubenspraktiken setzen wollte.

rere Soldaten auf dem Hofe des Rathauses gewahr und fragt sie nach dem Grund des Ertönens der Alarmkanone. »Verdun ist von den Preußen eingenommen«, antwortete man ihm. Jedermann weiß heute, daß die Alarmkanone an diesem Bluttage das Zeichen zum Beginn des Gemetzels geben sollte. Alle Meuchelmörder hatten Befehl, ihre Würgerei beim dritten Schusse zu beginnen.

Im selben Augenblick stürzen Soldaten aus Avignon und Marseille haufenweise in unser Gefängnis. Sie werfen die Tische um, packen uns und werfen uns hinaus, ohne uns Zeit zu lassen, unsere Habseligkeiten mitzunehmen. Als wir alle auf dem Hofe versammelt sind, kündigen sie uns an, daß wir in das Abbaye-Gefängnis überführt werden, wohin unsere Kameraden am Abend vorher gebracht worden waren. Man läßt sechs Wagen kommen; wir waren 24 Gefangene. Nun werden alle Einzelheiten wichtig; denn dem Zusammenwirken kleinster Umstände danke ich mein Leben. Ich wollte die ersten Sitze des ersten Wagens meinen Kameraden überlassen, und es sollte doch für mein Leben gerade von Wichtigkeit werden, den ersten Platz zu wählen. Martin de Marivaux ließ mich einsteigen, er selbst nahm den zweiten Platz, dann ein anderer den dritten. Wir saßen auf dem Rücksitz. Labrouche, der Inspektor meiner Taubstummen-Anstalt, nahm den vierten. Nach ihm stiegen noch zwei andere Gefangene ein. Das Zeichen zur Abfahrt wird gegeben, wobei alle Kutscher ermahnt werden, recht langsam zu fahren, sonst würden sie auf ihrem Kutschbock kalt gemacht. Die uns begleitenden Soldaten kündigten unter tausend Schmähungen an, daß wir nicht bis zur Abbaye kommen würden, sie würden uns dem Volk ausliefern, und das werde endlich über seine Feinde ein Strafgericht ergehen lassen und uns unterwegs abschlachten. Diese schrecklichen Worte wurden begleitet von allen möglichen Wutausbrüchen, von Säbel- und Lanzenhieben, mit denen diese Schurken keinen von uns verschonten.

Die Wagen fahren weiter; bald sammelt sich Volk an und folgt uns unter Beschimpfungen. »Jawohl«, sagen die Soldaten, »das sind Eure Feinde, die Mitschuldigen derer, die Verdun ausgeliefert haben, die nur auf Eure Abreise warteten, um Euren Kindern und Weibern den Hals abzuschneiden. Hier habt Ihr unsere Säbel und unsere Lanzen; gebt diesen Ungeheuern den Tod!« Die zügellose Menge wuchs in schreckenerregender Weise an, je mehr wir uns über die Neue Brücke, die Rue Dauphine, an der Ecke der Rue Bussy vorüber der Abtei näherten.

Endlich kamen wir in der Abbaye an; die Würger erwarteten uns dort. Mit uns sollten sie anfangen. Der Hof war mit einer ungeheuren Menschenmenge angefüllt. Unsere Wagen werden umringt. Einer unserer Kameraden glaubt entwischen zu können, er öffnet den Vorhang und springt mitten in die Menge hinein; sofort ist er erschlagen. Ein Zweiter macht denselben Versuch. Er zwängt sich in die Menge hinein und will sich retten. Aber die Würger fallen über dies neue Opfer her, und wieder fließt Blut. Einem Dritten geht es nicht anders. Der Wagen fuhr inzwischen bis zu dem Sitzungssaal des Ausschusses weiter. Ein Vierter will sich in gleicher Weise davonmachen. Er erhält einen Säbelhieb, der ihn jedoch nicht hindert, noch zu flüchten und bei dem Ausschuß Schutz zu suchen. Die Mörder denken, daß es im ersten Wagen nichts mehr zu tun gäbe. Drei Gefangene haben sie getötet, den vierten verwundet; es kann keiner mehr drin sein. Sie stürzen sich daher mit derselben Wut auf den zweiten Wagen.

Ich trete in das Ausschußzimmer ein, wo ich mit dem einzigen meiner Kameraden, der sich gerettet hatte, geborgen gewesen wäre, wenn mich nicht eine Frau hätte hineingehen sehen, die das sofort der Meute hinterbringt. Diese setzt aber ihre Metzelei fort, und ich glaubte mich einige Minuten lang vergessen. Plötzlich wird aber roh an die Tür gepocht, und man verlangt die Herausgabe der beiden Gefangenen. Ich halte mich für verloren, ziehe meine Uhr und reiche sie einem der Kommissare. »Bitte«, sage ich zu ihm, »geben Sie dies dem ersten Taubstummen, der sich nach mir erkundigen wird.« Ich war ganz sicher, daß die Uhr an ihren Bestimmungsort kommen würde, denn ich kannte die Anhänglichkeit Massieus, meines mir so teuren Schülers.

Die Ablieferung meiner Uhr war eine Art Testament. Ich hatte nichts weiter meinen Freunden zu hinterlassen. Ich kniete nieder und weihte Gott meine Seele.

Endlich öffnete sich die Türe. Was für Männer stürzen sich auf uns! Welche Wut! Ihre Raserei raubt ihnen für einige Augenblicke den klaren Überblick. Ich stand mitten unter den Kommissaren, ebenso angezogen wie diese, vielleicht weniger aufgeregt und mit ruhigerer Seele. Dadurch ließen sich jene zuerst täuschen. Der Gefangene aber, der entwischt war

Septembermassaker im Abbaye-Gefängnis

und den die Wogen dieser entsetzlichen Horde in den Saal getragen hatten, wird wiedererkannt, ich auch. Zwei Pikenmänner schreien: »Da sind die beiden Schufte, die wir suchen!« Sogleich packt einer den Gefangenen bei den Haaren, der andere rennt ihm die Pike in die Brust und streckt ihn tot neben mir nieder. Sein Blut rieselt in den Sand, mir stand dasselbe bevor. Schon war die Pike erhoben, da springt ein Mann herzu, der durch seine Söhne über das Gemetzel in der Abtei benachrichtigt war und meinen Namen dabei hatte nennen hören. Er bahnt sich einen Weg durch die Menge, stürzt sich zwischen die Pike und mich, indem er seine Brust entblößt. Dem Scheusal, das mich töten wollte, ruft er zu: »Durch diese Brust muß es gehen, um diesen da zu treffen! Das ist Abbé Sicard, ein Mensch, der seinem Vaterlande außerordentlich viel nützt, der Vater der Taubstummen. Nur über meinen Körper geht es zu diesem!«

Diese mit Mut und Patriotismus hervorgestoßenen Worte ließen den Spieß den Händen des Mörders entsinken. Die Gefahr war aber dadurch nur umgangen. Denn Wut spiegelte sich auf allen Mienen, und der Rettungsversuch, auf den ich nun verfiel, hätte meinen Untergang höchstens verzögert, wenn mir die Vorsehung weniger Kaltblütigkeit und Mut auf den Weg gegeben hätte.

Die Meute befand sich in dem inneren Hofe, auf den die Fenster des Sitzungszimmers gingen. Es galt, sie zu gewinnen; denn sie war für mich der einzige Richter über Leben und Tod. Ich trete an die Fenster, bitte die zügellose Schar einen Augenblick um Ruhe und richte folgende Worte an sie: »Freunde, hier steht ein Unschuldiger; werdet ihr ihn sterben lassen, ohne ihn gehört zu haben?« – »Sie gehörten«, schrien sie, »zu den anderen, die wir eben getötet haben; also sind sie ebenso schuldig wie diese!« – »Hört mich nur einen Augenblick«, erwiderte ich, »und wenn ihr dann meinen Tod beschließt, will ich mich nicht beklagen: mein Leben soll Euch gehören. Hört aber doch erst, wer ich bin, was ich treibe, dann sollt ihr über mein Schicksal entscheiden. Ich bin Abbé Sicard.« Da schreien mehrere Zuschauer: »Er ist Abbé Sicard, der Vater der Taubstummen; wir müssen ihn hören!« Ich fahre fort: »Ich unterrichte die von Geburt an Taubstummen, und da die Zahl dieser Unglücklichen unter den Armen größer ist als unter den Reichen, so gehöre ich mehr zu Euch als zu den Reichen.« Da unterbricht mich eine schreiende Stimme: »Abbé Sicard muß gerettet werden, er ist ein viel zu nützlicher Mensch, als daß man ihn umkommen lassen dürfte. Sein ganzes Leben steht im Dienste edler Ziele. Er hat ja gar keine Zeit dazu, ein Verschwörer zu sein!« Alle wiederholen die letzten Worte und fügen hinzu: »Er muß gerettet werden! Er muß gerettet werden!« Die Würger, die hinter mir die Wirkung meiner Ansprache abgewartet hatten, nehmen mich sogleich auf ihre Arme und tragen mich mitten in den Haufen der Mörder hinein, die mich sämtlich umarmen und mir vorschlagen, sie wollten mich im Triumph in meine Wohnung führen.

*Abbé Sicard**

** Roch-Ambroise Cucurron, Abbé Sicard (1742–1822), leitete zunächst in Bordeaux und dann in Paris das Taubstummeninstitut. Seine erfolgreichen Methoden im Unterricht der Taubstummen machten ihn in ganz Europa bekannt. Sicard hat zahlreiche Bücher für und über Taubstumme veröffentlicht.*

Die letzte Prozession der eidverweigernden Priester

Die wahren Hintergründe der Priestermorde

Welches ist das wahre Motiv dieser Metzelei? Manche Leute meinen, sie sei tatsächlich in Szene gesetzt worden, damit die Freiwilligen, wenn sie an die Grenzen ausrückten, ihre Frauen und Kinder nicht der Gnade der Straßenräuber zu überlassen brauchten; die Befürchtung, daß die Tribunale freisprechen, daß Regierungsfeinde entweichen könnten usw. habe mitgesprochen. Ich wollte die Wahrheit wissen und habe sie endlich gefunden. Man bezweckte nur eins: sich von den eidbrüchigen Priestern befreien. Einige wollten sogar sämtliche Priester umbringen. Nun fühlte man aber, daß es noch Fanatismus* gab und daß ein solcher Akt, wenn er sich nur gegen die Priester richtete, ausdrücklich nur gegen sie, das Volk sicher zur Empörung treiben werde. Die Verbannung würde die Priester, ohne im geringsten ihren Zweck zu erfüllen, nur zu Emigranten machen, die im Auslande gefährlicher wären als im Inlande. Was sollte man mit ihnen anfangen? – Sie unschädlich machen. Wenn man das auf andere Weise gekonnt hätte, als indem man sie tötete, würde man sie nicht getötet haben. Man tötete sie aber, und um diese ungesetzliche Maßnahme zu verschleiern, arrangierte man die Komödie mit den Gefängnissen ... Was soll man zu diesen entsetzlichen Geschehnissen sagen?... Daß sie schrecklich sind.

Rétif de La Bretonne

** Der Kampf gegen den religiösen Fanatismus war Hauptanliegen der Aufklärer. Man setzte ihm den Gedanken der Toleranz in Glaubensfragen entgegen. In der Revolution kam es zu einer Verengung des Fanatismusbegriffs. Jetzt verstand man unter Fanatismus den christlichen Glauben schlechthin.*

Frankreich ist gerettet!

Paris, den 2. September 1792

Wer das Ziel will, muß auch die Mittel wollen; nur keine barbarische Menschlichkeit! Das Volk hat sich erhoben, das Volk, grausam in seiner Wut, rächt die Verbrechen dreijährigen feigen Betruges. Oh mein Freund, ich flüchte in Eure Arme, um Ströme von Tränen zu vergießen. Aber vor allem rufe ich aus: Frankreich ist gerettet! Meine Tränen vergieße ich über das Schicksal unserer unglücklichen patriotischen Brüder, die dem Eisen der Preußen zum Opfer fielen. Verdun wird belagert und kann nur zwei Tage lang standhalten.* Die Freude unserer grausamen Aristokraten sticht krass von unserer tiefen Bekümmerung ab. Hört zu und zittert: gegen Mittag ertönt die Alarmkanone; die Sturmglocke läutet, der Generalmarsch wird geschlagen. Die Leute laufen zusammen und versammeln sich in den Straßen. Alles war in wildester Unruhe. Pathetische Erklärungen der Stadtverwaltung fesselten die Aufmerksamkeit des Volkes und berührten sein Herz: »Kommt Euren Brüdern zu Hilfe! Zu den Waffen, zu den Waffen!« Jeder beeilt sich, läuft nach Hause. Heute abend marschieren 40 000 Soldaten ab, die sich den Preußen in Verdun oder früher, falls sie weitergezogen sind, entgegenwerfen werden. Die Kriegswut, die alle Pariser ergriffen hat, ist wie ein Wunder. Familienväter, Bürger, Truppen, Sansculotten, alle ziehen los. Das Volk hat gesagt: wir hinterlassen in unseren Heimen unsere Frauen und unsere Kinder, inmitten unse-

** Nach der Einnahme von Longwy wurde Verdun von den Preußen kurz belagert (1.9.1792) und konnte, da es Verräter in den eigenen Reihen gab, schnell eingenommen werden. Beaurepaire, der Kommandant von Verdun, wurde zudem gegen seinen Willen von den Royalisten im Konvent gezwungen, nach nur 15 Stunden den Widerstand aufzugeben. Er erschoß sich am 2. September 1792.*

Am 3. Juli 1792 verkündet die Nationalversammlung: „Das Vaterland ist in Gefahr.“

rer Feinde, reinigen wir den Boden der Freiheit von ihnen. Mein Freund, ich werfe hier mit zitternder Hand einen Schleier über die Verbrechen, zu denen das Volk von denen gezwungen worden ist, die es seit drei Jahren unterdrücken. Die schwarzen Verschwörungen die allenthalben entdeckt werden, lassen das drohende Schicksal der Patrioten in klarem und entsetzlichem Licht erscheinen. Wenn sie nicht töten, werden sie selbst sterben müssen! Schauerlicher Zwang, der das Werk unserer Feinde ist! Abgeschlagene Köpfe, massakrierte Priester... Ich kann es Euch nicht erzählen, obwohl meine Vernunft mir zuruft: die Preußen und die Könige haben dasselbe getan und tausendfach schlimmere Dinge. Wenn das Volk... ach, unglückliches Volk, man soll sich hüten, es zu schmähen!

Würdet Ihr es für möglich halten? Von sechs bis acht Uhr war ich in den Tuilerien. Überall eine große Menge Menschen, die sich in kühler und geordneter Aufregung befanden. In Paris gibt es keine Nacht mehr; die künstliche Beleuchtung folgt auf den Tag, und man konnte zwei herrliche Lichtpyramiden über dem großen Bassin sehen, außerdem beleuchtete Boutiken auf den großen Alleen. Die Feuillantterrasse war so hell wie der Tag erleuchtet, und voller Frauen-, Kinder- und Männergruppen. Alle waren bereit, die großherzigsten oder fürchterlichsten Beschlüsse zu befolgen. Abgeordnete der Nationalversammlung, die von Truppen umgeben waren, kamen vorbei, um dem Volk friedliche Ratschläge zu geben. 17 Personen, darunter wie es heißt auch Abgeordnete, sind an den Stadtgrenzen festgenommen und zum Abbaye-Gefängnis gebracht worden. Im Hof hat eine aufgebrachte Volksmasse die Hintertüren der Gefängnisse aufgebrochen und den Gefangenen die Mühe erspart, erst noch hineinzugehen. Fürchterliches Ereignis!

Als ich um ½9 Uhr nach Hause zurück kam, und auf dem Weg überall dieselbe Bewegung und die gleichen Menschenmassen beobachten konnte, fand ich die gute Freundin Tiberge mit Gabrielle vor, die bei uns Unterschlupf suchten, weil in ihrem Haus ein aristokratischer Geist herrscht. Die beiden haben in unserem Alkoven geschlafen. Sie haben mir versichert, daß ein Teil des Volkes sehr ordentlich eine strenge Kontrolle über die Ereignisse ausübte, und daß es furchtbare Ereignisse gegeben habe. Heute nacht herrschte die tiefste Ruhe. Kein Lärm, keine Trommeln, keine Glocken und nichts, was auf schlimme Vorgänge schließen ließe. Meine Seele ist so beunruhigt, daß ich auf keinen Fall Schlaf finden werde, und ich habe so starke Kopfschmerzen, daß ich unmöglich weiterschreiben kann. Tausend und abertausend liebe Grüße in dem gastlichen Haus, wo Ihr seid. Ich schätze Herrn Blachette so sehr, daß ich mir Dinge wünsche, die seine Ruhe stören werden. Ich ernenne ihn in den Nationalkonvent. Wir brauchen echte Männer und Patrioten. Mein Freund, übermittelt meine Entschuldigungen und meine Hochachtung der ehrwürdigen Frau des mutigen Freundes der Freiheit. Ich wollte, es wäre schon morgen.

Wir wären verloren, wenn die Vorsehung der Revolution nicht täglich neue Wunder vollbringen würde. Die Sturmglocke soll überall in Frankreich geläutet werden, und die Départements sollen dieselbe stolze Haltung einnehmen wie die Hauptstadt, damit wir nicht die Beute unserer Feinde werden. Wir sind alle tot, wenn wir nicht alle vereint sind. Wir haben Waffen, wir haben Nationalgarden, wie haben eine Menge von Bürgern, die den Feind umringen werden. Keine Verräter mehr an der Spitze unserer Truppen, und der Sieg gehört uns. Ich fürchte mich vor der Hungersnot, die im Heer ausbrechen wird, wenn sie nicht schnell siegen, denn sie werden zu 200 000 an der Grenze stehen. Oh mein Freund! in welchem Umständen leben wir nur! Aber habt keine Angst. Auch wenn die Österreicher und Preußen schon vor den Toren von Paris stünden, wiche ich nicht einen Schritt zurück. Umso sicherer würde ich ausrufen: »Der Sieg gehört uns.«

Ich werde von einem Schauder, von Horror erfaßt: ich weiß nicht, was ich fühlen soll. Dies sind die Einzelheiten, die ich von 6 Maurern erfahren habe, die von der Arbeit kommen: Ein Bataillon von einfachen Leuten war von der unmittelbaren Gefahr beunruhigt, alle Übeltäter aus den Gefängnissen könnten über uns herfallen, wenn ein Komplott geschmiedet würde oder die Preußen siegreich wären. Sie ließen sich von Richtern begleiten und sind zu allen Gefängnissen gegangen. Die Einlieferungsscheine sind untersucht worden. Die Diebe wurden getötet, die Assignaten-Fälscher und die Konterrevolutionäre auch, die wegen Schulden einsitzenden Häftlinge wurden freigelassen, die Streitsüchtigen nach Hause geschickt, die jungen Leute, die wegen irgendwelcher Streiche verhaftet waren, wurden in die Bande des Volkes aufgenommen. Auf diese Art sind alle Gefängnisse völlig geleert worden, selbst Bicêtre, wo man noch zu Gange ist. Diese erneuten Hinrichtungen, die in grausamer und barbarischer Gerechtigkeit vor sich gingen, geschahen in außergewöhnlicher Ruhe. Mehrere Priester fielen der Rache des Volkes zum Opfer. Die Maurer sahen Berge von Leichen vor den Toren der Gefängnisse. Meine tiefe Menschlichkeit läßt mich gleichzeitig über das Schicksal der Schuldigen und das der unglücklichen Unschuldigen weinen. Mein Gott! Habt Erbarmen mit einem Volk, das man auf den Weg des Blutbades schickt, indem man es provoziert, verurteilt es nicht...

Madame Jullien an ihren Mann

Betroffenheit eines Adeligen

Paris, den 5. September 1792

Das Massaker setzte sich die ganze Nacht vom Montag fort. Erst gestern, um 4 Uhr morgens, hörte man im Abbaye-Gefängnis auf, in Bicêtre ging es noch den ganzen Tag weiter. Auf 10 000 ist die Zahl derer geschätzt worden, die gestorben sind, davon mindestens 500 oder 600 Priester aus dem Karmeliter-Gefängnis, aus Saint-Victor und Saint-Firmin.

Alle Freiwilligen und Föderalisten marschieren los, davon erhofft man sich mehr als von allem anderen den Frieden. Es scheint, als wolle man ein paar Vorkehrungen treffen. Die Bewachung der Gefängnisse stellt nun kein Problem mehr dar. Das Unglaublichste ist, daß ganz Paris, ausgenommen in unmittelbarer Nähe der Gefängnisse, während des Massakers völlig ruhig war. Die Gesichter scheinen überhaupt nicht berührt, man hätte nicht den leisesten Verdacht gehabt. Was für ein Volk das Pariser Volk doch ist!

Frédéric Joseph César de la Vigne-Dampierre

Schon am 10. August konnte man beobachten, wie Weiber über die Leichname herfielen und sie mit den Zähnen zerrissen. Am 2. und 3. September sah man einige den ermordeten Männern die Ohren abschneiden, und sie mit einer Nadel an den Busen heften. Andere tanzten um die Leichname, die sie mit Füßen traten. Einige saßen in den Karren auf toten Körpern, wie Wäscherinnen auf schmutzigem Leinenzeug.

Friedenspräliminarien, 1794.

Männer ohne Furcht und Tadel

IX.
Hunger

Während in der Außenpolitik der Krieg gegen die Verbündeten Staaten den Verlauf der Revolution maßgeblich prägte, schürte innenpolitisch das Versorgungsproblem den Unmut des Volkes.

An Hungersnöte unter dem Ancien Régime gewöhnt, wollte niemand einsehen, warum nach der gerechteren Verteilung von Steuer und Einkommen noch immer Schwierigkeiten bei der Versorgung mit Nahrungsmitteln bestehen sollten. Tatsächlich war Paris mit seinen eigenen Zollbestimmungen – bei Übertritt der Stadtgrenze wurden erneut Steuern fällig – von der Hungersnot stärker betroffen als die ländlichen Gegenden.

Die Revolutionsregierung versuchte durch bessere Transportsicherung und schließlich auch durch Preisfestlegung der Not zu begegnen.

Dies aber widersprach radikal dem Grundsatz des freien Handels, der zu einer der Forderungen in den Generalständen geworden war.

Der Dritte Stand, der Bürger und armes Volk einschloß, wurde während der Revolution zum Hauptdarsteller

Hunger – eine politische Konstante

Aufgrund einer Mißernte kam es im Winter 1788 zu einer furchtbaren Hungersnot, die Paris und die Landbevölkerung gleichermaßen betraf. Die Bereitschaft zur Revolution wäre im Volk ohne diese dramatische Situation nicht so groß gewesen.

Im Herbst 1789 war die Stimmung derart gereizt, daß ein Bäcker gelyncht wurde, weil er mit dem Ziel der künstlichen Preissteigerung Brot hatte verderben lassen

Heute, am 25. November 1788, bezahlte ich bei dem Bäcker Edée in der Rue Gallande, da wo die Rue des Rats einmündet, 12 ½ Sous für ein Vierpfundbrot. Dabei habe ich einen ganzen Monat lang immer 12 Sous gezahlt. Er kündigte außerdem an, es werde noch teurer werden und er verdiene sowieso nichts mehr bei den Mehl- und Kornpreisen. Über 40 seiner Kollegen, so sagte er, hätten nicht die Möglichkeit, den Preisanstieg des Korns zu verkraften und daher schließen müssen. Wenn es so weiter ginge, würden noch viele andere ihrem Beispiel folgen. Meine Dienerin hat bei demselben Bäcker eine Frau aus dem Volk gehört, als diese vor Wut über die erneute Preiserhöhung ausstieß, daß es eine Schande sei, das arme Volk derartig Hungers sterben zu lassen und daß man das Schloß in Versailles in Brand stecken müßte. Vergeblich haben die anderen versucht, ihr wegen dieser Äußerungen Vorhaltungen zu machen.

Hardy

Brotmangel und Anarchie

Materielles Elend

Während des ganzen Verlaufs der Revolution boten die materiellen Zustände von Paris ein unvergleichlich düsteres Bild dar. In dem fieberhaften und wirbelvollen Wandel aller Dinge war das einzig Bleibende das öffentliche Elend. Fort und fort, ja fast Tag für Tag, hallten die Berichte der Polizei in erster Linie von den Klagen über die »öffentliche Misere« und deren Permanenz wider.
Keimend mit dem Jahre 1789, war das materielle Elend unter dem revolutionären Königtum und der girondistischen Republik allmählich aufgesproßt; durch die Republik des Schreckens wurde es in raschester Progression zur Riesengestalt, aber einer gefesselten, großgezogen; nach dem Sturze Robespierres warf es sich, der Fesseln entledigt, mit ungestümer Wucht über alle Gliedmaßen Frankreichs her, lähmend, zerfleischend, erdrückend, wie ein schwerer Alp, der fortan Jahr aus Jahr ein nicht weichen wollte, sondern immer stärker preßte und immer schärfer nagte.

Adolf Schmidt

In Paris ist unterdessen nichts Neues vorgefallen. Das Volk hält sich, trotz der fortdauernden Anarchie und trotz des knappen Brotvorrats, kleine unbedeutende Auftritte abgerechnet, noch immer ruhig – zum Erstaunen aller, welche wissen, was die Worte *Volk, Anarchie* und *Brotmangel* in Verbindung miteinander zu bedeuten haben. Wahrlich, die Vorsehung konnte den unaussprechlich großen Segen, den die Veredelung einer Nation durch Kultur und Aufklärung mit sich führt, den Menschen nicht sinnlicher und handgreiflicher darstellen, als in dem Betragen dieses Volkes während der nunmehr verflossenen ersten vier Wochen einer Revolution, welche in jedem minder kultivierten Staate notwendige Ströme von Menschenblut gekostet und die größten Abscheulichkeiten veranlaßt haben würde. Ob indes dieser unerhörte Zustand von Mäßigung und Ruhe bei fortwährender Gesetzlosigkeit und Zerrüttung aller bürgerlichen Verhältnisse noch lange fortdauern wird? Dies zu hoffen, hieße die Natur des Menschen überhaupt und die eines ganzen zahlreichen Volkes insbesondere gänzlich verkennen. Auch die besten Gemüter *müssen* in einem solchen Zustande, wenn er anhaltend ist, endlich ausarten; auch die größte vorangegangene Kultur kann unter solchen Umständen vor einreißenden Unordnungen und vor einer endlichen Verwilderung des Nationalcharakters nicht lange schützen. Es kann daher und wird wahrscheinlich noch zu blutigen Auftritten kommen, weil es unmöglich scheint, daß die neue Verfassung so geschwinde vollendet und in allen ihren Teilen an die Stelle der alten gesetzt werden könne, wie nötig wäre, wenn man jener Verwilderung zuvorkommen wollte. Unterdessen werden die geheimen Bemühungen der Aristokraten, die neue Freiheit, wo möglich, in ihren Keimen zu zerknicken, fortdauern. Ferner werden der Adel und die Geistlichkeit, sowohl in der Nationalversammlung als auch im Lande, ihre letzte Kraft aufbieten, um der Vollendung des größten Denkmals unseres Jahrhunderts, einer auf Vernunft und Menschenrecht gegründeten Verfassung, tausend Hindernisse und Schwierigkeiten in den Weg zu legen. Dabei wird das Volk immer argwöhnischer, immer eifersüchtiger auf seine neue Freiheit, an die es noch nicht gewöhnt ist, immer rascher in seinem Verfahren, immer unbändiger und zügelloser werden. Und... der Menschenfreund wendet mitleidig seine Augen von den Greueln weg, welche die Folge davon sein können!

Jammer und Schade, daß diese Revolution, wie die meisten, die Nation überraschte; daß ihre neuen Gesetzgeber nicht die Zeit hatten, alles vorher erst in Ordnung zu bringen und vorzubereiten, um nach vollendeter Niederreißung des alten Gebäudes, das neue sogleich an seine Stelle zu setzen! Dann würde Frankreich schon jetzt das glückliche und beneidenswürdige Land sein, was es, früher oder später, aber vermutlich erst nach mancher Zerrüttung, am Ende will's Gott! werden wird.

Joachim Heinrich Campe

Die Verwaltung der Bettler im Ancien Régime (1778)

Es ist richtig, daß seit dem letzten königlichen Erlaß zur Bettelei viele Menschen, die sich in diesem schändlichen Zustande befanden, festgenommen worden sind. Aber die Befehle lauten so, daß sie nur tagsüber festgenommen werden sollen. Die Polizei ersucht stets das Ministerium um ihre Bewachung. Die festgenommenen Bettler werden zu den Kommissaren geführt und diese sind darauf bedacht, nur diejenigen ins Gefängnis zu werfen, die durch ein Geständnis, durch Zeugenaussagen oder durch Indizien wie gesammelte Pfennigstücke oder Brotreste eindeutig als Bettler identifiziert werden. Die hier vorliegenden Berichte bestätigen diese Tatsachen.

Die solcherart vom Kommissar ins Gefängnis gebrachten Personen bleiben 24 oder 48 Stunden dort, sobald sie von Bekannten reklamiert werden, sind sie wieder frei. Wenn niemand sich nach ihnen erkundigt, werden sie ins Sammellager von Saint-Denis geschickt und unterliegen somit nicht mehr dem Polizeidistrikt von Paris. Die Verwaltung dieses Hauses gehört in die Obhut der dortigen Provinzpolizei.

Wenn die Bettler in diesem Sammellager angekommen sind und dort von Bekannten reklamiert werden, informiert der dortige Kommissar den Polizeileutnant von Paris und dieser prüft dann, ob man der Reklamierung stattgeben kann. Normalerweise wird der Bettler freigelassen, wenn die ihn reklamierende Person einen Wohnsitz nachweisen kann. Aber fast immer mißbraucht er diese Freiheit und wird wenig später wieder aufgegriffen, und zwar bei Ausübung desselben Berufes.

Sie wissen, meine Herren, daß die Bettelei stets eine der schlimmsten Geißeln der Städte und der Länder war. Die weisen Maßnahmen der Regierung haben die Anzahl dieser Blutsauger des Volkes und der Gesellschaft verringert. Man hat für alles gesorgt, was diese professionellen und standesgemäßen Nichtstuer verlangen können: Die Arbeitsfähigen erhalten ausreichend Arbeit, um ihren Unterhalt zu sichern; die Invaliden finden in den Hospitälern Versorgung; auf dem Land sind Wohltätigkeitsateliers eingerichtet worden; die Pfarrer von Paris erhalten Subventionen, um die Armen in der Gemeinde arbeiten zu lassen. Nach diesen vorsorglichen Ausführungen sei es erlaubt das Parlament darauf hinzuweisen, daß möglicherweise die Menschenliebe und eine übertriebene Wohltätigkeit die Leiden schlimmer erscheinen lassen als sie in Wirklichkeit sind. Eine gerechte Strenge gegen die Bettler, die durch die Frömmigkeit des Volkes ein sicheres Auskommen haben, ist allein die richtige Maßnahme, um der Unordnung Herr zu werden, und die leiseste Nachgiebigkeit würde eine Unmenge von Vagabunden in die Städte und die ländlichen Gebiete zurückbringen, deren man sich bisher nur unzureichend erwehrt hat.

M. Séguier, in einem Bericht vor dem Parlament*

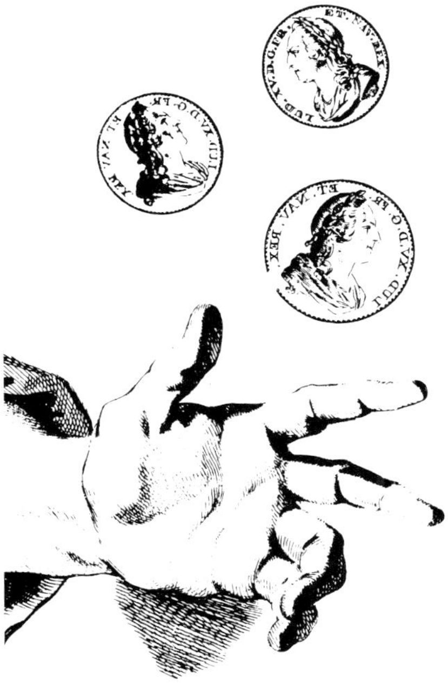

** Antoine Louis Séguier (1726–1792) war von Beruf Anwalt und ein Anhänger der Monarchie. Zu Beginn der Revolution emigrierte er und starb im belgischen Tournai.*
Seine Polemik gegen die »übertriebene Wohltätigkeit« richtet sich gegen einen Teil der Aufklärungsphilosophie, die Philantropie und »Bienfaisance« (Wohltätigkeit) auf ihre Fahnen geschrieben hatte.

Der Tod der Armen

Es ist der Tod, der Trost und Leben schenkt;
Er ist das Ziel, das einzig Hoffnung macht,
Ein Elixier, das uns berauschend tränkt
Und Mut gibt, durchzuhalten bis zur Nacht;

Durch Sturm und Schnee ist er das schwache Licht,
Für uns am dunklen Horizont entzündet;
Ist jene Bleibe, die das Buch verspricht;
Wo man zur Rast ein Mahl und Schlummer findet,

Ein Engel, dessen Finger lockend zeigen
Den Schlaf und Träume, die uns übersteigen;
Armen und Nackten er ein Bett bereitet;

Der Götter Ruhm, der Speicher, der nie leer,
Der Armen Beutel, Heimat von jeher,
Das Tor, das uns zu fremden Himmeln leitet!

Charles Baudelaire
Deutsch von M. Fahrenbach-Wachendorff

Der Wein der Lumpensammler

Oft sieht man bei Laternen in dem roten Licht,
Wenn Wind die Flamme zaust und fast das Glas zerbricht,
In schlammig alten Gassen mit winkeligem Lauf
Dort, wo die Menschheit brodelt, als zög Gewitter auf

So einen Lumpensammler übers Pflaster holpern,
Kopfschüttelnd wie ein Dichter gegen Mauern stolpern;
Ihn kümmern nicht die Lauscher, die sich um ihn scharen,
Er muß sein Herz in kühnen Plänen offenbaren.

Überleben in der Großstadt: die Lumpensammlerin

Wie üblich ging ich in Gedanken versunken vor mich hin.

In der Rue Pavée, fast gegenüber dem Hotel de Lamoignon, bemerkte ich, wie sich auf der Erde etwas Schwarzes bewegte. Es sah aus wie ein großer Hund. Seit ich in meiner Kindheit einmal von einem solchen Tier gebissen wurde, habe ich Angst vor Hunden. Ich schauderte. Aber ein tiefer und klagender Schrei, der für mich weniger erschreckend als das Bellen eines Hundes war, ließ mich darauf schließen, daß es sich um ein menschliches Wesen handeln mußte. Ich ging näher, und die Haare standen mir vor lauter Entsetzen zu Berge. Es war eine alte Lumpensammlerin, volltrunken, auf der Erde ausgestreckt, der Kopf auf einem Sack, in dem ein paar Katzen und Hunde steckten, die sie totgeschlagen hatte, um an ihr Fleisch und ihre Haut zu kommen. Ich weckte sie auf. »Los, Mutter, steht auf! Der Schlaf muß Euch erquickt haben. Wo wohnt Ihr?« Sie wurde ein wenig wacher. »Nicht weniger als 12 Sous für den großen Kater! Seit drei Abenden bin ich hinter ihm her. Er gehört einer Gläubigen; er ist fett vom Speck und sein Fell ist schön.« Und sie zog ihn aus dem Sack. Er bewegte sich noch! »Steh auf!« – »Die beiden kleinen Hunde? Sie sind erst 6 Monate alt, das ist zart wie Morgentau! Erst Sonntag habe ich sowas in der Maison-Blanche gegessen, sie nannten es Wildhase. Der Bäcker aus dem Vorort macht sein Hackfleisch daraus. Und der Metzger an der Stadtgrenze tut solch ein Fleisch in seine Cervelatwurst.« Sie legte die Hunde vor mich hin. »Gute Frau; ich bin weder Restaurantbesitzer, noch Bäcker, noch Schweinehändler.« – »Was bist du dann, wo du mir die Würmer aus der Nase ziehst? Hau ab!« Und sie wollte mir einen Schlag mit ihrem Stock versetzen. Ich mußte mich zurückziehen.

Rétif de la Bretonne

Die enormen sozialen Unterschiede führten zu haßerfüllten Reaktionen gegen die Reichen, die sich auch in Plünderungen ausdrückten

Und er erläßt Gesetze, leistet einen Eid,
Zermalmt die Bösen alle und erhebt das Leid;
Das Sternenzelt ist wie ein Baldachin gebauscht,
Vom Glanz der eigenen Tugend ist er ganz berauscht

Ja, diese Leute, die zu Hause Sorge plagt,
Zerschlagen von der Arbeit, vom Alter ganz verzagt,
Lahm unter einen Haufen Abfall hingeduckt,
Vom riesigen Paris verworren ausgespuckt,

Sie kehren duftend heim, vom Faßgeruch umflossen,
Gefolgt von in der Schlacht ergrauten Kampfgenossen,
Und ihre Bärte hängen wie alte Fahnen nieder.
Es richten Siegespforten, Banner, Blumen wieder

Sich neu vor ihnen auf, erhabenes Gaukelspiel!
Sie bringen in dem grellen, tosenden Gewühl
Von Trommeln und Trompeten, von Sonnenlicht und Schrein,
Dem liebestrunknen Volke einen Glorienschein!

So durch die Menschheit hin in ihrem Leichtsinn rollt
Als funkelnder Paktol der Wein sein helles Gold;
Durch dieser Männer Kehlen singt er seine Taten,
Und herrscht als wahrer König nur durch seine Gnaden.

Den Hader zu ertränken, die Trägheit einzuwiegen,
Von allen den Verdammten, die im Sterben liegen,
Schuf Gott, den Reue rührte, des Schlafes tiefe Ruh;
Ihm fügt der Mensch den Wein, der Sonne Sohn hinzu!

Charles Baudelaire
Deutsch von M. Fahrenbach-Wachendorff

Wohltätigkeit ist erfinderisch

Am 16. Dezember 1789

Es gibt keinen guten Bürger, der jetzt nicht den Armen, die in Paris leiden, zuhilfe kommen möchte. Ihre Anzahl muß so unendlich groß sein, und ihr Elend, das schon durch die ungünstigen Bedingungen, in denen wir alle leben, grausam ist, kann durch die Strenge des Winters noch dramatischer werden. Man muß bloß Christ, Mensch und Bürger sein, um zu spüren, wie furchtbar eine solche Situation ist und wohin die Not, die Verzweiflung schrittweise Menschen führen können, die sonst gut und ehrlich sind, aber alles entbehren, selbst eine Arbeit, die ihnen die notwendigen Einkünfte für den Unterhalt ihrer selbst und ihrer Familien bescheren könnte. Diese Überlegungen haben mich veranlaßt darüber nachzudenken, wie man möglichst schnell dieser armen, aber wertvollen Klasse von Bürgern helfen könnte. Dies sind also die Maßnahmen, die ich mir vorstelle: Man sollte 3-Francs Pfandscheine zur Zeichnung auflegen, die den Armen der Hauptstadt bis zum Anbruch der warmen Jahres-

Assignat zum Gegenwert von 15 Sous

Assignat zum Wert von 50 Sous

zeit zugute kommen, d. h. in den strengsten Monaten des Jahres, nämlich Dezember, Januar, Februar und März. Ich nehme an, daß es noch 100 000 reiche Bürger in Paris gibt, die monatlich 3 Francs pro Kopf aufbringen können. Das ergäbe auf einen Schlag 400 000 Taler als außerordentliche Hilfe, die zusammen mit den anderen Spenden zugunsten der Armen ausreichen sollten, allen guten Bürgern die Sorge um das Wohl der Armen zu nehmen, die von religiösen und humanitären Motiven getragen ist. Glauben Sie, daß mein Plan völlig unsinnig und undurchführbar ist? Ich glaube dies nicht; die Wohltätigkeit ist erfinderisch. Ich weiß sehr wohl, wie knapp momentan das Bargeld ist und wie sehr alle Klassen der Gesellschaft Opfer aus Vaterlandsliebe und Liebe zum König erbringen. Erlauben Sie mir, meinem Plan einige Ideen zur Durchführung dieser Subskription hinzuzufügen. Ich würde zunächst einmal vorschlagen, daß die Zeichnung beim Bürgermeister beginnt und daß dieses würdige Stadtoberhaupt die Aufgabe übernimmt, das Geld einzusammeln. Nichts spräche dagegen, die Namen der wohltätigen und menschlichen Personen zu veröffentlichen, die diesem guten Werk helfen möchten – außer sie wollen anonym bleiben. Sobald die Summe dieser Subskription einigermaßen bedeutend wird, würde man sie dann den Pfarrern je nach Größe und Bedürftigkeit ihrer Gemeinden zukommen lassen. Was die Verteilung der Gelder angeht, so kann man sich auf ihren Eifer und ihre Wachsamkeit verlassen. So würde jede Form von Not gelindert und die glücklichen Früchte der öffentlichen Wohltätigkeit würden allen Bedürftigen zukommen und sie alle bedenken. Kindern, Alten und Frauen würde so geholfen, den Kranken könnte beigestanden werden und denjenigen, die arbeiten können, würde man Arbeit geben. Denn die Wohltätigkeit und die Menschenliebe bergen ihre Gefahren, falls sie nur zur Unterstützung des Nichtstuns, der Faulenzerei dienen. Es wäre durchaus sinnvoll, bei diesen Spenden die Armen der Stadt zu bevorzugen und die Fremden hintanzustellen, denn diese müßten eigentlich in ihrer Heimat die Hilfe finden, die wir ihnen hier nur zum Schaden unserer Armen bieten können.

Noch einen ernsten Wunsch möchte ich formulieren. Die Summe der so erzielten Beiträge sollte veröffentlicht werden, die sachgemäße Verwendung dieser Summen, die Höhe der Hilfe für die einzelnen Gemeinden, die Anzahl der unterstützten Armen – all das sollte gedruckt und verbreitet werden, damit alle Gerüchte, alle Zweifel zerstreut werden und damit alle guten Bürger beruhigt sein können, daß die außerordentlichen Mittel richtig verwendet werden. Nur mit Schmerz erinnere ich mich an einen anderen Fall, wo die öffentliche Barmherzigkeit aufgerufen wurde, die armen Opfer eines Hagelsturms zu unterstützen und wo alle sich beeilten, der Not abzuhelfen. Aber das Versprechen, die Verwendung der Gelder publik zu machen, wurde nicht eingelöst – und der mitleidige Bürger konnte nicht wissen, ob die Unglücklichen von seiner Wohltat Erleichterung erfahren hatten.

So etwas haben wir heute nicht zu befürchten, niemals war eine Verwaltung besser organisiert, und die Tugend des Bürgermeisters zerstreut alle meine Bedenken. Aber da es fast unmöglich ist, daß er neben seinen vielen Amtsgeschäften auch noch persönlich die Einsammlung und Verteilung der Hilfsmittel überwacht, so möchte ich ihn hiermit ersuchen, falls mein Vorschlag Erfolg hat, ein paar Mitglieder der Stadtverwaltung zu ernennen, die ein ehrenamtliches Wohltätigkeitsbüro bilden würden, das mit der Durchführung beauftragt wird. Ich kann gar nicht sagen, wie sehr ich die Realisierung meines Plans wünsche. In dieser Hoffnung lege ich meinem Brief die Summe von 6 Francs bei, als Beitrag für diesen und den kommenden Monat, und ich versichere Ihnen hiermit öffentlich und feierlich, daß ich am 31. Januar nächsten Jahres die Summe für die beiden anderen Monate zahlen werde.

Ich bin Familienvater, früher hatte ich eine Stellung, die habe ich heute nicht mehr. Ich zahle dem Souverän Steuern. Ein Viertel meines geringen Einkommens werde ich unserer aller Muttcr, dem Vaterland, sowie jedem meiner Mitbürger schenken, mit Freude unterwerfe ich mich den verschiedenen Steuern, die der Distrikt mir auferlegt hat. Um die Wahrheit zu sagen: ich habe mich deshalb nicht bei der Armee verpflichtet, weil ich meine Freiheit liebe und es nicht über mich bringe, sie aufzugeben, wo wir sie mit so viel Mühe erobert haben. Aber meinen *persönlichen* Dienst leiste ich mit Hingabe. Ich bilde mir ein, bisher wie ein guter Bürger gehandelt zu haben, aber eine letzte Schuld muß ich noch begleichen, und das ist dieser Plan, den ich hier vorstelle. Mein Beispiel wird Nachahmer finden, da bin ich sicher.

Ein Bürger des Distrikts Mathurins

Unruhe vor dem Bäckerladen

25. 8. 1789
Heute morgen gab es vor den Türen der Bäckerläden wildes Gedränge. Glücklich, wer noch Brot erhaschen kann, in den Ortschaften rings um Paris gibt es keines mehr. Dort ißt man Gemüse, in Sèvres machen sie süßes Gebäck. Währenddessen werden die Wasserspiele in Versailles abgeschaltet, denn das Wasser soll ganz zum Mahlen des Kornes genützt werden. Der König hat gewünscht, daß die Pferdeführer seiner Stallungen mit dem Transport des Korns zu den Mühlen beauftragt werden. Sie sollen auch dafür Sorge tragen, daß das Mehl zurückgebracht wird.

** Die Nationalversammlung hatte zur Lösung des heiklen Bettlerproblems ein Komitee eingesetzt, das die Gründe und Zustände der Bettelei erforschen sollte. Die hier genannten Zahlen sind eher zu gering als zu hoch veranschlagt. Jedenfalls bemühten sich die Revolutionäre, dem Problem der Armut durch bedeutende Subventionen für die Hilfsorganisationen und durch Einrichtung von speziellen Sammelunterkünften beizukommen.*

*Bericht des Bettler-Komitees**

11.6.1790

Bei einer Gesamtbevölkerung von 600 000 oder 700 000 Einwohnern hat Paris etwa einen Anteil von 5 % an Armen, d.h. 30 000, die ernährt werden müssen. Die Hälfte von ihnen ist in den Hospitälern. Eine andere Ermittlungsmethode, die ich in derselben Frage angewandt habe, geht von dem Anteil der im städtischen Krankenhaus Behandelten aus und kommt zu denselben Ergebnissen.

Die Anzahl der kranken Armen beläuft sich bei einer Gesamtbevölkerung von 600 000 auf etwa 3 000 bis 6 000. Dies entspricht bei 3 000 Kranken der Kapazität der Pariser Krankenhäuser, und bei 6 000 Fällen wird deutlich, daß im städtischen Krankenhausbereich zusätzliche Betten geschaffen werden müssen, um den Bedürfnissen der sich dort in großer Zahl meldenden Kranken nachkommen zu können.

Massenauflauf im Faubourg Saint-Antoine, einem der aktivsten Vororte von Paris

Vorschlag des Komitees: Abschaffung von Feiertagen

Es muß nicht mehr bewiesen werden, daß die Arbeit das sicherste, das beste und das einzige Mittel ist, um die Bettelei völlig abzuschaffen. An Arbeit kann es in einem so großen und schönen Königreich wie Frankreich nicht mangeln. Aber selbst wenn es noch reicher wäre als überhaupt möglich, so stehen die Tage, die der Nation durch die Feierlichkeiten gestohlen werden, dem Wohlstand des Königreichs im Wege. Sie schaden dem Menschen, dessen Unterhalt von seiner Hände Arbeit abhängt und sind damit noch schädlicher als der bestehende Mangel an Arbeitsplätzen.

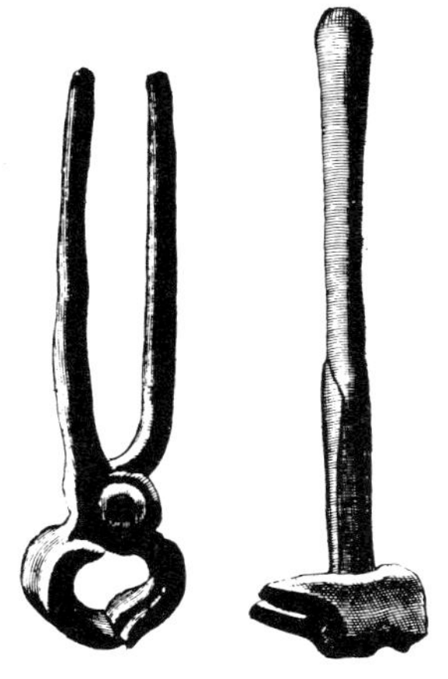

Daraus folgt, daß die Verminderung der Feiertage auf die kleinstmögliche Zahl eines der besten Mittel ist, um die Bettelei abzuschaffen.

Der Respekt für die Religion und die Autorität der Kirche kann nur bedingt gegen diesen Vorschlag ins Feld geführt werden. Diese Feiern, die in allen Diözesen Frankreichs anders ausfallen, haben nur eins gemeinsam: sie fördern durch die Aussetzung der Arbeit Streit, Ausschweifungen und Trunkenheit. Im alten Finanzsystem waren es dann auch die Unterstützungsberechtigten, die sich am heftigsten gegen die Abschaffung der Feiertage wehrten. Die Bischöfe hatten sich das Recht vorbehalten, nach Gutdünken die Anzahl der Feiertage zu erhöhen oder zu verringern, und es ist schwer zu akzeptieren, daß sie von diesem Recht so unterschiedlich Gebrauch gemacht haben. Denn die Religion sollte in allen Gegenden, die einer selben Religion anhängen, auch gleich geehrt und gefeiert werden; und überall muß sie die Arbeitswilligkeit fördern und damit die daraus resultierenden guten Sitten.

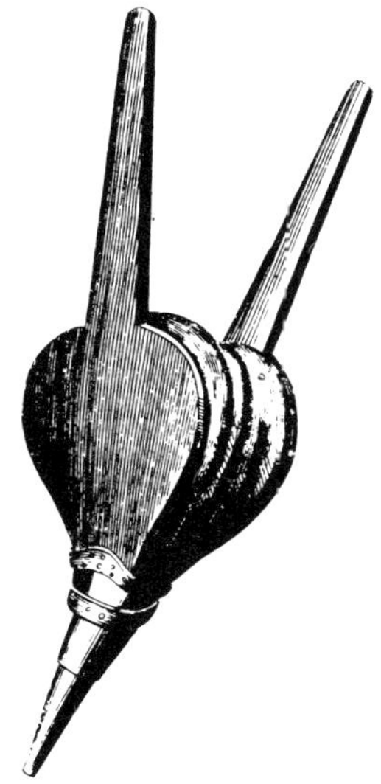

Es ist gerade der Respekt vor der Religion, der die Abschaffung der Feiertage verlangt. Wenn die Arbeit an jenen Tagen völlig niedergelegt wird, entsteht daraus für die Privatpersonen großer Schaden, denn ihr Unterhaltserwerb wird solange ausgesetzt und damit fehlt eine große Summe im Kreislauf der Wirtschaft. Wenn die Arbeit einfach weitergeht, ist die Religion um den ihr zustehenden Respekt betrogen. Es scheint schwierig, etwas Ernsthaftes gegen diese einfache Überlegung ins Feld zu führen. Niemand wird wohl bezweifeln, daß es dem Gesetzgeber zusteht, eine Regelung zu treffen, die dem Respekt gegenüber der Religion und gegenüber dem nationalen Wohlstand gleichermaßen gerecht wird. Schließlich sind die Feiertage keine göttliche Einrichtung, und zudem haben nicht alle Bischöfe vom Recht Gebrauch gemacht, die Anzahl der Feiertage zu verringern.

Von 23 in der Diözese von Paris gefeierten Festen können 19 abgeschafft oder auf einen Sonntag verschoben werden, vier bleiben erhalten. Diese Abschaffung der Feste wird für den fleißigen und ehrlichen Handwerker ein Geschenk sein, für den Bauern eine Entschädigung für die Tage, die er durch schlechtes Wetter verliert, für die Armen wird es die

Der Bürgermeister Bailly verbietet per Erlaß unter Androhung einer Strafe von 500 Francs die Plünderung der Mehltransporte, die für Paris bestimmt sind.

Die Aufhebung der Zölle an den Pariser Stadtgrenzen war für die ärmeren Bürger eine große Erleichterung

Steuerreform

Im Ancien Régime gab es ein für den Dritten Stand äußerst belastendes Gemisch aus direkten und indirekten Steuern. Zudem wurde der Handel durch zahlreiche Binnenzölle erschwert. In der Revolution versuchte man eine lange Zeit zuvor durch die Aufklärung angemahnte Steuerreform. So wurden beispielsweise am 2. März 1791 die städtischen Einfuhrzölle abgeschafft. Für die ärmeren Bevölkerungsschichten in Paris bedeutete das zunächst einen beachtlichen Anstieg der Kaufkraft. Leider konnten sie nicht lange davon profitieren, denn die Inflation machte den Preisunterschied bald wieder wett.

größte Hilfe sein und für jeden einzelnen von ihnen ein Schutz vor der Verachtung der Arbeit, vor der Untätigkeit, der Unordnung und der Not.

Diese Änderung wird zudem eine recht wichtige Belebung des Wirtschaftskreislaufs zur Folge haben; denn wenn man bloß von 17 Millionen arbeitenden Menschen (bei einer Gesamtbevölkerung von 26 Millionen) und von einem Tageslohn von 10 Sous zuzüglich 7 Sous für Kleidung ausgeht, so ergäbe sich bei 19 abgeschafften Feiertagen eine Steigerung von 274550000 Francs. Alle diese Überlegungen sind mehr als ausreichend, um die Nationalversammlung zur sofortigen Abschaffung von 19 Feiertagen zu bewegen und an die Stelle von Unordnung und Faulheit Reichtum, Arbeit und gute Sitten zu setzen.

Sitzung vom 9. 6. 1790

Appell an die Stadtverwaltung: Gebt uns Brot!

Paris, im Herbst 1791

Der Winter kommt näher und die Wirtschaft liegt brach. Die Arbeiter haben keine Arbeit, obwohl sie angesichts des Wetters noch arbeiten könnten…

Stadtbeamte, gebt uns Brot!

Die Grauen des Krieges werden sich zu der Strenge des Winters hingesellen. Wir werden bedroht. Man sieht schon den Blitz und der Sturm zieht näher. Wollt Ihr zu den Übeln, unter denen wir leiden, noch den Hunger hinzufügen? Schließlich haben wir Euch ausgewählt, ernannt und aus unserer Mitte entsandt, damit wir unsere Ruhe und unsere Existenz sichern. Dürstet auch Euch nach unserem Blut, so wie den Verbrechern jenseits des Rheins? Wir wiederholen es noch einmal mit Nachdruck und bitterer Enttäuschung: Wir haben kein Brot. Eure Pflicht ist es, über die Nahrungsmittel zu wachen, doch Ihr erfüllt sie nicht! Nach dem Verrat unserer Minister sind unsere Grenzen schlecht verteidigt. Und wegen Eurer Sorglosigkeit sind wir nahe daran, am wichtigsten und dringendsten Nahrungsmittel Mangel zu leiden.

Stadtbeamte, gebt uns Brot!

Ihr habt uns schlechtes Mehl verkauft, in dem die Hefe der Korruption gärte. Wolltet Ihr mit der Gesundheit und dem Leben Eurer Mitbürger dreckige Geschäfte machen? Hütet Euch davor! Bedenkt, daß wir keine Tiere, sondern Menschen und Eure Brüder sind!

Stadtbeamte, gebt uns Brot!

Die Ernten der letzten drei Jahre waren gut. Die Behauptung, dieses Jahr gedeihe das Korn nicht, war falsch. Wir geben zu, daß die Ähren nicht überall so viel abgeworfen haben wie in den vorigen Jahren. Aber die Anzahl der Ähren war viel größer, so daß die Ernte insgesamt genauso gut war wie vorher. Alle Bauern haben das bestätigt. Es gibt Fanatiker, die krähen schon los, daß das alles eine Strafe Gottes sei. Aber wir leben nicht mehr im Mittelalter und man kann uns nicht einreden, Dämonen hätten die Ernte verschlungen, weil die Kirche ihren Zehnt nicht mehr bekommt. Die diesjährige Ernte war sehr gut. Wir müßten mehr Korn haben, als wir für drei Jahre brauchen. Und warum steigt dann der Brotpreis unaufhörlich? Er war mal bei 8 Sous, und jetzt ist er auf 9, 10 und 11 Sous gestiegen! Unter dem Ancien Régime wurde der Brotpreis gewöhnlich nur jeweils um 6 Heller angehoben. Unter der Herrschaft der Freiheit beobachten wir eine stärkere Preiserhöhung. Das Brot wird gleich um einen Sou teurer. Aber damit ist noch nicht Schluß, denn die Bäcker

Verbrauch in Paris

Jeden Tag wurden in Paris 1700 Sack Getreide konsumiert, oder anders ausgedrückt 620500 Sack Mehl im Jahr. Paris mußte von außen versorgt werden. Während der ganzen Revolutionszeit war der Schutz der Handelswege und die Garantie der Durchfahrt bis Paris eine wichtige innenpolitische Aufgabe.

Die Sans-Culotten, die ärmste Bevölkerungsgruppe in Paris

befürchten, daß wir in drei Wochen für ein Vierpfundbrot wahrscheinlich 15, 16 oder sogar 18 Sous bezahlen müssen.

Es gibt nur zwei Möglichkeiten, wir sagen Euch das ungern, aber es ist an der Zeit, die Wahrheit auszusprechen. Es geschieht ein Verbrechen: Es gibt Lebensmittelhamsterer*. Entweder seid Ihr aus Ignoranz oder aus verräterischer Absicht schuldig. Ihr könnt wählen: unwissende oder ungetreue Verwalter; das ist gleich, denn in beiden Fällen entsprecht Ihr nicht unseren Vorstellungen. Falls Ihr nur unfähig seid, Eure Geschäfte zu führen, dann gebt Eure Ämter anderen ab, die mehr öffentliches Vertrauen verdienen. Solltet Ihr aber wirklich des Verrats schuldig sein ... wir wagen nicht, es zu denken. Wie dem auch sei: falls Ihr willens seid, Eure Pflicht zu erfüllen, so ändert Euer Verhalten.

Stadtbeamte, gebt uns Brot!

Die Lebensmittelhamsterer ließen Lebensmittel verschwinden, um die Preise in die Höhe zu treiben

Sobald irgendein Lebensmittel verknappt wird, steigt sein Preis. Korn aber ist nicht wirklich knapp. Es dürfte weder an Mehl noch an Korn fehlen. Und es mangelt auch nicht daran. Da nicht ausreichend Zucker, Kaffee und andere unnötige Lebensmittel vorhanden sind, schnellt ihr Preis verständlicherweise in die Höhe. Man verbraucht dann eben weniger davon. Diese Dinge werden ohnehin nur von Reichen konsumiert. Sie haben die nötigen Mittel, um sie zu bezahlen. Der arme Schlucker verzichtet freiwillig darauf. Auf das Brot aber kann er nicht verzichten, denn es ist für alle Menschen und besonders für den Armen ein Hauptnahrungsmittel. Es ist seine einzige Nahrung. Der Reiche hingegen ißt kaum Brot. Er bevorzugt stärkende Nahrung, Kraftbrühen, Fisch, Wildbret und Geflügel. Er besitzt alles, weil er alles kaufen kann. Dem armen Mann hingegen gehört nichts. Er hat nur Brot, und das raubt Ihr ihm! Er ißt mehr davon, denn er muß vom Brot leben. Ihr wollt nicht, daß er überlebt! Daher bekommt er Brot genauso wenig wie andere Lebensmittel. Der Brotverbrauch ist stets gleich, ob das Brot nun teurer oder der Preis eher angemessen ist. Die Gesamtmenge ist doch dieselbe! Warum dann diese fatale Preiserhöhung? Vielleicht hat sie noch weitere strafbare Ursachen? Wir erschaudern, wenn wir uns das vorstellen.

Als die Steuer abgeschafft wurde, konnte der arme Mann für 8 Sous ein wenig Wein trinken. Die Menge sollte dieselbe sein, die er für 12 Sous erhielt, als es die Steuer noch gab. Heute aber kostet derselbe Wein 10 Sous und bald, so wird gemunkelt, wird sein Preis wieder 12 Sous betragen. Zudem ist er mehr denn je gepanscht, und Ihr kontrolliert das nicht. Was hat uns die Abschaffung der Steuer also gebracht? Gar nichts! Eines Tages werden wir noch auf dieses Getränk verzichten müssen, das uns auf der einen Seite stärkt, auf der anderen aber umbringt. Uns wird also noch unsere gewöhnliche Nahrung bleiben. Aber um Gottes Willen, verweigert uns diese nicht auch noch!

Stadtbeamte , gebt uns Brot!

Anonymus

** Accapareurs (Hamsterer)*

In Zeiten von Lebensmittelknappheit existierten Spekulanten, die in großen Mengen Korn und Mehl aufkauften, um eine Preissteigerung zu erzwingen und dann mit größerem Gewinn zu verkaufen. Am Ende des Ancien Régime (1788) gab es eine Hungersnot, und Ludwig XVI. verbot die Spekulation um das Korn. Die Nationalversammlung hob diese Bestimmung als Beschränkung der freien Wirtschaft auf. Erst als 1793 erneut das Brot knapp wurde, dekretierte der Nationalkonvent, daß das Horten (»accaparement«) von Lebensmitteln ein Kapitalverbrechen sei.

Die Kunstfertigkeit der Pariser Bäcker

Nirgendwo gibt es besseres Brot als in Paris. Normalerweise ist es in der Schweiz, in Genf, in Savoyen schlecht, und in der Pfalz ist es noch schlechter. Wenn die Dienerinnen das Brot backen, ist es abscheulich. Ich mag gutes Brot, ich kenne es und sehe es schon mit dem bloßen Auge. Gutes Brot gibt es nur in Paris und in jenen Städten, welche die richtige Methode übernommen haben.

Die Güte des Brotes hängt von der Geschicklichkeit im Umgang mit dem Teig ab. Was aber diese Behauptung beweist ist die Tatsache, daß außerhalb Frankreichs mit gutem Korn ein recht schlechtes Brot gebakken wird, während es in Paris gut und besser als sonstwo in Europa ist.

Sturheit und Ignoranz verhindern die Ausbreitung der besseren Herstellungsmethode. Die Unfähigkeit der Bediensteten wird geradezu erblich. Die Pariser Gefängnisinsassen essen besseres Brot als die Einwohner der schweizerischen Kantone. Das Bäckerhandwerk ist nur in Paris zur Vollendung gekommen und die besten Bäcker sind durch diese Schule gegangen. Ich wiederhole es so lange, bis die Fremden einlenken und ihrerseits auch gutes Brot essen wollen. Welch eine seltsame Sturheit, schlechtes Brot essen zu wollen! Die Bäcker stehen nach der Arbeit fast nackt auf den Schwellen ihrer Türen, wie Akademiemodelle. Sie sind bleich, voller Mehl und haben nicht so rote Gesichter wie die Metzger. Ihr Handwerk ist ungesünder. Man sollte ihnen das, was sie bei ihrer ermü-

Bäckerstatistik

Im Jahre 1792/93 gab es in Paris auf 1 137 Einwohner einen Bäcker. Der tägliche Bedarf an 4-Pfundbroten belief sich auf insgesamt 201 407 Stück. Die Dichte der Bäcker im Verhältnis zu den Einwohnern schwankte sehr stark von Sektion zu Sektion. In der Sektion Gardes françaises waren es nur 415 Einwohner pro Bäcker, in der Sektion Temple dagegen 2 500 Einwohner.

Tanz um den Freiheitsbaum

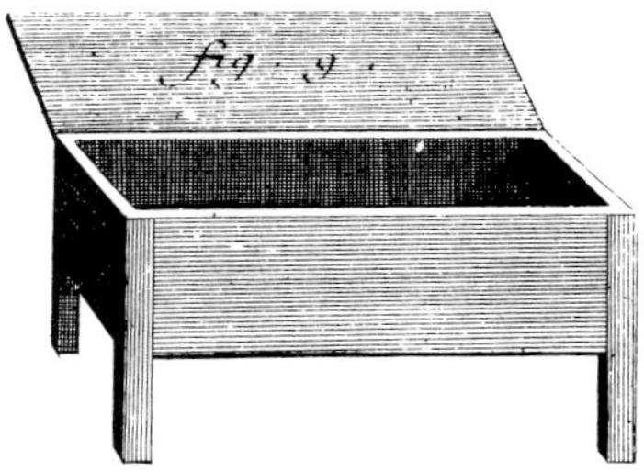

denden und harten Arbeit an Gesundheit verlieren, durch ein wenig Achtung vergelten.

Das beste Mehl wird leider für die Brötchen verwendet und ist damit für das normale Brot verloren, es ist das feinste, weil es gesiebt wird. Die Brötchen werden auch mit mehr Sorgfalt hergestellt. Ich meine, es sollte bloß eine einzige Brotsorte geben. Das feine Brot ist wie eine Beleidigung für den einfachen Brotlaib des Maurers, weil man es mit seiner schönen festen, goldenen Kruste ein wenig teurer bezahlt. Ja soll es denn auch noch beim nahrhaften Brot zerstörerische Livreen geben? Das gute feine Brot sieht aus wie ein Adeliger unter lauter Bürgerlichen, es wird in die Mägen von Adel hinabsteigen. Die Präsidentin, die Herzogin und die Marquise wollen nur dieses haben, sie schauen das Brot mit festem Teig an, als wäre es Heu.

Beobachten wir diesen Mann: Es ist 11 Uhr abends, er kauft ein Pfund Brot. Die Verkäuferin hat einen so sicheren Blick und eine dermaßen geschulte Hand, daß sie mit dem Thekenmesser ein Vierpfundbrot so schneidet, daß genau das verlangte Pfund herauskommt. Noch bevor der Käufer draußen ist, hat er schon ein Stück Brot gegessen. Oh ihr edlen Spione der Wohltätigkeit, mitleidsvolle Wesen, stellt euch abends vor die Türen der Bäckereien! Dort werdet ihr sehen, wieviele Menschen das Elend mit seiner harten Rute schlägt. Manchmal geht ein Kind von 8 Jahren hinein und zeigt sein kleines Geldstück; ach, es nimmt ein halbes Pfund Brot mit für seinen Vater im Gefängnis! Ihr wißt also nicht, wo die rührendsten Szenen des menschlichen Lebens gespielt werden, ihr, die ihr alles schon zu kennen glaubt! In diesen widrigen und schweren Zeiten und in gewissen kritischen Momenten kommt die Regierung den Bäckern stillschweigend zu Hilfe, entschädigt sie und zahlt ihnen vorübergehend den überhöhten Mehlpreis, damit plötzliche, gefährliche Preisschwankungen ausbleiben und das Brot bei einem Preis bleibt, zu dem es auch der Arme ohne Murren kaufen kann. Man legt ihnen besonders nahe, niemals Bedürftige zurückzustoßen oder ihre Empfindlichkeit zu reizen. Dies ist eine väterliche Vorsicht, ein weises Opfer, eine menschliche Politik und eine anerkennenswerte Wohltat. Denn die Angst und die Panik, womöglich auf das Hauptnahrungsmittel verzichten zu müssen, würden immer größer und würden sich bei vielen Menschen ausbreiten, bis die Kontrolle der öffentlichen Ordnung versagt. Eine große Einwohnerschaft erfordert also eine ganz besondere Politik. »Die Not ist heilig«, alle Gesetze sind dazu da, um ihr beizustehen, wer etwas anderes behauptet, verdient nur Verachtung. Die Politik muß sich in alle Richtungen biegen und beugen, sich falls nötig verändern wie ein Minutenzeiger, denn sie muß mit den Ereignissen gehen und dem Strom des allgemeinen Willens und Wohls gehorchen: dies ist ihre Stärke und dies wird ihr Ruhm sein.

Louis Sébastien Mercier

Im Oktober 1789 erzwangen die Pariser Frauen eine bessere Versorgung mit Lebensmitteln

Demokratisierung des Gaumens

Paris, im Reifmond (Dezember) 1793

Paris, ich habe es Ihnen schon gesagt, mein Freund, ist die Quelle der öffentlichen Meinung, das Herz der Republik und der Revolution. Vielleicht ließe es sich, sogar ohne Scherz, noch besser mit dem Magen vergleichen, wenn diese Idee auch schon ihrem Persifleur zu allerlei witzigen Einfällen Anlaß geben könnte. Mögen sie doch glauben, und ihrem Publikum weis machen, daß wir uns hier, wie die spanischen Edelleute, die Zähne stochern, ehe wir zu Mittag gegessen haben! Wo man so viele Armseligkeiten glaubt, mag eine mehr leicht in den Kauf gehen. Aber wahr ist gerade das Gegenteil; nie hat der *Bürger* in Paris besser gelebt als jetzt, da freilich nur eine Art Brot gebacken wird, hingegen auf den mit Überfluß prangenden Märkten keine Haushofmeister und Köche von reichen Prassern mehr zu sehen sind, die den Sansculotten das Beste vor dem Munde wegzuschnappen pflegten. Der starke Gewinn des Handwerkers setzt ihn in Stand, sich mit einer gewählteren, wohlschmeckenderen Kost als zuvor gütlich zu tun, und er genießt jetzt an seinen Festta-

Ludwig XVI. als Freund des Weines

gen um geringes Geld die Leckerbissen, die Eure reichsstädtischen Sardanapalen sonst mit Extrapost aus Frankreich verschrieben und unter dem Vorsitze der Göttin Dullneß verschlangen. Die köstlichen Weine aus Languedoc, Champagne und Bourgogne, die unsere Nachbarn uns sonst austranken, netzen jetzt nur republikanische Gaumen. Lord Howe mit seiner allmächtigen Flotte hat doch den Austern, Hummern und Steinbutten ihr Futter noch nicht abgeschnitten; wir fangen sie so fett und schmackhaft als je an unseren fischreichen Küsten. Unsere Bäuerinnen in der Normandie haben durch die Revolution die Kunst Kapaunen und Poularden zu stopfen noch nicht verlernt. Die Ananas reifen nach wie vor in unseren Treibhäusern, und die Sonne hat dieses Jahr auch warm genug geschienen, um unsere unzähligen Obstsorten mit Würze, Saft und Kraft zu füllen. Die Natur scheint es nicht im geringsten übel zu nehmen, daß keine Herzogen und Prinzen, keine Generalpächter, sondern arme Sansculotten ihre köstlichsten Erzeugnisse verzehren. Im Gegensatz zu früher, als die wohlschmeckendsten Gerichte für den unersättlichen Schwelger durch den Mißbrauch ihren Reiz verloren, haben wir das Geheimnis gefunden, die Gaben unseres fruchtbaren Bodens ohne Überdruß zu genießen, indem wir mit Auswahl und Mäßigkeit nur die Feste des Vaterlandes und der Gastfreundschaft durch ihren Genuß erhöhen. An Werktagen genügt jedem sein Braten und ein Salat. Paris – nicht wahr, Sie verzeihen mir meine Arabesken, wenn ich nur zuweilen auf das Hauptwort zurückkomme? – Paris empfindet, denkt, genießt und verdaut für das ganze Land. Daher war in der Tat der Anschlag nicht so übel erdacht, im vorigen Jahre schnurstracks bis hierher zu marschieren und die Revolution zu ersticken, indem man Paris von der Erde tilgte, oder wenigstens auf ein paar Jahrhunderte in den kläglichen Zustand zwischen Leben und Tod versetzte. Paris gibt den Ton an, nicht bloß wegen seiner Bevölkerung und seiner Größe, sondern weil der Umlauf des Handels, der Ideen, der Menschen selbst, im Lande noch unbeutend ist.

Bei uns ist Paris der einzige Maßstab der Vollkommenheit, der Stolz der Nation, der Polarstern der Republik. Hier allein ist Bewegung und Leben, hier Neuheit, Erfindung, Licht und Erkenntnis. Paris ist der Kommunikationspunkt zwischen allen übrigen Städten, zwischen allen Departementen der Republik. Alles fließt hier zusammen, um erst von hier aus nach den Provinzen zurückzuströmen. Die Gesetze des Geschmacks und der Mode wurden seit einem Jahrhundert in Paris gegeben und promulgiert, Frankreich gehorchte ihnen wie Göttersprüchen; und ohne, daß wir es verlangten, huldigte ihnen Europa. Noch jetzt wird ihre Oberherrschaft jenseits unserer Grenzen anerkannt, wie schon die bloße Existenz Eurer Modejournale beweisen muß; aber im Bezirke der Republik selbst gebietet jetzt Paris auf eine weit wirksamere Art: durch die Kraft der öffentlichen Meinung.

*Georg Forster**

** Georg Forster (1754–1794) war Schriftsteller und Weltreisender. Die Memoiren seiner mit Cook um die Erde unternommenen Expedition hat er 1772 bis 1775 veröffentlicht. 1779 erhielt er in Kassel einen Lehrstuhl für Naturgeschichte. 1788 ernannte ihn der Kurfürst von Mainz zum Professor und Bibliothekar. Die republikanische Stadt Mainz entsandte ihn 1793 nach Paris, um den Anschluß an Frankreich zu erbitten. Forster starb 1794 in Paris.*

Selbstverwaltete Bäckereien
Antrag der Sektion Tuileries vom 22.7.1793

Mehrere Mitglieder der Sektion haben angezeigt, daß ein Bäcker sein Geschäft aufgegeben und seinen Laden geschlossen hat, und dies trotz der Sorge, die bezüglich der Lebensmittellage verbreitet wird. Da dies an schlechte Absichten und Niedertracht grenzt, der durch einschneidende Maßnahmen Einhalt geboten werden muß, beschließt die Vollversammlung der Sektion in Anbetracht der Dringlichkeit und nach Anhörung des Berichts der Zivil- und Militärausschüsse folgendes:

1. Sie teilt dem Bäcker formell mit, daß sie den hinterlassenen Laden, der zur Vermietung ausgeschrieben ist, auf ihre Kosten übernimmt.

2. Alle Sachen, Werkzeuge und Gerätschaften, die zur Bäckerei gehören, werden ihm von der Sektion nach Schätzung von Fachleuten entsprechend bezahlt.

3. Die Sektion übergibt den genannten Laden inklusive der erforderlichen Vorschüsse an Louis Jouvin. Er muß dem Zivilausschuß, der mit der Leitung des Geschäfts beauftragt wird, laufend Rechenschaft ablegen.

4. Eben dieser Zivilausschuß wird umgehend Maßnahmen treffen, um Jouvin das für sein Geschäft benötigte Mehl liefern zu lassen.

5. Dieser Beschluß wird dem Generalrat der Stadtverwaltung mitgeteilt, zum Druck gebracht, ausgehängt und mit der Aufforderung an die anderen Sektionen geschickt, genauso zu verfahren und hart gegen die Bäcker vorzugehen, die sich weigern im Augenblick der Krise Brot zu backen. Denn die Feinde der Republik zählen gerade auf das Elend und die Not, welche die Revolution scheitern und die Sache des Volkes verraten lassen könnte.

Zum Frühstück Kartoffeln

Im Jahre 1794, kurz nach meiner Rückkehr aus Bordeaux nach Paris, ging ich meinen Vater besuchen, der sich mit meiner Mutter nach Fontainebleau zurückgezogen hatte. Meine Mutter war 18 Monate lang im Gefängnis gewesen. Bei jeder kleinen Reise brachte ich ihnen Zucker mit, der damals zu 6 Francs und mehr pro Pfund verkauft wurde. Für meinen Vater war das ein Lebensmittel von oberster Wichtigkeit, denn er war es gewohnt, jeden Morgen Tee oder andere warme Getränke mit Honig zu sich zu nehmen. Alle Finanzen waren in schlechtem Zustand. Die Bauern in Paroy* zahlten bloß mit Assignaten. Das auf 9 Jahre angelegte Geld wurde erst in 5 Jahren wieder verfügbar. Zwei Höfe, die 5 000 bzw. 4 000 Francs einbringen sollten, wurden damals mit zwei oder drei Hammeln ausgezahlt, die jeweils 2 000 oder 2 500 Francs in Assignaten wert waren.

** Der Autor dieses Textes ist der Marquis de Paroy (1750–1824), dessen Familie in dieser Ortschaft ihren Landbesitz hatte. Der Marquis nahm zwar als Militär an der Revolution teil, war aber eigentlich Maler. Als solcher war er später sehr erfolgreich und berühmt.*

Bei einer meiner Reisen nach Fontainebleau sah ich, wie meine Mutter Kartoffeln schälte, die sie in der Glut des Kamins gebacken hatte. »Ich wußte nicht, Mama, daß Ihr so gerne Kartoffeln eßt! Ich erinnere mich an eine Zeit, da habt Ihr zum Frühstück Eure gute Suppe gegessen.« – »Die Zeiten sind anders, und nicht der Geschmack«, antwortete sie. »Die Situation, die man nicht ändern kann, muß man ertragen ohne sich zu beklagen.« Dies war die Ansicht meiner ehrwürdigen Mutter. Traurig und bewegt gehe ich in die Küche hinunter. Dort treffe ich auf den Diener, das Faktotum des Hauses, wie er mit seinem Sohn in aller Ruhe seinen Milchkaffee mit Zucker und Weißbrot zu sich nimmt. – »Na hört mal, wie könnt ihr Weißbrot essen, während meine Mutter zum Frühstück Kartoffeln hat, die sie auch noch selbst schält!« – »Verdammt, die Herrin scheint's zu mögen«, antwortete die Köchin. »Es schmeckt ihr offensichtlich.« Empört werfe ich den Napf mit dem Milchkaffee um und schmeiße das Weißbrot aus dem Fenster. Ich gehe wieder hinauf. Ich erzähle meiner Mutter, was ich gesehen und was ich in meiner Wut getan habe. Die Köchin hatte ihr erzählt, daß die Sachen Geschenke seien, die sie bekommen hätten; ich konnte nachweisen, daß das gelogen war.

Am selben Tag gab es mittags nach einem trockenen Stück Rindfleisch ein hartes Huhnragout mit Reis, das man seit drei Tagen in Erwartung meines Besuchs aufgehoben hatte. »Nur zweimal in der Woche haben wir einen guten Eintopf«, sagte meine Mutter. »Die anderen Tage essen wir Zwiebel- oder Milchsuppe.« Mein Herz war bedrückt. Ich tat so, als müßte ich nach Paris zurück, ritt aber nach Paroy, wo ich sehr spät ankam. Der Bauer ist erstaunt, mich zu sehen. Während ich bei ihm bin, bringt man ihm 8 000 Francs in Assignaten vom Markt für ein Schwein und vier Hammel, die er zum Verkauf angeboten hatte. »Hast du denn gar kein Gewissen und meinst du, die Pacht mit vier Hammeln bezahlen zu können?« – »Verdammt! Zahlen wir nicht pünktlich? Sie können uns nichts vorwerfen. Wenn die Assignaten an Wert verloren haben, so ist das nicht unsere Schuld, wir verdienen daran. – »Du Lump! ich zahle dir die 4 Jahre Entschädigung, die der Pachtvertrag noch läuft, ich übernehme den Hof und mit ein paar verkauften Hammeln sind wir quitt! Schämst du dich nicht, mit deinen Burschen gutes Brot zu essen, während meine Mutter in ihrem Alter gezwungen ist, morgens Kartoffeln und mittags Brot zu essen?« – »Aber das ist ihre eigene Schuld«, sagte der Bauer. »Warum sagt sie nichts? Wir können ihr etwas nach Fontainebleau schikken.« – »In Ordnung. Ich will 4 Sack gutes Mehl und ein paar Stück Geflügel, dann sehen wir weiter. Jede Woche muß ein Weg gefunden werden, um meiner Mutter etwas zu schicken. Ihr darf es an nichts fehlen, sonst kündige ich den Pachtvertrag. Los, Beeilung! Geh die vier Sack Mehl holen, lade sie auf den kleinen Karren und schicke einen deiner Leute mit, um mich zu begleiten.« Er gehorchte, es war ein guter Mensch, aber er fand es ganz normal, von den Assignaten zu profitieren. Innerhalb einer Stunde war alles bereit und ich zog wie im Triumphzug mit meinem kleinen Konvoi los. Meine Mutter war erstaunt, mich wiederzusehen. Sie war gerührt und fröhlich. Ich ließ den Metzger kommen. Ich kehrte in der glücklichen Gewißheit nach Paris zurück, meiner Mutter ihre alltägliche Brühe gesichert zu haben.

Diese Begebenheit wäre ohne Bedeutung, wenn sie nicht die Zeit und die innere Not aufzeigen würde, welche die Opfer der Revolution ertragen mußten. Die Emigranten haben sicher im Ausland viel gelitten, aber wer in Frankreich blieb und der Monarchie treu war, der erlitt noch mehr Kränkungen, Beleidigungen und er war noch größerer Gefahr ausgesetzt. Nur diese Leute selbst wissen, was sie ausgestanden haben.

Mémoires du Marquis de Paroy

Berichte der Polizeiagenten

Die Lebensmittelläden haben nicht einmal mehr das Nötigste, es scheint mir, als wollten sie nichts mehr einkaufen. Sie müßten aber dazu durch ein strenges Gesetz gezwungen werden; das ist wichtig, denn wenn man nicht aufpaßt, kann man bald bei ihnen gar nichts mehr erhalten.

Die Markthallen waren mit Fisch bestens versorgt; das Gemüse ist immer noch sehr teuer.

Heute kamen hier wesentlich mehr Kühe als Stiere an, die sehr klein und unsagbar mager sind. Es wäre angebracht, nur sehr wenig Kühe zu schlachten; und das schlimmste ist, daß auch viele Kälber getötet werden. Wenn man nicht aufpaßt, werden wir bald nicht mehr genug haben, denn es wird nicht ausreichend Nachwuchs gezüchtet, was jetzt am sinnvollsten wäre. Bald wird es Bauern ohne Vieh geben.

Prevost, 17. 1. 1794

Kranke Frauen und Kleinkinder liegen schon lange vor Einbruch der Dunkelheit im Schnee, um die Passanten anzubetteln. Gestern konnte man dieses herzzerreißende Schauspiel auf der früher »Königs«-Brücke genannten Brücke sehen, heute ist es in der Rue Vivienne. Kranke und Obdachlose verbarrikadieren dort den Passanten von morgens bis 8 oder 9 Uhr abends den Weg.

In einigen Cafés gibt es Brötchen für einen Sou. Ein paar Limonadenverkäufer haben von den Bäckern diese billige Lieferung bekommen. Fisch gab es in den Markthallen viel und billig, vor allem Süßwasserfische.

Die Beschlüsse des Generalrats der Stadtverwaltung, den Preis für Brennholz in allen Pariser Vierteln festzulegen, so wie den fürs Sägen und den Transport von Wein, ist in der Öffentlichkeit mit viel Befriedigung aufgenommen worden. Die Kolporteure haben einen Haufen dieser gedruckten Beschlüsse ausgeteilt.

Dugas, 17. 1. 1794

Das Volk und vor allem die Frauen schimpfen sehr über die Metzger und Wurstfabrikanten, die sich absolut nicht an die Höchstpreise* halten. Es wird behauptet, die Metzger würden sich mit den reichen Leuten einigen, daß sie teuer verkaufen, damit die Reichen immer das beste Fleisch bekommen und der Arme, der manchmal bloß 1 ½ Pfund auf einmal kaufen kann, das mindere und damit schlechtere.

Die Metzger, so sagte eine Streichholzhändlerin in einer Kneipe im Faubourg Saint-Antoine, meinen noch, sie täten uns einen Gefallen, nur wenn sie uns bedienen. Sie sagen: »Seid mit dem zufrieden, was wir euch geben, denn bald bekommt ihr gar nichts mehr.«

** Loi du Maximum – Höchstpreise*

Bezüglich der »Festpreise« gab es ein aufsehenerregendes Gesetz aus den Jahren 1793/94, das Gesetz des sogenannten »Maximums«. In der Hungersnot, die man Wucherern und den sogenannten Hamsterern anlastete, sollte die unkontrollierte Preissteigerung gebremst werden. Die wichtigsten Lebensmittel und Produkte, die zur Lebensführung erforderlich sind, wurden bei einem festgelegten Preis aus dem freien Markt genommen.
Neben Nahrungsmitteln gehörten Metalle, Brennholz, Stoffe, Kleidung, Kerzen und Seife zu den preisgebundenen Produkten. Selbst die Transportkosten für Waren wurden durch dieses Gesetz geregelt. Nachteil war eine starke Behinderung des Marktes; Ende 1794 wurde das Gesetz aufgehoben.

Gute Gesetze tun Not, denn das Volk murrt und murrt.

Im Faubourg Saint-Jacques gab es zwischen einem Maurer und einem Wursthändler Streit. Dieser wollte ein Pfund Speck für 24 Sous verkaufen, und es war fast so viel Salz dran wie Speck. Im Laufe des Wortwechsels kamen viele Leute zusammen und die beiden streitenden Bürger sind schließlich vor das zuständige Komitee ihrer Sektion gezogen.

In einer Gruppe von Bürgern in der Nähe des Stadttors Saint-Bernard wurde über Holz und Wein gesprochen. Ein Sansculotte sagte, daß man die Unzufriedenheit besänftigen und daß man jedem seinen Wein zusichern könnte, indem man in dieser Sache genauso wie bei der Kohle verfahren würde; d.h. es soll nur noch Wein an Weinhändler und an Bürger ausgeliefert werden, wenn diese einen vom Revolutionskomitee der Sektion ausgestellten Gutschein haben. Dieser Vorschlag wurde von Weinhändlern beklatscht.

Bacon, 17.1.1794

Die Frauen ziehen bewaffnet nach Versailles, um den König um niedrigere Brotpreise zu bitten

Preisfestlegung: Eine Forderung der Sektion Sans-Culottes

Englische Satire gegen die wohlgenährten Minister

31.5.1794

Die Versammlung hat heute beschlossen, dem Konvent eine Adresse mit der Forderung nach Preisfestsetzung der wichtigsten Lebensmittel zu überreichen.

Abgeordnete des Volkes!

Lange, zu lange schon leiden und sterben ganze Familien unserer Brüder vor Not, lange, zu lange schon beraubt der hohe Preis der wichtigsten Lebensmittel eine Menge von Bürgern ihrer Lebensgrundlage. Endlich einmal muß die unersättliche Habgier der gemeinen Egoisten gebremst werden, die mit dem Blut der Unglücklichen Handel treiben und die ihr Privatvermögen auf der öffentlichen Not errichten. Es ist wahrhaftig so, daß diese Monopolisten weder vom Anblick des Leids ihrer Mitmenschen, noch von den Schreien der Armut, noch vom Wimmern ihrer Opfer gerührt werden, denn nichts kann ihre bronzenen Herzen erschüttern. Volksabgeordnete! Laßt die nationale Gerechtigkeit herrschen und gebietet den Verbrechen an ihr Einhalt. Damit unser Leid ein Ende hat, damit die Notwendigkeit zu essen mit den finanziellen Möglichkeiten in Einklang kommt, bitten wir Euch, die Preise für die wichtigsten Nahrungsmittel festzulegen und sie mit dem Verdienst des Einzelnen abzustimmen, damit jeder sich leicht versorgen kann. Wir bitten Euch, dieses wohltätige Gesetz für die ganze Republik gelten zu lassen.

Wenn wir uns in einem Moment, wo das Volk schon rebelliert, noch an Euch wenden, dann geschieht das in der Hoffnung, daß Ihr, sofern wir die Waffen niederlegen und Euch die Souveränität geben, diese Macht zum Wohl des Volkes ausüben werdet. Hört also auf das Volk und kommt den unglücklichen Exzessen zuvor, die Euch und es selbst in der Verzweiflung und der Wut zu Opfern machen könnten.

X.
Die Hinrichtung des Königs

Am 21. September 1792 tritt die gesetzgebende Nationalversammlung unter dem neuen Namen Nationalkonvent zusammen und ruft die Republik aus.

Eine ihrer ersten Taten war der Prozeß gegen den ehemaligen König. Ludwig XVI. war nunmehr seiner Immunität beraubt, und der Prozeß galt der Privatperson Louis Capet – so lautete der Familienname der französischen Könige seit dem 10. Jahrhundert.

Die Anklage lautete recht pauschal »Verschwörung gegen die öffentliche Freiheit«. Der Nationalkonvent mußte *nun Ludwig für schuldig erklären, denn ein Freispruch hätte gleichzeitig das Ende der gerade gegründeten Republik bedeutet. Der Konvent stimmte nahezu geschlossen für »schuldig«. Bei der Frage des Strafmaßes allerdings spaltete sich die Versammlung in zwei Lager: mit nur wenigen Stimmen Mehrheit wurde der König zum Tode verurteilt.*

Die Hinrichtung hatte nach innen und nach außen schwerwiegende Folgen. Innenpolitisch standen sich die beiden großen Lager, die gemäßigten Girondisten und die radikale Bergpartei, nun unversöhnlich gegenüber. Nach außen erschien Frankreich als königsmordende Republik und konnte auf keine Sympathie bei den anderen europäischen Staaten mehr rechnen. Die Isolierung war perfekt.

Der König ist tot! Es lebe die Republik!

Der Verteidiger Ludwigs XVI. erinnert sich

Ich kannte Herrn von Malesherbes*, seit langem. 1794 traf ich ihn in einem jener Gefängnisse wieder, von denen Frankreich damals voll war und in denen alle ehrbaren Menschen eingekerkert waren. Sie warteten darauf, daß es an ihnen sei, vor das Revolutionsgericht, der ersten Stufe des Schafotts, gerufen zu werden. Es war während eines unserer an bitteren Erinnerungen und an düsteren Zukunftsperspektiven so reichen Gespräche, daß ich Herrn von Malesherbes drängte, mir alles zu erzählen, was er in jener Epoche gesehen und gehört hatte, als er die gefährliche Ehre anstrebte, Verteidiger von Ludwig XVI. zu sein und damit seine Karriere durch eine würdige Hingabe krönte.

Sobald ich, sagte mir Herr von Malesherbes, die Erlaubnis erhalten hatte, ins Gefängnis des Königs* zu gehen, eilte ich hin. Kaum hatte er mich gesehen, da ließ er einen offen vor ihm auf einem kleinen Tisch befindlichen Tacitus liegen und schloß mich in seine Arme. Seine Augen wurden feucht, meine füllten sich mit Tränen und er sagte zu mir: »Ihr Opfer ist umso großmütiger, als Sie Ihr Leben riskieren und meines doch nicht werden retten können.« Ich hielt ihm vor, daß es für mich keine Gefahr geben könne und daß es zu leicht sei, ihn siegreich zu verteidigen, als daß sein Leben in Gefahr sei. Er antwortete: »Ich bin sicher, sie werden mich umbringen, sie haben die Macht und den Willen dazu. Gleichviel, kümmern wir uns um meinen Prozeß als ob ich ihn gewinnen könnte. Und ich werde ihn wirklich gewinnen, denn die Erinnerung, die ich hinterlassen werde, wird makellos sein. Aber wann werden die beiden Anwälte kommen?« Er hatte Tronchet* in der Nationalversammlung gesehen, Desèze* kannte er nicht; er fragte mich mehrere Dinge über ihn und war mit den Erklärungen, die ich ihm gab, zufrieden. Ohne Bitternis sprach er von der Ablehnung Targets*. Er fügte hinzu: »Glauben Sie, daß man uns genug Zeit für die Verteidigung läßt?« – »Ich hoffe, es, Sire.« Er lächelte und sagte zu mir: »Sie dürfen mir diesen Titel nicht mehr geben, die anderen werden sich seiner nicht bedienen, und er könnte Sie bloßstellen.« – »Welch anderen kann ich benutzen? Würden Sie mir erlauben, Sie Bürger zu nennen?« – »Aber sicher, ich halte mich für einen besseren als diejenigen, die mich anklagen.« Trotz seiner Zustimmung und meines Versprechens ließ mich die Gewohnheit ihn fast immer so nennen, wie ich ihn früher genannt hatte.

Er arbeitete täglich mit uns an der Analyse seiner Akten. Wir sprachen einmal vom Fortgang der Revolution. Tronchet rief aus: »Wer hätte gedacht, daß sie soweit gehen würde?« – »Jemand«, antwortete der König, »der mir zu Beginn der Generalstände eine Abhandlung übergeben ließ, in der ungefähr alles, was jetzt passiert, angekündigt wurde; aber ich hatte es nicht geglaubt.« – Er unterbrach sich und schaute mich

** Chrétien Guillaume de Lamoignon de Malesherbes (1721–1794) bekleidete hohe Staatsämter unter Ludwig XV. und Ludwig XVI. Selbst ein Anhänger der aufklärerischen Philosophie, förderte er mit seinem großen Einfluß auf diskrete, aber wirksame Weise das Erscheinen und die Verbreitung der* Encyclopédie *von Diderot und d'Alembert. Er kam aus dem Exil zurück, um die Verteidigung Ludwig XVI. zu übernehmen.*

** Die königliche Familie wurde im Temple-Gefängnis gefangen gehalten. Der Name »Temple« stammt aus dem 12. Jahrhundert, als der Turm zum neu gegründeten Kloster des Templer-Ordens gehörte. Siehe Kapitel »Polizei und Gefängnisse«.*

** François Denis Tronchet (1726–1806) war seit 1789 Abgeordneter des dritten Standes in den Generalständen. 1791 von der Nationalversammlung mit der Erstellung des Protokolls über die Aussagen des Königs beauftragt, wurde er später vom König als Verteidiger berufen.*

** Romain Desèze (1748–1828) war als junger erfolgreicher Anwalt bekannt und erst wenige Jahre vor der Revolution aus Bordeaux nach Paris gekommen. Er war ein Schützling des berühmten Target, der als Wunschverteidiger des Königs seine Ernennung abgelehnt hatte.*

** Guy Jean-Baptiste Target (1733–1807) war Abgeordneter des dritten Standes und aktiver Kämpfer für eine Verfassung. Er lehnte es ab, Ludwig XVI. in seinem Prozeß zu verteidigen.*

an. – »War diese Abhandlung nicht von Ihnen, Herr von Malesherbes?« – »Ja, Sire.«

Als Desèze sein Plädoyer fertig hatte, las er es uns vor. Ich habe nie etwas Pathetischeres gehört als seine Schlußrede. Tronchet und ich waren davon zu Tränen gerührt. Der König sagte: »Wir müssen sie ändern, ich will sie nicht rühren.«

Wir näherten uns dem Urteilsspruch; eines Morgens sagte er zu mir: »Ich erwarte von Ihnen den wichtigsten Dienst. Ich würde gerne beichten, die Messe hören, kommunizieren und darauf zählen können, daß ich im Augenblick meines Todes nicht ohne geistlichen Beistand sein werde. Wüßten Sie, wo der Bischof wohnt?« – »Ja, Sire.« – »Kennen sie ihn?« – »Sehr gut.« – »Was halten Sie von ihm?« – »Er ist ein geistvoller, sehr gebildeter Mann, der sich in seiner Diözese um die Verwaltung gekümmert hat.« – »Glauben Sie, er würde kommen, wenn ich ihn riefe?« – »Ich bin davon völlig überzeugt, mache Eure Majestät aber darauf aufmerksam, daß eine solche Wahl in der Lage, in der wir sind, schwerwiegende Nachteile haben könnte. Man würde sicherlich verbreiten, daß Sie eher einen Vertrauten als einen Beichtvater genommen haben, und daß es nicht um Gewissen, sondern um Politik geht.« – »Ich werde über diese Beobachtung, die mir klug scheint, nachdenken.« Tags darauf nahm er dies Gespräch wieder auf und sagte zu mir: »Sie haben recht; aber meine

Ludwig wird entwaffnet

Der König erfährt seine Absetzung

Schwester, mit der ich noch ein wenig in Verbindung stehe, hat mir einen guten Priester genannt, der den Eid auf die Verfassung* nicht geschworen hat. Seine Unbekanntheit könnte ihn später vor Verfolgung schützen. Hier ist seine Adresse. Ich bitte Sie, zu ihm zu gehen, mit ihm zu sprechen und ihn darauf vorzubereiten zu kommen, wenn man mir die Erlaubnis erteilt, ihn zu sehen.« Er fügte hinzu: »Das ist sicherlich ein eigenartiger Auftrag für einen Philosophen*, denn ich weiß, daß Sie einer sind; aber wenn Sie so wie ich leiden müßten, und wenn Sie sterben müßten, wie ich sterben werde, dann würde ich Ihnen dieselben religiösen Überzeugungen wünschen, die Sie wirkungsvoller als die Philosophie zu trösten wüßten.«

Nach der Sitzung, wo er und seine Verteidiger vor Gericht gehört worden waren, sagte er zu mir: »Sie sind jetzt sicherlich davon überzeugt, daß ich mich von Anfang an nicht geirrt habe und daß meine Verurteilung ausgesprochen war, bevor ich angehört wurde.«

Als ich aus der Versammlung zurückkam, wo wir Widerspruch vor dem Volk eingelegt hatten und wo wir alle drei, meine Kollegen sehr gut und ich sehr schlecht gesprochen hatten, weil ich anstelle von Gründen nur Tränen fand, berichtete ich dem König, was vorgefallen war. Ich erzählte ihm, daß ich am Ausgang von einer großen Menge von Leuten umringt worden war, die mir alle versicherten, daß er nicht sterben würde oder erst, nachdem sie und ihre Freunde getötet worden wären. Bei diesem Bericht wurde er bleich und fragte mich: »Kennen Sie die Leute?« – »Ich meine früher einige von ihnen gesehen zu haben, aber in der Aufregung und mit meinen schlechten Augen kann ich mich getäuscht haben.« – »Gehen Sie zurück zur Versammlung, ich verlange es von Ihnen, versuchen Sie sie zu erreichen, ein paar von ihnen zu entdecken. Erklären Sie ihnen, daß ich ihnen nicht verzeihen würde, wenn ein einziger Tropfen Blutes für mich vergossen würde. Ich wollte nicht, daß welches vergossen würde, als ich damit vielleicht meinen Thron und mein Leben hätte retten können, und ich bedaure es nicht.«

Ich war es, der ihm das Todesurteil mitteilte. Ich tat es eher durch mein Schluchzen als durch meine Worte. Er blieb ruhig und schweigsam. »Dennoch«, fügte ich hinzu, »sind wir nicht ganz ohne Hoffnung. Es gab eine Diskussion über das Abstimmungsergebnis.«

Er antwortete nicht und schien nur mit einer Kopfbewegung die Hoffnung, die ich ihm vor Augen führte, abzulehnen. Ich kam abends wieder, um ihm die verhängnisvolle Entscheidung mitzuteilen. Ich war davon überzeugt, daß er mich, sobald er mich kommen sehe, ausfragen würde. Er saß im Dunkel, den Rücken zu einer auf dem Kamin stehenden Lampe gewendet und mit den Ellbogen auf den Tisch gestützt; sein Gesicht hielt er mit den Händen bedeckt. Die Geräusche, die ich verursachte, rissen ihn aus seiner Meditation; er sah mich an, stand auf und sagte zu mir, ohne mich zu befragen und ohne mir Zeit für Erklärungen zu lassen: »Seit zwei Stunden versuche ich herauszufinden, ob ich wäh-

** Die verfassunggebende Nationalversammlung hatte 1790 begonnen, den zivilrechtlichen Status des Klerus neu zu regeln. Die Priester wurden aufgefordert, einen Eid auf die Verfassung zu leisten. Von daher rührt die Trennung in »vereidigte« und »eidverweigernde« Priester. (Siehe Kapitel »Klerus«)*

** »Philosophen« hießen im 18. Jahrhundert diejenigen Schriftsteller und Intellektuellen, die zur Partei der Aufklärer gerechnet werden konnten. Ihr kritisches Denken hatte zur Reformierung und Demontage der absoluten Monarchie alten Stils wesentlich beigetragen. Viele von ihnen standen der christlichen Religion, vor allem aber der katholischen Kirche, kritisch gegenüber, ohne deshalb notwendig Atheisten zu sein.*

Montesquieu (1689–1755) entwickelte den Gedanken der Gewaltenteilung

Jean le Rond d'Alembert (1717–1783) war gemeinsam mit Diderot Herausgeber der großen kritischen Enzyklopädie

Ludwig XVI. ahnt beim Anblick des Gefängnisses sein Schicksal

Der König wird im Nationalkonvent verhört

rend meiner Herrschaft den leichtesten Vorwurf meiner Untertanen verdient hätte. Nun, Herr von Malesherbes, ich schwöre es Ihnen in aller Wahrheit meines Herzens und als Mensch, der vor Gott erscheinen wird; ich habe immer das Glück des Volkes gewollt, und niemals, selbst nicht seit ich mit recht viel Grausamkeit behandelt werde, habe ich einen Wunsch oder einen Gedanken gefaßt, der dem Glück des Volkes entgegengesetzt wäre.« Er hielt inne und nach einem kurzen Moment der Sammlung fragte er mich, was beschlossen worden wäre.

Ich sah den unglücklichen Monarchen noch einmal nach seiner Verurteilung. Entweder hatten seine Wächter noch nicht den Befehl erhalten, niemanden hereinzulassen oder sie achteten nicht auf mich, ich kam jedenfalls einfach durch. Zwei städtische Offiziere standen neben ihm. Er saß da und las. Ich blieb etwas entfernt stehen und sprach nicht. Einer der Offiziere nahm meine Hand, drückte sie und sagte: »Sprechen Sie mit ihm, wir hören nicht zu, aber beeilen Sie sich.« Er ging weg und machte seinem Kameraden ein Zeichen mitzukommen. Da versicherte ich dem König, daß der von ihm gewünschte Priester kommen würde. Er dankte mir, umarmte mich und sagte zu mir: »Ich will nicht, daß Sie traurig sind, der Tod schreckt mich nicht, und ich habe das größte Vertrauen in die Barmherzigkeit Gottes.«

Das ist es, was ich von Herrn von Malesherbes gehört habe. Ich glaube, nichts weggelassen zu haben und bin sicher, nichts hinzugefügt zu haben. Ich kam aus dem Gefängnis frei. Ich ließ dort den verehrungswürdigen Greis zurück. Er wurde 8 Tage später herausgeholt, um auf jenes Schafott geführt zu werden, wo sein Mandant ermordet worden war. Er ging dorthin mit seiner Tochter, seiner Enkelin und deren Mann. Es war das zweite Beispiel von drei Generationen, die im selben Urteil erfaßt wurden und die im selben Augenblick unter der Axt der Henker ausgelöscht wurden.

Damals schien sich die Raserei der Tyrannen zu verdoppeln, das reinste Blut floß in Strömen und unauslöschliche Schmerzen waren all den empfindsamen Herzen vorbehalten, welche diesem großen Blutbad entkamen.

Jean de Vaines

Das Urteil und seine Wirkung auf Paris

Die Verteidiger des Königs erheben Einspruch gegen das Todesurteil

Paris, den 18. Jan. 1793

Monsieur,

man hat schon gestern Boten in alle Departements geschickt, weshalb Sie jetzt wissen werden, daß von 721 Stimmberechtigten 366 für das Todesurteil ohne Einschränkungen gestimmt haben. So ist das Dekret nach Auszählung der Stimmen veröffentlicht worden. Der Präsident hat also verkündet, daß die zu verhängende Strafe die Todesstrafe sei; Herr von Malesherbes und die anderen Verteidiger des Königs sind beim Gericht vorstellig geworden und haben im Namen des ehemaligen Königs erklärt, daß sie Widerspruch vor dem französischen Volk eingelegt haben. Dies gab Anlaß zu einer erneuten Diskussion. Ich kenne bisher nur die Meinung Robespierres, der schnell zur Rednertribüne eilte um zu erklären, daß das Dekret unwiderruflich sei. Ich werde ausgehen und versuchen, Neues zu erfahren und Sie so genau wie möglich über die Vorfälle unterrichten. Aber ich nutze gerne den morgendlichen Frieden, um Ihnen einen Eindruck von Paris in diesen Tagen zu vermitteln. Die größte Stille, die größte Ruhe herrschen in der Stadt. Alle Arbeiter, die Ladenbesitzer und Händler, alle sind wie gewohnt beschäftigt. Es scheint, als wolle nicht ein einziger seine Betätigung unterbrechen, um über dieses Ereignis einen Moment nachzudenken. Ich war gestern im Konvent. Ich erwartete einen großen Andrang, so daß man nur schwer hätte hineinkommen können. Nun, ich bemerkte, daß in der Nationalversammlung höchstens zwei Drittel der Mitglieder anwesend waren und daß die Tribünen nicht einmal zur Hälfte gefüllt waren. Kurz, es scheint so, als interessiere all dies niemanden, als solle das Dekret überhaupt keine Folgen haben und als sei jedermann in das Geheimnis eingeweiht. Ich habe gestern drei Priester, darunter einen Bischof, abstimmen hören; alle drei haben für den Tod gestimmt.

Gerade komme ich nach Hause zurück. Ich kann Ihnen nichts anderes sagen als das, was Sie den Zeitungen entnehmen werden. Der Antrag seitens der Verteidiger des Königs ist abgelehnt worden. Der ehemalige König wird keinen Volksentscheid* erzwingen können. Heute mittag wird die Diskussion darüber eröffnet, ob es sinnvoll sei, die Exekution aufzuschieben. Diese Frage, deren Beantwortung von höchster Wichtigkeit ist, soll, so sagt man, heute endgültig entschieden werden. Es scheint mir jedoch schwierig, daran zu glauben, da namentlich abgestimmt wird.

L. Alexandre Beaulieu
an François Reviers de Mauny

** Der Volksentscheid gehörte zum Rechtssystem in den Zeiten der frühen römischen Republik. Ein Verurteilter konnte vor dem Volk Widerspruch einlegen. Anläßlich der Verurteilung des Königs versuchte man, dieses Vorgehen zu neuem Leben zu erwecken. Aber der Nationalkonvent lehnte das Ersuchen mit 423 gegen 291 Stimmen ab und bekräftigte damit das Todesurteil.*

Ludwigs Tod geht jeden an

Am allerfatalsten ist es, wenn die alten Emigrantenkoterien mit heuchlerischen Seufzern noch immer über Ludwig XVI. jammern, als wären sie seine eigentlichen Angehörigen, als habe er eigentlich ihnen zugehört, als wären sie besonders bevorrechtet, seinen Tod zu betrauern. Und doch ist dieser Tod ein allgemeines Weltunglück gewesen, das den geringsten Tagelöhner ebensogut betraf, wie den höchsten Zeremonienmeister der Tuilerien, und das jedes fühlende Menschenherz mit unendlichem Kummer erfüllen mußte.

Heinrich Heine

Der geistliche Beistand des Königs richtet die letzten tröstenden Worte an den Verurteilten

Sorgen des Henkers

Das Amt des Henkers von Paris war ein besonderes. Der Scharfrichter war mit bestimmten Rechten und Pflichten ausgestattet. Über mehrere Generationen hinweg war es in Händen der Familie Sanson. Charles Henri Sanson starb wenige Tage nach der Hinrichtung des Königs, sein Sohn Henri Sanson nahm die Hinrichtung von Marie Antoinette vor. Der Henker erhielt pro Hinrichtung eine bestimmte Summe, darüberhinaus 16000 Francs jährlich, mir der er u.a. seine Gehilfen zahlte und die beiden Henkerskarren unterhielt. Bis 1775 hatte er ein besonderes Privileg: Auf alle in Paris verkaufte Gemüse und Eier konnte er Steuern erheben.

An den stellvertretenden Generalstaatsanwalt und Syndikus des Départements.

Bürger,

Ich habe soeben die Befehle erhalten, die Sie an mich erteilt haben. Ich werde alle erforderlichen Maßnahmen ergreifen, damit das, was Sie anordnen, ohne Verzögerungen geschieht. Der Zimmermann ist zur Montage der Maschine angewiesen, die an dem angegebenen Platz aufgestellt wird.

Ich muß unbedingt wissen, wie Ludwig das Temple-Gefängnis verlassen wird. Ob er einen eigenen Wagen haben wird oder ob es der für solchartige Exekution übliche Wagen ist. Was soll nach der Exekution mit dem Leichnam des Hingerichteten geschehen?

Müssen ich oder meine Knechte um 8 Uhr am Temple-Gefängnis sein, wie es im Befehl heißt?

Falls ich es nicht sein sollte, der ihn vom Temple-Gefängnis abholt – an welchem Platz und an welchem Ort soll ich mich befinden? Da alle diese Dinge im Befehl nicht genau erläutert werden, wäre es angebracht, wenn der stellvertretende Generalstaatsanwalt und Syndikus des Départements mir so bald wie möglich diese Informationen zukommen ließe, während ich alle erforderlichen Anweisungen gebe, damit alles pünktlich ausgeführt wird.

Paris, den 20. Januar 1793, im 2. Jahr der französischen Republik.

Der Bürger Sanson
Scharfrichter

Die Hinrichtung aus der Sicht eines Royalisten

Paris, den 23. Jan. 1793, Mittwoch früh

Liebe Mama,

Ich schicke Euch die Seele des unglücklichen Ludwig XVI. Sie ist ganz in seinem Testament enthalten, das er am Vorabend seines letzten Auftritts vor dem Gericht abgefaßt hatte in der Annahme, daß er nicht mehr ins Gefängnis zurückkomme. Er hat sein Leben am Montag um halb elf Uhr morgens verloren, und bis zum letzten Moment hat er höchsten Mut bewiesen. Auf dem Schafott schickte er sich an, zum Volk zu sprechen, aber er wurde durch einen Trommelwirbel unterbrochen und von den Henkern gefaßt, die dazu Befehl erhalten hatten und die ihn sofort unter die verhängnisvolle Klinge legten. Er hat nur diese Worte mit lauter Stimme ausrufen können: »Ich vergebe meinen Feinden, ich wünsche, daß mein Tod dem Volk Glück bringen möge, aber ich bedaure Frankreich und ich fürchte, daß Gottes Zorn über es kommen wird.« Er zog selbst seinen Rock am Fuße des Schafotts aus und als man ihm helfen wollte, sagte er gütig: »Ich brauche niemanden.« Er lehnte auch jede Hilfe ab, um aufs Schafott zu steigen und er stieg mit festem und eiligem Schritt hinauf. Der Henker wollte ihm die Haare abschneiden, er weigerte sich und sagte, das sei nicht nötig. Aber auf dem Schafott band der Henker ihm die Hände auf dem Rücken zusammen (und dies war der Augenblick, den der König für seine Ansprache ans Volk nutzte) und schnitt ihm doch die Haare ab. Engländer haben sie gekauft und teuer bezahlt. Nach seinem Tod wurden sein Körper und sein Kopf sofort auf den Friedhof der Gemeinde getragen und in einen 15 Fuß tiefen Graben geworfen, wo sie vom ungelöschten Kalk verzehrt wurden. So bleibt von diesem unglücklichen Prinzen nichts als die Erinnerung an seine Tugend und an sein Schicksal.

Die Charakterschwäche des Königs war sprichwörtlich. Nur seinen persönlichen Vergnügungen hingegeben, ließ er sich von seiner Frau, den zahlreichen Höflingen und Intriganten in seinen politischen Entscheidungen beeinflussen. Während seines Gerichtsverfahrens allerdings rang er sich zu einer selbstbewußten Haltung durch.

Alle Einzelheiten dieser letzten Momente sind in aller Munde. Die ich Euch mitteile, sind die genauesten. Es gibt schlimmere, wenn das überhaupt möglich ist, und ich zögere, sie aufzuschreiben. Ich sah am Montagabend einen Mann durch die Straßen von Paris laufen, der die Wangen mit Blut gefärbt hatte mit derselben Sorgfalt, mit der die Frauen ihr Rouge bei der großen Toilette auflegen. Seine weiße Krawatte war voll davon, er wies die Passanten darauf hin und ich trat vor Entsetzen zurück. Die meisten Marseiller Soldaten und die Föderalisten tränkten ihre Säbel, ihre Piken, ihre Bayonette im Blut dieses unglücklichen Prinzen. Man sagt sogar, daß der Henker das Blut wie mit einem Weihwedel auf diejenigen spritzte, die das Schafott umringten. Ich hätte diese fürchterlichen Erzählungen nicht geglaubt, wenn ich sie nicht von 20 vertrauenswürdigen Personen gehört hätte. Man erzählt auch, daß im Moment, wo das Beil fiel, ein allgemeiner Aufschrei: »Es lebe die Nation!« zu hören gewesen sei. Ich verbiete mir jede Bemerkung, aber mein Herz spricht zu Eurem.

Ich vergaß Euch zu sagen, daß er sein Todesurteil mit dem größten Gleichmut aufgenommen hatte. Allein seine Religion stützte ihn, welch eine Lektion für die Atheisten! Die Herren Malesherbes, Tronchet und Desèze traten ins Zimmer, ihre Züge waren von Schmerz gezeichnet, den sie zu verbergen suchten. Der König sagte zu Herrn Malesherbes, indem er sich zu ihm wandte: »Nun, zum Tode verurteilt?« – »Ja«, sagte von Malesherbes. Ludwig stand dann plötzlich auf und machte mit großen Schritten 3 oder 4 Runden in seinem Zimmer, die Hand auf der Stirn und die Augen zum Himmel gerichtet. Da konnte Malesherbes sein Schluchzen nicht mehr unterdrücken. Der König trat zu ihm und sagte: »Mein Freund, seien wir nicht zu lange gerührt und sprechen wir ruhig miteinander.« Er setzte sich und ließ sich alle Details seines Urteils erzählen, das er sich mit derselben Kaltblütigkeit, als ob es ihn nicht das Geringste anginge, anhörte.

Herr von Malesherbes schlug vor, die Königin, ihre Tochter und Madame Elizabeth, die Schwester des Königs, schonend zu informieren. Ludwig XVI. sagte zu ihm: »Die Schonung ist überflüssig, Sie werden sie genauso wie mich darauf vorbereitet finden, meinen Tod zu erfahren.« Es gibt noch andere Umstände, die ich erfahren habe und die ich mit dem größten Interesse in Erinnerung behalte.

Ich werde nicht lange warten, liebe Mama, sie Euch selbst zu erzählen. Ich denke, am Ende der Woche abreisen zu können und ich werde sicher in 14 Tagen, von heute ab gerechnet, in Grenoble sein.

*Charles Joseph de Bernard**

** Charles Joseph de Bernard (1756–1832) war ein gemäßigter Revolutionär, der immer an der Monarchie als Regierungsform festhielt.*

Die Apotheose des Märtyrers

Ludwigs Tod: Der Triumph der Freiheit

Paris, den 21. Jan. 1793

Heute ist sie entschieden, jene große Wahrheit, welche die Vorurteile so vieler Jahrhunderte erstickt hatten; heute hat man endlich sich überzeugt, daß ein König nur ein Mensch und daß niemand über den Gesetzen ist. Völker in Europa! Völker des Erdbodens! Betrachtet die Thronen, sehet, daß sie nichts weiter als Staub sind. – Frankreich hat ein großes Beispiel den Völkern, eine wichtige Lehre den Fürsten gegeben. Möge Ludwigs Haupt der große Weltmagnet werden, der früher oder später die Häupter aller großen und kleinen, geist- und weltlichen Tyrannen nach sich zieht.

Der Tyrann ist gefallen! Erhebt euch
Aufathmend, geknechtete Völker!
Stolze Könige, bebt und ergebt euch,
Denn es stürzte der mächtigste Thron!
Ihn blitzten in Trümmern die Mächte
Der Freiheit, des höchsten der Rechte,
Und der schändliche Meineid des zagen
Capetingers – er fand seinen Lohn.

Vincenzo Monti

Um 5 Uhr heute morgen wurden alle Sektionen dieser Stadt zusammenberufen. Zwischen 7 und 8 Uhr war die ganze bewaffnete Macht unter dem Gewehr, und alle Bataillone begaben sich jedes auf seinen Posten. Capet fuhr um drei Viertel auf 9 Uhr aus dem Tempel, in derselben Kutsche des Bürgermeisters in welcher er bereits zweimal zum Nationalkonvent gefahren war. Neben ihm saß sein Beichtvater. Die Kutschpferde gingen Schritt vor Schritt, die größte Stille herrschte auf dieser Fahrt. Um ein Viertel auf 11 Uhr kam er an dem Revolutionsplatz (ehedem der Platz Ludwigs XV. genannt) an. Das Schafott war zwischen dem Fußgestell, auf welchem ehemals die Bildsäule des vorletzten Tyrannen ruhte, und den Elysäischen Feldern angebracht, so daß der Schuldige die Tuilerien im Gesicht hatte. Capet blieb noch einige Zeit im Wagen und stieg alsdann mit dem Geistlichen aus, dessen ganzer Ornat in einem schwarzen Kleid bestand. Er stieg sodann allein aufs Blutgerüst, die Kommissarien und selbst sein Beichtvater blieben zu Füßen desselben. Seine Kleidung war ein weißes Kamisol, Hals und Brust waren unbedeckt. Seine Haare waren hinten rund aufgerollt wie die der Abbés. Mit herzhafter Miene und emporgehobenem Haupt näherte er sich dem Werkzeug seines Todes, sah umher von der Rechten zur Linken und sagte mit starker Stimme: »Franken! Ich sterbe unschuldig; ich verzeihe meinen Feinden, ich wünsche, daß mein Tod dem Volke nützlich sei.« – Man führte ihn hierauf näher zur Köpfmaschine, um ihm die gehörige Stellung zu geben, wobei er noch die Worte sprach: »Ich befehle meinen Geist in die Hand Gottes.« Wenige Augenblicke darauf fiel das Haupt desjenigen, um dessentwillen schon Tausende derer fielen, die er stolz seine Untertanen nannte. Damals war es 10 Uhr 24 Minuten. Die Exekution dauerte nur einige Sekunden. Noch immer herrschte die größte Stille, aber in dem Augenblick, wo einer von den drei Scharfrichtern Ludwigs Kopf nahm und ihn den Zuschauern zeigte, erscholl ein allgemeines Geschrei: »Es lebe die Nation! Es lebe die Republik!«, und alle Hüte wurden auf Bajonetten und Piken in die Höhe gehoben. Sein Körper wurde nach einem in solchen Fällen üblichen Herkommen in einen Korb gelegt

Die Republik fördert Wissenschaft und Künste

Ludwig gelangt in die Hölle und tritt zu denen, die wie er enthauptet wurden

und auf dem Magdalenenkirchhofe neben den Gefallenen vom 10. August und neben denen, welche auf der Königsstraße an seinem Hochzeitstag erdrückt worden waren, begraben. Während er dorthin gefahren wurde, rief man zu wiederholten Malen: »Wir haben es immer gut mit ihm gemeint, aber er hat uns allezeit übelgewollt.« – In unsrer Stadt herrscht die größte Stille, keine erkünstelte Freude, aber auch keine Traurigkeit, welche mit Reue verbunden wäre. Als Menschen weinen wir Tränen des Mitleids Ludwig dem Menschen, als Bürger segnen wir den Tag, der uns von diesem verschwornen Feinde unsrer Freiheit befreite und die schon ins 14. Jahrhundert getragenen Fesseln der Königswürde unwiderruflich von uns abstreifte.

*Georg Wilhelm Böhmer**

* *Georg Wilhelm Böhmer (1761–1839) war Gymnasialprofessor in Worms. Er bereitete die Einnahme von Mainz durch die französischen Truppen vor, denn nach der Niederlage von Speyer war er in das Lager des französischen Generals Custine gewechselt. Böhmer war zeitweise Custines Sekretär.*

Eine girondistische Engländerin berichtet

Der König erhielt die Nachricht von seinem bevorstehenden Tod ohne Furcht. Er zeigte auf dem Blutgerüste weit mehr Standhaftigkeit als er auf dem Throne verraten hatte, und büßte die Schwäche und Inkonsistenz seines Betragens im Leben durch die Ruhe und Stärke, mit welcher er dem Tode entgegen ging. Den Abend vor seiner Hinrichtung wurde seine Familie, von der er seit dem Anfange seines Prozesses getrennt gewesen war, in den Tempelturm gebracht, und ihr der traurige Genuß seiner letzten Unterhaltung, ungestört von der Gegenwart ihrer Wächter, vergönnt. Ach! wenn die Einbildungskraft die herzzerreißenden Gefühle einer solchen Zusammenkunft malte, so brauchte sie nicht zu der ehemaligen Hoheit des Leidenden zurück zu gehen, um den schrecklichen Wechsel seines Schicksals zu bemitleiden! Man brauchte sich nicht zu erinnern, daß Er, der den folgenden Morgen sein Leben auf dem Blutgerüste lassen sollte, einst der erste Monarch von Europa war, und nun durch die Straßen seiner eigenen Hauptstadt zu seiner Hinrichtung geführt werden würde! Es war genug, diese unglückliche Person als Mensch, Gemahl und Vater zu betrachten! Ach, unter dem Todesschmerze der letzten Trennung von denen, an welche wir durch die stärksten Bande der Natur und Zärtlichkeit gefesselt sind – wenn wir in dem unaussprechlichen Gefühle der letzten, letzten Umarmung diejenigen, die wir lieben, umschlingen – in diesen Augenblicken muß der Monarch seine Krone vergessen, und der Schmerz über die getäuschten Pläne des Ehrgeizes sich in der Qual, die das gebrochene Herz zerreißt, verlieren. – Diese Qual beschränkte sich nicht auf den König, die Königin und seine Schwester. Die Prinzessin, seine Tochter, war schon in dem Alter, worin die Seele vielleicht am empfänglichsten für tiefe Eindrücke, und ihr Gefühl am reizbarsten ist. Selbst der junge Prinz, der erst im siebten Jahr ist, wurde von dem ansteckenden Schmerz ergriffen, und flehte, während seine Augen in Tränen schwammen, schluchzend zu Santerre*: »Ach! lassen Sie mich durch die Straßen laufen; ich will in die Distrikte, ich will in alle Sektionen gehen, und für meinen Papa um Gnade bitten!« Der König hatte Festigkeit genug, am Morgen seiner Hinrichtung seine Familie nicht noch einmal zu sehen. Er verlangte, man möchte der Königin sagen, es sei ihm unmöglich, in diesen letzten Augenblicken ihren und ihrer Kinder Anblick auszuhalten. Dann zog er einen Ring vom Finger, der einige Haare von ihm, der Königin und seinen beiden Kindern enthielt, und bat, ihn seiner Gemahlin zuzustellen. Er rief die Municipalbeamten zu sich, und sagte ihnen: seine letzte Bitte sei, daß Clery*, sein Kammerdiener, bei seinem Sohne bleiben möchte. Hierauf sagte er zu Santerre: »Lassen Sie uns gehen«; und nachdem er mit schnellen Schritten über den inneren Hof des Tempels gegangen war, stieg er in die Kutsche des Bürgermeisters, die hier wartete, und sein Beichtvater begleitete ihn.

Italienische Karikatur gegen den General Santerre

* *Antoine Joseph Santerre (1752–1809), von Beruf Brauereibesitzer. Nach dem 10. August 1792 wurde er zum Kommandanten der Pariser Nationalgarde ernannt und mit der Bewachung der königlichen Familie im Temple-Gefängnis beauftragt.*

* *Cléry war ein Kammerdiener Ludwigs XVI., der bis zum Tag seiner Hinrichtung bei ihm blieb. In seinem Testament dachte Ludwig an seine treuen Dienste.*

Es ist ausgemacht, daß manche von den gesetzwidrigen Machthandlungen, die den unglücklichen Monarchen endlich auf das Blutgerüst brachten, ihm von der mißvergnügten und fanatischen Geistlichkeit, die um seinen Palast schwärmte, eingegeben worden; von ungeschworenen Bischöfen und Erzbischöfen: Leuten, die ihren Überfluß und Einfluß durch die Revolution verloren hatten, und die den König anreizten, sich allen möglichen Gefahren auszusetzen, bloß um ihre eigene Rache zu kühlen. Indes entstand doch einiges Gute aus diesem Übel. Ihren Einfluß zu vermehren, hatten sie den König zu beständigen Bußübungen verleitet, und er fand in der Andacht, was das menschliche Herz so natürlich darin findet: Trost im Unglück. So wie seine Unfälle sich häuften, so wie die Aussichten auf dieser Erde immer trüber und düsterer um ihn wurden, scheint er immer eifriger die erquickende Aussicht in eine bessere Welt gesucht zu haben; und die glänzenden Traumbilder der Zukunft erheiterten die traurige Einsamkeit seines Gefängnisses. Wenn dies die Folgen, selbst einer abergläubischen und blinden Andacht sind, so mögen sich die Französischen Philosophen wohl hüten, die Religion, der alten mit ihr verbundenen Mißbräuche wegen, aus ihrem Lande zu verbannen. Mehrere dieser angeblichen Philosophen sind unleugbar bigott im Unglauben, und bei aller ihrer Freigeisterei sehr kleine und knechtische Geister. Viele von ihnen verwerfen, was sie nie untersucht haben, und sprechen über Dinge, von denen sie nichts verstehen.

Helena Williams

Familienidylle im Angesicht des Todes

Stimmungsbericht eines deutschen Augenzeugen

21. Jan. 1793

Die Hinrichtung des unglücklichen und guten Königs Ludwig XVI. sollte stattfinden. Es war ein kalter, recht klarer Tag, nur ein leichter Nebel lag bis mittags über der Stadt und ihrer Umgebung. Ich ging früh zu den Tuilerien, aber nicht früh genug. Die beiden Terrassen des Gartens waren schon voller Leute. Der Durchgang zum Platz Ludwigs XV. war versperrt und die beiden Hälften der Drehbrücke* waren auf die Gartenseite gezogen. Am Rande des Platzes war gerade eine Baustelle, von daher war wenig Platz, aber das ganze Baumaterial, die Steinhaufen usw. hinter den Soldaten waren voll, ja verstopft mit Zuschauern.

Kaum war der Kopf des Königs gefallen, da wurde die Drehbrücke geöffnet, die Soldaten zogen ab und von allen Seiten drängten sich Menschenmengen. Ich kam am Schafott an, als gerade ein Henkersknecht mit der Hand aus dem Korb, worein der Kopf gefallen war, das Blut des Königs schöpfte; er verteilte es unter den Leuten, die sich um ihn drängten, man befleckte mit diesem Blut sein Taschentuch, seine Kleidung, manche Soldaten die Fransen ihrer Säbel. Die einen wollten es als Reliquie eines Heiligen, die anderen als Trophäe behalten. Der Blutverteiler erhielt Geld, sobald die Wache, die auf dem Schafott auf und ab ging, ihm den Rücken kehrte.

Das Gewand des Königs, aus einem gelblich braunen Stoff mit blau emaillierten Knöpfen, wurde auf dem Schafott zerrissen und verteilt. Später legte man kleine Teile davon unter Glas in Ringe ein. Derselbe Diener bot auch das Haar des Königs, sein Zopfband usw. feil. Ich sah, wie der Hut des Königs auf dem Platz versteigert wurde; er sollte später im Gefängnis von Madame Elizabeth landen. Nach der Hinrichtung besuchte ich die Cafés, Kabaretts usw. der Umgebung. Nicht eins, das nicht voll gewesen wäre. Aber nirgendwo sprach man über das Ereignis des Tages. Die Leute spielten Domino und machten andere Dinge, als ob nichts geschehen wäre. Diese Situation fand ich überall in der Stadt vor. Ich hörte nur eine einzige alte Frau, die mehr ironisch als lebhaft einem jungen Mann Vorwürfe machte, der über die Hinrichtung des Königs frohlockte.

Anonymer Brief

** Am äußersten Ende des Tuileriengartens führte eine Drehbrücke vom erhöhten Garten auf die Champs-Elysées. Diese kleine Brücke war erst 1716 zur Bequemlichkeit der Promenierenden angebracht worden.*

Die Hinrichtung des Königs von Frankreich hat ganz Berlin von der Sache der Franzosen zurückgeschreckt; aber mich gerade nicht. Über ihre Sache denke ich wie sonst. Ob sie die rechten Mittel dazu anwenden, verstehe ich nicht zu beurteilen, weil ich von dem Historischen sehr wenig weiß.

W.H. Wackenroder an Ludwig Tieck, den 5. März 1793

LES ADIEUX DE LOUIS

L'ARRÊT fatal est donc rendu.
Las! je touche à ma dernière heure.
Si le peuple veut que je meure,
S'il peut y trouver son salut,
Eh bien, que mon sort s'accomplisse.
Va, meurs! trop malheureux Louis,
Après tant de maux inouïs
Licteurs, achevez mon supplice.

Adieu, ma femme, adieu mon fils,
O ma fille, ô ma sœur chérie!…
Si tu ne veilles sur leurs vies
Ciel, ô ciel! que deviendront-ils?
Pour eux du moins, ma voix t'implore,
Peuple, l'as-tu donc oublié?
Pour toi, j'ai tout sacrifié,
Pour toi, je le ferais encore.

Peut-être, hélas! un jour viendra
Où le peuple moins insensible,
En songeant à ma fin terrible,
Sur ma tombe alors pleurera.
Vingt rois arment pour ma vengeance,
Mais je les quitte de ce soin.
Le ciel m'est encore témoin
Des vœux que je fais pour la France.

Der letzte Wille von Ludwig XVI., ehedem König von Frankreich

Im Namen der allerheiligsten Dreieinigkeit, des Vaters, des Sohnes und des heiligen Geistes, heute, den 25. Dezember 1792.

Ich, Ludwig XVI. des Namens, König von Frankreich, der ich von denen, die meine Untertanen waren, seit mehr als vier Monaten mit meiner Familie im Temple-Gefängnis in Paris eingesperrt und jedweder Verbindung, seit dem 11. dieses Monats sogar mit meiner Familie, beraubt bin; der ich zudem in einen Prozeß verstrickt bin, dessen Ausgang infolge der menschlichen Leidenschaften unmöglich vorhergesehen werden kann und für den man in keinem Gesetz irgendeinen Vorwand oder eine Handhabe findet; der ich nur Gott zum Zeugen meiner Gedanken habe und niemanden außer ihm, an den ich mich wenden könnte, erkläre hier vor seinem Angesicht meinen letzten Willen und meine letzten Gedanken.

Ich überlasse meine Seele Gott dem Schöpfer; ich bitte Ihn, sie in seiner Barmherzigkeit anzunehmen, sie nicht nach ihren Verdiensten zu richten, sondern nach dem unsers Herrn Jesu Christi, der sich Gott seinem Vater für uns Menschen zum Opfer dargebracht hat, so unwürdig wir, und ich zu allererst, dessen auch sind.

Ich sterbe verbunden mit unserer heiligen Mutter, der katholischen, apostolischen und römischen Kirche, die ihr Amt durch eine ununterbrochene Folge vom heiligen Petrus her innehat, dem es Jesus Christus anvertraut hatte; ich glaube fest an all das, was im apostolischen Glaubensbekenntnis und in allen Geboten Gottes und der Kirche enthalten ist, an die Sakramente und Wunder, wie die katholische Kirche sie lehrt und immer gelehrt hat; ich habe nie beansprucht, mich zum Richter zu machen über die verschiedenen Arten, die Dogmen auszulegen, von denen die Kirche Jesu Christi zerrissen ist, sondern ich habe mich immer an die Entscheidungen gehalten und werde es, wenn Gott mir zu leben gewährt, weiter tun, welche die kirchlichen Führer, die der heiligen katholischen Kirche verbunden sind, entsprechend der von der Kirche seit Jesus Christus gefolgten Lehre getroffen haben und treffen werden. Ich bedaure von ganzem Herzen unsere Brüder, die im Irrtum sein mögen; aber ich maße mir nicht an, sie zu richten, und ich liebe sie nichtsdestoweniger alle in Jesu Christo, wie die christliche Nächstenliebe es uns lehrt. Ich bitte all diejenigen, die ich vielleicht aus Unachtsamkeit beleidigt haben kann (denn ich erinnere mich nicht, jemanden wissentlich beleidigt zu haben), oder diejenigen, denen ich ein schlechtes Beispiel oder Ärgernis gegeben haben mag, mir das Übel zu vergeben, das ich ihnen ihrer Meinung nach getan haben kann.

Ich bitte alle barmherzigen Seelen, ihre Gebete mit den meinigen zu verbinden, um von Gott die Vergebung meiner Sünden zu erlangen.

Am Fuße des Schafotts

Ich vergebe von ganzem Herzen denen, die sich zu meinen Feinden gemacht haben, ohne daß ich ihnen irgend einen Grund dazu gegeben hätte; und ich bitte Gott, ihnen zu vergeben und auch denen, die durch falschen oder schlecht verstandenen Eifer mir viel Böses getan haben.

Ich empfehle Gott meine Frau und meine Kinder, meine Schwester, meine Tanten, meine Brüder und alle diejenigen, die mir durch die Bande des Blutes oder auf irgendeine andere Art, welche es auch sei, verbunden sind; ich bitte Gott besonders, mit Barmherzigkeit auf mein Weib, meine Kinder und meine Schwester herabzuschauen, die seit langem mit mir leiden, sie mit seiner Gnade zu stützen, wenn sie mich verlieren werden, und solange sie in dieser vergänglichen Welt bleiben.

Meine Kinder empfehle ich meiner Frau, ich habe nie an ihrer mütterlichen Zärtlichkeit für sie gezweifelt; ich bitte sie vor allem, sie zu guten Christen und ehrenhaften Menschen zu erziehen, ihnen die Herrlichkeiten dieser Welt (wenn sie dazu verdammt sind, sie kennenzulernen) als gefährliche und vergängliche Güter zu zeigen und ihre Blicke dem einzigen beständigen und dauerhaften Ruhm der Ewigkeit zuzuwenden. Ich bitte meine Schwester, ihre Zärtlichkeit gegenüber meinen Kindern fortzusetzen und ihnen eine Mutter zu sein, wenn sie das Unglück haben sollten, die ihre zu verlieren.

Ich empfehle meinem Sohn, wenn er das Unglück haben sollte, König zu werden, daran zu denken, daß er ganz und gar dem Glück seiner Mit-

Englische Satire: Der König verabschiedet sich von seiner Familie

bürger verpflichtet ist; daß er allen Haß und allen Groll und namentlich alles, was auf das Unglück und Leiden, das ich erdulde, Bezug hat, vergessen soll; daß er das Glück der Völker nur herstellen kann, wenn er nach den Gesetzen regiert; zugleich aber auch, daß ein König sie nur so lange zu Respekt bringen und das Gute, das in seinem Herzen ist, zur Ausführung bringen kann, wie er die nötige Autorität hat; und daß er anderenfalls, wenn er in seiner Betätigung gebunden ist und keinen Respekt einflößt, mehr schädlich als nützlich ist.

Ich empfehle meinem Sohn, für all die Menschen, die mit mir verbunden waren, Sorge zu tragen, soweit die Umstände, in denen er sich befinden wird, ihm dies erlauben; daran zu denken, daß das eine heilige Schuld ist, die ich gegenüber den Kindern oder Eltern derer, die für mich gestorben sind, und ferner derer, die für mich unglücklich sind, eingegangen bin. Ich weiß, daß mehrere von denen, die mit mir verbunden waren, sich mir gegenüber nicht so verhalten haben, wie sie hätten sollen, daß einige sogar Undankbarkeit an den Tag gelegt haben; aber ich vergebe ihnen (oft ist man in den Augenblicken des Aufruhrs und der Leidenschaft nicht Herr über sich), und ich bitte meinen Sohn, wenn er dazu Gelegenheit findet, nur an ihr Unglück zu denken.

Ich wünsche hier, denen meine Dankbarkeit bezeugen zu können, die mir wahrhafte Anhänglichkeit und Uneigennützigkeit bewiesen haben. War ich einerseits empfindlich berührt von der Undankbarkeit und Treulosigkeit von Menschen, denen ich nie etwas anderes erwiesen habe als Freundlichkeiten, ihnen, ihren Angehörigen oder Freunden, so habe ich auf der anderen Seite den Trost gehabt, die Anhänglichkeit und die selbstlose Teilnahme vieler Menschen zu finden. Ich bitte sie, dafür meinen ganzen Dank zu empfangen, denn so wie die Dinge stehen müßte ich fürchten, sie zu gefährden, wenn ich näher darauf einginge, aber ich lege meinem Sohn besonders nahe, die Gelegenheit zu suchen, es ihnen zu vergelten. Ich würde indessen die Gefühle der Nation zu verleumden glauben, wenn ich meinem Sohn nicht offen die Herren Chamilly* und Hue* ans Herz legte, die ihre wahrhaftige Anhänglichkeit dazu gebracht hat, sich mit mir an diesem traurigen Ort einschließen zu lassen und die gewillt waren, die unglücklichen Opfer davon zu werden. Ich lege ihm ebenfalls Cléry ans Herz, dessen Sorgfalt zu loben ich allen Grund habe, seitdem er bei mir ist; da er bis zum Ende bei mir geblieben ist, bitte ich die Herren von der Kommune, ihm meine Kleider, meine Bücher, meine Uhr, meine Börse und die anderen kleinen Gegenstände zu geben, die im Rat der Kommune deponiert worden sind.

** Chamilly und Hue waren die ersten Kammerdiener des Königs.*

Ich vergebe auch sehr gerne denen, die mich bewacht haben, die schlechte Behandlung und die Martern, die sie gegen mich anwenden zu sollen geglaubt haben. Ich habe einige fühlende und mitleidige Herzen gefunden; mögen diese in ihren Herzen sich des Friedens erfreuen, den ihre Denkungsart ihnen schenken muß.

Ich bitte die Herren von Malesherbes, Tronchet und Desèze, hier für alle Sorgen und Mühen, die sie sich um mich gegeben haben, meinen Dank und den Ausdruck meiner Rührung anzunehmen.

Ich schließe, indem ich bei Gott und gerüstet, vor ihm zu erscheinen, erkläre, daß ich mir keines der Verbrechen vorwerfe, die gegen mich vorgebracht werden.

In zwei Exemplaren ausgefertigt, im Turm des Temple, am 25. Dez. 1792.

Ludwig

Die Henkergesellen zeigen dem Volk das abgeschlagene Haupt

Wunderbare Auferstehung Ludwigs XVI.

Ich ende diesen Brief mit einer Erzählung, die ich gestern von einem jungen Manne hörte, den ich nur wenig kenne, dessen Unterhaltung und Äußeres mir aber alles Zutrauen einflößen.

»Sie wissen wohl nicht, sagte er mir, daß der König noch lebt?« Gewiß nicht – und wir beide lachen laut auf. – »Und doch, wenn ich meinem Oheim glauben soll, ist nichts gewisser« – »O! erzählen Sie mir das.« – »Sehr gern! Sie müssen vorher wissen, daß mein Oheim ein alter Abbé von 83 Jahren ist, der seit 20 Jahren nicht aus dem Hause kommt, außer wenn er von seinem Bedienten unterstützt auf der Terrasse der Feuillanten* eine oder zwei Stunden spazieren geht. Kürzlich traf ich ihn da abends um halb fünf Uhr; ich wollte zum Abendessen und er nach Hause gehen. Der General Santerre ging neben uns vorbei. »Ach!« sagte er zu mir, »für diesen Mann habe ich große Hochachtung!« Da mir meines Oheims Grundsätze nicht unbekannt waren, erwiderte ich: »Sie scherzen.« »Ganz und gar nicht«, antwortete er; »Santerre ist der achtenswerteste Mann, den ich kenne; ich wünschte wohl ihn bewegen zu können, mit mir zu kommen, und von meinem alten Weine zu trinken; er wäre noch nicht einmal gut genug, für diesen braven Mann!« – Sie lachen, Bürger, auch ich lachte bei meines Oheims Erzählung; er ward aber ordentlich bös und fuhr fort: – »Ja, Santerre ist der rechtschaffenste Mann im ganzen Königreich: (beim Worte Königreich wußte ich noch weniger, was mein Oheim sagen wollte) er hat den König gerettet! und bald wird er wiederkommen, denn der König und Stofflet sind eine Person; dies glaubt mir nur.« – Ich lachte lauter wie zuvor, denn da ich im Jahre 1788 gegen Passavant* zu in Cantonirung gewesen war, hatte ich Gelegenheit gehabt, diesen berüchtigten Stofflet, der damals Jägermeister bei dem jetzt ausgewanderten ehemaligen Marquis von Maulevrier gewesen war, zu sehen; – »Ihr glaubtet«, fuhr mein Oheim fort, »der König wäre tot. Allein die Sache verhält sich folgendermaßen: als dieser unglückliche Monarch im Jahre 1790 die Canaille in den Vorstädten, die er ihres Aufruhrs unerachtet, immer noch sein gutes Volk nannte, besuchte, bemerkte er nahe bei St. Médard einen Bäckerjungen, der ihm so ähnlich war wie zwei Tropfen Wasser einander. Das Glück dieses Burschen erregte die Aufmerksamkeit des Königs und seines ganzen Hofes. Man beredete den König, gegen den von der Natur so begünstigten Jungen sich großmütig zu zeigen; er erhielt eine Pension von 1 800 Pfund aus des Königs Schatulle. Zu der auf immer bedauernswerten Zeit, als das Verbrechen beleidigter Majestät seine höchste Stufe erreichte, und über den Monarchen Gericht gehalten wurde, begab sich der tugendhafte Malesherbes (der indes nicht fehlerfrei ist, denn er beging die Torheit, Philosoph und Ökonomist zu sein, und sich gegen die Siegelbriefe zu erklären) in die Rue de l'Oussine, suchte den Bäckerjungen auf und sagte ihm, der Zeitpunkt wäre nun gekommen, wo er sich gegen die Wohltaten seiner

** Der gemäßigte Feuillants-Club spaltete sich im Jahre 1791 von den radikalen Jakobinern ab. Er tagte im ehemaligen Feuillants-Kloster, das zwischen der Rue Saint-Honoré und den Tuilerien lag. Prominente und gemäßigte Revolutionäre wie La Fayette und Mirabeau gehörten ihm an. Die Terrasse des Feuillants begrenzt noch heute den Tuileriengarten auf der Nordseite.*

** Passavent liegt im Département Marne und gehört zum Bezirk Saint-Ménéhould.*

Majestät erkenntlich bezeigen müßte, er beredete ihn, wovon auch jedermann überzeugt war, daß wenn gegen alle Wahrscheinlichkeit der König verurteilt werden sollte, so würde das Volk Gnade rufen und er gewiß nicht guillotiniert werden: nur fürchte der König den Augenblick des Abschieds für seine Familie. – »Wenn es nur darauf ankommt«, versetzte der wackere Bäcker, »und Sie mir gut dafür stehen, bin ich zu allem bereit.« Da der König in der nämlichen Überzeugung stand, so bot er zu der kleinen List willige Hand. Die Schwierigkeit war, auch die übrigen zu verführen. Malesherbes begab sich zu Santerre, der seine Dienste willig anbot, und so verließ der König am Abend vor seinem angeblichen Tode das Gefängnis, und der Bäcker, der an diesem Tage absichtlich als Wache vor der Türe seines Zimmers aufgestellt worden war, nahm seine Stelle ein, nachdem er mit dem Monarchen die Kleider gewechselt hatte, der dann unter dem Vorwand des Abendessens sich entfernte; er aß auch in der Tat beim General Santerre zu Abend, der ihn verbarg, und nachher, da er nach der Vendée reiste, als Bedienten mit sich nahm. Ihr erinnert euch des Trommelschlagens bei der Hinrichtung, über das ich mich anfangs so ärgerte. Der Bäcker, als er sah, daß aus dem Scherz Ernst würde, wollte dem Volk entdecken, daß er nicht der König sei; sogleich ließ ihm Santerre den Mund schließen, und verhütete, daß die Sache entdeckt würde.

Eine anonyme Legende

Im Temple-Gefängnis war Ludwig gefangen

Bürger! Das Aufwachen eines unterdrückten Volkes wird schrecklich für den Unterdrücker. Davon ist das große Fest, welches an diesem Tage in dem ganzen Umfange der Republik gefeiert wird, ein überzeugender Beweis. Heute sind's zwei Jahre, als der Tyrann der Franzosen zum letzten Mal das glänzende Gestirn sah, vor welchem Trug und Verbrechen sich zu verkriechen suchen! Heute sind's zwei Jahre, als die Freiheit und Gleichheit der Franzosen für immer befestigt wurden.

Anton Josef Dorsch

XI. Frauen

So sehr die Revolutionäre dem Grundsatz der Gleichheit anhingen, so wenig kam es ihnen in den Sinn, auch die Frauen in den neuen Segen der bürgerlichen Rechte miteinzubeziehen.

Erst spät im 19. Jahrhundert sollten die entscheidenden Schritte hin zur Gleichberechtigung der Frau in der Politik gemacht werden.

Dabei trugen die Frauen der verschiedenen sozialen Schichten auf die unterschiedlichste Art und Weise zum Gelingen der Revolution bei. Sei es in einer eigenen politischen Initiative zur Erlangung bestimmter Verbesserungen, sei es durch die Teilnahme an wichtigen revolutionären Volksaufständen.

Die sprichwörtliche Bedeutung der adeligen Frauen in der höfischen Gesellschaft wird auch in gewandelten politischen Zeiten durch ein gewachsenes Selbstbewußtsein der Frauen der Bourgeoisie und des Volkes ergänzt.

Die Frauen griffen in die Politik ein und viele kämpften an der Seite der Männer für die Sache der Revolution

Petition der Frauen des Dritten Standes an den König

1. Januar 1789

Majestät,

in einer Zeit, wo die verschiedenen Gruppen des Staates mit ihren eigenen Interessen beschäftigt sind, wo jeder seinen Titeln und Rechten Gehör verschaffen will, wo die einen bemüht sind, die Jahrhunderte von Knechtschaft und Anarchie wieder zu beschwören, während die anderen versuchen, die letzten Ketten, die sie noch an einen herrischen Rest von Feudalität binden, abzuschütteln, könnten die Frauen, die dauernd Gegenstand der Bewunderung und Verachtung der Männer sind, könnten die Frauen in dieser allgemeinen Aufregung nicht auch ihre Stimme ertönen lassen?

Da sie durch Gesetze, die zu fest zementiert sind, als daß man hoffen könnte, sie zu brechen, von der Nationalversammlung ausgeschlossen sind, bitten sie Euch, Majestät, nicht darum, ihre Abgeordneten in die Generalstände entsenden zu dürfen. Sie wissen zu gut, wie sehr persönliche Bevorzugung bei der Wahl mitspielen würde und wie leicht es den Gewählten wäre, die Freiheit der Wahl zu beeinflussen. Wir ziehen es vor, Majestät, unsere Sache Euch zu Füßen zu legen; nur von Eurem Herzen wollen wir etwas bewilligt haben, und an dieses richten wir unsere Klagen und ihm vertrauen wir unser Unglück an.

Die Frauen des Dritten Standes werden fast alle ohne Vermögen geboren. Ihre Erziehung ist sehr vernachlässigt und schlecht. Sie besteht darin, zur »Schule« zu gehen, zu einem Lehrer, der selbst nicht ein einziges Wort der Sprache versteht*, die er unterrichten soll. Die Frauen besuchen diese Schule so lange, bis sie die Messe in Französisch lesen können, und die Vesper in Latein. Sobald die ersten Pflichten gegenüber der Religion erfüllt sind, bringt man ihnen bei, zu arbeiten. Mit 15 oder 16 Jahren können sie 5 oder 6 Sous am Tag verdienen*. Wenn die Natur ihnen die Schönheit verweigert hat, heiraten sie ohne Aussteuer arme Handwerker, vegetieren mühsam in der tiefsten Provinz vor sich hin und schenken Kindern das Leben, die sie nicht aufziehen können. Wenn sie aber hübsch geboren werden, ohne Bildung, ohne Prinzipien, ohne Vorstellung von Moral, dann werden sie das Opfer des ersten Verführers, begehen den ersten Fehltritt, kommen dann nach Paris, um ihre Schande hier zu verstecken, verlieren ihre Ehre völlig und sterben als Opfer der Libertinage.

Um all diesen Mißständen abzuhelfen, Majestät, fordern wir: die Männer dürfen unter keinen Umständen die Berufe ausüben, die den Frauen zustehen, d.h. Schneiderin, Stickerin, Kleiderhändlerin usw. Man soll uns wenigstens die Nadel und den Klöppel lassen, und wir verpflichten uns, niemals den Kompass oder das Winkelmaß zu benutzen. Wir fordern, Majestät, daß Eure Güte es uns zugesteht, die uns von der Natur

Frauen aus den drei Ständen: Früher trug der Dritte Stand die Lasten des Adels und des Klerus

** Das Französische wurde Ende des 18. Jahrhunderts nur von einem geringen Teil der Bevölkerung gesprochen und verstanden. Umgangssprache waren die Dialekte, selbst Priester und Lehrer, d.h. die Gebildeten, beherrschten oft das Hochfranzösische nicht. In der Revolution erkannte man, daß neue Ideale nur an den Mann gebracht werden können, wenn diese auch – rein sprachlich – aufgefaßt werden können. Die Folge war eine systematische Durchsetzung des Pariser Französisch gegenüber den Regionalsprachen. Die Ausbreitung der Nationalsprache war eine wichtige Wegbereiterin des staatlichen Zentralismus und führte zum Niedergang der kulturellen Eigenheiten der Regionen.*

** Die Frauen verdienten nur einen Bruchteil des Stundenlohnes der Männer. Den hier genannten 5 oder 6 Sous Tageslohn (!) stehen Durchschnittslöhne von 20–36 Sous pro Tag bei den Männern gegenüber.*

Vertauschte Rollen: Adel und Klerus ertragen den Dritten Stand

gegebenen Talente zur Geltung zu bringen, trotz der Hindernisse, die man dauernd in den Weg unserer Erziehung und Ausbildung stellt.

Wir möchten, daß Ihr uns Berufe und Ämter zuteilt, die nur wir ausüben dürfen, und in die wir erst nach einer strengen Prüfung und sicheren Auskünften über unsere Sitten eintreten sollen. Wir wollen aufgeklärt werden, Berufe haben, nicht um die Autorität der Männer zu usurpieren, sondern um von ihnen mehr geschätzt zu werden.

Wir flehen Euch an, Majestät, öffentliche Schulen einzurichten, wo wir unsere Sprache richtig lernen können, sowie Religion und Moral, wir wollen, daß diese beiden Bereiche uns in all ihrer Größe beigebracht werden, ganz ohne jene Kleinigkeiten, die ihre Bedeutung schwächen. Wir wollen, daß man unser Herz dort erzieht, daß wir dort vor allem die Tugenden unseres Geschlechts lernen, die Sanftmut, die Bescheidenheit, die Geduld, die Nächstenliebe. Was die angenehmen Künste angeht, so lernen die Frauen diese ohne Lehrer. Und die Wissenschaften?... Diese dienen nur dazu, uns einen dummen Stolz zu inspirieren, führen uns zum Pedantentum, stehen den natürlichen Wünschen im Weg und machen gemischte Wesen aus uns, die selten treue Ehefrauen und noch seltener gute Familienmütter sind.

Wir verlangen, aus der Ignoranz herauszukommen, um unseren Kindern eine gesunde und vernünftige Erziehung geben zu können, um Untertanen aus ihnen zu machen, die es wert sind, Euch zu dienen. Wir werden ihnen beibringen, den schönen Namen eines »Franzosen« zu lieben, wir werden ihnen die Liebe, die wir für unseren König empfinden, weitergeben. Denn wir wollen durchaus den Männern den Mut und das Genie überlassen. Aber wir werden ihnen immer die gefährliche und wertvolle Gabe der Empfindsamkeit streitig machen. Wir bestreiten, daß die Männer Euch mehr lieben als wir. Die meisten von ihnen laufen nur nach Versailles, um ihre Interessen dort zu vertreten, wir hingegen, um Euch zu sehen. Und wenn wir dann nach vielen Anstrengungen und mit klopfendem Herzen einen Moment Eure würdige Gestalt anschauen können, dann fließen Tränen aus unseren Augen, der Gedanke an die Majestät, den Souverän tritt zurück und wir sehen in Euch nur den zarten Vater, dem wir tausendfach unser Leben schenken würden.

Klageschrift der Marktweiber, aufgesetzt im Schweinestall und bestimmt, den Generalständen vorgelegt zu werden

Die berüchtigten Verkäuferinnen der Markthallen

Unsere lieben Männer!

Ich tun jetzt wissen, das ich Euch meine Mainung über alles, wo jetzt so viel Aufsehen machen tut, mitteilen können.

Zum Anfang werde ich zunächst gegen die Steuern und die Steuereintreiber losschimpfen, denn mal wirklich, das ich für so 'ne ärmliche Flasche Wein 12 Sous zahlen muß, wobei ich sie ohne dieser Brut für weniger wie 6 Sous krigen könnte, das regt mich schon auf. Wenn's wenigstens bei der Besteuerung an den Stadtgrenzen noch gerecht zugehen würde. Aber nee, total nicht, eine verdammte Flasche von miesem Wein aus Surenne oder Argenteuil, der verwässert und dazu noch mit tausend Sachen verpantscht ist, der bringt genauso viel Steuern wie ihr guter Wein aus Beaune. Also mal ehrlich: is' das gerecht, häh? Sollen sie, die und die anderen reichen Säcke, doch 6 Sous pro Flasche von ihrem Burgunder, Malaga oder Champagner bezahlen, ist mir nur recht, sie ham's ja, und das wäre dann ganz richtig so. Aber das die armen Leute so gemolken werden, wenn sie so'n Rachenputzer trinken, das ist nicht zu entschuldigen. Und gegen diese schreiende Ungerechtigkeit tu ich mich beklagen.

Und ist es nicht zum kotzen, das ich mir keinen lumpigen Fisch hinter den Zahn schieben kann, ohne dafür 4 Sous zu blechen und das ich keinen billigeren runterschlingen kann, außer das ich würde außerhalb der

Die Aufhebung der Zölle an den Stadtgrenzen senkte die Preise

Stadtbarrieren kampieren und meine Ware und das Geschäft hier hinschmeißen! Dabei muß man doch hier und da mal ein paar Zentner einpfeifen. Wenn ich so unter freiem Himmel bin, auf dem Markt oder in den Hallen und dem kalten Wetter ausgesetzt, dann muß ich mir das Herz wärmen und ein Schlückchen runterkippen, oder nich'? Und wenn man sonntags oder feiertags mal draußen in Gentilly*, Ménil-Montant* oder sonstwo ist, dann will man ja einen kleinen Vorrat mitbringen, um sich den Mut während der Woche 'n bißchen anzuheben. Na, und dann kommt so ein Haufen fieser Typen von Angestellten, die nur Streit suchen. Falls sie bloß 'nen Flachmann durch die Röcke fühlen fangen sie an, unanständig an einem rumzuwurschteln und zu grapschen, stecken überall ihre blöden Hände hin, wobei sie ab und zu 'n paar ordentliche Ohrfeigen krigen. Wir prügeln auch ordentlich auf sie ein, worauf die nich grade stolz sind. Aber trotz allem, wenn sie mit ihrer Schnüffelnase auf die Ware stoßen, müssen wir eine ordentliche Strafe blechen. Und für eine Flachmann voll Klarem gehts gleich in den Knast, als ob sie bei einem die Ampulle mit dem königlichen Salbungsöl aus Reims gefunden hätten. Daher muß man sich, wenn man sonntags draußen ist, für die ganze Woche vollfressen und saufen, auch wenn's einem wehtut. Oder man darf gar nicht anfangen, aber andererseits, wenn man im Weinberg des Herrn steht, wenn man blau ist, dann ist's mit den Eheszenen vorbei, unsere Männer genauso blau wie wir, und die machen einen Höllenlärm, und daher kommen auch die ernsthaften Schlägereien, die Veilchen und alles was dran hängt. Ich wiederholen es, liebe Leute, alles Essen und Trinken für die armen Leutchen des Dritten Standes müßten ganz gratis sein, oder mindestens billig, und man müßte die Preise für die Leute der oberen Etage ordentlich pfeffern. Im Moment ist alles verkehrt rum. Alle Steuern muß ich auf die Kralle zahlen, nicht ein Heller wird uns erlassen. Während da die reichen Kerle im Schlußsprung drüber springen, und sie finden immer einen Weg, um mit irgendwelchen Ausnahmen um die Bezahlung rumzukommen. Sie haben tausend Privilegien und andere Möglichkeiten, um die Sache hineinzuschmuggeln, und vom Schmuggel machen sie eifrig Gebrauch.

Reden wir auch über das miese schwarze Salz, das man uns zum Preis von Gold verkauft. Und brauchen tun wir welches, um dem was wir essen ein bißchen Geschmack zu geben und um unsere Vorräte zu konservieren. Aber peuh … das ist denen doch scheißegal, Hauptsache, sie häufen die Goldstücke auf! Und den Tabak verkaufen sie, als ob er ein Medikament aus der Apotheke wäre. Obwohl man's nicht so merkt, ist das doch eine Belastung. Weil unsere Männer jetzt diese Scheißangewohnheit haben, müssen sie welchen schnupfen, müssen sie ein paar Pfeifen rauchen, sonst würden sie den ganzen Tag mit hängenden Armen rumlungern. Sie würden eher noch, Gott möge's uns verzeihen, ohne Brot, Wein, Frauen und alles übrige auskommen, als das sie auf ihr Nasenpulver verzichten könnten; so das ihre Nase im Haushalt wie ein Pferd im Stall ist.

** Gentilly liegt südlich von Paris und ist heute durch die RER, eine Art S-Bahn, mit dem Zentrum verbunden. Das ehemalige Dorf Ménilmontant gehört heute zu Paris. Der Boulevard de Ménilmontant befindet sich in der Nähe des Friedhofs Père Lachaise, also im Nordosten von Paris. An Feiertagen zogen vor allem Leute aus dem Volk zu den vor den Toren der Stadt gelegenen »Guinguettes«, beispielsweise in Gentilly und Ménilmontant, um sich dort zu vergnügen, zu essen und zu trinken.*

Die Toilette der Frauen

Oft findet sich in einem winzigen Appartement um den Schminktisch herum die ganze Monarchie ein. Die Staatsminister, die ausländischen Botschafter, die Kardinäle, die Prälaten, die Generäle, die Feldmarschalle Frankreichs, alle stehen sie um eine Spiegelkommode herum. Und während man ihr die wichtigsten Dinge mitteilt, setzt sich die Schöne ein Schönheitspflaster ins Gesicht und beschaut sich dabei im Spiegel.
Maler! Da habt ihr ein Sujet, um das monarchische Regierungssystem zu gewissen Zeiten mit sowohl amüsanten als auch wahrhaftigen Farben zu malen. Was haben die Schminktische von Frau von P. und Frau von B. nicht alles gehört? Ihr ernsthaften Geschichtsschreiber, Ihr zermartert Euch das Hirn, Ihr wollt bis zu den Gründen der Geschichte vordringen! Alles hat seine Ursache, sagt Ihr? Aber was für die Physik stimmt, braucht für die Politik nicht zu stimmen. Laßt Eure tiefsinnigen Forschungen ruhig liegen. Die größten Ereignisse dieser Welt haben keine Ursachen, oder sie sind so geringfügig, die Fäden sind so wenig wahrnehmbar, daß man Luchsaugen bräuchte, um sie zu sehen.

Ein einziger Zeuge taugt mehr als
hundert Gazetten,
Götter, laßt die Toilettentische sprechen,
und wir werden die Staatsgeheimnisse
erfahren!

Louis Sébastien Mercier

Ich kanns einfach nicht erreichen, daß wir eine bequeme, überdachte Markthalle kriegen, wo wir vor der Kälte geschützt sind! Verdammt, ich bin vom Dritten Stand und dafür gemacht, wie sie sagen, um auf der Galeere zu arbeiten und vor mich hin zu vegetieren und viel Schinderei zu haben. Und trotz alledem werden wir als eine Reihe von Nullen gehandelt. Vor lauter Betrügerei haben sie dem König davon etwas ausgezahlt und weiterverkauft. Der arme Mann brauchte Kröten, und sie haben ihm welche gegeben und dafür die Erlaubnis bekommen, die verdammte Mauer* um die Stadt zu bauen. Er wollte ihnen damit nur eine kleine Entschädigung geben, eigentlich ganz vernünftig, aber er wollte wohl nicht, das sie sich bereichern und dabei die armen Leute vor Hunger und Durst sterben lassen. Und dann hat man uns noch gesagt, das er von seinem Finantzminister, von dem wo das damals war, übers Ohr gehauen wurde, denn diese Blutsauger hatten den gut geschmiert, damit er sie unterstützt. Ich kenn sein gutes Herz, ich weiß schon, das er als König ganz in Ordnung ist, und trotz ein paar Eskapaden, zu denen man ihn verleitet, weiß ich sicher, das er uns liebt, und ich hab ihn auch gern, und ich kann wohl wirklich sagen, das wir uns in Stücke hauen lassen würden für ihm.

Ich will ja auch gerne Geld geben, nach unseren Möglichkeiten. Aber die Reichen müssen dann auch so viel geben, wie sie geben können. Es ist ja nicht gerecht, das die Armen alles zahlen und die anderen gar nichts, da seid ihr doch einverstanden, liebe Herren, die ihr die Chreme aller ehrlichen Leute im Königreich seid.

Und dann sollen sie doch die Kutschen besteuern, und die kleinen Cabriolets, und den Haufen von Dienern, und die englischen Gärten, und einen ganzen Haufen von anderen Spinnereien, die einem ja richtig wehtun. Und dann hätte man genauso viel Geld, wie es die allgemeine Steuer an der Stadtgrenze einbringt. Die Leute werden dann eben zahlen müssen, wenn sie einen ganzen Haufen Lakaien hinten auf dem Wagen haben wollen, oder sie müssen sie nach Hause schicken in ihre Dörfer, damit sie die Erde beackern können und Galeerenarbeit tun wie ihre Eltern. Die englischen Gärten müssen sehr teuer sein, sonst pflanzen wir dort Kohl und andere Gemüse. Und das wär gut so. Wofür sind sie sonst gut? Na wirklich, gibt es denn nicht genug von diesen Gärten?

Ich bin ein genau so guter Christ wie der Papst in Rom, ich kann den Katechismus auswendig wie eine eins. Und unsere heilige Mutter Kirche respektiere ich auch. Aber ich kann gar nicht zusehen, was alles unter unseren Augen passiert, und ich darf gar nicht an all die Schweinereien, den Hochmut, die Betrügereien und die Freßsucht von fast allen diesen Pfaffen denken, ohne das mich das aufregt.

** Die an der Stadtgrenze von Paris erhobenen Steuern führten zu einer erheblichen Verteuerung der Grundnahrungsmittel. Vor allem der hohe Preis des Weines machte den ärmeren Leuten zu schaffen. Daher gingen sie vor die Stadtmauern, um sich mit dem billigen, weil unbesteuerten Alkohol einzudecken. 1791 wurden die Einfuhrzölle abgeschafft. Die Inflation sorgte aber bald dafür, daß die Preise wieder auf das alte, hohe Niveau anstiegen.*

Modefrisur

Große Garderobe, 1790

Federn der Freiheit, 1791

Über Diskretion und Mode

Colbert hat einmal gesagt, daß die Mode für Frankreich das ist, was die Minen Perus für Spanien sind. Die Modehändlerinnen haben in ihrer Phantasie unerschöpfliche Ideen, um Abwechslung in den Geschmack des äußerlichen Putzes zu bringen. Es gibt ein Journal, das extra über diesen sich stets wandelnden Schmuck berichtet. Die Veränderungen betreffen nicht nur den Hof, die Stadt und das Land, sondern auch den Salon, das Arbeitszimmer, das Boudoir und die Sofas. Die Modehändlerinnen sind wahrhaft künstlerische Frauen. Die Schneiderinnen, die alle weiblichen Kleidungsstücke zuschneiden und nähen und die Schneider, welche Unterwäsche und Korsetts anfertigen, sind die Maurer des Gebäudes; aber die Modehändlerin, welche die Accessoires entwirft, das gewisse Etwas schafft und den gelungenen Faltenwurf hinbekommt, sie ist der wahre Architekt und Dekorateur.

Bald wird das Zimmermädchen keinerlei Talente mehr brauchen, denn sie frisiert nicht mehr. Ihre Aufgabe beschränkt sich auf die Alltagskleidung und die lockere Frisur. Sie äußert sich zum Rouge, und wenn ihre Treue über jeden Zweifel erhaben ist, wird sie in das Weiß und andere geheimnisvolle Vorbereitungen eingeweiht. Das ist das non plus ultra der Vertraulichkeit. Wieviele heimliche Bemühungen, um den Teint und die Haut blasser zu machen, um die Falten trotz des Alters und der Natur zu glätten!

»Guten Tag, meine Liebe, was haben Sie denn? Sie scheinen mir ein wenig aufgebracht.« – »Mein Zimmermädchen ist unsagbar frech.« – »Na und, dann entlassen Sie sie doch!« – »Das würde ich schon tun, aber sie hat einen guten Geschmack, wenn es um meine Ausstaffierung geht.« – »Ich werde Ihnen eine geben, die Takt besitzt, denn nach all dem Streit, den Sie schon mit dieser hier gehabt haben...« – »Sie liest wunderbar vor.« – »Ich werde sie Ihnen auch in diesem Punkt ersetzen. Wer zwingt Sie denn zu so viel Rücksicht?« – »Sie informiert mich über alles, was hier im Hause vor sich geht.« – »Das ist ja wohl das mindeste, was sie zu tun hat; das ist doch kein Grund, um eine Unverschämte zu behalten.« – »Muß ich Ihnen denn alles gestehen: sie ist unglaublich diskret.«

Louis Sébastien Mercier

Wahre Revolution

Die Revolution wird erst stattfinden, wenn allen Frauen die Augen über ihr beklagenswertes Schicksal aufgegangen sein werden, so wie über die Rechte, die sie in der Gesellschaft verloren haben.

Olympe de Gouges

Schmuck für das Vaterland: Antrag an alle Frauenorganisationen

Die Reichen spenden Schmuck und Geld fürs Vaterland

September 1789

Von einer Ecke des Königreichs zur anderen hat sich eine erstaunliche Revolution mit noch erstaunlicherer Geschwindigkeit vollzogen. Der Patriotismus hat Wunder vollbracht. Die Geschichte kennt kein Beispiel für ein Volk, das so schnell seine Freiheit wiedererlangt, so viele Mißstände abgeschafft und so viele Vorurteile beseitigt hat. In drei Tagen haben wir das Werk eines Jahrhunderts vollbracht.

Aber in Erwartung des Glücks, das uns eine neue Verfassung verspricht, erlebt der Staat eine furchtbare Krise. Die öffentlichen Ausgaben sind in den Himmel gestiegen und niemals waren die Möglichkeiten, sie zu finanzieren, so schlecht. Die Steuern werden nicht eingetrieben. Der königliche Haushalt genügt kaum für die Renten und die dringendsten Ausgaben. Es besteht die Gefahr, daß wir für die nationale Verschuldung nicht mehr aufkommen können, wir haften nur noch mit unserer nationalen Ehre. Der Handel, eine der wichtigsten Quellen des nationalen Wohlstands, leidet und liegt mangels Bargeld darnieder.

Einstmals, in Rom, konnte man erleben, daß die römischen Damen sich in einem Moment, wo die Republik in Bedrängnis war, versammelten und beschlossen, und zwar einstimmig, daß sie ihren Gold- und Sil-

Die Spenden der Frauen für den Staat

Wir nähern uns dem Winter, beeilen wir uns, noch vor Einbruch dieser Jahreszeit unserer Nation, unserer aller Mutter, eine trostreiche Zukunft zu verschaffen. Möge eine tiefe Wohltätigkeit überall ihre Wirkung zeigen, auch auf die Gefahr hin, daß Schuldige davon profitieren. Seien wir vielmehr gewiß, daß solche sanfte Waffen einen sicheren Sieg erringen werden; sie werden uns ins Reich der Glückseligkeit führen, sie werden den wildesten Bösewicht bekehren oder ihn zumindest machtlos machen. Die Schulden des Staates sind unzählbar, aber unsere Reichtümer sind es auch. Ersparen wir dieser ehrwürdigen und zarten Mutter den Schmerz und die Schande, für ihre zahlreiche Familie nicht mehr sorgen zu können.

Madame Moitte

Madame Moitte war die Frau eines bekannten Bildhauers und engagierte sich zu Beginn der Revolution politisch.

Gegen die Männer

Sag schon, wer hat Dir die unumschränkte Macht über mein Geschlecht verliehen? Schrullig, blind, mit Wissenschaft vollgestopft und in diesem Jahrhundert der Aufklärung und Weisheit in der schreiendsten Unwissenheit verfangen, willst Du als Despot über ein Geschlecht herrschen, das selbst alle intellektuellen Fähigkeiten empfangen hat.

Olympe de Gouges

Die Revolutionäre waren misogyn. Anfänglich glaubten die Frauen, die Revolution mit den Männern zu machen. Es gab – zu Beginn – feministische Forderungen und feministische Clubs. Nach 1792 wurde das völlig unterdrückt, und man verbot den Frauen, das Wort zu ergreifen, sich in Clubs zusammenzuschließen. Ursprünglich hatte die Revolution sogar die Scheidung, eine feministische Forderung par excellence, eingeführt: man ging zum Friedensrichter, und damit hatte es sich. Auch diese Reform war nicht von Dauer. In der Zeit der Terreur (1793) wurden Frauen umgebracht, weil sie sich politisch betätigt hatten. Am Tag nach der Vollstreckung des Todesurteils an Madame Roland veröffentlichten die Zeitungen das Urteil: In der Begründung der Todesstrafe wurde ausdrücklich die Tatsache erwähnt, daß sie sich wie ein Mann verhalten habe. Man warf ihr vor, mit ihrer politischen Aktivität ihre Pflichten und Aufgaben als Frau vernachlässigt zu haben. Nach 1792/93 wurde allen Frauen, die sich politisch betätigten, dieser Vorwurf gemacht. Im Bewußtsein der Revolutionäre hatten sie Mutter und Hausfrau zu sein. Sie wurden aus den Versammlungen und den Clubs ausgeschlossen und nach Hause geschickt.*

Elisabeth Badinter

** Marie-Jeanne Philipon Madame Roland (1754–1793) nahm an der Seite ihres Mannes, des Ministers Roland, aktiv an der Revolution teil. Sie veröffentlichte zahlreiche Schriften politischen Inhalts und ihr Haus wurde zu einem Treffpunkt der Republikaner. Ende 1793 wurde sie gemeinsam mit ihrem Mann der Verschwörung gegen die Revolution angeklagt. Wie auch Olympe de Gouges wurde ihr vorgeworfen, nicht wie eine Frau, sondern wie ein Mann gelebt und gehandelt zu haben.*

berschmuck bei der Schatzkammer abgeben würden. Sie opferten alles mit Freuden dem Vaterland, ihr Opfer wurde mit Begeisterung angenommen. Der Senat erkannte ihnen Ehrungen zu, u. a. die, nach ihrem Tod durch Lobreden gepriesen zu werden. Dies war bisher nur großen Männern zugestanden worden.

Französinnen: dieses Vorbild sagt Euch, was Ihr tun könnt. Warum solltet Ihr sie nicht nachahmen? Seid Ihr schlechtere Bürgerinnen, Euren Männern, Euren Kindern und Eurem Vaterland weniger verbunden als die römischen Frauen? Aber was sage ich? Dieses ehrenvolle Vorhaben gibt es ja schon, man beginnt bereits es auszuführen. Die tugendhafte Frau eines bekannten Künstlers hat als erste den Plan und die Hoffnung geäußert, ihr ganzes Geschlecht zur Hilfe für das bedrohte Vaterland aufzurufen. Sie hat diesen großmütigen Plan schon ausgeführt, viele Frauen haben dieses große Beispiel imitiert. Die Nationalversammlung hat diesen großzügigen Bürgerinnen Ehrungen zugestanden und alle Französinnen ersucht, es ihnen gleichzutun. Ein Kreis von Künstlerfrauen hat eine Unterschriftenliste eröffnet, die alle mit Begeisterung signieren; viele andere Frauenorganisationen sind von denselben Gefühlen angetrieben und wandeln auf ihren Spuren. Werden wir die letzten sein, die Gutes tun wollen? Beeilen wir uns um zu zeigen, daß auch wir gute Französinnen sind und bereit, unser Vermögen, sogar unser Leben für das Vaterland zu opfern. Sicher finden wir im ganzen Königreich dieselben Ansichten. Und wenn jede Frau, je nach ihren Möglichkeiten, nur ein Silber- oder Goldschmuckstück weggeben würde, und wäre es auch von geringem Wert, was für eine immense Hilfe käme da zusammen! Auf einen Schlag würde man die Geldsumme in Frankreich enorm erhöhen, das würde vielleicht schon ausreichen, um den Staat aufzurichten, und um die Zahlung der Staatsschuld zu sichern, indem man das Vertrauen in den Staat wieder stärkt.

Opfern wir vor der ehrwürdigen Versammlung der nationalen Volksvertreter diese unnützen Schmuckstücke. Niemals werden sie uns so sehr verschönt haben, wie in dem Moment, da wir uns von ihnen trennen. Ach! Was sind die Freuden der Eitelkeit und des Luxus im Vergleich mit der göttlichen Genugtuung, die wir in einer Wohltätigkeit finden werden, deren Auswirkung alle unsere Mitbürger spüren können? Verdienen auch wir uns einen Platz in der Erinnerung der Nachwelt, verdienen wir es uns, daß unsere lieben Kinder, die bessere Zeiten sehen werden, eines Tages sagen werden: Nicht nur unsere Väter haben dafür gearbeitet, daß es uns heute so gut geht; auch unsere Mütter haben uns geliebt, auch sie haben Opfer gebracht, sie sind so unsterblich geworden wie ihre Männer. Mit ihrer Weisheit oder ihrem Mut haben sie dem Vaterland gedient und es verteidigt, aber die Mütter haben es durch ihre Großmut gerettet.

»Der Mann fürchtet immer, die Frau könnte ihm überlegen sein«

Die Frauen wollten bei uns schon immer das Vorrecht genießen, der Schmuck der Gesellschaften zu sein. Und warum soll man es dem Geist auch verbieten, sich durch einen schönen Mund Gehör zu verschaffen? Von hier zur Welt der Literatur war es nur einen Schritt. Da die Gespräche ohnehin immer über Bücher und Theaterwerke gingen, haben die Frauen, welche die lästigen Pflichten des öffentlichen Lebens nicht kennen, inmitten ihres genüßlichen Zeitvertreibs gesagt: Machen wir doch Bücher.

Wenn man den Frauen nicht die Musik, die Malerei, die Zeichenkunst verbietet, warum sollte man ihnen die Literatur verbieten? Es wäre Zeichen einer schändlichen Eifersucht im Manne, wenn er die Frau in die Unwissenheit zurückstoßen wollte, die ein erniedrigendes Gebrechen ist. Wenn ein Wesen von der Natur eine lebendige Einbildungskraft erhalten hat, wie soll man ihm dann das Recht nehmen, frei darüber zu verfügen?

Aber hier liegt die Gefahr. Der Mann fürchtet immer, die Frau könnte ihm in irgendetwas überlegen sein. Er will, daß sie nur von ihrem halben Wesen Gebrauch macht. Er schätzt die Bescheidenheit der Frau, oder besser: ihre Unterwürfigkeit und hält diese für den schönsten Zug an ihr. Und da die Frau mehr gesunden Menschenverstand hat als der Mann, mag dieser nicht die Leichtigkeit, mit der die Frau viele Dinge sieht und durchschaut. Er fürchtet, daß sie in ihm alle Laster und vor allem seine Schwächen erkennen könnte.

Der Mann hätte gerne, daß die Frau genug Verstand besitzt, um ihn zu verstehen, aber nicht, daß sie sich zu sehr erhebt, womöglich mit ihm rivalisieren möchte und einen gleichen Grad von Talent beweist. Der Mann hingegen verlangt für sich einen täglichen Tribut an Bewunderung.

Diese Ansichten und Gefühle, die im Herzen eines jeden Mannes stekken, erwachen mit Kraft, wenn sie in Massen zusammenkommen. Die Theaterstücke zum Beispiel, welche weibliche Autoren aufführen lassen, werden mit übertriebener Strenge beurteilt. Nur ein Mann leidet: der Geliebte. Und diese Tatsache läßt die anderen Männer noch härter urteilen.

Galanterie gibt es also keine im Publikum, das sich vereint, um die literarischen Produkte einer Frau zu beurteilen, ganz und gar nicht. Da jeder gerne der Geliebte wäre, ist niemand als Freund anwesend. Und alle Männer neigen heimlich dazu, jede Frau, die sich bis zu einer gewissen Berühmtheit aufschwingen will, zu erniedrigen. Ein großer und öffentlicher Erfolg wäre für den Stolz und die Freiheit der Männer ein Alarmsignal.

Louis Sébastien Mercier

Ein Sans-Culotten-Paar am Tag des Sieges über die Monarchie

Revolutionäre Amazone

Auch als Soldaten standen die Frauen ihren »Mann«

Keine Pension für weibliche Militärs: Eine Bittschrift an Napoleon

An seine Majestät den Kaiser, im Jahre 1805

Als Adjutant habe ich an sieben Feldzügen der Rheinarmee teilgenommen.

Ich war bei der letzten Expedition nach Ägypten dabei und wurde zum General Menou geschickt, um bei ihm als Adjutant zu fungieren. Ich ersuche Eure Majestät um Gerechtigkeit, ich beantrage eine Pension oder eine Anstellung, die man mir bisher nur verweigert hat, weil ich *eine Frau* bin.

Aber ich war auch eine Frau:

als ich den Preußen, meinen Landsleuten, einen Artilleriepark von 45 Kanonen abgenommen habe.

Als ich eine Revolte der 44. Infanteriebrigade verhindert habe. Als ich das 11. Batallion des Départements Doubs sowie einen großen Trupp Gendarmerie gerettet und damit den Einwohnern von Edenhoffen die Grauen des Krieges erspart habe.

Als ich auf dem Schlachtfeld die Verwundeten verbunden habe.

Ich war auch Frau:

als am 22. Juli 1793 meine Ratschläge zur Rettung der ganzen Rheinarmee beigetragen haben, die der Feind gerade seitlich umgehen wollte. Ich war damals mit Depeschen für den befehlshabenden General unterwegs, die ich ihm trotz der Verfolgung mehrerer feindlicher Trupps aushändigen konnte; ich war sogar gezwungen, den Fluß zwischen Kaiserslautern und Neustadt schwimmend zu überqueren.

Die Kriegsarchive sind voll weiterer Einzelheiten, die ich hier nicht weiter ausführen möchte.

Majestät, ich habe nicht *als Frau* am Krieg teilgenommen, sondern als *tapferer Mensch.*

Brief von Mme de Xaintrailles

Ehemalige Ordensschwestern von Hunger und Gläubigern geplagt

Bürger,

das Krankenhaus der Heiligen Katharina, das bis heute in Betrieb ist, erlebt nun zum zweiten Mal, wie seine Einkünfte im Namen der Finanzverwaltung gestoppt und beschlagnahmt werden.

Das ist noch nicht alles: in Erwartung Eurer durch Handzeichen herbeigeführten Entscheidung bedienen sich unsere Gläubiger einfach selbst. Zumindest einer von ihnen hat es schon getan.

In dieser katastrophalen Situation, die sowohl für die Armen im Hospiz als auch für die angestellten Ex-Schwestern schwierig ist, beantragen wir, daß Ihr umgehend über unser Schicksal entscheidet und unsere Einkommen festlegt. Wir beantragen auch, daß wir gleichzeitig unsere Möbel und persönlichen Sachen mitnehmen dürfen, da diese uns von unseren Familien zur Zeit unserer religiösen Gelübde geschenkt wurden.

Die Unterzeichnenden scheuen sich nicht, Euch im Namen aller hier angestellten Bürgerinnen erneut zu versichern, daß sie ohne Vorräte, ohne Geld und Kredit leben und daß die Lieferanten nur noch gegen Barzahlung liefern wollen.

Brief an das Pariser Departement
17.5.1794

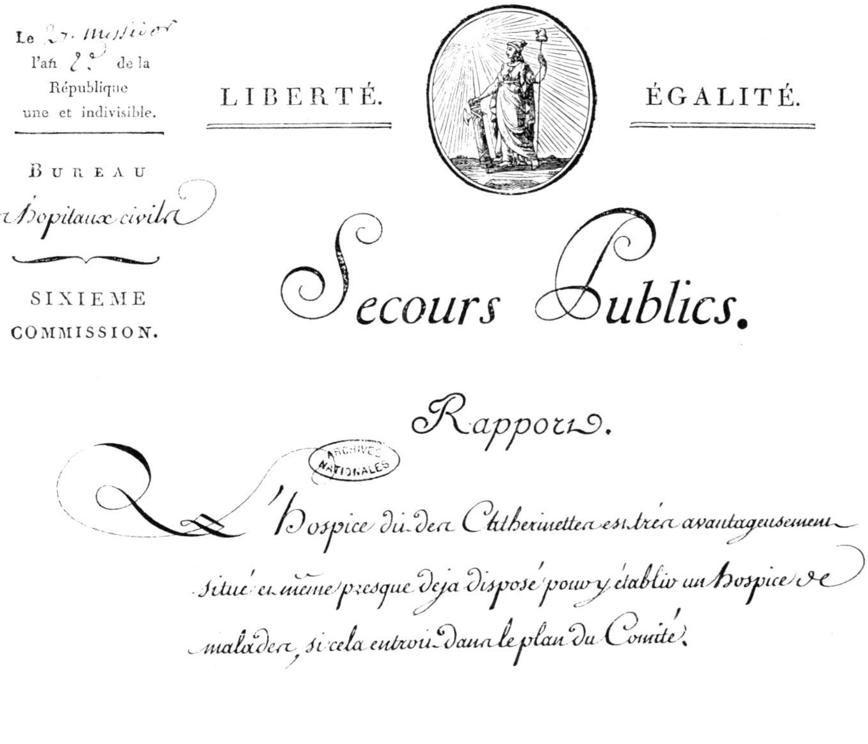

Le 27. messidor l'an 2e de la République une et indivisible.

BUREAU des hopitaux civils

SIXIEME COMMISSION.

LIBERTÉ. ÉGALITÉ.

Secours Publics.

Rapport.

L'hospice dit des Catherinettes est très avantageusement situé et même presque deja disposé pour y établir un hospice de malades, si cela entroit dans le plan du Comité.

Über die bürgerliche Verbesserung der Weiber (1792)

Die Natur scheint bei Bildung der beiden Menschengeschlechter nicht beabsichtigt zu haben, weder einen merklichen Unterschied unter ihnen festzustellen noch eins auf Kosten des andern zu begünstigen.

Woher jetzt der Unterschied in der Erziehung beider Geschlechter, der sich bei der Wiege anhebt und beim Leichenbette endiget? Warum ein so wesentlicher Unterschied, als wären beide Geschlechter nicht Eines Herkommens, nicht Eines Stoffs und nicht zu einerlei Bestimmung geboren? – Die Scheidewand höre auf! man erziehe Bürger für den Staat, ohne Rücksicht auf den Geschlechtsunterschied.

Theodor Gottlieb von Hippel

Einspruch: Revolutionäre Bürokratie

Bürger Gesetzgeber!

Am 4. Germinal (24.3.94) wurde Descombes unter dem Schwert des Gesetzes hingerichtet. Mein Schicksal war seit drei Jahren mit dem seinen verbunden, ich sollte seine Frau werden, ich bin die Mutter seines Sohnes. Wir waren beide ohne Vermögen. Ein Amt, das Descombes von seiner Sektion erhalten hatte, brachte 1800 Francs ein und entschädigte uns für alle erlittenen Entbehrungen. Descombes ist nicht mehr. Seine Möbel, deren Wert 400 Francs nicht übersteigt und die uns beiden gemeinsam gehören, sind von der Nation beschlagnahmt worden. Seine Wohnung ist versiegelt, ich bin vertrieben worden. Umsonst erhob ich im Namen meines minderjährigen Kindes Einspruch. Ich mußte zusehen, wie der Wächter für die Kontrolle der Siegel mehr bekam als das, was die Gegenstände in unserer gemeinsamen Bleibe wert sind. Die Siegel sind immer noch an den Türen, und der Wächter bekommt 3 Francs täglich, was schon mehr als 500 Francs ausmacht. Ihr seht eine unglückliche Mutter ohne Geld und ohne Hilfe. Oh Ihr, die Ihr das Bedürfnis fühlt, das Schicksal der Unglücklichen zu mildern, kommt meinem Sohn zu Hilfe.

Jeanne Antoine Bernard

Beschlußfassung:

Da die Bürgerin Descombes nicht vor dem Gesetz verheiratet war, wird beschlossen, daß sie für ihre Person keine Recht zu beanspruchen hat. Das Schicksal ihres Kindes wird nach dem Gesetz vom 12. Brumaire geregelt werden, sobald der Hilfsausschuß von der vorliegenden Eingabe Kenntnis genommen hat.

29. Vendémiaire (20.10.1794). Der Ausschuß ist zur Tagesordnung übergegangen.

Anfang Oktober 1789 waren es vor allem Frauen, die den König nach Paris ins Zentrum der Revolution holten

Zorn der Frauen, oder:
Die Weiber in Versailles

Den 10. Januar 1790

Ihrem Wunsch gemäß, Monsieur, werde ich Ihnen alle Einzelheiten über den entsetzlichen Tag vom 5. zum 6. Oktober* mitteilen, die ich entweder durch eigene Beobachtung oder durch Berichte erfahren habe. Ich erspare Ihnen, was Sie schon kennen.

Gegen 1/2 4 Uhr stiegen wir zu Pferd und ritten auf den Place d'Armes*. Kaum waren wir zum Kampf aufgestellt, da kam eine Kolonne von 500 oder 600 Frauen, die sich gegen meine vor dem Tor aufgestellte Brigade drängten. Unter den Frauen waren auch einige Männer mit Piken und Hacken. Die grausliche Brüllerei und die entsetzlichen Schreie erschreckten viele unserer Pferde. Unsere Reihe war nicht mehr geschlossen und die Frauen nützten die Gelegenheit, um durchzudringen. Inmitten der Schreie konnten wir das Verlangen heraushören, den König sehen zu können, um ihn um Brot zu bitten. Wir antworteten immer sanft, daß dies nicht möglich sei. Wir schlugen vor, sie sollten doch 12 von ihnen stellvertretend schicken. Sie antworteten, daß sie alle in das Schloß wollten und daß sie das auch schaffen würden. Der Herzog von Guiche war neben mir und ich sagte zu ihm: »Herzog, das hier ist nur eine Spielerei. Wissen wir, was an unseren Flanken los ist? Sind wir gedeckt?« Er antwortete, daß er nichts darüber wisse, aber daß er zum Schloß hinaufgehen wollte, um sich sachkundig zu machen.

Ich versuchte, mit einigen dieser Frauen ins Gespräch zu kommen, um sie zu beruhigen. Ich wandte mich an eine etwa fünfzigjährige, die recht gut in Schwarz gekleidet war. Ich sprach mit ihr über die Klage wegen des mangelnden Brotes, über den Antrag an den König, über die Unmöglichkeit, daß der König sofort Abhilfe schaffe und darüber, daß er in Übereinstimmung mit der Nationalversammlung und der Stadtverwaltung von Paris handeln müsse.

Sie hörte recht aufmerksam zu und schien meine Gründe zu akzeptieren. Aber sie sprach respektlos von der Nationalversammlung, mit Abscheu von La Fayette und dem Bürgermeister Bailly, mit Wut von der Königin, der sie alle Schuld gab. Dies waren ihre schrecklichen Ausdrücke: »Oh die Hündin! Wie ich sie zerreißen würde, wenn ich sie zu fassen kriegen könnte!« Gleichzeitig hielt sie mir zwei Krallen wie die von einer Furie entgegen, die mich vor Schrecken erstarren ließen.

Nach dieser Frau geriet ich an eine noch weniger umgängliche.

Mit einem kleinen Messer bewaffnet, das sie mehrere Male auf meinen Schenkel drückte, sagte sie zu mir: »Du Sack, laß mich durch, sonst durchbohre ich deinen Schenkel! Du kannst mich umbringen, wenn du willst, vor dem Tod habe ich keine Angst.« Ich antwortete lachend: »Sie

** Dies war der Anfang der langen Nacht vom 5. zum 6. Oktober, in der in erster Linie Frauen dafür sorgten, daß der König mit seiner Familie aus Versailles nach Paris kam, um selbst die Versorgung der Bevölkerung zu garantieren.*

** Der »Waffenplatz« (Place d'Armes) liegt in Versailles am Eingang des Schlosses. Von ihm gehen die großen Straßen in Versailles ab, unter anderen auch diejenige nach Paris.*

Die freie Pariserin

würden mir mit Ihrem Messer nur sehr weh tun und doch nicht durchkommen.« Ein Mann, der mit einer Hacke bewaffnet war, kam mir zuhilfe. Er tat so, als entrisse er ihr das Messer und sagte: »Bleib ruhig. Das brauchen wir gar nicht, um hier durchzukommen.« Ich antwortete: »Ich weiß nicht, ob Sie durchkommen werden, aber im Moment sind Sie jedenfalls vernünftiger als diese Frau.« Ich war nicht der einzige, der diskutierte. Jeder Offizier, jeder Leibwächter hatte sein persönliches Gespräch. Herr de Beauvilliers, der zu meiner Brigade gehört, erzählte mir, zu ihm sei ein Mann gekommen und habe gesagt: »Lassen Sie mich durch, Herr Wächter.« – »Das ist unmöglich. Warum auch?« – »Um mit dem König zu sprechen.« – »Was wollen Sie denn von ihm?« »Wir wollen, daß er ganz einfach zurücktritt und alles wird gut werden.«

Um nichts zu vergessen muß ich noch sagen, daß drei kleine mit Piken bewaffnete Männer sich vor meinem Pferd aufbauten und zwar so dicht, daß sie seine Stirn hätten küssen können. »Treten Sie zurück, meine Herren, Sie sehen ja, daß Sie eine Verletzung riskieren.« – »Wir wollen aber nicht zurücktreten.« – »Was wollen Sie denn von mir?« – »Was wir wollen? Daß du die Waffen niederlegst. Runter mit den Waffen, verdammt!« Ich lächelte sie herablassend an und gab ihnen ein Zeichen, sich zurückzuziehen. Da schaute mich einer von ihnen wütend an und so aufmerksam, als wolle er mich später wiedererkennen, dazu machte er ein vielsagendes Zeichen mit dem Zeigefinger. Oftmals hörte ich auch drohende Äußerungen von Frauen, die behaupteten, wir würden unser Verhalten bald bereuen und gezwungen sein, sie durchzulassen. Gleichzeitig schauten sie auf der Straße nach Paris zurück, was mich in meiner Meinung, die ich dem Herzog von Guiche mitgeteilt hatte, bestärkte, daß nämlich das Vorspiel mit den Frauen nur ein Geplänkel sei. All das geschah in 3 oder 4 Stunden.

Ich war wieder an der Spitze meiner Brigade. Ein Hauptmann der Nationalgarde von Versailles, ein sehr ehrlicher Mann, kam zu mir und teilte mir im Brustton der Empörung mit: »Monsieur, ich kompromittiere mich sehr. Aber ein ehrlicher Mensch schätzt sein Leben heute gering. Ich muß Sie also warnen, daß die Nationalgarde von Versailles entschlossen ist, das Feuer auf Sie zu eröffnen, wenn die Leibgardisten einen einzigen Pistolenschuß abfeuern. Meine Kompanie von hundert Leuten hat diesen furchtbaren Plan und ich bin nur zu sicher, daß sie ihn ausführen wird. Ich kann nur auf 5 oder 6 ehrliche Leute zählen und auf mich selbst, der ich entschlossen bin, zwei von den Schurken, die auf Sie schießen, den Schädel einzuschlagen. Ich habe ein zweischüssiges Gewehr und ich werde sie nicht verfehlen, denn ich bin ein sehr guter Schütze.« Ich bediene mich seiner eigenen Worte. Er fuhr fort: »Ich glaubte sie vor dem, was kommen wird, warnen zu müssen und ich versichere Sie der Wahrheit meiner Worte. Ich habe meine Pflicht getan. Sehen Sie nun, was Sie tun müssen.«

Herr d'Albignac an den Grafen von Agoult**

** Pierre Jean Levi d'Albignac (1744–1820) trat 1780 in die Leibgarde als Unteroffizier ein. 1789 war er Hauptmann.*

** Jean Antoine Duc d'Agoult (1753–1826) war ebenfalls Mitglied der Leibgarde des Königs. 1789 wurde er als Abgeordneter des Adels in die Generalstände gewählt. Nach den Ereignissen des 5. und 6. Oktober kritisierte er das Vorgehen gegen die Leibgardisten. Er emigrierte 1791 und kämpfte gegen Frankreich.*

Die königliche Familie wird mit Gewalt nach Paris geholt

Im Triumphzug kehren die Frauen mit ihren Waffen aus Versailles zurück

Inmitten der Aufregung und der Angst, die hier herrschen, schreibe ich Eurer königlichen Hoheit diese wenigen Zeilen. Kaum hatte ich meinen gestrigen Brief abgeschickt, da füllten sich die Straßen mit Marktfrauen, bewaffneten Arbeitern, Maurern, Schlossern und anderen Leuten, die sich allesamt beim Rathaus versammelten, alle Sperren der Nationalgarden und der Linientruppen durchbrachen und sich 1 500 Gewehre und 2 Kanonen verschafften.

Bis dahin schien es so, als sei der extreme Mangel an Brot der einzige Grund für diese Aufruhr. Alle Distrikte schickten ihre Abordnung zum Rathaus. Man versuchte, diese Aufständischen im Zaum zu halten, ohne Gewalt anzuwenden, was ohnehin schwierig geworden wäre, denn der Haufen Frauen, der noch von Dienerinnen und Köchinnen verstärkt worden war, umfaßte jetzt etwa 4 oder 5 000.

Gegen 1 Uhr forderte diese Menge, die sich mit Knüppeln, Piken, Spießen und Säbeln bewaffnet hatte, Herrn La Fayette auf, sie nach Versailles zu führen. Der General versuchte vergeblich, sich diesem Beschluß zu widersetzen, er konnte lediglich Zeit gewinnen. Und da seine Fristen verdächtig schienen, drohte man ihm mit der berüchtigten Laterne, so daß er sich gegen 5 Uhr gezwungen sah, an der Spitze der Nationalgarde und einer Division Bürgermilizen mit 12 Kanonen nach Versailles zu ziehen.

Etwa 15 bis 20 000 Leute aus dem Volke folgten ihm.

Im Moment, da ich schreibe, haben wir noch keine genaue Nachricht über diese Expedition. Vielleicht haben Eure Hoheit unmittelbare Neuigkeiten erhalten. Viele sagen, die Sperre von Sèvres sei durchbrochen wor-

Über die Schminke

Nur in Paris sieht man jene stark geschminkten Frauen, die auch mit 60 Jahren noch Rouge auflegen und stets der gerade herrschenden Mode folgen. Man trifft diese ewigen Frauen mit ihren jahrhundertealten Gesichtern und dem Ausdruck der Seelenwanderung überall. Aber alt ist man erst, wenn man dem Volksmund glaubt, mit 70 Jahren; mit 65 braucht man sich noch nicht alt zu fühlen.

Die fürchterlichen Geliebten der Metzgergesellen sitzen auf den Randsteinen und legen Rouge auf; es ist rot wie Blut. Die leichte Courtisane aus dem Palais Royal benutzt ein rosafarbenes Rouge. Sein eigenes Rouge zu wählen ist eine Staatsangelegenheit. Die Schauspieler bevorzugen eines, das mit den Lampions harmonieren soll, aus der Nähe aber sieht es schrecklich aus, fast so wie die Masken der antiken Schauspielkunst. Das Auge gewöhnt sich daran; die schüchterne Agnès spielt nie ungeschminkt.

Die Frauen am Hofe, die um teures Geld spielen, zahlen für einen kleinen Topf Rouge einen Louis d'or; die adeligen Frauen sechs Francs, die Courtisanen 12 Francs, und die Bürgerinnen, die nur sehr wenig Rouge auflegen, lassen nicht mit sich um den Preis feilschen. Der größte und häufigste Anlaß zu Streit zwischen der Herrin und ihrem Zimmermädchen ist die Auswahl des richtigen Rouge. Dieser alltägliche Disput ist noch wichtiger als der um die Frisur, damit ist schon alles gesagt. Oft fliegt das Schminktöpfchen zu Boden, weil die Herrin in den Spiegel geschaut hat. Auf dem Grund dieses kleinen Gefäßes würde man gerne den eigenen Frühling wiederfinden. Dabei hat der Topf keine magischen Eigenschaften, denn die liegen nur im Auge des betrogenen Liebhabers.

Louis Sébastien Mercier

Modefrisur mit dem Namen »Hoffnung«

den und diese Armee sei dann in Achterreihen marschierend am Tor von Versailles angekommen. Die Leibgardisten sollen das Feuer eröffnet haben aber mit den Säbeln zurückgedrängt worden sein. Frauen und Männer seien schließlich ins Schloß eingedrungen, wo der König versprochen hat, sich sofort um die Brotversorgung und die Senkung des Brotpreises zu kümmern. Sobald ich genaue Berichte über dieses schreckliche Ereignis erhalte, werde ich die Ehre haben, Eure Hoheit davon zu unterrichten. Sie können sich vorstellen, wie schlimm unsere Lage hier ist. Möge die Vorsehung uns vor allem Übel, das sich daraus ergeben kann, beschützen. Ich wollte, ich könnte mich den Gefahren mit meiner armen Familie entziehen, indem ich Paris verlasse.

Paris, den 6. 10. 1789

Selbst wenn man mit eigenen Augen gesehen hat, was gestern in Versailles und Paris geschehen ist, kann man es kaum glauben. Das Volk war Herr über alle Truppen und wollte, daß der König, die Königin und die ganze königliche Familie sich nach Paris begebe. Und die Majestäten sind gegen 2 Uhr unter dem Schutz dieser furchtbaren Eskorte abgereist. Erst um ½ 8 Uhr kamen sie unter dem lauten Beifall, Gewehrsalven und inmitten einer ungeheuren Menge in der Hauptstadt an. Sie sind zum Rathaus gefahren. Ich habe noch keine genauen Nachrichten darüber, was dort vorgefallen ist; ich nehme an, daß sie dann von da zum Tuilerien-Schloß gegangen sind. Jedes Nachdenken über dieses Ereignis ist sinnlos. Ich wünschte nur, ich wäre sicher über die Vorfälle informiert, und die Zeit, die mir vor dem Abgang der Post bleibt, ist zu kurz, um die Nachrichten zu überprüfen. Gestern hatten die Leute schon gegen Mittag die Köpfe von zwei Leibwächtern nach Paris geschickt, und sie sind auf Piken gespießt durch alle Straßen getragen worden.

Unter die Rufe »Es lebe der König! Es lebe die Nation!« mischte das Volk den Ruf »Nieder mit den Pfaffen!«. Mehrere Priester, die in der Menge waren, sind beleidigt worden.

Paris, den 7. 10. 1789

Ein sächsischer Botschaftsattachee an den Grafen von der Lausitz, Onkel des Königs von Sachsen

Bewaffnete Weiber und weibliche Waffen

Am vierten erfolgte der Ausbruch: man spürte ein dumpfes Murren. Am 5. kam die Explosion auf einen Schlag mit furchtbarem Getöse, ähnlich den Feuerschlünden des Vesuvs oder des Ätna. Die Frauen empörten sich. Die Teuerung des Brotes war der Vorwand; der wahre Grund aber war der von Saint Huruge* stammende Plan, den König und die Nationalversammlung nach Paris zu locken. Es war in der Tat das einzige Mittel, die Teuerung zu lindern und den Handel wieder zu beleben. Ich kann dies Projekt nicht tadeln. Es brachte Vorteile, die ich selber genieße; und kann man sich beklagen, wenn man genießt?

Am frühen Morgen rotteten sich die Marktfrauen zusammen, um sich nach Versailles zu begeben. An sich sind diese Frauen nicht zu fürchten; sie sind gute Bürgerinnen; aber ihnen gesellen sich zwei Arten von Menschen zu: erstens die als Frauen verkleideten Männer, die über den wahren Plan unterrichtet sind, und zweitens allerlei verdächtige Kreaturen, der Auswurf und Abschaum der Zivilisation, Weiber, die, nachdem sie in ihrer Jugend prostituiert wurden, sich jetzt im Alter auf die Kuppelei geworfen haben. Diese letzteren waren an allem Unheil schuld.

Die so gemischten Scharen der Marktfrauen rannten durch die Straßen, hielten alle Personen ihres Geschlechts an und machten sich ein boshaftes Vergnügen daraus – ich spreche von den Mitläufern –, vornehme Frauen und Mädchen in den Rinnstein zu stoßen. Im Kot lagen Marquisen, Gräfinnen und unter anderm auch eine Baronin, die ihre Rolle mit ziemlichem Vergnügen zu spielen schien.

Ein Teil der bewaffneten Weiber, unter ihnen verkleidete Männer, machte sich gegen Mittag auf den Weg, manche sogar schon früher.

Die meisten Bürgersfrauen versuchten zu entwischen. Die Männer waren zu den Waffen geeilt. Die Bevölkerung bedrängte La Fayette, er solle einschreiten. Aber die Straßenräuber, die an allen Aufständen teilnehmen, hatten die Stadtvertreter auseinandergetrieben, und um ordnungsgemäß auftreten zu können, bedurfte der Kommandant der Genehmigung des Magistrats; und doch brannte der junge Held vor Begierde, sich einzumischen. Er wußte, daß seine Anwesenheit für die Sicherheit des Monarchen und der Nationalversammlung unerläßlich war.

Während der nötigen Vorbereitungen sah man die Weiber vorbeiziehen. Unter ihnen war ein junges, recht hübsches Mädchen, das auf einer von zwei Pferden gezogenen Kanone saß und eine Art General der Weiber zu sein schien:

»Nun, kommt ihr mit?« rief sie unaufhörlich. »Vorwärts, ihr alle! Nur voran, ihr Feiglinge!« schrie sie denen zu, die stehen blieben. Sie zeigte einen Teil ihrer weiblichen Reize und fühlte sich in keiner Weise dadurch geniert. Es wird sogar erzählt, sie habe, als irgend jemand einen gewissen Körperteil bewunderte, geantwortet:

** Der Marquis de Saint Huruge 1750?–1810) führte in seiner Jugend ein ausschweifendes Leben und verpraßte ein beträchtliches Vermögen, weswegen seine Familie ihn in die Irrenanstalt von Charenton sperren ließ. Er kam frei und machte in der Revolution als populärer Volksredner Karriere.*
Robespierre ließ ihn als Anhänger von Danton verhaften. Der 9. Thermidor rettete ihm das Leben.

Pariser Bürger auf dem Weg zum Föderationsfest

Frauenrechtlerin

Im Jahre 1791 veröffentlichte Olympe de Gouges (1748–1793) die Schrift »Die Rechte der Frau und der Bürgerin«. Sie widmet die Abhandlung der Königin, um hervorzuheben, daß alle Frauen, gleich welchen Ranges oder Standes, eine solidarische »Kaste« bilden sollen. Olympe de Gouges ist eine Einzelkämpferin. Von 1788 an verfaßt sie unermüdlich Pamphlete und Broschüren. Nach Clubs und Gruppenaktivitäten stand ihr nicht der Sinn.

1789 noch war sie eine gemäßigte Royalistin, während der Aufständischen Kommune zählte sie zu den Republikanern – und 1792 unternahm sie eine Initiative zur Rettung des Königs. Sie wollte Amt und Person voneinander trennen, die Monarchie abschaffen und den alternden König begnadigen. Mit ihrem mutigen und unkonventionellen Auftreten machte sie sich zahlreiche Feinde, die prominentesten: Robespierre und Marat. Am 3.1.1793 wird sie hingerichtet. Begründung: Sie hätte sich angemaßt, »ein Staatsmann zu sein« und die ihrem Geschlecht geziemenden Tugenden vernachlässigt.

»Das ist für den Grenadier, der am besten seine Pflicht tut!«

Um einhalb fünf Uhr brach der Kommandant an der Spitze der Volkswehr auf. Er hatte zahlreiche Truppen hinter sich, denn die Hälfte zum mindesten war freiwillig herbeigeeilt. Die Elemente schienen gegen die Pariser losgelassen zu sein. Der kalte Regen durchweichte sie bis auf die Knochen. Ein Teil der Söldnertruppen, die von den Anstrengungen des vorhergehenden Abends und den Ausschweifungen erschöpft waren, blieb am Wege liegen; andere ließen sich von der Aussicht auf einen leicht erkauften Genuß verlocken und machten den Amazonen Liebesanträge; die Amazonen jedoch, die lieber nach Versailles wollten, als sich wollüstigen Genüssen hingeben, fertigten die Lüsternen meistens kurz ab.

Rétif de la Bretonne

Rückkehr der königlichen Familie nach Paris

»Auch ich war in Versailles«: Eine Marktfrau aus Passy

Oktober 1789

Gegen 1/2 9 Uhr morgens wurden viele Frauen im Rathaus vorstellig. Die einen wollten die Herren La Fayette und Bailly sprechen, um von ihnen zu erfahren, warum es so schwierig sei, Brot zu ergattern und warum dieses so teuer sei. Andere verlangten mit großer Bestimmtheit, daß der König und die Königin nach Paris kämen und im Louvre wohnten, wo sie, so sagten die Frauen, ungleich mehr Gutes tun könnten als in Versailles. Wieder andere forderten, daß diejenigen, die schwarze Kokarden* trugen, diese auf der Stelle ablegten, daß das Regiment Flandern und die Leibwache entlassen würden und daß die Majestäten nur durch die Nationalgarde von Paris geschützt würden.

Gegen Mittag oder ein Uhr mußte Herr La Fayette, der sich von einer Reise nach Versailles nichts Gutes erwartete, schließlich dem glühenden Wunsch der Bürger nachgeben. In diesem Moment verläßt Marie-Louise Lenoël, verheiratete Cheret, wohnhaft in der Rue Vaugirard und zu diesem Zeitpunkt gerade auf einem lukrativen Markt in Passy beschäftigt, urplötzlich ihre tugendhafte Mutter, gibt den in Aussicht stehenden Profit auf, mischt sich unter die Bürgerinnen, die nach Versailles ziehen, und eilt mit ihnen unter der Führung einiger Freiwilliger aus den Zeiten der Bastille-Erstürmung von dannen. Diese Männer wollen zu ihren Lorbeeren vom 14. Juli noch der Ehre teilhaftig werden, der Nationalversammlung* den Grund für die Not des Volkes darzustellen, auf das schließlich auch die größten Monarchen angewiesen sind. Als sie im Vorort Point-du-jour ankamen, blieben die Bürgerinnen unserer Hauptstadt stehen, um sich in einer Marschordnung zu formieren. In Sèvres zwangen die Männer einige Händler, ihnen Lebensmittel zu verkaufen, wofür sie auch zahlten, und dann zogen sie nach Versailles. Unterwegs wurden 2 oder 3 Individuen, die vom König kamen, angehalten und ihre schwarze Kokarde wurde zerrissen. Dann ließ man sie hinterherlaufen. Als der Troß am Wohnort ihrer Majestäten anlangte, klatschten die Bürger von Versailles, das Regiment Flandern und die Dragoner (ich spreche nicht von den Offizieren) in die Hände und gaben ihrer Freude Ausdruck, beglückwünschten den Zug zu seiner Ankunft und baten die Pariser, für das Allgemeinwohl zu arbeiten. Mußte man denn solch eine Bitte an jene französischen Frauen richten, die von den Helden der Bastille angeführt wurden?

Wenige Minuten später, gegen 4 Uhr gingen die Bürgerinnen zur Nationalversammlung, wo sie nur mit Mühe Einlaß fanden. Welch ein beeindruckendes Schauspiel! Ihr Auftritt mußte gewissen Mitgliedern eines Standes mißfallen, der nie existiert hätte, wenn unsere Väter so

** Ursprünglich waren die Kokarden militärische Erkennungszeichen, die an der Kopfbedeckung getragen wurden. Zu Beginn der Revolution wurde die Kokarde in blau und rot Zeichen des neuen Geistes. Als die Leibgardisten ihrerseits eine weiße oder schwarze Kokarde zum Zeichen ihrer Anhängerschaft zur absoluten Monarchie erkoren und die nationale Kokarde »demütigten«, brachen Unruhen aus. Der Sturm auf das Schloß von Versailles ist u. a. auch auf die Frage der Kokarden zurückzuführen. Der König ließ die schwarze und weiße Kokarde verbieten. Zudem steckte er sich selbst die neue Kokarde an den Hut, die bald in den Farben der Trikolore, also blau-weiß-rot, üblich wurde.*

** Die Nationalversammlung tagte zu diesem Zeitpunkt noch in Versailles. Die Abgeordneten zogen gemeinsam mit dem König nach den Ereignissen dieser Tage nach Paris um.*

Revolutionäre Mode 1790

Schmuck trotz Krieg, 1793

weise gewesen wären, darüber nachzudenken und klar zu erkennen, daß es bei der Invasion der Franken in Gallien nur zwei Völker gab, nämlich die Sieger, d.h. die Adeligen, und die Verlierer, d.h. die Bürger. Angesichts dieser Tatsache war es völlig absurd, Männer bei der nationalen Volksvertretung zuzulassen, die sich nur der Güter erfreuen, welche die Leichtgläubigkeit ihnen zugesteht. Wie dem auch sei: trotz der Angst, die unsere Frauen bei den Pfaffen ausgelöst haben, von denen einige die Versammlung verließen, haben die ehrwürdigen Mitglieder der Nationalversammlung unserem 12er-Komitee einzelne Zugeständnisse gemacht, da sie merkten, daß die Frauen wild entschlossen waren, nicht ohne Ergebnis wieder zu gehen. Die Punkte waren: 1. Ein erneuertes Verbot des Kornexports; 2. das Versprechen, das Korn mit 24 Francs zu besteuern, wodurch das Brot billig und selbst für die Ärmsten erschwinglich sein würde; 3. die Zusicherung, das Fleisch nur noch für 8 Sous pro Pfund zu verkaufen. Danach sollen die Leibgardisten und die nationalen Soldaten, wie es heißt, drohend mit ihren Gewehren gespielt haben. Aber ein gängiges Gerücht sagt, daß wir sehr wenig Verluste hatten und daß der König am 5. Oktober 1789 bewiesen hat, in welchem Maße er den Titel verdient, den man ihm am 17. Juli gegeben hat, nämlich den eines *Restaurators der französischen Nation.* Unsere Bürgerinnen sind mit Ruhm überhäuft auf Kosten seiner Majestät im Wagen zum Rathaus zurückgefahren worden. Dort haben wir sie als Befreier der Hauptstadt empfangen, die dank dieser Ereignisse auf ewige Zeiten von den Plänen heutiger und zukünftiger Aristokraten befreit sein dürfte.

Femme Cheret

Eine ganz besondere Spezies: Der Chevalier Popotatsch

So nennt ihn ganz Paris. Es ist ein lüsterner Sonderling. Es gefällt ihm, einer Frau, an der er nahe vorbeigeht, mit der Hand einen leichten Klaps auf den Hintern zu geben. Seine Hand ist beweglich, und er verfehlt sein Ziel nie. Er schaut jene, die er berührt hat, nicht an, er eilt ihr voraus und geht seines Weges. Wenn eine Frau ihm entgegenkommt, bekommt sie den leichten Schlag im Moment des Vorbeigehens. Die Schöne glaubt, es sei ein unsichtbares Wesen, das ihr verlängertes Rückgrat berührt hat. Der Chevalier tätschelt mit beiden Händen, rechts und links, Mutter oder Tochter, denn jedes Gesäß übt auf ihn eine unaussprechliche Faszination aus. Niemals ergänzt er diese eigentümliche Freizügigkeit durch einen Blick oder durch Worte. Der Schlag ist so schnell und so gemäßigt, daß er nicht als Beleidigung aufgefaßt wird. Es scheint vielmehr eine Form von Kompliment, wenn er die schönen Formen der grazilen Jugend trifft. Aber er verschmäht auch nicht die massiven Reize der robusten Dienerinnen, er bringt sie mit den zierlichen Reizen eines schlanken Mädchens in Verbindung. Wenn drei Frauen vor ihm gehen, dann beklopft er die mittlere mit so viel Geschick, daß diese eine ihrer beiden Nachbarinnen verdächtigt.

Dieser Chevalier zieht unermüdlich durch die Straßen, seine Wege scheinen unendlich zu sein. Er ist in einen weiten grauen Anzug eingehüllt und man kann ihn an seinen weißen Haaren sowie an dem an der Hüfte anliegenden linken Arm erkennen. Er ist jederzeit bereit, sich jenem Zeitvertreib zu widmen, der zugleich sein liebster Sparren ist. Es gibt nur wenige Frauen, die sich nicht daran erinnern können, einmal ganz leicht geschlagen worden zu sein. Und wenn sie dann einen Mann mit langen Schritten vorbeigehen sehen, der immer in Gedanken versunken scheint und der den Kopf nicht wendet, dann können sie sich nicht vorstellen, daß man eine Frau, die man so berührt, nicht wenigstens anschaut.

Aber der Streich, den dieses bemerkenswerte Individuum führt, wird nicht zum Anschlag. So wie seine Stirn nichts Stolzes hat, kann man sich auch nicht vorstellen, daß seine Hand wagemutig gewesen ist. Diejenigen, welche diese Aufmerksamkeit als Beleidigung auffassen, denken, daß sein Vergehen so kurz war, daß es sich nicht lohnen würde, darüber erbost zu sein. Der Chevalier Popotatsch trägt also seine eigenartige Gewohnheit in alle Viertel und klatscht gleichermaßen in den Straßen und am Flußufer auf flache und üppige Hinterteile. Er hat keine erkennbaren Vorlieben und man kann ihm nicht vorwerfen, er ziehe irgendeine Gruppe in für andere beleidigender Weise vor. Weshalb die Frauen von 45 Jahren ihm verzeihen und sogar seine Partei ergreifen. Sein Verhalten ihnen gegenüber erscheint als eine galante Erinnerung. Sicherlich

Kein Fortschritt

Oh Frauen, Frauen! Wann werdet Ihr aufhören, blind zu sein? Was sind denn die Vorteile, die Ihr von der Revolution habt? Eine noch stärkere Verachtung, eine noch deutlichere Geringschätzung! Welche Hindernisse man Euch auch in den Weg legen mag, es liegt in Eurer Macht, sie zu überwinden. Ihr müßt es nur wollen!

Olympe de Gouges

Gleiches Recht

Die Frau hat das Recht, aufs Schafott zu steigen, sie muß also auch das Recht haben, die Rednertribüne der Nationalversammlung zu betreten.

Olympe de Gouges

würde die Venus mit den schönen Kurven im Park von Versailles seiner Hand nicht entkommen, wenn er nur an sie heranlangen könnte.

Louis Sébastien Mercier

Frisör-Akademie: Die Mode der großen Frisuren

XII.
Die Guillotine

Die Revolutionäre schrieben die Justizreform ganz oben auf die Liste ihrer politischen Ziele. Und tatsächlich wurde der damals revolutionäre Grundsatz der Gleichheit vor dem Gesetz eingeführt. Dies hieß auch gleiche Strafe bei gleichem Vergehen.

Die Folter wurde abgeschafft. Die Todesstrafe jedoch nicht. Und um diese im größtmöglichen Maße menschlich zu gestalten, sann man über Lösungen nach, den Tod schnell und möglichst schmerzlos herbeizuführen. Dabei wurde ein Instrument »erfunden«, das es schon lange Zeit vorher gegeben hatte. Es war eine Art mechanischer Axt, die nicht vom Henker, wie früher üblich, geschwungen werden muß, sondern die mit eigener Schwerkraft auf den Hals des Verurteilten herabfällt.

Erst durch die Zeit des revolutionären Terrors, erst nachdem Girondisten und Dantonisten reihenweise den Gang zu ihr angetreten hatten, wurde die Guillotine zum Symbol der Schreckens- und Willkürherrschaft. Die Maschine selbst blieb kurioserweise bis weit ins 20. Jahrhundert hinein als Hinrichtungsinstrument erhalten.

Die Guillotine: Symbol der Schreckensherrschaft

Die Erfindung des Arztes Guillotin, oder wie bringt man Übeltäter verfassungsgemäß und menschenfreundlich zu Tode?

Man wird sich erinnern, daß die weiland Verfassungsgebende Nationalversammlung in ihrem alles umfassenden Paroxysmus die Todesstrafen nicht besser als das Übrige behandelte. Gravitätisch wog sie die wichtige Frage ab, ob bei einem zum Tode Verurteilten der Strick oder das Beil sich am besten mit der Würde des Menschen und der Verfassung vertrüge; und gravitätisch dekretierte sie, daß das schneidende Werkzeug ungleich verfassungsmäßiger sei als die erdrosselnde Schlinge, und daß es sich weit besser für ein freies Volk schicke, große Übeltaten durch den Verlust des Kopfes als durch den Verlust des Atemholens zu büßen.

Glücklicherweise hatte unter diesen Gesetzgebern ein großer Arzt seinen Sitz, dessen Name zwar vorher ganz obskur gewesen war, der aber begierig diese Gelegenheit ergriff, sich einen glänzenden Nachruhm zu erwerben. Guillotin, so hieß dieser Schüler des Äsculap, sann tiefsinnig über den patriotischen Gegenstand nach, und fand, daß ein scharfes, zwischen die Halsgelenke geschobenes Eisen das aller verfassungsmäßigste, weiseste und zugleich anatomischste Mittel sei, welches man dazu anwenden könnte. Zu gleicher Zeit fand er aber auch, daß dieses Eisen, von Menschenhand geführt, nicht Kraft genug haben, und über dieses eine Art Meuchelmord sein würde, welchen der medizinische Lykurg verhüten wollte. Er vermehrte also seine Erfindung durch eine Maschine, die eben so leicht Köpfe vom Rumpfe sondern könne, als das Druckwerk beim Münzen Köpfe auf Metall prägt.

Seine Erfindung war eigentlich ein bloßes Plagiat. Denn seit undenklichen Zeiten ist diese, die Gelenke des Halses sondernde Maschine in Persien in Gebrauch. Unterdessen machte sie in Frankreich ihr Glück. Die Nationalversammlung erteilte der neuen Köpf-Art das Bürgerrecht. Von allen Beamten der alten Regierungsform hatten die Scharfrichter allein ihre alten Würden unverletzt und folglich auch ihre alten Vorurteile erhalten. Erdrosseln dünkt ihnen das Allernatürlichste und Leichteste von der Welt. Hingegen das Wort »Köpfen« macht, daß ihnen die Hand zittert, und so ließ das zärtliche, mitleidvolle Herz des Scharfrichters von Paris ihm keine Ruhe, bis er sich vor den Schranken der Nationalversammlung einfand, und seine Skrupel in ihrem Schoß ausschüttete. Er brachte vor, daß er zwar der dienstwilligste Anhänger der weisen Versammlung von Gesetzgebern sei, und daß sie jeden Augenblick, wo sie seiner hochnotpeinlichen Dienste benötigt sein würde, über ihn befehlen könne; daß er aber nicht so viel Erfahrung in Sonderung der Halsgelenke, als in ihrer Zusammenschnürung besäße, und folglich fürchten müßte, einem armen Sünder wehe zu tun, wenn er ihn nach den Vorschriften der Verfassung behandele. Er bäte also, die Nationalversamm-

Im Frühjahr 1756 versuchte ein offensichtlich Geistesgestörter, den damaligen König Ludwig XV. zu erstechen, aber er verletzte ihn nur leicht. Seine Hinrichtung ist ein Beispiel der institutionalisierten Grausamkeit – und die Guillotine erscheint im Vergleich tatsächlich wie ein großer Fortschritt.
Um fünf Uhr begann die Hinrichtung.
Die Pfanne, in welcher der Schwefel zum Sieden gebracht wurde, erfüllte die Luft mit scharfem Geruch. Damiens hustete einige Male; während die Knechte des Henkers ihn auf das Gerüst flochten, betrachtete er seine rechte Hand mit einem Ausdruck von Rührung, wie sie sich früher auf seinem Gesicht gespiegelt hatte, als er seine Beine nach der Tortur besah. Er plapperte einzelne Sätze aus Gebeten. Zweimal fragte er: »Was habe ich denn nur getan, was habe ich denn nur getan?«
Man hatte den Arm so auf den Block gelegt, daß das Handgelenk über die Plattform hinausragte. Gabriel Sanson näherte sich mit der Pfanne. Als Damiens fühlte, daß die bläuliche Flamme sein Fleisch berühre, stieß er einen furchtbaren Schrei aus und biß in seine Fesseln. Nachdem er den ersten Schmerz überwunden hatte, hob er den Kopf wieder und sah zu, wie seine Hand abbrannte, ohne seinen Schmerz anders als durch Zähneknirschen anzugeben.
Dieser erste Teil der Exekution dauerte drei Minuten.
Charles Henri Sanson hatte bereits beobachtet, daß die Hand seines Onkels, der die Pfanne hielt, unsicher wurde. Das schweißüberströmte Gesicht und die Blässe des Scharfrichters, schließlich auch der Schauder, der seine Glieder schüttelte, ließen erkennen, daß es ihm nicht mehr möglich sein werde, auch das Zangenreißen zu besorgen. Er bot daher einem Knecht hundert Livres, wenn er diese traurige Aufgabe auf sich nehme.
Der Mann, der diesen Antrag annahm, hieß André Legris. Er ließ das schreckliche Instrument über Arme, Brust und Schenkel des Delinquenten hinstreichen, wobei das furchtbare Eisen jedesmal Stücke zuckenden Fleisches herausriß; dann goß Legris in die klaffenden Wunden kochendes Öl, brennendes Harz, glühenden Schwefel und geschmolzenes Blei.
Und jetzt geschah etwas, was die Sprache

nicht ausdrücken kann, was der Geist eines Menschen nicht faßt, etwas Höllisches – ich möchte es die Trunkenheit des Schmerzes nennen.
Damiens, dessen Augen weit aus den Höhlen getreten waren, dessen Haare sich sträubten und dessen Lippen sich ineinander verbissen hatten, verspottete die Henker, verachtete ihre Torturen und begehrte nach neuen Qualen. Während seine Wunden unter der glühenden Flüssigkeit aufzischten, wurde seine Stimme laut – eine Stimme, an der nichts Menschliches mehr war –, und er brüllte: »Mehr, mehr!«
Und doch war auch das nur die Einleitung der Prozedur. Jetzt hob man Damiens von dem Gerüst und legte ihn auf ein anderes, das drei Fuß hoch war und die Form eines Andreaskreuzes bildete; man befestigte die Gurte eines Pferdes an jedes seiner Glieder.
Während dieser Vorbereitungen hielt der Unglückliche seine Augen krampfhaft geschlossen. Der ehrwürdige Kurat von Saint-Paul war nicht von seiner Seite gewichen und sprach auf ihn ein. Damiens öffnete die Augen nicht, gab ihm aber ein Zeichen, daß er ihn höre. Ich hatte den Eindruck, als ob er den Blick, der bald Gott schauen sollte, nicht auf diese Barbaren richten wolle, die seinen elenden Körper so entsetzlich peinigten. Zuweilen schrie er:
»Jesus! Maria! Zu mir! Zu mir!«
Er schien sie zu bitten, sie möchten ihn schnell aus der Macht seiner Henker befreien.
Je einer der Knechte hatte die Zügel des Pferdes ergriffen, je ein anderer stand hinter dem Pferde und hielt die Peitsche in der Hand. Charles Henri Sanson stand auf dem Schafott und überblickte das Ganze. Auf seinen Befehl setzte sich das Viergespann im Bewegung.
So ungeheuer auch die Anstrengung war (eines der Pferde stürzte auf das Pflaster nieder), die Muskeln und Nerven der Maschine Mensch waren stärker als diese furchtbare Erschütterung. Dreimal zogen die Pferde unter Zuruf und Peitschenknall an, und dreimal riß sie der Widerstand zurück. Man sah nur, daß sich die Glieder des Delinquenten ungewöhnlich verlängerten; aber er lebte immer noch, und man hörte ihn röchelnd wie den Blasebalg einer Schmiede atmen.
Henri Sanson

Keine Erfindung des Arztes Guillotin: In Deutschland wurde schon Jahrhunderte früher auf diese Art geköpft

lung möchte, kraft ihrer Macht, durch eine ihrer weisen Ratschlüsse entweder sein Herz verhärteter, oder seine Hand fester machen.

Eine andere Versammlung würde diese sonderbare Petition vielleicht als eine Persiflage oder als eine ärgerliche Impertinenz ausgelegt, oder nach dem üblichen Herkommen, alle Petitionäre an ein Komitee zu verweisen, den unerfahrenen Kopfabschlager an den Unterweisungsausschuß vermittelt haben. Allein statt dessen schickte ihn die Nationalversammlung zur königlichen Akademie der Wundarzneikunst, mit dem Befehl, ihr von der erhaltenen Antwort Bericht abzustatten. Louis, der Sekretär dieser Akademie, lebte damals noch und ergriff diese Gelegenheit begierig. Er stellte auf die scharfrichterliche Konsultation ein Gutachten aus, dessen burleske Gravität vielleicht seinesgleichen nicht in den Archiven des Pedantismus findet. »Jedermann weiß«, hebt er seinen Spruch an, »daß schneidende Werkzeuge wenig oder keine Wirkung tun, wenn sie senkrecht treffen. Denn wenn man sie durch ein Vergrößerungsglas betrachtet, so sieht man, daß es bloß mehr oder minder feine Sägen sind, welche man glitschend auf den Körper wirken lassen muß, den sie trennen sollen. Man würde mit einem Beil oder Schwert, dessen Schneide gradlinig wäre, nicht mit einem einzigen Streiche ein Haupt abschlagen können, aber mit einer konvexen Schneide, wie bei den alten Streitäxten, wirkt der geführte Streich nur senkrecht im Mittelpunkt des Halbmessers, und das Instrument, indem es eindringt, hat glitschend auf den Seiten eine schiefe Wirkung, und erreicht so sicher seinen Endzweck. Wenn man den Bau des Halses betrachtet, von welchem die Wirbelsäule das Mittel ausmacht, die aus verschiedenen Gliedern besteht, deren Verbindung Übereinanderfalzungen bilden, so daß man keine Fuge auszuspähen im Stande ist, kann man unmöglich auf eine schleunige und völlige Trennung rechnen, wenn man solche einem Scharfrichter anvertraut, dessen Geschicklichkeit durch moralische oder physische Ursachen einem Wechsel unterworfen bleibt. Es wird zur Unfehlbarkeit der Prozedur notwendig erfordert, daß solche von mechanischen unveränderlichen Kräften abhänge, deren Stärke und Wirkung auf das genaueste bestimmt werden könne. Man hat diese Todesart in England eingeführt. Der arme Sünder wird auf dem Bauch zwischen zwei Pfähle oder Pfosten gelegt, die oben durch ein Querholz verbunden werden, von welchem man das konvexe Beil auf den Hals herabfallen läßt. Der Rükken des Instruments muß stark und schwer genug sein, um gehörig wirken zu können, ungefähr wie der Fallbock beim Pfähleeinrammen funktioniert. So ist bekannt, daß seine Kraft sich entsprechend der Höhe multipliziert, aus welcher er herabfällt. Man kann also leicht eine ähnliche Maschine verfertigen, deren Wirkung dann unfehlbar sein wird. Die Enthauptung wird alsdann dem Geiste und Wunsche des neuen Gesetzes gemäß in einem Augenblicke vollbracht. Man kann die Probe davon an toten Leichnamen oder an einem lebendigen Schafe machen. Man müßte untersuchen, ob es vielleicht nötig wäre, den Kopf des armen Sünders durch einen Halbmond zu fixieren, welcher den Hals unmittelbar bei der Basis der Hirnschale umspannte. Die Spitzen der Verlängerungen des Halbmondes könnten unter dem Schafotte durch Vorsteckkeile befestigt werden. Der ganze Apparat, wenn er erforderlich wäre, würde keine Sensation erregen, und kaum bemerkt werden.« Ausgefertigt zu Paris den 7. März 1792.

Auf dieses eingereichte Gutachten dekretierte dann die Nationalversammlung, daß die Hinrichtungen von nun an auf diese Art vollzogen, und die ausübende Gewalt autorisiert werden sollte, den erforderlichen Kostenaufwand zu machen, um dergleichen Maschinen durch das ganze Reich einzuführen.

Um nun die Départements und Municipalitäten mit solchen neuen tragbaren Exekutions-Maschinen zu versehen, welche allen die Köpfe verfassungsmäßig vor die Füße legen, die sich dieses Verfassungstodes würdig machen, würde es nur der kleinen Summe von 6 bis 7 Millionen Francs bedürfen. In Paris ist bereits eine Hinrichtung mit der Guillotine geschehen. Prudhomme* in seinem Journal (Mai 1792) hatte den für Jakobiner typischen witzigen Einfall, folgende Verse des Malerbe* als Inschrift für die Guillotine vorzuschlagen:

Und die Wache vor dem Tuilerien-Schloß
kann unsere Könige nicht vor ihr schützen.

** Louis Marie Prudhomme (1752–1830) gab eine bekannte Zeitschrift mit dem Titel »Les Révolutions de Paris« heraus, die bei den Revolutionären großen Erfolg hatte.*

** François de Malherbe (1555–1628) war einer der Begründer der französischen Klassik im frühen 17. Jahrhundert. Als Anhänger der absoluten Monarchie hätte er diese »verfremdende« Verwendung seiner Verse wohl kaum gutheißen können.*

Furien der Guillotine

Über ein Dekret des Ministerrates

Es ist ein seltsames Dekret: es verbietet, den Scharfrichter »Henker« zu nennen. Aber alle Dekrete dieser Welt werden gegen die öffentliche Meinung nicht ankommen.

Der Vollstrecker der Todesstrafe wird immer ein niederes Geschöpf sein, denn es ist ein Mann, der vom Lager neben seiner Frau aufsteht oder vom Bett, in dem er soeben ein Kind gezeugt hat, um seine Hände in Blut zu baden und dann zu ihr mit dem Lohn seines furchtbaren Handwerks zurückzukehren.

Bei allen Völkern, die ein wenig Empfindsamkeit haben, wird man den »Henker« und die »Henkerin« immer mit Abscheu betrachten, und es wäre gefährlich, diese natürliche Empfindsamkeit zu bekämpfen oder zu schwächen.

Und warum hat das Gesetz es erlaubt, ein Individuum zu erniedrigen, um ein anderes zu bestrafen! Bei den Athenern bereitete man den Schierlingsbecher, man reichte ihn dem Verurteilten, der den Becher an seine Lippen hob und sich selbst den Tod gab.

Könnte man nicht eine Maschine erfinden, die den Verurteilten in einem winzigen Augenblick sterben läßt und den Anblick eines erschreckenden und fürchterlichen Vorgangs erspart, bei dem ein Mensch einen anderen tötet, der voller Leben, Kraft und Gesundheit ist.

Hat man nicht letztlich mit ansehen können, wie ein zum Tod auf dem Rad Verurteilter sich an der Porte Saint-Martin befreien konnte, als man ihn losband, sich auf dem noch nicht gebrochenen Bein aufrichtete und sich mit der ganzen Kraft seines Schmerzes und seiner Wut auf seinen Henker stürzte, um ihn zu beißen und zu erwürgen? Welch ein Kampf! Und all das ist im Beisein eines ganzen Volkes, eines menschlichen Volkes geschehen! Ach! der Scharfrichter wird wohl immer ein Henker sein.

Louis Sébastien Mercier

Der Sprößling einer Henkersdynastie beurteilt die Guillotine

Der stolze Scharfrichter

Zum Gefallen derer, die sich für Skandalmeldungen interessieren, hätte ich dieses Kapitel mit der Aufzählung aller Todesarten beginnen müssen, die in Europa und in den barbarischen Staaten angewandt werden. Aber diese Liste wäre zu lang gewesen, da jedes Volk seine eigenen Methoden hat und die Erfinderkraft des Menschen in Angelegenheiten der Grausamkeit die Phantasie des Teufels übersteigt. Ich beschränke mich also darauf in Erinnerung zu rufen, daß vor der Revolution und noch zu Zeiten der Aufklärung die französische Justiz nur noch 5 Arten kannte, um einem Verurteilten den Paß fürs Jenseits auszustellen. Für die einfachen Menschen waren es der Galgen, das Rad, der Scheiterhaufen und die Vierteilung durch Pferde. Dazu wurde flüssiges Blei in die vorher mit glühenden Zangen aufgerissenen Wunden gegossen; all diesem ging die außerordentliche Folter voraus. Nur die Adligen oder Söhne aus gutem Hause hatten das Privileg, mit einer glänzenden Axt oder einer scharfen Damaszenerklinge geköpft zu werden. Dies war eine Zeit, wo mein Beruf viel Geschick erforderte, Bestimmtheit und Ausbildung. Aber die Verfassungsgebende Versammlung, die niemals etwas anderes als Unsinn gemacht hat, so wie es heute in der Kirche und im Parlament bewiesen ist, beschränkte ohne viel Umstände diese fünf Arten auf eine einzige. Dabei vergaß sie, die Strafen je nach dem Verbrechen zu staffeln und vermischte Adel und Dritten Stand.

In der Tat dekretierte sie am 3. Juni 1791, daß die Todesstrafe fortan in einer einfachen Tötung besteht, und daß niemals irgendwelche Folter verübt werden darf. Allen zum Tode Verurteilten wird der Kopf abgeschlagen.

Ausgehend von diesem Gesetz wurde eine Maschine, die nach ihrem Erfinder, dem Arzt Guillotin, Guillotine genannt wurde, zum einzigen Instrument, mit dem geköpft wurde.

Obwohl es ihm weder an Geist noch an Bildung fehlte, wurde Guillotin bis ans Ende seiner Tage von Gewissensbissen geplagt, sowohl weil er diese Maschine erfunden hatte als auch wegen des Namens, der ihr blieb.

*Sanson**

** Die Familie Sanson hatte das Amt des Scharfrichters über mehrere Generationen hinweg inne. Charles Henri Sanson richtete den König hin. Kurze Zeit später folgte ihm sein Sohn im Amte nach.*

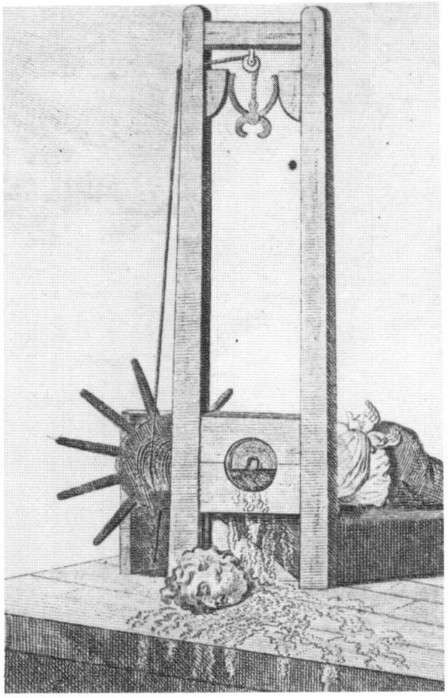

Noch eine Guillotine

Einige Opfer der Guillotine

Verschiedene traurige Betrachtungen haben sich mir bei der Verfertigung dieser Blutliste dargeboten, und werden sich jedem Leser aufdrängen, der unbefangen vom Parteigeiste, nicht glaubt, daß eine Mordtat, oder irgend ein anderes Bubenstück, aufhöre, Mordtat oder Bubenstück zu sein, sobald es von einer Faktion begangen wird, die durch List, Zwang, Schrecken oder andere Mittel das Vertrauen eines verblendeten Volkes an sich gerissen hat, und alle ihre Verbrechen mit der prunkenden Firma »Nation« stempelt.

Gütiger Gott, welch eine Nation! Gib zum Frommen des Vaterlandes, daß eine solche Nation in Deutschland nie anders als wohlverwahrt angetroffen werden möge! Ich hätte diese Liste noch zahlreicher machen können, wenn ich vom Anfange der Guillotinen-Hinrichtungen, und nicht von der Errichtung des Revolutionstribunals hätte ausgehen wollen. Leider gewöhnt sich der Mensch an alles, und manche Leser lesen schon ganz gleichgültig das tägliche Hinrichten unschuldiger Unglücklicher, und das Morden von gestern entschlüpft ihrem Gedächtnis über das Morden von heute. Im Gefühl der Sicherheit ihres Kopfs, im ungestörten Genuß ihrer Freiheit und ihres Eigentums, unter dem Schutze einer unrevolutionären Obrigkeit, schwindet vor ihrer Seele die Todesangst der Unschuldigen, und die Verzweiflung, welche das Los ihrer an den Bettelstab gebrachten Familien, ihrer verwaisten Kinder und trauernden Freunde wurde.

Ich fordere alle deutschen Revolutionsfreunde auf, die uns immer so viel von den Despotereien und Grausamkeiten der Könige, Fürsten und Regenten in Reden und Schriften aufzubürden wissen, ich fordere sie auf, von diesen Königen, Fürsten und Regenten zusammen eine gleichstarke Liste von Justizmorden, in einem gleichgroßen Zeitraume zu dokumentieren, als hier in ihrem Lieblingsreiche, in dem Lande sogenannter Philosophie, sogenannter Freiheit, sogenannter Duldung und ach! sogenannter Menschenrechte beurkundet ist. Denn nicht im Getümmel und in der blinden Wut eines Volksauflaufs fielen diese Schlachtopfer. Nein, man mordete sie kalt und mit Überlegung, indem man ihre Pein noch durch die höhnische Farce eines gerichtlichen Verfahrens vergrößerte. Das Todeslos des Unglücklichen ist schon bestimmt, ehe er noch vor dem Tribunal erscheint, sobald nur einer der Volksdiktatoren es heischte, oder sobald er zu einer der geächteten Kasten des Adels oder der Klerisei gehörte, oder sobald sein Landhaus oder sein Reichtum der Nation anstand. Nein, so wurde noch nie, seit die Welt steht, mit dem Heiligsten auf Erden, mit Gerechtigkeit und mit Menschenleben, ein solcher Frevel, ein solches Spiel getrieben! Man wird in den Hinrichtungen eine Art von steigender Gradation auf dieser Liste bemerken. In der ersten Hälfte sind sie fast selten, und nichts weniger als auffallend, dann aber mehrt sich die Anzahl, bis sie im März und April

1794 endlich immer höher und höher, oft auf zwanzig und mehr an einem Tage steigt. Auch Alter und Stand der Hingerichteten geben Stoff zu Bemerkungen. Welch eine Menge von Greisen und Männern von gesetztem Alter, die freilich an einem Chaos und einem System wie diesem keinen Gefallen finden können, und kälter und reifer darüber nachdenken als der schwindelnde und zügellose Geist unbändiger unerfahrener Jugend, und die man folglich aus dem Wege zu schaffen suchte. Wie viele Mütter, Gattinnen, Töchter, Schwestern, wie viele Matronen und blühende Schönheiten, die einen Tod starben, von welchem ihr zartes Geschlecht und ihr makelloser Wandel sie auf ewig zu behüten schien. Wie viele Domestiken, die ihren unglücklichen Herrn und ihren Gebieterinnen noch im Tode ihre Anhänglichkeit unerschütterlich bewahren, und mit ihrem Blute ihre Treue vergelten. Ein edles und seltenes Schauspiel in unserem so egoistischen Zeitalter! Und endlich, welch ein Beweis, in dieser Menge von hingerichteten Handwerkern und Landleuten, daß es selbst unter den niedrigen Ständen des Volkes unzählige gibt, die Gradheit und Tugend genug besitzen, um eine bessere und ordentliche Verfassung des Reiches zurückzuwünschen.

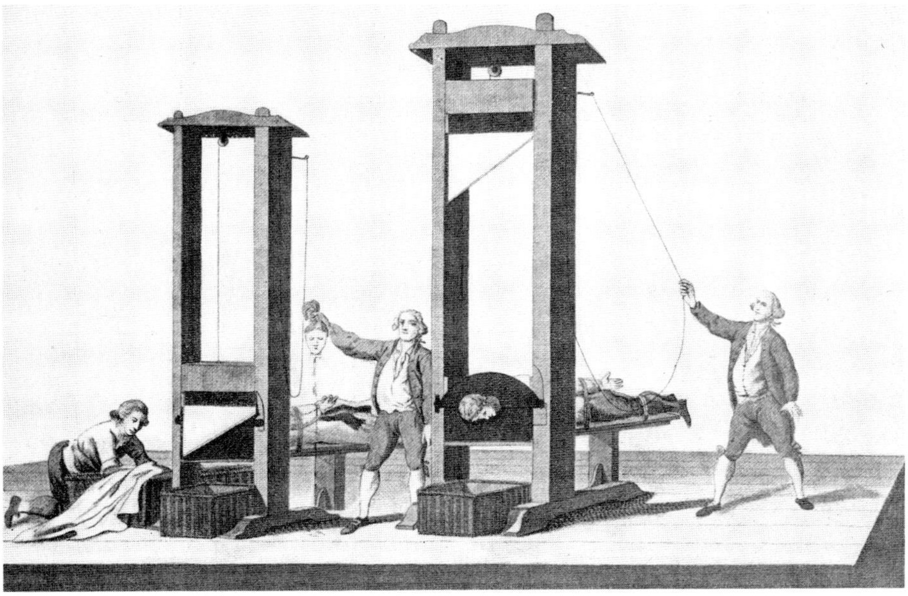

Rationalisierung des tödlichen Handwerks. Eine Guillotine reicht nicht aus

Liste der Hingerichteten (Auszüge)

Name, Stand	*Alter*	*Datum*
Luthier. Grenadier, dann Kanonier des Bataillons der Sorlonne	40	11.4.93

Blanchelande. Marechal du camp, und Gouverneur von Santo Domingo	40	15.4.93
Guyot. Trödler. Wegen falscher Assignate	40	16.4.93
Catharina Clerc. Dienstmagd, weil sie einen König gewünscht	55	19.4.93
Vaujour. Dragoner-Obrist. Wegen Dumouriez	47	20.4.93
Clinchamp. Prior der Trinité de Clisseu. Als Verfasser einer royalistischen Schrift	58	21.4.93
Durigny. Schiffsleutnant. Emigriert	30	21.4.93
Boucher. Zahnarzt. Wegen Dumouriez	30	28.4.93
Mangol. Fiaker. Er hatte in einem Kaffeehause gesagt, die Nation bestehe aus Lumpenhunden, Spitzbuben, Bösewichtern, man müsse einen König haben.	21	28.4.93
Juzeau. Kaufmann. Emigriert	23	1.5.93
Graf Mazú. Ehemaliger Gendarme-Offizier. Er war zu Konstantinopel geboren, man beschuldigte ihn und die beiden mit ihm Hingerichteten, sie hätten eine Bank wiedererrichten und Geld für den französischen Prinzen aufnehmen wollen	34	1.5.93
Josephine de Robec. Gemahlin des Finanzbeamten Kolly, und vorher Witwe eines Kaufmanns zu Orient	35	1.5.93
Breard. Marine-Kommissar	54	1.5.93
Revier-Maury. Edelmann. Gewesener Dragoner-Hauptmann	40	9.5.93
Beaulieu. Bediensteter	36	9.5.93
St. Marc. Er und die vier folgenden wegen falscher 5-Francs Assignate	36	6.6.93
Lieutaud. Gelehrter	37	6.6.93
Bremond. Ehemaliger Unternehmer des Marktschiffs auf der Marne	35	6.6.93
Dejuillet. Ehemaliger Rittmeister	24	6.6.93
Richemond. Rechtsgelehrter	27	6.6.93
De la Motte la Guiomarais, der Vater. Ein bretonischer Edelmann	50	17.6.93
Maria Micault. Dessen Gemahlin	50	17.6.93
Alexander Thebault. Hofmeister in dessen Haus	22	17.6.93
Lemoelan. Ein bretonischer Edelmann	59	17.6.93
Angelica Desilles, verheiratete La Fouchais. Schwester des jungen Helden Desilles, der bei Nancy sich durch seine Aufopferung verewigte. Hätte er da diesen Schafotts-Tod seiner Schwester ahnen können?	24	17.6.93
De Laurai. Generalleutnant der Admiralität	57	17.6.93

Karikatur des Franzosen: blutrünstig und skrupellos

Pontarice. Edelmann und Offizier	34	17.6.93
Vincent. Englischer Sprachmeister zu St. Malo	48	17.6.93
Charlotte Corday d'Armand. Die Mörderin Marats	25	17.7.93
Malesherbes, der Sohn. Edelmann, emigriert	20	21.7.93
Mazeliere. Rittmeister, emigriert	30	23.7.93
Bois-Vernier. Edelmann und Offizier	36	25.7.93
De Chouville. Edelmann	36	1.8.93
Tournier. Edelmann	67	3.8.93
Lescuye. Brigade-General. Wegen Dumouriez' Verschwörung	59	14.8.93
Custine. General. Dieses Mannes Prozeß, der im Jahr 1792 der Schrecken eines Teils von Deutschland und das Idol seiner Demokraten war, ist teils besonders abgedruckt, teils in Girtanners Journal eingerückt, und zu bekannt, als daß ich nicht bloß daran erinnern sollte. An eben dem Tage, wo Mainz kapitulierte, setzte man ihn zu Paris in Verhaft	53	27.8.93
Acht Bürger aus Rouen und eine Frau, weil sie den Freiheitsbaum umgesägt	—	5.9.93
Charles. Gerichtsdiener	40	11.9.93
Leveque. Präsident des Wahlbezirks von Mortrain.	58	19.9.93
Masson. Pfarrer	40	22.9.93
Ricard, verwitwete Lesebure. Weil sie Pethions Schwiegermutter war, der von dem Gipfel der Revolutionsgröße plötzlich zum Geächteten sank	56	24.9.93
Fünf Soldaten, weil sie Rekruten abspenstig gemacht	—	7.10.93
Schobeque. Maire zu Cassel bei Dünkirchen	66	7.10.93
Jacques und Peter Bellauger. Zwillingsbrüder, Ochsenhändler, weil sie der Corday Tat gepriesen	—	8.10.93
Charlotte Routan. Ein lediges Frauenzimmer	22	9.10.93
Dupain	56	9.10.93
Barlot. Lehrer	40	9.10.93
Boulleney. Dorfpfarrer	39	9.10.93
Maria Antoinette, Königin von Frankreich, Märtyrin. Bedenkt ihres schmächlichen und ungerechten Todes, Ihr Deutsche und Ungarn, die Ihr in diesem Augenblick im Feld steht! Gedenkt ihrer, und rächt sie und Deutschland!	38	16.10.93
Zwei Geistliche	—	29.10.93
Brissot. Gelehrter. Abgeordneter des Nationalkonvents	39	31.10.93

und so weiter.

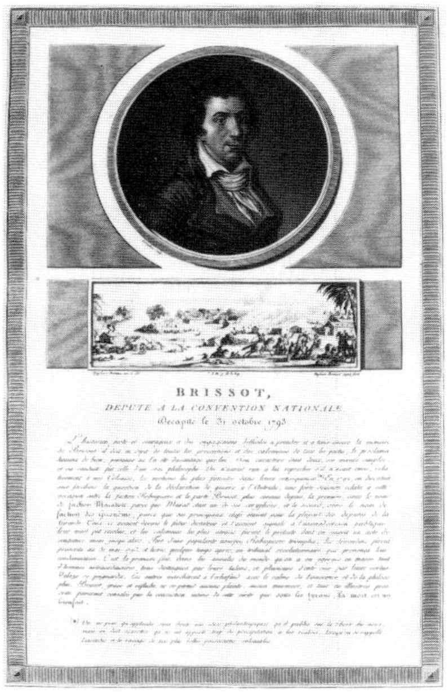

Brissot de Warville (1754–1793) war eines der bekanntesten Opfer der Girondisten-Partei

Modell der Guillotine

Ich bin gezwungen hier zu schließen, da dieser Aufsatz zur Presse abgeht. Die Anzahl sämtlicher, vom März 1793 bis 22. Juni 1794 allein zu Paris Guillotinierten, oder öffentlich und gerichtlich hingerichteten Personen, beläuft sich also auf 1514. Unter ihnen befinden sich:

192 Generäle und Offiziere von verschiedenen Graden.
154 Frauenzimmer, aus allen Ständen.
182 Edelleute.
177 Rechtsgelehrte und Justizbeamte
81 Deputierte (Abgeordnete)
198 Bürgermeister, Kommunalbeamte und andere Revolutionsbeamte
99 Geistliche
32 Schriftsteller

Die übrigen sind Kaufleute, Handwerker und Mitglieder des souveränen Pöbels.

Revolutionsalmanach 1795

Die Perfektionierung der Maschine durch königlichen Rat

In der Sitzung vom 30. April 1791 setzte Herr Guillotin die Nationalversammlung von jenem neuen Mechanismus in Kenntnis. Hingerissen von der Wärme seiner Improvisation bediente er sich unglücklicher Worte, welche eine wahnsinnige Heiterkeit erregten und den Erfolg seiner Sache beinahe in Frage stellten. Indem er behauptete, diese humanitäre Hinrichtungsweise sei mit keinem Leiden verknüpft, ließ er die Worte fallen, der arme Sünder empfinde höchstens einen leichten, wie aus kalter Feuchtigkeit entstandenen Schmerz. Schon diese Redensart war ein wenig riskiert, als er aber hinzusetzte: »Mit dieser Maschine lasse ich Ihnen den Kopf in einem Nu springen, und Sie leiden nicht dabei«, da brach die ganze Versammlung in ein langes schallendes Gelächter aus, welches sich nur durch Übergang zur Tagesordnung beschwichtigen ließ.

Wie dem auch sei, die Nationalversammlung war durch ihre Entscheidung gebunden, und das Projekt blieb zur Prüfung auf der Registratur. Eine lange Korrespondenz entspann sich zwischen Guillotin, Röderer, dem Generalstaatsanwalt, dem Finanzminister Clavères und meinem Großvater. Die Versammlung beauftragte endlich den Doktor Antoine Louis, ihr seine begründete Ansicht über diese Art der Enthauptung vorzulegen.

Louis war Leibarzt des Königs, und sein königlicher Patron erfuhr von dem Auftrage, mit dem er soeben betraut worden war. Man kennt die Leidenschaft dieses Fürsten für die Schlosserei und seine Geschicklichkeit in Eisenarbeiten. Er wollte also Louis bei seiner Aufgabe beraten und sich über eine Frage Bericht erstatten lassen, bei welcher er, seinen Worten nach, als Souverän interessiert war, da es sich um die peinliche Justiz bei seinem Volk handelte. Der König und sein Arzt waren neugierig, den Plan zu der von Guillotin vorgeschlagenen Maschine kennenzulernen. Derselbe wurde also durch Doktor Louis in die Tuilerien gerufen und ihm zugleich die Anweisung gegeben, sich von meinem Großvater begleiten zu lassen, den eine dritte bei der Unterhaltung gegenwärtige Person erforderlichenfalls zu Rate ziehen könnte.

Diese Konferenz fand am 2. März 1792 statt. Das Tuilerien-Schloß war damals bereits nicht mehr als das antizipierte Grab einer verscheidenden Monarchie. Guillotin und mein Großvater betraten das Kabinett des Doktor Louis, der auf einem Sessel an einem mit grünsamtenem goldbefranstem Teppich bedeckten Tische saß. Nachdem die beiden Ärzte artig einige amtsbrüderliche Worte miteinander gewechselt hatten, begehrte Antoine Louis den Plan zu der Maschine zu sehen. Guillotin gab ihm die Zeichnung, der mein Großvater eine erklärende Beschreibung beigefügt hatte. Während Louis mit der Prüfung derselben beschäftigt war, hob sich ein gestickter Türvorhang und ein neuer Ankömmling erschien im Kabinett.

Doktor Louis, der bisher gesessen hatte, stand auf. Der Ankömmling warf Guillotin, der sich tief verneigte, einen kalten Blick zu und wandte sich dann rasch an Antoine Louis, indem er sagte:

»Nun Doktor, was halten Sie davon?«

»Es scheint mir vollkommen« antwortete der Doktor, »und rechtfertigt ganz und gar, was mir Herr Guillotin davon gesagt hat. Bitte urteilen Sie selbst.«

Und er reichte die Zeichnung demjenigen, der ihn befragt hatte. Dieser betrachtete sie einen Augenblick schweigend und schüttelte dann zum Zeichen des Zweifels den Kopf.

»Leistet dieses halbkreisförmige Eisen das, was es soll? Glauben Sie, ein so abgerundetes Eisen könne sich genau allen Hälsen anpassen? Es gibt deren, welche es nur leicht streifen, und wieder andere, welche es gar nicht fassen würde.«

Seit dem Eintritt dieser Person hatte Charles Sanson keinen Blick, kein Wort von ihr verloren. Der Ton dieser Stimme bewies ihm, daß sein erster Eindruck ihn nicht getäuscht hatte: es war der König, den er vor sich hatte; der König in dunklem Anzug, ohne Orden auf der Brust. Charles Henry Sanson wurde von der Richtigkeit seiner Bemerkung überrascht, und indem er mechanisch die Augen auf den Hals des Königs richtete, bemerkte er, daß dieser Fürst einen muskulösen Hals hatte, der viel größer war, als der eingezeichnete Halbmond. Ein unwillkürliches Zittern

Folter. Eine der Hauptforderungen der französischen Aufklärung, die Folter als Mittel zur »Wahrheitsfindung« endgültig abzuschaffen, wurde noch am Vorabend der Revolution eingelöst. 1789 dann gehörte die Abschaffung der Folter zur allgemeinen Justizreform.

befiel ihn; und während er noch in eine Art von Träumerei versunken war, hörte er die Stimme des Königs, der leise und mit dem Blicke auf ihn deutend, den Doktor Louis fragte:

»Ist das der Mann?«

Der Doktor nickte.

»Fragen Sie ihn um seine Meinung«, fuhr Ludwig XVI. fort.

»Sie haben die Bemerkung des Herrn gehört«, nahm nun der Leibarzt das Wort, »welches ist Ihre Ansicht über die Form des Schneidemessers?«

»Der Herr hat vollkommen recht«, antwortete mein Großvater, indem er absichtlich das Wort »Herr« betonte, »die Form des Messers könnte einige Schwierigkeiten mit sich bringen.«

Der König lächelte zufrieden, dann nahm er eine Feder vom Tische des Doktors und verbesserte die Zeichnung, indem er an die Stelle des Halbkreises eine schiefe Linie setzte.

»Übrigens kann ich mich täuschen«, setzte er hinzu, »und wenn man Proben macht, wird man beide Arten versuchen müssen.«

Darauf stand er auf und zog sich, mit der Hand grüßend, zurück. Fünf Tage nach dieser Besprechung im Tuilerien-Schloß überreichte Antoine Louis der Nationalversammlung seinen Bericht, worin er ganz einfach den aufgezeichneten Mechanismus vorschlug, indem er nur, je nach Versuchen, die Wahl zwischen der einen oder anderen Form des Fallbeils festsetzte. Am 20. März nahm die Versammlung das Gutachten des Berichtes an, und Doktor Louis erhielt den Auftrag, die erste Enthauptungsmaschine anfertigen zu lassen. Er wandte sich an einen gewissen Guidon, Zimmermeister, welcher fünftausend fünfhundert Francs für diese Arbeit forderte.

Als die Maschine fertig war, wurden mein Großvater und zwei seiner Brüder ins Bicêtre-Gefängnis gerufen, um dort einen Versuch an drei Kadavern zu machen. Dieser Versuch fand am 17.4.1792 im Hofe von Bicêtre statt, in Gegenwart der Doktoren Antoine Louis, Philippe Pinel und Cabanis.

Suppe über Ludwigs Kopf. Porzellanmalerei

Man enthauptete der Reihe nach drei Kadaver, welche von der Direktion der Hospitäler geliefert worden waren. Die beiden ersten Exekutionen mit der schieflinigen Klinge, wie der König sie angedeutet hatte, gelangen; die dritte, mit dem halbkreisförmigen Eisen, mißlang. So trug die schiefe Klinge den Sieg davon.

Henri Sanson

Anfangs stand die Guillotine in Paris auf dem Grève-Platz vor dem Rathaus. 1793 wurde die Maschinerie dann, wohl wegen der immer häufiger auftretenden Hinrichtungen und der damit verbundenen Lärmbelästigung, auf den Platz der Revolution transportiert, also auf den heutigen Concorde-Platz.

Dekret vom 13. Juni 1793 über die Besoldung der neuernannten Henker

Art. 1: In jedem Département der Republik gibt es an den Strafgerichten einen Vollstreckungsbeamten.

Art. 2: in Städten mit weniger als 50 000 Einwohnern beträgt der Sold 2 400 Francs. In den Städten von 50 000 bis 100 000 Seelen jährlich 4 000 Francs; in den Städten von 100 000 bis 300 000 Einwohnern 6 000 Francs und schließlich in Paris 10 000 Francs.

Art. 4: Wenn die Scharfrichter zu einer Hinrichtung außerhalb ihres gewöhnlichen Wohnorts anreisen müssen, werden ihnen 20 Sous pro Meile für den Transport der Guillotine zuerkannt.

Art. 5: Alle anderen Rechte, welche die Vollzugsbeamten der richterlichen Urteile früher hatten, sind abgeschafft.

Art. 6: Diejenigen von ihnen, die durch das vorliegende Dekret ihre Arbeit verlieren, erhalten 600 Francs jährlich als Unterstützung solange, bis sie eine neue Arbeit finden.

Art. 7: Im Auftrag des Justizministeriums wird eine Liste der früheren Scharfrichter aufgestellt, die zur Zeit ohne Beschäftigung sind; sie werden in der Reihenfolge ihres Dienstalters in diejenigen Départements geschickt, die keinen Scharfrichter haben. Falls sie sich weigern dorthin zu gehen, wird die oben festgelegte Unterstützung eingestellt.

Im Namen der Freiheit wurden viele Bürger in den Tod geschickt

Guillotin,
Arzt und
Politiker,
denkt sich eines Morgens,
daß henken unmenschlich sei
und auch nicht patriotisch.
Sogleich
will er
eine Strafe,
die ohne Strick und ohne Pfahl
des Henkers Arbeit
erübrigt.

Vergeblich wird verbreitet,
es geschehe bloß aus Neid
eines Dieners,
eines Schergen
des Hippokrates,
der ungestraft
und exklusiv
töten will.

Der Römer
Guillotin,
den nichts bremsen kann,
befragt Fachleute
und versichert sich
der Zustimmung Barnaves und
Chapeliers.
Seine Hand
bereitet schnell

eine Maschine,
die menschlich töten wird,
und die man
Guillotine nennt.

Anonym

Empfindsamkeit einiger Temperamente beim Anblick des Fallbeils

Gerade wurde jenes Instrument abgebaut, das die Republik von ein paar neuen Verrätern und Gaunern befreit hatte. Da kam das Mädchen mit ihrer Mutter vorbei. »Mein Gott!« rief sie, »ich hatte nicht daran gedacht, daß heute die Guillotine montiert würde!« und während sie diese Worte sagte, wurde sie ohnmächtig; man ruft sie ins Leben zurück, sie stößt erneut einen Schrei aus und wird wieder ohnmächtig.

»Ach, meine liebe Tochter!« ruft die Mutter und drückt sie an ihre Brust…« das dauert jetzt sieben Stunden lang! Dieses Unglück kommt daher, daß sie einmal, als sie ihre monatliche weibliche Unbequemlichkeit hatte, unwillentlich einer Exekution beiwohnte; seitdem kann sie das Schafott nicht sehen, ohne blaß zu werden und sich schlecht zu fühlen.«

Von den Bürgern, die Zeugen dieses traurigen Schauspiels waren, dachten die einen, daß Verwandte oder Freunde der jungen Bürgerin hingerichtet worden seien; andere dachten, sie sei Aristokratin; wieder andere meinten, ihre Reaktion sei die natürliche Folge der Empfindsamkeit einiger Temperamente.

»Wie kommt es«, fragte die Mutter, der ich mich näherte, während ein paar Männer ihre Tochter auf die Arme nahmen und nach Hause begleiteten, »Wie kommt es daß das Volk das Unglück meiner Tochter so niederträchtig interpretiert?« – »Bürgerin«, antwortete ich, »Eure Tochter ist nicht die einzige, die wegen ihrer natürlichen ängstlichen Reaktion so schlecht beurteilt wird. Eines Tages ging ich untergehakt mit einer jungen Mutter spazieren. Da sah sie die verhängnisvollen Karren, die zum Schafott fahren, wurde blaß und fiel in meine Arme. Die folgenden Reiter sehen diesen Zwischenfall und sagen untereinander: ›Sieh mal an! Wie diese Frau blaß wird! Offensichtlich hat sie ihre Verwandten oder Freunde wiedergetroffen, ohne es zu wollen.‹ Aber, Bürgerin, urteilt deshalb nicht schlechter über das Volk. Denn erstens ist sein Herz durch die langen Leiden, welche ihm die Feinde der Republik zugefügt haben, verbittert; sein vom Mißtrauen getrübter Geist sieht überall Aristokraten und glaubt, daß es nur schlechte Bürger sein können, die sich für das Schicksal der Verbrecher interessieren, welche die Nation ihrer gerechten Strafe zuführt.

Und zweitens hat nicht jeder Mensch diese feine Empfindsamkeit, die sich beim Anblick gleich welchen Leids regt, und auch nicht jeder hat jene Philosophie, die mit einem großherzigen Blick auf die Menschheit im allgemeinen alle Menschen wegen des Leids bedauert, das sie sich gegenseitig unnötigerweise zufügen, wo sie es doch so leicht vermeiden könnten.«

Bericht des Agenten Perrière

XIII. Die Ermordung Marats

Jean Paul Marat ist einer der großen Helden der Französischen Revolution, ein Vertreter der Sache des Volkes. Als Verfasser eines immer radikalen Blattes, des »Ami du peuple« (»Der Volksfreund«), hatte er unter den Revolutionären wenig Feinde. Zu seinem postumen Ruhm trägt bei, daß er kaltblütig ermordet wurde, und nicht wegen einer wahren oder vermeintlichen Verschwörung, die er angezettelt hätte, aufs Schafott gebracht wurde.

Die Ermordung Marats zeigt, wie angespannt die innenpolitische Lage in Frankreich vor Beginn der Schreckensherrschaft war. Charlotte Corday, die Mörderin Marats, war eine überzeugte Anhängerin der Revolution und nicht etwa der alten absoluten Monarchie. Sie handelte in der aufrichtigen Überzeugung, die Tat für das Wohl des fortschrittlichen Vaterlandes zu begehen.

Der Held des Volkes Jean Paul Marat ist tot

Marat zwischen Freund und Feind*

Paris, den 24. Januar 1790

Euer Brief vom 15. ist, meine liebe Freundin, erst vorgestern aber ansonsten wohlbehalten angekommen. Glücklicherweise hat es hier keine bedauerlichen Zwischenfälle gegeben. Gestern bloß war es ein bißchen unruhig. Der Autor einer flammenden Zeitung namens »Volksfreund*« sollte festgenommen werden. Einer der Pariser Distrikte, der Franziskaner-Distrikt, hat ihn anscheinend in Schutz genommen und beschlossen, seine Festnahme zu verhindern. Das hat dann viele Leute auf die Beine gebracht, aber heute ist alles ruhig. Der Autor, Herr Marat, ist glaube ich in Sicherheit, er hat sich dünne gemacht. Daran könnt Ihr erkennen, daß die ausgestreuten Gerüchte über Unruhen frei erfunden sind und keinerlei Realität haben. Ich hoffe, und nach dem was Ihr mir erzählt, bin ich sicher, daß es dort, wo Ihr seid, genauso ist.

Adieu.

*Der Graf von Seneffe an die Gräfin von Gontreuil**

Verherrlichung des Märtyrers. Er war der Freund des Volkes und ein scharfsinniger Beobachter

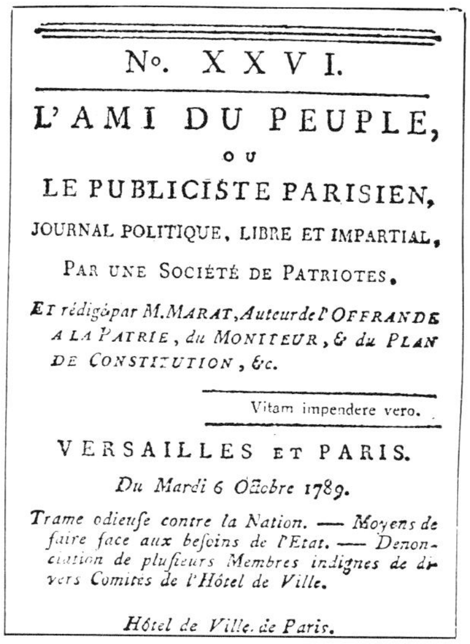

N°. XXVI.

L'AMI DU PEUPLE,

OU

LE PUBLICISTE PARISIEN,

JOURNAL POLITIQUE, LIBRE ET IMPARTIAL,

Par une Société de Patriotes,

Et rédigé par M. Marat, Auteur de l'Offrande a la Patrie, du Moniteur, & du Plan de Constitution, &c.

Vitam impendere vero.

VERSAILLES et PARIS.

Du Mardi 6 Octobre 1789.

Trame odieuse contre la Nation. — Moyens de faire face aux besoins de l'Etat. — Dénonciation de plusieurs Membres indignes de divers Comités de l'Hôtel de Ville.

Hôtel de Ville de Paris.

* *»Ami du Peuple«*

Die erste Nummer dieser radikalen revolutionären Zeitung, mit der Marat in Paris sehr populär wurde, erschien am 12. September 1789. Bis zur Konstituierung des Nationalkonvents im August 1792 kamen 685 Nummern heraus. Während der Republik nannte sich die Zeitung »Journal de la République française«. Die letzte Ausgabe wurde am Tage nach Marats Tod, am 14. 7. 1793, veröffentlicht.

* *Joseph François Xavier de Pestre, Comte de Seneffe (1757–?) stammt aus einer äußerst einflußreichen belgischen Familie.*
Die Gräfin von Gontreuil ist seine Schwester Marie Thérèse.

* *Jean-Paul Marat*

In der Schweiz im Jahre 1744 geboren, wurde Marat zunächst als Mediziner bekannt. Als die Revolution ausbrach, stieg er schnell zum Fürsprecher des Volkes auf, des sogenannten Vierten Standes. Seine Zeitung, der »Ami du peuple«, war sehr berühmt und kritisierte den gemäßigten Kurs, den die Revolution zu nehmen drohte. Er war Vorsitzender der Jakobiner und Abgeordneter im Nationalkonvent. Marat gehört zu den Revolutionären, die für eine radikale Rechtsprechung mithilfe des neu eingerichteten Revolutionstribunals eintreten.

Diogenes verläßt die Tonne, setzt sich die rote Mütze der Revolution auf und hilft Marat in seinem Kampf

Marat ruft zur Revolte

Nein, nicht an der Grenze muß zugeschlagen werden, sondern in der Hauptstadt. Hört doch auf, euch Verteidigungsmöglichkeiten auszudenken, es bleibt euch nur noch eine. Und zwar diejenige, die ich euch schon immer empfohlen habe: einen allgemeinen Aufstand und öffentliche, vom Volk durchgeführte Hinrichtungen. Beginnt also damit, euch der Personen des Königs, des Dauphins und der ganzen königlichen Familie zu bemächtigen. Stellt sie unter scharfe Bewachung, und laßt sie das Pfand aller Vorkommnisse sein. Dann schlagt ohne zu zögern die Köpfe des Generals La Fayette, der Minister und Ex-Minister, der Gegenrevolutionäre und des Bürgermeisters Bailly ab, ebenso die der antirevolutionären Stadtbeamten.

Schlitzt mit euren Schwertern den ganzen Pariser Generalstab auf, alle Schwarzen und königstreuen Abgeordneten der Nationalversammlung, alle bekannten Verteidiger des Despotismus. Ich wiederhole es: nur diese Möglichkeit habt ihr noch, um das Vaterland zu retten. Vor sechs Monaten hätten noch 500 oder 600 Köpfe genügt, um euch vor dem Abgrund zu retten. Heute, wo ihr dümmlich euren Feinden erlaubt habt, sich zu verbünden und zu verstärken, müssen vielleicht 5000 oder 6000 Köpfe rollen; aber selbst wenn es 20000 sein müßten, dürftet ihr keinen Augenblick zögern. Wenn ihr ihnen nicht zuvorkommt, werden sie euch brutal abschlachten, um ihre Macht zu retten. Laßt also die hinterhältigen Einschläferer ruhig schreien, das wäre Barbarei. Nein nein, wer euch rät, die unerbittlichen Feinde zu vernichten, der will euch nicht umbringen, um deren kriminelle Leidenschaften zu befriedigen. Es sind vielmehr die Verräter, die euch in verhängnisvoller Ruhe wiegen wollen, um euch wehrlos den Messern der Trabanten eurer Unterdrücker auszuliefern.

Ami du peuple, 18. 12. 1790

Marat pessimistisch

Nein, die Freiheit ist nicht für uns gemacht: wir sind zu ungebildet, zu eitel, zu hochmütig, zu feige, zu nieder, zu korrumpiert, der Ruhe und den Freuden zu verbunden, dem Wohlstand zu sehr unterworfen, um jemals den Preis der Freiheit zu erkennen. Wir preisen uns damit, frei zu sein! Um zu sehen, in welch hohem Maße wir Sklaven sind, reicht es aus, einen philosophischen Blick auf die Hauptstadt zu werfen, und die Sitten ihrer Einwohner zu betrachten. Wir ähneln so sehr den Römern, als sie nach dem Verlust der Republik unter den Despoten litten, daß man unmöglich die Satiren Nr. VI, VII und VIII von Juvenal* lesen kann, ohne unsere galanten Frauen, unsere Literaten und unsere ehemaligen Adeligen in dem Bild, das er von Rom zeichnet, wiederzuerkennen. Aber in der XIII. Satire können sich alle Pariser wiederfinden, in jenem Bild des Geizes, der Raffgier, des Betrugs, der Schlitzohrigkeit, der Hinterhältigkeit, des Verbrechertums und der übrigen Vergehen, die Rom damals besudelten. All diese charakteristischen Züge werde ich verschweigen, um nur das Bild der römischen Soldaten nachzuzeichnen, in dem wir Stück für Stück unsere Nationalgarde wiedererkennen: dieselbe Anmaßung, dieselbe Sittenlosigkeit, dieselbe Straffreiheit und dieselben Privilegien.

** Der römische Dichter Juvenal lebte im 1. Jahrhundert nach Christus. In seinen Satiren kritisiert er das dekadente Rom und stellt ihm die Gründerzeit der römischen Republik gegenüber.*

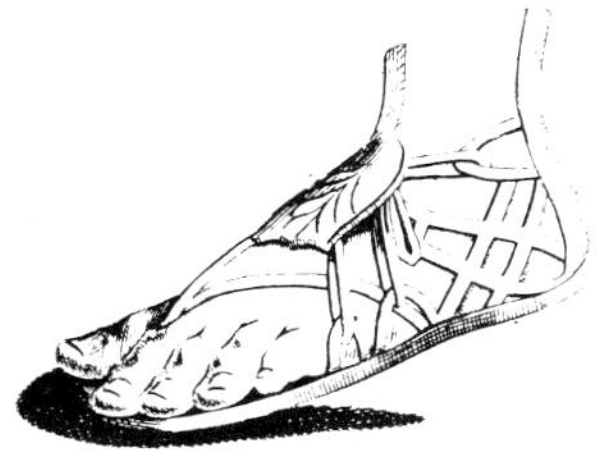

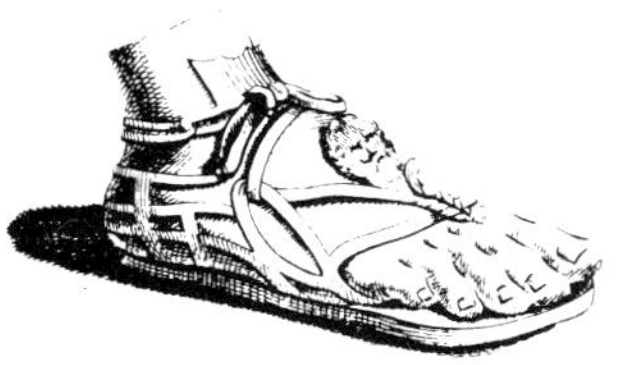

Ihr feigen und korrumpierten Männer, hört doch auf, über eure Ketten, über die Beleidigungen, denen ihr ausgesetzt seid, über die gegen euch gerichtete Tyrannei zu klagen. Wie wollt ihr euch eurer Rechte erfreuen und sie ausüben, da ihr sie doch gar nicht kennt? Wie sollt ihr sie denn verteidigen können, wo ihr nie ihren Wert erkannt habt? Man braucht klare Gedanken, Mut, Sorgfalt und Kampfgeist, um die Freiheit zu erlangen; um sie zu bewahren braucht man Ausdauer und eine Tugend, die allen Mühen, allen Entbehrungen, der Not, dem Hunger, den Gefahren und den Schmerzen standhält. Nein nein, die Freiheit ist nicht für eine dumme, leichtfertige und frivole Nation gemacht, nicht für Bürger, die in Furcht, Verstellung, Hinterlist und Lüge aufgewachsen sind, ernährt in Weichheit, Intrigen, Geiz, Schmeichelei und Betrügerei, nicht für Bürger, die nur von Betrug und Raub leben, die nur Titel, Vergnügen, Auszeichnungen im Kopf haben und jederzeit bereit sind, sich für Gold zu verkaufen. Nachdem sie gegen die Tyrannei, die ihre Häuser zu plündern drohte, aufgestanden waren und die Helfershelfer des Tyrannen entwaffnet hatten, konnte man sie dabei beobachten, wie sie gleich anfingen, Anstellungen und lukrativen Posten hinterherzulaufen, sobald die Rede davon war, daß die Regierungsform verändert werden sollte. Dann plünderten sie schamlos die Öffentlichkeit und scharten sich um den Hof, als es daran ging, den Grundsatz der Gleichheit zu verwirklichen. Dann verkauften sie sich dem Despoten, um die unabhängigen Bürger zu knebeln. Währenddessen betete der geizige oder unfähige Bürger zum Himmel, er möge das alte Regierungssystem doch wieder einführen, die Knechtschaft wieder errichten. Zu dieser sind wir Stück für Stück zurückgekehrt, nachdem wir zwei ganze Jahre lang von Volksaufständen und anarchistischen Unruhen heimgesucht wurden. Mit unserer Revolution ist es wie mit einer Kristallisierung, die von starken Stößen gestört wird: Erst geraten alle in der Flüssigkeit befindlichen Kristalle in Unordnung und Aufruhr, stieben auseinander und vermischen sich ohne erkennbare Ordnung; dann bewegen sie sich langsamer, nähern sich allmählich einander an und nehmen schließlich ihre ursprüngliche Form wieder an und drängen sich eng zusammen.

Ami du Peuple, 27.8.1791

Die Gegner Marats

Marat hatte sich als radikaler und polemischer Revolutionär nicht nur gegen die Vertreter des Ancien Régime zu verteidigen, sondern er wurde in seiner Eigenschaft als unerbittlicher Republikaner zu Zeiten der Verfassungsgebenden Nationalversammlung (die eine konstitutionelle Monarchie für möglich hielt) von den Abgeordneten selbst verfolgt. Meist ging es um Artikel in seiner Zeitung, in denen er zum Königsmord und zur absoluten Härte gegen alle gemäßigten Kräfte aufrief. Mehrmals sollte er verhaftet werden, seine Druckerei wurde immer wieder durchsucht und vorübergehend geschlossen. Marat konnte jedesmal fliehen, entweder versteckte er sich bei seinen engsten Gefolgsleuten, im Franziskaner-Club oder er setzte sich nach England ab.

Marat wird nach seinem Freispruch im Triumphzug durch die Stadt getragen

Der Triumph Marats (24. April 1793)

Durch eine besondere Verfügung war Marat in Anklagezustand versetzt worden*. Ein Haftbefehl war gegen ihn erlassen. Er glaubte, er brauche nicht zu gehorchen. Man konnte sagen, er sei der servile Nachahmer des Sokrates, aber ist es nicht besser, ein echtes Original zu sein? Er behauptete sogar, er wolle sich aus Großmut der Verfügung nicht unterwerfen. Er wollte seinen Feinden ein Verbrechen ersparen! Er hatte recht. Die Ereignisse haben gelehrt, daß es wirklich ein Verbrechen war, denn Marat war ein wahrer Patriot. Was für Hilfsmittel hat doch die Unschuld, wenn sie einen falschen Schritt, der ihr mißfällt, vermeiden will. Das Revolutionstribunal ließ Marat nicht lange im Ungewissen. Es kam bald an ihn die Reihe. Es kam nicht zu einer Verurteilung: es wurde ein Triumph. Der Verhaftete kam in Begleitung der Garden an; Frauen, die durch ihren Patriotismus berühmt waren, überschütteten ihn mit Blumen. Sie führten ihn in den Verhandlungsraum. Dort beantwortete Marat die ihm vorgelegten Fragen nach seinem Gutdünken, wie er auch seinen Platz nach eigenem Gutdünken gewählt hatte. Er richtete sogar Fragen an seine Richter. Alles, was er tat, sah gut aus, alles, was er sagte, klang gut. Alles, was er geschrieben hatte, war von einer tiefen Weisheit, und was wie Übertreibung ausgesehen, war durch die Ereignisse bestätigt worden. Er sprach sich von der Anklage frei; man bot ihm eine Bürgerkrone an. Er kehrte im Triumph zurück und schritt wie Mardochai* durch die Straßen, und es fehlte wenig, so hätten seine Ankläger das Schicksal Hamans* erleiden müssen... Aber das wird nicht mehr lange auf sich warten lassen. Wer könnte es dem »Journal du soir« verzeihen, daß es seine Verteidigungsreden in der Absicht brachte, sie abzuschwächen? Das ist eine Gemeinheit. Dient man so den Patrioten? Ich für mein Teil widme diese Zeilen dem Triumph Marats.

Rétif de la Bretonne

* *Am 24. April 1793, als die Girondisten versuchten, ihm durch eine formelle Anklage das Handwerk zu legen, wurde er wider Erwarten freigesprochen. Dieses Ereignis ist als »Triumph Marats« in die Geschichte eingegangen. (Siehe Text und Bild)*

* *Mardochai und Haman sind Personen aus dem Buch Esther. Haman, der Günstling des Königs Ahasverus, wollte Mardochai und alle Juden des Landes umbringen lassen. Aber der Bedrohte rächte sich am vermeintlichen Sieger: Mardochai wurde gefeiert und Haman hingerichtet.*

Polizeibericht

Samstag, den 13. Juli im zweiten Jahr der Republik um 7.45 Uhr

Wir, Jacques-Philibert Guellard, Polizeikommissar der Sektion des Théâtre Français, wurden durch den öffentlichen Aufruhr davon unterrichtet, daß in der Rue des Cordeliers ein großer Menschenauflauf entstanden war. Es hieß, Ursache dieses Auflaufs sei der angebliche Mord am Bürger Marat, Abgeordneter im Nationalkonvent. Wir haben uns sofort zum Haus des besagten Bürgers Marat begeben, zur Nummer 30 der Rue des Cordeliers. Im ersten Stock sind wir in ein Vorzimmer mit einem Fenster zum Hof gelangt, in dem sich mehrere bewaffnete Bürger und eine Bürgerin befanden, der man die Hände festhielt und die angeklagt wurde, den Bürger Marat in der Badewanne mit einem Messerstich tödlich verletzt zu haben. Wir traten daraufhin nach links in einen kleinen Raum, warfen auch einen Blick in den Hof und sahen in einem kleinen anschließenden Zimmer, wo sich die Badewanne befand, eine große Menge Blut sowie das vom Blut rotgefärbte Wasser der Badewanne. Gleich darauf gingen wir in ein anderes Zimmer, das als Schlafzimmer diente und sahen dort links von der Tür den Leichnam des Bürgers Marat auf einem Bett ausgestreckt liegen. Er war durch einen Messerstich zu Tode gekommen. Neben dem besagten Kadaver befand sich der Bürger Philippe Jean Pelletan, Chirurg bei der republikanischen Armee, wohnhaft Rue de Tourraine im Faubourg Saint-Germain.

Dieser Bürger hat uns mitgeteilt, daß der Messerstoß unterhalb des rechten Schlüsselbeins, zwischen der ersten und zweiten Rippe eingedrungen ist und zwar so tief, daß ein Zeigefinger mühelos in ganzer Länge durch die verletzte Lunge gesteckt werden konnte. Nach der Lage der Organe zu urteilen ist wahrscheinlich die Halsschlagader geöffnet worden, worauf auch der große Blutverlust hindeutet, der schließlich zum Tode führte. Die Augenzeugen haben ausgesagt, daß Blut sei in Strömen aus der Wunde geflossen. Der besagte Bürger Pelletan hat dies auch in seinem Bericht festgehalten und die Wahrheit der Vorgänge durch seine Unterschrift attestiert.

Daraufhin haben wir, der Polizeikommissar, zunächst dem Bürger Pelletan seine Anwesenheit, seine Aussage, seinen Bericht und seine Erklärung bescheinigt und dann den Leichnam untersucht. Soweit wir es beurteilen können, entspricht der Bericht, der uns gegeben wurde, den Tatsachen. Neben dem Leichnam haben wir ein Messer mit Ebenholzgriff gefunden, dessen Klinge uns mit frischem Blut befleckt schien und das wir für die Waffe halten, mit der Marat in seiner Badewanne ermordet wurde.

Wir gingen dann in das Vorzimmer, in dem wir anfangs die des Mordes beschuldigte Frau angetroffen hatten. Wir ließen sie in ein anderes, salonartiges Zimmer treten, das zwei Fenster auf die Rue des Cordeliers

Jüngst vor Marat stand der strenge Richter des Lebens: »Stirb!«, sprach er zornig zu ihm, »du hast vergossen des Bluts.« »Soll er sterben!« trat ihm der Freiheitsengel entgegen: »So empfang' er den Tod hier von dem würdigsten Weib.«

K.L. von Knebel

Charlotte Corday wird neben Marats Leiche verhaftet. Sie leistet keinen Widerstand

hat. In Anwesenheit der Bürger Marino und Louvet, Verwaltungsangestellte des Polizeidezernats der Stadtverwaltung, haben wir die Frau folgendermaßen befragt:

Zunächst fragten wir sie nach ihren Namen, Nachnamen, Alter, Beruf, Herkunft und Wohnort.

Sie hat geantwortet, sie heiße Marie-Anne-Charlotte Corday, geboren in der Gemeinde Saint-Saturnin des Lignerits, sei 25 Jahre minus 15 Tage alt, lebe von ihren Einkünften und wohne normalerweise in Caen, und hier in Paris im Hotel de la Providence, in der Rue des Vieux Augustins.

Wir fragten sie, seit wann sie in Paris sei, und welches das Ziel ihrer Reise in diese Stadt gewesen sei.

Sie gab an, vorigen Donnerstag mit einem in Caen ausgestellten Paß angekommen zu sein. Sie sei ganz ohne bestimmte Absicht nach Paris gekommen.

Wir fragten sie, ob sie nicht vor kurzem beim Bürger Marat eingedrungen sei, der sich gerade im Bad befand, und ob es wahr sei, daß sie Marat mit dem Messer, das wir ihr jetzt vorlegen, ermordet habe.

Sie gab dies zu und sagte, sie erkenne das Messer wieder.

Wir fragten sie, was sie zu diesem Mord bewegt hatte.

Sie führte aus, daß sie in Anbetracht des drohenden Bürgerkriegs in Frankreich und angesichts der führenden Rolle, die Marat bei dieser ganzen Katastrophe spielte, es vorgezogen habe, ihr eigenes Leben zum Wohl des Landes zu opfern.

Marie-Anne Charlotte Corday

1768 in der Normandie geboren, wurde religiös erzogen, hatte aber bald Kontakt zu einigen gemäßigten revolutionären Abgeordneten, die nach dem Sturz der Gironde in Caen Zuflucht gesucht hatten und dort eine alternative revolutionäre Regierung bilden wollten. Am 9. Juli 1795 reiste sie nach Paris ab mit der festen Absicht, Marat umzubringen, den sie für den Hauptverantwortlichen aller Probleme der französischen Republik hielt.

Marat als Christus-Figur

Pamphlet eines Sansculotten

Republikaner! Es ist jetzt an der Zeit, die Guillotine ständig in Betrieb zu haben. Eine Verschwörung wird aufgedeckt, die zum Ziel hat, unsere Besten, unsere ausdauerndsten Verteidiger, unsere treuen Abgeordneten zu ermorden. Gestern hat es eine verderbte Hand schon gewagt, die festeste Stütze und den eifrigsten Vertreter des Volkes, ein Mitglied der Bergpartei, zu erstechen.

Er wurde seit langem von einer ganzen Meute Verbrecher bedroht, die in Paris waren. Aber bisher hat es keiner dieser Halunken gewagt, Hand an ihn zu legen. Denn sie wußten, daß die Rache des Volkes sie ereilen und sie für ihre Taten büßen lassen würde.

Nun denn! Die Nachwelt wird erschüttert erfahren, daß dieses Verbrechen an einem Volksvertreter von einer Frau begangen worden ist.

Diese Vatermörderin hat gestern morgen Marat zu Hause unter dem Vorwand aufgesucht, ihn in einer wichtigen Sache sprechen zu wollen. Marat, der um das Wohl des Staates immer sehr besorgt war, bat sie, abends wiederzukommen. Zwischen 7 und 8 Uhr abends kam Marat vom Nationalkonvent nach Hause zurück, denn zu diesem Zeitpunkt sollte die Mörderin wieder zu ihm kommen. Marat, der seit langer Zeit krank war, nahm sofort nach seiner Rückkehr vom Konvent sein Bad.

Dieses verdammte Weib kommt gegen 8 Uhr abends wieder und verlangt ihn zu sprechen. Marat wird mitgeteilt, daß die Person vom selben Morgen, die er auf den Abend vertröstet hatte, ihn zu sprechen wünsche. Marat steigt aus der Wanne und läßt sie hereinkommen. Er glaubt, von ihr vielleicht einige Auskünfte oder Anzeigen zu erhalten, vor allem jetzt, wo die Republik in größter Gefahr schwebt und das Volk sehr um das Leben seiner Abgeordneten bangen muß.

Diese Vatermörderin tritt zu ihm ins Zimmer und durchbohrt ihn mit einem Dolch, den sie bei sich hatte. Marat, der unerschrockene Marat, der vom Stahl der Mörderin getroffen sogleich zu Boden stürzte, fand noch die Kraft, nach der Wache zu rufen. Schon bald aber lebte Marat, der Volksfreund und wahre Verteidiger des Volkes, nicht mehr. Die Personen, die sich im Nebenzimmer aufhielten, stürzten sofort herbei und schrieen: »Mörder! Verschließt die Türen!«

Einige Nachbarn, welche die Schreie gehört haben, eilen herbei, schließen die Türen und ergreifen diese Vatermörderin. Die Nationalgarde wird herbeigerufen, sie kommt und umstellt Marats Haus. Von Saint-Côme werden vier Ärzte geholt. Bei ihrer Ankunft hatte Marat gerade seine Seele ausgehaucht. Danach trafen Beamte der Stadtverwaltung und der Polizei ein. Sie nahmen sofort ein Protokoll auf und verhörten die Angeklagte.

Da ich lediglich über dieses unselige Ereignis berichten will, verzichte ich auf die Wiedergabe des Verhörs. Ich kann nur vorbringen, daß alle einhellig sagten, es handele sich um eine aus Caen nach Paris gekommene Frau namens Charlotte Corday.

Die zahlreich vor Marats Haus versammelten Bürger und Bürgerinnen konnten sich ihrer Tränen nicht erwehren. Überall wurden Rufe gerechter Entrüstung laut.

Danton, Robespierre, Barère*, Thuriot*, Hérault-Séchelles* und alle anderen Mitglieder der Bergpartei, paßt auf euch auf! Die Dolche, die euch treffen sollen, sind vielleicht schon geschärft und die Mörder schon auserkoren.

Die verknöcherten Politiker, die noch gemeinsam mit euch im Konvent sitzen, haben geschworen, ihre verhafteten und unter Anklage stehenden Komplizen zu rächen. Gestern haben sie ihren Schwur an Marat in die Tat umgesetzt, morgen wird ein anderer das Opfer sein.

Und ihr, tapfere, furchtlose Jakobiner, verdoppelt eure Anstrengungen und euren Mut! Eilt mit den Vertretern der Stadtverwaltung sofort zum Nationalkonvent und drängt ihn zu beschließen, welches Gericht jene richten soll, die eine verdammte Hand gegen die Brust eines eurer Freunde, eines eurer Mitglieder, gelenkt haben.

Sansculotten, meine Freunde! Kommt, rächen wir den Mord an einem unserer Freunde, einem Mitglied der Bergpartei! Möge schon morgen das Haupt dieser Vatermörderin unter dem Schwert des Gesetzes fallen! Möge die Guillotine ihr Werk ohne Pause tun. Mögen alle, die uns so viel Schaden zugefügt haben, nichts anderes als den Niedergang der Republik wünschen und uns wieder einen König geben wollen, der verdienten Strafe zugeführt werden!

Wenn ihr diesen hastig zu Papier gebrachten Ratschlägen nachkommt, wird das Leben unserer getreuen Abgeordneten keiner Gefahr mehr ausgesetzt sein.

Lebois, ein Freund der Sansculotten

** Bertrand Barère de Vieuzac (1755–1841) war einer der exponierten Vertreter der radikalen Partei und galt als großartiger Parlamentsredner. Beim Sturz der Terror-Regierung versuchte er in einer apologetischen Rede, das Verhalten des Wohlfahrtsausschusses zu rechtfertigen. Siehe Kapitel »9. Thermidor«.*

** Jacques Alexandre Thuriot de Larosière (1753–1829) hatte entscheidend zum Erfolg der Bergpartei über die gemäßigten Kräfte beigetragen. Von den Jakobinern als zu wenig radikal angeklagt, überlebte er den Sturz der Regierung am 9. Thermidor und wurde erneut mit revolutionären Ämtern betraut.*

** Jean-Marie Hérault de Séchelles (1760–1794) hatte sich, obwohl adeliger Herkunft, auf die Seite der Revolution geschlagen. Er förderte die Errichtung des Revolutionsgerichts, eines der wichtigsten Machtinstrumente der Schreckensherrschaft. Als Anhänger Dantons kam er vor eben dieses Gericht und anschließend aufs Schafott.*

Die Mörderin aus edlen Motiven

Der Paß von Charlotte Corday Vaterland – Freiheit – Gleichheit

Département Calvados

Passierschein für die Bürgerin *Marie Corday*, geboren in *Mesnil-Imbert*, wohnhaft in Caen, Stadt Caen, Département Calvados, Alter *24 Jahre*, Größe *fünf Fuß ein Zoll*, Haare und Augenbrauen *braun*, Augenfarbe *grau*, hohe Stirn, lange Nase, mittlerer Mund, rundes Kinn mit Grübchen, ovales Gesicht.

Ihr werdet gebeten, ihr im Bedarfsfalle auf dem Weg nach *Argentan* Hilfe und Beistand zu gewähren.

Ausgestellt im Rathaus von Caen, am 8. April 1793, im zweiten Jahr der Republik, durch uns, Fossey den Älteren, Offizier der Stadtverwaltung.

Ausgehändigt vom Urkundenbeamten und von der Bürgerin Corday unterschrieben.

Marie Corday
Henri, Urkundenbeamter.

Das Heldenepos der Charlotte Corday

Im Jahre 1792 stieß Marat in der Öffentlichkeit eher auf Abneigung als auf Zorn, man begegnete ihm eher mit Verachtung als mit Haß. Die meisten Leute wollten die Ausbrüche dieses Rasenden nicht ernst nehmen. Man überließ es dem gesunden Instinkt der Menge, über die absurden Forderungen Marats zu urteilen.

Erst als die Gironde sich gegen ihn wandte, wurde der Zwerg zum Riesen; die Gironde unterlag, und Marat war groß, da er auf dem Piedestal stand, das aus den Leichen seiner Opfer aufgebaut war.

Als nun schließlich sein System der Ächtungen als Wohlfahrtsgesetz durchdrang, mochte es dem oberflächlichen Beschauer wohl scheinen, jetzt sei Marat der unumstrittene Führer der Nation, und es sei ihm gelungen, die übrigen Virtuosen des Terrors in die zweite Reihe zu bringen. Aus Verachtung wurde plötzlich Entsetzen. Die Begüterten erkannten plötzlich in Marat eine Art Schreckensgespenst, dessen leisestes Wort ein Mordbefehl war. Die letzten Girondisten, die sich um Wimpfen* geschart hatten, trugen diese Meinung in die breite Menge. Sie nannten Marat das Haupt der Partei, die die Proskriptionen eingeführt hatte, und lenkten den Abscheu der Menge um so mehr gegen diese Partei, als sie dadurch die Sympathie aller Besonnenen zu gewinnen hofften.

** Felix Baron von Wimpfen (1745–1814) war Abgeordneter des Adels in der Nationalversammlung und diente der Revolution im Krieg gegen die Verbündeten. Er gehörte zu den Girondisten im Nationalkonvent und versammelte die Kräfte, die dem Massaker hatten entkommen können, in der Normandie um sich. Er hielt sich während der Terreur versteckt und trat unter Napoleon wieder in die Armee ein.*

Zur selben Zeit lebte in Caen ein junges Mädchen, dessen exaltierte Seele durch das Studium der antiken Schriftsteller mit den Idealen des Heroismus vertraut worden war. Sie hieß Marie Anne Charlotte Corday d'Armont. Sie war für die Ideale der Revolution begeistert und begrüßte ihre ersten Regungen mit Exaltation; erst als die revolutionäre Macht Dantons und Robespierres, zumal in den Provinzen, dem düsteren Einfluß Marats wich, wandte sich die Empörung der jungen Patriotin gegen ihn.

Sie war überzeugt, daß Gott den Untergang von Gerechtigkeit und Tugend nur zugelassen habe, weil er den Ruhm, das Vaterland zu retten, zum zweitenmal nach Jeanne d'Arc* einer Frau vorbehalten wollte.

Marat bedrohte nicht nur die Republik, sondern er entehrte sie; also war es Marat, gegen den sie sich zu wenden hatte.

Sie widerstand der Versuchung, die Girondisten in ihren Plan einzuweihen. Ohne sich einem Menschen anzuvertrauen, verließ sie Caen und kam am 9. Juli von Argentan nach Paris.

Am Donnerstag, dem 11. Juli, gegen Mittag, traf sie in Paris ein und stieg im Hotel de la Providence ab, das ein Gastwirt namens Groslier betrieb. Die Reise, die achtundvierzig Stunden in Anspruch genommen hatte, hatte Charlotte ermüdet; sie verließ ihr Zimmer nicht mehr, sondern ging bereits um fünf Uhr zu Bett; erst am nächsten Tage um acht Uhr morgens erwachte sie.

Barbaroux hatte ihr Empfehlungen an Duperret gegeben.

Am Sonnabend, bevor Charlotte zu Duperret ging, schrieb sie einen Brief an Marat, worin sie ihn um eine Unterredung bat; dann ging sie zu dem Minister; aber Duperret, der mit etlichen der Geächteten in freundschaftlicher Verbindung stand, fürchtete das Mißtrauen der Öffentlichkeit und verweigerte eine Audienz. Jetzt erst ging Charlotte zu einem Messerschmied und kaufte ein langes Messer mit einem Ebenholzgriff; dann kehrte sie in ihr Hotel zurück, wo sie Marats Bescheid zu finden hoffte.

Aber Marat war krank. Das Fieber, das sein Blut entzündet hatte, äußerte sich in einem abstoßenden Geschwür, gegen das die Kunst der Ärzte kein Mittel wußte; bereits seit Tagen war Marat nicht mehr im Konvent erschienen. Charlotte konnte ihn nicht auf dem Gipfel des Berges treffen, wie es ihr Plan gewesen war; so mußte sie also in seine Höhle kriechen.

Am Sonnabend, gegen elf Uhr vormittags, sprach sie zum erstenmal bei Marat vor, wurde aber nicht eingelassen; sie kehrte also in ihr Hotel zurück und schrieb einen Brief folgenden Inhalts:

»Bürger Marat!

Ich habe Euch heute morgen geschrieben. Habt Ihr meinen Brief erhalten? ich glaube es nicht, denn Ihr habt mich nicht empfangen. Darf ich darauf

** Jeanne d'Arc ist eine der berühmtesten Figuren der französischen Geschichte. Sie lebte zu Beginn des 15. Jahrhunderts und stammte aus einfachen Verhältnissen. Im Kampf gegen die englischen Besatzer während des 100jährigen Krieges gelang es ihr, ein bedeutendes Heer gegen die Engländer zu führen und dem französischen König erneut zur Macht zu verhelfen. Sie befreite weite Teile Frankreichs und wurde erst nach zahlreichen militärischen Erfolgen gefangen genommen. Am 29. Mai 1431 wurde sie bei lebendigem Leibe als Ketzerin verbrannt.*

LA MORT DE MARAT

Par son patriotisme,
Son amour pour les lois,
Par un constant civisme,
Sa haine pour les rois.

Marat sut, de la France,
Préparer le bonheur,
Et par sa bienveillance
Se gagner notre cœur.

De l'aristocratie,
Marat fut la terreur,
De la démocratie,
Il fut le défenseur.
Du peuple, il fut le père,
L'ami le plus ardent,
Marat fut sur la terre
L'appui de l'indigent.

Sa vertu décriée
Par les hommes pervers,
Fut bientôt épurée
Aux yeux de l'univers,
Sa gloire fut complète,
Son triomphe assuré,
Fut dès lors la défaite
D'un parti conjuré.

Marat, d'un sort funeste
Éprouve les rigueurs.
Son courage lui reste
Au milieu des douleurs.
Une horrible harpie,
Un monstre de l'enfer,
Lui arrache la vie
En le perçant d'un fer.

O ciel! est-il possible,
Marat n'existe plus!
Sa cendre est insensible,
Nos pleurs sont superflus.
O toi, Dieu de tonnerre
Punis tant de forfaits,
D'un héros de la terre
Couronne les bienfaits.

O Montagne chérie
Qui remplis tes serments,
L'espoir de ma patrie
La perte des tyrans.
Jacobins intrépides
Pour notre liberté,
Soyez toujours nos guides
A l'immortalité.

hoffen, daß Ihr mir einen Augenblick Gehör schenkt? Ich wiederhole, daß ich aus Caen gekommen bin und Euch wichtige Geheimnisse anzuvertrauen habe, die das Wohl der Republik betreffen. Ich bin eine unglückliche Märtyrerin der Freiheit – das muß genügen, um mir Eure Achtung zu sichern.

Charlotte Corday.«

Nachdem sie diesen Brief geschrieben hatte, verbarg sie das Messer in ihrem Kleid, nahm eine Kutsche und fuhr bis vor die Tür des Hauses in der Rue des Cordeliers, in dem Marat wohnte. Sie trug ein weißes Hauskleid, einen Hut mit dreifacher Verschnürung und eine schwarze Kokarde.

Marat war gut bewacht; seine Geliebte, Catharine Evrard, und ihre Schwester Simone bewachten ihn mit der Fürsorglichkeit der Liebe und des Fanatismus. Catharine verweigerte der jungen Fremden aus der Normandie hartnäckig den Eintritt. Als aber Marat die Frauenstimme hörte und den Namen der Person vernahm, die ihm heute morgen geschrieben hatte, befahl er Catharine, die Fremde einzulassen.

Er saß in einer Badewanne und trug den Kopf wie immer mit einem Tuch umwickelt; ein schmutziges Tuch war auch über die Wanne gebreitet. Vor ihm lag ein Brett, das ihm als Schreibpult diente.

Er erkundigte sich ausführlich, was in Caen vorgehe, und fragte nach den Deputierten, die sich dorthin geflüchtet hatten. Während des Gesprächs schrieb er an einem Brief, und erst als er damit zu Ende gekommen war, rief er:

»Noch einige Tage, und die Burschen sollen die Guillotine kennenlernen!«

Jetzt erinnerte sich Charlotte Corday der Ursache ihres Besuchs, sie trat näher, zog das Messer und stieß es Marat in die Brust.

Der Stoß war so kräftig geführt, daß das Messer bis zum Griff eindrang; die Pulsadern am Halse waren durchschnitten. Marat schrie auf und starb.

Auf den Schrei stürzte ein Kommissär namens Laurent Basse in das Zimmer; Catharine und ihre Schwester folgten.

Charlotte Corday stand am Fenster, ohne einen Fluchtversuch zu wagen. Der Kommissär schlug sie mit einem Stuhl zu Boden. Sie erhob sich wieder, aber Basse ergriff sie und warf sie noch einmal zur Erde, während die Evrard mit Hilfe einiger Nachbarinnen, die den Chirurgen Michon de la Fondée herbeigeholt hatten, Marat auf sein Bett lagerte.

Auf das Geschrei der Weiber liefen Nachbarn herbei; einige Nationalgardisten von der Wache des Théâtre Français eilten herbei und verhafteten Charlotte.

Henri Sanson

Politisches Testament

Charlotte Corday auf dem Weg zum Schafott

Am Freitagnachmittag verfaßt die spätere Mörderin Marats folgenden Brief:

An alle Franzosen, die das Gesetz und den Frieden lieben!

Wie lange noch werdet Ihr Euch, Ihr unglücklichen Franzosen, in der Unruhe und den Spaltungen gefallen? Lang genug schon, zu lange schon haben Aufrührer und Verbrecher ihren eigenen Ehrgeiz an die Stelle des allgemeinen Interesses gestellt. Warum, oh Ihr unglücklichen Opfer dieser Raserei, warum nur wollt Ihr Euch selbst vernichten, um das Bauwerk der Tyrannei auf den Ruinen des verzweifelten Frankreich zu errichten.

Die Parteiklüngel treten überall auf, die Bergpartei triumphiert unter Anwendung von Verbrechen und Unterdrückung. Einige blutdurstige Ungeheuer leiten diese verabscheuungswürdigen Verschwörungen und führen uns auf 1 000 verschiedenen Wegen in den Abgrund, da wir durch ihre Assignaten und mehr noch durch ihre perfiden Einflüsterungen verblendet sind.

Wir arbeiten mit mehr Eifer und Energie an unserem eigenen Untergang, als wir jemals zur Erlangung der Freiheit aufgebracht haben! Oh Ihr Franzosen, noch ein bißchen und von Euch wird bloß die Erinnerung an Eure vergangene Existenz bleiben.

Die aufgebrachten Départements marschieren schon auf Paris, das Feuer des Bruderzwists und des Bürgerkriegs entflammt die Hälfte dieses großen Reiches. Es gibt ein wirkungsvolles Mittel, um den Brand zu löschen, aber dieses Mittel muß sofort angewendet werden. Der größte dieser Verbrecher, Marat, dessen Name allein schon alle Verbrechen birgt, erschüttert durch seinen von rächender Hand verursachten Tod die Bergpartei. Danton, Robespierre und die anderen Räuber, die auf dem blutigen Thron sitzen, erblassen. Sie sitzen dort von Blitzen umgeben, welche die Götter, die Rächer der Menschheit, sicherlich nur aufgehalten haben, um ihr Losbrechen kräftiger zu gestalten, und um für ewige Zeiten alle abzuschrecken, die ihr Glück auf den Ruinen der betrogenen Völker gründen wollen!

Franzosen! Ihr kennt Eure Feinde, erhebt Euch und kämpft!

Ich weiß nicht, ob der Himmel für Euch eine republikanische Regierung vorsieht, aber nur in einem Anfall grausamster Rache kann er Euch einen Politiker des Berges zum Regierungschef geben. Möge die Herrschaft der Gesetze auf die Anarchie folgen. Mögen der Frieden, die Einheit, die Brüderlichkeit auf ewig die Unruhen und Spaltungen verbannen!

Oh Frankreich! Dein Wohl hängt von der Ausübung der Gesetze ab, und wenn ich Marat töte, verstoße ich nicht gegen sie. Denn er ist durch das Universum verurteilt und somit vogelfrei. Welch ein Gericht will mich richten? Wenn ich schuldig bin, so war es auch Herkules, als er die Ungeheuer tötete; aber traf er überhaupt auf so entsetzliche wie ich? Oh Freunde der Menschheit, Ihr werdet ein wildes Tier nicht bedauern, das an Eurem Blut fett geworden ist, und Ihr armen Aristokraten, Ihr werdet ihn auch nicht bedauern, denn Ihr habt nichts mit ihm gemein. Oh mein Vaterland! Dein Unglück zerreißt mein Herz, und ich kann Dir nur mein Leben opfern, und ich danke dem Himmel für die Freiheit, die ich habe, um über es zu verfügen. Niemand wird wegen meines Todes etwas verlieren. Mein letzter Seufzer soll meinen Mitbürgern nutzen, mein Kopf soll, wenn er durch Paris getragen wird, ein Zeichen der Sammlung für alle Freunde der Gesetze sein. Der jetzt schon schwankende Berg soll mit meinem Blut seinen Niedergang geschrieben sehen. Ich hoffe das letzte Opfer zu sein und hoffe, daß das gerächte Universum erkennt, daß ich mich um die Menschheit verdient gemacht habe. Aber selbst wenn man mein Handeln anders sieht, wäre mir dies recht gleichgültig. Meine Eltern und Freunde können unbesorgt sein, niemand kannte meine Pläne.

Ich lege dieser Ansprache einen Auszug aus dem Familienbuch bei, damit man sehen kann, was auch die schwächste Hand zu tun vermag, wenn sie nur von völliger Hingabe gelenkt ist.

Wenn ich mein Ziel nicht erreiche, so habe ich Euch doch den Weg gezeigt; Ihr kennt Eure Feinde, steht auf, kämpft und schlagt zu.

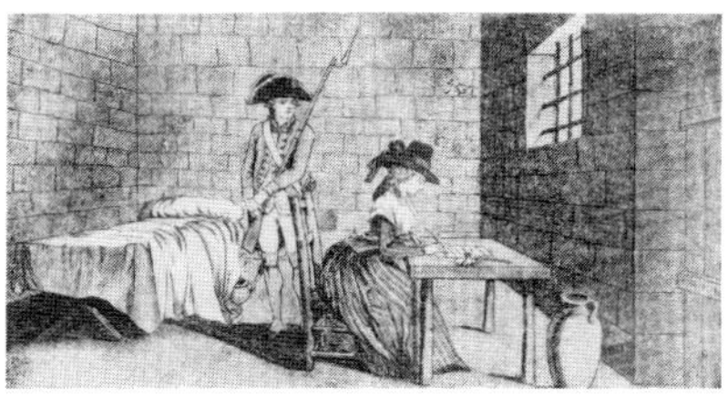

Die gefangene Charlotte Corday schreibt einen letzten Brief

Werdegang des »Volksfreundes«

Ich ging um acht Uhr abends aus und begab mich zu dem Buchhändler, der die »Pariser Nächte« verkauft. Man hatte noch keine Ahnung von dem schrecklichen Ereignis (der Ermordung Marats). Als ich an den Pont Neuf kam, hörte ich einen Türschließer zu einem Kaufmann sagen:

»Sie wollte weglaufen, man hat sie aber an der Haustür festgenommen. Er ist tot.«

Ich wußte nicht, was das heißen sollte; übrigens war die erste Angabe falsch. Ich eilte ins Café Robert Manoury. Dort wurde mir von hundert Seiten das furchtbare Ereignis berichtet, – aber wir wollen noch einen Augenblick verweilen.

Seit 1789 hatte ich von dem Bürger Marat sprechen hören. Ich hatte in der Rue de Tournon mit Leuten zu Abend gegessen, die ihn kannten: er war ein tüchtiger Chemiker und hatte auf physikalischem Gebiet wichtige Entdeckungen gemacht und die Grenzen dieses Gebiets erweitert. Durch die Physik hatte er in Paris einen ersten Erfolg auf medizinischem Gebiet errungen. Er folgte der Natur und sein Ruf wurde so groß, daß er im zweiten Jahre seiner Tätigkeit als Arzt 40 000 Franken verdiente. Aber wenn die Natur ohne Scharlatanismus auftritt, wird sie Paris schnell langweilig. Im dritten Jahre verließen ihn die Patienten, und im vierten gab er unter dem Titel »Volksfreund« eine Zeitung heraus. Es ist bekannt, wie es ihm erging, wie er von La Fayette verfolgt wurde, der, obwohl von der gesamten bewaffneten Macht unterstützt, dieses einzelnen Mannes nicht habhaft werden konnte. Man beschränkte sich darauf, seine Setzerei zu zerstören; das war die erste Vergewaltigung der Preßfreiheit.

Marat hielt sich dann verborgen, so gut, daß dreiviertel der Welt ihn für ein imaginäres Wesen ansahen. Aber endlich trat er am hellen Tage im Konvent auf. Da war es nicht mehr möglich, an seiner Existenz zu zweifeln. Die Empörung über ihn war allgemein, und sogar seine Freunde sahen sich für eine Weile gezwungen, ihn im Stich zu lassen. Er behauptete sich aber dennoch. Endlich erhob die Kommission der Zwölf die Anklage gegen ihn, wie ich es in dem zur Zeit seines Triumphes geschriebenen und auch gedruckten Artikel berichtet habe: Er ging gerechtfertigt aus dem Verfahren hervor. Aber gewisse Kreise des Publikums kehrten seinen Triumph ins Lächerliche. Was war nötig, um Marat, diesem klugen Physiker, diesem geschickten Arzt, diesem begeisterten Patrioten, seinen guten Ruf wiederzugeben? Sein Tod – der Tod fürs Vaterland, den er am 15. Juli 1793 zwischen sieben und acht Uhr abends starb.

Wenige Todesfälle sind so ruhmreich wie dieser. Le Peletier* wurde von einem übel beleumundeten Individuum, einem Prahlhans, einem niederträchtigen Raufbold, ermordet, der von der ganzen Welt verachtet wurde; Marat dagegen hatte das Gemüt einer jungen, interessanten Frau

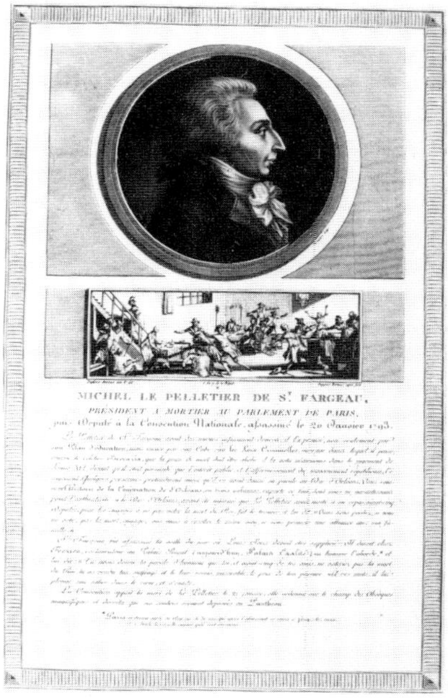

** Louis Michel Lepelletier de Saint-Fargeau (1760–1793) wurde einen Tag vor der Hinrichtung des Königs, für die er seine Stimme im Nationalkonvent gegeben hatte, von einem Unbekannten ermordet. Er wurde zum Helden der Revolutionäre und zum Märtyrer der guten Sache.*

in Flammen gesetzt, die ihn bewundert und verteidigt haben würde, wenn sie ihn besser gekannt hätte. Keine gemeine, schändliche Hand schnitt seinen Lebensfaden ab, die Mörderin war ein junges Mädchen voll frauenhafter Tugend, das heißt Keuschheit. Es macht den Eindruck, als hätte das Leben dieses von dem heiligen Feuer des Patriotismus durchglühten Mannes nur durch die Hand einer Jungfrau zerstört werden können.

Sie blieb vom Abend des 13. bis zum 17. abends im Gefängnis; dann wurde sie hingerichtet, zwei Tage, nachdem ihr Opfer feierlich zur Ruhe bestattet worden war. Sie hatte ihrem Vater geschrieben, er möge ihr verzeihen, daß sie ihn belogen habe, als sie ihm sagte, sie wolle nach London reisen. Man betrachtet diesen Brief einfach als eine rechtfertigende Vorsichtsmaßnahme. Dies Mädchen verdiente den Tod. Sie fühlte das und war gerecht gegen sich. Aber wie war nach dem Verbrechen ihr sicheres Benehmen zu erklären, das von der ganzen Stadt mit entsetzensvoller Bewunderung angesehen wurde? Ist es nicht allein auf die Reinheit ihres Gemüts zurückzuführen? Wie kommt es, daß sie in diesem Jahrhundert der Amazonen nicht wußte, daß eine Mörderin die schrecklichste aller Bestien ist? O ihr Frauen, die ihr Männer sein wollt, und ihr weibischen Männer, die ihr sie dazu ermutigt, Charlotte Cordays Verbrechen lastet auf euch so gut wie auf ihr.

Der Henker ohrfeigte ihren abgehauenen Kopf. Er wurde dafür bestraft und ins Gefängnis geworfen. Denn der Henker darf dem Urteilsspruch eigenmächtig nichts hinzufügen.

Rétif de la Bretonne

Denunziation

Der Bürger Greive, wohnhaft Rue Cimetière-Saint-André-des-Arts im Vorort Saint-Germain beim Bürger Denis, war letzten Dienstag mit dem Bürger Allain beim Bürger Marat. Als die beiden mit dem letzteren sprachen, kam Jacques Roux* in Marats Wohnung. Er redete mit republikanischer Glut auf ihn ein. Jacques Roux ging wieder und warf Marat von der Tür aus einen wütenden, empörten Blick zu. Dieser Blick überraschte die Bürger Greive und Allain. Dieser hatte auch mit Roux einige Worte gewechselt.

Zur Kenntnisnahme an den allgemeinen Sicherheitsausschuß, am 14. Juli 1793, im II. Jahr der Republik.

** Jacques Roux (1752–1794) war ein bekannter Revolutionär, der sich für die Sache der radikalen, republikanischen Revolution engagierte. Er begleitete den König zum Schafott. Der hier geäußerte Verdacht gegen Roux in Zusammenhang mit der Ermordung Marats ist insofern völlig abwegig, als Roux ein Anhänger Marats war und dessen Zeitung, den »Ami du peuple«, nach Marats Tod allein weiterführen wollte.*

Patriotisches Lied zur Einweihung der Büsten Marats und Lepelletiers

Bürger, die das alte Rom
ihrer Tugend wegen rühmte,
Stützen der Republik,
Ihr Griechen und Du, Brutus*!
Mit Eurem Mute brennend,
haben die Franzosen Euch nachgeeifert.
Sie beenden Euer Werk
und begründen die Freiheit.

Lange Zeit sah Frankreich,
von gekrönten Räubern unterjocht,
seine eigenen Kinder
der Tyrannei ausgesetzt.
Es sagte: ich werde frei sein,
ich werde die Unterdrücker besiegen.
Bald werden die Helden des Tiber
Nachfolger gefunden haben.

Feste und treue Freunde
der Vernunft und der Gesetze,
dient stets als Vorbild
den Verteidigern unserer Rechte.
Mögen diejenigen, denen das Vaterland
sein Schicksal anvertraut hat,
ihm ihr Leben opfern
als republikanische Märtyrer.

Bringt den schüchternen Herzen
durch Euren kühnen Mut,
der Euch den Tod besiegen half,
den Glanz eines solchen Schicksals bei.
Wenn die Freiheit Roms
so viele Verteidiger fand,
dann weil der Schatten eines großen Mannes
noch immer Rächer hervorbringt.

** Brutus ist eine derjenigen Personen aus der römischen Geschichte, die von den republikanischen Franzosen zum Vergleich mit ihrer eigenen Politik herangezogen wurde. Als Mörder des Kaisers bekam er Vorbildcharakter.*
In allen Bereichen von Politik und Kultur griffen die Franzosen auf die republikanische Phase der römischen Geschichte zurück. Architektonischer Stil, literarische Gattungen, Kleidermode, parlamentarische Rhetorik – überall standen die bewunderten Römer Pate. Der literarische Klassizismus, der schon im 17. und 18. Jahrhundert prägend gewesen war, bekam nun eine auch politische Bedeutung.

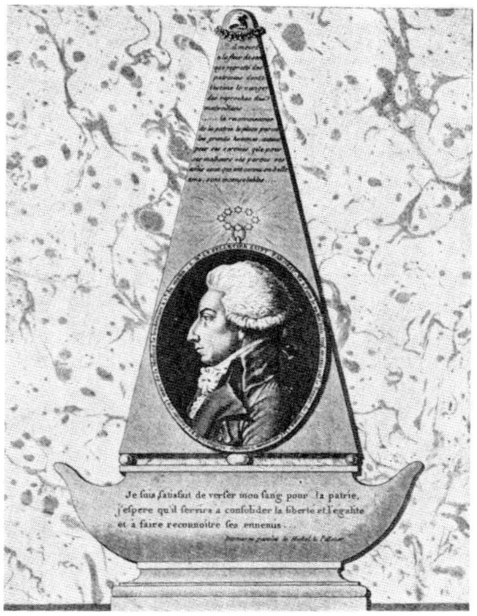

Zu Ehren des Helden Le Pelletier de Saint-Fargeau

Eine republikanische Inszenierung

Die sterbliche Hülle Marats wurde mit viel Pomp in den Hof des Franziskanerklosters* getragen. Die Zeremonie war einfach und patriotisch. Das Volk hatte sich unter den Bannern der einzelnen Sektionen versammelt und folgte ruhig dem Sarg. Eine in gewissem Sinne beeindruckende Unordnung, ein respektvolles Schweigen, eine allgemeine Konsternation – all dies bildete ein höchst rührendes Schauspiel. Der Trauerzug dauerte von 6 Uhr abends bis um Mitternacht.

Er wurde von Bürgern aller Sektionen, den Konventsmitgliedern und Abgeordneten des Départements, sowie den Wahlmännern der Volksversammlung gebildet.

Im Garten des Franziskanerklosters wurde Marats Leichnam unter den Bäumen niedergelegt, deren leicht sich bewegendes Laubwerk ein sanftes und zartes Licht spiegelte. Das Volk umgab schweigend den Sarg.

Der Präsident des Nationalkonvents hielt eine gelungene Rede. Nach mehreren Ansprachen, die lebhaft beklatscht wurden, senkte man Marats Körper ins Grab. Tränen flossen und jeder ging mit schmerzerfüllter Seele fort.

*Louis David**

** Cordeliers (Eigentlich »Franziskaner«)*

Der »Club des Cordeliers« war, wie auch die Jakobiner, einer der revolutionären Clubs, in denen meist proletarische Mitglieder zu einer eigenen Meinungsbildung im Revolutionsgeschehen beitrugen. Seit der Club aus dem Vorort Saint Antoine ins ehemalige Franziskanerkloster umgezogen war, nannte er sich »Cordeliers«. Der »Club des Cordeliers«, der zur Mehrzahl aus Handwerkern bestand, gehörte zu den radikalen Gruppen der Revolution. Die berühmtesten Mitglieder waren Marat, Danton und Camille Desmoulins. Die Franziskaner wurden auch von wichtigen Ausländern unterstützt, sowie durch den Herzog von Orléans.
Als dieser ins Exil ging, wurde die Organisation des Clubs immer schlechter, so daß dieser schließlich ganz von den Jakobinern abhängig wurde und am Ende mit diesen fusionierte.

Mitgliedsausweis des Franziskaner-Clubs

** Jacques Louis David (1748–1825) wurde während der Revolution und später unter Napoleon zum wichtigsten klassizistischen Maler Frankreichs. Er bewunderte Robespierre und war selbst Abgeordneter im Nationalkonvent. In zahlreichen Gemälden verherrlichte er die republikanische Tugend und hielt die wichtigsten Ereignisse im Bild fest. Der Ballhausschwur und die Darstellung des ermordeten Marat gehören zu seinen bekanntesten Werken dieser Epoche.*

Der Mord einmal prüde: Marat im Hemd und zugedeckt in der Badewanne

Entwurf einer musikalischen Szene zu Ehren Marats

Patriotische Szene mit Gesang
Ein Republikaner trägt folgendes vor:

Der Schatten eines Franzosen, der fürs Vaterland stirbt,
bringt keine unnützen Klagen mit;
Ein so schönes Schicksal ist viel zu beneidenswert,
als daß sein Grab mit finsteren Zypressen geschmückt werden sollte.

Während seines Lebens brannte in Marats Brust
das Feuer der Freiheitsliebe.
Ehren wir, Bürger, sein Andenken
mit jenem starken Gefühl, das die Tyrannen fürchten.

Ein Chor von Republikanern singt die folgenden vier Verse:

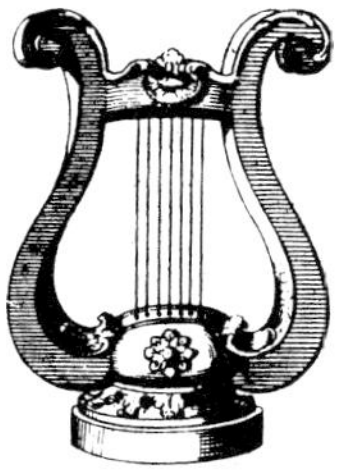

Freiheit, Freiheit! empfange unsere Liebe, unsere Ehrerbietung.
Geliebte Seele, hör unsere Wünsche und Schwüre:
unversöhnlicher Haß der Sklaverei,
ewiger Abscheu der Tyrannei.

Zweiter Republikaner:

Schmerzenslaute, lange Seufzer
würden, oh Freiheit, hier erklingen,
wenn bei einem deiner Kinder
der häßliche Egoismus oder die feige Furcht
das heiligste aller Gelübde brechen würde.

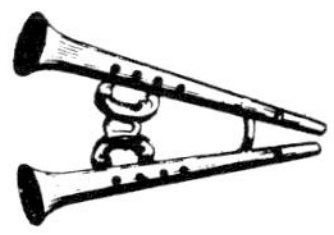

Aber an diesem Tag, sagen unsere einstimmigen Gefühle,
oh Marat und Lepelletier, Ihr großmütigen Opfer,
allen Franzosen: Sie starben für uns;
fürs Vaterland zu sterben ist der schönste Tod.

Chor:

Großmütige Verteidiger! jeder Franzose möge Euch ehren,
auf immer das Andenken an Eure Tugenden bewahren.
Jeder soll Eurem Mut nacheifern,
und er soll lernen, für seine Rechte zu sterben!

Dritter Republikaner:

Welch ein Schauer faßt mich! In meinem Herzen
entfacht ein Geist heiße Glut!
Du bist es, die meine Seele durchdringt,
ich fühle deine großmütige Wärme,
oh du heilige Vaterlandsliebe!

Ohne dich gibt es keine Tugenden,
hätte es weder Decius noch Brutus gegeben.
Allein du gibst den Menschen Größe und Leben!

Magistraten und Volksvertreter
begründen das Glück des Volkes
und verdienen Verehrung,
wenn deine Fackel sie erhellt.

Nur die Krieger, die deine Fahne verteidigen,
haben das Recht Helden genannt zu werden
Oh du, Opfer und Beispiel dieser Liebe!

Marat, Deine Seele möge in Frieden ruhen!
Im Herzen jedes Franzosen hat nun diese Liebe
ihren Tempel gefunden.

Chor:

Heilige Liebe des Vaterlandes,
durchdringe, belebe alle Herzen;
wir widmen dir unser Leben,
unterstütze immer deine Verteidiger!
durch dich werden wir den Sieg
unserer Fahnen erleben,
leite stets unser Mühen,
sei unsere Ehre und unser Ruhm.

Bewahren wir, Bürger, diese Liebe in unseren Herzen,
nur durch sie werden wir alle Wut der Könige besiegen.

Vierter Republikaner:

Zu Ehren des Helden Marat

Ach, wenn ihr teuren Seelen doch
mit unserm Lob auch unsere Siege erfahren könntet!
Er glänzt schon, er hat begonnen, der Tag unseres Ruhms.
Von allen Seiten erklingen die Siegesgesänge!
Das Ungeheuer der Gegenrevolution, das häßliche und bedrohliche,
das so lange Zeit unsere Anstrengungen zunichte machte,
ist nun endlich unter den Hieben unserer Brüder verendet,
die es mit Feuer und Stahl in seinem Versteck überfallen haben.
Der Adler, der mit kühnem Flug
unser Vaterland bedrohte
und in seinem Rasen
uns seinem abscheulichen Joch unterwerfen wollte,
dieser Adler flieht… die Republik
sieht ihre Krieger in belgischen Landen
die Fahne der Freiheit aufpflanzen
und die Liebe zum Gesetz verbreiten.

XIV.
Todeskandidaten

Die grausamen Massaker an den Gefangenen aller Pariser Gefängnisse in den ersten Septembertagen hatten begründete Zweifel an der »Gerechtigkeit« aufkommen lassen. Ohne Prozeß wurden wahllos alle Insassen der Gefängnisse mit dem Ziel ermordet, die zahlreich einsitzenden Aristokraten und eidverweigernden Priester aus dem Weg zu räumen.

In den späten Monaten des Jahres 1793 und im Jahre 1794 wurde die Rechtsprechung immer grausamer. Die sogenannte Schreckensherrschaft, die »Terreur«, kannte keine Gnade, sobald der Verdacht auf Konspiration, auf Kontakt mit dem feindlichen Ausland bestand.

Wegen teils nichtiger Vergehen wurden harte Urteile, meist die Todesstrafe, verhängt.

Es sind zahlreiche Abschiedsbriefe von Verurteilten erhalten, Briefe, die niemals an die Adressaten weitergeleitet worden sind. Die Polizei sah selbst bei diesen letzten Lebenszeichen die Gefahr antirevolutionärer Umtriebe.

Die Opfer warten auf ihre Verurteilung und Hinrichtung

Rettung in letzter Minute

Paris, den 8. September 1792

Oh Verbrechen, oh Schande, oh Horror und politischer Frevel! In diesen Tagen sind alle Gefangenen massakriert worden, ohne Gnade, ohne Skrupel, mit infernalischer Kaltblütigkeit. Diese Massaker wurden zugleich in allen Gefängnissen angerichtet; im Châtelet, in der Abbaye, in der Force, in Bicêtre, in der Salpêtrière, in Saint-Firmin, in der Karmeliterkirche, in der Conciergerie. Es hat mehrere Tage gedauert, in Tausenden zählte man die Leichen, die man nach und nach, wie sie umgebracht wurden, auf Lastkarren warf. Die Anstifterin dieser Morde ist die sogenannte Kommune vom 10. August, es sind Danton, Marat und Konsorten. Der Vorwand sind der preußische König in Verdun, die preußische Armee, die in der Champagne näher rückt. Sie nennen das Maßnahmen für die öffentliche Wohlfahrt, das Vaterland sei in Gefahr. Sie wollten nicht, daß all die angeblichen Aristokraten in den Pariser Gefängnissen am Leben bleiben, wenn die preußische Armee immer näher an Paris herankommt. Sie haben vorgesorgt und sie alle umgebracht. Niemand hat sich dieser Exekution, die ganze 5 Tage gedauert hat, in den Weg gestellt. Das Morden hat sich in einer fast wunderbaren Ruhe vollzogen, und ist in aller Ruhe geplant worden. Selbst die Jakobiner wußten nichts davon.

Die Anzahl der Opfer während der sogenannten Septembermassaker wird auf 1100 bis 1400 geschätzt, d.h. etwa die Hälfte aller Häftlinge. Unter ihnen waren viele Kriminelle, aber auch Hunderte von politischen Gefangenen.

Ich bin zwischen den Mördern, den Schlächtern hindurch im Blut zum Abbaye-Gefängnis gewatet, um einen dieser unglücklichen Gefangenen zu befreien, der am Montag, den 3. September massakriert worden wäre, wenn ich ihn nicht vorher ausgelöst hätte. Zu dritt kamen wir an die kleine Tür dieses Gefängnisses in der Rue Sainte-Marguerite, dort war das Morden gerade im Gange. Wir hatten Mühe, den Kreis von Neugierigen zu durchbrechen, die zusahen, wie eiskalt getötet wurde. Als wir schließlich an der kleinen Tür waren, sahen wir draußen 10 oder 12 mit Äxten, Säbeln und Knüppeln bewaffnete Mörder, die auf die Opfer warteten, um sie auf dem Pflaster zu erledigen. Alle fünf Minuten wurde ein Gefangener hinausgeworfen. Wir sagten ihnen, wir seien von der Sektion Marseille geschickt worden. Meine Beine zitterten unter meinem Körper, ich täuschte so viel Selbstsicherheit vor wie irgend möglich. Sie ließen uns in einen sehr schmalen und dunklen Korridor hinein. Dort trafen wir auf zwei Männer mit hochgekrempelten Ärmeln die damit beschäftigt waren, die zum Tode Verurteilten hinauszustoßen, jene Opfer, die sie »Entlassene« nannten. Da ich als erster hineinkam, frage mich einer dieser Herren, wohin ich ginge. Ich sagte zu ihm, wir verlangten die Richter zu sprechen. Er hieß uns vier Stufen hinaufsteigen und in einen kleinen Raum im Erdgeschoss eintreten, der als Wachstube diente.

Nicolas Ruault

Fouquier-Tinville war Hauptankläger am Revolutionstribunal

René Nicolas François Pouyvet de la Blinière

Vertreter des Volkes! Die Zuchthäuser sind jetzt die Büchse der Pandora, sie enthalten alle Übel. Wenn ihr die Türen öffnet, wird eine Flut von Nöten die Erde überschwemmen, und es wird keine wundersame Arche zu finden sein, um auch nur eine Familie zu retten.

Anonym

Etampes, den 6. September 1792

Meine unglücklichen Eltern, Ihr werdet schon manche Träne vergossen haben, wenn Euch dieses Schreiben erreicht. Da ich die Pein, die der Brief Euch bereiten wird, voraussehe, soll er Euch erst überbracht werden, wenn die ersten Schmerzen, die mein trauriges Ende Euch verursachen wird, abgeklungen sind. Aber da es mir für meinen Seelenfrieden unerläßlich scheint, will ich ihn Euch unbedingt zustellen lassen.

Könnte ich von Gott, vor dem ich nun meine Taten werde verantworten müssen, Barmherzigkeit erwarten, wenn ich Euch nicht ein letztes Mal darum bäte, mir alle Schuld gegen Euch zu vergeben; wenn ich nicht alle Schuld beichten würde? Ich mache mir wegen meiner Vergehen Euch gegenüber genauso Vorwürfe wie wegen der anderen Fehler meines Lebens. Ich habe Euch betrogen und Euch durch meinen Ungehorsam Sorgen bereitet.

Die Zeit, die ich weit weg von Euch verbracht und die ich meinen Vergnügungen gewidmet habe, ist der Ursprung all meiner Leiden gewesen. Kurz, ich habe eine arme Kreatur hinterlassen, Frucht meines Umgangs mit einem Mädchen, mit dem ich seit meiner Ankunft in Bayonne lebe. Dieses unschuldige Kind verliert einen Vater, der schon vorab viele Tränen wegen seines Schicksals vergossen hat. Obwohl meine Tochter eine Mutter hat, die sicher alles für sie tun und sich aufopfern wird, um ihr das Leben zu erleichtern, habe ich es als meine natürliche und zugleich meine Ehrenpflicht angesehen, sie meinem Bruder ans Herz zu legen, schon von ihrer Geburt an. Ich gab ihrer Amme Briefe, damit er, falls irgendein unvorhersehbares Ereignis mich aus dieser Welt bringt, sich um sie kümmern und für sie mit aller Güte, die sein Herz und meine Freundschaft ihm eingeben, sorgen könnte. Ich bat ihn, da ich selbst keine Mittel hatte, ihr eine Rente von 600 Francs zu schenken. Seit ich durch Boshaftigkeit und Verleumdung im Gefängnis bin, habe ich ihn brieflich noch einmal um denselben Gefallen gebeten. Meine arme kleine Tochter ist jetzt in der Obhut derer, die mir nach Euch am liebsten auf der Welt sind, und ich kann, da ich sie wohl versorgt weiß, in Ruhe sterben.

Aber ganz beruhigt wäre ich doch nicht, wenn ich Euch nicht, da ich sie Euch nun vorgestellt habe, anflehen würde, ihr wohlgesonnen zu sein. Habt also Erbarmen mit ihr, indem Ihr die Verirrungen des Vaters entschuldigt und sagt ihr, daß ich, wenn ich länger gelebt hätte, alles getan hätte um sie darüber hinweg zu trösten, daß sie ohne Namen, ohne Rang und mit dem Makel behaftet, den ein barbarisches Vorurteil in der unehelichen Geburt sieht, geboren wurde. Ich flehe Euch an, mein zärtlicher Vater und meine untröstliche Mutter, laßt sie nicht im Stich!

Ich bin auch derjenigen, die ihr das Leben gegeben hat, sehr verbun-

Frei leben oder sterben!

den. Sie verdient es, und ich müßte der verworfenste aller Männer sein, wenn ich nicht für ihre Liebe und für ihr Mitleid mit meiner furchtbaren Situation dankbar wäre. Meine Sorge ist, mein Tod könnte ihren Tod herbeiführen, und unsere Tochter wäre dann die ärmste aller Kreaturen, wenn Ihr sie nicht aufnehmt. Aber es ist Euer Blut, meine Mutter! Die Stimme der Natur ist mir eine Garantie dafür, daß Ihr Mitleid mit ihr haben werdet. Ihre Mutter heißt Dominica Ducasse, sie ist Modehändlerin. Meine Tochter, geb. am 17. Dezember 1786, wurde auf den Namen Gracieuse-Timothée getauft. Die Amme gab ihr diesen Namen. Aber der Regimentsarzt namens Goy wollte ihr Pate sein und wählte eine Patin dazu, und diese beiden nannten sie Marie-Jeanne de Bellegarde. Dies wird reichen, um sie und ihre Mutter Euch näher zu bringen. Ich liebe sie beide, ich bedaure sie und weine heiße Tränen über den Verlust desjenigen, den sie liebten und der ihnen beigestanden wäre, soweit es die Natur und die Ehre erlaubt hätten. Vielleicht bleiben mir wenige Stunden, vielleicht höchstens drei Tage. Ab dem heutigen Tag ziehe ich also einen Vorhang zwischen die Welt und mich selbst. Ich sehe nur noch die Qualen, die auf mich zukommen, ich muß nur noch daran denken, daß ich Gott Rechenschaft über meine Taten ablegen muß. Mag er mir meine Sünden vergeben! Betet zu ihm, laßt für mich beten, für den Frieden meiner Seele! Stiftet eine Messe an meinem Todestag! Wenn ich die Folterungen, die meine Feinde für mich bereithalten, mit Stärke und Mut ertrage, indem ich für ihn leide, dann wage ich an seine Barmherzigkeit und seine Gnade zu glauben, um die ich ihn ohne Unterlaß bitte.

Nun bleibt mir noch, Abschied von Euch zu nehmen. Wie soll ich mich nur ausdrücken? Ich denke nicht mehr an diese Welt. Gott, sofern er barmherzig mit mir ist, werde ich also um seinen Segen und seine Gnade für Euch bitten. Möge er Euch viele Tage schenken, solange Ihr sie mit Wohltaten an Euren Nächsten erfüllen könnt, und mag er Euch dann das Glück des Lebens im Jenseits geben, um das ich ihn im Namen des Vaters, des Sohnes und des heiligen Geistes anflehe.

Thérèse de Moëllien, Gräfin von Trojoliff, 31 Jahre*

** Thérèse de Moëllien, Comtesse de Trojoliff, war wie viele andere Adelige 1793 wegen Konspiration und Unterstützung der Emigranten gefangengenommen und zum Tode verurteilt worden. Ihre letzten Worte sind an eine Freundin gerichtet.*

Am 18. Juni 1793

Ich werde schon beim allmächtigen Vater sein, wenn Ihr, liebe Freundin, diesen Brief erhalten werdet. Ich hoffe, daß er mir meine Fehler, meine Vergehen verzeihen wird, wie auch ich meinen Feinden vergebe. Denn es war sicher ein Unrecht gegen Gott, seine Güte so oft zu vergessen, und ich konnte dafür nicht teuer genug büßen; und für den, der den wahren Wert des Lebens zu schätzen weiß, sind ein paar geopferte Jahre nicht viel. Mein Todesurteil hat mich überhaupt nicht berührt. Alle Qualen, die ich seit meiner Verhaftung durchgestanden habe, haben mir das Leben unerträglich gemacht, und das andauernde Schauspiel des Unglücks vor meinen Augen führen zum selben Resultat. Adieu, meine arme Freundin, bedauert mich nicht, ich sterbe mit Vertrauen und fast mit Freude. An welch schöner Tafel werde ich heute abend sein, meine Freundin, ich werde dort auf Euch warten. Eure Tugenden werden Euch dorthin rufen. Ich habe mir gegenüber den Menschen nichts vorzuwerfen, ich war immer nur voller Menschlichkeit, und ich wünsche ernsthaft das Glück derer, die mich zum Grabe führen. Aber gegenüber Gott, meine Freundin, war ich nicht so unschuldig.

Ich liebte ihn, aber diente ihm schlecht, ich hoffe er wird es mir verzeihen. So mögen also meine Freunde mein Schicksal nicht beweinen, wir werden uns alle dort wiedersehen. Überbringt Ihr ihnen meine Gefühle.

Adieu, meine unglückliche Freundin, ich habe alles mögliche getan, um Euch die restlichen Assignaten zukommen zu lassen, die Ihr mir geliehen hattet.

Der Marquis de Favras (1745–1790) hatte gemeinsam mit dem Bruder des Königs geplant, Ludwig XVI. aus Paris zu entführen. Er wurde verhaftet und zum Tode verurteilt. Der Bruder Ludwigs griff nicht ein, um ihn zu schützen.

Favras vor dem Hohen Gericht beim Diktat seines Testaments

Der Bürger Fontevieux, 34 Jahre*

** Der Bürger Fontevieux, wegen angeblicher Kollaboration mit den Emigranten zum Tode verurteilt, verabschiedet sich von seiner Geliebten.*

Meine Geliebte, ich nähere mich dem fürchterlichen Augenblick, wo ich vor dem höchsten Wesen erscheinen muß, aber ich sehe ihn ohne Angst kommen. Ich werde, wie Essex, sagen: »Das Verbrechen macht die Schande, nicht das Schafott.« Du kennst die Reinheit der Überzeugungen, die mich stets geleitet haben. Ich habe, das kann ich ohne unbescheiden zu sein wohl sagen, alle guten Taten, die in meiner Macht standen, vollbracht, ich habe niemandem geschadet. Ich sehne mich nach meinen Freunden und besonders nach Dir. Ich war nur durch das Gefühl meinen Freunden gegenüber an diese Erde gebunden. Allein im Verhältnis zu ihnen spüre ich mein Unglück. Ich danke Dir an dieser Stelle für die Beweise Deiner Liebe, für den Trost, den Du meiner Seele gegeben hast, für die rührende Sorge um mich während meiner Gefangenschaft. Ich würde Dir gerne meine Dankbarkeit dafür bezeugen.

Wir werden eines Tages wieder beisammen sein, etwas früher oder etwas später. Die Sense des Todes schwebt über allen Köpfen, sie macht alles gleich. Ich bedaure meine Richter und verzeihe ihnen von ganzem Herzen, ich bitte Dich, Trost zu suchen, ich flehe Dich im Namen der zärtlichsten Liebe an, Dir nicht das Leben zu nehmen. Wenn Du manchmal an mich denkst, sei gewiß, daß ich sicher glücklich bin, weil ich unschuldig gestorben bin. Ich habe keine einzige Träne über mein Schicksal vergossen, ich habe über die traurige Lage meiner Freunde geweint, sie sind zu bedauern.

Adieu, meine gute, zärtliche Freundin, ich umarme Dich von ganzem Herzen. Wenn Du den Onkel siehst, muntere ihn auf, hilf ihm, das Unglück unserer menschlichen Existenz zu tragen, sag ihm, daß ich ihn geliebt habe, ihn liebe und noch im Grabe lieben werde.

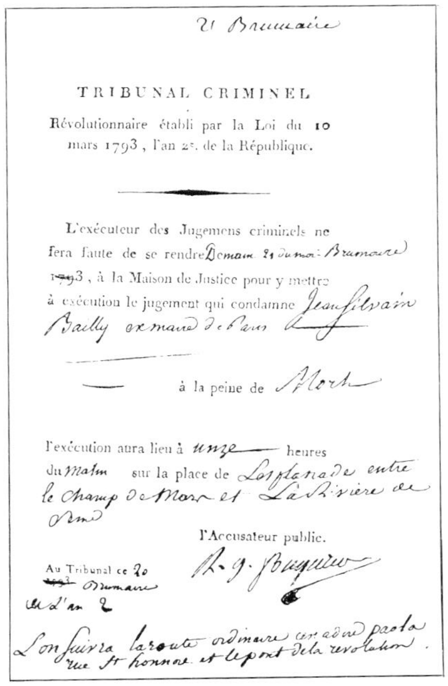

21 Brumaire

TRIBUNAL CRIMINEL

Révolutionnaire établi par la Loi du 10 mars 1793, l'an 2e. de la République.

L'exécuteur des Jugemens criminels ne fera faute de se rendre Demain 21 du mois Brumaire ~~1793~~, à la Maison de Justice pour y mettre à exécution le jugement qui condamne Jean Silvain Bailly ex maire de Paris

à la peine de Mort

l'exécution aura lieu à onze heures du matin sur la place de L'esplanade entre le Champ de Mars et La Rivière de …

l'Accusateur public.

Au Tribunal ce 20 Brumaire ~~1793~~ de l'an 2

Todesurteil gegen den früheren Bürgermeister von Paris Bailly

Bailly am Fuße des Schafotts

** Das Ehepaar Lamotte-La Guyomarais war gegen die Revolution eingestellt und hoffte auf einen Umsturz mit Hilfe der Allianz. Sie wurden der Konspiration angeklagt, und die Gräfin gab die Vorwürfe im Kern auch zu. Von ihr stammt der Abschiedsbrief an ihre Töchter.*

Graf und Gräfin Lamotte-La Guyomarais, 50 Jahre*

Ja, meine liebe Schwester und meine lieben Töchter, Euer werter und tugendhafter Vater, Eure zärtliche und beste Freundin sind dazu verurteilt, nächste Nacht zu sterben für ein Konspirationsverbrechen, von dem weder er noch ich die geringste Kenntnis und Vorstellung haben. Die Menschlichkeit und eine unvorsichtige Niederschrift des unglücklichen La Guyomarais bringen unsere unschuldigen Köpfe aufs Schafott. Sicherlich wird uns, liebe Freundinnen, der letzte Richter in seinen väterlichen Armen empfangen und er wird es fügen, daß unsere Richter, um dann ebenfalls vor dem jüngsten Gericht freigesprochen zu werden, unsere Verurteilung aufrichtig bereuen. Ich für meinen Teil, und ich meine sagen zu können auch Euer werter Vater, verzeihe ihnen sehr aufrichtig.

Durch unser Schicksal sind wir sicher, in den Himmel zu kommen, in unsere ersehnte Heimat. Ohne diese Vorfälle, die den Ruhm des Martyriums bedeuten, hätte ich vielleicht wegen meines mangelnden Eifers und wegen meines Hangs zu den irdischen Gütern den Zugang zum Paradies nicht gefunden. Ach, meine Freundinnen, wie glücklich werde ich in wenigen Stunden sein! Nur einen Schmerz habe ich noch, den, Euch und Eure Brüder im Elend zu hinterlassen, aber tröstet Euch durch Eure Gleichmut. Die höchste Macht, die Gut und Böse verteilt, wird Eure Schmerzen lindern. Die großzügige Fürsorge meines Bruders, die er der ganzen Familie versprochen hat, wird Euch vor der Armut schützen.

Eure Unterwerfung unter die ewigen Ratschlüsse, gepaart mit einem leidvollen Leben und der ständig praktizierten Liebe zu Gott und zum Nächsten, wird uns die Hoffnung geben, uns im Reich des Glücks wiederzusehen.

Gesteht der Natur nur die Trauer zu, die Ihr dieser unbedingt zollen müßt.

Unser Glück muß uns trösten. Sagt unseren wahren Freunden alles, was die zärtlichste Freundschaft sagen kann, und richtet unseren lieben Dienern unsere Grüße aus.

Ich schließe, meine lieben Freundinnen, mein Herz und meine Hand sind wider Willen eiskalt. Werde ich mich von dieser Schwäche erholen können? Aber Ihr kennt ja meine Empfindsamkeit. Die einzige Freude in diesem Moment ist, gemeinsam mit meinem verehrten Gatten zu sterben. Seine Ruhe begeistert mich und stützt meine Schwäche. Ich umarme Euch zum letzten Mal, und ich werde zum höchsten Wesen beten, Euch zu beschützen und zu unterstützen.

Eure unglückliche Mutter und Euer Vater

Micault de la Guyomarais

Der letzte Wagen mit Opfern rollt zur Guillotine

Etienne-Pierre Gorneau, 20 Jahre*

Mein lieber Papa und meine lieben Eltern

ich verabschiede mich zum letzten Mal von Euch. Mein einziges Bedauern beim Verlassen dieser Welt ist, Euch nicht umarmen zu können. Keine andere Bindung hält mich. Wer niemals Verbrechen beging, wer niemandem Unrecht getan hat, wer ein guter Mensch war, empfindsam und großzügig, der stirbt in Ruhe. Ich hoffte, mit meiner Arbeit der Republik dienen zu können, wenn sie erst einmal fester etabliert sein würde. Ich wollte immer das Wohl meines Vaterlandes. Ich habe den Despotismus gehaßt und die Freiheit geliebt. Heute bin ich das Opfer der Inkonsequenz, einer mit 20 Jahren begangenen Unvorsichtigkeit, und ich sterbe ohne Furcht.

Ich hoffte, mit meinem älteren Bruder, die Stütze für Euch in Euren alten Tagen zu werden, die Ihr mich mit großer Sorgfalt erzogen habt, die ihr uns im jungen Alter immer zärtlich geliebt habt. Ich bin um diese Hoffnung betrogen worden.

An Dir, wahrer Bruder, aufrichtiger Freund, ist es nun, da ich ausfalle, der unerschrockene Verteidiger der Menschenrechte zu sein. Kümmere Dich, wenn du Deinem Vaterland gedient hast, um unseren jungen Bru-

** Etienne-Pierre Gorneau kam 1793 von Bordeaux nach Paris. Im Innenministerium, wo er arbeitete, machte er vor seinen Kollegen kein Hehl aus der Tatsache, daß er manche der revolutionären Institutionen, die zunehmend zu Sammelstätten von Denunzianten wurden, verachtete. Zum Verhängnis wurde ihm ein abgefangener Brief, in dem er sich über Marat mokierte.*

der, um seine Plazierung in der Gesellschaft, um die unserer einzigen Schwester und gib der Freundschaft nur so viele Tränen wie nötig sind, um die Erinnerung an einen Bruder auszulöschen, der Dich liebte, und der in wenigen Stunden glücklicher sein wird als Du.

Früher oder später muß man so oder so durch diesen Zustand hindurch. Vor allem Mama soll sich über meinen Verlust hinwegtrösten. Sie soll wissen, daß ich ruhig in den Tod gehe und daß ich nicht mehr unglücklich sein werde. Ich dachte, die Erwartung des Todes sei schrecklicher, aber ich empfinde das Gegenteil.

Ich gehe aus einem Gefängnis, das eine wahre Vorbereitung für diesen ewigen Akt ist. Ich war dort hingeworfen, auf Stroh, mit etwa 40 anderen armen Teufeln, die alle dasselbe Schicksal erwarten wie ich. Ich weiß auch nicht, ob ich den Vorahnungen Glauben schenken soll oder nicht. Aber ich habe mehrere Tage über meine Angelegenheit und mein Schicksal nachgedacht. Als ich plötzlich aus dem Sainte-Pélagie-Gefängnis abtransportiert wurde, dachte ich: »Jetzt ist es aus mit mir.«

Mein Cousin Dupuy soll bitte in Sainte-Pélagie folgende Gegenstände abholen, die er mir geliehen hat. (Beiliegend der Befehl, den ich deshalb dem Bürger Hausmeister gebe:)

Ich bitte den Bürger Boucherot, Hausmeister im Sainte-Pélagie Gefängnis, dem Überbringer dieses Auftrags, meinem Cousin, die ihm gehörigen Gegenstände auszuhändigen: 1. ein Feldbett; 2. eine Matratze, 3. Crébillon in drei Bänden*, 4. Mein Mathematikbuch von Saurin*, in 5 Bänden, 5. eine Lupe.

Etienne-Pierre Gorneau

Ich habe mich herzlich von meinen Freunden und denen meiner Eltern verabschiedet, und ich umarme sie zum letzten Mal. Ich bitte meinen Vater diesen Brief aufzuheben und von seinen Nachfahren aufbewahren zu lassen, damit sie wissen, daß es mich gab und daß ich auf dem Schafott als Opfer meiner Meinung am 14. Frimaire, 4. Dez. 1793 im alten Kalender, im II. Jahr der Republik zwischen Mittag und 1 Uhr auf dem Platz der Revolution gestorben bin.

Noch einmal, auf Wiedersehen im ewigen Leben, Vater, Mutter, Brüder, Schwestern, Onkel, Tanten, Verwandte, Freunde, Cousins, die mir sehr am Herzen liegen und deren Bekanntschaft mir wegen der Freundschaft, die wir geschlossen hatten, sehr verhängnisvoll ist.

In vitam morte datus.

Gorneau, der zweite Sohn

** Ob es sich bei Crébillon um Prosper Jolyot de Crébillon (1674–1762) oder um dessen Sohn, den Romancier Claude-Prosper Jolyot de Crébillon (1707–1777) handelt, ist unklar. Crébillon Vater war ein berühmter Tragödiendichter, dessen Werke sicher in die Handbibliothek eines jungen gebildeten Menschen gehören. Aber auch die unterhaltsamen, erotischen Romane des jüngeren Crébillon waren im 18. Jahrhundert weit verbreitet.*

** Joseph Saurin (1659–1737) war Protestant und Mathematiker. Er floh aus religiösen Gründen aus Frankreich und lebte lange in den Schweizer Staaten. Seine Geometriebücher gehörten zu den Standardwerken der höheren Bildung.*

Charles Antoine Pinard, 32 Jahre*

* *Charles Antoine Pinard hatte Uniformen schlechterer Qualität geliefert, als es mit der Armee vereinbart war. Dieses »Kavaliersdelikt«, das allerhöchstens geringfügige finanzielle Vorteile bringen konnte, handelte ihm die Todesstrafe ein. Er verabschiedet sich von seiner Freundin.*

An die Bürgerin Prévost, im 6. Stock des Hauses Bonnet, rue de l'Oratoire 141.

Adieu, meine liebe Freundin, wenn Du diesen Brief erhältst, wird Dein guter Freund nicht mehr unter den Lebenden sein. Ich hätte es vorgezogen, im Kampf für das Vaterland zu sterben, aber so war es für mich nicht bestimmt gewesen. Ich werde mein Schicksal ertragen und ich nehme die Ruhe einer unbescholtenen Seele mit ins Grab.

Sei immer dem treu, was Du mir versprochen hast, meine liebe Freundin. Schone Dich für das Kind, das Du in Deinem Schoß trägst, ob Sohn oder Tochter, erziehe es nach den Grundsätzen der Republik. Bleib so klug und ehrlich, wie Du immer gewesen bist.

Adieu, Dein Bild ist in meinem Herzen, laß meines in Deinem sein, vergiß Deinen Freund nie. Aber sorge für Dich und sag Deinem Sohn oder Deiner Tochter, daß sein Vater als aufrechter Republikaner gestorben ist.

Umarme meine Eltern. Ich liebe sie immer noch.

Pinard

Madame Elisabeth, die Schwester des Königs, stirbt am 10. 5. 1794 im Vertrauen auf den Beistand des Himmels

* *Wegen desselben, lächerlichen Verbrechens wurde auch Philippe Rigaud mit 36 Jahren zum Tode verurteilt. Der Abschiedsbrief ist an seine Frau gerichtet.*

Philippe Rigaud, 36 Jahre*

Im Moment, wo ich vor Gott, meinem obersten Herren, erscheinen werde, habe ich, liebe und würdige Gattin, noch die Kraft und den Mut, Dir zu schreiben und mich auf ewig zärtlich von Dir zu verabschieden.

Obwohl die Feder in meiner Hand zittert, mein Herz bedrückt ist und die Tränen mein Papier netzen, fühle ich mich noch stark genug um Dich zu bitten, Dich meiner zu erinnern. Ich bitte Dich tausendmal um Verzeihung für all das, was ich Dir angetan haben mag, seit ich das Glück hatte, mit Dir vereint zu sein. Ich bitte meinen Vater wegen all meiner Unterlassungen ihm gegenüber um Verzeihung.

Verzeiht mir beide und bedenkt, daß ich schon vor dem Richter der Richter Zeugnis über meine Taten abgelegt haben werde, wenn Ihr diese aufs Papier geprägten Züge erhaltet. Ich hoffe, er wird mir verzeihen. Ich bitte Dich, im Namen der Zuneigung, die Du mir immer bewiesen hast, Deine Gesundheit zu schonen, um Dich um meinen Vater und meine Kinder kümmern zu können. Sag diesen, daß mein letzter Wille ist, sie mögen meinen Vater achten, Dir gegenüber allen Respekt und Aufmerksamkeit haben, die einer zarten Mutter gebühren. Sie sollen Gott vor allem lieben. Sag ihnen, ich vergebe von ganzem Herzen meinen Feinden, wer sie auch sind, und daß ich ihnen verbiete, jemals, wo auch immer, denen nachzuspüren, die mein Verderben bewirkt haben. Dies ist Gottes Gesetz, und das müssen sie befolgen. Und sage ihnen, daß in diesen traurigen Momenten ein Vater zu ihnen spricht. Wenn sie ihn lieben, werden sie ihm gerne gehorchen. Sie mögen sich manchmal an mich als einen Vater erinnern, der sie geliebt hat und der den Tod mehr wegen ihnen bedauert als wegen sich selbst. Ich bin verzweifelt wenn ich daran denke, was nach meinem traurigen Ende sein wird, aber Gott verläßt nie seine Kinder und wird sich der meinen erbarmen. Sie sollen gute Menschen sein, und er wird ihnen genug zum Leben geben. Ich schicke Dir, liebe Frau, das einzige Gut was mir bleibt, es ist eine Haarsträhne von mir. Wenn du sie betrachtest, denke manchmal an denjenigen, der Dich sehr geliebt hat. Für Auguste schicke ich das einzige, was man mir gelassen hat, meine Halsbinde, die ich meinem Brief beilege. Ich bitte ihn, sie solange zu tragen, wie er mich nicht vergessen hat. Es ist mir unmöglich, Dir zu sagen, was ich bis jetzt alles durchgemacht habe. Vielleicht wird es mir Gott vergelten. Adieu, tausend mal adieu fürs Leben, bete zu Gott, daß er mich in seinem heiligen Paradies aufnimmt, mein Herz erstickt, ich kann nicht mehr sagen.

Adieu, ja, adieu.

Die Freiheit. Herrin der Franzosen. Für sie ließen viele ihr Leben.

Pierre Durand, Verwaltungsangestellter, hingerichtet am 26. Januar 1794

Meine Liebe,

sei nicht traurig, ich versichere Dir, daß ich zufrieden sterbe. Die Strenge der Menschen versichert mich der Güte Gottes, sie macht alle von mir begangenen Fehler wieder gut und verhindert weitere Verfehlungen. Du kennst meine Schwäche, meine außerordentliche Empfindsamkeit, vielleicht hätte sie mich fehlgeleitet. Es ist der Güte Gottes würdig, dieser Möglichkeit vorzubeugen. Weißt Du, wir trennen uns nicht! Ich werde immer bei Dir sein, bei unseren Kindern, ich werde über Euch wachen. Wenn Du an mich denkst, dann vergiß nicht, daß ich da bin und Dich immer noch liebe. Ich verzeihe meinen Feinden, tue Du dasselbe. Sie meinten richtig zu handeln, und schließlich bin ich selbst für mein Schicksal verantwortlich. Machen wir sie für nichts verantwortlich. Was kann man den Menschen schon vorwerfen, wo Gott alleine doch alles bestimmt? Er trennt uns für einen Moment, um uns dann umso sicherer und auf ewige Zeiten wieder zu vereinen. Du siehst schon, daß es nötig war. Bei den Gedanken, die Du manchmal bei mir beobachten konntest, mußte es ja so kommen! Adieu, meine Geliebte, tröste Dich im Leben mit der Vorstellung von der Ewigkeit. Denn die sollten wir gemeinsam verbringen, nur ich hatte das nicht klar erkannt. Gott habe ich es zu verdanken, daß es nun keinen Zweifel mehr daran gibt. Adieu, meine Geliebte, ich sage Dir nicht Adieu. Ich wünsche Dir einen guten Abend, denn ich werde einen Augenblick schlafen, nur einen Augenblick! Beim Erwachen werde ich meine Geliebte wiedersehen, und nichts wird uns mehr trennen können. Ich umarme unsere Kinder, unsere Eltern und Freunde. Um sie über den Tod hinwegzutrösten, lasse ich ihnen mein Leben. Ich lasse es ihnen auch als Beispiel. Mögen sie durch meine Fehler lernen, ihren Charakter zu überwinden, ihre Leidenschaften zu zügeln, nicht immer ihrem Herzen zu folgen, das sich verirren kann. Mögen sie ihr Vaterland so lieben, wie ich es geliebt habe, und mögen sie ihm besser dienen.

Meine Kinder, liebt Eure Mutter und gehorcht ihr, wie ihr uns beiden gehorchen würdet. Ich übertrage alle meine Rechte auf sie, sie hat nun ihre eigenen und meine.

Meine Eltern, ich bedaure sehr, Euch Schmerz zufügen zu müssen, Euer Schmerz ist der einzige, den ich im Moment fühle.

Adieu. Ich gehe dorthin, wohin mich der Meister ruft. Er holt mich mitten am Tag von der Arbeit. Bis zum Abend werde ich mich ausruhen, dann wird es keinen Unterschied mehr zwischen uns allen geben.

Adieu, meine Geliebte, adieu.

Dein Mann, Dein ewiger Freund
Durand

* *Camille Desmoulins (1762–1794) war einer der berühmtesten Revolutionäre, der von Anfang an die Grundsätze der Republik vertrat. Mit seinen öffentlichen Reden im Garten des Palais Royal animierte er das Volk zur aktiven Teilnahme am Revolutionsgeschehen. Gemeinsam mit Danton kehrte er sich während des »Großen Terrors« von Robespierre ab und forderte eine gemäßigtere, versöhnliche Politik. Gemeinsam mit Danton fand er auch den Tod. Sein Brief an seine Frau Lucile kam nie an, da auch sie wenige Tage nach ihm hingerichtet wurde. Die Anklage warf ihr vor, eine Befreiung von Danton und Desmoulins versucht zu haben. Ein Gnadengesuch für die junge Frau wurde nicht erhört. Sie starb im Alter von 22 Jahren.*

Camille Desmoulins, 32 Jahre*

Im Luxembourg-Gefängnis, den 2. Germinal (22.3.1794)

Meine Leiden sind von einem gütigen Schlaf unterbrochen worden. Im Schlaf ist man frei; das Gefühl der Gefangenschaft verfliegt. Der Himmel hat sich meiner erbarmt. Vor einem Augenblick noch sah ich Dich im Traum, ich umarmte Euch alle, Dich, Horace und Daronne, der daheim war. Unser Jüngster aber hatte durch eine Krankheit ein Auge verloren, und ich wachte vor Schmerz über dieses Unglück auf. Ich war wieder in meiner Zelle. Draußen war es schon ein bißchen hell. Als ich das Fenster öffnete, mußte ich an meine Einsamkeit denken, und die ekligen Gitter und die Schlösser, die mich von Dir trennen, haben meine Widerstandskraft gebrochen. Ich habe zu weinen begonnen, oder besser: ich habe geschluchzt und aus der Tiefe meines Grabes gerufen: Lucile, Lucile, meine liebe Lucile, wo bist Du.

Gestern abend hatte ich auch so einen Augenblick, mir wollte das Herz zerspringen, als ich Deine Mutter im Garten sah. Ohne es eigentlich zu wollen warf ich mich auf die Knie gegen die Eisenstangen. Ich faltete die Hände, als bitte ich um ihr Mitleid, das Du sicher auch, da bin ich ganz sicher, für mich empfindest. Ich konnte ihren Schmerz erkennen, an ihrem Taschentuch und daran, daß sie ihren Schleier herabließ, weil sie den Anblick nicht mehr ertragen konnte. Wenn Ihr kommt, soll sie sich ein bißchen mehr in Deine Nähe setzen, damit ich Euch besser erkennen kann. Ich glaube, es ist nicht gefährlich. Meine Brille ist nicht sehr gut. Kauf mir bitte eine von den Brillen, wie ich sie vor einem halben Jahr hatte, nicht aus Silber, sondern aus Stahl, mit zwei Bügeln, die eng am Kopf anliegen. Ich brauche Nr. 15, der Händler weiß schon, was das bedeutet. Vor allem aber, meine Lolotte, flehe ich Dich bei unserer ewigen Liebe an, mir Dein Bild zu schicken. Dein Maler möge Mitleid mit mir haben, denn ich leide nur, weil ich selbst zuviel Mitleid mit anderen hatte. Der Tag, an dem ich Dein Bildnis erhalte, wird in meinem häßlichen Gefängnis ein Tag des Festes, des Rausches und der Entzückung sein. Schicke mir doch inzwischen eine Strähne Deines Haares, damit ich sie an mein Herz drücken kann.

Geliebte! Du kannst Dir gar nicht ausmalen, was es bedeutet im Gefängnis zu sein, ohne eine Zeitung lesen zu können! Das ist, als ob man gleichzeitig tot und lebendig wäre, die Existenz beschränkt sich darauf zu fühlen, daß man in einem Sarg ist. Es heißt, die Unschuld sei ruhig und mutig. Ach! Meine teure Lucile! Meine Vielgeliebte! Meine Unschuld ist oft schwach wie die eines Gatten, eines Vaters, eines Sohnes!

Man ruft mich… Soeben haben die Beauftragten des Revolutionstribunals mein Verhör begonnen. Sie haben mich nur gefragt, ob ich mich gegen die Republik verschworen habe. Wie unsinnig und lächerlich! Kann man denn das reinste Republikanertum so beleidigen! Ich ahne,

Camille Desmoulins

Lucile Desmoulins

welches Schicksal mich erwartet. Adieu, meine Lucile, meine liebe Lolotte, mein lieber kleiner Wolf, sage auch meinem Vater Adieu.

In mir siehst Du ein Beispiel der Barbarei und der Undankbarkeit der Menschen. In meinen letzten Augenblicken will ich Dir keine Schande machen. Du siehst nun, daß meine Angst nicht ohne Grund war, daß meine Ahnungen mich nie getäuscht haben. Ich habe eine Frau gehabt, die um ihrer Tugenden willen himmlisch war. Ich war ein guter Ehemann, ein guter Sohn – ich wäre wohl auch ein guter Vater geworden. Ich nehme den Respekt und das Mitleid aller wahren Republikaner, aller Menschen, die Tugend und Freiheit lieben, mit ins Grab. Ich sterbe mit 34 Jahren – aber es ist schon ein Wunder, daß ich in den letzten 5 Jahren an so vielen Abgründen vorbeigegangen bin, ohne hineinzustürzen, und daß ich überhaupt noch da bin und meinen Kopf beruhigt auf das Kissen meiner Schriften legen kann. Es sind nicht viele, aber alle drücken Sie meine Menschenliebe aus, das Verlangen, meine Mitbürger glücklich und frei zu machen. Das Beil der Tyrannen wird sie nicht treffen können.

Ich hatte von einer Republik geträumt, vor der sich jeder Mensch verbeugt hätte. Ich konnte einfach nicht glauben, daß die Menschen so wild und so ungerecht sind. Wie konnte ich auch annehmen, daß ein paar Scherze über meine Kollegen, die in meinen Schriften zu finden sind, das Andenken an meine Verdienste auslöschen konnte. Ich mache keinen Hehl daraus, ich sterbe wegen dieser Scherze und wegen meiner Freundschaft mit Danton.

Ich werde meine Fehler und die Schwächen der Menschlichkeit mit meinem Blut auslöschen; meine guten Taten, meine Tugenden, meine Freiheitsliebe, wird Gott belohnen. Ich werde Dich einst wiedersehen, o

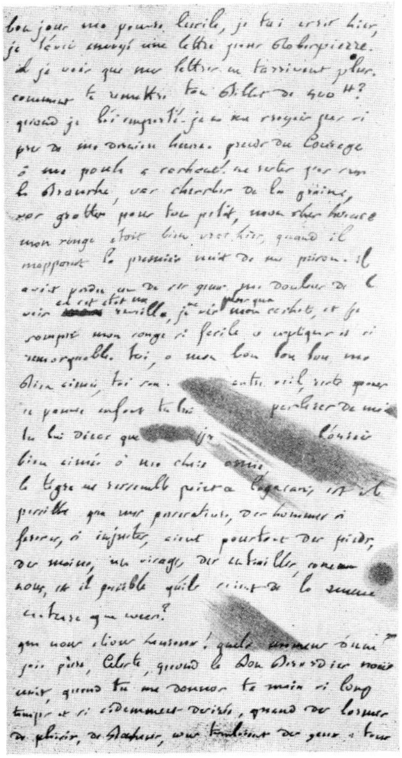

Camille Desmoulins' Abschiedsbrief an seine Frau Lucile, die verwischten Stellen sind Spuren von Tränen

Lucile! Kann der Tod, der mir den Anblick so vieler Verbrechen erspart, für meine empfindsame Seele ein so großes Unglück sein? Lebe wohl, mein Leben, meine Seele, meine irdische Göttin. Ich hinterlasse Dir gute Freunde, alles, was es an tugendhaften und fühlenden Menschen gibt.

Ich fühle das Gestade des Lebens entweichen. Lucile sehe ich noch! Meine Vielgeliebte, ich sehe sie! Meine Lucile! Ich umarme Dich mit meinen gefesselten Händen und mein Kopf läßt noch, wenn er vom Körper getrennt ist, seine sterbenden Augen auf Dir ruhen!

XV. Die Schreckensherrschaft

Als am 31. Mai 1793 die gemäßigte Partei, die Girondisten, ausgeschaltet wird, beginnt die Epoche der Revolution, die als Schreckensherrschaft oder kurz »Terreur« bekannt ist. Sie dauert bis zum Sturz Robespierres am 27. Juli 1794, dem 9. Thermidor. Durch den vom Nationalkonvent eingerichteten Wohlfahrtsausschuß und das Revolutionstribunal konnten wenige Männer die Macht an sich reißen und das »Wohl des Vaterlandes« gegen tatsächliche und vermeintliche Verschwörer verteidigen. Die Liste der Todesopfer während der Terreur ist lang. Ein Angestellter des Tribunals hat am 12. Thermidor, also wenige Tage nach dem Untergang Robespierres, eine Zahl von 2663 Opfern allein in Paris seit dem 3. April 1793 errechnet. Dazu gehören schon 103 Opfer der sogenannten »Reinigungsmaßnahmen« nach der Beendigung der Schreckensherrschaft. Die Gegner der Revolution sprechen von bis zu 8000, ja sogar 10000 Opfern.

Nach der Machtübernahme Anfang Juni 1793 folgen in nur einem guten Jahr einschneidende innenpolitische Ereignisse Schlag auf Schlag.

Sitzung in einem Jakobinerclub

Die revolutionäre Macht steht über allem

Paris, den 27. April 1793

In Frankreichs Schicksal ist eine große Krise unvermeidlich; sie haben so lange gerufen: frei leben oder sterben! bis sie wirklich auf Tod und Leben für die Freiheit kämpfen müssen. Sollte bloß darum, weil die Franzosen nicht wert sind, Freiheit zu besitzen, der Despotismus seinen Thron auf den Trümmern dieser Revolution nur desto fester und unerschütterlicher gründen? Ich verstehe diesen Gang nicht, und daher kann ich ihn auch nicht erwarten, so lange der andere, bei allen Gräueln und allem Elend, das menschliche, losgelassene und zügellos wütende Leidenschaften jetzt aufhäufen, mir wenigstens möglicher scheint. Vielleicht gärt es noch lange in Europa, Frankreich muß in Blut schwimmen und in Tränen. Aber die Freiheit und die Menschheit rächen sich an ihren Widersachern. In wenigen Wochen wird es sich entscheiden; denn man macht überall die Zurüstungen zum Angriff und zur Gegenwehr. Was hier und da in den Départements spukt, ist nur Vorspiel. Man darf sich jetzt über nichts mehr wundern. Alles ist möglich; denn durch ewiges Hetzen, ewige Verräterei, ewige Verbitterungen und Feindseligkeiten, durch den zerstörten Handel, und den dadurch entstandenen Mangel, hat alle gesetzmäßige Gewalt ein Ende. Es steht nur Eine große Macht noch da, »le pouvoir révolutionnaire«; und diese kann am Ende doch niemand berechnen. Wenn es zum Ausbruch kommt, entwickelt sich auch jetzt noch der Geist, der dem Ganzen einen gemeinschaftlichen Stoße geben, und solchergestalt alles vor sich hin treiben kann.

Georg Forster

Die Absicht der Wohlmeinenden unter denen, die die Revolution anfingen, ist gewesen, Ordnung herzustellen und den Wohlstand der ganzen Nation zu befördern. Hat sie denn hierin einen glücklichen Fortgang gehabt? Oder besteht dieselbe nicht vielmehr bloß darin, daß die Anführer der Volkspartei vermittels des Pöbels Herren geworden und bleiben, solange sie ihre Gewalt nur anwenden, die höhern Stände, denen der Krieg erklärt worden, zu unterdrücken?

August Wilhelm Rehberg

Mainz, den 12. Juli 1791

Es ist leicht gesagt, daß die Jakobiner zu weit gehen, aber wer kann leugnen, daß, so wie sie das Heft aus den Händen geben, die Gegenrevolution gemacht sei?

Georg Forster an Heyne

Dummheit und Katastrophen

Paris, den 19. Februar 1793

Meine Freunde werfen mir vor, unter zu schwarzen Farben zu sehen; aber wahrhaftig, ich sehe die Sachen nur wie sie sind, ohne französischen Leichtsinn, ohne landessittliche Verschönerungsgabe. Nicht die auswärtigen Mächte beunruhigen mich, nicht die Möglichkeit einiger Aufstände im Innern; aber die Dummheit, welche schlafend am Ruder sitzt. Solch eine inepte Versammlung ist nicht gesehen worden, seitdem die Welt steht. Unfähig den Staat gegen die Gefahr zu sichern, welche weniger von außen als von innen droht; unfähig, wenn sich nicht die echten Bürger ermannt ins Mittel legen, verrät, vernichtet sie die Republik mit ihrer Unwissenheit dessen, was um sie her vorgeht, mit ihrer unüberlegten Verfahrensart, mit ihrem albernen, bald Zu-, bald Mißtrauen.

Man hat nur die Debatten des Konvents aufmerksam verfolgen dürfen, um zu glauben, was ich behaupte. Das Menschengeschlecht reformieren, die Vernunft wieder in ihre Rechte einsetzen, will eine Versammlung, die in dem Emigrantengesetze Billigkeit und Menschenliebe auf die schauderhafteste Weise mit Füßen tritt, die in hundert zufolge der leichtsinnigsten Denunziationen erlassenen Anklage-Dekreten fünf und neunzigmal die Unschuld in den Kerker geworfen hat: in Kerker, welche Mördergruben sind, wo sich alle Tage die scheußlichen Auftritte wieder ereignen können, welche sie schon einmal besudelt haben; eine Versammlung, die keinen wirklich Strafbaren zu züchtigen weiß; die sich von dem Scheusale des menschlichen Geschlechts, von Marat, im Kote schleppen, von einer Handvoll Lotterbuben gehudelt am Narrenseile führen läßt; die nicht sieht, daß Clubist und Grouppist im Solde der auswärtigen Mächte stehen, und die beherzte Freunde des Vaterlandes und der Menschheit, die noch nicht, wie Sieyès*, aus Verachtung schweigen, den Dolchen preis gibt, weil sie in ihrem Eifer für das Gemeinwohl einige Persönlichkeit gemischt, weil man sie fälschlich als eine Faktion darstellt, der noch niemand einen fixen Namen zu geben gewußt hat, und an die nur Simpel glauben können.

Sie leidet den Helfershelfer der Meuchelmörder Jourdan*-Santerre* an der Spitze eines Gesindels, das man uneigentlich Nationalgarde nennt, und ist unvermögend, einen strafbaren Minister durch ein Anklagedekret, wenigstens aus dem Rathaus zu entfernen, wo er durchaus nur Werkzeug zum Verderben der Guten in den Händen der Bösen sein kann. Es wird schwer sein, der Diktatur zu entschlüpfen; der Tugend fehlt es an Verwegenheit, also werden sich ihrer die Lasterhaften bemächtigen. Neue und entsetzliche Erschütterungen stehen uns bevor; die Konspiratoren verhehlen ihre Absicht nicht, und man läßt sie ruhig die Schneidmühle zusammensetzen, weil die meisten Menschen Tröpfe sind, die sich – dem Manne zum Hohn, dessen weitsehender Blick, nicht ohne sich bei

** Emmanuel-Joseph Abbé Sieyès (1748–1836) war als Geistlicher seit den Generalständen an der Revolution beteiligt. Er war Abgeordneter aller Parlamente und vertrat republikanische Grundsätze.*
Einer mündlichen Überlieferung zufolge soll Mirabeau am Ende einer Parlamentsdebatte, während der Sieyès geschwiegen hatte, gesagt haben: »Das Schweigen von Sieyès ist ein öffentliches Elend.«

** Mathieu Jouve Jourdan, gen. »Kopfrunter« (1749–1794), war von Beruf Schlachter. Er befehligte ein Freiwilligenheer aus dem Département Vaucluse. Die Massaker in Avignon gingen auf sein Konto. Er wurde 1794 beschuldigt, einen Volksvertreter verhaftet, zum Tode verurteilt und hingerichtet zu haben.*

** Antoine Joseph Santerre (1752–1809) war gelernter Bierbrauer. Er nahm aktiv an den ersten Kämpfen der Revolution teil. In der Hungersnot 1790 opferte er einen großen Teil seines Privatvermögens, um seinen Mitbürgern im Faubourg Saint-Antoine zu helfen. Er geleitete Ludwig XVI. zur Hinrichtung und führte eine Division gegen die aufständischen Heere in der Vendée.*

ihrer Albernheit verdächtig zu machen, die Frevel in der Ferne entdeckt, deren Irrtum und Verderbtheit fähig sind, – mit einem schon hunderttausendmal Lügen gestraften Gemeinspruche einwiegen: »Die Sache sei gar zu entsetzlich, um wahr zu sein«, wobei sie den Vorteil gewinnen, für gute Leute und reine Herzen gehalten zu werden.

Anonymer Brief

Mit dem Schwert der Gerechtigkeit?

Paris vor dem Sturz der Girondisten

Bericht des Geheimpolizisten Terrasson an den Innenminister Garat 9.5.1793

Thermometer der öffentlichen Meinung:
Bürger Minister!

Angesichts der Schwankungen, denen die Geister unterworfen sind, muß man davon ausgehen, daß das Volk von verschiedenen, sich einander widersprechenden Meinungen beeinflußt ist. Trotzdem berichte ich zunächst die Tatsachen, aus denen Sie dann die Konsequenzen ziehen können.

Heute morgen hat ein Verrückter auf einer der Rednertribünen des Nationalkonvents noch vor der Sitzung unbürgerliche Reden geschwungen; man hat ihn verjagt und alles war vorbei. Nachmittags gegen 4 Uhr hat auch ein Privatmann im Feuillants-Garten gegen die Zwangsaushebung von Soldaten geredet; er wurde stark bedrängt, aber er ist nicht ein einziges Mal geschlagen worden, und ein Nationalgardist, der nicht uniformiert war, aber seine Scherpe trug, konnte ihn ohne Probleme der Menge entreißen. Dabei waren in der Menge mehrere Frauen, dazu noch stolze Patriotinnen. Es war die Rede davon, ihn zum Wohlfahrtsausschuß zu bringen, aber dann heißt es, der würde die Leute, die man ihm bringt,

Die Girondisten sind verhaftet worden

sowieso wieder zurückschicken. Er scheint sich keiner großen Achtung zu erfreuen.

Gegen 5 Uhr kam Marat in die Tuilerien; die Leute haben sich im Spalier aufgestellt, um ihn vorbeizulassen. Einige Stimmen riefen: »Es lebe Marat«, und er wurde mit gezogenem Säbel bis zur Treppe der Terrasse begleitet, gleich vor dem Eingang zum Nationalkonvent. Dort gab er Anweisung, den Säbel wieder in die Scheide zu stecken und die Leute haben es getan.

Die Verpflichtung der Soldaten geht ganz gut voran. Die Sektion Montblanc hat eine so große Kollekte gemacht, daß die 140 Soldaten aus dieser Sektion jeder fast 1 000 Francs haben werden. Im Allgemeinen ist die öffentliche Stimmung in dieser Frage so, daß es nur eines kleinen Anstoßes bedürfte, um die schönsten Auswirkungen herbeizuführen; und wenn man diese Disposition nicht schnell ausnützt, dann fallen die Gemüter wieder in den Stumpfsinn zurück.

Ich grüße republikanisch.

Terrasson

Paris, den 12. Mai 1793, im zweiten Jahr der Republik

Bürger Minister!

In der Sektion Finistère hat sich eine Gruppe Frauen zusammengefunden. Die Versammlung wird sich um all jene vergrößern, welche die Bürgerinnen dieser Sektion aus den anderen Sektionen am Vorabend der Abreise unserer Brüder in die Vendée* herbeiholen werden. Massenhaft werden sie die Autoritäten auffordern, alle verdächtigen Personen festzunehmen. Sie werden den Nationalkonvent ebenfalls auffordern, die in der voraufgehenden Petition* genannten Abgeordneten unter Anklage zu stellen. Ich denke, alles wird sich beruhigen, wenn man ihrem ersten Antrag stattgibt. Trotzdem ersuche ich Sie, die bestmöglichen Vorkehrungen für den Fall zu treffen, daß der Konvent die Anklage der infrage stehenden Abgeordneten ablehnt, denn in dieser Sache gärt es in der öffentlichen Meinung. Im übrigen ist die öffentliche Stimmung gut und man ist mehr damit beschäftigt, sich zum Militär zu melden als einen Aufstand zu organisieren. Die Vororte sind in Alarmbereitschaft, aber eher, um die verdächtigen Personen bei der geringsten Bewegung zu vernichten, als sich gegen den Konvent zu erheben. Und trotzdem: sanfte und geschickte Vorkehrungen, sonst nichts!

Die Vororte schicken keine Rekruten, denn sie wissen, daß sie hier nötiger sind als in der Vendée. Sie lassen die reicheren Leute in den Krieg ziehen. Sie halten hier Wache, und sie verlassen sich nur auf sich selbst, wenn es darum geht, Paris zu bewachen.

Terrasson

Vendée

Die Vendée ist eine Gegend im mittleren Westen Frankreichs, zwischen der Bretagne und dem Südwesten.
Diese Region war Schauplatz eines langen, kriegerischen Widerstandes gegen die Revolutionsregierung, der in verschiedenen Phasen ablief. 1792 revoltierten etwa 8 000 Bauern für Ziele, die eigentlich nicht die ihren waren: gegen die Zivilverfassung des Klerus und für Ludwig XVI. Der eigentliche Aufstand, der zum Ausbruch des Bürgerkrieges führte, brach am 10. März 1793 aus. Der Konvent hatte beschlossen, daß durch ein Losverfahren 300 000 Soldaten aus dem Volk rekrutiert werden sollten. Die Bauern in der Vendée gehorchten nicht, riefen den Notstand aus und eroberten in kurzer Zeit verschiedene Städte. Während der ganzen Revolutionsperiode gab es keinen endgültigen Frieden.
Die Kämpfe in der Vendée, während denen die republikanische Armee auf unerhörte Weise plünderte und mordete, wurden für die Pariser Revolutionsregierung neben dem Krieg mit dem Ausland zum größten politischen Problem. Mit der Angst vor einer Gegenrevolution von innen oder außen wurden die meisten der Terror-Gesetze gerechtfertigt.

** Am 11.5.1793 war von der »Société fraternelle«, einer der zahlreichen revolutionären Gesellschaften, ein Antrag an den Konvent gestellt worden, die der konterrevolutionären Umtriebe verdächtigen Abgeordneten Brissot, Guadet, Vergniaud, Pétion etc. festzunehmen. Dies war der Beginn der Girondisten-Prozesse und Verfolgungen.*

Allegorie der Republik

Letzte Chance zur Einigung

Bericht des Geheimagenten Latour-Lamontagne an den Innenminister:

Paris, den 31.5.1793

Bürger Minister!

Alles was ich sehe, alles was ich höre deutet auf eine unmittelbar bevorstehende Unruhe hin, deren Folgen schwer einzuschätzen sind. Es herrscht allgemeine Unzufriedenheit, die eine schreckliche Explosion anzukündigen scheint, und es ist zu befürchten, daß die Feinde der Revolution diese bewegten Umstände ausnützen, um erneut zu versuchen, die Freiheit zu vernichten. Es kann nicht mehr verheimlicht werden: Der Nationalkonvent hat, indem er sich gespalten hat, auch das Volk gespalten. Und wenn er nicht durch einen plötzlichen Einigungsversuch, welchen das Wohl des Vaterlandes verlangt, schleunigst die allzu heftigen und allzu berechtigten Sorgen der aufgebrachten Bürger zerstreut, dann sind die Parteien zweifelsohne bereit, handgreiflich zu werden und den Boden der Freiheit mit Blut zu tränken. Sie wissen das, Bürger Minister: in Rom, wenn das Vaterland in Gefahr war, vergaßen Volk und Senat ihren Streit, erstickten jedes persönliche Ressentiment und strebten mit gleichem Eifer nach dem Wohl der öffentlichen Sache. Dieser glückliche Bund hat stets zu den strahlendsten Erfolgen geführt. Wenn Paris dem Beispiel Roms folgt, ist das Vaterland gerettet.

Der frühere Bürgermeister Pétion kam mit den Girondisten zu Fall. Er floh in die Provinz, sein Leichnam wurde nahe Saint-Emilion in einem Kornfeld gefunden.

Parteiinteresse statt Gemeinwohl

Bericht von Blanc an den Innenminister Garat

Paris, den 1. Juni 1793.

Nichts ist für einen wahren Philosphen trauriger und schmerzhafter als das Schauspiel, das Paris während dieser ganzen Woche geboten hat. Von den Sektionen bis zum Nationalkonvent, von den kleinsten Versammlungen bis zu den größten Zusammenkünften; überall herrscht der gleiche Geist. Überall Bruderzwist und tödlicher Haß. Die Patrioten hassen sich untereinander mehr, als sich Aristokraten und Demokraten je gehaßt haben.

Ich berichte Ihnen nicht, was im Nationalkonvent vorgefallen ist, Sie haben es mit eigenen Augen gesehen.

Ich möchte Ihnen mitteilen, daß ich wieder einen Haufen Bürgerinnen vor dem Eingang zu den Zuschauertribünen des Nationalkonvents gesehen habe, dort, wo die Eintrittskarten überprüft werden. Sie reißen der gegnerischen Partei die Karten aus den Händen, zerrupfen sie und schikken die Personen, denen sie gehörten, unter Buh-Rufen und manchmal auch ein paar Fußtritten wieder nach Hause.

Wenn dieses Vorgehen das Ziel hätte, die Zutrittskarten zu den Tribünen abzuschaffen, dann wäre ich nicht einmal darauf eingegangen. Aber ich habe beobachtet, daß dieses Verhalten auf die Streitigkeiten im Konvent zurückzuführen ist, und daß die Frauen sich nur so verhalten haben, wenn sie annahmen, daß die Besitzer der Karten zur Fraktion der Girondisten* oder Brissotisten gehörten.

In der ganzen Hauptstadt habe ich mich unter Gruppen von Bürgern gemischt. Was habe ich gesehen? Die meisten Redner und Zuhörer waren gegen die eine oder die andere Person. Wir müssen zerstören, wir müssen uns freimachen, wurde immer wieder gerufen. Kaum einmal traf ich Leute die sagten, wir müßten die Spaltung überwinden, wir müßten die Sache der Allgemeinheit retten, wir müssen uns um die Dinge und nicht um die Personen kümmern. Ich war in einigen Sektionen, wo das Schauspiel auch nicht tröstender ist; fast überall gibt es eine Bergpartei* und die des Parterre. Die Diskussionen sind keine sachlichen Auseinandersetzungen sondern Kämpfe. Jeder setzt mit Wut und Verbissenheit alle Mittel ein, um seiner eigenen Meinung zum Durchbruch zu verhelfen. Doch habe ich vertraulich mit Bürgern beider Parteien gesprochen, jeder will das allgemeine Wohl, und er glaubt ernsthaft, daß dieses Wohl nur durch die Leute seiner Partei zu gewährleisten ist. Die anderen seien unfähig, dieses Ziel zu erreichen, die andere Partei darf die eigenen Aktionen nicht einmal mitbekommen.

Alle möglichen Zeitungen habe ich gelesen. Fast alle schürten diesen Geist des Streits und des Zwistes. Solange die Zeitungen so geschrieben werden, können sie ihr eigentliches Vorhaben, nämlich die Volksaufklärung, nicht erreichen.

Die Theater, die ich besucht habe, geben für einen wahren Patrioten ein scheußliches Bild ab, und für den Magistraten ein tröstliches. Nicht ohne Schmerz sieht man, wie der Egoismus so weit getrieben wird, daß die Leute sich in aller Ruhe frivolen Vergnügungen hingeben in einem Augenblick, wo das Vaterland in Gefahr ist. Auf der anderen Seite widerlegt diese Ruhe die Behauptung, es gebe einen Plan der reichen und wohlhabenden Leute, die Gegenrevolution zu unterstützen. Man möge ihnen ihre alten Vergnügungen lassen, man möge ihnen nicht das Pläsier nehmen, innerhalb des Königreichs herumzureisen und man möge sie nicht zwingen, in den Krieg zu ziehen; selbst wenn man ihnen noch höhere Abgaben auferlegen würde, so würden sie nicht den geringsten Muckser tun, man würde gar nicht merken, daß es sie gibt und die wichtigste Frage, die sie sich an den Tagen, wo sie räsonnieren wollen, stellen würden, ist diese: »Kann man sich unter dem republikanischen Regime genauso gut amüsieren wie unter dem alten?«

** Girondisten-Bergpartei*

Der Name »Gironde« wurde der gemäßigten, auf der rechten Seite des Parlaments sitzenden Gruppe von Konventsabgeordneten gegeben, weil die Mehrheit von ihnen aus dieser Gegend Frankreichs, dem Südwesten, stammte. Sie traten für einen schrittweisen friedlichen Fortschritt der Revolution ein, und fanden für ihren Standpunkt viele Anhänger in den Départements. Die im Konvent obensitzende sogenannte Berg-Partei warf ihnen unter anderem vor, die Einheit der französischen Republik zu brechen und viele kleine Republiken schaffen zu wollen. Nach der Hinrichtung Ludwigs brach der ohnehin schwelende Konflikt zwischen den einzelnen Fraktionen im Konvent auf.

Am 2.6.1793 wurden nach einer Rede Robespierres und auf Druck der Pariser Sektionen zunächst Gironde-Abgeordnete unter Anklage gestellt. Einige der Angeklagten flohen und gründeten in Caen eine Alternativregierung gegen den Konvent, andere blieben in Paris. Dieser Versuch scheiterte jedoch bald und keiner der Gironde-Anhänger konnte auf Dauer seinem Schicksal entkommen. Von den insgesamt 47 in Paris des Verrats am Einheits- und Unteilbarkeitsprinzip der Republik angeklagten Gironde-Mitgliedern erschienen allerdings nur 21 vor Gericht. Sie alle wurden zum Tode verurteilt, die anderen fielen im Kampf gegen die Truppen des Konvents oder wurden bald darauf verhaftet.

Einspruch gegen den 2. Juni erhoben von Mitgliedern des Nationalkonvents

Petition der 74 Abgeordneten

Die Unterzeichner gehen davon aus, daß sie inmitten der Ereignisse, welche die Empörung der gesamten Republik hervorrufen, nicht über die Angriffe auf die nationale Volksvertretung schweigen können, ohne sich selbst der schändlichsten Schwäche schuldig zu machen oder der verbrecherischen Komplizenschaft.

Sie stellen fest, daß dieselben Verschwörer, die seit Errichtung der Republik dauernd die Nationalvertretung angegriffen haben, nun ihre Verbrechen mit der Vergewaltigung der Volkssouveränität in der Person ihrer Abgeordneten gekrönt haben, indem sie diese vertrieben, eingesperrt oder unter das Joch der fürchterlichsten Tyrannei gestellt haben.

Sie stellen weiterhin fest, daß die Führer dieser Fraktion, gestärkt und ermutigt durch eine lange Duldung und die Menge ihrer Anhänger, alle Zweige der Exekutivgewalt, den Staatsschatz, die Verteidigungsmittel und die Vermögen der Nation in ihre Gewalt gebracht haben, worüber sie nun nach ihrem Gutdünken verfügen können, auch gegen die Interessen der Nation.

Sie stellen fest, daß die Führer der Armee und der konstitutionellen Organe der Stadt Paris ihnen Gehorsam leisten, und daß die Mehrheit der Stadtbewohner, die von den Exzessen einer Gruppe, die das Gesetz nicht belangen kann, eingeschüchtert und von den Bedrohungen, die sie permanent erfährt, verängstigt ist, daß diese Mehrheit nicht nur den Manövern der Konspirateure keinen Einhalt gebieten kann, sondern sogar oft aus Respekt vor dem Gesetz gewissermaßen an der Ausführung ihrer Komplotte teilnimmt.

Sie stellen weiterhin fest, daß die Unterdrückung des Nationalkonvents derartig stark ist, daß keins seiner Dekrete ausgeführt werden kann, wenn nicht die Führer dieser Splittergruppe einverstanden sind. Damit haben sich die Konspirateure de facto als einzige Organe des nationalen Willens eingesetzt und den Rest der nationalen Vertretung zu einem passiven Instrument ihres Willens degradiert.

Schließlich stellen sie fest, daß es unter Anwendung der fragwürdigsten Mittel gelungen ist, dem Konvent, oder genauer einem Sechstel der Abgeordneten, ein Dekret zu entlocken, kraft dessen 31 Abgeordnete willkürlich festgenommen, ihrer Funktionen beraubt wurden, und all dies ohne Anklage, ohne Beweise, ohne Diskussion, entgegen allen Regeln und unter Mißachtung der Menschenrechte und der Volkssouveränität.

In Anbetracht all dieser Umstände erklären die Unterzeichner vor

Commission des 12 (12er Kommission)

Schon lange waren die Konflikte zwischen der radikalen Stadtregierung, die von den Sektionen in Paris getragen wurde, und dem Nationalkonvent offensichtlich geworden. Am 18. Mai 1793 wurde ein Untersuchungsausschuß im Konvent gebildet, der die Handlungen der Stadtregierung kontrollieren sollte. Er bestand aus 12 meist gemäßigten Abgeordneten. Als dieser am 24. Mai seinen Bericht vorlegte und unter anderem forderte, daß die Sektionssitzungen um 10 Uhr abends geschlossen werden sollten, brach der Konflikt auf. Die Kommune ging zum Gegenangriff über und verlangte zunächst die Auflösung der 12er-Kommission.

Aufständische Kommune

»Commune de Paris« wurde die Pariser Stadtverwaltung von 1789 bis zum Sturz Robespierres genannt. Im Kampf gegen die Monarchie im Jahre 1792 gewann die Kommune an Wichtigkeit, da sie auch ohne die Unterstützung der gesetzgebenden Nationalversammlung gegen die königliche Familie vorging; es war die Kommune, welche die Einlieferung der königlichen Familie ins Temple-Gefängnis befahl. Als der Nationalkonvent gebildet wurde, schlug sich die Kommune auf die Seite der Berg-Partei und bekämpfte von Anfang an die Girondisten. Die 48 Pariser Sektionen, aus denen die Stadtverwaltung gebildet wurde, waren sehr radikal und unterstützten Robespierre bis zum Ende. Nach seinem Sturz wurden viele Stadtverordnete auf die Guillotine geschickt und die Kommune verlor an politischer Bedeutung. Seitdem war die Stadtverwaltung ein reines Verwaltungsorgan.

ihren Wählern, vor den Bürgern aller Départements, vor dem französischen Volk, dessen Rechte und Souveränität dermaßen geschändet wurden, daß es seit dem in der Geschichte der Nationen einmaligen und unerhörten Eingriff in die Autorität der Nationalversammlung nicht einmal mehr den Beschlüssen der Versammlung beiwohnen konnte, vor diesen erklären sie, daß ihnen bei ihrer Ohnmacht, den Verschwörern ein Hindernis in den Weg zu legen, nichts übrig bleibt, als vor der ganzen Republik die häßlichen Szenen, deren Zeugen und Opfer sie waren, anzuklagen.

Paris, am 6. Juni im II. Jahr der französischen Republik.

Charlotte Robespierre (1760–1834) hatte als Schwester großen Einfluß auf Maximilien und dessen jüngeren Bruder Augustin. Sie kam mit ihren Brüdern nach Paris und teilte deren politische Ansichten.

Unterschriftenliste nach Départements geordnet

Ain. – Royer.
Alpes (Basses-). – Maysse, Peyre.
Alpes (Hautes-). – G.C. Caseneuve, Serre.
Alpes-Maritimes. – Blanqui, Dabray, Massa.
Ardèche. – Gamon, Ganilhe, Saint-Prix.
Aude. – Periés, Tournier.
Bouches-du-Rhône. – Lauze-Duperret, Duprat.
Calvados. – Ph. Delleville.
Charente. – Ribereau.
Côtes-du-Nord. – Couppé, H. Fleury, Girault.
Drôme. – Fayolle, Marboz, Olivier Cérente.
Eure. – Dubusc, Savary, Vallée.
Finistère. – C.-A.-A. Blad, Bohan, Quennel.
Gard. – F. Aubry, Rabaud-Pommier.
Garonne (Hautes-). – Estandens, Rouzet.
Gers. – Descamps, Laplaigne, Moysset.
Gironde. – Lacaze fils aîné.
Ille-et-Vilaine. – Defermon, Lebreton, Obelin.
Indre. – Derazey.
Jura. – Amyon, Barbey, Ferroux, Grenot, Laurenceot, Vernier.
Landes. – Saurine.
Loire-Inférieure. – Jary, Lefebvre Julien.
Lot. – Blaviel.
Manche. – Laurence.
Morbihan. – V. Corbel, Rouault.
Moselle. – Blaux.
Oise. – Delamarre.
Orne. – Dugué-Dassé.
Paris. – Dussaulx.
Pas-de-Calais. – Daunou, Varlet.
Pyrénées-Orientales. – Guiter.
Rhône-et-Loire. – Chasset.
Saône-et-Loire. – Masuyer.
Sarthe. – Salmon.
Seine-et-Oise. – Mercier.
Seine-Inférieure. – Bailleul, Doublet, Hecquet, Faure, Lefebvre, Ruault, Vincent.
Somme. – Saladin.
Vosges. – Bresson.
Yonne. – Chastelain.

Erklärung der Abgeordneten des Départements Somme an ihre Wähler über den Tag vom 2. Juni 1793

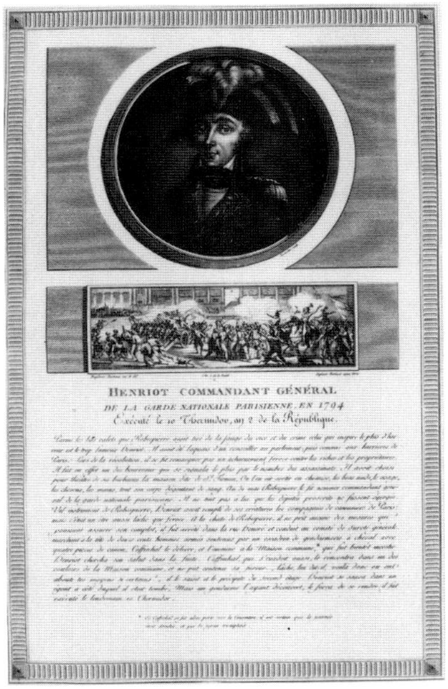

Die unterzeichnenden Abgeordneten des Départements Somme im Nationalkonvent halten es für ihre Pflicht, in einer einfachen Erklärung ihren Wählern ihre Meinung über die gegenwärtigen Zustände mitzuteilen.

Die Ereignisse des 31. Mai sind bekannt, die des nächsten Tages sind es auch, obwohl dieser Tag weniger wichtig war. Die Freiheit der nationalen Volksvertretung, die in jenen zwei Tagen nicht von den Bürgern, nicht von den bewaffneten Sektionen, sondern von ein paar irregeführten oder an die Ausländerpartei verkauften Menschen vergewaltigt wurde, sollte eine noch traurigere Bewährungsprobe bestehen. Der 2. Juni muß für alle Freunde der Freiheit und der Republik als ein Trauertag angesehen werden. An diesem Tag (und das wird von den am wenigsten verdächtigen Mitgliedern des Konvents bestätigt) gab es wirklich keine nationale Volksvertretung mehr. Von allen Seiten durch eine riesige Armee umringt, stand sie unter der Herrschaft der Aufständischen, welche diese Truppe anführten*. Man konnte feststellen, daß nur die Anführer schuldig waren, und daß die übrigen blind gehorchten, ohne die Pläne der Anführer zu kennen. Kein einziges Mitglied des Konvents konnte durch den Ring hindurch. Es war nicht einmal gestattet, den natürlichen Bedürfnissen des Körpers unbeobachtet nachzukommen, immer stand ein Helfershelfer der Aufständischen dabei.

Einen Blick auf den Ort zu werfen, wo sich die Armee aufgestellt hatte, wurde den Mitgliedern des Konvents sogar als Verbrechen angerechnet. Mehrere Abgeordnete haben lauthals protestiert. Sieben Stunden lang hat dieses Attentat auf die Souveränität des Volkes angedauert. Noch nach der Sitzung ging die Sache eine halbe Stunde weiter, denn selbst dann mußte man abwarten, als die Aufständischen nichts mehr wollten, bis der sogenannte Kommandeur oder das angebliche Revolutionskomitee den kriminellen Bann aufhob, unter dem die Volksvertreter, und damit das Volk selbst, solange festgehalten worden waren. Unter diesen Umständen, im Anblick der Bayonette und der Kanonen, wurde das Dekret verabschiedet, das 20 und noch ein paar Mitglieder unter Arrest stellt, die vorher durch eine verleumderische Petition angeklagt wurden und das ferner 10 Mitglieder einer Kommission festnehmen läßt, die noch nicht einmal zu ihrer Verteidigung angehört wurde. Auf diese Art und Weise sind über 30 Mitglieder des Konvents ihrer Freiheit beraubt worden, die schon vorher als unschuldig galten und gegen die nichts vorgebracht wurde. Währenddessen wurden vier Individuen freigelassen, die von der Kommune unterstützt wurden und bei denen man auf eine Überprüfung ihrer Schuldigkeit verzichtete. So machte man an diesem Trauertage die Einheit und Unteilbarkeit der Republik zunichte.

** François Hanriot war zunächst Befehlshaber der Truppen der Sektion der Sansculotten. Mit der Zeit arbeitete er sich aufgrund seiner demagogischen Talente zu einem Anführer der Kommune von Paris empor. Vom 31. Mai 1793 bis zum 27.7.1794 war er General der Nationalgarde von Paris. Hanriot trug die Mitverantwortung an den Massakern in den Gefängnissen am 2. September 1792.*
Am 2.6.1793 stürmte er mit einer Menge Volk in den Konvent und forderte die Verurteilung der Girondisten. In der Nacht des 9. Thermidor, als der Konvent gegen Robespierre opponierte, versuchte er mit anderen Mitgliedern der Kommune Robespierre zu retten und den Konvent zu stürzen.

Die Unterzeichnenden sind es sich selbst und ihren Wählern schuldig zu erklären, daß einige von ihnen an einem Tag, wo es keine Freiheit gab, nicht an den Beschlüssen des Konvents mitwirken wollten, daß die anderen nur teilgenommen haben, um gegen ein Dekret zu stimmen, das von der Ausländerpartei oder der Partei der Anarchie gefordert wurde. Sie schulden es der Ehre der Prinzipien, die an jenem Tag verraten wurden, sowie der Ehre aller Abgeordneten zu erklären, daß das Dekret, welches noch nicht einmal der Wohlfahrtsausschuß* vorzuschlagen wagte, nur als Werk der Unterdrückung, in der sich der Nationalkonvent befand, angesehen werden kann.

Paris, den 5. Juni 1793
Louvet, Gantois, Dufestel, Asselin, Deverité, Deleclot, Rivery, Martin.

Eintrittskarte zum Wohlfahrtsausschuß

Allgemeiner Wohlfahrtsausschuß

Der Konvent rief dieses Organ am 6. 4. 1793 ins Leben, um sich selbst gegen die drohenden Gefahren zu schützen. 9 Mitglieder gehörten ihm an, darunter anfangs Danton. Der Ausschuß war wöchentliche Rechenschaft gegenüber dem Konvent schuldig, ansonsten waren seine Aktivitäten geheim. Die Mitglieder wurden zusehends radikaler bzw. durch radikalere ausgetauscht. Bald gehörten Robespierre, Saint-Just und Couthon dazu. Wegen der innenpolitischen, immer stärker werdenden Opposition in der Vendée und in Lyon wuchs die Macht des Wohlfahrtsausschusses, der die eigentliche Exekutive Frankreichs wurde und die Zeit der Terreur beherrschte. Am 4. 12. 1793 ernannte man ihn offiziell zur Regierung, und zwar »bis zum Ende des Krieges«. Dort herrschte dann bis zum 9. Thermidor An II (27. 7. 1794) das sogenannte Triumvirat, das aus Robespierre, Saint-Just und Couthon bestand. Auch nach dem Sturz Robespierres wurde das Gremium nicht sofort abgeschafft. Die Nachfolger gingen nun ebenfalls gnadenlos gegen die Robespierristen und reaktionäre Gegner der Revolution vor. Erst während der neuen Regierungsform, während des Direktoriums, wurde der Ausschuß aufgelöst.

Stellungnahme des Bürgers Gensonné, Abgeordneter*

Am 2. Juni 1793, um 3 Uhr nachmittags gebe ich, Arnaud Gensonné, Abgeordneter des französischen Volkes, in der Überzeugung, daß ich Opfer der Verschwörungen sein werde, die jetzt von einer Splittergruppe gegen die Freiheit der französischen Republik angezettelt werden, folgendes zu Protokoll.

Die angeblich revolutionäre Bewegung, welche diese Aufständischen planen und durchführen, hat nur zum Ziel, den Nationalkonvent aufzulösen, seine Macht zu erlangen und sie in der Hand einer kleinen Gruppe von Individuen zu konzentrieren, die von einem Teil der nationalen Volksvertretung unterstützt und geleitet wird. Die nationale Vertretung selbst ist durch Terror unterworfen oder Komplizin dieser abscheulichen Usurpation.

Alle möglichen Mittel, um das Volk von seinen wahren Interessen abzubringen, die öffentliche Meinung zu verfälschen, dieser Gruppe die Schätze der Republik auszuliefern, ihre Armeen in die Gewalt zu bekommen und die Départements zu ohnmächtigen Erduldern der Unterdrükkung zu machen, sind eines nach dem anderen der Schwäche des Konvents abgerungen worden oder dessen Wunsch, jeden Vorwand für Spaltungen unter seinen Mitgliedern zu vermeiden.

Nachdem die Verschwörer einen kleinen Teil der Pariser Bevölkerung verführt oder irregeleitet haben, sind die Mehrzahl der Einwohner dieser Stadt durch die Angst, verfolgt zu werden, für die Sache gewonnen worden. Die Aufständischen haben die Macht aller verfassungsmäßigen

** Gensonné (1758–1793) wurde am 30. Oktober 1793 zum Tode verurteilt und tags darauf mit seinen Parteifreunden hingerichtet.*

Organe usurpiert und die Führung der Komitees und der Streitkräfte übernommen.

Der Teil der Bevölkerung, den sie stets bezüglich der Absichten der patriotischsten und volksfreundlichsten Abgeordneten getäuscht haben, sieht in diesen großherzigen Männern bloß Verräter und verfolgt sie wie seine ärgsten Feinde.

Ich gehe davon aus, daß in eben diesem Moment, wo ich die vorliegenden Zeilen in aller Eile schreibe, der Nationalkonvent gezwungen wird, meine Verhaftung anzuordnen oder sie durchzuführen. Ich muß darauf vorbereitet sein, in wenigen Augenblicken zum Opfer eines Volksaufstands oder eines angeblich gerichtlich abgesicherten Mordes zu werden.

Vor allen Bürgern meines Départements und vor ganz Frankreich erkläre ich, daß ich das mir zugedachte Schicksal preisen werde, wenn mein Tod der Errichtung der Republik nutzen kann und dem Glück des französischen Volkes.

Ich erkläre, daß ich niemals aufgehört habe, ganz dem Wohl des Volkes zu dienen, daß ich keinen anderen Ehrgeiz habe als den, mein Mandat mit Mut und Energie zu erfüllen, daß ich kein anderes Gelübde geleistet habe, als jenes, das Glück des Volkes zu betreiben und die Errichtung einer republikanischen Verfassung zu fördern, daß ich als Republikaner gelebt habe und als solcher sterben werde, würdig des Vertrauens, mit dem mich meine Mitbürger geehrt haben.

Ich bitte insbesondere die tapferen Leute aus Bordeaux, meine Mitbürger, und die Republikaner von ganz Frankreich, alle Anklagepunkte gegen mich genau zu überprüfen, sofern es überhaupt welche gibt.

Ich lege meinen Freunden vor allem die Pflege meines Andenkens ans Herz, ich beauftrage sie, im Namen der Gefühle, die sie mir gegenüber immer bewiesen haben, dafür zu sorgen, daß mein Ruf nicht geschändet wird. Diese Aufgabe wird nicht schwer sein. Inmitten der Aufregung über die Ereignisse, denen ich vermutlich zum Opfer fallen werde, beschwöre ich alle guten Bürger und vor allem die Franzosen des Südens, nicht der Mehrheit der Pariser Bevölkerung die Exzesse anzukreiden, die sie unter den gegebenen Umständen nicht vorhersehen und auch nicht verhindern konnte; sie mögen sich an die großen Dienste erinnern, welche diese Stadt der Revolution erwiesen hat; ihr ganzer Haß soll den Verbrechern gelten, die jenes infame Vorhaben ausgedacht und durchgeführt haben.

Bereit, alles zu erdulden, meines Gewissens sicher, umarme ich in Gedanken alle meine lieben Mitbürger, alle Freunde der Freiheit und der Republik. Wenn ich die Republik mit meinem Blut besiegle und unter den Dolchen der Verschwörer, unter der Axt der Aufständischen falle, wird mein letzter Seufzer für mein Vaterland sein. Mein Mund wird sich nicht schließen, ohne meinen brennensten Wunsch herauszuschreien: »Es lebe die Republik!«

Gensonné, Abgeordneter der Gironde

Revolutions-Tribunal

Das Revolutionsgericht tagte im heutigen Justizpalast, gleich neben dem Gefängnis der Conciergerie. Die Gerichtsverfahren wurden in der angespannten innenpolitischen Situation 1793 vereinfacht. Anfang März 1793 führte man ein Gericht ohne Einspruchsmöglichkeit und ohne ordentliches Verfahren ein, um die Verräter, Konspirateure und Gegenrevolutionäre schneller abzuurteilen. Am 10. Juni 1794 wurde von Couthon, einem der Führer der Terror-Regierung, gefordert, daß nur noch die Todesstrafe ausgesprochen werde; außerdem schaffte man sogar die Zeugenanhörung ab, ebenso den Rechtsbeistand für den Angeklagten. Sogar die Abgeordneten, die bis zu diesem Punkt eine gewisse Immunität genossen hatten, konnten nun direkt vom Wohlfahrtsausschuß dem Richter übergeben und somit gleich der Guillotine ausgeliefert werden.
Das Revolutions-Tribunal wurde am 31.5.1795 aufgelöst.

Allgemeiner Sicherheitsausschuß:

Dieses wichtige und einflußreiche Regierungsinstrument wurde per Dekret am 30. Mai 1792 gegründet und im Herbst mit 30 Mitgliedern besetzt. Die Anzahl der Mitglieder sank schrittweise auf 12 (21.1.1793) und auf 9 (9.9.1793).
Einige der Mitglieder waren am Sturz Robespierres entscheidend beteiligt.
Der Begriff der »Sicherheit« (»sûreté«) war im republikanischen Denken zentral. In der Menschenrechtserklärung, die der Verfassung von 1793 vorangestellt ist, wird neben Freiheit, Gleichheit und Privatbesitz auch die Sicherheit garantiert.

Zustimmung und Zufriedenheit der Sansculotten

Petition der Sektion Wilhelm Tell 12.11.1793

Ihr habt in letzter Zeit ein furchtbares Exempel statuiert, das die Welt erstaunen und die großen Schuldigen abschrecken wird. Die Sektion Wilhelm Tell spricht Euch ihren Glückwunsch aus. Sie wird Euch noch mehr beglückwünschen können, wenn Ihr ständig dafür sorgt, daß Schrecken und Terror herrschen, denn dies sind die beiden mächtigsten Hebel der Revolutionäre.

So grobe Verbrechen gegen die Freiheit und die Nation mußten durch Blutvergießen bestraft werden; es muß noch mehr fließen, um den Freveln vorzubeugen, die noch ausstehen.

Erst seit diesem Moment kommen die Seelen von Pelletier, Marat, Chalier und so vielen anderen ruhmreichen Märtyrern der Freiheit zur Ruhe. Volksvertreter! Der Tod einer Handvoll Verschwörer kann nicht alle Fäden des widerlichsten Komplotts zerreißen, das jemals in einem menschlichen Herzen geschmiedet wurde. Es muß ein Blutbad unter den Verrätern geben, um alle Wunden des Vaterlandes zu heilen, die ihm von seinen entarteten Kindern zugefügt wurden.

Die Aristokraten haben nicht aufgehört, ihre düsteren Pläne zu fassen. Ihre Lieblingsspeise sind Mord und Gemetzel; die 21 Köpfe, die gerollt sind, der von der schamlosen Antoinette und die von den Lumpen aus dem Höllenpalast, haben ihre Wut nur angestachelt. Vielleicht planen sie gerade jetzt, die festeste Säule der Freiheit zu schleifen.

Es gibt noch viele Feinde, die nicht minder gefährlich sind: es sind die infamen Veruntreuer in öffentlichen Ämtern. Schont also alle diese Vampire des Vaterlandes nicht, Gesetzgeber. Laßt genaue Untersuchungen über ihre skandalösen Reichtümer anstellen, die immer noch die Armut des Volkes beleidigen und schließt die Gräber erst, wenn unsere gemeinsten inneren Feinde alle in ihnen versunken sind.

Abgeordnete! Die Tage der Gnade sind vorbei. Möge das rächende Schwert über alle schuldigen Häupter hinwegfegen, möge kein Verbrecher verschont bleiben; ein großes Volk erwartet von Euch große Maßnahmen. Vergeßt niemals das erhabene Wort des Propheten Marat: Opfert 200 000 Köpfe, sagte er, und Ihr werdet 1 Million retten.

Abgeordnete! Ihr habt einen Ruhetag pro Dekade verordnet. Vergeßt nicht, daß die Übeltäter keinen Ruhetag kennen.

Jeder von uns muß ein Überwachungsausschuß sein. Die 48 Sektionen der größten Kommune der Republik werden Euch nicht allein lassen, sie werden mit Euch siegen oder untergehen, das ist ihr Gelübde. Die Sektion Guillaume Tell verpflichtet sich hiermit feierlich dazu und bittet Euch, daß der Jahrestag des Todes der 21 der Sühnetag genannt werde.

»Wir wissen wenig voneinander. Wir sind Dickhäuter, wir strecken die Hände nacheinander aus, aber es ist vergebliche Mühe, wir reiben nur das grobe Leder aneinander ab – wir sind sehr einsam.«

Danton in Georg Büchners »Dantons Tod«

»Armes, tugendhaftes Volk! Du tust deine Pflicht, du opferst deine Feinde. Volk, du bist groß! Du offenbarst dich unter Blitzstrahlen und Donnerschlägen.«

Robespierre in Georg Büchners »Dantons Tod«

Anklageschrift gegen Marie Antoinette, ehemals Königin von Frankreich

Die Witwe Capet vor dem Revolutionstribunal

Antoine Quentin Fouquier-Tinville, Staatsanwalt beim Revolutionsgericht, das auf Dekret des Nationalkonvents vom 10. März 1793, im II. Jahr der Republik eingerichtet wurde, legt dar, daß Marie Antoinette, Witwe von Louis Capet, aufgrund eines Dekrets vom 1. August dieses Jahres, als des Hochverrats gegen Frankreich verdächtig vor das Revolutionstribunal geführt wurde.

Nach Überprüfung aller dem Staatsanwalt übergebenen Akten steht fest, daß Marie Antoinette, Witwe von Louis Capet, wie die Messalinen, Brunehaut, Frédégonde und die Medicis, die man einst Königinnen von Frankreich nannte und deren verabscheuungswürdige Namen niemals aus der Geschichte ausgelöscht werden, seit ihrem Aufenthalt in Frankreich zur Blutsaugerin und Geißel der Franzosen wurde. Noch vor der glücklichen Revolution, die dem französischen Volk seine Souveränität gab, hatte sie politische Kontakte mit dem Mann, den man König von Böhmen und Ungarn nennt. Diese Kontakte waren mit den Interessen Frankreichs nicht zu vereinbaren. Nicht damit zufrieden, die Finanzen Frankreichs (die Frucht des Schweißes unseres Volks) auf unglaubliche Weise verschleudert zu haben, um ihren perversen Lüsten zu dienen und die Agenten ihrer kriminellen Intrigen zu bezahlen, ist es aktenkundig, daß sie wiederholt dem Kaiser Millionen hat zukommen lassen, die ihm dazu dienten – und noch heute dienen –, gegen die Revolution Krieg zu führen.

Sie ist es gewesen, die Louis Capet dazu bewegt hat, sein Veto gegen die berühmten und nützlichen Dekrete der Nationalversammlung einzusetzen, in denen gegen die Prinzen und Brüder des Königs, die Emigranten und die Horde von eidverweigernden Priestern, die über ganz Frankreich verstreut waren, vorgegangen wurde. Dieses Veto war einer der Hauptgründe für das Unglück, in das sich Frankreich seitdem gestürzt sah.

Es war die Witwe Capet, die perverse Minister ernannte und Männer auf Posten in der Armee und der Verwaltung setzte, die ganz Frankreich als Konspirateure gegen die Freiheit bekannt waren. Ihren Machenschaften und denen ihrer Agenten, die genauso geschickt wie hinterhältig waren, ist es zu verdanken, daß die neue Schutzgarde für Louis Capet aus alten Offizieren, die ihre Truppenteile bei der Forderung nach dem Bürgereid verlassen hatten, aus eidverweigernden Priestern und Ausländern, schließlich aus all den Männern, die von der Mehrheit der Nation abgelehnt wurden und würdig waren, in der Armee von Koblenz zu dienen, wieder aufgestellt werden konnte.

Es ist die Witwe Capet gewesen, die den ausländischen Mächten die Pläne der Feldzüge und die Angriffspläne, die im Ministerrat beschlossen worden waren, in die Hände gespielt hat. Durch diesen doppelten Verrat waren die Feinde immer vorher über die Bewegungen der republikanischen Armee informiert. Daraus folgt, daß die Witwe Capet Schuld an den Rückschlägen trägt, welche die französischen Armeen hin und wieder haben erleiden müssen.

Die perfiden Intrigen und Manöver der Witwe Capet, die sie gemeinsam mit der freiheitsfeindlichen Gruppe, die zur Genüge bekannt ist, geplant hat, sind es, denen Frankreich den Bürgerkrieg verdankt, der das Land schon so lange verzehrt, und dessen Ende glücklicherweise nicht weiter entfernt ist als das Ende seiner Anstifter.

Stets war es die Witwe Capet, die Louis Capet durch den großen Einfluß, den sie auf seinen Geist hatte, die tiefe und gefährliche Kunst der Verstellung beigebracht hat. Sie lehrte ihn, so zu handeln, daß er bei öffentlichen Auftritten das Gegenteil von dem versprach, was er dachte und was er gemeinsam mit ihr in der Finsternis plante, um die den Franzosen so teure Freiheit zu vernichten, und um das wiederzuerlangen, was sie die Fülle der königlichen Vorrechte nannten.

Schließlich ist die Witwe Capet in jeder Beziehung unmoralisch, und die neue Agrippina ist so pervers und mit allen Verbrechen so vertraut, daß sie ihren Mutterstand vergessen und die vom Naturrecht vorgeschriebenen Grenzen überschreiten konnte, und sich nicht scheute, mit ihrem Sohn Louis Charles Capet, der einverstanden war, unzüchtige Dinge zu treiben, deren Name und Vorstelllung einen vor Horror erschaudern lassen.

Fouquier

Marie Antoinette

Die französische Königin und Gattin Ludwigs XVI. ist Tochter des österreichischen Herrscherpaares Maria-Theresia und Josef I. Im Alter von 15 Jahren wurde sie 1770 mit dem französischen Thronfolger verheiratet. Seit Beginn ihres Aufenthalts am französischen Hof feindete man sie von allen Seiten an, ja die Brüder des Königs versuchten, sie zur Rückkehr nach Österreich zu bewegen.
Ihr vermutlich wirklich lockeres Liebesleben wurde in zahllosen Pamphleten ins Unermeßliche übertrieben, so sehr, daß sich der König genötigt sah, die Schmähschriften selbst aufzukaufen und so ihre Verbreitung einzuschränken.
Während der ersten Phase der Revolution mußte sie sich immer wieder den Vorwurf gefallen lassen, sie hetzte den König gegen die französische Sache auf und paktiere mit Österreich und anderen Mächten gegen Frankreich. Man unterstellte ihr ebenfalls, den König zur Flucht nach Varennes überredet zu haben.
Noch vom Temple-Gefängnis aus, in das sie mit der königlichen Familie am 10. 8. 1792 gesperrt wurde, versuchte sie mit Österreich Kontakt aufzunehmen. Die Bemühung, sie gegen hohe französische Kriegsgefangene auszutauschen und so ihr Leben zu retten, scheiterte an der Trägheit österreichischer Funktionsträger.
Am 16. Oktober 1793 folgte sie ihrem Mann aufs Schafott.

Abschiedsbrief von Marie Antoinette

Am 16. Oktober um 4.30 Uhr morgens

An Sie, meine Schwester, richtet sich mein letzter Brief*. Ich bin soeben verurteilt worden, nicht zu einem schandhaften Tod, denn er ist es nur für Kriminelle, sondern dazu, Ihren Bruder wiederzutreffen. Unschuldig wie er, hoffe ich ihm letzten Augenblick dieselbe Stärke zu zeigen wie er. Ich bin ruhig wie man es sein kann, wenn das Gewissen einem nichts vorzuwerfen hat; ich bedaure zutiefst, meine armen Kinder zu verlassen. Sie wissen, daß ich nur für sie und für meine gute und zarte Schwester lebte, für Sie, die Sie aus Freundschaft alles geopfert haben, um bei uns zu sein. In welcher Lage lasse ich Sie zurück! Durch das Plädoyer im Prozeß habe ich erst erfahren, daß meine Tochter von Ihnen getrennt worden ist. Ach, das arme Kind, ich wage nicht, ihm zu schreiben, denn sie würde meinen Brief niemals bekommen; ich weiß noch nicht einmal, ob Sie diesen hier erhalten werden. Empfangen Sie für meine beiden Kinder an dieser Stelle meinen Segen. Ich hoffe, daß sie eines Tages, wenn sie größer sind, wieder mit Ihnen zusammenkommen und sich dann ganz Ihrer zärtlichen Fürsorge erfreuen können. Die beiden mögen immer an das denken, was ich ihnen stets gesagt habe, daß die Prinzipien und die genaue Beachtung der Pflichten der erste Grund des Lebens sind, daß ihre gegenseitige Freundschaft und ihr Vertrauen zueinander die Grundlage ihres Glücks sein werden.

Mein Sohn möge niemals die letzten Worte seines Vaters vergessen, die ich ausdrücklich wiederhole: er soll nie versuchen, unseren Tod zu rächen.

Ich sterbe im römischen katholischen apostolischen Glauben, in der Religion meiner Väter, meiner Erziehung, der ich stets anhing. Ich erwarte keinen geistlichen Trost, da ich nicht weiß, ob es hier noch Priester dieser Religion gibt, und zudem würde der Ort, an dem ich mich befinde, sie zu großen Gefahren aussetzen, sofern sie einmal bis hierhin vorgedrungen wären. Ich bitte Gott aufrichtig für alle Sünden, die ich seit meiner Geburt begangen haben mag, um Vergebung. Ich hoffe, daß er in seiner Güte meine letzten Wünsche erhört und auch die, welche ich schon seit langem an ihn richte. Ich bitte ihn, meine Seele in seiner Barmherzigkeit und Güte aufzunehmen. Alle die ich kenne, und Sie, meine Schwester, ganz besonders, bitte ich um Verzeihung für alles Leid, was ich Ihnen, ohne es zu wollen, je zugefügt habe. Ich vergebe allen meinen Feinden das Ungemach, das sie mir angetan haben. Ich verabschiede mich hier von meinen Tanten und allen meinen Geschwistern. Ich hatte Freunde; die Vorstellung ihrer Schmerzen und die Gewißheit, auf ewig von ihnen getrennt zu sein, bedaure ich im Angesicht des Todes am meisten. Sie sollen wenigstens wissen, daß ich bis zum letzten Atemzug an sie gedacht habe.

** Der Abschiedsbrief der ehemaligen Königin kam niemals bei der Schwester des Königs an. Der Hausmeister des Gefängnisses händigte ihn dem Revolutionstribunal aus, das ihn für konspirativ erachtete und deshalb nicht weiterleitete. Er wurde nach dem 9. Thermidor in den Papieren des Generalstaatsanwalts Fouquier gefunden.*

Adieu, meine gute und zärtliche Schwester, möge dieser Brief bis zu Ihnen kommen. Denken Sie stets an mich, ich umarme Sie von ganzem Herzen, und auch meine armen, lieben Kinder; mein Gott, wie zerreißt es mir das Herz, sie für immer zu verlassen! Adieu, Adieu, ich werde mich nur noch mit meinen geistlichen Pflichten befassen. Da ich nicht frei verfügen kann, wird man mir vielleicht einen Priester bringen, aber ich beteure hier, daß ich ihm nicht ein einziges Wort sagen werde, und daß ich ihn wie ein völlig fremdes Wesen betrachten werde.

Marie Antoinette

Porträt der Königin und Darstellung ihrer Hinrichtung

Die Hinrichtung der Königin

Nach einem drei Tage währenden Verhör ist Marie-Antoinette von Österreich vom Revolutionstribunal zum Tode verurteilt worden und hat am 25. Vendémiaire (16.10.1793) auf dem Revolutionsplatz zu Füßen der Freiheitsstatue die Strafe erlitten, die sie wegen ihrer politischen und persönlichen Verbrechen verdient hat.

Um 7 Uhr morgens fand sich der Scharfrichter Sanson in ihrem Zimmer ein. »Sie kommen früh«, sagte sie zu ihm. »Sie könnten nicht noch etwas warten?« – »Nein, Madame, ich folge meinen Befehlen.«

Sie war bereit und wie ihr verstorbener Mann am Tag der Hinrichtung ganz in Weiß gekleidet. Diese affektierte Kleidung wurde allgemein bemerkt und machte das Volk lächeln. Die symbolische Farbe der Unschuld wollte zu Marie-Antoinette nicht passen. Auf dem Weg zur Guillotine wollte sie ohne Haube gehen, dies wurde ihr aber nicht gestattet. Sie hatte sich selbst ihr Haar abgeschnitten.

Ein Polizist kam und teilte mir: »Da ist ein Pariser Pfarrer der fragt, ob Sie die Beichte ablegen wollen.« Leise hörte man sie sagen: »Ein Pariser Pfarrer! Davon gibt es keinen mehr.« Der Beichtvater kam näher und fragte: »Madame, wollen Sie, daß ich Sie begleite?« »Ganz wie Sie wollen, Monsieur.« Sie legte aber keine Beichte ab und sprach auf dem ganzen Weg kein einziges Wort.

Beim Verlassen des Conciergerie-Gefängnisses erblickte sie den Karren und zeigte dabei Überraschung und Empörung. Sie war sicher gewesen, man werde sie, wie ihren Gatten, in einer Kutsche holen. Trotzdem mußte sie auf diesen Wagen steigen, der ihre arrogante Seele demütigte, und sicherlich begann ihre Strafe schon in diesem Augenblick, auch wenn sie sich nach außen gefaßt zeigte. Es war ihr leicht anzumerken, wieviel sie diese scheinbare Beherrschung kostete. Von diesem Augenblick an entglitten ihr die Gesichtszüge. Die Hände hatte man ihr, wie üblich, auf dem Rücken zusammengebunden. (Man sollte auf dieses Verfahren verzichten und den Verbrechern bis zum Ende den Genuß der Freiheit lassen.) Während des ganzen Weges war sie gefaßt, nur nicht, als sie den ehemaligen königlichen Palast zu Gesicht bekam. Wahrscheinlich weckte dieses Gebäude Erinnerungen in ihr, die sie aufregten. Mit bewegtem Blick sah sie das Gebäude an. Das Volk war im allgemeinen friedlich. Manchmal wurde applaudiert, sonst aber schien für einen Moment alles Unglück vergessen, das diese Frau Frankreich zugefügt hat. Die Leute schienen nur an ihre gegenwärtige Lage zu denken. Die Gerechtigkeit setzte sich durch: nichts weiter hatte das Volk verlangt.

Marie-Antoinette mußte kurz vor ihrem Tod zum Tuilerien-Schloß, ihrem ehemaligen Herrschaftssitz, zurückschauen

Als sie auf das Schafott stieg, trat Antoinette dem Bürger Sanson aus Versehen auf den Fuß. Der Scharfrichter empfand dabei einen so starken Schmerz, daß er »Aua!« ausrief. Sie drehte sich um und sagte: »Pardon, Monsieur, ich tat es nicht absichtlich.« Es ist durchaus denkbar, daß sie diese kleine Szene doch bewußt inszeniert hat, um sich im Gedächtnis der Leute noch interessant zu machen, denn die Eigenliebe verläßt manche Menschen erst mit dem Tod.

Ausgaben der Königin im Conciergerie-Gefängnis

Marie-Antoinette im Temple-Gefängnis

Ernährung für 74 Tage: Mittags Kaffee und abends Suppe, Siedfleisch, Gemüseteller, Hühnchen und Nachtisch. An anderen Tagen: Ente und Pastete; für die besagten 74 Tage à 15 Francs pro Tag	1110 Fr.
Außerdem: 41 Tage Ernährung für die Frau, die bei der Witwe Capet war, für 3 Francs täglich	123 Fr.
Außerdem: Zwei Matratzen, eine aus Roßhaar, eine aus Wolle, ein Feldbett, eine Schlummerrolle, eine Decke, einen Rohrsessel, der als Garderobe diente; alles zusammen und laut Quittungen für die Leihgebühr	54 Fr.
Ein Bidet aus rotem Schafleder, ganz neu, zu Diensten der Witwe Capet, sechzig Francs	60 Fr.
Zudem zwei Mützen, jede zu 7 Francs, macht 14 Francs	14 Fr.
Für die Ausleihe von Büchern, 16 Francs	16 Fr.
Bänder und Seide zum Schmuck eines Rocks, 3 Francs 16 Sous.	3 Fr. 16
Bänder für ihr Haar und ihre Schuhe	18
Eine Flasche Wasser für ihre Zähne	3 Fr. 12
Für Reinigung, 22 Francs	22 Fr.
Summe	1407 Fr. 6 s

Zerschlagung der Hébertisten

Lage in Paris am 16. März 1794

Was am meisten verwundert, ist die Ruhe in Paris. Es scheint, als nähmen die Warteschlangen vor den Metzgereien usw. stetig ab. In fast allen Vierteln sagten die Bürger: »Dieser Lump von Hébert* mit seiner Clique war es, der uns in den Hungertod treiben wollte; es gibt Anlaß genug zu hoffen, daß der Sturz dieser höllischen Gruppe Ruhe und Wohlstand wieder einkehren läßt.«

Mehrfach wurde behauptet, daß eine beachtliche Menge von Revolutionssoldaten seit mehreren Tagen in Paris wären, um die Verschwörung zu unterstützen, und daß sie sich in unterschiedlicher Verkleidung in der Stadt herumtreiben würden.

Ein Mädchen in der Rue de Valois sagte: »Wenn Hébert hingerichtet wird, was soll dann aus seiner Freundin in der Rue des Petits-Champs werden, der er jede Woche Hunderte von Francs gab!« Alle, die das gehört haben, waren empört.

In der Sektion Marat gab es große Unruhen. Mehrere Bürger wollten, daß man massenhaft zum Konvent ziehe, um die Gefangenen zu befreien. Der Vorschlag ist abgelehnt worden und man beschloß, das Urteil abzuwarten. 12 oder 15 der Anführer sind festgenommen worden. Das Volk war überzeugt davon, daß Hébert bereits heute auf die Guillotine müßte, die Fenster in der Rue Saint-Honoré waren schon alle für das Schauspiel vermietet.

Rousselin

24. März 1794

Als die Verschwörer zum Schafott geführt wurden, war die Freude des Volkes groß. Überall dieselben Zeichen des Jubels, ein Sansculotte hüpfte umher und rief: »Heute abend würde ich meine Fensterkreuze beleuchten, wenn die Kerzen nicht Mangelware wären.« Abends redete man in allen Cafés und Versammlungen vom Tod der Verschwörer, der Bericht über ihre letzten Momente war das einzige Gesprächsthema. Mehrmals wurde behauptet, Hébert habe etwa 40 Abgeordnete belastet. Es war an der Zeit, so sagte man, daß diese Verschwörung aufgedeckt wurde, denn in manchen Départements dachte man schon, in Paris regiere Anarchie und eine Blutherrschaft.

* *Ein gemeinsames Werk von Robespierre und Danton*

Jacques René Hébert (1755–1794) gehörte zu den Revolutionären, die außerhalb der Nationalversammlung und später des Konvents ihre Bedeutung erlangt hatten. Hébert war ein Vertreter des armen Volkes, hetzte stets gegen die professionellen Politiker und beteiligte sich an den Aufständen der Pariser Stadtverwaltung gegen die nationale Vertretung. Er wirkte entscheidend bei den Septembermassakern mit. Danton und Robespierre wollten sich seiner schon länger entledigen, aber die Sektionen hatten sich dem immer wieder entgegengestellt.
Am 24. März 1794 wurden Hébert und seine Anhänger dann doch hingerichtet. Aus diesen Tagen stammen die Stimmungsberichte der Polizeiagenten.

Je suis le véritable pere Duchefne, foutre:

LA MINE ÉVENTEE,

OU

La Grande Colere

DU

PERE DUCHESNE,

A la découverte d'un nouveau projet de contre-révolution, annoncé pour le 25 Août.

LE plus difficile à écorcher, c'eft la queue, dit le proverbe. Je m'étois toujours douté que la fin de la Conftitution nous ameneroit quelque foutue

70

Die Zeitschrift Père Duchesne wurde von Hébert herausgegeben

Die Hébertisten werden zum Schafott gefahren

** Johann Baptist Baron von Clootz, gen. Anacharsis Clootz (1755–1794) war einer derjenigen Ausländer, die während der Revolution politische Ämter innehatten. Er gehörte zur radikalen Fraktion der Jakobiner, und doch mißtraute ihm Robespierre, angeblich wegen seines großen Reichtums. Gemeinsam mit den Hébertisten wurde er angeklagt und hingerichtet.*

** Charles-Philippe Ronsin (1752–1794) war ein hoher Offizier in den Vendée-Kriegen gegen die aufständischen Bauern. Sein Vorgehen war äußerst brutal: durch die Verwüstung der feindlichen Städte wollte er die Unterstützung der Bevölkerung für die antirevolutionären Truppen brechen.*
1794 wurde er ohne Prozeß guillotiniert.

Dantons Verhaftung

Paris, den 12. Germinal im II. Jahr (2.4.1794)

Die Brutalität zwischen den Patrioten tobt stärker als je zuvor. Der Wohlfahrtsausschuß hat kürzlich zwanzig der hervorragendsten Revolutionäre zu Tode gebracht, Leute wie Clootz*, Hébert und Ronsin*, der sogar bei der Revolutionsarmee selbst General war. Der arme Clootz hat, als er den Kopf unter das Beil legte, ausgerufen: »Menschengeschlecht, Adieu!« Ich kann nicht anders als diesen Unglücklichen bedauern, so rasend er sich auch in der Revolution gezeigt hatte. Er war so gut, so ehrlich, er hatte vor dieser Epoche so viele schöne Eigenschaften, daß man ihn einfach lieben mußte.

Danton* ist in der Nacht vom 10. zum 11. gemeinsam mit Chabot*, Bazire*, Camille Desmoulins*, Hérault de Séchelles*, Fabre d'Eglantine* und anderen verhaftet worden. Ich weiß noch nicht, welchen Anklagepunkt man gegen Danton, den seine Freunde gestern auf der Rednertribüne des Konvents verteidigen wollten, vortäuschen wird. Denen, die man letzte Woche hingerichtet hat, ist vorgeworfen worden, die Erklärung der Menschenrechte im Club der Cordeliers mit einem Tuch überdeckt zu haben. Was für ein seltsamer Vorwurf von Leuten, die selbst die Verfassung in einer Kiste inmitten des Plenarsaals des Konvents aufheben, die sie »Arche« nennen. Wir sehen nur allzu deutlich, was sich aus diesen Vorgängen und Archen ergibt: die fürchterlichste Anarchie, und über allen Köpfen schwebend der Tod. Patrioten, Royalisten, Verdächtige, Unzufriedene, Adelige, Bürgerliche, Diener, Mägde, Köhler, Schuster, Bankiers, Abgeordnete, sie alle werden auf demselben Platz denselben Tod sterben, durch dieselbe Maschine, die dem armen Ludwig XVI. den Kopf abgeschlagen hat. Und weil Danton und Desmoulins die Arbeit der Guillotine unterbrechen wollten, werden sie selbst unter ihr zu Tode

** Georges-Jacques Danton wurde 1759 geboren. Als die Revolution ausbrach, arbeitete er als Anwalt. Durch sein rednerisches Talent wurde er bald als konsequenter Abgeordneter bekannt und genoß die Unterstützung des Volkes von Paris. Er war wesentlich an der Vorbereitung der Revolutionstage vom 20. Juni 1792 und vom 10. August 1792 beteiligt, die zum Sturz der Monarchie führten. In der Republik wurde er Justizminister. Dieses Amt führte er mit viel Klarsicht und Härte gegenüber den Feinden der Republik. Er schaffte es lange Zeit, die innenpolitische Einheit trotz der immer angespannteren außenpolitischen Kriegssituation zu bewahren.*
Im Unterschied zu Robespierre wollte er einen weniger radikalen Kurs nach Ausschaltung der Gironde einschlagen. Er und Robespierre wurden politische Widersacher. Nur zum Sturz der Hébertisten schlossen sie sich noch einmal zu einem taktischen Bündnis zusammen.

* François Chabot (1759–1794) war früher Kapuzinermönch. In der Revolution gehörte er zur radikalen Partei, die für den Tod des Königs und später auch für die Hinrichtung der Girondisten stimmte. Am 5. April 1794 starb er durch das Fallbeil.

* Claude Bazire (1764–1794) war ursprünglich Anwalt und wurde Mitglied des Allgemeinen Sicherheitsausschusses. Er hatte stets radikales Vorgehen gegen die Emigranten und alle gemäßigten Kräfte gefordert. Ihm ist ein Gesetz zu verdanken, demzufolge sich alle Bürger untereinander duzen müssen.

* Camille Desmoulins (1762–1794) war ein berühmter Journalist, der sich die Sache der volksnahen Revolution zu eigen gemacht hatte. Er protestierte früh gegen die Personalisierung der revolutionären Macht in den »großen Drei« Robespierre, Saint-Just und Couthon.

* Jean Marie Hérault de Séchelles (1760–1794) war einer der Wenigen aus dem Hochadel, der sich trotz bester Kontakte zum Hof von Anfang an für die Revolution entschieden hatte. Lange Zeit stand er dem Nationalkonvent vor. Als ihm die Robespierristen in ihrer gnadenlosen Anwendung der Terror-Gesetze zu weit gingen, schlug er sich auf die Seite der Dantonisten und teilte deren Schicksal.

* Philippe François Nazaire Fabre d'Eglantine (1755–1794) war eigentlich Schriftsteller, schloß sich aber früh der radikalen revolutionären Partei an.

kommen, ihre guten Absichten werden im selben Moment wie ihr Leben erstickt. Morgen werden sie vor das Blutgericht gestellt, das sie selbst letztes Jahr errichten halfen. Was Fabre und Chabot angeht, so kann man nicht übersehen, daß sie ein wenig schlitzohrig waren. Mit Sicherheit hat Fabre ein Dekret über die Übersee-Handelsgesellschaft gefälscht, wodurch er ein paar Hunderttausend Francs in die eigene Tasche manövriert hat. Chabot hat bereut und dem Komitee seinen Anteil von 100 000 Francs in Assignaten zurückgebracht. Diese Rückzahlung beweist das Verbrechen, das er übrigens reumütig zugab. Bazire, ihr Vertrauter, hat zwar nichts bekommen aber wird, weil er sie nicht angezeigt hat, wie die anderen behandelt. Der Wohlfahrtsausschuß hat das alles sehr ernst genommen und einen Bericht mit dem Ziel angefertigt, den Nationalkonvent von seinen korrupten antirevolutionären Mitgliedern zu reinigen usw. Deshalb sind die eben genannten alle verhaftet worden, und sie werden sicher bald die 22 im letzten Oktober in Paris hingerichteten Girondisten wieder treffen. Dantons Unglück war es, bei den guten Patrioten wieder ein bißchen Unterstützung gefunden zu haben, und selbst von den Mitgliedern der Oberschicht respektiert zu werden, seit man seine etwas sanfteren Ansichten kannte und seit er sich mit Camille Desmoulins in der Zeitung »Vieux Cordeliers« verbündet hatte, um den Massakern des Revolutionstribunals ein Ende zu setzen. Diese beiden Männer, Anführer einer leider zu bekannten Partei, hatten trotz allem etwas Menschliches bewahrt und wollten ihre Wahnsinnstaten vergessen machen, ja sogar ihre Grausamkeiten, indem sie eine ehrenwerte Wendung zu den richtigen Prinzipien versuchten. Das Ansehen Dantons hat Robespierre, der heute der König der Revolution ist, in den Hintergrund treten lassen. Robespierre ist der Priester des Ewigen, der Apostel einer Lehre von der Unsterblichkeit der Seele, die er an allen Kirchenfassaden anschlagen ließ.

Mehr bedurfte es nicht, um Dantons Untergang zu besiegeln. Er ahnte das selbst seit drei Monaten, und er pflegte diesen Winter mit seinen Freunden scherzend gegenüber den guten Patrioten, die ihn oft besuchten, zu äußeren: »Solange man *Robespierre und Danton* sagt, ist alles in Ordnung, dann habe ich nichts zu befürchten; aber wenn man jemals sagt: *Danton und Robespierre*, dann bin ich ein toter Mann.«

Tatsächlich fing man an, Danton vor Robespierre zu nennen. Das Vertrauen in ihn wuchs täglich: morgen tritt er vors Revolutionstribunal, übermorgen wird er mit seinen Freunden getötet werden. So ergeht es den rasenden und den ruhigen Patrioten, dies sind die Folgen der Anarchie, sie verschlingt ihre eigenen Kinder, sie tötet ihre Brüder, sie frißt ihre eigenen Eingeweide, sie ist kurz gesagt das schlimmste und grausamste aller Ungeheuer. Dieses Monstrum ist heute mitten unter uns. Niemand kann sicher sein, ihm zu entkommen, denn es schlägt in alle Richtungen um sich.

Nicolas Ruault

Das Ende eines großen Revolutionärs

Paris, den 21 Germinal im Jahr II (10. April 1794)

Danton ist tot und Robespierre triumphiert. Der Tiger hat den Löwen besiegt. Aber dieser Triumph wird nur von kurzer Dauer sein, wenn man der Prophezeiung Dantons Glauben schenken darf, die er auf dem Weg zum Schafott machte. Dieser Mann kannte sich in Sachen Revolution aus. Vielleicht sind Sie neugierig darauf, die letzten Augenblicke unseres stolzen Revolutionärs kennenzulernen. Er hat fröhlich die Verhöre des Revolutionstribunals über sich ergehen lassen, und hat sich während der ganzen Prozedur über die Geschworenen und die Richter lustig gemacht. Mit dem Tod spielend ist er aufs Schafott gestiegen. Als einziger der Angeklagten hat er vor den Richtern eine gute Figur abgegeben.

Nach seinem Namen, seinem Alter, seiner Wohnung befragt, antwortete er: »Mein Name ist gut bekannt, ihr werdet ihn im Pantheon der Geschichte finden; was meine Wohnung angeht, so wird sie bald im Nichts sein.« Auf dieselbe Frage antwortete Camille Desmoulins: »Ich bin so alt wie der Sansculotte Jesus Christus, nämlich 33 Jahre.« Danton war 34 Jahre alt.

Der Prozeß dauerte drei Tage, vom 13. bis zum 15., während denen die meisten Angeklagten sich über die Fragen der Richter und Geschworenen sowie über alle Einzelheiten der angeblichen Anklageschrift mokierten. Danton und Camille Desmoulins warfen ihnen kleine weichgekaute Brotklumpen ins Gesicht. Aufgrund eines Berichts des Wohlfahrtsaus-

Robespierre mit 24 Jahren

Saint-Just

Dantons Gegenspieler

Robespierre
Maximilien-Marie-Isidore de Robespierre wurde 1758 in Arras als Sohn eines Anwalts und Lokalpolitikers geboren. Nach seiner glänzend absolvierten Schulausbildung in Paris kehrte er in die Heimatstadt zurück und machte dort als Anwalt von sich reden. Er wurde als Abgeordneter von Arras in die Generalstände 1789 gewählt. Schon bald war er als konsequenter Vertreter republikanischer Grundsätze bekannt und erfreute sich des Spitznamens »der Unbestechliche«. Seinem Engagement sind unter anderem die Verurteilung Ludwigs XVI., Marie Antoinettes, der Girondisten zu verdanken. Die Einrichtung des Kultes des »Höchsten Wesens«, das in einem großen Fest gefeiert wurde, markiert den Anfang vom Ende seiner faktischen Alleinherrschaft. Die Mitglieder des Konvents und auch einige Mitglieder des Allgemeinen Sicherheitsausschusses verschworen sich gegen Robespierre. Trotz aller Exzesse, deren Verantwortung Robespierre zu übernehmen hat, ist ihm selbst von seinen Feinden niemals Eigennutz oder Machtgier vorgeworfen worden. Sein Tugendbegriff war vielmehr so eisern und absolut, daß er ungerührt im Namen des Wohls und der Tugend der Nation ein Todesurteil nach dem anderen unterzeichnen konnte.

Couthon
Georges Couthon wurde 1755 in der Auvergne geboren. Seit seiner Jugend war Couthon gelähmt und bewegte sich stets in einer Art Rollstuhl. Bis zum Ende unterstützte er die Politik Robespierres, mit dem und Saint-Just er das sogenannte Triumvirat bildete. Als Lyon gegen die radikale Politik Opposition machte, wurde er mit der Niederschlagung der Revolte beauftragt. Er ließ die besiegte Stadt zerstören und vernichtete zahlreiche Denkmäler Lyons.

Saint-Just
Antoine-Louis-Léon de Saint-Just wurde 1768 im Département Nièvre geboren. Er war kompromißloser Unterstützer von Robespierres Politik. Besondere Verdienste erwarb sich Saint-Just als Inspektor der Rhein-Armee, die er regelmäßig betreute und für die er mancherlei Gutes tat. Als Präsident des Konvents stimmte er gegen Dantonisten und Hébertisten.

Hinrichtung Dantons und seiner Freunde

Am 31.3.1794 wurde Danton verhaftet. Er lehnte den gutgemeinten Rat seiner Freunde, aus Paris zu fliehen, kategorisch ab. Aus dieser Situation stammt sein berühmter Satz: »Weggehen; ja kann man denn sein Vaterland an den Schuhsohlen mitnehmen?«
In dem nur wenige Tage dauernden Prozeß konnte ihm kein Vergehen nachgewiesen werden. Danton wußte, daß es mit Robespierres Herrschaft kritisch würde und er prophezeite ihm ein baldiges Ende.
Auf dem Weg zum Schafott zeigte er stoische Gelassenheit und Humor. Dem Henker soll er folgende Verslein nach einer zeitgenössischen Melodie vorgeträllert haben:

Wir werden zum Tode geführt
Von einer Reihe Schurken.
Das läßt uns wohl verzweifeln.
Aber bald wird die Zeit kommen
Wo sie selbst dran glauben müssen.
Das ist es, was uns tröstet.

schusses an den Nationalkonvent über das freche Verhalten der Angeklagten ließ Saint-Just sie von der Verhandlung ausschließen. Kurz danach, am 16. April, wurden sie allesamt zum Tode verurteilt.

Danton stieg als erster in den vordersten der drei Karren, welche die ganze Bande auf den Platz Ludwig XVI., der heute Revolutionsplatz genannt wird, bringen sollten. Er mußte warten, bis alle drei Wagen voll waren, um dann den Weg zum Tod anzutreten. Diese Verladung dauerte mehr als eine Stunde, denn Camille Desmoulins wehrte sich lange gegen den Henker, den er zweimal umstieß; er wollte sich nicht die Hände binden und die Haare abschneiden lassen. Es heißt, die Gendarmen hätten dem Scharfrichter zuhilfe kommen müssen, um den Widerstand von Camille zu brechen. Währenddessen lachte Danton auf seinem Karren und machte den anderen Verurteilten, die schon auf den Karren waren, mit dem Kopf Zeichen, um ihnen zu bedeuten, daß man ihn zu lange warten lasse. Er sprach mit Lacroix und Hérault, die neben ihm warteten und sagte vor dem ganzen versammelten Volk, das um die Wagen herumstand, zu ihnen: »Was mich schmerzt, ist, sechs Wochen vor Robespierre zu sterben.« Schließlich bestieg Camille den Karren. Sein Hemd hing in Fetzen und er war außer Atem, wütend und verfluchte lauthals Robespierre, den Wohlfahrtsausschuß sowie das infame Gericht, das diesen Ungeheuern gehorcht. Die Verurteilten gingen inmitten einer ungeheuren republikanisch gesinnten Menschenmenge in den Tod, die gekommen waren, um die Köpfe der ersten Väter der Republik fallen zu sehen. Eine Frau, die den Zug in der Rue Saint-Honoré vorbeiziehen sah, schaute Danton an und rief aus: »Wie häßlich er ist!« Er antwortete ihr lächelnd: »Es ist unnötig, mir das jetzt vorzuwerfen, denn ich werde es nicht mehr lange sein.« Tatsächlich hatte er einen wahren Löwenschädel so wie Robespierre eher einer Katze oder einem Tiger gleicht. Als sie am Ort ihrer Hinrichtung ankamen, mußten sie vor dem Schafott aussteigen. Einer nach dem anderen kletterten sie hinauf und erlitten den Tod; sie mußten zusehen, wie die Freunde nacheinander guillotiniert wurden. Danton kam als letzter an die Reihe. Als er sah, daß der Henker ihn unterhalb der Schafotts suchte, rief er mit starker Stimme aus: »Jetzt bin ich dran!« Schnell stieg er die verhängnisvolle Treppe hinauf. Während man ihn an dem Brett festband, schaute er das vom Blut seiner Freunde triefende Messer mit unerschütterlichem Auge an. Er neigte den Kopf mit den Worten: »Es ist nur ein Säbelhieb.« Dies hatte Camille Desmoulins gesagt, als er kaltblütig diese neue Hinrichtungsart analysierte. Nur Dantons Kopf wurde dem Volk gezeigt, das zu schreien anfing: »Es lebe die Republik!« Die Augenbrauen dieses Kopfes bewegten sich heftig, die Augen waren lebendig und voller Glanz, als der Henker mit ihm rund ums Schafott schritt. Der Kopf schien noch zu sehen und zu atmen, die Schreie der Masse noch zu hören, so stark und kräftig war der Körper, von dem er soeben abgetrennt worden war.

Nicolas Ruault

Danton: Ein Porträt

Hätte Danton, anstatt in seinem Hause zu schlafen, sich in die Versammlung gestohlen, geredet, und Robespierre mitten in der Versammlung erschlagen, so stände er heute an der Spitze der Schicksale Frankreichs. Bei der jetzigen Stimmung der Gemüter, und allenthalben, wo der Pöbel oder keine öffentliche Meinung herrscht, ist der Schnellste und Verwegenste jedesmal Sieger.

In der Prozedur ist keine Beschuldigung gegen ihn erwiesen worden. Daß er mit den koalierten Mächten in Einverständnis gewesen sei, haben selbst seine Ankläger nicht geglaubt.

Danton hatte das Ansehen eines Mannes von vierzig und war vierunddreißig Jahre alt; sein Äußeres wild und gebietend; der Körper von starkem Knochen- und Muskelbaue, ohne schwerfällig zu sein. Nette Füße; Beine und Lenden wohlgestaltet; der Oberleib untersetzt, aber von geschmeidiger Korpulenz; hohe Brust, breite Schultern, auf kurzem Halse ein kleiner runder Kopf mit krausen braunen Haaren, den er rückwärts trug oder warf, in der Bewegung eines mutigen Rosses. Das Gesicht war kräftige Häßlichkeit; die Augen klein, dunkelbraun, blitzend. Eine kurze, aufgestülpte, aber dreiste Nase, genialische Stirn, halb zirkelförmig über die untere, weglaufende Oberlippe, der am meisten charakteristische Zug seines Gesichtes. Das Ganze der Person war eine Mischung von Auerochs und ungarischem Vollstier, gemacht dem Volke zu gefallen, das vor allem den Ausdruck des Vermögens liebt.

Sein Geist besaß rohe Stärke, und Unternehmungskraft im höchsten verwegensten Grade. Vor nichts bebte er. Reich an Konzeption, jedoch ohne Studium und Kultur, ging er vorwärts, ohne Plan, meistens wie es sein Temperament, oder Interesse des Augenblicks ihm eingab. Danton wurde fast immer mit Beifall gehört, er ermüdete niemals. Seine Rede war kurz, aber muskulös und voll Kraft wie sein Körper. Er sagte immer Eigenes, mit neuen kecken Bildern und Redensarten. Das Wörterbuch der Revolution hat er am meisten bereichert. Er sentenzierte, und faßte den Gegenstand immer am haltbarsten Punkte. Was sein Moralisches betrifft, so war er Schwelger und Wollüstling. Körperbau und Temperament berechtigten ihn zu beidem; indes scheint er den Sorglosen auch absichtlich gespielt zu haben, wenn er während der kritischen Epochen der Revolution, im Bette und in den Armen seiner Neuvermählten, Audienz erteilte. Zuverlässig indes war in ihm der Ehrgeiz dem Bedürfnisse des Genusses, und, sobald er seine Massen in Bewegung gesetzt hatte, selbst dem Redeeifer untergeordnet. Er war populär, aus Umgangsgewohnheit, bequemlichkeitshalber, und um selber ungeniert zu sein. Übrigens fand sich seine Eigenliebe durch den Beifall der Menge wenig geschmeichelt, weil er den eitlen Gehalt aller Popularität zu wägen wußte. Gern strebte er nach dem günstigsten Urteile der denkenden

Klasse, und es lag ihm daran, für einen Mann von Geist gehalten zu werden.

Er galt für einen wackeren Sohn, Vater und Ehemann, und hatte zwanzigjährige Freundschaften. Seine Freunde nannten ihn einen guten Kerl. Er wußte wenig von Haß und Rache, war offenherzig, dienstfertig, freigebig und gutmütig, aber roh, nur starker, und keiner zarten Gefühle fähig. Ein sanfter Zug, der aufs interessanteste mit seiner rauhen und brutalen Oberfläche kontrastiert, entlockte dem Auditorium seines Prozesses Tränen. Von den feigen Blutsaugern, die erst nach der Gefahr des 10. August zum Vorschein gekommen sind, angeklagt, daß er sich einige Tage vorher geflüchtet habe, antwortete der Stifter jener verwegenen Begebenheit: »Ja, ich habe mich entfernt, und bin erst den neunten Abends wiedergekommen. Nachdem alle Anstalten zum Angriffe des Schlosses getroffen waren, konnte ich den Gedanken an eine zärtliche Mutter nicht entfernen, die mein Tod schmerzen würde. Ich nahm die Post, flog in ihre Arme, küßte sie und sagte: zum letztenmal vielleicht; denn der Augenblick ist gekommen, wo wir entweder siegen oder sterben müssen. In drei Tagen leb' ich nicht mehr, oder der Thron liegt zu Boden.«

Beim Tode seiner ersten Frau, die der Gram wegraffte, in ihrem Manne den Anzettler der Morde vom 2. September zu sehen, war er vor Schmerz außer sich, suchte sich zu entleiben, und ward nur mit Gewalt von diesem Entschlusse zurückgebracht. Er schrieb nie. Seine öffentlichen Reden sind improvisiert, und in Privatgeschäften war seiner Trägheit keine Zeile abzugewinnen. Einer seiner Freunde bedurfte seiner Verwendung. Danton bestellte ihn zu sich auf den folgenden Tag, morgens um 7 Uhr. Statt eines Briefes, findet er Danton angekleidet, und einer der Regenten des französischen Reiches läuft lieber bis Mittag mit ihm herum, mündlich zu leisten, was eine Zeile getan hätte. War es Politik, daß er diesmal nicht schrieb, so ist der Zug Beweis von freundschaftlicher Gefälligkeit.

Man hat von Dantons Geiste zu vorteilhafte, und von seinem Herzen zu schlechte Begriffe gehabt: das letztere, weil er ohne Behutsamkeit lebte; das erstere, weil man ihm Charakterstolz für Genie anrechnete. Indes sind ihm seine Gegner nur an Hinterlist und fortgesetzter Tätigkeit überlegen gewesen; bei nüchternem Lebenswandel war er allen gewachsen.

Aber Schwelgerei hatte ihn nachlässig, Gefühl eigner Stärke, und Bewußtsein der Liebe des Volkes hatten ihn sicher, sein Glück menschlicher gemacht; und es verdient bemerkt zu werden, daß er seinen Nebenbuhlern gerade dadurch am meisten Blöße gab. Alle Parteien in dieser Revolution fielen, sobald sie aufhörten, leidenschaftlich oder gewalttätig zu sein, und mildere Handlungsmaximen herbeizuleiten suchten. Daher ist Danton durch die einzige eigentlich tugendhafte seiner öffentlichen Taten umgekommen.

Verfolgung der Toten

Paris, den 1. Dezember 1793

Nächste Woche werde ich Ihnen den versprochenen Auszug über die Totenausgrabungen im Saint-Denis Kloster schicken. Die Revolution stört den Frieden der Toten und verfolgt sie bis in die Tiefe ihrer Gräber. Unter dem Vorwand, Blei für die Armee zu benötigen, hat man alle Kadaver, die privilegiert in den Grüften der Kirchen lagen, hervorgeholt. In Wahrheit aber geschah es, damit nichts Adeliges in Frankreich bestehen bleibt, nicht einmal der Staub jener Toten. In Saint-Denis hat man einen großen Graben ausgehoben und die Knochen der Könige, der Prinzen, der Prinzessinnen usw. durcheinander hineingeworfen... vom König Dagobert und seiner Frau Nantilde, die im 7. Jahrhundert lebten, bis zu Ludwig XV. und den Kindern des Herzogs von Artois. Der Bericht der Gemeinde von Saint-Denis hält es fest: Dieses Aktenstück ist uns übermittelt worden, damit wir es im »Moniteur« veröffentlichen lassen, aber man erachtete es nicht für angemessen genug, um es abzudrucken. An diesen Bericht ist das traurige Interesse geknüpft, welches die totale Zerstörung dessen, was über 11 Jahrhunderte das Großartigste in Frankreich war, hervorruft. Die Monumente der Größe und der menschlichen Eitelkeit sind vergangenen Oktober zerstört und im Kalk verbrannt worden, im gleichen Moment, als man die letzte Königin Frankreichs aufs Schafott schickte und als man die 21 Gironde-Abgeordneten öffentlich abschlachtete. Was für eine traurige Zeit, wo die Lebenden und die Sterbenden gleichermaßen wegen Abstimmungen und wegen Meinungen verfolgt werden?

Nicolas Ruault

Eingang der abgeschidenen Seelen in das Elisium.

Sagen wir es doch ohne Umschweife und mit zwei Worten, was das System der Aufklärerei eigentlich ist! Nichts weiter als das System der Prätension, *das System des immerwährenden* Verlangens, Forderns, Wünschens *und* Ertrotzens. *Befriedigung aller sinnlichen Begierden und aller Leidenschaften des Herzens ist der Zweck dieses Systems. Damit der natürliche Mensch dann in alle Rechte und Privilegien seiner* natürlichen Viehheit *zurücktrete.*

Leopold Alois Hoffmann

XVI.
Soldaten

Die Bedeutung des internationalen Krieges zwischen dem revolutionären Frankreich und den Verbündeten Staaten unter Anführung von Preußen und Österreich kann für die Entwicklung der Revolution nicht hoch genug eingeschätzt werden. Ohne die dauernde Bedrohung hätten viele radikale Maßnahmen im Land selbst nicht durchgesetzt werden können. Zurecht mußten die meisten befürchten, die soeben erkämpften Vorteile wieder zu verlieren.

Auf der anderen Seite bekamen auch die ländlichen Teile Frankreichs durch die massenhafte Aushebung von Soldaten für den langen und aufwendigen Krieg die Nachteile einer solchen Situation zu spüren: in vielen Dörfern konnten die Ländereien mangels Arbeitskräften nicht mehr bestellt werden, wodurch die ohnehin bestehenden Versorgungsprobleme noch verschärft wurden.

Für viele Soldaten war der Aufbruch an die Front in erster Linie ein Abenteuer, ein Aufbruch zu unbekannten Welten. Die Ausrüstung war schlecht, die Verpflegung mangelhaft, aber der Enthusiasmus für die gemeinsame Sache war größer. In den Kämpfen gegen die äußeren und inneren Feinde entstand ein neues Nationalgefühl.

Freiwilligenverpflichtung in Paris, Juli 1792

Daten zum Krieg

27. 8.1791	Pillnitz: Leopold II, Friedrich-Wilhlem II (d.h. Österreich und Preußen) schließen mit den Emigranten ein Verteidigungsbündnis.
7. 2.1792	Zusammenschluß der Pillnitzer Gruppe.
20. 4.1792	Kriegserklärung Frankreichs an den ungarisch-bömischen König, und damit an Österreich.
28. 4.1792	Niederlagen der Franzosen an der Grenze.
11. 7.1792	Dekret »das Vaterland ist in Gefahr«.
25. 7.1792	Manifest des Herzogs von Braunschweig, Oberbefehlshaber der verbündeten Heere.
23. 8.1792	Longwy wird nach kurzer Verteidigung von den Preußen eingenommen.
30. 8.1792 bis 2. 9.1792	Verdun fällt; die Angst in Paris ist groß.
20. 9.1792	Valmy; die Revolutionsarmee hält gegen Preußen stand.
21.10.1792	Einnahme von Mainz durch die Revolutionstruppen.
6.11.1792	Sieg bei Jemappes.
1. 2.1793	Kriegserklärung an England und Holland.
7. 2.1793	Kriegserklärung an Spanien.
23. 7.1793	Preußen erobert die Mainzer Republik zurück.
25. 8.1793	Marseille wird von der Revolutionsarmee erobert.
27. 8.1793	England besetzt Toulon.
19.12.1793	Bonaparte erobert Toulon zurück.
26. 6.1794	Sieg gegen die Österreicher bei Fleurus.

Freiwillige melden sich zum Kampf für das Vaterland

Erste Mobilisierung: Sie findet im Sommer 1791 statt und ist auf eine Freiwilligenarmee ausgerichtet, jedes Département muß etwa 2000–3000 Soldaten aufbringen. Die Landbevölkerung ist im allgemeinen gegen die Mobilisierung, viele Arbeitslose und sehr arme Bürger finden in der Armee Beschäftigung und Verpflegung.

»Die beste Möglichkeit, den Frieden zu erhalten, ist eine gute Kriegsvorbereitung«

Sitzung des Jakobinerclubs am 22.12.1790

Am 22. hat Herr Dubois de Crancé*, der stets eifrig bemüht ist, die Interessen des Vaterlandes zu vertreten und Gefahr von ihm abzuwenden, die Gerüchte in Erinnerung gerufen, die über angebliche Kriegsvorbereitungen des österreichischen Kaisers berichten. Ohne diesen Gerüchten viel Glauben zu schenken, ohne sich wegen der dem Kaiser zugeschriebenen feindlichen Absichten große Sorgen zu machen, hat Herr de Crancé doch davor gewarnt, daß eine zu große Sorglosigkeit Gefahren mit sich bringen könnte. Die beste Möglichkeit, den Frieden zu erhalten – so meinte er, sei eine gute Kriegsvorbereitung. Er hat daher einen Antrag verlesen, den er in der Nationalversammlung stellen wollte, sofern er von der Jakobinergesellschaft für gut befunden würde. In diesem Antrag entwickelte dieses ehrwürdige Mitglied des Clubs den Plan, eine nationale Armee zu begründen, die abgesehen von den ordentlichen Truppen aus Freiwilligen bestehen würde. Diese sollen sich beim ersten Marschbefehl in Richtung Grenze in Bewegung setzen, um sich dem Feind zu stellen. Zur Bildung dieser Armee wären alle Gemeinden des Königreichs angehalten, aus ihrer Mitte jeden 10. Mann, der Waffen tragen kann, zu bestimmen.

** Edouard-Louis-Alexis Dubois de Crancé (1747–1814) war ein anerkannter hoher Offizier. Über Jahre hinweg arbeitete er an der Neuordnung einer französischen Armee, die den veränderten politischen Bedingungen gerecht werden könnte. Er wurde Mitglied des Wohlfahrtsausschusses und später, nach dem 9. Thermidor, sogar Kriegsminister.*

Die Nationalgarden sind schon im ersten Revolutionsjahr als Nachfolger der früheren »Bürgergarde« und »Pariser Miliz« ins Leben gerufen worden. Mitglieder durften nur die sogenannten »Aktivbürger« werden, d. h. Bürger, die wenigstens 40 Francs Steuern im Jahr zahlten, und mindestens 25 Jahre alt waren.
Die Aktivbürger konnten wählen und mußten den Eid auf die Verfassung schwören, anderenfalls hätten sie ihre Rechte verloren.

Die Ausrüstung besteht aus einem Gewehr, einem Bajonett, einer Patronentasche, einem Säbel und einer Uniform. Die so ausgewählten Bürger würden sich dann kantonsweise, nach Départements und Distrikten sammeln, um so ihre Offiziere zu wählen und sich in Kompanien, Bataillonen und Legionen zu formieren. Solange die Verteidigung des Staates sie nicht woanders hinruft, würden sie zuhause bleiben. Bis sie im Einsatz sind, sollen sie den halben Lohn eines Soldaten erhalten. Bei Beginn eines Feldzuges würden sie dann von der Armee bezahlt. Jeden Sonntag müßten sie auf Kantonsebene an Manöverübungen teilnehmen, um im Notfall jederzeit abmarschbereit zu sein.

Da Frankreich zur Zeit 3 Millionen bewaffnete Bürger hat, ergäbe sich aus einer 10 % Quote ein Heer von etwa 300 000 Mann, die gemeinsam mit 150 000 Berufssoldaten eine Armee von 450 000 Mann bilden würden. Hinzu kämen noch die anderen Nationalgardisten, die im Bedarfsfall jederzeit als Verstärkung eingesetzt werden könnten. Mit solch einer starken Armee könnten wir, so meint Herr de Crancé, allen Versuchen des Feindes widerstehen, von wo auch immer er angreifen würde.

Dieser Antrag wurde lebhaft beklatscht; und doch gab es Widerspruch. Herr Alexander Lameth* sah in der Aufstellung eines solchen Heeres von Nationalgarden die Gefahr, daß es, nachdem es die Freiheit verteidigt hat, eines Tages dazu dienen könnte, sie wieder zu vernichten. Er war der Ansicht, daß jeder Unterschied, jedes Zeichen der Überlegenheit in der Nationalgarde abgeschafft werden müsse und daß sie daher keinerlei Uniformen haben dürften. Jeder Bürger müsse bereit sein, dem Vaterland zu Hilfe zu eilen, sein Blut für es zu vergießen. Sinnlos aber sei es, sie ihren Familien und ihrer Heimat zu entreißen, ohne daß eine offensichtliche Gefahr bestünde. Alles deute darauf hin, daß der Kaiser keineswegs Kriegspläne gegen Frankreich hege, und daß zudem der König von Sardinien sicher nicht den Frieden mit Frankreich brechen wolle. Schließlich sei die Bezahlung einer Hilfsarmee von 300 000 Mann eine beachtliche Belastung für den Staat, dessen Ausgaben man nicht leichtfertig erhöhen dürfe. Die Ansichten von Herrn Lameth haben viele Anhänger gefunden.

** Alexandre Lameth (1760–1829) war zunächst Anhänger der Revolution. Nach der Flucht nach Varennes wandte er sich dem Hof zu, wurde dort aber nicht sonderlich geschätzt. Später kehrte er der republikanischen Armee den Rücken und ging nach England, dann nach Hamburg.*

Die Freiwilligen entscheiden den Kampf zugunsten der Franzosen

Für die Sache des Vaterlandes freiwillig in den Krieg

September 1792

Die österreichischen und preußischen Armeen hatten Longwy bereits besetzt. Die Nationalversammlung ließ die Invasion des französischen Territoriums seitens des preußischen Königs verkünden. In kürzester Zeit waren die Register, in die sich die Freiwilligen zur Armee melden, mit den Namen von Bürgern aller Altersstufen gefüllt; es waren sogar Verheiratete darunter, die sich wie die anderen der allgemeinen Sache widmen wollten.

Die Mehrzahl unserer Kanonierkompanie war entschlossen, an die Front zu gehen. Wir gingen daher zum Pariser Rathaus, um die Verwaltung zu bitten, uns so schnell wie möglich einen Marschbefehl zu geben, der uns in den Kampf führen würde.

Nachdem man uns dort empfangen hatte wurde uns versprochen, uns in den ersten Septembertagen loszuschicken. Wir sollten uns bereit halten, um vom Kriegsbeauftragten abgenommen zu werden.

Währenddessen gab es das Massaker in den Gefängnissen; ich übergehe diesen traurigen Bericht, der die Menschheit und die französische Revolution erschütterte.

Am 3. September haben wir uns in der Absicht versammelt, unsere Kräfte zu zählen und dann aufzubrechen. Viele brachten ihre Brüder mit, andere ihre Freunde. Ich war mit meinem Bruder Honoré überein gekommen, alleine loszuziehen. Er sollte in Paris bleiben, um unsere liebe Mutter zu trösten. Gegen meinen Willen wollte er sich auch verpflichten. Einer unserer Freunde namens Hervé beschloß ebenfalls, mit uns zu kommen.

Am gleichen Tag noch gingen wir auf den Place Royale zur Abnahme durch den Kriegsbeauftragten. Unsere Abreise wurde auf den 5. September festgesetzt.

Am 4. September haben wir gepackt und uns verabschiedet. Abends aßen wir und ein Teil der Kompanie gemeinsam bei unserem Gastwirt Dufour, dessen Sohn auch mit uns in den Krieg zog.

Am 5. versammelten wir uns um 4 Uhr morgens in unserer Kaserne in der Rue Bar-du-Bec und holten 4 Kanonen mit einer Munitionskiste. Anschließend gingen wir auf den Platz vor dem Rathaus, wo sich 9 Kompanien aus verschiedenen Sektionen befanden. Wir erfuhren, daß unser Bestimmungsort Châlons-sur-Marne sein würde, wo sich eine beachtliche Menge von Soldaten konzentrierte.

Einmal im Besitz des Marschbefehls und der Streckenbeschreibung, zogen wir gleich durch die Rue Saint-Martin los. Viele Bürgerinnen begleiteten uns und weinten entweder über ihre Ehemänner oder über ihre Freunde. Als wir die Stadtgrenze bei Neuve-de-Saint-Martin erreichten, mußten wir uns in Marschordnung aufstellen. Die Frauen

Bunte Ausrüstung, keine Uniform, aber viel Enthusiasmus

Freiwilligenheere: Im Juni 1791 werden, ausgehend von der Nationalgarde, die ersten revolutionären Bataillone aufgestellt, zusätzlich zur noch bestehenden königlichen Armee. Die Flucht des Königs steigert die Bereitschaft der Bürger, zur Armee zu gehen und ihre neuen Rechte zu verteidigen. So kommen in wenigen Monaten 100 000 neue Soldaten zu den 170 000 Berufssoldaten hinzu.

Goethe zur Schlacht von Valmy, September 1792

Von hier und heute geht eine neue Epoche der Weltgeschichte aus, und ihr könnt sagen, ihr seid dabeigewesen.
Den Thron sah ich gestürzt und zersplittert, eine große Nation aus ihren Fugen gerückt und nach unserem unglücklichen Feldzug offenbar auch die Welt schon aus ihren Fugen.

gingen nach Paris zurück mit Tränen in den Augen, und die Kutscher unserer Wagen peitschten ihre Pferde. Die wildesten unter uns begannen, patriotische Lieder zu singen.

Da uns die Empfindlichkeit unserer Eltern bekannt war, mußten wir abreisen, ohne uns von ihnen zu verabschieden und wir hofften, so ihren Schmerz in Grenzen zu halten. Wir hinterließen also unsere Möbel und Kleider unserem Cousin Arnoult in der Annahme, die Sachen binnen 3 Monaten wieder abzuholen. Diese Zeitspanne sollte ausreichen, um den Feind zurückzustoßen und siegreich heimzukehren.

Der Kanonier Bricard

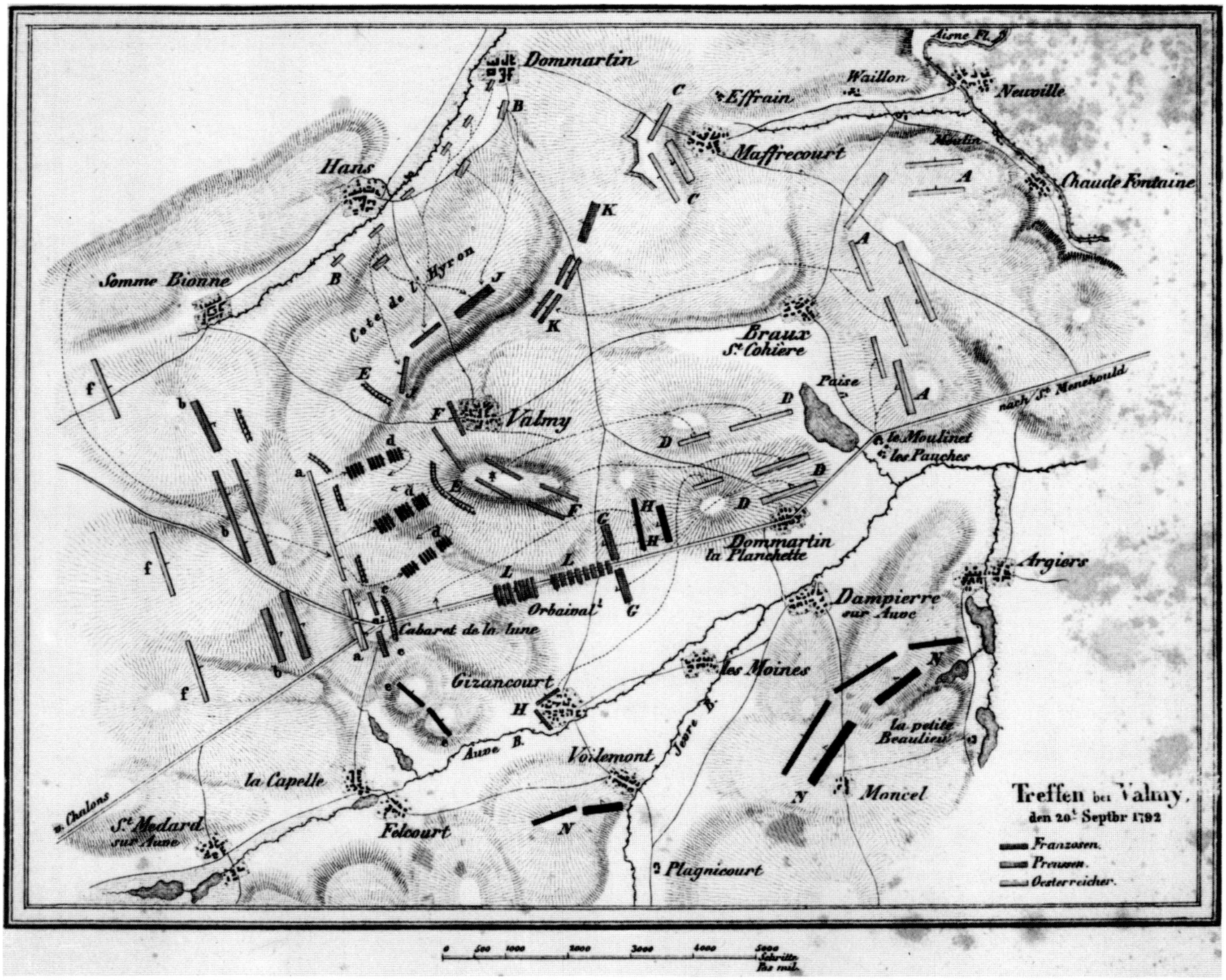

Kälte und mangelnde Kleidung: Versorgungsprobleme

3. Nov. 1792

Sehr geehrte Bürger Verwaltungsbeamte,

Mit großer Genugtuung habe ich Euren Brief vom 25. des letzten Monats erhalten, da Ihr mir darin sobald wie möglich die Lieferung der dringend erforderlichen Kleidung ankündigt, auf die mein Bataillon nicht verzichten kann. Schon jetzt sind Behinderungen aus Mangel an Kleidung entstanden.

Die Strenge der nächsten Jahreszeit schüchtert diejenigen ein, die fast nackt sind. Einige sind dermaßen spärlich bekleidet, daß auch die härtesten Herzen gerührt wären. Viele, die wegen der plötzlichen Abreise nicht zu sich nach Hause gehen konnten, sind mit einfachsten Westen oder Stoffhemden gekommen.

Virideau, Bataillonskommandeur des 3. Bat. aus der Dordogne.

Versorgungsprobleme: Soldaten teilen sich das wenige Brot

Am Ende des 18. Jh. war die Armee in Frankreich vor allem ein Sammelbecken für soziale Randgruppen, für alle diejenigen, die sonst keine Arbeit fanden. Die Zugehörigkeit zu diesem Söldnerheer bot Unterkunft und Verpflegung. Die meisten Soldaten waren entsprechend ungern gesehen, da sie recht ungehobelt waren.
So gab es an mancher Türe das Schild: »Eintritt für Hunde, leichte Mädchen und Soldaten verboten!«
Traditionell waren die Offiziersposten den Adeligen vorbehalten. Die Änderung dieser Regelung führte dazu, daß eine große Menge qualifizierter Bewerber auch aus bürgerlichen Schichten in die Armee drängte.

Laden und Abfeuern, ein langwieriger Vorgang

Größenordnungen: Die Soldaten, sowohl die Freiwilligen als auch die zwangsweise Verpflichteten, sollten mindestens 1,65 m groß sein, möglichst sogar 1,78, da das damalige Gewehr sehr lang und dementsprechend schwer zu handhaben war.

Versorgung: Die materielle Lage der Soldaten ist katastrophal, es fehlt an Kleidung und Schuhwerk. Eine einheitliche Uniform gibt es auch nicht, lediglich die Kokarde an der Kleidung. Die Herstellung einer richtigen Uniform war recht teuer.

Aller Anfang ist schwer: Freiwillige exerzieren

Was kostet die Uniform eines Freiwilligen?

Kleidung war teuer und trotzdem für die Ausrüstung der Armee äußerst wichtig. 1792 kostete die Uniform eines Freiwilligen mehr als 236 Francs.

Ein Anzug, eine Weste und zwei Unterhosen	129 Fr. 8 Sous
Drei Hemden	24 Fr.
Ein Hut	7 Fr.
Zwei Strumpfhosen	10 Fr.
Zwei Paar Gamaschen	11 Fr. 8 Sous
Zwei Paar Schuhe	18 Fr.
Zwei Kragen	2 Fr. 3 Sous
Drei Bürsten	1 Fr.
Zwei Piken	1 Fr.
Ein Ledersack	18 Fr.
Ein Stoffsack	6 Fr. 8 Sous
Eine Patronentasche	8 Fr.

Nicht alle Gemeinden konnten angesichts dieser hohen Preise ihre in immer größerer Zahl ausgehobenen Soldaten angemessen einkleiden. Oft wurden die Nationalgardisten ihrer Uniformen beraubt, um sie an die Frontsoldaten weiterzugeben.

Ohne Material kein Angriff

Paris, den 26.4.1792

Die Dokumente, Monsieur, die ich Ihnen senden soll, können erst morgen, Freitag, abgeschickt werden. Die Notare kommen mit der Überprüfung der Unterlagen nicht nach; sie sind wirklich mit Arbeit überhäuft. Der allgemeine Umsturz der Vermögensverhältnisse macht noch einmal so viele Notare und dreimal mehr Bürogehilfen erforderlich.

Seit der Kriegserklärung scheint Paris recht ruhig. Die Arbeiter sagen, daß sie sich schön betrogen fühlen und daß sie nichts sehnlicher wünschen, als zur Ordnung zurückzukehren. Sie hätten nichts dagegen, wenn 40 000 Halunken aus Paris an die Grenzen ziehen, solange sie nicht mehr zurückkommen. Es scheint, als hätten die Jakobiner mit Sympathiebekundungen für die französischen patriotischen Truppen in Brabant gerechnet; jetzt zählen sie nicht mehr darauf. Selbst in Lüttich ist das Volk der Revolte und Revolution so müde, daß es den Propagandisten ins Gesicht spuckt und, was noch mehr bedeutet, diese auch denunziert. Diese schlechten Nachrichten hat der allgemeine Jakobinerklub der Nation erhalten. Gestern wurde verbreitet, der General Luckner* habe aus Straßburg geschrieben, er sehe sich außer Stande, die empfangenen Angriffsbefehle auszuführen und wolle erst angreifen, wenn er das ihm fehlende und seit langem angeforderte Material erhalten würde. Auch Herr de La Fayette schrieb aus Metz, daß er nicht auf Lüttich marschieren könne, so wie es seine Befehle verlangten. Es heißt, all dies sei auf taube Ohren gestoßen und der Kriegsminister habe dieselben Befehle wiederholt.

Fougeret an Lecoy de la Marche**

** Nicolas Luckner (1722–1794) war schon zu Lebzeiten Ludwigs XV. von der preußischen Armee wegen seines exzellenten militärischen Renommees abgeworben worden. Seine Begeisterung für die Revolution machte ihn bald zu einem der einflußreichsten Generäle. Bei Kriegsausbruch wurde ihm die Führung der Nordarmee anvertraut. Wegen angeblicher Beteiligung an einer internationalen Verschwörung wurde er vom Revolutionsgericht zum Tode verurteilt.*

** Jean Fougeret (1734–1794) war unter dem Ancien Régime hoher Finanzbeamter. Die Anklage gegen ihn lautete wie meist auf heimliche Korrespondenz mit dem feindlichen Ausland.*

** Nicolas Lecoy de la Marche war Fougerets Intendant in der Provinz.*

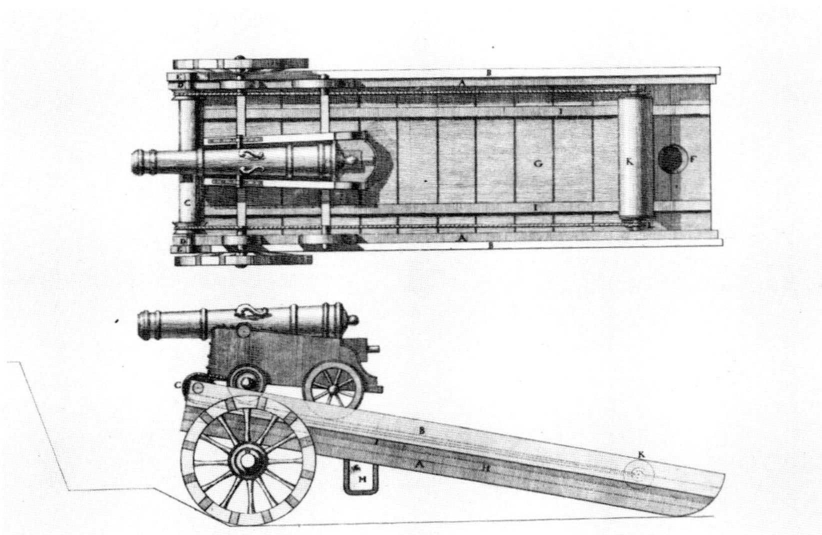

Der Transport der Kanonen war ein großes Problem

Die königliche Armee war nach 1789 zunächst unverändert geblieben, auch in ihrer sozialen Hierarchie. Erst am 11.6.1791 müssen die Offiziere einen Eid auf die neue »Nation« schwören. Anläßlich der Flucht des Königs nach Varennes wird klar, daß viele gegen die Revolution sind – sie flüchten über die Grenze, um gegen Frankreich zu kämpfen.
Am 1.8.1791 wird das Beförderungssystem etwas demokratisiert. Die Trikolore wird in der Armee eingeführt.

Gute Stimmung und Kampfkraft

Saint-Georges, den 22. Okt. 1793

Wir verschwenden hier unnütz das Geld der Republik. Die Kommandierenden und die Soldaten langweiligen sich wegen der Passivität, zu der sie verurteilt sind. Man sollte unbedingt die gute Einstellung der gesamten Truppe nutzen.

Wenn wir zahlreicher wären und sicher sein könnten, daß der Teil der Mainzer Armee, der auf Ancenis marschiert, uns bei unseren Bewegungen helfen wird, könnten wir nach Varades vordringen und den Feind zwischen zwei Feuer drängen. Die Mainzer Armee würde unterdessen von Angers aus, wo sie stationiert ist, längs der Mayenne vorrücken, um die Banditen anzugreifen, die sich im Distrikt von Ségré eingenistet haben. Aber angesichts der geringen Stärke unserer Truppe wäre es besser, wenn die Mainzer sich unserer Armee anschließen, um auf Varades zu marschieren. Nach Vereinigung der beiden Mainzer Verbände könnten wir alle gemeinsam gegen die Banditen vorrücken, die sich tief im Land festgesetzt haben, und sie endgültig vernichten.

Das Wetter ist gut, die Einstellung der Truppe ist gut. Zu einem anderen Zeitpunkt haben wir vielleicht nicht diese günstigen Bedingungen.

*Benaben**

** Jean Claude Benaben (1746–1821) war Kriegskommissar. Diese wurden vom Nationalkonvent zu den Armeen geschickt, um dort die Kriegshandlungen zu beobachten, den Zustand der Armee zu prüfen und die Offiziere zu überwachen. Die Kommissare waren mit sehr weitgehenden Vollmachten ausgestattet, konnten Offiziere absetzen, befördern und durch die Beurteilung der Armee politischen Einfluß auf die Kriegsführung nehmen.*

Frankreich allein gegen die Koalition der feindlichen Mächte

Kein Brot für die Soldaten, kein Heu für die Pferde

Saint-Georges, den 22. Okt. 1793, im II. Jahr der einen und unteilbaren französischen Republik; um halb drei Uhr nachmittags.

Sehr geehrte Bürger Verwaltungsbeamte,
es ist erstaunlich, daß es in einer Armee wie der Euren weder Kriegskommissare noch militärische Versorgungsinspektoren gibt. Ich hätte vorübergehend die Funktionen von beiden ausüben können, wenn es mir möglich gewesen wäre, deren untergeordnete Mitarbeiter kennenzulernen. Das 29. Regiment hatte am Tage der Niederlage kaum Brot, und es vergeht selten ein Tag, an dem sich nicht ein Truppenteil über diese Nachlässigkeiten in der Versorgung beklagt. Mit Befremden habe ich auch festgestellt, daß wegen aller Anfragen immer der General und seine Adjutanten behelligt wurden, obwohl die Dinge entweder in die Kompetenz des Kriegskommissars oder des Versorgungsinspekteurs fielen. Ich ersuche Euch dringend, diese Mißstände auszuräumen. Wenn unsere Truppen nicht so stark durch den Wunsch motiviert wären, dem Vaterland zu dienen, hätten sie schon den Mut verloren. Hätten wir unsere Vorräte an Brot und Heu erhalten, wären wir schon zum nächsten Ort weitergezogen. Der Generalstab der Armee hatte heute weder Brot noch Heu für die Pferde.

Benaben, ziviler Kommissar

P. S.: Es gibt immer wieder einmal Unordnung und Plünderungen in der Armee. Aber das ist nicht verwunderlich; wenn ein Soldat nicht gerecht behandelt wird, verschafft er sich selbst Gerechtigkeit.

Jedes Batallion hatte seine Fahne: Saint-Marcel

Lieder auf den Krieg

Freunde, Eure Verse und Eure Lieder,
haben des Salpeters Ruhm besungen;
aber Ihr vergeßt die Kanonen,
die dem Siegesgott so teuer sind.
Ehren wir also den Salpetermischer,
denn ihm verdanken wir das Pulver;
ehren wir auch den Kanonier,
dessen Hand den Blitzschlag leitet.

Kanonen, ihr wart einstmals,
die letzte Rettung der Könige;
aber diese Zeiten sind lange vorbei.
Nur ihnen nütztet ihr,
wart lange Zeit ihre Stütze.
Aber eine neue Ordnung beginnt
und die Könige verlieren heute
der eine den Verstand, der andere den Kopf.

Das Bild dieser Geißel der Nation
mögen unsere Hände stürzen;
das Feuer möge die Denkmäler der Sklaverei
in Kanonen verwandeln.
Schickt diese Könige zum Schmelztiegel
und gießt eine Batterie daraus.
Zum ersten Male Freund geworden,
werden sie dem Vaterland helfen.

Der Fahnenträger

Ausschreitungen gegen die aufständischen Vendée-Bürger

3. Nov. 1793

Da ich in dem grausamen Bruderkrieg, der zwischen den republikanischen und royalistischen Franzosen geführt wird, zum Zeugen geworden bin, ist mein Herz über all die Freveltaten, die dort begangen werden, wahrlich entsetzt. Mein Herz stößt den Schrei der Natur aus; Deiner Brust, oh tugendhafter Gesetzgeber, will ich ihn übermitteln. Das Schwert muß die Aufsässigen, die sich kühn den Gesetzen eines ganzen Volkes widersetzen, mit Gewalt unterwerfen. Ja, es bedarf des Blutes, um die Trabanten der Tyrannen zu vernichten, die sich bemühen, das Joch über unseren Köpfen wieder zusammenzuschmieden, das wir zerbrochen haben. Ja, es bedarf der Greuel, um die Fanatiker zu besiegen, die meinen für den Himmel zu kämpfen, wenn sie sich Natur und Gesetz widersetzen. Dieses Schwert aber darf nur von genau diesen Gesetzen gelenkt werden, dieses Blut darf nur am rechten Ort fließen, diese Grausamkeiten dürfen nur so selten wie möglich begangen werden. Ja, wir Soldaten der Freiheit verteidigen die gute Sache. Wie viele unter uns sind jedoch unwürdig, sie zu verteidigen! Und wie viele von uns verteidigen sie schlecht! Aber ich deklamiere, wo ich Dir doch Tatsachen vorzutragen habe, oh Robespierre!

Seit unsere Armee in die Vendée* einmarschiert ist, hat jeder Soldat getötet, wen er wollte, hat geplündert, wen er wollte unter dem Vorwand, der Ermordete oder Geplünderte wäre ein Rebell oder Rebellenbeschützer oder sogar royalistisch gesinnt. Niemand hat sich Mühe gegeben oder dafür Sorge getragen, daß die Blut- und Plünderungsgier unterdrückt oder gemäßigt würde. Stelle Dir vor, zu welchen Exzessen sich die Wut des Verbrechens hat hinreißen lassen, der vom Zügel der Gesetze befreit war! Stelle Dir vor, wie viele Unschuldige als Opfer der Verbrecher haben sterben müssen! Es stimmt wenn man sagt, daß Leben und Güter des besten Bürgers auf Gnade und Ungnade zwanzigtausend Menschen ausgeliefert waren, unter denen sich zwangsweise eine große Anzahl Verbrecher befinden mußte. Jedes einzelne Mitglied der großen Armee konnte nach Belieben Todesurteile und Beschlagnahmungen aussprechen und ausführen. Der Soldat ist aber nur dazu da, über denjenigen den Tod zu verhängen, der sich im Kampf zur Wehr setzt. Jeder, welcher einen anderen tötet, der sich nicht wehren kann, ist nichts weiter als ein Henker oder ein Mörder. Jeder, der sich nach Gutdünken Güter aneignet, die einem anderen gehören und die das Gesetz ihm nicht zuerkennt, ist nichts weiter als ein Dieb. Wendet man ein, Rebellen gegenüber habe man sich weder ans Völkerrecht noch ans Gesetz zu halten? Zum mindesten hat man das Naturrecht zu beachten und die Gesetze muß man befolgen, wenn nicht um ihretwillen, dann für uns selbst.

** Im Vendée-Krieg kämpfte die revolutionäre Armee gegen die aufständischen Départements im Westen Frankreichs, wo sich die antirevolutionären Kräfte gesammelt hatten. Schon 1792 hatten Tausende von Bauern ihre Sympathie für den König in Demonstrationen zum Ausdruck gebracht. Als am 10. März 1793 durch Losentscheid ein Heer von zusätzlich 300000 Mann aufgestellt werden sollte, weigerten sich die Bauern, die ihr Land nicht aufgeben konnten oder wollten. Sie organisierten sich und begannen einen Bürgerkrieg. Die Auseinandersetzungen waren grausam und es gab hohe Verluste. Auch wenn 1795 der Krieg zu Ende schien, flammte der Konflikt noch mehrmals auf.*

In keinem Krieg darf ein Soldat einen Menschen töten, der nicht zum Widerstand fähig ist. In keinem Krieg darf ein Soldat sich ohne gesetzliche Zuteilung Gegenstände aneignen: so müssen der Militärkodex eines freien Volkes und aller Völker beginnen. Wenn irgend jemand den Tod verdient hat, wenn ein anderer seines Besitzes beraubt werden muß, warum eine so wichtige Sache der Laune eines beliebigen Menschen überlassen, wo doch das Gesetz über sie entscheiden kann? Oh Franzosen, geben wir das Beispiel, daß diese beiden Artikel in unseren Gesetzen geheiligt werden! Franzosen, wir wollen die Freiheit schützen, aber wir wollen uns ihrer durch unsere Tugenden würdig erweisen.

Hauptmann Bouverai an Robespierre*

** Bouverai war Hauptmann der 8. Kompanie des 12. Bataillons des Départements Haute-Saône und befand sich zur Zeit des Briefes in Angers.*

Diese Statue sollte an den äußersten Grenzpunkten Frankreichs aufgestellt werden, um den Feind abzuschrecken

Levée en masse: Die Errichtung der Schreckensherrschaft führt zu einer totalen Mobilmachung gegen den siegreichen Feind. Im Sommer 1793 werden stellenweise alle wehrfähigen Männer eingezogen. Die Frauen werden zu Dienstleistungen (Sanitäter etc.) herangezogen.

Kinder im Dienst der Freiheit

Unterdrückung in der Vendée

Einige übertrieben humane Leute, vielleicht auch solche, die ihre gegenrevolutionären Meinungen unter dem unantastbaren Mäntelchen der Menschlichkeit verbergen wollen, haben behauptet, der Nationalkonvent sei zu streng, wenn er bei der Bestrafung der aufständischen Franzosen auch Kinder bis zu 12 Jahren einschließe. »Es ist besser und ein Diktat der Menschlichkeit genauso wie des politischen Weitblicks, wenn man diese jungen Sprößlinge dem schlechten Boden entreißt und sie in den Boden der Freiheit verpflanzt. Damit erhält man sich die Hoffnung, durch eine wirkliche Nationalerziehung eines Tages ihre Früchte mit Freude reifen zu sehen.«

Ich weiß nicht, ob diese Leute recht haben. Aber ich kann mich erinnern, daß die Richter in England ein junges Mädchen von 10 oder 12 Jahren zum Tode verurteilten, weil es unter Einfluß von böswilligen Menschen eine Scheune in Brand gesteckt hatte.

Die Richter glaubten sich verpflichtet, selbst gegen das unschuldige Kind hart vorzugehen, um den Eltern beizubringen, auf ihre Kinder aufzupassen und sich nicht hinter ihnen zu verstecken, während sie selbst Verbrechen planen. Die Schurken sollen dabei sehen (sofern sie noch einen Funken Menschlichkeit besitzen), daß sie allein deshalb, weil sie Verbrecher sind, erneut ein Verbrechen verschulden. Dieses Beispiel ließ das Volk, das der Hinrichtung beiwohnte, erzittern. Ich kenne und fühle vielleicht besser als irgend jemand all die Ehrfurcht, die wir der Menschlichkeit schulden, diesem heiligen Band, ohne das die Menschen leicht zu blutdürstenden Tigern würden. Aber man weiß auch, daß die oberste Richtlinie das Wohl des Volkes ist und daß es durchaus verziehen werden kann, Kinder von 12 Jahren zu opfern, um damit die Auflösung des ganzen Staates und den Mord an den Kindern in der Wiege zu verhindern.

Und zum Schluß: Auch wenn es Gründe gibt, eine solche Strenge nicht walten zu lassen, so kann es doch keine geben, nicht mit ihr zu drohen, um so die Départements bei der Sache der Revolution zu halten, die eine gewisse Tendenz zum Widerstand haben könnten.

Ich fühle, wie ich vor meinen eigenen Überlegungen zurückschrecke. Aber das, was der Konvent dekretiert, das, was Brutus getan hat, wiegt schwer in den Augen dessen, der sich durch Vorbilder leiten lassen will. Denn selbst fühle ich nicht deutlich genug, was für eine Revolution erforderlich ist und merke nicht immer, durch welche ungewöhnlichen Schritte man zur Freiheit gelangt und daß man für diese alle Interessen sowie alle Regungen des Gefühls opfern muß.

Perrière

April 1792: Kriegsausbruch gegen Österreich und Preußen; Gesetz zur Aushebung von Truppen. Es gilt relative Wehrpflicht, d. h. jedes Département muß eine gewisse Menge von Männern stellen. Der patriotische Enthusiasmus garantiert eine große Anzahl von Freiwilligen.
Februar 1793: Es entsteht eine große Koalition gegen Frankreich, immer mehr Soldaten müssen an die Front. 300 000 werden zwangsausgehoben. Das Losverfahren, eingeführt mangels echter Freiwilliger, stieß bald auf Widerstand, da es ungerecht schien. Die Zwangsaushebungen gehören zu den Auslösungsfaktoren für die gegenrevolutionären Bewegungen.

Fesselballons im Dienste der Freiheit: Der Krieg der Sterne im Jahre 1794

13. Juni 1794

Um 8 Uhr morgens sind wir, Pierre Donnot, Observator auf dem Turm von Maubeuge, und Jean-Marie Coutelle, befehlshabender Hauptmann der Luftfahrer*, bei starkem Nordwind aufgestiegen. Kaum waren wir 10 Klafter hoch, als schon eine Kanonenkugel in recht großer Entfernung, etwa 20 oder 50 Klafter über uns, am Ballon vorbeiflog; sie kam aus Richtung der Festung. Eine weitere, die aus derselben Richtung kam, flog wesentlich näher vorbei, etwa 50 Klafter weiter links eine dritte.

Die Kanone, die wir genau sehen konnten, schien uns ein Dreizehnpfünder. Etwa 100 Klafter stand sie von der kleinen feindlichen Stellung entfernt, die gegenüber von der Festung ist. Sie befand sich ein bißchen auf der rechten Seite, hinter einem kleinen Erdbuckel, mitten auf einem Weg, der zur Festung führt.

Eine Abteilung von etwa 20 Reitern eskortierte die Kanone und versteckte sich in einem Hohlweg hinter einem Kornfeld, nachdem der dritte Schuß abgegeben war.

Wir stiegen weiter bis zu 100 Klafter Höhe. Wegen des dichten Nebels und des starken Windes hatten wir all unseren Ballast abwerfen müssen. Wir haben beobachtet, daß die Arbeiten im Lindenwald weitergehen; es scheint sich um einen Weg zu handeln, der zu dem Dorf namens Corbeau führt.

Auf der Straße nach Mons, oberhalb des Roten Hauses, arbeiten viele Leute.

Nur ungenau und mit Mühe war der Kirchturm von Grandreng zu erkennen, so daß wir in diesem Teil keinerlei Beobachtungen machen konnten.

In der Nähe von Erqueline wird recht oft geschossen, wir haben nicht genau ausmachen können, auf welcher Seite der Sambre. Alle die kleinen Lager in der Ebene von Neuf-Maisnil, unweit von Feignies, und die rund um die Stadt sind seit gestern unverändert.

Da der Wind stärker wurde und wir keine weiteren Erkundungen anstellen konnten, ließen wir uns herunterholen. Als wir höchstens 20 Klafter hoch waren, flog eine auf uns abgeschossene Kugel oberhalb des Ballons vorbei; und eine zweite, als wir fast wieder am Boden waren.

** Die Möglichkeiten, mit einem künstlichen Flugkörper bei der Kriegsführung die Bewegungen des Feindes besser auskundschaften zu können, wurden von der Armeespitze schnell erkannt. 10 Jahre nach der Erfindung des Fesselballons »Montgolfière« durch die Gebrüder Montgolfier wollte man sich diese bahnbrechende Erfindung zunutze machen. Sowohl aus tatsächlich taktischen als auch aus psychologischen Erwägungen: denn der Anblick des fliegenden Ungeheuers sollte die eigenen Soldaten ermutigen und die Gegenseite einschüchtern. Den fortschrittsgläubigen Revolutionären war die Eroberung der Luft ein Beweis für die Überlegenheit ihrer eigenen Weltanschauung. Die Erfahrungsberichte lesen sich dagegen rührend naiv und buchhalterisch.*

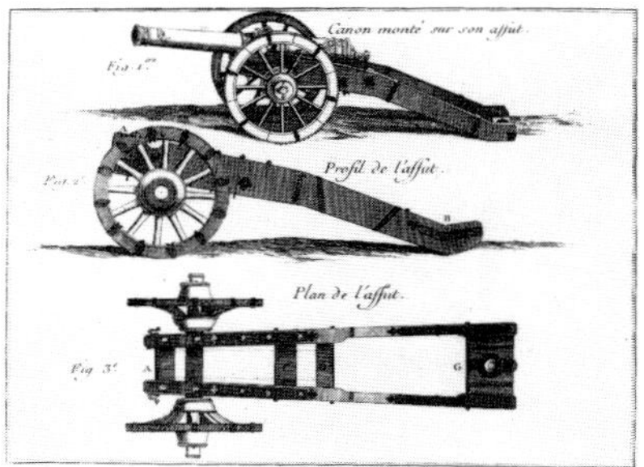

Gutachten des Generals Jourdan über den Nutzen der Fesselballons für die Kriegsführung

Bürger Minister, Sie wünschen, daß ich Ihnen meine Meinung über die Einrichtung der Flieger-Kompanien mitteile.

Zunächst möchte ich Ihnen sagen, daß die Ballons der Armee niemals andere Dienste erwiesen haben als die gegnerischen Soldaten bei ihrem ersten Erscheinen zu erschrecken. Ich überlasse Ihnen zu beurteilen, ob dieser Überraschungseffekt wiederholt werden kann und in welchem Grad er den Feind erschüttern kann.

Es ist nie gelungen, die Flugkörper nah genug an die feindlichen Truppen heranzubringen, um ihre Bewegungen zu entdecken. Allerhöchstens konnte man die Aktivitäten ihrer Vorposten beobachten. Dieser Vorteil, der an einem Kampftag wertvoll sein kann, birgt immer noch mögliche Fehler, und diese Fehler können verhängnisvolle Konsequenzen haben. Die Erfahrung beweist die Wahrheit meiner Ausführungen; und sorgfältig bewahre ich eine Notiz des Generals Morlot vom Tage der Schlacht bei Fleurus, in der er mir mitteilt, daß meine rechte Flanke Erfolge hat, wohingegen sie in Wahrheit hinter der Sambre umgeworfen worden war.

Zusammenfassend bin ich, Monsieur, der Meinung, daß die Armee keine Ballons braucht, außer man würde eine Möglichkeit finden, sie vernünftig zu verwenden.

Versorgung der invaliden Soldaten

In einem Dekret vom 8. Februar 1793 bemühte sich der Nationalkonvent, die Folgen des Krieges für Invaliden und die Familien der Opfer zu mildern.

Art. 1: Diejenigen Freiwilligen und Berufssoldaten, die wegen schwerer Kriegsverletzungen ihren Dienst nicht wieder aufnehmen können, erhalten aufgrund der folgenden Bestimmungen eine Rente ausgesetzt.

Art. 2: Derjenige Freiwillige oder Berufssoldat, der ein Bein verloren oder eine so schwere Verletzung erhalten hat, daß er seinen Dienst nicht wieder aufnehmen kann, erhält als Rente 15 Sous täglich. Wer einen Arm verloren oder an Arm oder Hand so schwer verletzt wurde, daß er diese nicht mehr gebrauchen kann, erhält als Rente 20 Sous täglich. Wer zwei seiner Gliedmaßen verloren hat oder so schwer an ihnen verletzt wurde, daß er sie beide nicht mehr gebrauchen kann, erhält als Rente 500 Francs im Jahr.

Art. 3: Die Unteroffiziere der Freiwilligen oder Berufstruppen, die in einer der beschriebenen Situationen sind, erhalten als Rente ihr volles Gehalt unter der Voraussetzung, daß dieses mindestens dem entspricht, was sie als Soldaten erhalten hätten.

Die Entschädigungen konnten sich durchaus sehen lassen. Bei einem durchschnittlichen Tagesarbeitslohn von 20–36 Sous nehmen sich die 15 Sous bzw. 20 gut aus. Die pauschal gezahlten 500 Francs jährlich entsprechen einem Tagessatz von knapp 28 Sous.

Die Fahnen der Nationalgarde werden in Notre Dame dem Vaterland geweiht

Ein Preuße beschreibt die revolutionäre Armee

Die Franzosen waren sicher nicht so diszipliniert in der Marschordnung, nicht so gut poliert und auch nicht so geschickt im Umgang mit dem Gewehr wie die Preußen. Aber sie waren voller Hingabe, mit Körper und Seele bei der Sache, der sie dienten. Von unseren deutschen Söldnern könnte man das nicht behaupten. Fast alle, die ich kennengelernt habe, wußten, wofür sie kämpften und waren bereit, ihr Leben für das Wohl des Vaterlandes zu opfern. Eine andere Alternative als Freiheit oder Tod kannten sie nicht.

Für wen, du gutes deutsches Volk (Sommer 1793)

Für wen, du gutes deutsches Volk,
Behängt man dich mit Waffen?
Für wen läßt du von Weib und Kind
Und Herd hinweg dich raffen?
Für Fürsten- und für Adelsblut
Und fürs Geschmeiß der Pfaffen.

War's nicht genug, ihr Sklavenjoch
Mit stillem Sinn zu tragen?
Für sie im Schweiß des Angesichts
Mit Fronen dich zu plagen!
Für ihre Geißel sollst du nun
Auch Blut und Leben wagen?

Sie nennen's Streit fürs Vaterland,
In welchen sie dich treiben.
O Volk, wie lange wirst du blind
Beim Spiel der Gaukler bleiben?
Sie selber sind das Vaterland,
Und wollen gern bekleiben.

Was ging uns Frankreichs Wesen an,
Die wir in Deutschland wohnen?
Es mochte dort nun ein Bourbon,
Ein Ohnehose thronen.

Gottfried August Bürger

Jena, den 26. Nov. 1792

Der Krieg gegen Frankreich ist auf das nächste Jahr festgesetzt. (...) In Deutschland fängt man große Anstalten an, und es geht wie immer über die Freiheit der Particuliers her. In Göttingen werden alle Briefe und Pakete, worin man etwas zu finden glaubt, erbrochen, worüber viel Klagen geführt werden.

Friedrich Schiller an Christian Gottfried Körner

Die französische Nationalhymne: ursprünglich ein Kriegslied für die Rheinarmee

Von Rouget de Lisle, dem General Luckner gewidmet (1792)*

Rouget de L'Isle trägt seine Hymne vor; später wurde sie die Marseillaise

** Claude-Joseph Rouget de Lisle (1760–1836) schrieb das später »Marseillaise« getaufte Kriegslied für die Rheinarmee am Vorabend des Feldzugs gegen Österreich in Strasbourg. Das Lied wurde sofort gedruckt und verbreitete sich rasch in der Armee. Als das Bataillon aus Marseille nach Paris verlegt wurde, machte sich die Marseiller Truppe das Lied zu eigen. Daher rührt der Name »Marseillaise«. Schon 1795 wurde das Lied zur Nationalhymne erklärt.*

1.
Allons enfants de la Patrie.
Le jour de gloire est arrivé!
Contre nous la tyrannie,
L'étendard sanglant est levè,
Entendez vous dans les campagnes
Mugir ces féroces soldats?
Ils viennent jusque dans vos bras
Egorger vos fils, vos compagnes.
Aux armes citoyens,
Formez vos bataillons,
Marchons!
Qu'un sang impur
Abreuve nos sillons!

1.
Wohlan, des Vaterlandes Sohn,
Der Tag des Ruhmes brach an.
Sein blutiges Banner hat schon
Uns zum Trotz gesetzt der Tyrann.
Horch, hörst du wie über dein Land
Brüllt der Krieg wie ein wildes Tier?
Vor den Augen werden sie dir
Abschlachten so Kinder wie Land.
Jetzt kämpft, Bürger, kämpft!
Bataillone, sprungauf!
Marschiert!
Verruchtes Blut
Der Acker sauf'!

Die Waffe des Infanteristen war in erster Linie sein Gewehr. Es war schwer, sehr lang und unhandlich. Das Abfeuern stellte eine längere Prozedur dar.

Gewehre der Armee: Seit 1777 existent. 152 cm lang, etwa 4 kg schwer. Reichweite: 200 m, nach 400 oder 500 m verliert sich die Kugel. Die Treffsicherheit war gering. Im Schnitt töten 3 000 Schuß einen Menschen. Am 26. 1. 1794 beschließt der Nationalkonvent, alle Gewehre in persönlichem Besitz zu konfiszieren, sofern es sich um ein brauchbares Kaliber handelte.

Bayonett: eine damals sehr wichtige Waffe, vor allem für eine Armee, die ungeschult war und große Manöver nicht beherrschte. Der Nahkampf war für die französische Taktik äußerst wichtig. Pike: die proletarische Waffe schlechthin. Die Pike war zudem ein Instrument, das von ungelernten Rekruten gehandhabt werden konnte, ohne vorherige Anlernung. Kanonen: Reichweite etwa 900 m, Zielsicherheit 400 m.

Die Flinte der Revolutionsarmee

Die Waffe wurde zunächst wagerecht gehalten, der Hahn wurde zurückgezogen und in Ruhestellung gebracht. Der Pfannendeckel wurde hochgehoben. Mit den Zähnen zerriß der Soldat den oberen Teil der Patrone, spuckte das Papier aus und füllte die Pfanne mit Pulver. Mit der einen Hand wurde nun die Patrone zwischen Daumen und Zeigefinger senkrecht in der Luft gehalten, während mit der anderen Hand die Pfanne geschlossen und die Waffe in vertikale Position gebracht wurde. Anschließend wurde die Patrone in den Lauf gesteckt, wobei darauf zu achten war, daß das Pulver bis ganz unten fällt. Dann folgte die Papierkugel mit dem Geschoß darinnen, die mit einem eisernen Ladestock in den Lauf geschoben wurden. Der Ladestock befand sich in einer Scheide unter dem Flintenlauf. Mehr als zweimal durfte man nicht hineinstoßen, denn sonst wurde der Druck gefährlich. Der Ladestock wurde dann wieder herausgezogen. Nun konnte der Soldat den Hahn aufspannen und den Abzug auslösen.

Ein gut trainierter Soldat schaffte zwei Schuß pro Minute, was nicht unbedingt heißen muß, daß er jedesmal wirklich einen Schuß auslöste. In etwa 6% der Fälle versagte der Feuerstein. Wenn der Soldat das Schloß nicht sorgfältig in einen Lappen einwickelte, wurde es durch die Feuchtigkeit unbrauchbar und das nasse Pulver fing kein Feuer.

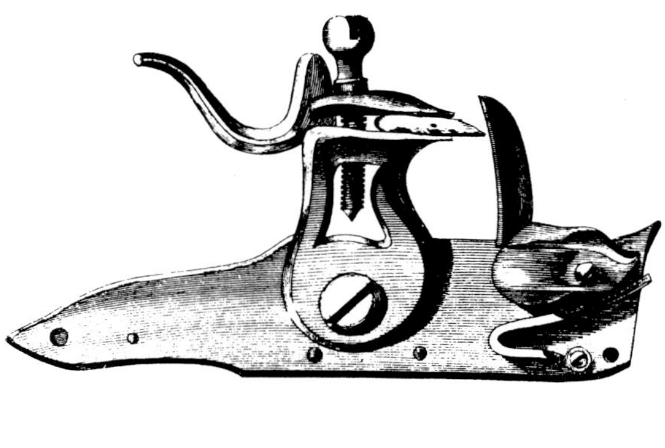

Republikanischer Gesang auf den Tod von Agricole Viala, einen 12jährigen Soldaten

Aufgehende Hoffnung des Vaterlandes,
Kinder, die Ihr seine Verteidiger seid,
spürt Ihr in Euren Herzen brennen
den Wunsch, auf ewig berühmt zu sein?
Folgt den Spuren der Helden
deren Andenken Frankreich heute ehrt.
Ihre Namen wie die Euren sind vom Ruhm geweiht,
Eure Rivalen werden sie singen.

Kaum der Kindheit entwachsen
stützte VIALA schon die Freiheit.
Seine Tapferkeit hat
den Feind an den Ufern der Durance bekämpft.
Durch eine edle Anstrengung will er
den Räubern den Übergang über den Fluß verwehren.
Vergebens will man ihn bremsen und sein glühender Mut
sucht den SIEG oder den TOD.

Das Eisen, das Feuer, nichts kann ihn aufhalten,
von Schüssen ist er eingedeckt,
aber bald stürzt er getroffen nieder,
getroffen vom mörderischen Blei, das auf seinen Kopf zielte.
»Für mein Land sterbe ich zufrieden;
Gott möge mein Vaterland auf immer siegreich machen«.
Sofort werfen die Räuber seinen
blutigen Leichnam in die tosenden Wellen.

Tröste Dich, liebe Mutter,
und trockne überflüssige Tränen,
anstelle eines Helden, der nicht mehr ist,
adoptiere als Deine Kinder die Söhne des Vaterlandes.
Deiner hat in den tugendhaften Herzen
seinen Namen auf immer eingeschrieben.
Die Mütter, die Kinder werden Euch als Vorbilder nehmen.

Joseph Barra, 13 Jahre, starb den Heldentod für die Republik

Joseph Barra (oder Bara) (1779–1793) wurde von einem Offizier der Armee als persönlicher Adjutant mit in den Krieg gegen die aufständischen Départements genommen. Ein Jahr lang kämpfte er tapfer gegen die Royalisten und machte selbst einige Gefangene. In einem Hinterhalt wurde er verhaftet und sollte gezwungen werden, vor seinem Tod »Es lebe der König« zu rufen.

Unter den schönen Taten, die sich in der Vendée zugetragen haben und die den Krieg der Freiheit gegen die Tyrannei auszeichnen, muß die ganze Nation die eines jungen Mannes herausstreichen; ich beziehe mich auf Barra. Dieser junge Mann, 13 Jahre alt, hat unsagbaren Mut bewiesen. Von Räubern umgeben, die ihn vor die Alternative stellten, zu sterben oder »Es lebe der König!« zu rufen, starb er mit dem Ruf: »Es lebe die Republik!«

Dieses junge Kind ernährte seine Mutter mit seinem Sold. Er teilte seine Fürsorge zwischen der Liebe zur Mutter und der Liebe zum Vaterland auf. Es gibt kein schöneres Beispiel, kein vollkommeneres Vorbild, um in den jungen Herzen die Liebe zum Ruhm, zum Vaterland, zur Tugend zu erwecken. Wenn ihr Barra ehrt, so ehrt ihr alle Tugenden, das Heldentum, den Mut, die Kinderliebe, die Vaterlandsliebe.

Ich beantrage, daß Barra die Ehre zuteil wird, im Pantheon begraben zu werden. Die Feier soll schnell begangen und mit allem dem Gegenstand angemessenen Pomp ausgerichtet werden.

Robespierre vor dem Nationalkonvent, 28.12.1793

Joseph Agricole Viala (1780–1793) kämpfte auf Seiten der Republikaner in der Nähe seiner Heimatstadt Avignon gegen die anrückenden royalistischen Truppen. Über den Fluß Durance spannte sich eine Pontonbrücke, auf der die royalistischen Truppen näherkamen. Die Kabel, an denen sich die Brücke im Strom hielt, mußten durchgeschnitten werden. Viala meldete sich freiwillig, wurde aber als Freiwilliger abgelehnt. Da zog er auf eigene Faust mit einer Axt bewaffnet los, um den »Sabotageakt« zu vollbringen. Bevor er sein Vorhaben ausführen konnte, wurde er von Kugeln durchsiebt. Als die Royalisten den Fluß überquert hatten, sollen sie seinen Körper mit Bayonetten durchbohrt und in den Fluß geworfen haben.

Viala bei seinem tödlichen Einsatz

Zwiebelsuppe und Omelettes statt Kanonen

Am 15. September 1792 zogen wir um 5 Uhr morgens los. Die Vorboten eilten voraus, um den genauen Bestimmungsort unserer Truppe im großen Lager festzumachen. In Grandpré erzählten uns Bauern, am Vortag habe es einen großen Kampf mit dem Feind gegeben und die Franzosen seien gezwungen gewesen, die Position in Grandpré aufzugeben.

Wir setzten unseren Weg fort. Von einem Hügel oberhalb von Grandpré sahen wir eine große Menge Kavallerie längs eines Waldes in einer Senke. Wir konnten nicht erkennen, ob es feindliche Truppen waren. Einige Bauern kamen und sagten uns, es seien Franzosen und wir sollten doch hinunter in die Ebene ziehen, um ihnen entgegen zu gehen. Diesen trauten wir genauso wenig wie den ersten. Bei der Unsicherheit, in der wir uns befanden, bauten wir uns als Batterie auf.

Kavallerie in voller Uniform

Nach einer Viertelstunde Warten, während der jeder Soldat seinen persönlichen Schlachtplan zum besten gab, kamen die morgens ausgerückten Vorboten wieder zurück. Sie teilten uns mit, daß die Truppen am Waldrand feindliche seien und nur darauf warteten, uns vom Hügel herunterziehen zu sehen, um dann anzugreifen. Die Bauern, die zu uns gekommen waren, hatten sie geschickt.

Sofort zogen wir uns in ein kleines Dorf namens Perthes etwa 3 Meilen weiter hinten zurück. Der Kommandant sagte, wir würden in diesem Ort bleiben und auf eine Ordonnanz warten, die er soeben nach Châlons geschickt hatte, um vom General Luckner Direktiven einzuholen.

Die mangelnde Erfahrung dieses Bataillons wurde ihm fast zum Verhängnis. Unser Kapitän, der von einem solchen nur den Namen hatte, ließ unsere beiden Kanonen anstelle auf die beiden Hügelchen über dem Dorf in einen Unterstand im Schloß bringen, das sich ganz im Hintergrund des Dorfes befand. Die Soldaten blieben nicht zusammen, sondern verkrümelten sich im Dorf, um Nahrungsmittel zu suchen, Omelettes zu machen, Zwiebelsuppen und so weiter. Gerade als alle diese kleinen Leckereien auf dem Feuer waren, fingen ein paar Freiwillige an zu schreien: »Zu den Waffen! Zu den Waffen! Die gegnerische Kavallerie kommt!« Die aufgescheuchten Soldaten warfen das Essen in die Asche, liefen zu ihren Waffen und wir als Kanoniere zu unseren Kanonen. Pferde waren keine da, so schleiften wir die Dinger mit den Munitionskisten auf die Höhe. Viele Feiglinge des Bataillons warfen Gewehr, Jacke, Weste, Patronentasche in den Graben, um besser fliehen zu können. Gott sei Dank leistete die Mehrheit tapferen Widerstand und ordnete sich zum Kampf auf der Höhe, wo unsere Kanonen waren. Tatsächlich erkannten wir eine Kolonne Reiter in der Ferne. Der Kommandant ließ die Ausrüstung in Richtung Suippes abtransportieren, und das Bataillon folgte.

Die Wege waren fürchterlich, unsere Pferde konnten die Kanonen nicht aus dem Schlamm ziehen. Als wir um 10 Uhr abends in Suippes ankamen, meinten wir, die Nacht in der Stadt verbringen zu können.

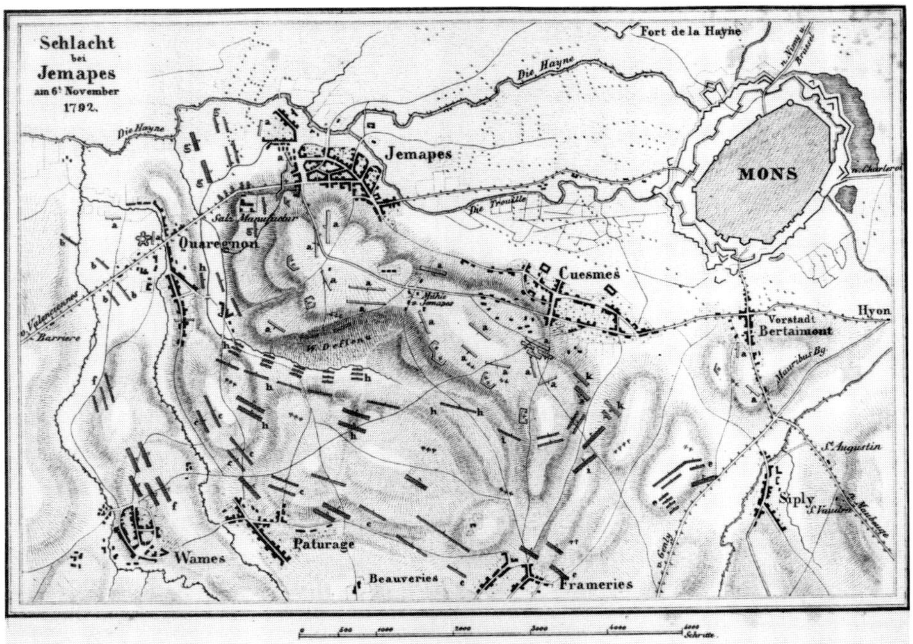

Im Belgienfeldzug verzeichneten die französischen Truppen entscheidende Erfolge

Aber die Einwohner sagten uns, daß ein Kavallerieschwadron den Rückzug eines französischen Bataillons zur Folge gehabt hätte. Trotz unserer großen Müdigkeit und des bohrenden Hungers mußten wir bis Châlons weiterziehen. Zu Tode erschöpft kamen wir an den Toren der Stadt um 4 Uhr morgens an.

Der Kanonier Bricard

Falscher Ehrgeiz eines Kommandanten

Am 7. Oktober zogen wir gegen Abend zu drei Bataillonen los, um ein feindliches Kavallerieregiment zurückzuwerfen, das über die Maas gekommen war und links von unserem Lager Futter machte. Es regnete ständig und die Zeit war kostbar. Wir mußten durch einen gepflügten Acker, der voller spitzer Steine war. Die Räder unserer Kanonen versanken bis zur Achse im Schlamm und wir mußten ständig schieben helfen, um sie voran zu bringen. Als wir ein überflutetes Stück Land durchquerten, standen wir bis zum Bauch im Wasser. Durch unser Näherkommen flohen die Feinde und nahmen das Futter sowie ihre Tiere mit.

Der General gab den drei Bataillonen den Befehl, zum Lager zurückzukehren, aber unser Kommandant wollte sich auszeichnen und bat um die Erlaubnis, den Feind zu verfolgen. Als er sah, daß die meisten Soldaten ihre Schuhe in den schlammigen Feldern verloren hatten, entschloß er sich jedoch zur Umkehr. Es war äußerst dunkel, und der Regen hörte nicht auf. Unsere Pferde wollten auf den schwer passierbaren Wegen nicht weiter und den Freiwilligen zerschnitten die Steine die nackten Füße. Nachdem wir eine ganze Weile in dieser traurigen Lage umhergeirrt waren, mal links und mal rechts gingen, blieb das Bataillon verirrt in den gepflügten Feldern stecken.

Wir waren gezwungen, Strohballen zu verbrennen und damit Signal zu geben. Gott sei Dank verstanden die Soldaten im Lager dieses Signal und kamen uns mit Fackeln abholen. Schließlich erreichten wir in einem fürchterlichen Zustand das Lager, die meisten hatten die Füße blutig gelaufen. Ich selbst hatte noch das Glück, bei der Rückkehr ins Lager in ein großes, mit Regenwasser angefülltes Loch zu fallen und mußte die ganze Nacht völlig durchnäßt verbringen. Unsere Zelte waren derartig voll Wasser, daß wir unmöglich in ihnen bleiben konnten.

Gleich bei Tagesanbruch machten wir in einem kleinen Wald eine Viertelmeile vom Lager entfernt ein großes Feuer, so daß ich in weniger als einer Stunde getrocknet war. Wir kochten auch Kartoffeln, denn seit 24 Stunden hatten wir nichts gegessen.

Der Kanonier Bricard

Unsere Kavallerieregimenter ließen ihre Pferde gemeinsam mit denen der feindlichen Regimenter im Fluß unterhalb der Stadtmauern von Verdun saufen. Es war verboten, währenddessen aufeinander zu schießen.

Bricard

Ein Leben im Angesicht des Todes

25.9.1793, aus dem Krankenhaus von Amiens

Bürger, mein lieber Onkel,

von Geburt an haben die Joliclercs O-Beine, aber ich kann der Natur dafür danken. Ohne diese körperliche Veranlagung wäre ich verloren gewesen. Eine Kugel, die einen Kameraden hinter mir getötet hat, flog mir zwischen den Schenkeln durch und kratzte mich nur leicht an den beiden Schenkeln auf der Höhe der Knie. Deshalb bin ich heute hier. Aus den Hospitälern von Lille und Arras wurde ich evakuiert und wurde dann auf Wagen in diese Stadt gebracht. Ich denke nicht, daß ich noch lange in Amiens bleiben muß. Meine Heilung macht Fortschritte, in den nächsten Tagen hoffe ich zu meinem Bataillon zurückkehren zu können. Am 15. dieses Monats bin ich zwischen Menin und Courtrai verletzt worden. Dieser Tag war nicht wie die vorhergehenden. Er war weder ruhmreich noch vorteilhaft für unsere Brigade. Wir haben tapfere Soldaten verloren. Wir wurden völlig in die Flucht geschlagen und mußten Menin, das wir am 13. erobert hatten, wieder aufgeben. Seit dem 6. dieses Monats, also seit unserer Ankunft in der Nordarmee, kämpfen wir täglich und fast jeden Tag machen wir Fortschritte.

Ich selbst habe schon an vier Schlachten teilgenommen. Die Engländer und Holländer haben wir völlig besiegt. 20000 Soldaten haben wir ihnen getötet, viel Artillerie beschlagnahmt und anderes Material sichergestellt. Hier kann man tatsächlich sagen, daß man beim Aufstehen, oder besser: morgens (denn seit langem schlafen wir immer draußen, bei allem Wetter, und kommen weder in Häusern noch in Zelten unter) feststellen kann: »Ich könnte wohl den heutigen Abend nicht erleben.« 12 haben wir schon seit unserer Ankunft verloren. Die einen sind tot, und die anderen verstümmelt. Die Kompanie wird kleiner. Unser Kapitän blieb im Hauptlager im Elsaß. So ist schön Krieg führen! Und zudem noch gut bezahlt werden... Redet mir bloß nicht von diesen Großschwätzern!

Amor unter Waffen

Euer Neffe, François-Xavier Joliclerc

XVII.
Feste

Die von der Regierung in allen Phasen der Revolution geförderten Feste sind öffentliche Ereignisse, die einzelne Errungenschaften und Siege der konstitutionellen Monarchie oder später der Republik feiern sollen.

An den Festen läßt sich die Entwicklung der Revolution selbst ablesen. Das Föderationsfest zur Erinnerung an die Erstürmung der Bastille sollte die Einheit des ganzen französischen Volkes manifestieren. Und am anderen Extrempunkt wurde das Fest des Höchsten Wesens zur unausgesprochenen »Krönung« Robespierres, dessen Stern genau hier zu sinken begann.

Die Inszenierung der Feste zeugte von einem hohen Bewußtsein der psychologischen und öffentlichkeitswirksamen Bedeutung solcher Massenereignisse. Kunstvoll und nach antikem Vorbild wurden die Abfolge des Festumzugs, die Ausstaffierung der einzelnen Teilnehmer und die Choreographie des abschließenden Spektakels durchdacht.

An der teilweise begeisterten Reaktion der Augenzeugen auf die Festlichkeiten läßt sich die spontane Anteilnahme der Bevölkerung ablesen.

Die Inszenierung von Festen gehörte zur politischen Taktik der Revolutionäre

Festigung der nationalen Einheit

Die ganzen letzten Tage war schreckliches Wetter. Am 13. nahm der König die Parade aller Föderierten, sowohl der Nationalgarden als auch der ordentlichen Truppen, in den Tuilerien ab. Wir wurden trotz des dichten Laubwerks völlig durchnäßt. Am 14., dem Tag der berühmten Zeremonie, begab ich mich mit den außerordentlichen Abgeordneten der französischen Kommunen auf das Marsfeld. Wir gingen in geordneter Aufstellung. Man plazierte uns im Amphitheater, links von der Nationalversammlung, in deren Mitte sich der König mit seiner Familie befanden. Stellt Euch eine unzählbare Menge von Personen beiderlei Geschlechts vor (obwohl das weibliche Geschlecht sicher in der Mehrzahl war), stellt Euch vor, wie diese Menge das ganze Marsfeld einschließt. In der Mitte war der Altar für das Vaterland, an dem der Bischof von Autun die Messe zelebriert hat. Selbst der Regen, der mitunter äußerst heftig niederprasselte, konnte das patriotische Feuer des guten Hirten nicht mindern. Er hat die Messe mit aller ihm zur Verfügung stehenden Würde gefeiert. Hinter dem Altar war ein Triumphbogen aufgebaut, durch den die Abgeordneten der Föderation hereingekommen sind. Über den Fluß war eine Holzbrücke geschlagen worden, ein wenig jenseits der Barriere von Chaillot. Um 3 Uhr nachmittags zogen die verschiedenen Départements mit den Fahnen ein, die ihnen von der Stadt ausgehändigt worden waren. Ich fand sie ein bißchen armselig. Auf ihnen stand geschrieben: Nationale Föderation. Paris am 14. Juli, und auf der anderen Seite der Name des Départements. Alle versammelten sich um den Altar des Vaterlandes, wobei die Nationalgarde ebenfalls dahinter einen Halbkreis bildete. Nachdem ein paar Artilleriesalven sehr hübsch abgefeuert worden waren, wurde bei einem vereinbarten Zeichen der Eid der Bürger geschworen. Danach haben sich alle Anwesenden vermischt, sich umarmt und der größten Freude Ausdruck gegeben. Sie riefen: »Es lebe der König!«, immer wieder, und mit wärmster Anteilnahme. Auch ich rief es von ganzem Herzen. Der König war sehr empfänglich für die Zeichen der Zuneigung, die ihm sein Volk gab. Es ist unmöglich, Euch den Taumel zu beschreiben, in dem sich alle befanden, man muß es gesehen haben, um sich eine Vorstellung davon zu machen. Nach der Zeremonie sind die Truppen in derselben Aufstellung, in der sie gekommen waren, wieder zurückgekehrt. Alles lief völlig problemlos und Herr La Fayette hat durch seine Umsicht an diesem Tag die Ruhe gesichert, an einem Tag, wo alle fürchten mußten, daß es Zwischenfälle geben würde.

Diese Zeit wird zu Recht als eine Stabilisierung der Verfassung angesehen. Die Abgeordneten saugen hier jene Prinzipien in sich auf, die sie nicht immer in der Provinz haben können. Der Hof ist ziemlich verändert: auf die frühere Arroganz ist große Popularität gefolgt.

Paris, den 15. Juli 1790 — *Delamare de Crux an seinen Vater*

Drei Stände sind in der Nation vereint

Musik für die Nationalfeste

Jahr II, Monat Floréal (Blütenmonat)

Heil und Respekt dem Gesetz
Ehre dem Bürger, der ihm treu bleibt,
Triumph jedem Franzosen, der für es zu sterben weiß
Heil und Respekt dem Gesetz.

Ob man es liebt oder fürchtet,
es herrscht, es herrscht durch Liebe und durch Schrecken,
republikanisches Volk, schreite unter seinem Zeichen voran,
die heilige Freiheit wird mit Dir gehen.

Marat: Gegen die illusorische Harmonie

Oh Ihr allzu leichtgläubigen Bürger! Während die Luft von Euren Freudengesängen über das nahende Föderationsfest, von dem Ihr Euer Glück erhofft, ständig widerhallt, entschlüpfen Schreie der Empörung meiner Brust, fließen Tränen des Schmerzes aus meinen Augen. Ich wimmere wegen Eurer Verblendung, Eurer vermeintlichen Sicherheit. Lest doch jene unwürdigen Beschlüsse, die von Euren Feinden in der Nationalversammlung gefaßt wurden. Was für eine List! Was für eine Perfidie! Seht doch bloß, wie das Redaktionskomitee mit einem Federstrich die militärischen Truppen des Königs und der Prinzen erhält, als ob der König andere Soldaten bräuchte als die Soldaten des Vaterlandes, als ob eine private und unabhängig besoldete Truppe, auch wenn sie den allgemeinen Regeln der Armee unterstellt ist, nicht stets eine Bande von Mördern im Dienste der Minister, der Erzfeinde der Nation gewesen wäre! Als ob die Brüder des Königs nicht einfache Bürger wären, und als ob einfache Bürger unter den Augen ihrer Mitbürger die großen Potentaten spielen könnten! Erinnert Euch an den 5. Oktober: jener Haufen von königlichen Schergen, der damals die Vorbereitungen für ein Blutbad an uns traf, würde es diesmal in die Tat umsetzen, sobald ihm die Umstände vorteilhaft scheinen. Werdet ihr denn niemals nachdenken? Man wiegt Euch in den Worten *Frieden* und *Einheit* in genau dem Augenblick, wo der Krieg gegen uns vorbereitet wird. Um Eure Freiheit, Eure Ruhe zu garantieren, wollt Ihr Euch in einer Föderation zusammenschließen. Und Eure Feinde, die es nicht wagen, sich dem entgegenzusetzen, pflichten Euch geschickt bei. Sie entwerten Eure Förderation dadurch, daß alle Militärs des Königreichs daran teilnehmen. Was soll denn eine Föderation sein, wenn sie nicht auf Menschen beschränkt wird, die ihre Interessen zusammenschließen, wenn man alle daran teilnehmen läßt? Da sie weder die Interessen ändert, noch die Prinzipien, noch die Herzen, läßt sie die Menschen so, wie sie vorgefunden werden. Sie zerfällt also zu nichts, oder sie ist nur eine hohle Zeremonie, die einfache Geister beeindrucken soll.

Eine Föderation zur Verteidigung des Vaterlandes kann nur unter Freunden des Vaterlandes geschlossen werden; eine Föderation für die Freiheit kann nur unter Freunden der Freiheit geschlossen werden; eine Föderation für den Erhalt der Verfassung nur unter Freunden der Verfassung. Wenn Ihr einmal diesen logischen Faden verlaßt, dann seid Ihr auf ewig im dunklen Labyrinth verloren, wohin Euch jene perfiden Menschen schicken wollen, die Autoren der Beschlüsse sind, gegen die meine Seele sich empört. Denn: was soll man von einer Föderation halten, die sich auch auf die Bürger erstreckt, denen das Vaterland gleichgültig ist, auf die Feiglinge, die das Vaterland verlassen haben, auf die Verräter, die unablässig gegen das Vaterland konspirieren, auf die verabscheuungswürdigen Menschen, die ständig an seinem Untergang arbeiten?

Das Föderationsfest: Freude, Ruhe und Ordnung

Paris, den 24. Juli 1790

Wir haben hier täglich, meine liebe Freundin, herrliche Feste. Die Stadt hat nur selten Feste organisiert, wo so viel wirkliche Freude, Ordnung und Ruhe geherrscht haben. Die Kutschen durften nicht fahren und es gab nur wenige Wachen, so daß man frei kommen und gehen konnte. Nirgendwo gab es verstopfte Straßen. Die Zeremonie auf dem Marsfeld war beeindruckend. Man kann sich nur eine Vorstellung davon machen, wenn man sie selbst gesehen hat. Sie ist höchst zufriedenstellend verlaufen. Die Vorstellung war nicht nur wegen ihrer Schönheit imposant, sondern hatte auch wegen der Bezeugungen von Einheit und Brüderlichkeit seitens der anwesenden Abgeordneten tröstende und beruhigende Wirkung. Es hat sich dadurch erwiesen, daß die Provinz alles andere als aufrührerische Ansichten über die Revolution hat.

Die anderen Feiern waren auch sehr beeindruckend. Das Feuerwerk, das über dem Pont-Neuf abgeschossen wurde, war wunderbar; die Lichtspiele und der Ball auf den Champs-Elysées gefielen besonders durch ihren ruhigen Verlauf. Es war überraschend zu sehen, wieviele von der guten Gesellschaft hierher kamen; das einfache Volk war eher zur Bastille oder zu den Markthallen gegangen. Lampions erleuchteten die Hallen von innen und wirkten sehr hübsch. Die Arbeiter und Verkäuferinnen der Hallen waren in Massen gekommen. Auf dem Grundriß der Bastille hatte man einen Festssal mit viel Grünpflanzen errichtet, der innen ausgeleuchtet wurde.

Brief des Grafen von Seneffe an Mme de Doué, seine Schwester

Die wichtigsten Feste der Revolutionszeit

Föderationsfest	*Juli 1790*
Freiheitsfest oder Châteauvieux-Fest	*April 1792*
Gesetzesfest	*Juni 1792*
Einheitsfest	*August 1793*
Vernunftsfest	*November 1793*
Fest des Höchsten Wesens	*Juni 1794*
Überführung von Voltaires Leichnam ins Pantheon	*Juli 1791*
Marats Begräbnis	*Juli 1793*
Überführung von Rousseaus Leichnam ins Pantheon	*September 1794*

Föderationsfest auf dem Marsfeld

Polizeiverordnung vom 8. Juli 1790 zum Föderationsfest

1. Niemand darf sich, unter Androhung der Beschlagnahmung und einer Geldstrafe, mit Stöcken, Waffen, vor allem Stichwaffen oder Degen bewaffnet zum Föderationsfest begeben.
2. Alle Hotelbesitzer und Vermieter müssen ihre Melderegister in größter Ordnung halten. Sie sind verpflichtet, diese Register täglich zu ihrem Distrikt zu bringen und dort vom diensthabenden Offizier kontrollieren zu lassen.
3. Am 14. Juli darf sich niemand in einer Livree auf den Straßen zeigen, wie es das Dekret vom 19. Juni vorsieht, oder er wird wegen Übertretung eines Dekrets bestraft. Von dieser Regelung ausgenommen sind jedoch die Domestiken der Botschafter und der Ausländer, die angehalten sind, eine von ihren Herrschaften unterzeichnete Karte bei sich zu tragen.
4. Am 14. Juli dürfen in der Innenstadt und in der Nähe des Marsfeldes keinerlei Kutschen, Wagen oder Karren fahren, selbst für Umzüge nicht. Abgesehen von den Nationalgarden darf niemand zu Pferd an den genannten Orten erscheinen. Bei Zuwiderhandlung werden die betroffenen Wagen und Pferde abtransportiert und müssen für eine Summe von 100 Francs ausgelöst werden.
5. Von dieser Regelung ausgenommen sind die Karren und Lastwagen, welche die Schlachtabfälle auf die Schwaneninsel* fahren müssen.
6. Es ist untersagt, die Straßen vor allem in der Nähe des Marsfeldes durch Steine, Gerüste, Kutschen, Buden oder Warenangebote aller Art zu blockieren.
7. Es ist gleichfalls allen Privatpersonen untersagt, Feuerwerkskörper, Knaller, Pistolen und sonstige Feuerwaffen in den Straßen oder aus den Fenstern abzufeuern.
8. Weiterhin ist es ausdrücklich verboten, unter dem Vorwand, Blumensträußchen anzubieten, Passanten anzuhalten oder sich Zugang zu Häusern zu verschaffen.
9. Alle Einwohner der Stadt und der Vororte sind am 14. Juli angehalten, ihre Läden zu schließen und die Fenster in ihren Häusern beleuchtet zu halten.
10. Die Wagen, die zur Reinigung der Straßen und Gräben eingesetzt werden, können am 14. Juli nicht verkehren. Die Reinigung erfolgt in der Nacht vom 13. auf den 14. Juli.
11. Die Bürger werden darauf aufmerksam gemacht, daß am 14. Juli in jedem Distrikt ein Komitee gebildet wird, das mit der Überwachung der öffentlichen Ruhe und Ordnung beauftragt ist.

** Die sogenannte Schwaneninsel war eine Seine-Insel, die 1776 mit dem linken Seineufer verbunden wurde. Sie liegt zwischen den heutigen Brücken Pont des Invalides und Pont de l'Alma, unweit des ehemaligen Bahnhofs von Orsay.*

Im Rathaus, 8. Juli 1790 — *Bailly, Bürgermeister*

Nichts dem Zufall überlassen: Die Marschordnung des Festumzugs

Alle am Umzug beteiligten Personen werden sich am Mittwoch, dem 14. Juli um Punkt 6 Uhr morgens auf dem Boulevard einfinden und sich zwischen der Porte Saint-Martin, wo der Kopf des Zuges sein wird, und der Porte Saint-Antoine aufstellen.

Der Umzug wird folgende Ordnung haben:

Eine Kavalleriekompanie mit Fahne und Trompeten; der Kommandeur und der Kavalleriemajor gehen vorne.
Eine Grenadierkompanie, zur Hälfte als Musikkapelle, mit Trommeln vorne.
Eine Freiwilligenkompanie.
Die Versammlung der Kommunalabgeordneten.
Das Militärkomitee.
Die Trommler der Stadt.
Die Vorsitzenden der Stadtdistrikte.
Die Kommunalabgeordneten für den Föderationspakt.
Ein Musik- und Trommlercorps.
Eine Abordnung der Fahnen der Pariser Nationalgarde.
Ein Veteranenbataillon.
Die Abgeordneten der Nationalgarde aus den 42 ersten Départements in alphabetischer Reihenfolge.
Das Lilienbanner*.
Die Abgeordneten der Armee.
Die Abgeordneten der Marine.
Die Abgeordneten der Nationalgarde aus den letzten 41 Départements in alphabetischer Reihenfolge.
. . .

Der Zug wird auf den Boulevards bis zur Rue Saint-Denis* gehen, dann die Rue Saint-Denis entlang, die Rue de la Ferronnerie, die Rue Saint-Honoré, die Rue Royale, den Platz Ludwig XV., wo die Nationalversammlung hinzustößt, dann über den Cours la Reine, am Quai entlang bis zur Pontonbrücke, von wo er auf das Marsfeld* trifft.

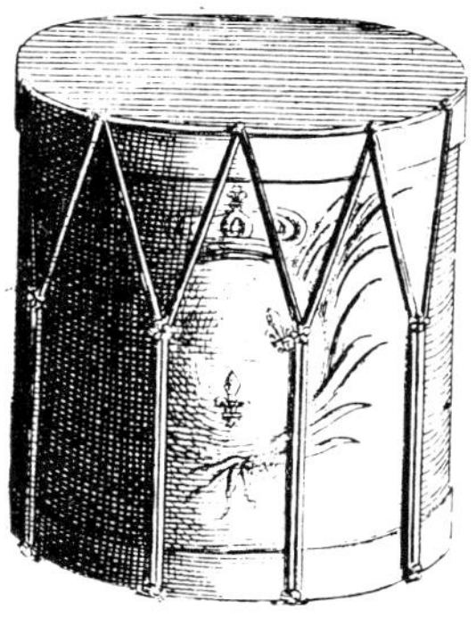

** Das Lilienbanner ist das alte Banner des Königs, das im Kriegsfall den Truppen vorausgetragen wurde. Im Jahre 1790 galt es noch als Symbol der französischen Truppen. Es war aus blauer Seide mit goldenen Borten. Nach dem Umzug wurde das Banner in der Verfassungsgebenden Versammlung aufgehängt. Erst bei Annahme der neuen republikanischen Verfassung wurde das alte Symbol monarchistischer Truppen zerstört.*

** Dieser Streckenabschnitt über die Boulevards erstreckt sich auf etwa 2,2 km vom nördlichen Bereich bis zum ehemaligen Bastille-Platz im Osten der Stadt.*

** Die Strecke ist etwa 6,5 km lang und durchkreuzt die Stadt erst in südlicher, dann in westlicher Richtung.*

Der Eid des Königs auf die Verfassung

Der König hebt die Arme zum Altar und spricht den Eid: »Ich, König der Franzosen, schwöre der Nation, daß ich die Macht, die mir von dem verfassungsgemäßen Gesetz des Staates zugestanden ist, mit dem Ziel ausüben werde, die Gesetze zu erhalten und ihre Ausübung zu überwachen.«
Tausend Stimmen rufen: »Ich schwöre es!«

Louis Prudhomme

»Es ist unmöglich, die rauschähnliche Freude zu beschreiben«

Paris, den 15. Juli 1790

Schließlich ist jener schon im voraus so berühmte Tag, der alle Köpfe verdrehte, und von dem viele annahmen, daß er furchtbare Ereignisse mit sich bringen könnte, viel friedlicher verlaufen, als man es sich vorgestellt hatte. Alles geschah in völliger Ordnung. Die von der Stadtverwaltung und von Herrn La Fayette getroffenen Maßnahmen ließen nichts zu wünschen übrig. Der einzige widrige Umstand war auf das Wetter zurückzuführen, denn alle halbe Stunde gab es einen Wolkenbruch, und eine Eiseskälte, ein stürmischer Wind haben dieses wirklich herrliche Fest getrübt. Eure Hoheit werden ja den Ablauf in seinen Einzelheiten den Zeitungen entnommen haben. Das ungünstige Wetter ist auch der einzige Grund, auf den man die Länge der Zeremonie zurückgeführt hat; denn schon um 8 Uhr hatten sich alle versammelt und es dauerte dann bis 6 Uhr abends.

Das Defilee der Truppen nahm über 4 Stunden in Anspruch. Es ist unmöglich, die rauschähnliche Freude zu beschreiben, die die Zuschauer erfüllte. 400 000 Seelen, die auf dem Marsfeld versammelt waren, bezeugten dem König und der Königin ihre Zuneigung, ganz abgesehen von der ungeheuren Menschenmenge, die am Flußufer stand und auf den Tribünen war, die man in den Dörfern von Chaillot* und Passy* errichtet hatte, teilweise sogar auf den Dächern. Es wird nur von zwei Unfällen berichtet, die wegen der Nachlässigkeit zweier Kanoniere verursacht wurden, weil diese den Ladestock in der Kanone vergessen hatten. Das hat zwei Menschen das Leben gekostet. Aber auf dem Rückweg ist fast ein großes Unglück geschehen. Gegenüber des Marsfeldes war eine Pontonbrücke aus Holz errichtet worden. Ein paar Dielen haben nachgegeben. Sofort brach auf der Brücke Panik aus und alle schoben und stießen die anderen, um aufs Land zurückzukommen. Gott sei Dank haben die Nationalgardisten eingegriffen und der Unruhe Einhalt geboten, indem sie ihre Säbel zogen. Manche Leute behaupten, dieser Alarm sei nur von Halunken ausgelöst worden, um in der Menge dann unter, wie sie es spaßeshalber nennen, Ausnutzung der Pressefreiheit jede Menge Uhren und Tabaksdosen zu stehlen. Während des ganzen Tages war das Volk sehr ruhig. Am Abend gab es keinerlei Zwischenfälle wegen Trunkenheit oder unsittlicher Vergnügungen, obwohl die ganze Stadt erleuchtet war. Im Allgemeinen herrschte ein Geist der Brüderlichkeit, wie man ihn selten bei einer so großen Menge Bürger findet, die aus vielen Provinzlern und Parisern bestand.

Die Nationalgardisten hatten wunderschöne Uniformen und die normalen Truppen verblaßten vor ihnen. Mit Enthusiasmus wurden die

** Die »Dörfer« Chaillot und Passy liegen rechts der Seine etwa gegenüber dem Marsfeld. Sie befanden sich damals noch außerhalb der äußeren Stadtmauer und waren damit als Gemeinden unabhängig. Heute ist das Viertel von Chaillot Innenstadt und jedem Touristen wegen der großen Museen bekannt (Grand Palais, Petit Palais).*
Passy ist heute zum größten Teil im 16. Arr. aufgegangen. Der fast ländliche Charme, die Ruhe und die Nähe zum Bois de Boulogne haben aus dem ehemaligen Vorort eine der teuersten Wohngegenden der Hauptstadt gemacht.

Bataillone der Greise und der Kinder aufgenommen; diese beiden Extreme des menschlichen Lebens haben großes Interesse hervorgerufen. Man sagt, daß sie dem Thronfolger unterstehen.

Heute abend haben sicherlich angetrunkene Individuen die Forderung aufgebracht, der König müsse seinen Eid auf die Verfassung wiederholen, da er ihn von seinem Platz aus nicht am Altar gesprochen habe, der mitten im Marsfeld aufgebaut worden war. Es ist zu hoffen, daß die Gärung ohne Folgen bleibt.

Germain Bapst
Bericht an den Grafen von Lausitz,
den Onkel des Königs von Sachsen

Überführung Voltaires ins Pantheon

Die sterblichen Überreste Voltaires gehören der Nation!

Meine Herren,

Nach den Dekreten der Nationalversammlung ist das Kloster von Sellières verkauft worden. Die sterblichen Überreste Voltaires ruhen dort, sie gehören der Nation. Würdet Ihr dulden, daß diese wertvolle Reliquie das Eigentum eines Einzelnen wird? Würdet Ihr zulassen, daß sie als nationales oder kirchliches Eigentum verkauft wird? Der Name Voltaires ist so groß, daß jedes Lob seiner Person überflüssig ist. Unsere herrliche Revolution ist Frucht seiner Werke. Es sind Philosophen, welche die Dekrete gemacht haben, es sind Philosophen, die sie verbreiten und verteidigen. Die Gesellschaft der Freunde der Verfassung* ist der Beweis dafür. Ihr steht es zu, den Leichnam Voltaires einzuklagen; ihr steht es zu, seine Seele zu trösten und in Sellières die sterbliche Hülle, die Überreste eines einfachen Bürgers abzuholen, der größer war als alle Könige der Erde. Die Huldigungen, die wir ihm schulden, sind schon in Vorbereitung, sie werden geradezu gefordert durch die öffentlichen Ehren, die man Jean-Jacques* und Franklin* zuteil werden läßt.

Ihr werdet sicher der Überführung Voltaires nach Paris zustimmen, meine Herren; es geht nun um den Ort, an dem er gebettet werden soll.

Voltaire hat Ruhm um sich verbreitet, und ist von niemandem gerühmt worden. Wenn die Engländer ihre großen Männer in Westminster versammelt haben, warum sollten wir dann zögern, Voltaires Sarg im schönsten unserer Tempel, in der neuen Sainte-Geneviève-Kirche, gegenüber vom Descartes-Mausoleum, niederzulegen? Ich biete an, ihm dort auf meine Kosten ein Denkmal zu errichten. Voltaire wird in dieser religiösen Zeremonie seine treuen Freunde als Geleitzug haben; viele von ihnen sind unter uns. Ich werde sie alle nennen, indem ich hier meine Blicke auf die besten Freunde der Verfassung, auf ihre tapfersten Verteidiger richte.

Charles Villette vor dem Jakobinerclub*

** Der Jakobinerclub existierte zunächst unter dem Namen »Gesellschaft der Freunde der Verfassung«, bevor er nach dem Umzug ins ehemalige Jakobiner-Kloster den bekannten Namen erhielt.*

** Jean-Jacques Rousseau (1712–1778) war neben Voltaire in den Augen der Revolutionäre der wichtigste Wegbereiter der neuen politischen und gesellschaftlichen Ordnung. Zu Lebzeiten immer wieder im Streit mit Voltaire, teils sogar sein Widersacher, verbanden Voltaire und Rousseau doch grundlegende, aufklärerische Gedanken. Die Revolutionäre sahen mehr Gemeinsamkeiten als Gegensätze. Ob das Werk dieser beiden Autoren tatsächlich kausal zum Ausbruch der Revolution begetragen hat, ist allerdings mehr als fraglich.*

** Benjamin Franklin (1706–1790) war Botschafter der Vereinigten Staaten von Amerika in Paris und einer der berühmtesten amerikanischen Politiker. Er gilt als Mitautor der Unabhängigkeitserklärung und der Erklärung der Menschenrechte. Zudem schreibt man ihm die Erfindung des Blitzableiters zu.*

** Charles Marquis de Villette (1736–1793) war Voltaire lange Zeit in Freundschaft und Verehrung verbunden. Zu Beginn der Revolution verbrannte der Marquis seine Adelstitel und schloß sich dem Dritten Stand an. Er machte auch durch die Forderung von sich reden, Frauen zu den Bürgerversammlungen und damit zur ersten Stufe der direkten Demokratie zuzulassen.*

Ausgaben für die Überführung Voltaires ins Pantheon

Für die Arbeiten, die am 1. Juli begonnen und am 11. des Monats beendet wurden: 136 Arbeiter für 36 Sous pro Tag	2692 Francs 8 Sous
Für 4 Angestellte während 11 Tagen für 3 Francs täglich	132 Francs
Für 136 Arbeiter während 2 Nächten für 3 Francs pro Nacht	816 Francs
Für 4 Angestellte während 2 Nächten für 4 Francs 10 Sous	36 Francs
Für die Lieferung von 4 Wagenladungen Gips	96 Francs
Für 4 Tage Wagenmiete eines Doppelspänners, für jeweils 15 Francs	60 Francs
Für 4 Tage Wagenmiete eines Einspänners, für jeweils 7 Francs 10 Sous	30 Francs
Für zwei Fahrten nach Vincennes, um Baumäste zu holen	15 Francs
Für 6 Dutzend Schaufeln für 6 Francs das Dutzend	36 Francs
Summe	3913 Francs 8 Sous

Im Jahre 1791 wurden die sterblichen Überreste des großen Aufklärers François Arouet, alias Voltaire (1694–1778) aus einem Kloster unweit Paris, das verkauft worden war, in die Kirche Sainte-Geneviève, das zukünftige Pantheon, überführt.

Fest zu Ehren der Vernunft und der Philosophie

Umzug zu Ehren Voltaires aus der Sicht eines Adeligen

Paris, den 12. Juli 1791

Gestern, Montag, um 2 Uhr nachmittags hat der Umzug an der Bastille begonnen. Dort war Voltaires Sarkophag schon seit Sonntag aufgestellt. Voltaire kam diesmal mit mehr Triumph aus der Bastille als 1717, als er ein ganzes Jahr lang dort eingesperrt war. Alle haben sich das Hirn zermartert, um diesen Geleitzug majestätisch zu gestalten. Die Künstler haben ihr ganzes Wissen erschöpft, um von ihrem jeweiligen Handwerk eine Kostprobe zu geben. Es wurde versucht, die Gepflogenheiten unserer alten Römer bei solchen Feierlichkeiten zu imitieren. Man darf jedoch die heutige nicht mit derjenigen vergleichen, welche die Römer für Alexander organisiert haben, denn der Anfang des Zuges glich eher einem Karnevalsscherz als einem würdevollen Fest, an dem ein berühmter Mann im Triumph umhergetragen wird. Vulgäre Mädchen und Frauen waren als Nationalsoldaten verkleidet, trugen einen weißen Rock und den Säbel in der Hand; eine andere glich der Jeanne d'Arc, die von Voltaire Jungfrau von Orléans genannt worden war*. Und schließlich die Mädchen von den Straßenecken, die man als römische Vestalinnen ausstaffiert hatte und die mit Eichenlaub bekränzt waren! Der Triumphwagen war schon beeindruckender wie auch das, was ihm unmittelbar vorausging und hinter ihm folgte. Das war wirklich schön und interessant anzuschauen. Der Konvoi kam erst um 10 Uhr abends bei der Sainte-Geneviève-Kirche an. Man kann nicht behaupten, daß der Himmel diesen Leichenzug gesegnet hätte, denn um 2 und um 9 Uhr gab es fürchterliche Wolkenbrüche. Die Musiker, die den ganzen Weg über sangen und spielten, sind auch nicht, wie sie es sonst löblicherweise zu tun pflegen, zwischendurch trinken gegangen: die Dusche vom Himmel hat diesem Bedürfnis abgeholfen. Den Zeitungen werden Sie weitere Details über diese charmante und traurige Zeremonie entnehmen. So schön man sie auch gefunden haben mag, so sehr waren alle vernünftigen Leute der Ansicht, daß unter den gegebenen Umständen solch ein Fest nicht hätte organisiert werden dürfen. Die 8 Schimmel der Königin haben den Triumphwagen gezogen, es heißt sogar, man habe sie gar nicht um Erlaubnis gebeten. Es ist richtig, daß sie die Pferde gestiftet hatte – das ist einen Monat her. Aber damals war sie noch nicht im Gefängnis.

Herr Dutailly an Herrn Faivre*

* *Die französische Nationalheldin Jeanne d'Arc (siehe Kapitel „Die Ermordung Marats"), die im Kampf gegen die Engländer am Ende des 100jährigen Krieges erfolgreich war, wurde mehrfach Gegenstand literarischer Verarbeitungen. Voltaires „Jungfrau von Orléans" (1762) ist eine anzügliche Parodie auf ein ernstes Epos über Jeanne d'Arc aus dem 17. Jahrhundert.*

* *Antoine Dutailly (1741–1794) war Jurist und Geschäftsmann.*

Ein erhabenes Schauspiel: Das Freiheitsfest

Im Juli 1791 erfolgte dann die Überführung Voltaires. Sein Sarg war auf einen überdimensionalen Wagen montiert worden. Auf einem Sarkophag aus Porphyr lag eine Voltaire-Statue auf einem antiken Lager lang ausgestreckt. Der Wagen hatte bronzene, römischen Vorbildern nachempfundene Räder, die beim Marsch der Prozession einen großen Lärm verursachten. Der Sarkophag war reich geschmückt: Die Seiten verzierten Skulpturen, die mit schmerzhaftem Ausdruck umgestürzte Fackeln hielten; die Ecken schmückten Theatermasken. Alle Ornamente waren aus Bronze und durch Lorbeergirlanden verbunden. Auf der Vorderseite konnte man lesen: »Der Seele Voltaires«. Auf der Rückseite standen die Verse, die der französischen Verfassung zugrundeliegen:
»Die Sterblichen sind gleich, es ist nicht die Geburt, es ist nur die Tugend, die sie unterscheidet.«
Und auf einer der Seiten:
»Wir müssen die Gesetze lieben,
wir müssen ihr Sklave sein, ihr ganzes Gewicht tragen;
wer sie verletzen will, liebt sein Vaterland nicht.«

Freiheitsfest

Paris, den 16. April 1792

Ich schreibe Euch, mein guter Freund, in einer Art Freudentaumel. Das Fest ist vorüber, und es hatte alle Pracht, die ganze herrliche Einfachheit und die ganze tiefe Ruhe eines Volksfestes. Nichts so schön wie das! Ich habe es mit eigenen Augen gesehen, und wenn ich etwas bedauert habe, dann nur, daß ich nicht denjenigen an meiner Seite hatte, der mich die wahren Schönheiten zu schätzen gelehrt hat. Warum wart Ihr nicht da? Elende Reise! Aber ruhig, mein Herz, ersticken wir diese nur mich betreffende Widrigkeit in der allgemeinen Freude und kommen wir zum Bericht über das Fest.

Ich war auf einem Balkon im ersten Stock eines wunderbaren Appartements auf den Boulevards, gegenüber der Rue Montmartre. Alle Fenster an den Boulevards waren voller Menschen. Die Menschenmenge war auf der ganzen Länge dieser Straße so groß, daß man dachte, der Zug könne niemals durchkommen. Vom Osten bis zum Westen der Stadt war es überall das gleiche Schauspiel. Nichts war so beeindruckend wie die Ruhe und Freude, die auf allen Stirnen geschrieben stand. Der Zug wurde verzögert, gleich zu Beginn, weil einige sehr weise und gemäßigte Maßnah-

Brief aus dem Jahre 1775

Ich habe Herrn von Voltaire gesehen. Die Verzückungen der heiligen Theresia sind sicherlich nie größer gewesen als diejenigen, die ich beim Anblick dieses großen Mannes erlebte. Mir war, als befinde ich mich in Gegenwart eines Gottes, eines geliebten und angebeteten Gottes, dem ich endlich meine ganze Dankbarkeit und meine ganze Achtung zeigen konnte.

Madame Suard

men ergriffen wurden, die dem Fest ein anderes Aussehen gaben, ohne jedoch völlig die ursprüngliche Absicht zu verändern. Die Soldaten von Chateauvieux*, die auf einem Wagen gemeinsam mit Frauen und Kindern sowie dem Emblem des Überflusses fahren sollten, sind alle in einer Gruppe zu Fuß inmitten der anderen Bürger gegangen.

Die überall gegenwärtige Menschenmenge stellte sich als Mauer am Rand auf und das mit solch einer wunderbaren Ordnung und Präzision, daß niemals größere und freiwilligere Ordnung geherrscht hat. Die Gesetzestafeln, die von starken Männern getragen wurden, folgten auf die ersten Gruppen, welche aus Menschen bestanden, die verschiedene Fahnen zu Ehren der Freiheit trugen. Anschließend dann die Porträts der großen Männer, die mit Bürgerkronen geschmückt waren. Auf einer dreifarbigen Trage wurden Steine der Bastille gezeigt, in welche die Worte „Freiheit" und „Gleichheit" eingemeißelt waren. Dann folgte die Lade, in der das Buch unserer heiligen Verfassung liegt.

Einige Truppen der Nationalgarde mischten sich unter die Bürger, hatten ein paar Frauen in ihren Reihen, hakten sich unter und gingen auch in der Marschordnung. Von den Verfassungsorganen nahm keines in seiner Gesamtheit teil, aber als Individuen hat man mich auf Danton, Santerre usw. aufmerksam gemacht. Die Soldaten aus Chateauvieux gingen inmitten der Nationalgardisten und anderer Militärs. Überall wo sie durchkamen, gab es großen Applaus. Die Frauen und Kinder streckten ihnen die Arme entgegen, die Männer schwenkten ihre Hüte und aus allen Kehlen erklang der Ruf „Es lebe Chateauvieux!", der bis zum Himmel erscholl und von den Rufen „Es lebe die Nation! Es lebe die Freiheit!" begleitet wurde. Solch ein ergreifendes Spektakel verändert die Wahrnehmung und stellt eine neue Form von Freude dar, die mit zartem Mitleid vermischt ist: eine Galeere und die dazugehörigen Ruder wurden auf einer Trage transportiert mit der Aufschrift: „Das Verbrechen ist die Schande und nicht das Schafott!" Es folgten vielleicht hundert junge Mädchen, die wie Nymphen angezogen und auch so schön waren, welche die Ketten der unglücklichen Soldaten trugen. Der Zug wurde von einem finster aussehenden Sarkophag abgeschlossen, auf dem Inschriften zu Ehren der so grausam vom Kriegsgericht geopferten Soldaten angebracht waren. 40 junge Mädchen trugen auf kleinen Fahnen die Namen all jener Soldaten des Regiments von Chateauvieux, die dem Kriegsgericht entkommen waren. Die Fahnen der drei freien Nationen waren verflochten und wehten an einer Girlande im Wind. Ich bringe die Reihenfolge sicher durcheinander und ich vergesse bestimmt etwas, denn ich habe noch kein Protokoll des Zuges gelesen, und alles, was ich schreibe, sind meine eigenen Beobachtungen. Die 83 Départements waren durch 83 Männer vertreten, die Trikoloren mit dem Namen des jeweiligen Départements trugen.

Mme Jullien an ihren Mann

** Das Regiment von Chateauvieux hatte sich 1790 gegen seine Kommandanten erhoben und besseren Lohn gefordert. Die Anführer des Regiments waren der Revolution eher feindlich gesonnen, und die Soldaten ihrerseits waren Anhänger der Revolution. Sie verbündeten sich mit den Bürgern von Nancy und erpressten viel Geld aus der Kasse der Armee. Die Nationalversammlung schickte den später abtrünnigen General Bouillé nach Nancy, um den Aufstand niederzuschlagen. Er tat dies mit grausamen Mitteln, unter denen auch die Bewohner der Stadt zu leiden hatten. 1790 noch dankte die Nationalversammlung dem General dafür, daß er die »Ordnung« wieder hergestellt habe. 1792 aber hatte sich das Blatt gewendet: Bouillé war zu den Österreichern übergelaufen und die einstigen Rebellen von Nancy waren nun Helden der Französischen Revolution.*

Die Überführung Rousseaus ins Pantheon

Jedes empfindsame Herz wird sich mit Wonnen an jenen Herbsttag erinnern, wo die Einwohner von Ermenonville* den Sarg des Autors von Emile* unter einem Gewölbe aus Sträuchern und Blumen nach Paris brachten. Die Luft war ruhig und der Himmel klar, ein langer Purpurmantel verschleierte am Horizont die Strahlen der untergehenden Sonne. Ein frischer Lufthauch bewegte sanft die letzten Blätter.

Bald hörte man von weitem die Klänge einer einfachen und naiven Musik. Eine große Menge Bürger lief dem Zug entgegen.

Der Totenwagen kam mit feierlicher Langsamkeit heran. Eine große Menge junger Menschen folgte ihm in andächtiger Stille. Die Musiker ließen zwischen jeder Melodie ein kurze Pause, damit man sie in sich aufnehmen und für sich selbst singen könnte. Es waren die Lieblingsmelodien des Naturmenschen.

Man hätte meinen können, daß die Engel herabgekommen seien, um ihn inmitten ihres herrlichen Konzerts in den Himmel zu entführen.

Louis Sébastien Mercier

** In Ermenonville bei Paris (Département Oise) verbrachte Rousseau die letzten Wochen seines Lebens. Auf einer kleinen Insel inmitten des großen Parkes wurde er begraben.*

** »Emile oder Über die Erziehung« (1762) ist ein pädagogischer Roman von Jean Jacques Rousseau. Es wird die Konzeption einer natürlichen Erziehung vorgestellt, die dem Individuum einerseits die Beibehaltung seiner natürlichen Anlagen und Dispositionen, andererseits die Vorbereitung auf das Leben in der Gesellschaft erlaubt.*

Später erst als Voltaire wurde Jean-Jacques Rousseau ins Pantheon der großen französischen Denker überführt, nämlich am 9. Oktober 1794.

Rousseau wird ins Pantheon überführt

In den mittleren und unteren Klassen hatte Rousseau hundertmal mehr Leser als Voltaire. Er allein hat den Franzosen die Lehre von der Souveränität des Volkes und ihren äußersten Konsequenzen eingeimpft... Es gibt kaum einen Revolutionär, der von seinen anarchistischen Theorien nicht hingerissen gewesen wäre und der nicht vor Sehnsucht gebrannt hätte, sie zu realisieren... 1788 hörte ich Marat den Gesellschaftsvertrag auf einer öffentlichen Promenande unter begeistertem Beifall der Menge verlesen und erläutern.

Mallet Dupan

Das Fest des Höchsten Wesens
Rede Robespierres vor dem Nationalkonvent

** Robespierre hatte sich zum Fürsprecher eines neuen religiösen Kultes gemacht, der den latent herrschenden Atheismus ablösen sollte. Er sprach vom „Höchsten Wesen" wie von einer Gottesfigur. In einem großen Fest sollte diese neue Staatsreligion eingerichtet werden.*

Der wahre Priester des Höchsten Wesens* ist die Natur, sein Tempel ist das Universum, sein Gottesdienst ist die Tugend; seine Feste sind die Freuden eines großen Volkes, das sich unter seinen Augen versammelt, um die süßen Bande der Brüderlichkeit erneut zu schmieden und um ihm die Huldigung aller reinen und empfindsamen Herzen darzubringen.

Verknüpfen wir die Moral mit ewigen und geheiligten Grundsätzen. Laßt uns dem Menschen den religiösen Respekt für seinesgleichen eingeben, jenes tiefe Gefühl für seine Pflichten, das die einzige Garantie für das soziale Glück ist. Laßt uns den Menschen mit all unseren Einrichtungen ernähren, so daß die öffentliche Erziehung hauptsächlich diesem Ziel dient. Dann werdet Ihr ihnen sicher einen großen Charakter verschaffen, der unserer Regierungsform und dem hohen Schicksal unserer Republik entspricht.

Bringt die Menschen zusammen, und Ihr werdet sie besser machen, denn die Menschen in Gruppen bemühen sich, einander zu gefallen, und sie können einander nur gefallen durch die Dinge, die sie gleichzeitig der Wertschätzung versichern. Gebt ihrem Beisammensein einen großen moralischen und politischen Grund, und die Liebe alles Ehrlichen wird mit Freude in allen Herzen sein, denn die Menschen sehen einander nicht ohne Freude.

Der Mensch ist das großartigste Objekt, das es in der Natur gibt, und das herrlichste Schauspiel ist das eines versammelten Volkes. Niemals spricht man ohne Enthusiasmus von den Nationalfesten der Griechen; dabei ging es bei ihnen bloß um Spiele, bei denen es auf die Körperstärke, auf die Geschicklichkeit oder höchstens auf das Talent der Dichter und Redner ankam. Aber ganz Griechenland war da, man konnte ein größeres Schauspiel sehen als die eigentlichen Spiele; es war das Volk, das Asien besiegt hatte und das sich mit seinen republikanischen Tugenden manchmal über die Menschheit erhoben hatte. Man konnte die großen Menschen sehen, die ihr Vaterland gerettet und ihm Glanz verliehen hatten.

Wie leicht wäre es für das französische Volk, seinen Versammlungen ein größeres und umfassenderes Ziel zu geben! Ein richtig verstandenes System von Nationalfesten wäre sowohl ein süßes Zeichen der Brüderlichkeit als auch eine äußerst starke Regenerationsmöglichkeit.

Gebt der ganzen Republik allgemeine und feierliche Feste, gebt der Republik außerdem noch einzelne Feste für jede Gegend, die an den Ruhetagen stattfinden könnten und diejenigen Feste ersetzen können, die von den Umständen vernichtet worden sind.

Alle diese Feste sollen zum Ziel haben, die großzügigen Gefühle zu

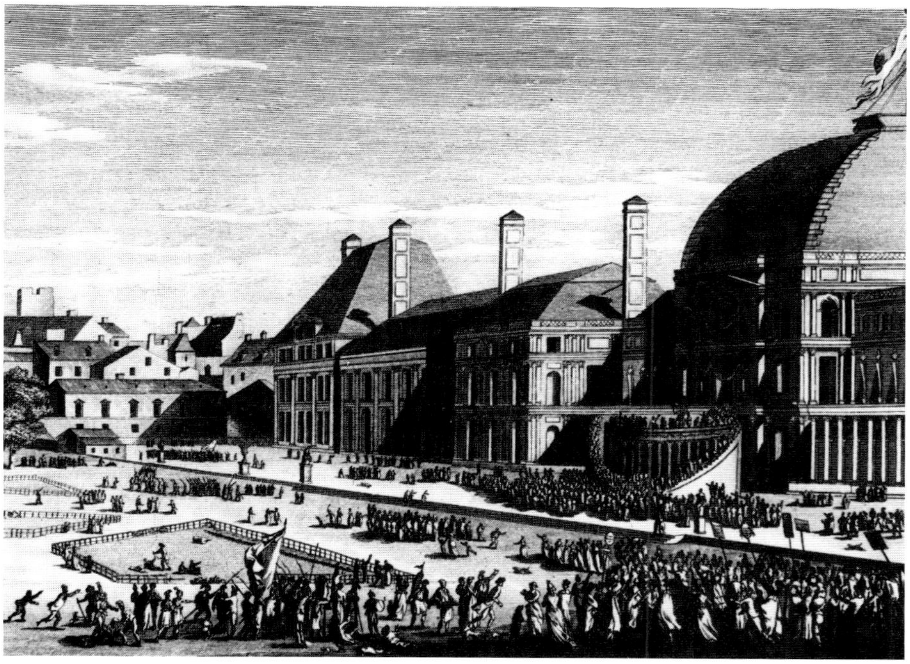

Fest des Höchsten Wesens

wecken, die den Charme und die Schönheit des menschlichen Lebens ausmachen: den Enthusiasmus für die Freiheit, die Liebe zum Vaterland, den Respekt der Gesetze. Die Erinnerung an die Verräter und Tyrannen soll dort zu ihrer Ächtung dienen, das Gedenken an die Helden der Freiheit und die Gönner der Menschheit soll dort die ihnen gebührende öffentliche Anerkennung erhalten. Die Feste sollen ihren Inhalt und sogar ihren Namen aus den unsterblichen Ereignissen unserer Revolution und aus den heiligsten, den Menschen teuersten Ereignissen schöpfen. Sie sollen durch die ihrem Gegenstand entsprechenden Embleme verschönert werden. Laßt uns zu unseren Festen die Natur und alle Tugenden einladen; sie sollen ihm gewidmet sein. Die Feste sollen ihren Beginn und ihr Ende in einer Huldigung der Macht und Güte des Höchsten Wesens haben.

Dekret zum Höchsten Wesen und den neuen republikanischen Festen

Art. 1: Das französische Volk erkennt die Existenz des Höchsten Wesens und die Unsterblichkeit der Seele an.

Art. 2: Es erkennt weiterhin an, daß der einzige dem Höchsten Wesen angemessene Kult die Ausübung der menschlichen Pflichten ist.

Art. 3: Es macht es sich zur obersten Pflicht, Unaufrichtigkeit und Tyrannei zu hassen, die Tyrannen und Verräter zu bestrafen, den Unglücklichen beizustehen, die Schwachen zu achten, die Unterdrückten zu verteidigen, dem Nächsten alles Gute zu tun, dessen man fähig ist, und niemanden gegenüber ungerecht zu sein.

Art. 4: Es werden Feste eingerichtet, die den Menschen ermahnen sollen, an die Gottheit zu denken und an deren Würde.

Art. 5: Die Feste werden nach den großartigen Ereignissen der Revolution, nach den teuersten und nützlichsten Tugenden und nach den größten Wohltaten der Natur benannt.

Art. 6: Die französische Republik wird jedes Jahr die Feste des 14. Juli 1789, des 10. August 1792, des 21. Januar 1793 und des 31. Mai 1793 feiern*.

Art. 7: An jedem 10. Tag sind die folgenden Feste zu feiern:
Fest des Höchsten Wesens und der Natur.
Fest der Menschheit.
Fest des französischen Volkes.
Fest der Wohltäter der Menschheit.
Fest der Märtyrer der Freiheit.
Fest der Freiheit und der Gleichheit.
Fest der Republik. usw.

Art. 8: Der Wohlfahrtsausschuß und der Ausschuß für öffentliche Erziehung werden beauftragt, einen Plan zur Organisation dieser Feste auszuarbeiten.

Art. 9: Der Nationalkonvent appelliert an alle Talente, die es würdig sind, der Sache der Menschheit zu dienen, zur Einrichtung dieser Feste durch die Komposition von Hymnen und Bürgerliedern sowie durch alle Maßnahmen zur Verschönerung und Nützlichkeit beizutragen.

Art. 10: Der Wohlfahrtsausschuß wird die Arbeiten, die diesem Ziel in seinen Augen am besten dienen, auszeichnen und deren Autoren belohnen.

Art. 11: Gemäß dem Dekret vom 18. Frimaire bleibt die Freiheit der Religionsausübung erhalten.

Art. 12: Jede aristokratische oder ordnungswidrige Versammlung wird unterdrückt.

Art. 15: Am kommenden 20. Prairial (8. Juni 1794) wird ein nationales Fest zu Ehren des Höchsten Wesens begangen.

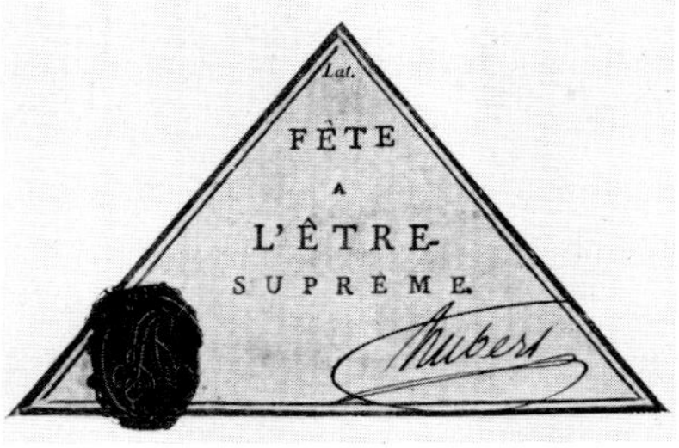

Eintrittskarte zum Fest des Höchsten Wesens

** Die genannten 4 Feiertage beziehen sich auf die Erstürmung der Bastille, den Sturz der Monarchie, die Hinrichtung des Königs und die Ausschaltung der Girondisten.*

Klassizistische Vase anläßlich des Festes des Höchsten Wesens

Ein einig Volk von Bürgertugend. Davids Plan für das Fest des Höchsten Wesens

Kaum zeigt die Morgenröte den beginnenden Tag an, da erklingt schon eine kriegerische Musik und läßt der Ruhe des Schlafes ein verzaubertes Erwachen folgen.

Beim Anblick dieses wohltätigen Gestirns, das die Natur belebt und ihr Farbe gibt, umarmen sich Freunde, Brüder, Eheleute, Kinder, Greise und Mütter und bemühen sich, das Fest der Gottheit zu schmücken und zu feiern.

Sogleich sieht man Trikoloren außen an den Häusern flattern; die Eingänge werden mit Grünzeug geschmückt; die keusche Gattin flicht Blumen ins Haar ihrer lieben Tochter, während der Säugling die Brust der Mutter preßt. Der Sohn greift mit starken Armen nach seinen Waffen, der Greis, die Augen vor Freudentränen naß, fühlt seine Seele und seinen Mut sich verjüngen, wenn er den Verteidigern der Freiheit das Schwert entgegenstreckt.

Währenddessen erklingt der bronzene Klang. Sofort sind alle Häuser leer, sie bleiben unter dem Schutz der Gesetze und der republikanischen Tugenden. Das Volk erfüllt die Straßen und öffentlichen Plätze, die Freude und die Brüderlichkeit entflammen es. Die verschiedenen, mit Frühlingsblumen geschmückten Gruppen bilden ein lebendiges Parterre, deren Düfte die Seelen zu diesem rührenden Fest einstimmen. Die Trommeln schlagen, alles sieht wie neu aus.

Inmitten des Volkes erscheinen seine Vertreter, sie werden von Kindern mit Veilchen umringt, und von Heranwachsenden mit Myrtenzweigen. Die Männer tragen Eichenlaub, die weißhaarigen Greise Weinreben und Olivenzweige. Jeder Abgeordnete trägt einen Strauß aus Weizenähren, aus Früchten und Blumen in der Hand, als Symbol der Aufgabe, die ihm erteilt wurde, eine Aufgabe, die sie alle trotz der immer wieder entstehenden Schwierigkeiten und Hindernisse erfüllen werden.

Inmitten der nationalen Abgeordneten ziehen vier starke, mit Girlanden und Gebinden geschmückte Stiere einen Wagen, auf dem eine Trophäe aus Handwerksinstrumenten und Produkten der französischen Nation strahlt. Ihr, die Ihr im Luxus und in der Weichheit lebt, deren Existenz bloß ein angenehmer Schlummer ist, vielleicht wagt Ihr es, auf diese nützlichen Werkzeuge einen verachtungsvollen Blick zu werfen. Oh, flieht, flieht nur weit weg von uns! Eure korrupten Seelen vermögen die einfachen Freuden der Natur nicht auszukosten. Und Du, empfindsames und fleißiges Volk, koste Deinen Triumph und Deinen Ruhm aus, verschmähe die niederen Schätze Deines feigen Feindes, vergiß vor allem nicht, daß die Wohltäter der Menschheit den Pflug mit derselben Hand führten, mit der sie die Könige und ihre Vasallen besiegt hatten.

Jacques-Louis David organisierte viele der revolutionären Feste

Nachdem während des Umzugs die Freiheitsstatue mit Geschenken und Blumen überhäuft worden ist, kommt der Zug auf das Marsfeld. Reine Seelen, tugendhafte Herzen: hier erwartet Euch eine entzückende Szene, hier läßt Euch die Freiheit ihre süßen Freuden zuteil werden.
Ein riesiger Berg wird zum Altar des Vaterlandes, auf seinem Gipfel steht der Freiheitsbaum. Die Abgeordneten eilen unter seine schützenden Zweige. Die Väter nehmen mit ihren Söhnen auf dem ihnen zugewiesenen Teil des Berges Platz, die Mütter mit ihren Töchtern plazieren sich auf der anderen Seite. Sie sind allein von der Tapferkeit ihrer Männer und von ihrer Fruchtbarkeit geleitet worden. Überall herrscht eine tiefe Stille, die rührenden Akkorde einer harmonievollen Musik erklingen. Die Väter singen mit ihren Söhnen die erste Strophe und sie schwören gemeinsam, die Waffen erst niederzulegen, wenn sie die Feinde der Republik vernichtet haben. Das ganze Volk wiederholt das Ende des Liedes, auch die Mütter mit ihren Töchtern. Diese schwören, niemals andere Männer als die zu heiraten, die dem Vaterland gedient haben, die Mütter preisen ihre Fruchtbarkeit: „Unsere Kinder," sagen sie, „werden erst die Erde von den gegen uns verbündeten Tyrannen befreien und dann zurückkehren, um eine ihnen liebe Pflicht zu erfüllen, nämlich denen die Augen zu schließen, die ihnen das Leben schenkten."

Das Volk wiederholt die sublimen Gefühlsausdrücke, die ihnen von der heiligen Liebe zur Tugend eingegeben werden.

Das ganze Volk singt eine dritte und letzte Strophe. Alle sind gerührt, alle drängen auf den Berg, Männer, Frauen, Mädchen, Greise, Kinder, lassen die Luft von ihren Stimmen erklingen. Hier drücken die Mütter die Kinder, die sie säugen, dort ergreifen sie die kleinsten ihrer männlichen Kinder, die noch nicht selbst ihre Väter begleiten können, und reichen sie mit ausgestreckten Armen dem Vater der Natur dar. Die jungen Mädchen werfen die mitgebrachten Blumen gen Himmel.

Gleichzeitig ziehen die Söhne mit kriegerischer Glut ihre Schwerter, und legen sie in die Hände ihrer alten Väter. Sie schwören, die Schwerter überall zum Sieg zu führen, sie schwören, der Gleichheit und Freiheit gegen die Unterdrücker zum Sieg zu verhelfen. Die Greise umarmen sie begeistert und erteilen ihnen den väterlichen Segen.

Eine großartige Kanonensalve stachelt den Mut unserer Republikaner an, sie zeigt ihnen, daß der Tag des Triumphes gekommen ist. Ein männlicher und kriegerischer Gesang antwortet, wie ein Vorläufer des Sieges, auf den Lärm der Kanonen.

Alle Franzosen vereinen ihre Gefühle in einer brüderlichen Umarmung; sie haben nur noch eine Stimme, deren einziger Ruf »Es lebe die Republik!« zur Gottheit aufsteigt.

Robespierre setzt sich an die Spitze des Umzugs auf dem Fest des Höchsten Wesens

Robespierre eröffnet das Fest des Höchsten Wesens mit einer Ansprache

Republikanische Franzosen! Endlich ist er da, der auf immer glückliche Tag, den das französische Volk dem Höchsten Wesen weiht. Die Welt, die es erschuf, hat seinen Blicken noch nie ein so würdiges Schauspiel geboten. Es hat beobachtet, wie auf Erden Tyrannei, Verbrechen und Betrug herrschten, jetzt aber sieht es eine ganze Nation im Kampf gegen alle Unterdrücker der Menschheit, sieht, wie sie ihre heldenhaften Anstrengungen unterbricht, um ihr Sinnen und Trachten auf das Höchste Wesen zu richten, das ihr den Auftrag und die Kraft gegeben hat, die Revolution zu beginnen und durchzuführen.

Hat nicht die Hand des Höchsten Wesens, als sie den Begriff der Gerechtigkeit und der Gleichheit in das menschliche Herz pflanzte, gleichzeitig auch das Todesurteil der Tyrannen festgelegt? Hat dieses würdige Wesen nicht von Anbeginn aller Zeiten die Republik verordnet und für alle Jahrhunderte, für alle Völker die Freiheit, die Redlichkeit und die Gerechtigkeit auf die Tagesordnung gesetzt?

Die Könige sind doch nicht erschaffen worden, damit sie das Menschengeschlecht verschlingen. Auch die Priester sind nicht geschaffen worden, damit sie uns wie Vieh vor den Karren der Könige spannen und aller Welt das Beispiel der Niedertracht, des Hochmuts, der Falschheit, des Geizes, der Lasterhaftigkeit und der Lüge geben. Die Welt ist vielmehr erschaffen worden, damit die Macht des Höchsten Wesens offenbar wird; die Menschen sind geschaffen worden, damit sie sich gegenseitig helfen, einander lieben und auf dem Weg der Tugend zum Glück gelangen.

Das Höchste Wesen hat in die Brust des siegreichen Unterdrückers ein beißendes Gewissen und die Angst eingepflanzt, ins Herz des unterdrückten Unschuldigen aber die Gelassenheit und den Stolz. Der rechtschaffene Mensch ist so gezwungen, den Bösen zu hassen, und der Böse muß den Richtigdenkenden achten; die Stirn der Schönheit wird mit Scham geschmückt, damit sie noch schöner erblüht.

Der Schöpfer der Natur hat alle Sterblichen mit einem gewaltigen Band der Liebe und Freude zusammengeschlossen. Mögen die Tyrannen verderben, die es gewagt haben, dieses Band zu zerstören!

Republikanische Franzosen, es ist an Euch, die Erde zu säubern, die sie beschmutzen, und die Gerechtigkeit zurückzuholen, die sie von ihr vertrieben haben. Freiheit und Tugend entstammen beide dem Schoße der Gottheit und die eine kann unter den Menschen nicht ohne die andere leben.

Großmütiges Volk! Wenn Du über alle Deine Feinde triumphieren willst, dann übe Gerechtigkeit und diene der Gottheit mit dem einzigen ihr würdigen Kult.

Das Höchste Wesen im hintersten Winkel Frankreichs

Hymne auf das Höchste Wesen für diз Feier vom 20 Prairial, Jahr II

(8. Juni 1794)

Vater des Universums, höchste Intelligenz,
verkannter Wohltäter der blinden Sterblichen,
Du offenbartest Dein Wesen der Dankbarkeit,
die allein Deine Altare errichtete.

Chor: Dein Tempel ist auf den Bergen,
in den Lüften, auf den Wellen,
Du hast keine Vergangenheit,
Du hast keine Zukunft,
und ohne sie auszufüllen
erfüllst Du alle Welten,
die Dich nicht umfassen können.

Alles kommt von Dir, große und letzte Ursache,
alles wird reiner unter Deinen göttlichen Strahlen.
Die Moral gründet auf Deiner unsterblichen Verehrung,
und auf den Sitten beruht die Freiheit.

Ode zu Ehren Rousseaus

Um ihre Demütigung und Deinen verletzten Ruhm zu rächen
kam die Freiheit, jene Geißel der Entarteten,
zur gleichen Zeit aus Deinem weiten Geist,
zugleich mit dem Plan des Universums.

Allmächtiger Gott! sie allein hat Deine Demütigung gerächt,
sie selbst lehrt die Sterblichen Deine Verehrung,
und sie hob so die dichten Schleier, welche die Natur bedeckten und befreite Deine Altäre.

Oh, der Du aus dem Nichts, wie einen Funken
das strahlende Gestirn des Tages in die Lüfte warfst!
Tue noch mehr, gieße in unsere Herzen die unsterbliche Weisheit,
entzünde uns mit Deiner Liebe.

Belebe das Vaterland mit dem Haß gegen die Könige,
vertreibe die eitlen Wünsche, den ungerechten Stolz der Titel,
den verderblichen Luxus, die niedere Schmeichelei,
die schlimmer ist als die Tyrannen.

Zerstreue unsere Fehler, mache uns gut, mache uns gerecht,
herrsche, herrsche jenseits des grenzenlosen Ganzen.
Fessele die Natur an Deine erhabenen Ratschlüsse
und gewähre dem Menschen die Freiheit.

XVIII.
9. Thermidor

Robespierre, bekannt als der Unbestechliche, ging den Weg zur einsamen Machtausübung. Als er anläßlich des Festes des Höchsten Wesens, an dem er den Atheismus abschaffen und einen republikanischen Gotteskult instaurieren wollte, alleine vor allen anderen Regierungsmitgliedern einhermarschierte, brachte er für alle deutlich zum Ausdruck, was keiner auf Dauer ertragen wollte: Robespierre war auf dem Weg zur Alleinherrschaft, zur alleinigen Rechtsprechung über „Konspiration" und republikanische Treue.

Seit langem standen sich die Pariser Kommune mit den Sektionen als radikale Kraft und der Nationalkonvent als Kompromiß aus verschiedenen Fraktionen feindlich gegenüber. Der 9. Thermidor brachte diesen latenten Konflikt zu einem militärischen Ausbruch. Hanriot mit seinen Anhängern unterstützte Robespierre bis zum letzten. Der Konvent als Träger des Volkswillens hatte Robespierre aus seinen Ämtern entfernt – die Sektionen und die Kommune leisteten zunächst keinen Gehorsam. Bis sich die legale Partei durchsetzte und dann mit den nun ihrerseits als Konspirateure verurteilten Robespierre und Gefolgschaft kurzen Prozeß machte. Das Gefühl der Erleichterung spricht aus allen Zeugnissen, nicht nur auf Seiten der Revolutionsgegner. Die Schreckensherrschaft dauerte zwar in gewissem Sinne noch eine Weile fort, aber die Welle an Verhaftungen und Hinrichtungen nahm doch deutlich ab.

Der letzte Jakobiner-Club muß schließen

Der Sturz Robespierres am 9. Thermidor

Paris, den 12. Thermidor (31.7.1794) Jahr II

Gott sei gelobt! Mein lieber Freund! Die Tyrannei der Decemviren ist seit drei Tagen gestürzt. Die Nachricht wird sicher schon bis zu Ihnen durchgedrungen sein, denn die Sache hat sehr viel Staub aufgewirbelt, so wie es dem Ereignis angemessen ist. Ganz Frankreich dürfte von diesem Paukenschlag widerhallen.

Robespierre ist am 10. Danton auf demselben Weg gefolgt, auf dem er ihn hinab zu den Toten geschickt hat. Selbst die hitzigsten Revolutionäre haben in diesem Fall die Anwendung des Vergeltungsgrundsatzes für gut befunden: Wer sich des Schwertes bedient, wird durch das Schwert umkommen, sagte ein sanfter und weiser Gesetzgeber der Antike anläßlich des Schicksals eines gewissen Malchus. Dieses Axiom kann bei uns auf die Guillotine der modernen Gesetzgeber angewendet werden. Dieses häßliche Tötungs- oder Schlachtinstrument ist das Schwert oder die Kanone des Konvents. Der Konvent hat sich keiner anderen Waffen in dem selbstmörderischen Kampf gegen sich selbst bedient und um das Instrument erfolgreich zur Anwendung zu bringen, braucht er nur einen Ruf ausstoßen: Vogelfrei! (Hors la loi). Sofort fallen die Abgeordneten tot und ohne Kopf nieder, denn in dieser blutigen Arena werden nur selten Kriegsgefangene gemacht. Nur aufgrund dieses einen Rufs, durch jenes in Revolutionszeiten fürchterliche Wort, sind gestern, vorgestern und auch heute noch mehr als 100 Jakobinerköpfe unter dem Beil auf dem Ludwig XV.-Platz gefallen. Es war ein Blutbad im Angedenken der Seelen aller unschuldigen Opfer, die von diesen Wüterichen auf demselben Platz ermordet wurden.

Solange meine Erinnerung daran noch ganz frisch ist, will ich Ihnen erzählen, wie dieser große Kampf am 9. im Konvent entstanden ist. Seit einigen Dekaden erschien Robespierre weder im Wohlfahrtsausschuß noch im Konvent. Er war die ganze Zeit bei den Jakobinern, wo er ununterbrochen von sich und seinen Feinden sprach, von Tallien*, Dubois-Crancé*, Fréron*, Bourdon de l'Oise*, genannt der Rote, von den Mitgliedern einiger Ausschüsse, die er auf dieselbe Linie wie Danton stellte und die er mit dem Revolutionsgericht bedrohte. Seit Dantons Tod herrschte dort Zwietracht.

Billaud-Varennes*, Collot d'Herbois* und Barère* taten sich auf der einen Seite zusammen, auf der anderen Robespierre, Couthon, Lebas und Saint-Just. Robespierre, der seine Kollegen des Wohlfahrtsausschusses und des Konvents beherrschen wollte und eine Diktatur anstrebte, hatte sich völlig vom Ausschuß isoliert. Er wurde allerdings trotz seiner Abwesenheit noch von Saint-Just und Couthon unterstützt. Die einzige Chance zur Durchsetzung seines Vorhabens sah er bei den Jakobinern, wo seine Vorherrschaft größer war als je zuvor. Er dachte, daß diese große

** Jean Lambert Tallien (1769–1820) hatte sich früh auf die Seite der radikalen Bergpartei geschlagen. Er war Mitglied des Allgemeinen Sicherheitsausschusses und des Wohlfahrtsausschusses. Seine Härte gegen die Girondisten brachte ihm die zweifelhafte Ehre ein, die Schreckensherrschaft in Bordeaux durchzusetzen. Dort aber ließ er eine Adelige frei, die er anschließend heiratete. Aufgrund dieser „Schwäche" wurde er Robespierre verdächtig – hierher rührt die persönliche Feindschaft gegen Robespierre.*

** Edouard Louis Alexis Dubois-Crancé (1747–1814) war wegen seiner Fachkenntnisse in militärischen Dingen bekannt und wurde in einer späteren Phase der Revolution sogar Kriegsminister. Er war Mitglied des Wohlfahrtsausschusses.*

** Louis-Stanislas Fréron (1765–1802) war Journalist und Anhänger einer gemäßigten Revolution. Danton und Desmoulins zählten zu seinen Freunden. Nach dem 9. Thermidor kehrte er sich zusehends von den Idealen der Revolution ab und vertrat monarchistische Standpunkte.*

** François Bourdon de l'Oise (1758–1798) war zunächst ein treuer Gefolgsmann Robespierres, dessen Politik gegen die Girondisten er unterstützte. Als Mitglied des Allgemeinen Sicherheitsausschusses wandte er sich schließlich gegen die beginnende Alleinherrschaft Robespierres.*

Robespierre wird am 27. Juli 1794 gefangen genommen

** Jacques Nicolas Billaud-Varennes (1756–1819) war ein recht erfolgloser Schriftsteller, bis er seine politische Karriere als Abgeordneter von Paris im Nationalkonvent begann. Als Mitglied der radikalen Partei wurde er ins Revolutionsgericht entsandt, sowie in den Wohlfahrtsausschuß.*

** Jean Marie Collot d'Herbois (1750–1796) war ein Pariser Schauspieler und Autor zahlreicher Komödien. 1792 wurde er in den Konvent gewählt und zeigte sich als radikaler Anhänger der Republik. Er war Mitglied des Wohlfahrtsausschusses.*

** Bertrand Barère de Vieuzac (1755–1841) siehe unten.*

Partei, die er sich in jener großartigen Gesellschaft herangezogen hatte, ihm zur höchsten Würde verhelfen würde, daß die Jakobiner noch stärker als der Konvent seien und ausreichen würden, um ihn zum alleinigen Oberhaupt der Republik zu machen. Aber entweder hatte er seinen Plan schlecht vorbereitet, oder die wichtigsten Jakobiner hielten ihn weder für würdig noch für fähig, Diktator zu werden. Jedenfalls hatte niemand von den Jakobinern den Mut, Robespierre als Diktator der Republik vorzuschlagen. Als er sah, daß sein Plan fehlschlug, machte Robespierre eine Kehrtwendung von 180 Grad und hielt am 8. dieses Monats im Nationalkonvent eine lange, heuchlerische Rede, in der er sich selbst verteidigte, einige Mitglieder des Wohlfahrtsausschusses und des Sicherheitsausschusses angriff. Er äußerte ferner bittere Bemerkungen über viele andere Mitglieder und nannte die Behauptung, er habe einen Plan zur Errichtung einer Diktatur gefaßt, eine Verleumdung seiner Person. Kurz, es war eine Rede, die den ganzen Konvent aufbrachte und die er am selben Abend bei den Jakobinern vortrug, wo sich die Zuhörerschaft in heftigen Diskussionen in zwei Lager für und gegen Robespierre teilte.

Die Konventsmitglieder, die in dieser Rede angegriffen, von Robespierres Spitzeln überwacht und, 11 an der Zahl, von der Guillotine bedroht sind, versammeln sich am selben Abend in den Tuilerien. Sie beschließen, Robespierre am folgenden Tag, dem 9. Thermidor, anzugreifen und ihn von dem eingebildeten Thron, auf den er sich selbst gesetzt hatte, herabzustoßen. Sie führten ihr Vorhaben aus. Vor allem Tallien, der am stärksten bedroht war, faßte den Plan, Robespierre im Konvent zu ermorden, noch auf der Rednertribüne, wenn er als Sieger aus dem Kampf, den man mit ihm führen wollte, hervorgehen sollte. Deshalb hat Tallien die Tribüne bzw. ihre Stufen während der ganzen Dauer dieser bewegten Sitzung nicht verlassen.

Morgens war er sehr aufgewühlt von zuhause weggegangen und hatte die heiße Schokolade, die seine Mutter ihm alltäglich bereitete, zurückgewiesen. Als sie ihn am Arm festhielt, um ihn zum Frühstück zu zwingen, bemerkte sie einen Dolch, den er in seinen Kleidern versteckt hielt. Ihr wurde schlecht vor Angst. „Meine Mutter", sagte er, „heute ist entweder mein letzter Tag oder derjenige eines anderen. Laßt mich gehen." Tatsächlich begab er sich zum Konvent und griff als erster Robespierre an. Billaud-Varenne, Bourdon, Vadier*, Fréron und eine große Zahl anderer Mitglieder springen ihm bei. Sie rufen: „Nieder mit dem Tyrannen", und verlangen seine Festnahme sowie die von Saint-Just, von Couthon, Lebas und Robespierre dem Jüngeren*. Dieses Dekret wird von Collot d'Herbois, dem Präsidenten des Konvents, mit Einstimmigkeit und inmitten lebhaften Applauses verkündet. Die Festgenommenen treten hinter die Schranke und werden den Gerichtsdienern übergeben, um ins Gefängnis gebracht zu werden. Man fährt Robespierre in einem Wagen bis zum Luxembourg-Gefängnis. Als sie dort ankommen, weigert sich der äußerst patriotische Wärter, ihn in diesem Gefängnis aufzunehmen; er behauptet, es sei kein Platz mehr. Robespierre verlangt, zum Rathaus gebracht zu werden. Er wurde mit der Bewachung dorthin geführt, und zum Unheil der Stadtverwaltung ergriff sie für Robespierre und gegen den Konvent die Waffen. Hanriot* zieht sofort mit seiner Truppe gegen den Nationalkonvent zu Felde und schließt als erstes den Allgemeinen Sicherheitsausschuß. Aber er wird festgenommen und gefesselt in eben diesen Ausschuß gebracht. Er kann entkommen und läuft schnell zum Rathaus. In wenigen Augenblicken erklärt der Konvent alle Aufständischen für vogelfrei. Dieses Dekret versetzt all ihre Anhänger in Angst und Schrecken. Einige Abgeordnete laufen zu Fuß oder reiten zum Rathaus, zum Grève-Platz, reden auf den zusammengelaufenen Pöbel und die Nationalgarde ein und es gelingt ihnen, die Menschenmenge zu zerstreuen. Die Verwirrung bei den Stadtverordneten erreicht ihren Höhepunkt, sie verstehen nichts mehr und verlieren den Überblick. Auf Robespierres Gesicht wird ein Schuß abgefeuert, Saint-Just wird mit einem Säbel traktiert, Coffinhal* wirft Hanriot in die Kloake, Robespierre der Jüngere springt aus dem Fenster und bricht sich ein Bein, Lebas bringt sich um. Alle Stadtverordneten werden verhaftet und ins Conciergerie-Gefängnis gebracht.

Am 10. Thermidor gegen 5 Uhr abends werden die Verurteilten, 22 an der Zahl, in drei Karren zur Guillotine gefahren, so wie die 22 Girondisten und Danton mit 21 weiteren Opfern dorthin gefahren wurden. Jeder

** Marc Guillaume Alexis Vadier (1736–1828) war Mitglied des Allgemeinen Sicherheitsausschusses und Präsident der Jakobiner. Obwohl Vadier als Ankläger gegen Robespierre auftrat, wurde er wegen seiner aktiven Beteiligung an der Schreckensherrschaft verbannt. Es gelang ihm allerdings, sich in Paris versteckt zu halten.*

** Robespierre der Jüngere (1764–1794) war ein Bruder des berühmten Revolutionsführers. Er unterstützte blind dessen Politik und war wie er Mitglied der radikalen Jakobiner.*

** Pierre-Antoine Coffinhal-Dubail (1762–1794) war Arzt und stellvertretender Vorsitzender des Revolutionsgerichts von Paris.*

* *François Hanriot (1761–1794) führte die Armee der Sektion Sans-Culotte und wurde zum Oberbefehlshaber der Pariser Nationalgarde während der Schreckensherrschaft (Mai 1793–Juli 1794). Hanriot hatte aktiv an den September-Massakern teilgenommen und galt überhaupt als radikal und grausam. Er griff immer wieder als Vertreter der Kommune von Paris in die politischen Auseinandersetzungen auf nationaler Ebene ein und bedrohte mehrmals die Abgeordneten.*

* *Pierre Lebas (1765–1794) war Vertrauter Robespierres. Er verlangte, mit ihm festgenommen zu werden. Als seine Versuche, Robespierre militärisch zum Sieg zu verhelfen, scheiterten und er einem Schicksal als Verurteilter entgegensehen mußte, nahm er sich das Leben.*

* *Jean-Marie Hérault de Séchelles (1760–1794) war, trotz adeliger Abstammung, ein überzeugter Revolutionär, der sich zur Bergpartei zählte. Als Mitglied des Wohlfahrtsausschusses vertrat er die Maßnahmen des Terreur-Regimes. Dann aber schloß er sich Danton an und wurde mit diesem im April 1794 hingerichtet.*

* *Camille Desmoulins (1762–1794) war einer der berühmtesten Revolutionäre und Journalisten der Zeit. Er hatte großen Einfluß auf das Volk und trug zur Verbreitung der revolutionären Ideen bei. Als wichtigster Verbündeter Dantons teilte er dessen Schicksal. In bewegenden Briefen nahm er Abschied von seiner jungen Frau, die kurze Zeit nach ihm wegen versuchter Gefangenenbefreiung ebenfalls den Tod auf der Guillotine fand. Sie war 22 Jahre alt.*
(Siehe „Todeskandidaten“)

der drei Karren trug vorne eine große Trikolore, die von einem Henker hin und her geschwenkt wurde. Es war ein Festtag, alle eleganten Leute waren an den Fenstern, um die Verurteilten vorbeifahren zu sehen. Entlang der ganzen Rue Saint-Honoré wurde applaudiert. Nur Robespierre der Ältere bewies Mut, als er so zum Tod geführt wurde, und er zeigte Verachtung, als er die Freudenschreie hörte. Sein Kopf war mit einem Stofflappen umwickelt, seine normalerweise wie tot wirkenden, porzellanartigen Augen waren sehr lebhaft und aufmerksam in diesen letzten Augenblicken seines Lebens. Die anderen Verurteilten waren regungslos, sie schienen von Schande und Schmerz überwältigt. Fast alle waren mit Blut und Schlamm bedeckt. Hanriot hing ein Auge aus dem Kopf. Man hätte die Todgeweihten für einen Trupp Banditen halten können, der nach einem heftigen Gefecht in einem Wald festgenommen wurde. Um 7 Uhr abends waren sie tot. Eine Unmenge von Männern und Frauen aus allen Stadtteilen waren herbeigelaufen, um ihre Hinrichtung zu sehen. So war das Ende von Maximilien de Robespierre, dessen Name noch lange den anarchischen Prunk der Revolution beflecken wird. Dieser Prinz der revolutionären Hölle sah im Sterben seine Partei besiegt, die Jakobiner niedergeworfen und alle seine Pläne und seine Freunde endeten mit ihm auf dem Schafott. Die Prophezeiung Dantons hat sich erfüllt: Dieser stürmische Volkstribun, der ein wenig gesunden Menschenverstand und Humanität bewahrt hatte, wollte, als er das tragische Ende der Revolutionsregierung kommen sah, mit Hérault de Séchelles* und Camille Desmoulins* die übergroßen Befugnisse des Wohlfahrtsausschusses vom Konvent wieder beschneiden lassen und ein sanfteres Regime einrichten. Sie waren so unvorsichtig, dieses Vorhaben öffentlich zu verkünden, anstatt es absolut geheim zu halten. Außerdem begingen sie den Fehler, es nicht sofort auszuführen. Jener Ausschuß brachte sie wie Verschwörer um; und deshalb antwortete Danton, als man ihn im Gericht der Konspiration anklagte, voller Überzeugung: „Es ist schön, gegen eine Regierung zu konspirieren, die sich selbst gegen die Ruhe und das Wohl aller verschworen hat.“

Wir müssen jetzt die Folgen dieses denkwürdigen Tages abwarten, den wir hauptsächlich Tallien verdanken, der die anderen gegen Robespierre aufgebracht hat. Aber mehr Ruhm und Größe, als er verdient, darf ihm auch nicht zuteil werden, denn wäre Tallien nicht stärker als seine Kollegen vom Tode bedroht gewesen, so hätte der Angriff wahrscheinlich nicht stattgefunden. Dann wären wir noch unter dem Joch dieses Ausschusses der Tiger und ihres infamen Gerichts. Persönliche Beweggründe haben den verhinderten Diktator gestürzt und anschließend ist Frankreich von ihm befreit worden.

Nicolas Ruault

Die Republik ist gerettet

Die Republik und ihre treuesten Freunde sind soeben, mein lieber Meister, der größten Gefahr entronnen, der sie bisher ausgesetzt waren. Robespierre, der Tyrann werden wollte, und seine Helfershelfer haben heute ihre Verbrechen gebüßt. Der gestrige Tag war ebenso fürchterlich wie erinnerungswürdig in den Annalen der Revolution. Die Republik hat gesiegt und doch kein anderes Blut vergossen als das der Verräter. Alle fühlen sich jetzt erleichtert, die Stimmung ist hervorragend, alles ist völlig ruhig und man gibt sich der Freude hin, solch großen Gefahren entkommen zu sein.

Denn der Verbrecher Robespierre hatte auf seiner Seite die Kommandanten der öffentlichen Streitkräfte, die Kanoniere von Paris, die Jakobiner, die Stadtverwaltung, das Revolutionsgericht, die meisten von ihm eingesetzten Funktionäre und alle Lumpen, die gar nicht anders konnten, als sich solch einer Partei anzuschließen. Du kannst das, was wir im Ausschuß durchstehen mußten, am Ausmaß solcher Verbrechen ermessen und Dir vorstellen, was alles nötig war, um diesem Zustand abzuhelfen.

10. Thermidor

Prieur de la Côte-d'Or an Guyton-Morveau**

* *Claude Antoine Prieur de la Côte-d'Or (1763–1832) war Abgeordneter und Mitglied des Wohlfahrtsausschusses. Auf seine Initiative wurden in Frankreich das Dezimalsystem und die neuen Maßeinheiten eingeführt.*

* *Louis Bernard Guyton de Morveau (1737–1816) war ein bekannter Chemiker aus Dijon. Als Abgeordneter schlug er sich auf die Seite der Bergpartei. Er war vorübergehend Mitglied im Wohlfahrtsausschuß.*

Robespierre liegt durch einen Pistolenschuß verletzt auf einem Tisch

Opfer des 9. Thermidor

Beschlüsse des revolutionären Schwurgerichts

10. Thermidor:

Maximilian Robespierre, 35 Jahre, geboren in Arras, ehemaliger Abgeordneter des Nationalkonvents;

G. Couthon, 38 Jahre, geboren in Orsay, ehemaliger Abgeordneter im Konvent;

L.-B.-T. Lavalette, 40 Jahre, geboren in Paris, früher adelig, ehemaliger Bataillonskommandant der Sektion Gardes-Françaises, ehemaliger Brigadegeneral der Nordarmee;

F. Hanriot, 33 Jahre, geboren in Nanterre, ehemaliger Zollangestellter, ehemaliger Oberkommandierender der Pariser Streitkräfte;

L. G.-F. Dumas, 37 Jahre, geboren in Lucy (Haute-Saône), Anwalt in Lons-le-Saulnier, ehemaliger Präsident des Revolutionsgerichts in Paris;

A. Saint-Just, 26 Jahre, geboren in Liser (Nièvre), ehemaliger Abgeordneter im Konvent;

C.-F. Payan, 27 Jahre, geboren in Paul-les-Fontaines, ehemaliger Geschworener im Revolutionsgericht, ehemaliger Nationalagent der Stadt Paris;

N.-J. Vivier, 50 Jahre, geboren in Paris, ehemaliger Richter im Schwurgericht des Départements, ehemaliger Präsident der sogenannten Jakobiner während der Nacht vom 9. zum 10. Thermidor;

A.-N. Gobeau, 26 Jahre, geboren in Vincennes, ehemaliger vertretender Staatsanwalt beim Départements-Gericht, am 10. August (1792), Offizier der Stadtverwaltung;

J.-B.-E. Lescot-Fleuriot, 39 Jahre, ehemaliger stellvertretender Staatsanwalt des Revolutionsgerichts, ehemaliger Bürgermeister von Paris;

A.-P.-J. Robespierre der Jüngere, ehemaliger Abgeordneter im Konvent;

J.-C. Bernard, 34 Jahre, geboren in Paris, ehemaliger Priester;

A. Gency, 33 Jahre, geboren in Reims, Küfer;

A. Simon, 58 Jahre, Schuster;

D.-E. Laurent, 33 Jahre;

J.-L.-F. Warmé, 29 Jahre;

J.-E. Forestier, 47 Jahre, Gießer;

N. Guerin, Kassierer;

J.-B.-M. d'Hasard, Perückenmacher;

C. Cochefer, ehemaliger Polsterer;

C.-J.-M. Bougon;

Sie alle sind per Dekret des Konvents vom 9. und 10. dieses Monats für vogelfrei erklärt und wurden, in Erwartung ihrer Identifizierung durch Zeugen, dem Scharfrichter ausgehändigt, um in den nächsten 24 Stunden auf dem Revolutionsplatz hingerichtet zu werden.

Wäre Robespierre ein Monarch in irgendeinem Königreiche von Europa gewesen; hätte er alles, was er tat, gegen Untertanen getan, die sich den Fesseln des Despotismus entziehen wollten, er würde bei dem sklavischen Teile der Europäer ebensoviel, wenn nicht noch mehrere Bewunderer gefunden haben als der König von Neapel.

Andreas Riem

Robespierres Kopf nach seiner Hinrichtung

Der Kommentar des Wohlfahrtsausschusses zum Sturz der Schreckensherrschaft

In unserer Hauptstadt herrscht wieder Ruhe nach einem fürchterlichen Sturme. Robespierre und seine Freunde sind dem allgemeinen Unwillen des Volkes gegen die Schreckensregierung des Jakobinismus aufgeopfert. Sie fielen unter der Hand des Henkers, die vor wenigen Tagen mit unbeschränkter Gewalt Millionen beherrschten. Der Konvent rächte sich fürchterlich an seinem Despoten, dem er vor einigen Dekaden noch als der ersten Stütze der wankenden Republik huldigte.

Paris, den 15. Thermidor (1794)
Johannes Ignaz Weitzel

Der Terror war schon immer die Waffe des Despotismus. Die Gerechtigkeit ist die Waffe der Freiheit. Die Unterdrückung der Meinungen, die Zensur der Schriften, das übertriebene und unrechtmäßige Ansehen einiger Weniger waren schon immer die Symptome, die den Verlust der Freiheit mit sich brachten.

Robespierre hatte Euch durch seine Manöver im Konvent dazu gebracht, einen Erlaß zu verabschieden, demzufolge der Wohlfahrtsausschuß alle Ausschußmitglieder ernennen sollte. Das ist ein schwieriges, mühsames, unschönes Vorgehen, das darauf hinausläuft, die nationale Vertretung zu erniedrigen und die Mitglieder dieser Regierung in den Augen ihrer Kollegen in Mißkredit zu bringen.

Robespierre erniedrigte den Konvent, indem er ihm sein wichtigstes Recht nahm, nämlich dasjenige, die Ausführung der Legislative nur solchen Bürgern zu überlassen, die sein Vertrauen genießen. Er schwächte die Volksvertretung indem er einzelne Ausschüsse herauslöste, ihr die Arbeit wegnahm, ihre Gedanken lähmte und sie zu einem bloßen Zustimmungsorgan dort machte, wo eine klare Aussprache ihr Recht gewesen wäre. Er hatte dem Ausschuß das Recht überlassen, die Kommissare und die Beigeordneten der Exekutivausschüsse zu ernennen, um die Dinge an sich zu reißen, alle Zweige des Imperiums in den Griff zu bekommen sowie alle Verwaltungsbehörden, um nach Belieben über die Finanzbudgets der einzelnen Ausschüsse zu verfügen und um uns mit seinen eigenen Agenten zu umgeben und uns so alle auf einmal ins Verderben zu stürzen.

Hinrichtung Robespierres

Der Zentralismus ist sehr wohl eine Regierungsmethode. Aber die totale Zentralisierung ist entweder die totale Monarchie oder der Despotismus. Robespierre trocknete alle Zweige der Verwaltung, die er nicht gefügig machen konnte, einfach aus. Er lenkte alle Quellen der Macht in ein gemeinsames Becken, um umso leichter darüber verfügen zu können. Jetzt schlagen wir Euch vor, den Wohlfahrtsausschuß von allen legislativen Aufgaben, die ihm eigentlich nicht zustehen, zu befreien und die Verpflichtung von ihm zu nehmen, über alle Exekutivausschüsse zu bestimmen. Es geht über die Kraft von 12 Mitgliedern des Wohlfahrtsausschusses, ständig den Anforderungen solch vielfältiger und unterschiedlicher Aufgaben zu genügen. Es ist gegen die Vernunft der Politik, einem einzigen Ausschuß so viel Macht und Einfluß zu geben. Der Allgemeine Sicherheitsausschuß, den Robespierre und Saint-Just unter dem Vorwand beschnitten hatten, ein allgemeines Polizeihauptquartier einzurichten, war fast völlig zerstört oder zumindest gelähmt.

*Bericht und Analyse von Barère**

** Bertrand Barère de Vieuzac (1755–1841) war seit den Generalständen Abgeordneter in der Nationalversammlung. Er war eines der Mitglieder des Wohlfahrtsausschusses und mußte sich vor dem Konvent wegen des Vorwurfes der Komplizenschaft mit Robespierre verteidigen. Der Text ist ein Auszug aus einer umfassenden Darstellung der Arbeit im Sicherheitsausschuß bis zum Sturz Robespierres. Trotz seiner Verteidigung wurde er verurteilt und aus Frankreich verbannt.*

Nach der Schreckensherrschaft: Die Verlierer auf den Zuschauertribünen des Nationalkonvents

Paris, den 2. März 1795

Ich verließ das Café de Chartres, um in den Konvent zu gehen. Die Tribünen waren von Menschen vollgepfropft. Ich blieb also in einem der Korridore, um einen günstigen Augenblick abzupassen und den Platz eines der Austretenden einzunehmen. Ich war nicht der einzige Harrende, ihrer waren viele, und ihre widrige verzerrte Physiognomie sagte mir sogleich, welcher Natur sie wären. Meine Zweifel hierüber verschwanden gänzlich, als ich unter der Zahl dieser Leute mehrere Mitglieder des ehemaligen Revolutionsausschusses meiner Sektion erblickte.

Die Volksbühnen waren angefüllt. Die Aufmerksamkeit aller war auf die Sektionsdeputationen gerichtet. Während die Majorität des Konvents und ein Teil der Volksbühnen den lebhaftesten Beifall bezeugten, blieb der andere ohne Bewegung: Ich sah in einer großen Volksbühne, die etwa 300 bis 500 Personen enthielt, bloß einen Mann in der Mitte dieser Menge mit Händeklatschen eine Zufriedenheit ausdrücken, die mir um so mehr gefiel, als er sich durch den stummen Grimm derer, die ihn umringten, nicht nur nicht abschrecken, sondern eher noch aufmuntern ließ.

Der Zufall brachte mich neben ein Weib, das mir vor etwa 2 Jahren, in schmutzige Lumpen gehüllt, öfters zu Gesicht gekommen war. Ich bot meine ganze Erinnerungskraft auf, und entdeckte endlich, daß diese Furie, die neben mir stand, das nämliche weibliche Ungeheuer war, das ich am 1. Juni 1793 in dem unteren Vestibül des Konventspalastes halb besoffen und von Schweiß triefend die abscheulichsten Reden gegen den Konvent und besonders die damalige rechte Seite ausstoßen hörte. Sie rühmte sich damals laut, schon 2 Tage anhaltend in den Volksbühnen mit einem Leib Brot und einer Flasche Wein zugebracht zu haben. „Wir haben sie" – rief diese weibliche Furie, indem sie von den Deputierten sprach – „dekretieren gemacht: die Girondistenhunde müssen sterben."

Ich kann Ihnen unmöglich die Empfindungen beschreiben, die Schlag auf Schlag mein Innerstes bestürmten. Das Weib merkte, daß mein Auge starr auf sie gerichtet war, sie kehrte ihr Gesicht auf eine andere Seite. Ich sah nicht ohne Vergnügen, daß jedes von den Sektionsrednern an den Schranken ausgesprochene Wort ihr einen Dolchstich versetzte. Sie gab ihr Mißvergnügen durch unaufhörliche Zeichen einigen Weibern zu erkennen, die teils vor ihr, teils in der großen Volksbühne saßen, von der ich eben gesprochen habe. Der schallende Beifall, den ich von Zeit zu Zeit gab, machte diese Harpyen beinahe wütend.

Die Volksbühnen waren in dieser Sitzung wenigsten zur großen Hälfte mit allem besetzt, was Paris an Unreinstem, Blut- und Raubgierigstem

Am 13. Thermidor wurde dem berühmten Maler David im Konvent seine Freundschaft mit Robespierre vorgeworfen.
David wird aufgefordert zu erklären, ob er, nachdem Robespierre seine Rede gehalten hatte und vom Rednerpult herunterstieg, ihn nicht umarmt hat mit den Worten: „Wenn du den Schierlingsbecher trinkst, werde ich ihn mit dir trinken."
David antwortete: „Ich ging nicht zur Tribüne, um Robespierre beim Herabsteigen zu empfangen, sondern um selbst heraufzusteigen und zu beantragen, daß die Planung für die Feierlichkeiten des 10. August vorangetrieben wird. Ich habe Robespierre nicht umarmt, noch nicht einmal berührt, denn er stieß alle zurück. Es ist richtig, daß ich, als Couthon ihm vorschlug, seine Rede an alle Kommunen zu schicken, bemerkte, solch ein Vorgehen würde nur Zwietracht in der ganzen Republik säen. Da rief Robespierre aus, nun bleibe ihm nur noch, den Schierlingsbecher zu trinken." Daraufhin sagte ich zu ihm: »Dann werde ich ihn mit dir trinken. Ich bin nicht der einzige, der sich in ihm getäuscht hatte. Viele Bürger haben ihn für tugendhaft gehalten, so wie ich auch."

Angriff aufs Rathaus

enthält. Die Terroristen suchten sich hier zu verschanzen, in eben diesen Bühnen, die schon seit Jahren nicht Frankreich, sondern dem konspirierenden Ausland – seinen gedungenen Mördern, einem Heer von Betrügern, von Banditen und betrogenen Fanatikern zugehörten. Das Weib, neben dem ich stand und das den folgenden Tag in Verhaft genommen wurde, war zu merkwürdig für mich, als daß ich Ihnen nicht endlich noch einige physiognomische Beobachtungen über sie mitteilen sollte. Ihr Gesicht war abgezehrt und erhitzt, die Augen hervorgetrieben – die Haut mit Falten übersät, die sich bald ausspannten, bald wiederum erschlafft zusammenfielen. Der Körperbau mager, die Hände skelettartig, die Adern aufgetrieben, wie blaue unter einer durchsichtigen Haut liegende Röhren. Wenn ich Maler wäre und ein Gemälde von dem jüngsten Gericht entwerfen wollte, so würde ich dieses Weib zum Modell eines Verdammten wählen.

Georg Kerner

Chaos bei den Jakobinern

In der außerordentlichen Sitzung der Jakobinergesellschaft vom 9. Thermidor wurde um 1 Uhr nachts folgender, völlig ernstgemeinter Brief der Kommune vorgelegt: „Kameraden, wir bitten Euch sofort in großer Zahl, möglichst mit Bürgern und Bürgerinnen von Euren Zuschauertribünen, zu den Mitgliedern der Stadtverwaltung zu stoßen. Und trotzdem bitten Eure Brüder Euch, im Namen des öffentlichen Wohls, Eure Sitzung im Jakobinerclub nicht zu verlassen."

Der Niedergang der Jakobiner

Der Jakobinerpartei
letztes Stündlein hat geschlagen,
Robespierres Tod
setzt sie außer Gefecht.

Auf das denkende Volk
ist sie ohne Einfluß.
Der Schwanz ist ohne Kraft,
wenn der Kopf abgeschlagen ist.

Umsonst bäumt sie sich auf,
jene verdammte Truppe,
der Handstreich den sie plant
ist ein vergeblicher Streich.
Billaud, Collot, Barrière
haben den scheußlichen Charakter
von Nero, von Tiberius,
und auch deren Schüchternheit.

Die Tyrannen ohne Mut
zeigen ihren Zorn
und erschrecken die Gemüter
durch Blut und Metzgerei.
Durch diese Politik
haben Robespierre und seine Clique
die Republik getötet,
indem er ihre Freunde tötete.

Paris, ohne Jahr

Reaktionen der Bürger

15. Thermidor: Die öffentliche Stimmung ist hervorragend, die jüngsten Ereignisse haben ihr neue Energie gegeben. Die Leute fordern die völlige Reinigung des Revolutionsgerichts, das sie heute bloß noch Blutgericht nennen.

16. Thermidor: Jeder redet von Robespierre, um ihn zu verdammen und all die Opfer zu beklagen, die er seinem Ehrgeiz dargebracht hat. Die Generalversammlung der Sektion Maison-Commune war sehr bewegt. 7 Bürger sind für schuldig befunden worden, sich in den Ereignissen vom 9. und 10. Thermidor von den richtigen Prinzipien abgewendet zu haben. Die Passanten unterhielten sich gestern gegen Abend nur über das Dekret, das David, den Freund des letzten Tyrannen Robespierre, gefangensetzt.

17. Thermidor: Auf den öffentlichen Plätzen werden Zeitungen laut vorgelesen. Viele Bürger scharen sich um die Lesenden und diskutieren anschließend über das, was sie gehört haben. Stärker als je zuvor stehen die Leute zum Nationalkonvent.

Polizeiberichte

Aimée-Cécile Renaud stammte aus Paris. Sie drang bis zu Robespierre vor und stellte ihm viele Fragen, die ihr Verhalten verdächtig erscheinen ließen. Sie wurde verhaftet und man brachte sie dazu zu gestehen, daß sie Robespierre umbringen wollte. Mit 20 Jahren endete ihr Leben auf dem Schafott.

Aimée-Cécile Renaud wird nach einem mißglückten Attentatsversuch auf Robespierre festgenommen

Hymne auf den 9. Thermidor

Heil Dir, 9. Thermidor, Tag der Erlösung!
Du kommst und reinigst den blutgetränkten Boden.
Zum zweiten Mal läßt Du über Frankreich
die Strahlen der Freiheit leuchten.

Reiße Du, oh Freiheit, jenen mörderischen Altar nieder,
auf dem die greuliche Anarchie, mit dem Dolch in der Hand,
wie einst Diana auf den Hügeln von Tauris
sich an menschlichem Blute labte.

Ihr, die Ihr die einsame Freundschaft tränenreich besingt,
Frauen, Krieger, Greise, Schönheit, Talente, Tugend,
Ihr werdet auf dieser Erde niemals mehr Eure
Eltern trösten, die Euch verloren haben.

Ach, die Erinnerung an Eure heiligen Namen
kann zumindest manchmal unsere Schmerzen lindern;
über Euren Gräbern wird das trauernde Vaterland
seine Tränen mit den unseren vermischen.

Aus der Tiefe Eurer edlen Gräber klagt Ihr
die schuldigen Rächer an, die uns beleidigt haben.
Durch weise Gesetze allein, und nicht durch ein Blutbad
können wir unsere Freunde rächen.

Ja, für die Republik beginnt ein neuer Tag,
geführt von der Stimme Eurer verbannten Seelen
wird die Menschheit den Altar der Milde
über Euren verehrten Überresten errichten.

Erste Gottheit, ewige Quelle der Gesetze;
Du, die noch vor der Freiheit verehrt wurde,
Du, Mutter der Tugenden, wahre Kybele,
rührende und heilige Menschlichkeit.

Zwei Tage hatten die Schande unserer Väter gerächt;
aber das Zepter, das den Händen des letzten Königs entfallen war,
befand sich noch in der Macht der Volkstyrannen,
und erst Du hast es zerbrochen.

Republikanische Dichter, feiert den Sieg;
Jungfrauen des fränkischen Volkes, schmückt Euch mit Blumen,
Väter, Kinder, Gatten, preist die Erinnerung
an den schönen Tag, der Eure Tränen trocknet!

10.

Lezte Sitzung der Jacobiner. (11. Novbr.)

Der Gipfel des Olymp sah die stolzen Riesen,
welche die Erde geboren, zu Pulver zerstört;
auf den Senat von Frankreich fiel auch der Blitz
auf die erschütterten Tyrannen.

Vergeblich versteckten sie ihre Wut vor Deinen Augen
oh Sonne, um ihre blutige Macht zu erhalten.
Trunken von französischem Blute verschwört sich ihre Truppe vergeblich
mit der Nacht und mit dem Terror.

Fürchte nicht mehr, den Sieg der Verbrechen zu beleuchten,
ersetze den stillen Himmelskörper Deiner Schwester!
Die besiegten Unterdrücker werden ihren Opfern folgen,
Du kannst Deinen Platz am Himmel wieder einnehmen.

Das Volk und der Senat haben ihre Macht wiedererlangt,
ihre Stimme wird die ehernen Tore der Kerker zersprengen.
Ihr Schafotte, wo das Verbrechen die Unschuld erwürgte,
fallt vor diesem mächtigen Ruf darnieder!

Vereine die Interessen, die gegensätzlich scheinen,
ein hassendes Herz ist immer schuldig,
komm zum Fest des Vergessens und vereine die Brüder
an Deiner mütterlichen Brust.

*Marie-Joseph de Chénier**

** Marie-Joseph Chénier (1764–1811) war Schriftsteller und Politiker. Er verzichtete auf eine mögliche militärische Karriere und widmete sich ganz der Literatur. Als begeisterter Revolutionär verfaßte er zahlreiche feierliche Gedichte, die meist wie das hier abgedruckte von Etienne Méhul (1763–1811) vertont wurden. Seine klassizistischen Tragödien hatten wegen ihrer politischen Thematik während der Revolution großen Erfolg.*

Letzte Sitzung eines Revolutions-Komitees

Paris geht zur Tagesordnung über: Triumph der Mode

Mit beklemmtem Herzen näherte ich mich den Mauern von Paris, oder vielmehr überfiel mich unwillkürlich jenes Grauen, mit dem ich einst fortgegangen war. Damals sah Paris einer Stadt am Fuße des Ätna gleich, die ein Ausbruch bedroht, und aus der die Einwohner ihr Leben nebst kümmerlichen Habseligkeiten zu retten eilen. Mehr als 20000 Menschen erhielten Befehl, ihren Wohnort zu verlassen, um anderswo erwürgt zu werden! In groben Genuß oder in Traurigkeit versunken hatte Paris seit langem allem Schmuck entsagt, und edle Frauen, mit Bürden beladen, begleiteten einen Karren, der von Hunden oder Eseln durch die öden Straßen gezogen wurde und ihre traurige Gerätschaft führte. Stumme Umarmungen, die erstickten Seufzer des Jammers und das Händeringen der Verzweiflung, füllten den Hintergrund der Szene aus. – Wie angenehm überraschte mich dagegen der jetzige Anblick! Gleich bei unserer Einfahrt durch die Barriere von Villette wurden wir von freundlichen Gesichtern und scherzenden Lachern begrüßt, die, da sie uns für Holländer ansahen, fragten: ob wir gute Wechsel brächten? Die Straßen wimmelten von Menschen, sonderlich von wohlgekleidetem Frauenzimmer, das auf mich beständig die Wirkung einer Lustpartie tut, und Freundlichkeit meines Erachtens über das Ganze jenes Gemäldes verbreitet.

Die ärmere Klasse ist besser und reinlicher gekleidet als vormals, und da die wohlhabende Portion des Volkes wegen Mangel an Pferden zu Fuße geht, so treibt mehr und schöneres Leben in den Straßen; und eben die Abwesenheit der Rosse und Wagen macht, daß über dem Ganzen eine gewisse Stille, Milde und Gemächlichkeit schweben, welche gewöhnlich nicht zum äußeren Charakter großer Städte gehören.

Das Frauenzimmer und die ganze Pariser Population sieht heutzutage frischer aus, weil man sich mehr gesunde Bewegung gibt, und überhaupt wohl regelmäßiger lebt als sonst. Vielleicht auch tragen die blonden Perücken, über die sich gleich viel Gutes als Böses sagen läßt, das ihrige bei, den Anblick von Paris aufzuheitern. Gewiß verschönern sie, wenn die Person zu einer Nuance von blond gehört; hingegen bekommt das Gesicht der braunen einen Schlag von Widersinn. Sie sind bequem, obwohl sicher nicht ihre Bequemlichkeit sie so allgemein beliebt macht. Sollten sie, wie man vorgibt, Hoftrauer einer leidtragenden Partei gewesen sein, so hat die Mode die Absicht des Kennzeichens gänzlich vereitelt, denn die meisten schönen Köpfe, um die sich fremde Locken kräuseln, gehören zur gewöhnlichen Partei der Torheit, deren Revolutionen und Gegenrevolutionen sich nicht weiter als über das Gebiet des Spiegeltisches erstrecken. Wäre es uns erlaubt, in dieser wichtigen Materie eine Vermutung zu äußern, so würden wir vorerst behaupten, daß die Koali-

Frankreichs traurig Geschick, die Großen mögen's bedenken!
Aber bedenken fürwahr sollen es Kleine noch mehr.
Große gingen zu Grunde: doch wer beschützte die Menge
Gegen die Menge? Da war Menge der Menge Tyrann.

Johann Wolfgang von Goethe

„Sage, tun wir nicht recht? Wir müssen den Pöbel betrügen.
Sieh nur, wie ungeschickt, sieh nur, wie wild er sich zeigt!"
Ungeschickt und wild sind alle rohe Betrognen;
Seid nur redlich, und so führt ihn zum Menschlichen an.

Johann Wolfgang von Goethe

** William Pitt (1759–1806) war ein berühmter englischer Minister, der sich im Kampf gegen das revolutionäre Frankreich auszeichnete. Den Franzosen galt er wegen seiner Bemühung um eine große Koalition gegen Frankreich als Nationalfeind.*

tion der Könige, von der man allerdings nicht weiß, was sie eigentlich gewollt und getan, schwerlich doch unmittelbar an blonden Perücken gearbeitet habe, ja, daß sogar Pitt* diesmal von dem Verdachte der Konspiration halb und halb frei sei. Es gab eine Zeit, wie Sie wissen, wo jedermänniglich, ausgenommen Robespierre (wie ihn wahrscheinlich zum Pendant von Käsebier mein treuer Bedienter nennt) den Mut der Frauen von Kartago nachahmte, weil die Republik nur mit abgestutztem Haar zu retten schien. Die Läden der Kräusler verwandelten sich in Totenhäuser, wo die Leichname der schönsten Frisuren ohne Schmuck beigesetzt wurden. Wer hatte geglaubt, daß die Mode so grausame Streiche überleben würde, die sie sich selber führen mußte? Aber sie ist der eigentliche Phönix unseres Jahrhunderts. Eh man sichs versieht, steigt sie mit den blonden Locken der Liebesgöttin wiederum aus ihrer Asche hervor. Die Perückenmacher konnten sich mit den Modehändlerinnen in keinem günstigeren Augenblicke koalisieren, als da die Annahme eines antiken Kostüms einen dazu passenden Kopfputz notwendig machte. Plötzlich fällt in Frankreich ein Heer blonder Perücken ein, und richtet mit mehr Glück, als den unsterblichen Herzog von Braunschweig begleitete, seinen Angriff auf die schwächere Hälfte der Republik. Es zeigt sich bloß – und dem Heldengeiste ihrer Männer zum Hohn, ergeben sich einmütig unsere Republikanerinnen, und über die starkmütigste Revolution, die wir kennen, trägt die Frivolität glänzenden Sieg davon.

Anonymer Brief

Modefrisuren: Der Reiz der Freiheit

Man kann die Französische Revolution als das größte und merkwürdigste Phänomen der Staatengeschichte betrachten, als ein fast universelles Erdbeben, eine unermeßliche Überschwemmung in der politischen Welt; oder als ein Urbild der Revolutionen, als die Revolution schlechthin. Das sind die gewöhnlichen Gesichtspunkte. Man kann sie aber auch betrachten als den Mittelpunkt und den Gipfel des französischen Nationalcharakters, wo alle Paradoxien desselben zusammengedrängt sind; als die furchtbarste Groteske des Zeitalters, wo die tiefsinnigsten Vorurteile und die gewaltsamsten Ahndungen desselben in ein grauses Chaos gemischt, zu einer ungeheuren Tragikkomödie der Menschheit so bizarr als möglich verwebt sind.

Friedrich Schlegel

Die Revolution ist zu Ende

15. Dezember 1799 24. Frimaire VIII

Eine neue Verfassung wird vorgelegt.

Sie beseitigt die Unklarheiten, die unter der provisorischen Regierung in den Auslandsbeziehungen sowie hinsichtlich der innenpolitischen und der militärischen Lage herrschten. An der Spitze der von ihr geschaffenen Institutionen stehen die obersten Beamten, deren Treue sich als für ihre Tätigkeit notwendig erwiesen hat. Die Verfassung gründet sich auf die wahren Prinzipien der repräsentativen Regierung, auf die heiligen Rechte des Eigentums, der Gleichheit und Freiheit.

Die von ihr eingesetzten Gewalten werden stark und zuverlässig sein, wie es erforderlich ist, wenn sie die Rechte der Bürger und die Interessen des Staates schützen sollen.

Bürger, die Revolution hält an den Grundsätzen ihrer Anfänge weiterhin fest. Sie ist beendet.

Bonaparte. Roger Ducos*. Sieyès*.*

** Emmanuel Joseph Sieyès (1748–1836) war Mitglied des Nationalkonvents. Nach dem 9. Thermidor war er in der Außenpolitik tätig. Er bereitete den Staatsstreich Napoleons vor.*

** Roger Ducos (1754–1816) war von Beruf Anwalt. Als Abgeordneter des Nationalkonvents verfolgte er eine harte politische Linie und stimmte für den Tod des Königs. Gemeinsam wurde er mit Napoleon Bonaparte und Sieyès vorübergehend Konsul. Seine politische Wandelbarkeit war groß: er stimmte für die Absetzung Napoleons.*

** Napoleon Bonaparte (1769–1821) hatte seine Karriere als Offizier im Dienste der Revolutionsarmee begonnen. Große militärische Erfolge ließen ihn schnell den Rang eines Generals erreichen. Wegen seiner Sympathien für die Jakobiner wurde er kurzfristig nach dem Sturz Robespierres eingesperrt. Der Italienfeldzug besiegelte seinen Ruhm. 1802 wurde er zum Konsul der Franzosen, nachdem er 1799 in einem Staatsstreich die Macht an sich gerissen hatte. 1804 wurde er zum Kaiser der Franzosen gekrönt. Nach seiner entscheidenden Niederlage bei Waterloo 1815 lebte er die letzten Lebensjahre einsam auf der Insel Sankt Helena.*

Nachwort

Daß die Große Französische Revolution das Antlitz der europäischen Staaten von Grund auf verändert hat, wird niemand ernsthaft infrage stellen. Wie aber ihre Wirkung einzuschätzen, wie ihre einzelnen Phasen zu bewerten sind, ist seit dem 19. Jahrhundert in der historiographischen Literatur kontrovers. Die Auseinandersetzung um den Wert, den Verlauf und die innere Notwendigkeit der Ereignisse der Französischen Revolution steht auch 200 Jahre nach der Erstürmung der Bastille im Mittelpunkt der wissenschaftlichen und öffentlich-politischen Diskussion.

Die Vorbereitungen des 200-jährigen Jubiläums der Revolution laufen in Frankreich seit längerem. Die Tatsache, daß ein Sozialist Staatspräsident ist, mag sich hier fördernd auswirken, aber auch die bürgerlichen Parteien sehen sich eindeutig in der Tradition von 1789. Die Phantasie reicht nicht aus, um all jene sinnvollen und sensationsheischenden Aktivitäten aufzuzählen, für die die Erinnerung an ein epochales, dramatisches politisches Ereignis herhalten muß: eine Plastikbastille, die vom Volk erneut erstürmt werden soll (ein amerikanischer Beitrag übrigens); abermals errichtete Barrikaden; Musik- und Lasershows; T-Shirts; Theater, Musikfestivals etc. Allein die Stadt Paris will 100 Millionen Francs für die Feierlichkeiten aufbringen, und ein Sonderobulus von 10 Francs pro Einwohner sichert die Teilnahme aller Franzosen am nationalen Spektakel – zumindest indem sie zur Kasse gebeten werden. Der Eiffelturm, anläßlich der 100-Jahrfeier der Revolution und der Weltausstellung von 1889 errichtet, wird im Schatten spektakulärer Bauwerke und Attraktionen verschwinden. Frankreich nutzt den Anlaß zu einem gigantischen Schauspiel der Selbstdarstellung.

Angesichts dieser Fülle von meist rein kommerziell orientierten Aktivitäten jenseits des Rheins muß eine deutsche Publikation zur Französischen Revolution wenn nicht gerechtfertigt, so doch begründet werden – zumal in Frankreich mit einer Bücherflut von über 200 Titeln zu rechnen ist.

Zielsetzungen

Auch um die Revolution von 1789 ist ein Historikerstreit entbrannt. Lange Zeit war die marxistische Geschichtsforschung maßgebend, was die wissenschaftliche Erschließung der Revolutionsepoche betraf. In den 60er Jahren wurde zum ersten Mal mit Autorität und solider eigener historischer Arbeit von der »bürgerlichen« Wissenschaft am fest verankerten marxistischen Bild der Revolution gerüttelt. Der linken, »jakobinischen« Tradition hingegen, die aus den fortschrittlichen bürgerlichen Interpretationen des 19. Jahrhunderts entwickelt wurde, gilt die Französische Revolution weiterhin als insgesamt progressiv und global gelungen. Eine Trennung in verschiedene Phasen wird mit dem Argument abgelehnt, die fortschreitende Radikalisierung sei zur Erhaltung der revolutionären Errungenschaften notwendig und damit – in der Gesamtperspektive – gerechtfertigt. Die Schreckensherrschaft 1793/94 als Perversion, als Umkehrung der liberalen, enthusiastischen Anfangsphase zu sehen, will den marxistischen Historikern (für die stellvertretend Albert Soboul und Walter Markov genannt seien) als revisionistisch-bürgerlicher Versuch erscheinen, die Revolution und ihr Erbe wertend zu spalten. Die großen historiographischen Werke dieser Schule aber, die wie Sobouls *Die Große Französische Revolution* zu den Klassikern der Revolutionsgeschichtsschreibung überhaupt gehören[1], sind seit 20 Jahren ihrerseits ins Schußfeld der Kritik geraten. Diese zielt vor allem auf zwei Aspekte: Das Dogma der Revolution »von unten« und die historische Unvermeidbarkeit des Terror-Regimes.

Die bekannteste Gesamtdarstellung einer neuen, nicht marxistischen Sicht der Revolution ist die 1965 veröffentlichte, auch ins Deutsche übersetzte[2] *Französische Revolution* von François Furet und Denis Richet.

Für die Leser historiographischer Werke ist es nicht immer leicht, die verschiedenen ideologischen Positionen zu durchschauen und die einzelnen Interpretationen mit Distanz zu beurteilen. Das unmittelbare Interesse an dem epochalen Ereignis Französische Revolution läuft Gefahr, sich im Streit der Historiker um die rechte Deutung zu verlieren.

Ist die Französische Revolution durch den Historikerstreit endgültig in weite Ferne gerückt? Interessiert sie uns nach 200 Jahren nicht mehr?

Unser Buch geht von der gegenteiligen Überzeugung aus. Um dem Dilemma jeder narrativ-linearen Darstellung, widersprüchliche Prozesse nicht angemessen, sondern nur in künstlicher Kohärenz wiedergeben zu können, soweit wie möglich aus dem Weg zu gehen, haben wir uns entschlossen, einen Sammelband mit repräsentativ ausgewählten Dokumenten zusammenzustellen, der dem Leser die Wertung der Ereignisse nicht abnimmt, sondern eine eigenständige Meinungsbildung erst ermöglicht. Diese historiographische Grundentscheidung hat beim Thema Französische Revolution bekannte Vorläufer. Gustav Landauers 1922 in zwei Bänden veröffentlichte *Briefe aus der Französischen Revolution*[3] versuchen, anhand persönlicher, teils politischer, teils intimer Korrespondenz einen direkten Zugang zum Geschehen zu vermitteln. Das Buch ist methodisch für seine Zeit sehr originell, verlangt allerdings vom Leser breite Vorkenntnisse, da weitgehend auf Erläuterungen verzichtet wird. Zudem engt die Beschränkung auf nur eine Textsorte die Quellenpalette ein.
Das 1962 ins Deutsche übersetzte und seit 1976 als Taschenbuch verfügbare Werk *Die Französische Revolution in Augenzeugenberichten*[4] bemüht sich ebenfalls, historische Distanz aufzuheben und eine Geschichte aus Dokumenten zu verfassen – allerdings ohne methodologische Konsequenz. Denn einerseits soll den (notwendig persönlichen, parteiischen, partiellen) zeitgenössischen Dokumenten das Wort erteilt werden, andererseits wollen die Autoren nicht auf eine chronologisch geordnete, narrativ-gradlinig präsentierte Geschichte verzichten. Sie schränken damit die mögliche Auswahl der Dokumente von vorneherein auf Texte ein, die sich nah am historiographischen Konsens heutiger Zeit bewegen und dem Charakter von berichtenden Sachtexten nahe kommen. So verschenken sie gerade die Qualität, die ihr Buch in den Vordergrund stellen will: die Unmittelbarkeit von Augenzeugenberichten.

Wer aber mit der Aufhebung historischer Distanz Ernst machen will, muß sich auf die Widersprüche der überlieferten Zeugnisse einlassen. Wo unmittelbar kommentiert, empfunden, erlebt und gedacht, bewertet und verworfen wird, kann (noch) keine »objektive« historische Einschätzung im heutigen Sinne erfolgen. Wir haben uns entschlossen, diesen Weg so konsequent wie möglich zu verfolgen.

Dem deutschen Publikum soll ein opulent ausgestattetes Buch dargeboten werden, das keine speziellen Vorkenntnisse voraussetzt, sondern neugierige, offene Leser sucht, die sich von der durch Texte und Bilder erzeugten Atmosphäre einfangen lassen und zu einem eigenen Urteil kommen wollen. Aber auch wenn wir als Herausgeber auf eindeutige Wertung aus gutem Grund verzichten, kann es doch bei einem Werk über die Französische Revolution nicht um die Suche nach Wertneutralität oder falsch verstandener Objektivität gehen. Die Revolution *hat* stattgefunden, und sie hat *so* stattgefunden, wie sie sich aus den Quellen und historischen Interpretationen darstellt. Ihre Bedeutung für die moderne europäische Gesellschaft mindern oder leugnen zu wollen, wäre nicht nur falsch, sondern sinnlos. Die langfristige Wirkung der revolutionären Errungenschaften ist in der politischen und juristischen Struktur moderner Demokratien für jeden erfahrbar. Dies sollte nicht vergessen werden, wenn bisweilen aus den Zeugnissen der Zeitgenossen mehr Entsetzen über die menschliche Dramatik des historischen Augenblicks als Verständnis für die weittragenden positiven Folgen der politischen Umstrukturierung spricht. Die direkte Teilnahme und Konfrontation mit Grausamkeit, Tod und Ungerechtigkeit führt zu einem Blickwinkel, der zwar antirevolutionär erscheinen mag, aber nicht mit dem Standpunkt späterer Gegner der Französischen Revolution verwechselt werden darf. Eine derartige Parteinahme ist nicht Ziel unseres Buches. Es geht in *Paris 1789* vielmehr darum, in die Widersprüche eines gesellschaftlich-politischen Umbruchs einzuführen. Sie sind teilweise tragisch, teilweise aber auch nur vordergründig. Die menschliche Dimension der Entwicklung soll neben ihrer unbestrittenen politischen hervortreten[5].

Das Bemühen um möglichst direkten, ungeschminkten Kontakt mit der Revolution in ihren verschiedenen Aspekten hat zu dem Entschluß geführt, die Darstellung auf die Hauptstadt Paris zu konzentrieren. Sicherlich läßt sich mit dem gleichen Recht eine Geschichte aus Dokumenten anderer Städte, Regionen oder ländlicher Gebiete zusammenstellen. Und doch schien uns die weitgehende Beschränkung auf Paris von der Sache her gerechtfertigt. Die Revolution hat die unter den absolutistischen Königen begonnene Zentralisierung Frankreichs vollendet und somit Paris als Machtzentrum noch mehr Bedeutung verliehen. Zudem haben die meisten der bedeutenden revolutionären Kämpfe die Stadt Paris zum Schauplatz. Die neugeschaffenen revolutionären Institutionen wie z.B. die Nationalversammlung, Bühne der Auseinandersetzungen schlechthin, befanden sich in Paris. Daher ließ sich jene Vielfalt der Stimmen und Stellungnahmen zum Ereignis Revolution, die wir präsentieren wollen, jene konträren Einschätzungen einzelner Aspekte am ehesten finden, wenn man das Pariser Publikum sprechen ließ: Nur im Pariser Raum existiert die große Anzahl von Zeitungen, schreibenden Augenzeugen, Korrespondenten und Briefadressaten, von öffentlichen Anschlägen und in Manuskriptform überlieferten Pamphleten. All das schafft genau die einzigartige Fülle an historischem Quellenmaterial, die für eine Auswahl wie die unsere erforderlich ist. Natürlich ist bei der Darstellung gesellschaftlicher Gruppen wie »Soldaten« oder »Emigranten« die Beschränkung auf den Pariser Raum unsinnig – im allgemeinen aber gilt, was Georg Forster in einem Brief 1793 auf die kurze Formel gebracht hat: »Paris ist die Quelle der öffentlichen Meinung, das Herz der Republik und der Revolution.«

Aufbau und Textauswahl

Die oben skizzierte Zielsetzung des Buchesbestimmt die weiteren historiographischen und pragmatischen Entscheidungen.

Einen lebendigen Eindruck aus der Zeit der Revolution in Paris vermitteln zu wollen, heißt in erster Linie französische Quellen berücksichtigen. Zwar haben auch deutsche Historiker, Schriftsteller und Politiker zahlreiche und scharfsinnige Kommentare zur Französischen Revolution verfaßt[6], aber meist zeugen solche Texte von zeitlicher oder räumlicher Distanz. Vereinzelt sind kommentierende Passagen deutscher – oder englischer – Augenzeugen abgedruckt, zumal dann, wenn sie in Paris selbst geschrieben wurden. Vor allem aber haben wir eine möglichst breite Auswahl französischer Quellen aufgenommen, wobei auf inhaltliche und formale Verschiedenartigkeit geachtet wurde. Sofern möglich wurden solche Texte ausgewählt, die dem deutschen Publikum noch nicht in Übersetzung vorlagen. Nicht alle historischen Quellen jedoch eignen sich zum ausschnittweisen Abdruck. Der Anthologie- und Lesebuchcharakter von *Paris 1789* ließ von vorneherein all jene Texte ausscheiden, die nur im längeren Zusammenhang sinnvoll zu verstehen sind. Andererseits rücken jene Textsorten in den Vordergrund, die zwar knapp sind, aber unmittelbaren Kontakt mit dem Geschehen vermitteln: Briefe, Memoirenauszüge, Lieder, Zeitungsartikel, Pamphlete. Neben diese subjektiven Zeugnisse treten – in wohldosierter Menge – offizielle Texte, Gesetze, Dekrete, Verordnungen. In ausgewogenem Wechsel kann so vom Leser die bisweilen kalte Sachlichkeit staatlicher Macht mit den spontanen Reaktionen der Betroffenen konfrontiert werden. Schließlich wurde bei der Auswahl (aus etwa 50000 in Frankreich verfügbaren Dokumenten!) auf die angestrebte Struktur des Buches geachtet, d.h. es wurden solche Texte bevorzugt, die den Kapiteln eindeutig zugeordnet werden können und die zudem sinnvoll aufeinander zu beziehen sind.

Wer mit der direkten Präsentation möglichst vielschichtiger historischer Dokumente Ernst machen will, muß die eindimensionale Erzählebene, die immer Gradlinigkeit suggeriert, aufgeben. Eine Darbietung der Quellen, die jeweils unterschiedliche Perspektiven zum gleichen Gegenstand eröffnen, nach thematischen Schwerpunkten schien die beste Möglichkeit, das Bedürfnis nach Ordnung mit der Verabschiedung der eindimensionalen Struktur zu vereinbaren. Hierbei war von drei wesentlichen Gesichtspunkten auszugehen.

Erstens: Die Revolutionszeit selbst hat damit begonnen, einzelnen Tagen oder Ereignissen symbolischen Wert zu verleihen, der über den eigentlichen, »empirisch meßbaren« Inhalt der Vorkommnisse hinausgeht. Diese sogenannten »revolutionären Tage« wurden von den Zeitgenossen als entscheidend empfunden und entsprechend kontrovers kommentiert. Die Kapitel I, IV, VII, X, XIII, XV und XVIII sind diesen bedeutsamen Angelpunkten der Revolution gewidmet und stecken gleichzeitig den chronologischen Rahmen des Buches ab, der von der Erstürmung der Bastille am 14. 7. 1789 bis zum Sturz Robespierres am 27. 7. 1794 reicht. Diese grobe chronologische Ordnung wird jedoch bewußt von den übrigen Kapiteln unterbrochen.

Zweitens: Eine einheitliche Bedeutung der Revolution für die gesamte französische Bevölkerung hat es nie gegeben. Gesetze, soziale Bewegungen, politische Reformen wirkten nicht im gleichen Maße auf Bürger und Arbeiter, Politiker und Kleriker, Männer und Frauen, Franzosen und Ausländer in Paris. In den Kapiteln II, V, VIII, XI, XIV, und XVI wird daher versucht, die Reaktionen unterschiedlicher sozialer Gruppen einzufangen (Klerus, Soldaten, Frauen, Todeskandidaten, Emigranten, Ausländer). Soweit dies möglich ist, entsteht eine Miniaturgeschichte der Revolution im Spiegel partieller und persönlicher Betroffenheit.

Drittens: Der dritte Zugang zur Wirklichkeit der Revolution schließlich ließe sich mit dem Schlagwort »Alltagsleben« treffend benennen. Nicht nur die großen revolutionären Tage waren für die Wahrnehmung der Revolution durch die französische Bevölkerung ausschlaggebend, sondern in mindestens ebenso hohem Maße die Veränderungen (oder Konstanten) des täglichen Lebens. Hier wurde die Revolution sinnlich und konkret spürbar, hier mußte sich zeigen, was sie im einzelnen zu leisten in der Lage war. Die Kapitel III, VI, IX, XII und XVII kreisen um zentrale Aspekte (Polizei und Gefängnisse, Hunger, Feste, Guillotine, Preise etc.), an denen sich revolutionärer Elan genauso wie Überdruß gegenüber der neuen Regierung herausbildete.

Der dreigliedrige Aufbau trägt der vielschichtigen Bedeutung der Revolution für alle Lebensbereiche Rechnung. Es entsteht so ein aspektreiches Beziehungsnetz unter den einzelnen Kapiteln. Der Übergang von einem Kapitel über eine Personengruppe zu einem chronologisch feststehenden Ereignis steht dem Leser ebenso offen wie eine dreifache Lektüre des Buches nach Personengruppen, Ereignissen und Alltagsproblemen. Ähnlich dem Leser im offenen Kunstwerk muß auch der Leser dieses Buches die Einheit in der Vielfalt, den Schluß aus der angebotenen Information selbst ziehen – er bleibt somit in seinem Urteil unabhängig und frei.

Jedes einzelne Kapitel – dies gilt in besonderem Maße für die Kapitel zu den revolutionären Tagen – ist seinerseits ein mehrgliedriges Panorama, spiegelt in sich die unterschiedlichen Wertungen und Deutungen der Ereignisse. Eine historische Quelle ist stets an ihren Autor gebunden: »Endlich ist nichts klarer: als daß verschiedene Fremde in Paris durch verschiedene obschon gleichzeitige Umstände gezwungen werden, im gleichen Augenblicke die gleichen Tatsachen auf's verschiedenste zu erklären und die verschiedensten Schlüsse als wahr anzunehmen. Es kommt nur darauf an, in was für Gesellschaftskreise sie fallen und durch was für Brillen sie schauen, die verschiedensten Welten haben da nebeneinander Platz, aber von derjenigen in welche man zuerst fällt und wo man zuerst lebt wird man gemeiniglich verschlungen, und in der bleibt man denn gewöhnlich Bürger, ohne Sinne für andere der genannten Welten.«[7] Um dem heutigen Leser den Blick über den Tellerrand seiner eigenen Welt bzw. der Welt nur eines Augenzeugen zu gestatten, ja ihn zum Vergleich verschiedener »Welten« zu zwingen, wird dasselbe Ereignis in mehreren Berichten und Kommentaren gebrochen. Die Hinrichtung des Königs, die Erstürmung der Bastille usw. können nicht *an sich* dargestellt, sondern müssen in unterschiedlichen Wertungen besprochen werden. Was dem Eroberer (dem *Täter*) wie eine Heldentat vorkommt, erscheint dem Verteidiger der Festung (dem *Opfer*) als schicksalshaft-fatal und dem Beobachter (dem *Voyeur*) als inhaltlich unwichtig (nur sieben Gefangene wurden aus der Bastille befreit!), wenn auch symbolisch bedeutsam. Jedes Ereignis wird aus unterschiedlichen Perspektiven gedeutet und beleuchtet, und offenbart erst so seine mitunter unauflösliche Widersprüchlichkeit.

Unser Buch verlangt vom Leser sehr viel: eigene Konstruktionsarbeit und selbständiges Urteil. Und doch ist es als ein bewußt leserfreundliches Buch konzipiert. Die Aufbereitung der Quellen und die Darbietung der Illustrationen zielen nicht zuletzt darauf, die »Lust am Text« zu wecken.

Da beim deutschen Publikum nicht selbstverständlich von einer genauen Kenntnis der politischen Entwicklung ausgegangen werden kann, wird durchgehend Sachinformation neben den eigentlichen Quellentexten bereitgestellt. Anstelle eines schwerfälligen Anmerkungsapparates trägt diesem Erläuterungsbedürfnis die Teilung jeder Seite in zwei Spalten Rechnung. Die Hauptspalte kann durchlaufend als Tagebuch aus den Quellen gelesen werden, der Sachkundige muß sich nicht mit dem Seitenblick auf die erklärende Randspalte aufhalten. Wer hingegen Information sucht, kann sie dort finden: Ereignisse, Personen, Gebäude, Hintergründe werden dort knapp und mit Bezug auf den jeweiligen Text skizziert. Diese Randtexte sind mit einem Asterisken * gekennzeichnet. Außerdem bietet die Randspalte vielfältige Marginalien im weitesten Sinne des Wortes: kurze Sachtexte zu unterschiedlichen Aspekten der Revolution, aphorismenhafte Äußerungen von Dichtern oder späteren Kommentatoren, Lieder oder auch solche Information, die nicht eigens Gegenstand eines Kapitels werden kann. Im Laufe der Lektüre wird so neben dem Eindruck aus den Quellen ein Netz von Informationen aufgebaut, das bei der Deutung der Dokumente hilfreich sein kann. Zur besseren Orientierung innerhalb der großen Materialfülle dient, neben der Zeittafel, ein Personen- und Sachindex, der seinerseits die Möglichkeit einer thematischen Lektüre bietet.

Besondere Sorgfalt wurde auf die Illustrationen verwandt. Will man den Eindruck der Unmittelbarkeit, der Teilnahme an den historischen Ereignissen erzielen, sind auch optische Eindrücke eminent wichtig. Neben den großen, oft abgedruckten historischen Tableaus, die entscheidende Etappen im klassizistischen Geschmack der damaligen Zeit wohlgeordnet festhalten, werden Porträts, Karikaturen, Allegorien sowie Abbildungen von Gegenständen des täglichen Lebens präsentiert. Der zeitgenössische Stadtplan von Paris schließlich soll es dem Leser ermöglichen, die verschiedenen revolutionären Schauplätze zu lokalisieren. Wer Paris heute kennt, wird zudem auf einen Blick die tiefgreifenden Veränderungen wahrnehmen, die – noch unter Napoleon begonnen – im 19. Jahrhundert das Antlitz der französischen Hauptstadt veränderten.

Frank Baasner *Ruth Jakoby*

1 In deutscher Sprache liegen z. B. vor: Albert Soboul, *Die Große Französische Revolution.* Ein Abriß ihrer Geschichte (1789–1799). Hrsg. und übersetzt von J. Heilmann und D. Krause-Vilmar, Darmstadt 1983; Walter Markov, *Revolution im Zeugenstand.* Frankreich 1789–1799, 2 Bde. Leipzig 1982.

2 *Die Französische Revolution*, übersetzt von U. F. Müller, Frankfurt/Main 1968.

3 *Briefe aus der französischen Revolution*, ausgewählt, übersetzt und erläutert von Gustav Landauer, 2 Bde. Frankfurt/Main 1922. 1987 erschien ein Neudruck des Werkes.

4 Herausgegeben von Georges Pernoud und Sabine Flaissier, deutsch von H. Thürnau, Düsseldorf 1962, dann München 1976.

5 Die politische Dimension wird in Sammlungen von Gesetzen und Dekreten dokumentiert. In deutscher Sprache ist vor allem Walter Grab zu nennen: *Die Französische Revolution.* Eine Dokumentation, München 1973.

6 Deutsche Historiker haben sich – verständlicherweise – auf die deutschen Kommentatoren der französischen Revolution konzentriert. Aus neuerer Zeit wäre vor allem zu denken an: *Die Französische Revolution.* Berichte und Deutungen deutscher Schriftsteller und Historiker. Hrsg. von H. Günther, 1985; Jörn Garber, *Deutsche Intelligenz und Französische Revolution.* Die politischen Strömungen Deutschlands im Vor- und Einflußfeld der Französischen Revolution, Darmstadt, erscheint 1989.

7 So äußert sich ein anonym gebliebener Augenzeuge in einem Bericht für KLIO, eine intellktuelle Zeitschrift der Revolutionszeit (1795, 4. Heft).

Quellenverzeichnis

*(Seitenzahlen in Klammern;
R = Randspalte)*

Archivmaterial:

Archives Nationales:

F ^{15}525. (69)
F ^{7}4672. (142)
F ^{15}259. (255)
C 258, pl. 8. (220)
D III 240–242, d. 4. (256)
C 280, pl. 769. (335)
W 77, 18–19. (63)
W 112. (364)
W 123, L. 1 (6). (313)
W 116 (144). (313)
W 131 (39). (316)
W 134 (96, 109, 103, 131). (310, 311, 312, 315)

Bib. Nationale:

Ms. nouv. acq. fr. 2713, f. 61. (140)
Ms. fr, 12755. (236)
Ms. nouv. acq. fr. 2685 f. (303)

Arsenal:

R.A. 3, 3e partie. (382, 383)
R.A. 4, 686. (387)

Veröffentlichungen:

Affiches de la commune de Paris, 1793–94; Reprint Paris 1975.
Alfieri, Vittorio: Vita di Vittorio A. scritta da esso, Milano 1887. (44)
Almanach Parisien ou guide de l'étranger à Paris, Paris An IX. (76)
Anon.: Détail de la véritable marche des cérémonies et de l'ordre à observer dans la fête de l'être suprême. Paris 1794. (395)
Anon.: Municipaux, donnez-nous donc du pain, ou le cri du désespoir. Paris 1793. (209)
Archives parlementaires de 1787 à 1860. Receuil complet des débats législatifs et politiques des chambres françaises, hrsg. von M. Mavidal und E. Laurent, 1. Serie, Paris 1879 ff. (173)
Aubert, Raymond: Journal de Célestin Guittard de Floriban, bourgeois de Paris sous la révolution (1791–1796), hrsg. von R. A., Paris 1974.
Aulard, Alphonse: La société des Jacobins, receuil de documents pour servir à l'histoire des Jacobins de Paris. 6 vols. Paris 1889–97. (80, 139, 180, 353, 386)
Badinter, Elisabeth: Interview in FAZ-Magazin vom 27.11.1987.
Barbier, Pierre/Vernillat, France: Histoire de France par les chansons. Bd. IV. La révolution, Paris 1957.
Bellanger, J.: Les Jacobins peints par eux-mêmes. Histoire de la société populaire et montagnarde de Provins, Paris 1908. (358)
Bertaud, Jean Paul: La vie quotidienne des soldats de la Révolution (1789–1799), Paris 1985. (254, 365, 366)
Bimbenet, Eugène: Relation fidèle de la fuite du roi Louis XVI. et de sa famille à Varennes, Paris ^{2}1868. (87, 91, 96, 100)
Biver, Marie-Louis: Fêtes révolutionnaires à Paris, Paris 1979.
Blanc, Olivier: La dernière lettre, Paris 1984.
Boigne, Charlotte Louise Eléonore, comtesse de: Mémoires, Paris 1979. (119)
Bonald, Louis de: Œuvres complètes, Paris 1859.
Boppsche Sammlung (Universitätsbibliothek Tübingen). (301, 369, 371, 399)
Bräuning-Oktavio, Hermann: J.H. Merck und seine Bekenntnisse zur französischen Revolution. In: Weimarer Beiträge 1957. (38)
Bricard: Journal du cannonier Bricard 1792–1802, Paris 1891. (355, 373, 375)
Buchez, Ph.J.B./Roux-Lavergne, P.C.: Histoire parlementaire de la Révolution française ou Journal des assemblées nationales, 40 Bde., Paris 1834–38. (177, 417)
Bürger, Gottfried August: Sämtliche Schriften, Göttingen 1796/97. (368)
Burstim, Haim: Le Faubourg Saint-Marcel sous la Révolution, Paris 1983. (66, 67, 68, 69)
Cahiers des plaintes et doléances des Dames de la Halle de Paris. O.J. (247)
Campardon, Emile: Marie Antoinette à la Conciergerie, Paris 1863. (366, 338, 341)
Campe, Joachim Heinrich: Briefe aus Paris zur Zeit der Revolution geschrieben. Braunschweig 1790. (24, 36, 200)
Caron, Pierre: Paris sous la terreur. Rapports de la police secrète. Paris 1910. (218)
Challamel, Augustin: Dictionnaire administratif et topographique de Paris, Paris 1808. (136)
Challamel, Augustin: Histoire-musée de la République française, Paris 1842.
Chénier, Marie Joseph: Hymne du 9. Thermidor. Paris 1795. (413)
Chuquet, Arthur: Lettres de 1793, Paris 1911. (235)
Correspondance originale des émigrés ou les émigrés peints par eux-mêmes, Paris 1793. (122, 123)
Courtois, Edme Bonaventure: Rapport fait au nom de la commission chargée de l'examen des papiers trouvés chez Robespierre et ses complices, Paris 1794. (362)
Dauban, Charles Aimé: Paris en 1794 et en 1795. Histoire de la Rue, du Club, de la Famine, Paris 1869. (60, 83, 282, 409)
Dauban, Charles Aimé: Les prisons de Paris sous la Révolution, Paris 1870. (131, 317)
David, Jules: Le peintre Louis David (1748–1825). Souvenirs et documents inédits par M. Jules David, son petit fils, Paris 1880. (302, 372)
De Cardenal: Recrutement de l'armée en Périgord 1789–1800, Périgueux 1911. (357)
Desmoulins, Camille: Œuvres publiées au profit de sa sœur, Paris 1838. (318)
Détails de l'assassinat commis hier à 8 heures du soir, Paris 1794. (292)
Duhet, Paule-Marie: Les femmes et la révolution (1789–94), Paris 1971. (245, 251, 263)
Duvergier, Jean-Baptiste: Collection complète des lois, décrets, ordonnances, règlements, avis du conseil d'état, Paris 1834 ff. (42, 105, 116, 141, 161, 175)
Epois, Jean: L'affaire Corday-Marat, prélude à la terreur, Paris 1981. (290, 294, 297)
Ferrières, Marquis de: Correspondance inédite, publiée et annotée par Henri Carré, Paris 1932. (98)

Feydel, G.: Journée de J.B. Humbert, horloger, qui le premier a monté sur les tours de la Bastille. Paris 1789.
Flüe, Ludwig von: Brief an seinen Bruder Wolfgang, Sept. 1789, in: Obwaldener Volksfreund, Sarnen 1886. (18)
Forster, Georg: Parisische Umrisse, in: Friedensprälimaniaren, Berlin 1794. (213, 323)
Fourastié, Jean: Document pour l'histoire et la théorie des prix, Paris 1937.
Friedenspräliminarien. Hrsg. von dem Verfasser des heimlichen Gerichts, Berlin 1793 ff. (347)
Girtanner, Christoph: Historische Nachrichten und politische Betrachtungen über die französische Revolution, Berlin 1791. (144)
Godechot, Jacques: Regards sur l'époque révolutionnaire, Paris 1980.
Héricault, Charles d'/Bord, Gustave: Documents pour servir à l'histoire de la révolution française, Paris 1885. (97, 120, 150, 216, 360, 361, 384)
Huard, Adolphe: Mémoires sur Charlotte Corday d'après des documents authentiques et inédits, Paris 1866.
Humbert, Jean-Baptiste: Journal de J.B. Humbert, ouvrier bijoutier, qui, le premier, a monté sur les tours de la Bastille, Paris 1789. (15)
Humboldt, Wilhelm von: Tagebücher, hrsg. von Albert Leitzmann, Bd. I, 1788–1798, Berlin 1916. (22)
Isorni, Jacques: Le vrai procès du roi, Paris 1980. (236)
Le Jacobinisme en déroute, Paris o.J.
Joliclerc, volontaire aux armées de la Révolution, ses lettres présentées par Funck-Brentano, Paris 1905. (376)
Journal militaire, 1793. (367)
Jullien de la Drôme, Madame: Journal d'une bourgeoise pendant la révolution 1792–93, Paris 1881. (153, 192, 389)
Kerner, Georg: Briefe aus Paris, in KLIO 1795. (410)
KLIO. Eine Monatsschrift für die französische Zeitgeschichte, 1795. (240, 415)
Lenôtre, Georges: Les massacres de septembre, Paris 1912. (185)
Lenôtre, Georges: La guillotine, Paris 1893. (228, 281)
Lenôtre, Georges: Le drame de Varennes, Paris 1931. (102)
Mainzer Nationalzeitung, No. 12, 28.1.1793. (231)
Marat, Jean Paul: Textes choisis, hrsg. Vovelle, Paris 1963. (61, 162, 286, 287, 380)
Markov, Walter/Soboul, Albert: Die Sansculotten von Paris. Dokumente zur Geschichte der Volksbewegung 1793–94, Berlin 1957. (215)
Mercier, Louis Sébastien: Tableau de Paris, 1782–1788, Reprint Genéve 1979. (11, 35, 39, 41, 56, 75, 211, 250, 253, 265, 272, 391)
Meyer, Friedrich Johann Lorenz: Fragmente aus Paris im IV. Jahr der französischen Republik, Hamburg 1798. (48)
Moitte, Adélaide M.A.: Suite de l'âme des Romaines dans les femmes françaises, Paris o.J.
Monin, Hippolyte: L'état de Paris en 1789. Etudes et documents sur l'Ancien Régime à Paris, Paris 1889. (199, 201)
Morellet, Abbé: Mémoires, Paris 1963. (174, 223)
Mortimer-Ternaux, Louis: Histoire de la terreur, Paris ²1863. (118, 155, 176, 300, 330, 332, 333)
Oelsner, Konrad Engelbert: Luzifer oder gereinigte Beiträge zur Geschichte der Französischen Revolution, 1797, Kromberg 1977. (47, 92)
Petersen, Susanne: Lebensmittelfrage und revolutionäre Politik in Paris 1792–93, München 1979.
Pièces diverses. Paris o.J.
Poésies révolutionnaires, Paris 1821.
Prudhomme: Révolutions de Paris dédiées à la nation, Paris 1789. (28, 106, 107, 130, 135, 340)
Reichard, Heinrich August Ottokar: Der Passagier auf der Reise in Deutschland und einigen angrenzenden Ländern, Weimar 1801. (31, 32, 34, 138)
Reinhard, Marcel: La chute de la royauté. 10.8.1792. Paris 1969.
Rétif de la Bretonne: Les nuits de Paris, Paris 1930/32. (26, 71, 133, 191, 202, 261, 289, 299)
Révolutions lyriques ou le triomphe de la liberté française, Paris 1790. (186)
Revolutionsalmanach, 1793 ff. (117, 145, 269, 274)
Rivière, Jean Baptiste de: Lettres au comte de Lusace, oncle du roi, in: Héricault: Documents... (70, 259)
Robespierre, Maximilien: Œuvres, hrsg. von Marc Bouloiseau/Albert Soboul, Paris 1967. (164, 392, 394, 397)
Rouel, Jean: Relation véritable de la prise de la Bastille, Paris 1789. (12)
Ruault, Nicolas: Gazette d'un parisien sous la révolution, 1783–1796; Paris 1976. (160, 166, 183, 307, 343, 345, 349, 403)
Sanson, Henri: Memoiren von sieben Scharfrichter-Generationen, Berlin 1862–64. (278)
Sanson: Mémoires des Sanson, exécuteur des arrêts criminels pendant la Révolution, Paris 1830. (273, 294)
Schmidt, Adolf: Pariser Zustände während der Revolutionszeit von 1789–1800, Jena 1876. (46, 55, 57, 65, 74, 179)
Schmidt, Adolphe: Tableaux de la Révolution Française, Leipzig 1867. (108, 129, 324, 326, 327, 328, 342, 412)
Thompson, James Matthew: French Revolution Documents, Oxford 1948.
Tuetey, Alexandre/Bloch, Camille: Procès-verbaux et rapports du comité de mendicité de la Constituante, 1790–91, Paris 1911. (203, 206, 207)
Vaissière, Pierre de: Lettres d'aristocrates. La révolution racontée par des correspondances privées, Paris 1907. (33, 109, 111, 113, 115, 149, 151, 195, 227, 229, 257, 285, 308, 359, 379, 381, 388)
Venner, D.: Les armes à feu françaises, Paris 1979. (370)
Walter, Gérard: La conjuration du 9. Thermidor, Paris 1974. (407, 408)
Williams, Helena Maria: Englische Briefe über die französische Revolution, in: Friedenspräliminarien. (168, 233)

Der Abdruck der Randtexte S. 202/203 erfolgte mit freundlicher Genehmigung des Reclam-Verlages, der des Randtextes S. 252 mit freundlicher Genehmigung des »Frankfurter Allgemeine Magazin«.

Illustrationen:

Affiches de la commune de Paris, 1793–94; Reprint Paris 1975. (62 R)
Almanach der Revolutionsopfer für das Jahr 1794, Chemnitz o.J. (224, 226 R, 227 R)
Almanach du père Gérard pour l'année 1792, Paris 1792. (69 R)
Almanach Parisien ou guide de l'étranger à Paris, Paris An IX, 1801. (40)

Aquatintaradierung. (Reiss-Museum Mannheim, Kat.Nr. G Bass KD 1409 k). (188)

Becker, Bernhard: Geschichte der revolutionären Pariser Kommune in den Jahren 1789–94, Braunschweig1875. (163R)

Boehn, Max von/Fischel, Oskar: Die Mode. Menschen und Moden im 18. Jahrhundert. München 1909. (412R).

Boppsche Sammlung. Revolutionsmusik (Universitätsbibliothek Tübingen). (371R, 400R)

Campardon, Emile: Marie Antoinette à la Conciergerie, Paris 1863. (337R, 341R)

Challamel, Augustin: Histoire-musée de la République française, (2 Bde) Paris 1842. (74R, 76R, 180R, 253R, 261R, 266, 276R, 285, 399, 414)

Challamel, Augustin: Les Français sous la Révolution, Paris 1843. (61R, 110R, 133R, 171, 209, 210R, 247R, 272R, 273R, 362R, 364R)

Champfleury: Histoire de la caricature sous la république, l'empire et la restauration, Paris o.J. (22R, 70, 143, 173, 231R, 379R)

Collection complète des Tableaux historiques de la révolution française en trois volumes, Paris 1802. (16R, 24R, 25R, 89R, 90R, 91R, 97R, 99R, 139R, 183R, 223R, 277R, 291R, 293R, 299R, 318R, 328R, 332R, 343R, 412R, 417R)

Dayot, Armand: La révolution française d'après des Peintures, Gravures, Sculptures, Estampes, Médailles, Objets du temps, Paris 1896 (alle nicht anderweitig aufgeführten Abbildungen).

De Scheel: Mémoires d'artillerie contenant l'artillerie nouvelle ou les changements faits dans l'artillerie française en 1765, Kopenhagen 1777. (359)

Dürrich, Ferdinand: Atlas der Schlachten, Waffen und Belagerungen der Kriege von 1792–1815, Freiburg 1857. (356, 374)

Encylopédie ou Dictionnaire raisonné des Sciences, des Arts et des Métiers, Paris 1751–1780. Recueil de Planches (alle Abbildungen von Gegenständen).

Héricault, Charles d'/Bord, Gustave: Documents pour servir à l'histoire de la révolution française, Paris 1885. (27R, 108R, 174)

Huard, Adolphe: Mémoires sur Charlotte Corday d'après des documents authentiques et inédits, Paris 1866. (294R)

Joliclerc, volontaire aux armées de la révolution, ses lettes présentées par Funck-Brentano, Paris 1905. (354R, 355R, 357R, 358R, 358)

Kurzgefaßte Geschichte der Bastille, Frankfurt/Leipzig 1789 (Reiss-Museum Mannheim). (11)

Le Blond: L'artillerie raisonnée, Paris 1761. (357)

Lemaire, H.: Histoire de la révolution française, (3 Bde) Paris 1816. (26, 152R)

Lenôtre, Georges: Paris révolutionnaire. Vieilles maisons, vieux papiers. 1. série 1947, 3. série 1949. (233R, 331R)

Lenôtre, Georges: Le drame de Varennes, Paris 1931 (87R, 92R, 93R, 102R)

Monuments des victoires et conquêtes des français de 1792 à 1815, Paris 1817. (21)

Paris illustré. Guides-Cicerone avec 18 plans et 280 vignettes, Paris 1863. (29)

Prudhomme: Révolutions de Paris dédiées à la nation, Paris 1789ff. (21R, 36R, 78R, 114R, 116, 150, 153, 155, 159R, 179, 187R, 199, 228, 239, 241, 297, 302, 310, 310R, 336, 351, 363, 387, 389)

Radierung. (Reiss-Museum Mannheim, Kat. Nr. G Bass Kd 845 k). (349)

Renneville, Constantin de: Entlarvte und jedermann zur Schau dargestellte französische Inquisition, o.O. 1715. (130R, 137R)

Revolutionsalmanach, 1793ff. (53, 274)

Saugrin, Claude-Marin: Curiosités de Paris et de Versailles, (2 Bde), Paris 1778. (19R, 33R, 35, 38R, 41R, 46, 127, 157R, 373R)

Schabkunstblatt, 1795 (Reiss-Museum Mannheim, Kat. Nr. G Bass Kd 34g). (292)

Scheler, Eugen Karl Ludwig von: Leben und Tod Johann Paul Marats, Mannheim 1794 (Reiss-Museum Mannheim). (288)

Seida und Landensberg, Franz Eugen Josef Frhr. von: Denkbuch der Französischen Revolution, (2 Bde) Memmingen 1815/19. (9, 12, 15, 37, 65, 85, 92, 133, 162, 203, 234, 237, 291, 321, 326, 343, 367, 391, 393, 401, 407, 411, 412)

Taschenbuch für die neueste Geschichte, Nürnberg, 3. Jahrgang 1796 (Reiss-Museum Mannheim). (346R, 392R, 407R)

Tempel der Musen und Grazien, Mannheim, für 1796 (Reiss-Museum Mannheim). (60R, 63R, 124R)

Vaissière, Pierre de: Lettres d'aristocrates. La révolution racontée par des correspondances privées, Paris 1907. (149R)

Voltaire: Oeuvres complètes, édition de Kehl, Kehl 1784/85. (80R, 81R, 387R, 391R)

Folgende Abbildungen wurden uns als Klischees vom Musée Carnavalet/Paris zur Verfügung gestellt: (102, 107, 135, 147, 177, 189, 197, 213, 267, 281R, 319R, 360)

Der Abdruck des beiliegenden Stadtplans wurde von der Universitätsbibiliothek Tübingen freundlicherweise genehmigt. Für ihre Hilfsbereitschaft in diesem und vielen anderen Fällen sei den Mitarbeitern der UB-Tübingen an dieser Stelle gedankt.

Personen- und Sachregister

Zeittafel

1788

8.8. Der Staatsbankrott steht bevor. Der König verspricht, die Generalstände zum 1. Mai 1789 einzuberufen.

1789

24.1. Die Wahlen zu den Generalständen beginnen.

Februar bis Mai: Die Klageschriften (»Cahiers de doléances«) werden verfaßt. Es herrscht Hungersnot.

5.5. Die Generalstände werden in Versailles eröffnet.

17.6. Die Generalstände treten als Nationalversammlung mit dem Ziel zusammen, eine neue Verfassung auszuarbeiten.

11.7. Der Hof geht gegen die Nationalversammlung vor und konzentriert die Truppen in Paris.

14.7. Erstürmung der Bastille.

Juli Die Emigration beginnt. La Fayette wird Kommandant der Nationalgarde.

4.8. Der Adel verzichtet auf einen Teil seiner Privilegien.

26.8. Erklärung der Menschen- und Bürgerrechte.

5./6.10. Zug der Weiber nach Versailles; der Hof zieht von Versailles nach Paris um.

9.11. Erste Sitzung der Verfassungsgebenden Nationalversammlung.

1790

9.2. Der Besitz der Emigranten wird beschlagnahmt.

13.2. Aufhebung der Klöster.

4.6. Die Stadt Paris wird in 48 Sektionen neu geordnet.

19.6. Abschaffung des Adels.

12.7. Zivilverfassung des Klerus.

14.7. Föderationsfest zum Jahrestag der Bastille-Erstürmung.

27.11. Dekret über die Ablegung eines Priestereides auf die Zivilverfassung des Klerus.

1791

20.6. Die königliche Familie flieht aus Paris.

16.7. Spaltung des Jakobinerclubs in eine gemäßigte Partei und einen radikal-republikanischen Flügel.

27.8. Deklaration von Pillnitz gegen die Französische Revolution.

14.9. Ludwig XVI. schwört den Eid auf die Verfassung.

1.10. Erste Sitzung der Gesetzgebenden Nationalversammlung.

1792

Februar/März: Hungersnot, steigende Preise führen zu Unruhen.

7.2. Österreich und Preußen schließen einen militärischen Pakt gegen Frankreich.

20.4. Kriegserklärung Frankreichs an Österreich.

27.5. Dekret gegen die eidverweigernden Priester.

11.6. Ludwig XVI. macht von seinem Vetorecht gegen das Dekret Gebrauch.

20.6. Eine Volksmenge dringt in das Tuilerienschloß ein und bedrängt den König, sich an die Spitze der Revolution zu stellen.

5.7. Die Nationalversammlung erklärt das Vaterland in Gefahr.

25.7. Manifest des Herzogs von Braunschweig, in dem er den Revolutionären Rache androht.

3.8. Die Sektionen fordern die Absetzung des Königs.

10.8. Die Aufständische Kommune von Paris leitet die Erstürmung des Tuilerien-Schlosses. Der König wird von seinem Amt suspendiert und kommt wenig später ins Gefängnis.

23.8. Die Festung Longwy kapituliert vor den Preußen.

2.9. Danton ruft das französische Volk zur Rettung des Vaterlandes auf. Verdun wird eingenommen.

2.–6.9. Septembermassaker an Hunderten von Gefangenen in Paris.

21.9. Der Nationalkonvent tritt zusammen. Das Königtum ist abgeschafft, an seine Stelle tritt die Republik.

10.10. Endgültige Trennung zwischen Jakobinern und Girondisten.

6.11. Siege der Revolutionsarmee im Belgienfeldzug.

11.12. Der Prozeß gegen Ludwig XVI. beginnt.

1793

21.1. Hinrichtung des Königs.

1.2. Kriegserklärung Frankreichs an England und die Niederlande.

24.2. Dekret über die Aushebung von 300000 Freiwilligen.

25.2. Unruhen in Paris wegen der Preisteuerung.

10.3. Das Revolutionstribunal wird errichtet.

11.3. Ausbruch des Aufstandes in der Vendée.

28.3. Dekret über die Bestrafung von Emigranten.

6.4. Errichtung des Wohlfahrtsausschusses auf Antrag Dantons.

11.4. Der Kurs der Assignaten wird festgelegt, um der Inflation zu begegnen.

18.5. Die sogenannte »Zwölfer-Kommission« soll gegen die Aufständische Kommune vorgehen.

2.6. 22 Girondisten werden verhaftet; die Jakobinerherrschaft beginnt.

24.6. Die republikanische Verfassung wird angenommen.

13.7. Marat wird von Charlotte Corday ermordet.

23.8. Die allgemeine Wehrpflicht für alle Männer zwischen 18 und 25 wird eingeführt.

17.9. Gesetz über die »Verdächtigen«; die Phase des härtesten Terrors beginnt.

29.9. Festsetzung von Höchstpreisen für Grundnahrungsmittel.

5.10. Einführung des republikanischen Kalenders.

10.10. Die Revolutionsregierung tritt zusammen.

16.10. Hinrichtung Marie-Antoinettes.

31.10. Die Girondisten-Führer werden hingerichtet.

22.11. Danton plädiert für mehr Nachsicht und Milde.

1794

14.3. Verhaftung von Hébert und seinen Anhängern.

5.4. Hinrichtung von Danton, Desmoulins u. a.

8.6. Fest des Höchsten Wesens unter Präsidentschaft Robespierres.

Ende Juni/Anf. Juli: Die militärische Lage entspannt sich; es bildet sich eine oppositionelle Gruppe gegen Robespierre.

26.7. Letzte Rede Robespierres vor dem Nationalkonvent.

27.7. 9. Thermidor, Robespierre wird gestürzt.

Ende Juli: Robespierre und viele seiner Anhänger werden hingerichtet.